z 59870

Paris
1868

Schiller, Friedrich von

Oeuvres complètes
Poésies

Tome 5

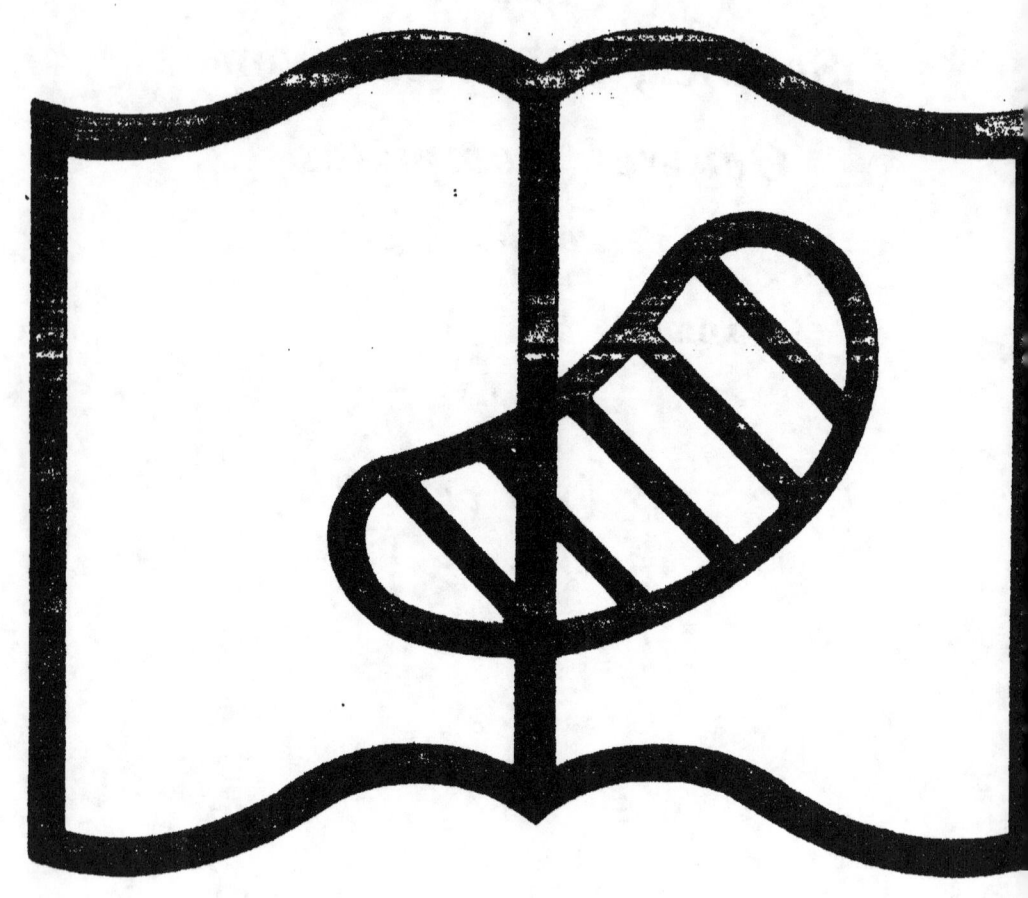

Symbole applicable
pour tout, ou partie
des documents microfilmés

Original illisible

NF Z 43-120-10

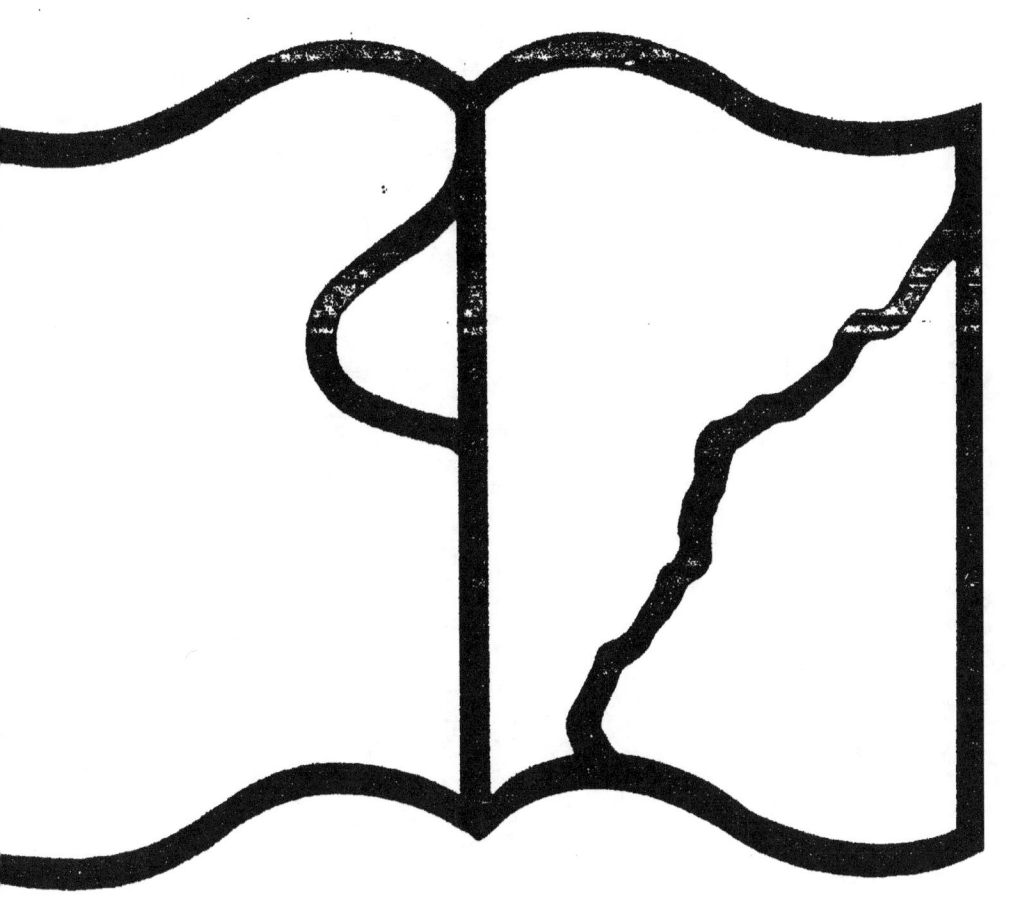

Symbole applicable
pour tout, ou partie
des documents microfilmés

Texte détérioré — reliure défectueuse

NF Z 43-120-11

59870

ŒUVRES

DE SCHILLER

V

COULOMMIERS. — TYPOGRAPHIE A. MOUSSIN.

ŒUVRES HISTORIQUES

DE SCHILLER

TRADUCTION NOUVELLE

PAR AD. REGNIER
MEMBRE DE L'INSTITUT

TOME PREMIER

PARIS
LIBRAIRIE HACHETTE ET Cie
BOULEVARD SAINT-GERMAIN, 79

1872

HISTOIRE DE LA REVOLTE

QUI DÉTACHA

LES PAYS-BAS

DE LA DOMINATION ESPAGNOLE

PRÉFACE DE LA PREMIÈRE ÉDITION[1].

Lorsque je lus, il y a quelques années, l'histoire de la révolution des Pays-Bas sous Philippe II, dans l'excellente relation de Watson, je me sentis saisi, à cette lecture, d'un enthousiasme auquel les événements politiques ne nous élèvent que rarement. Après un examen plus attentif, je crus découvrir que cet enthousiasme était moins chez moi le produit du livre qu'un rapide effet de ma propre imagination, qui avait elle-même donné au sujet qui m'était offert la forme sous laquelle il me

---

[1]. La première édition de l'*Histoire de la révolte des Pays-Bas* parut chez Crusius, à Leipzig, dans l'automne de 1788. L'introduction et le commencement de l'histoire, jusqu'à la fin de la section intitulée : *les Pays-Bas sous Charles-Quint*, avaient été insérés, peu de temps auparavant, dans le *Mercure allemand*, dirigé par Wieland (cahiers de janvier et février 1788). — Une seconde édition, retravaillée par l'auteur (nous indiquerons les variantes), fut publiée en 1801. C'est le texte définitif que reproduisent les *OEuvres complètes* et que nous avons traduit. La première édition promettait une suite : elle portait la désignation de *Tome I*, et avait pour second titre : *Première partie, contenant l'Histoire de la rébellion jusqu'à l'union d'Utrecht*. Les quatre livres d'à présent n'en formaient que trois, qui avaient chacun un titre général et n'étaient point partagés, comme ils le sont, à partir de l'édition de 1801, en sections. Le premier livre, ayant le titre d'*Introduction*, contenait, ne faisant qu'un seul tout, l'introduction et le premier livre actuels; le second livre, intitulé : *Gouvernement de Marguerite de Parme*, commençait et finissait aux mêmes endroits que maintenant; le troisième livre, avec un double titre : *Gouvernement de Marguerite de Parme, Conjuration de la noblesse*, renfermait nos liv. III et IV. — La seconde feuille de titre de cette première édition est ornée d'une vignette représentant un chapeau de la liberté, placé au haut d'une lance plantée sur un tertre. C'est l'emblème d'affranchissement adopté par les Provinces-Unies. (Voyez plus bas une note de Schiller, placée non loin de la fin de la première section du livre II; voyez aussi l'*Histoire métallique des Pays-Bas*.)

(A l'exception des renvois aux auteurs, lesquels sont extraits de l'original allemand, toutes les notes non signées sont de M. Regnier.)

charmait si vivement. Cet effet, je souhaitai de le rendre durable, de le multiplier, de l'accroître; ces impressions généreuses, je souhaitai de les répandre et de les communiquer à d'autres. Telle a été la première origine de cette histoire, et c'est aussi toute ma mission pour l'écrire.

L'exécution de ce projet m'entraîna plus loin que je n'avais pensé d'abord. Une connaissance plus approfondie de mon sujet m'y fit bientôt découvrir des côtés faibles, que je n'avais pas prévus, de grandes lacunes, que je devais combler, des contradictions apparentes, qu'il me fallait lever, des faits isolés, qu'il était nécessaire de lier aux autres. Moins pour remplir mon histoire de beaucoup d'événements nouveaux que pour chercher la clef de ceux que je savais déjà, je remontai aux sources mêmes; et c'est ainsi que s'étendit, jusqu'à former une histoire détaillée, ce qui n'était destiné d'abord qu'à devenir une esquisse générale.

Cette première partie, qui se termine au moment où la duchesse de Parme se retire des Pays-Bas, doit être considérée seulement comme une introduction à la révolution proprement dite, qui n'éclata que sous le gouvernement de son successeur. J'ai cru devoir consacrer à cette époque préparatoire d'autant plus de soin et d'exactitude, que ces qualités m'ont paru manquer davantage chez la plupart des écrivains qui l'ont traitée avant moi, et que je me suis plus convaincu que toute la suite reposait sur elle. Si donc l'on trouve cette première partie trop pauvre en événements importants, trop détaillée sur des faits minutieux, ou qui paraissent tels, trop prodigue de répétitions, et, en général, trop lente dans la marche de l'action, qu'on se souvienne que c'est précisément de ces faibles germes que sortit peu à peu la révolution tout entière, et que tous les grands résultats ultérieurs furent produits par une somme innombrable de petites circonstances. Une nation comme était celle que nous avons ici sous les yeux fait toujours les premiers pas avec lenteur, réserve et incertitude; mais les suivants sont d'autant plus rapides : je me suis tracé la même marche dans le récit de cette révolution. Plus j'aurai arrêté le lecteur à l'introduction, plus il se sera familiarisé avec les acteurs et accoutumé au théâtre sur lequel ils agissent : mieux aussi je pourrai le conduire, d'un pas rapide et sûr, à travers les périodes sui-

PRÉFACE DE LA PREMIÈRE ÉDITION.

vantes, où l'abondance de la matière m'interdira cette marche lente et ces détails.

On ne peut dans cette histoire se plaindre de la pauvreté des sources ; plutôt peut-être de leur abondance, car il faudrait les avoir toutes lues pour retrouver la clarté que l'on perd sur plusieurs points en en lisant un grand nombre. Parmi tant de narrations diverses, partiales, souvent tout à fait contradictoires, du même événement, il est, en général, difficile de saisir la vérité, qui dans toutes est en partie dissimulée, et qui dans aucune ne se montre tout entière et sous sa forme la plus pure. Pour ce premier volume, outre de Thou, Strada, Reyd, Grotius, Meteren, Burgundius, Meursius, Bentivoglio et quelques autres plus modernes, mes guides ont été les Mémoires du conseiller d'État Hopperus, la Vie et la Correspondance de son ami Viglius, les Actes du procès des comtes de Hoorn et d'Egmont, l'Apologie du prince d'Orange et un petit nombre d'autres écrits. Une compilation, qui mérite véritablement un nom plus honorable, œuvre détaillée, rassemblée avec application et avec critique, rédigée avec une équité et une fidélité rares, m'a rendu de très-importants services, parce que, outre de nombreux actes authentiques qui n'auraient jamais pu parvenir dans mes mains, elle renferme les précieux ouvrages de Bor, Hoofs, Brandt, Le Clerc et autres, qui me manquaient, ou dont je ne pouvais faire usage parce que je n'entends pas le hollandais. Cette compilation est l'*Histoire générale des Provinces-Unies*, qui a paru dans ce siècle en Hollande[1]. Un écrivain, d'ailleurs médiocre, Richard Dinoth[2], m'a été utile, par des extraits de quelques brochures du temps, qui se sont depuis longtemps perdues. Je me suis donné une peine inutile pour me procurer la correspondance du cardinal Granvelle, qui aurait sans contredit répandu aussi

---

1. L'*Histoire générale des Provinces-Unies*, écrite en français par Dujardin et Sellius, a été publiée à Paris, en 7 vol. in-4, de 1757 à 1770. Il en a sans doute paru en Hollande, peu de temps après, une traduction allemande, dont Schiller s'est servi, mais que je ne connais pas et n'ai pu trouver à Paris. Tout en laissant subsister les renvois de l'auteur à l'édition qu'il a employée, j'ai indiqué, à l'exemple d'un des précédents traducteurs (M. le marquis de Châteaugiron), les renvois à l'édition française de cette grande histoire.

2. Dans la première édition, le nom propre *Richard Dinoth* s'est changé, par une faute d'impression, en *Richard Knoth*. Schiller veut parler de l'ouvrage intitulé : *De bello civili belgico libri VI*.

beaucoup de lumière sur cette époque. L'ouvrage récemment publié par mon très-digne compatriote, M. Spittler, professeur à Gœttingue, sur l'inquisition espagnole, m'est parvenu trop tard pour que j'aie pu faire usage de ses ingénieuses et importantes observations.

Qu'il n'ait pas été en mon pouvoir d'étudier entièrement, comme je le désirais, une si riche histoire dans ses premières sources et dans les documents contemporains, d'en faire une œuvre vraiment nouvelle, indépendante de la forme dans laquelle elle m'a été transmise par ceux de mes devanciers qui pensaient par eux-mêmes, et de me soustraire ainsi à l'empire que tout écrivain de talent exerce plus ou moins sur ses lecteurs, c'est ce que je regrette de plus en plus, à mesure que je reconnais davantage l'importance du sujet. Mais pour cela il eût fallu que l'ouvrage de quelques années devînt celui d'une vie tout entière. Mon but, dans cet essai, sera plus qu'atteint, s'il persuade à une partie du public lettré qu'un récit peut être écrit avec la fidélité que veut l'histoire, sans qu'il soit une épreuve pour la patience du lecteur, et s'il amène une autre partie à avouer que l'histoire peut emprunter quelque chose à un art voisin, sans devenir nécessairement pour cela un roman.

<small>Weimar au temps de la foire de Saint-Michel, 1788.</small>

INTRODUCTION

A L'HISTOIRE DE LA RÉVOLTE DES PAYS-BAS.

Un des plus mémorables événements politiques qui ont fait du seizième siècle, entre tous les âges du monde, le plus brillant, me paraît être la fondation de la liberté des Pays-Bas. Si les exploits éclatants inspirés par la passion de la gloire et une ambition funeste prétendent à notre admiration, combien plus est-elle due à un événement où nous voyons l'humanité opprimée combattre pour ses plus nobles droits, où des forces extraordinaires se trouvent associées à la bonne cause, où les ressources d'un courageux désespoir triomphent, dans une lutte inégale, des redoutables artifices de la tyrannie! Elle est grande et rassurante, la pensée qu'il existe encore après tout un secours contre les arrogantes prétentions du despotisme des rois, que leurs plans les mieux calculés échouent honteusement devant la liberté humaine ; qu'une courageuse résistance peut faire plier le bras qu'étend un despote, et une héroïque persévérance épuiser enfin les sources de son terrible pouvoir. Nulle part cette vérité ne m'a pénétré aussi vivement que dans l'histoire de ce soulèvement mémorable qui sépara pour jamais les Pays-Bas-Unis de la monarchie espagnole. C'est pourquoi j'ai cru que c'était une entreprise digne d'être tentée, de présenter au monde ce beau monument de la force civique ; d'éveiller dans l'âme de mon lecteur un joyeux sentiment de lui-même, et d'offrir un nouvel et irrécusable exemple de ce que les hommes peuvent hasarder pour la bonne cause et de ce qu'ils sont capables d'accomplir par l'union.

Ce n'est pas ce que cet événement a d'extraordinaire ou d'héroïque qui m'engage à en faire le récit. Les annales du monde nous ont conservé des entreprises semblables, qui paraissent conçues avec plus d'audace encore, et exécutées avec plus d'éclat. Beaucoup d'États se sont écroulés par une ruine plus imposante, d'autres se sont élevés par un élan plus sublime. Que l'on n'attende pas non plus ici de ces personnages éminents, gigantesques, de ces actions étonnantes, que l'histoire des temps anciens nous offre avec une si riche abondance : ces temps sont passés, ces hommes ne sont plus. Dans le sein efféminé d'une civilisation raffinée nous avons laissé s'amollir les forces que ces âges exerçaient et rendaient nécessaires. Nous contemplons aujourd'hui, avec une admiration découragée, ces figures colossales, comme un vieillard énervé considère les mâles divertissements de la jeunesse. Rien de pareil dans l'histoire qui nous occupe. Le peuple que nous voyons ici paraître était le plus pacifique de l'Europe, et moins capable que ses voisins de cet héroïsme qui donne même aux moindres actions un essor plus élevé. La force des circonstances le surprit par son irrésistible impulsion, et lui imposa une grandeur passagère, à laquelle il ne semblait pas appelé, et que jamais peut-être il ne retrouvera[1]. C'est donc précisément l'absence de grandeur héroïque qui rend cette histoire originale et instructive, et, si d'autres se proposent pour but de montrer le génie triomphant des conjonctures, je présente ici un tableau où la nécessité créa le génie et où les conjonctures firent des héros.

S'il était jamais permis de faire intervenir dans les choses humaines une Providence supérieure, ce serait dans cette histoire, tant elle semble en contradiction avec la raison et l'expérience de tous les temps. Philippe II, le plus puissant souverain de son siècle, dont la prépondérance redoutée menace d'engloutir l'Europe entière; dont les trésors surpassent les richesses réunies de tous les rois chrétiens; dont les flottes domi-

---

1. Le *Mercure allemand* et l'édition de 1788 ont de plus ici la phrase suivante : « Ainsi la puissance par laquelle ce peuple agit ne s'est pas évanouie parmi nous; l'heureux résultat qui couronna son entreprise audacieuse ne nous est pas interdit, si un jour les mêmes circonstances reviennent et si de semblables motifs nous appellent à des actions semblables. »

nent sur toutes les mers; un monarque dont les dangereux projets ont à leur service de nombreuses armées, des armées qui, endurcies par de longues et sanglantes guerres et par une discipline romaine, exaltées par un insolent orgueil national, et enflammées par le souvenir de leurs victoires, sont altérées de gloire et de butin, et se meuvent comme des membres dociles sous l'audacieux génie de leurs chefs; cet homme redouté, acharné à la poursuite opiniâtre d'un projet unique, d'une entreprise qui l'occupe sans relâche pendant son long règne, vers laquelle il dirige toutes ces formidables ressources, comme vers un seul but, et qu'il se voit forcé d'abandonner sur la fin de ses jours sans avoir pu l'accomplir : Philippe II, aux prises avec quelques peuplades, dans une lutte qu'il ne peut terminer!

Et avec quelles peuplades? Ici une paisible tribu de pêcheurs et de pâtres, dans un coin oublié de l'Europe, qu'ils ont péniblement conquis sur les flots de la mer : la mer est son industrie, sa richesse et son fléau; une libre pauvreté, son souverain bien, sa gloire, sa vertu. Là un peuple de marchands, bon, policé, vivant dans l'affluence des fruits abondants d'une industrie prospère; gardien vigilant des lois qui furent ses bienfaitrices. Dans l'heureux loisir du bien-être, il franchit la sphère inquiète du besoin, et apprend à aspirer à de plus hautes jouissances. La vérité nouvelle, dont la réjouissante aurore se lève à ce moment sur l'Europe, jette un rayon fécondant sur cette contrée favorable, et le citoyen libre reçoit avec joie la lumière, à laquelle se dérobent des esclaves en proie à la tristesse et à l'oppression. La joyeuse pétulance, qui accompagne d'ordinaire l'abondance et la liberté, excite ce peuple à peser l'autorité d'opinions vieillies et à briser une chaîne humiliante. La dure verge du despotisme est suspendue sur sa tête; un pouvoir arbitraire menace de détruire les fondements de son bonheur; le gardien de ses lois devient son tyran. Simple dans sa politique, comme dans ses mœurs, il ose faire valoir un contrat suranné, et rappeler à la loi naturelle le dominateur des deux Indes. Un nom décide l'issue de la contestation. On appela révolte à Madrid, ce qui se nommait à Bruxelles une action légale. Les griefs du Brabant demandaient un sage médiateur : Philippe II y envoie un bourreau, et le signal de la guerre est donné. Une tyrannie sans exemple attaque la vie et la propriété. Le bourgeois désespéré, à qui le choix est laissé entre deux genres de mort, choisit la plus glorieuse, sur le champ de bataille. Un peuple riche et ami du luxe chérit la paix, mais il devient guerrier quand il devient pauvre. Il cesse alors de trembler pour une vie à laquelle on veut ôter tout ce qui la rendait souhaitable. La fureur de la révolte s'empare des provinces les plus éloignées; le commerce et l'industrie languissent; les vaisseaux disparaissent des ports, l'artisan de son atelier, le cultivateur des campagnes ravagées. Des milliers de citoyens fuient dans les pays lointains; des milliers de victimes périssent sur l'échafaud, et d'autres milliers se pressent pour leur succéder : car elle doit être divine, la croyance pour laquelle on peut mourir avec tant de joie [1]. Il ne manque plus que la main qui doit accomplir et terminer l'œuvre; l'esprit éclairé et entreprenant qui saisira ce grand moment politique et qui convertira en un plan de la sagesse l'ouvrage du hasard.

Guillaume le Taciturne se dévoue, nouveau Brutus, au grand intérêt de la liberté. Élevé au-dessus d'un timide égoïsme, il refuse au monarque une obéissance coupable; il se dépouille généreusement de son existence princière, descend à une pauvreté

[1] J'ai dit dans la *Vie de Schiller*, au sujet de ses ouvrages historiques, « qu'en matière religieuse, quelque désir qu'il ait, je le crois, d'être équitable et vrai, on peut se plaindre que çà et là il laisse trop pencher la balance en faveur de ses coreligionnaires, de la croyance dans laquelle il a été élevé. » On peut dire en outre que, dans quelques endroits, il exprime des opinions ou des jugements qui sont en désaccord avec le christianisme en général, et non pas seulement avec tel ou tel symbole en particulier. Un des précédents traducteurs de la *Révolte des Pays-Bas*, M. de Cloet, a supprimé les passages qui choquaient sa foi et s'est permis certaines corrections. Bien que j'approuve et adopte tout aussi peu que lui les principes et les appréciations qui blessent soit le dogme chrétien, soit la religion catholique, je ne me suis pas cru le droit de l'imiter et de dénaturer la pensée de l'écrivain. Cela passe les pouvoirs d'un interprète et pourrait paraître peu loyal, en même temps qu'on y verrait peut-être un aveu de faiblesse ou d'impuissance. La réfutation n'est point ici mon rôle et entraînerait parfois dans de longues discussions; mais si je ne la tente pas, ce n'est pas que, sur les points qui touchent réellement à la foi, je la trouve impossible et même difficile. Les objections, par exemple, qu'on voudrait tirer contre la religion même et ses dogmes, de certains abus ou excès qu'on ne peut nier, ont été réfutées bien souvent, et les arguments qu'on y peut opposer sont présents à la pensée de tout catholique instruit et zélé pour sa foi. Je dois ajouter, au reste, que les passages supprimés par M. Cloet, sont, de son propre aveu, en petit nombre : il reconnaît, dans sa préface, qu'en général une grande impartialité a présidé à la rédaction de l'histoire qu'il a traduite.

volontaire, et n'est plus qu'un citoyen du monde. La juste cause est livrée aux hasards des batailles ; mais un ramas de mercenaires et des laboureurs pacifiques ne peuvent tenir tête au choc terrible d'une armée aguerrie. Deux fois Guillaume mène contre le tyran ses troupes intimidées, deux fois elles l'abandonnent ; mais son courage ne l'abandonne pas, et Philippe II lui envoie[1] autant de renforts que la cruelle avidité de son médiateur faisait de mendiants. Des fugitifs, que rejetait leur patrie, s'en cherchent une nouvelle sur la mer ; ils cherchent sur les vaisseaux de leur ennemi l'assouvissement de leur vengeance et de leur faim. Alors des corsaires deviennent d'héroïques marins ; des vaisseaux de pirates composent une marine, et une république s'élève du fond des marais. Sept provinces brisent à la fois leurs chaînes[2], et forment un État nouveau, brillant de jeunesse, puissant par sa concorde, ses inondations et son désespoir. Une sentence solennelle de la nation déclare le tyran déchu du trône, le nom espagnol disparaît de toutes les lois.

Ainsi est accompli un acte qui ne peut plus trouver de pardon ; la république devient redoutable, parce qu'elle ne peut plus revenir en arrière. Des factions déchirent la confédération, et même son terrible élément, la mer, conjurée avec l'oppresseur, menace son frêle berceau d'une destruction prématurée. Elle sent ses forces succomber sous la puissance supérieure de l'ennemi, et, suppliante, elle se jette au pied des trônes les plus puissants de l'Europe, pour faire hommage d'une souveraineté qu'elle ne peut plus défendre. Enfin, et à force de peine (si méprisables furent les commencements de cet État, que l'ambition des rois étrangers dédaigna elle-même sa tendre jeunesse), enfin elle décide un étranger à accepter sa dangereuse couronne. De nouvelles espérances raniment son courage abattu, mais c'est un traître que le sort lui a donné dans ce nouveau père de la patrie, et au moment le plus critique, quand l'impitoyable

---

1. *Lui envoie* est conforme au texte de la première édition (*sendet ihm*); dans les éditions actuelles, on lit simplement *sendet* « envoie » : l'omission du pronom dénature le sens. — Dans la suite de la phrase, Schiller a substitué à la leçon primitive (*sa cruelle aridité*), celle que nous avons traduite *(la cruelle aridité de son médiateur)*.

2. La première édition a le présent *zerreissen;* les éditions actuelles, le passé *zerrissen.*

ennemi assaille déjà les portes, Charles d'Anjou attente à la liberté, pour la défense de laquelle il a été appelé. En même temps, la main d'un meurtrier arrache le pilote du gouvernail, le sort de la république paraît décidé : il semble qu'avec Guillaume d'Orange tous ses anges sauveurs sont envolés ; mais le navire vogue dans la tempête, et ses voiles qui se gonflent n'ont plus besoin du secours du rameur.

Philippe II voit perdu le fruit d'une action qui lui coûte son honneur de prince et peut-être, qui sait ? le secret orgueil et le calme de sa conscience. La liberté soutient contre le despotisme une lutte acharnée et incertaine ; des combats meurtriers sont livrés, une brillante suite de héros se succèdent sur le champ d'honneur : la Flandre et le Brabant furent l'école qui forma des généraux pour le siècle suivant. Une longue et désastreuse guerre dévaste les richesses des campagnes ; les vainqueurs et les vaincus épuisent leur sang, tandis que le naissant État maritime attire à lui l'industrie fugitive, et élève sur les ruines de son voisin le magnifique édifice de sa grandeur. Elle dura quarante ans, cette guerre, dont l'heureuse issue ne réjouit pas l'œil mourant de Philippe ; cette guerre qui détruisit en Europe un paradis, et en créa de ses ruines un nouveau ; qui moissonna la fleur d'une belliqueuse jeunesse, enrichit toute une partie du monde et réduisit à la pauvreté le possesseur des mines du Pérou. Ce monarque, qui, sans fouler son peuple, pouvait dépenser neuf cents tonnes d'or, qui en extorquait bien plus encore par de tyranniques artifices, amassa sur ses États dépeuplés une dette de cent quarante millions de ducats. Une haine implacable de la liberté engloutit tous ces trésors et consuma sans fruit sa vie royale ; mais la réformation prospéra sous les ravages de son glaive, et la nouvelle république arbora sur les flots de sang des citoyens son étendard victorieux.

Cette révolution extraordinaire semble toucher au prodige, mais bien des causes se réunirent pour briser la puissance de ce roi et favoriser les progrès du jeune État. Si tout le poids des forces du monarque fût tombé sur les Provinces-Unies, il n'y avait point de salut pour leur religion, pour leur liberté. Son ambition même vint au secours de leur faiblesse, en le contraignant de diviser ses forces. La coûteuse politique de solder des traîtres dans tous les cabinets de l'Europe, l'appui donné à la Ligue en France, la révolte des Maures à Grenade, la conquête du Portugal et la somptueuse construction de l'Escurial, épuisèrent enfin ses trésors qui paraissaient inépuisables, et l'empêchèrent d'agir en campagne avec énergie et promptitude. Les troupes allemandes et italiennes, que le seul espoir du butin avait attirées sous ses drapeaux, se révoltèrent alors, parce qu'il ne pouvait les payer, et abandonnèrent traîtreusement leurs généraux dans le moment décisif de leurs opérations. Ces redoutables instruments de l'oppression tournèrent dès lors leur dangereuse puissance contre Philippe lui-même, et se déchaînèrent en ennemis dans les provinces qui lui étaient restées fidèles. La malheureuse expédition contre la Grande-Bretagne, dans laquelle, comme un joueur désespéré, il risqua toutes les forces de son royaume, acheva de l'énerver : avec l'Armada périt le tribut des deux Indes et le noyau des bandes héroïques de l'Espagne.

Mais à proportion que la puissance espagnole s'épuisait, la république prenait une nouvelle vie. Les vides que la religion réformée, la tyrannie des tribunaux ecclésiastiques, la rapacité effrénée de la soldatesque et les ravages d'une longue guerre faisaient sans cesse dans les provinces de Brabant, de Flandre et du Hainaut, qui étaient les places d'armes et les arsenaux de cette ruineuse guerre, rendaient naturellement plus difficiles chaque année l'entretien et le recrutement des troupes. Les Pays-Bas catholiques avaient déjà perdu un million de citoyens, et les champs dévastés ne nourrissaient plus leurs cultivateurs. L'Espagne même ne pouvait plus fournir que peu de soldats. Cette contrée, surprise par une prospérité soudaine, qui amena l'oisiveté, avait beaucoup perdu de sa population et ne put longtemps soutenir ces envois d'hommes dans le nouveau monde et les Pays-Bas. Un bien petit nombre revoyaient leur patrie ; ils l'avaient quittée dans leur jeunesse et revenaient vieillards énervés. L'or, devenu plus commun, rendait le soldat toujours plus exigeant et plus cher ; l'appât croissant de la mollesse rehaussait le prix des vertus opposées. Il en était tout autrement chez les rebelles. Tous les milliers d'hommes que la cruauté des gouverneurs espagnols chassait des Pays-Bas méridionaux, ceux que la guerre des huguenots bannissait de la France, ceux que l'intolérance exilait des autres pays de l'Europe, appartenaient aux révoltés. Leur place de recrutement était le monde chrétien tout entier. Le fanatisme des persécuteurs travaillait pour eux comme celui des persécutés. Le vif enthousiasme pour une doctrine récemment annoncée, le désir de la vengeance, la faim, une misère désespérée, attiraient de tous les points de l'Europe des aventuriers sous leurs drapeaux. Tout ce qui était gagné à la nouvelle doctrine, tout ce qui avait souffert du despotisme ou qui avait encore à craindre de lui pour l'avenir, identifiait en quelque manière son propre sort avec celui de la nouvelle république. Toute offense reçue d'un tyran donnait droit de bourgeoisie en Hollande. On se portait en foule dans un pays où la liberté arborait son joyeux étendard, où la religion des fugitifs était certaine de trouver estime et sûreté et vengeance contre ses oppresseurs. Si nous considérons dans la Hollande actuelle le concours de tous les peuples, qui recouvrent leurs droits naturels à leur entrée sur son territoire, que devait être alors cette affluence, quand tout le reste de l'Europe gémissait encore sous le triste esclavage de la pensée, quand Amsterdam était presque le seul port franc de toutes les opinions? Des centaines de familles se sauvèrent avec leurs richesses dans un pays que la concorde et l'Océan protégeaient avec une égale puissance. L'armée républicaine était nombreuse, sans qu'il eût été nécessaire d'abandonner la charrue. Au milieu du bruit des armes florissaient l'industrie et le commerce, et le tranquille bourgeois goûtait par avance tous les fruits de la liberté, que l'on commençait seulement à conquérir avec un sang étranger. Dans le temps même où la république de Hollande luttait encore pour son existence, elle étendait par delà l'Océan les bornes de son empire et élevait en silence ses trônes des Indes orientales.

Ajoutons que l'Espagne faisait cette guerre dispendieuse avec un or stérile, richesse morte, qui ne retournait jamais dans la main d'où elle s'était écoulée, mais qui élevait en Europe le prix de toutes les choses nécessaires. Le trésor de la république était le travail et le commerce. Les richesses de l'Espagne diminuaient avec le temps; celles de la Hollande se multipliaient. A mesure que les ressources de la monarchie s'épuisaient par la longue durée de la guerre, la république ne faisait proprement que commencer à recueillir sa moisson. C'était une semence mise en réserve, une semence fertile, qui rendait tardivement, mais au centuple; l'arbre dont Philippe II cueillait les fruits était une tige coupée et ne reverdissait pas.

Le malheur de ce roi voulut que tous les trésors qu'il prodiguait pour la ruine des Provinces concourussent à les enrichir encore. Cette émission continuelle de l'or espagnol avait répandu dans toute l'Europe la richesse et le luxe; mais l'Europe recevait en très-grande partie les objets de ses nouveaux besoins de la main des Néerlandais, qui étaient alors maîtres de tout le commerce du monde, et fixaient le prix de toutes les marchandises. Même pendant cette guerre, Philippe ne put interdire à la république de Hollande le commerce avec ses propres sujets : bien plus, il ne pouvait en désirer l'interruption. Il payait lui-même aux rebelles les frais de leur défense; car cette guerre même, qui devait les détruire, augmentait le débit de leurs marchandises. Les énormes dépenses qu'il faisait pour ses flottes et ses armées s'écoulaient en grande partie dans les trésors de la république, qui était en relation avec les places de commerce de la Flandre et du Brabant. Les moyens que Philippe employait contre les rebelles tournaient indirectement[1] à leur avantage[2]. Toutes les sommes immenses que dévora une guerre de quarante ans étaient versées dans le tonneau des Danaïdes et se perdaient dans un abîme sans fond.

La marche lente de cette guerre fut aussi nuisible au roi d'Espagne qu'avantageuse aux révoltés. Son armée était principalement composée des restes de ces troupes victorieuses qui avaient déjà moissonné leurs lauriers sous Charles-Quint. L'âge et les longs services leur donnaient des droits au repos; beaucoup d'entre eux, que la guerre avait enrichis, désiraient avec impatience de rentrer dans leur patrie, pour finir doucement une vie

---

1. Nous avons suivi la première édition, qui a *mittelbar* « médiatement, indirectement, » à quoi les éditions actuelles substituent *unmittelbar* « immédiatement, directement. »
2. À la suite de cette phrase, la première édition ajoute : « Il n'avait aucune puissance contre cet ennemi, parce qu'il ne pouvait élever un mur autour de son propre pays. »

laborieuse. Leur zèle d'autrefois, leur ardeur héroïque et leur discipline se relâchaient, à proportion qu'ils croyaient avoir satisfait à l'honneur et au devoir, et qu'ils commençaient à recueillir enfin les fruits de tant de campagnes. Ajoutez à cela que des troupes accoutumées à vaincre toute résistance par l'impétuosité de leur attaque, devaient se lasser d'une guerre qui se faisait moins contre les hommes que contre les éléments; qui exerçait plus la patience qu'elle ne satisfaisait le désir de gloire; où l'on avait moins à combattre le danger que les peines et les privations. Ni leur courage personnel, ni leur longue expérience de la guerre ne pouvaient leur servir dans un pays dont la nature particulière donnait souvent l'avantage sur elles au plus lâche des habitants. Enfin, sur un sol étranger une seule défaite leur nuisait plus que ne pouvaient leur servir plusieurs victoires sur un ennemi qui était dans ses foyers. Pour les rebelles, c'était précisément le contraire. Dans une guerre si longue, où il ne se livrait aucune bataille décisive, l'ennemi le plus faible devait à la fin s'instruire à l'école du plus fort; de légères défaites l'accoutumaient au danger; de légers avantages animaient sa confiance. A l'ouverture de la guerre civile, l'armée républicaine avait à peine osé se montrer en campagne devant les Espagnols; le temps l'exerça et l'aguerrit. A mesure que les armées royales se lassaient des combats, la confiance des révoltés s'était accrue avec les progrès de leur discipline et de leur expérience. Enfin, au bout d'un demi-siècle, les maîtres et les disciples se séparèrent, dignes rivaux, sans avoir été vaincus.

Il faut dire encore que, dans tout le cours de cette guerre, on agit du côté des rebelles avec plus d'ensemble et d'unité que du côté du roi. Avant que les révoltés eussent perdu leur premier chef, le gouvernement des Pays-Bas avait déjà passé cinq fois dans des mains différentes. L'irrésolution de la duchesse de Parme se communiqua au cabinet de Madrid[1], et, en peu de temps, lui fit essayer presque tous les systèmes politiques. L'inflexible dureté du duc d'Albe, l'indulgence de son successeur Requescens, la ruse et les artifices de don Juan d'Autriche, l'es-

1. A la place des mots « se communiqua au cabinet de Madrid, » on lit dans la première édition « maltraita le cabinet de Madrid, lui fut fatale (*misshandelte des Kabinet zu Madrid*). »

prit vif, et rappelant César, du prince de Parme, donnèrent à cette guerre autant de directions opposées, tandis que le plan de la révolte resta toujours le même, dans une seule tête, où il se maintenait plein de clarté et de vie. Le plus grand mal fut qu'en général les maximes de gouvernement n'étaient pas appliquées au moment où elles auraient dû l'être. Au commencement des troubles, quand la supériorité était encore visiblement du côté du roi, quand une prompte résolution et une mâle fermeté pouvaient étouffer la révolte encore au berceau, on laissa flotter mollement les rênes de l'administration dans les mains d'une femme. Lorsque la rébellion eut réellement éclaté, que les forces de la faction et celles du roi se trouvaient déjà plus en équilibre, et qu'une prudente souplesse pouvait seule empêcher la guerre civile, qui était imminente, le gouvernement échut à un homme auquel manquait précisément la seule vertu nécessaire pour cet emploi. Un surveillant aussi attentif que l'était Guillaume le Taciturne ne laissa échapper aucun des avantages que lui donnait la mauvaise politique de son adversaire, et avec une silencieuse ténacité il mena lentement au but sa grande entreprise.

Mais pourquoi Philippe II ne parut-il pas lui-même dans les Pays-Bas? Pourquoi préféra-t-il épuiser les moyens les moins naturels plutôt que d'essayer le seul qui ne pouvait manquer de réussir? Pour briser le pouvoir et la licence de la noblesse, aucun expédient n'était plus sûr que la présence personnelle du souverain. Toute grandeur particulière s'effaçait nécessairement auprès de la majesté royale, toute autre autorité était éclipsée. Au lieu d'attendre que la vérité arrivât, lentement et confusément, jusqu'au trône lointain, à travers tant de canaux impurs, et qu'une tardive résistance laissât à l'œuvre du hasard le temps de mûrir, de se changer en œuvre de la sagesse, le coup d'œil pénétrant du maître aurait distingué la vérité de l'erreur. A défaut d'humanité, sa froide politique aurait suffi pour sauver au pays un million de citoyens. Plus proches de leur source, les édits eussent été plus efficaces; tout près du but où ils visaient, les coups de la révolte auraient perdu de leur force et de leur audace. Il en coûte infiniment plus de faire en face à l'ennemi le mal qu'on peut bien se permettre contre lui en son absence. La révolte parut d'abord alarmée de son nom même, et elle se para longtemps du spécieux prétexte de défendre la cause du souverain contre les prétentions arbitraires de son lieutenant. L'apparition de Philippe II à Bruxelles aurait mis fin tout d'un coup à cette jonglerie. Alors la rébellion eût été forcée de réaliser sa feinte, ou de jeter le masque et de se condamner elle-même en prenant sa vraie forme. Et quel soulagement pour les Pays-Bas, si la présence du roi leur avait seulement épargné les maux dont ils furent accablés à son insu et contre sa volonté! Quel avantage pour lui-même, quand cette présence n'aurait servi qu'à veiller sur l'emploi des sommes immenses qui, levées illégalement pour les besoins de la guerre, disparaissaient dans les mains rapaces des administrateurs! Ce que ses lieutenants ne pouvaient arracher que par le monstrueux secours de la terreur, la majesté royale l'aurait trouvé sans effort dans tous les cœurs. Ce qui rendait ses ministres des objets d'exécration, n'aurait provoqué tout au plus à son égard que la crainte; car l'abus d'un pouvoir exercé par droit de naissance accable moins douloureusement que celui d'un pouvoir délégué. Sa présence aurait sauvé des milliers d'hommes, quand même il n'eût été autre chose qu'un despote économe; et, ne l'eût-il pas été, la terreur de sa personne lui aurait conservé un pays qu'il perdit par la haine et le mépris qu'inspirèrent ses agents.

De même que l'oppression du peuple néerlandais devint un intérêt commun à tous les hommes qui avaient le sentiment de leurs droits, de même on pourrait croire que la désobéissance et la défection de ce peuple dut être pour tous les princes une invitation à protéger leurs propres droits dans ceux de leur voisin. Mais la jalousie contre l'Espagne l'emporta cette fois sur la sympathie politique, et les premières puissances de l'Europe se rangèrent ouvertement ou en secret du côté de la liberté. L'empereur Maximilien II, quoique attaché à la maison d'Espagne par les liens de la parenté, lui donna un juste sujet de l'accuser d'avoir favorisé secrètement le parti des rebelles. Par l'offre de sa médiation, il reconnaissait tacitement à leurs griefs un certain degré de justice, ce qui devait les encourager à les soutenir avec d'autant plus de fermeté. Sous un empereur qui eût été sincèrement dévoué à la cour d'Espagne, Guillaume d'Orange aurait eu de la peine à tirer de l'Allemagne tant de troupes et d'argent. La France, sans rompre ouvertement et formellement la paix, plaça un prince du sang à la tête des rebelles néerlandais; les opérations de ceux-ci furent en grande partie exécutées avec de l'argent et des troupes de France. Élisabeth d'Angleterre ne faisait qu'exercer une juste vengeance, de justes représailles, en protégeant les rebelles contre leur légitime souverain; et, quoique ses modiques secours fussent tout au plus suffisants pour empêcher la ruine totale de la république, c'était déjà un avantage infini dans ces moments où l'espérance pouvait seule encore soutenir leur courage abattu. À cette époque, Philippe était encore en paix avec ces deux puissances, et toutes deux le trahirent. Souvent, entre le fort et le faible, la probité n'est pas une vertu; celui qui est craint peut rarement tirer avantage de ces liens délicats qui unissent entre eux les égaux. Philippe avait lui-même banni la vérité des relations politiques; lui-même avait écarté la moralité des rapports des rois et fait de la ruse la divinité des cabinets. Sans jouir jamais pleinement[1] de sa supériorité, il eut à lutter pendant toute sa vie contre la jalousie qu'elle éveillait chez les autres. L'Europe lui fit expier l'abus d'un pouvoir dont il n'avait jamais eu réellement le complet usage.

Si, à côté de l'inégalité des deux adversaires, qui excite au premier coup d'œil un si grand étonnement, on tient compte de toutes les circonstances qui furent contraires à l'un et favorables à l'autre, l'événement cesse de paraître surnaturel, mais il reste toujours extraordinaire; et l'on a une juste mesure pour apprécier le mérite propre de ces républicains dans la conquête de leur liberté. Mais qu'on ne suppose pas que l'entreprise même ait été précédée d'une si exacte évaluation des forces, ou qu'en s'embarquant sur cette mer incertaine, ils aient su d'avance sur quel rivage ils aborderaient plus tard. L'entreprise ne s'offrit pas à la pensée de ses auteurs aussi mûre, aussi féconde[2] qu'elle se montra à la fin dans son accomplissement :

1. Les éditions actuelles suppriment le mot *gans* « entièrement, pleinement, » qui se trouve dans la première et qui est ici nécessaire pour le sens.
2. Il y a de plus, dans la première édition, « aussi hardie et aussi magnifique. »

tout aussi peu l'avait paru à l'esprit de Luther l'éternelle scission religieuse, lorsqu'il s'éleva contre le trafic des indulgences. Quelle différence entre cette modeste procession des Gueux à Bruxelles, qui implorent, comme une grâce, un traitement plus humain, et la redoutable majesté d'un État libre qui traite d'égal à égal avec les rois, et, en moins d'un siècle, dispose du trône de ses anciens tyrans! La main invisible du destin fit prendre à la flèche lancée un essor plus élevé et une tout autre direction que celle que la corde lui avait imprimée. C'est au sein de l'heureuse province du Brabant que naît la liberté, qui, bientôt, n'étant encore qu'un enfant nouveau-né, doit, arrachée à sa mère, faire le bonheur de la Hollande jusque-là méprisée. Mais l'entreprise même ne doit pas nous sembler moins grande, parce qu'elle s'est terminée autrement qu'elle n'avait été conçue[1]. L'homme travaille, polit et façonne la pierre brute, que les siècles lui fournissent; le moment, l'occasion lui appartiennent, mais l'histoire du monde se déroule au gré de la fortune et des accidents. Si les passions qui agirent dans ce mémorable événement n'ont pas été indignes de la cause qu'elles servaient à leur insu; si les forces qui aidèrent à l'accomplir, si les actions isolées, dont l'enchaînement produisit ce merveilleux résultat, ont été en soi de nobles forces, de belles et de grandes actions, l'événement lui-même est dès lors grand, intéressant et fécond pour nous, et nous sommes libres d'y voir avec étonnement l'œuvre hardie du hasard ou de reporter notre admiration à une intelligence supérieure.

L'histoire du monde est semblable à elle-même, comme les lois de la nature, et simple comme l'âme humaine. Les mêmes causes ramènent les mêmes effets. Sur ce même sol, où les Néerlandais font tête aujourd'hui à leur tyran espagnol, leurs ancêtres, les Bataves et les Belges, luttèrent, quinze siècles auparavant, contre leur tyran romain. Comme eux, sujets contraints d'un maître superbe; comme eux, maltraités par des satrapes avides, ils brisent leurs chaînes avec la même audace, et tentent la fortune dans une lutte inégale. C'est le même orgueil de

[1]. La première édition ajoute ici : « Un commerce plus intime avec l'histoire moderne et ancienne du monde devrait nous avoir guéris de ce vain jugement. »

conquérant, le même élan national, chez l'Espagnol du seizième siècle et le Romain du premier ; la même valeur, la même discipline dans les armées ; la même terreur inspirée par leur ordre de bataille. Là, comme ici, nous voyons la ruse lutter contre la force supérieure, et la persévérance, soutenue par la concorde, lasser une énorme puissance, qui s'est affaiblie par la division de ses forces. Là, comme ici, une haine privée arme la nation : un seul homme, né pour son siècle, révèle à ses concitoyens le dangereux secret de leur pouvoir, et pousse leur ressentiment muet à une explosion sanglante. « Avouez-le, Bataves, dit Claudius Civilis à ses concitoyens dans le bois sacré[1], sommes-nous encore traités, comme autrefois, par ces Romains, en alliés et en amis ? ne le sommes-nous pas plutôt en esclaves ? Nous sommes livrés à leurs employés et à leurs lieutenants, qui, après s'être rassasiés de nos dépouilles et de notre sang, sont remplacés par d'autres, qui renouvellent, sous d'autres noms, les mêmes violences. S'il arrive une fois enfin que Rome nous envoie un magistrat supérieur, il nous écrase par une escorte d'un faste ruineux et par un orgueil plus insupportable encore. Le temps des levées approche de nouveau, des levées qui arrachent pour jamais les fils à leurs parents, les frères à leurs frères, et livrent votre mâle jeunesse à la dépravation romaine. Le moment, Bataves, est à nous. Jamais Rome ne fut abattue comme à présent. Que ces noms de légions ne vous effrayent point : leurs camps ne renferment que des vieillards et du butin. Nous avons des fantassins et des cavaliers. La Germanie est pour nous, et la Gaule brûle de secouer le joug. Qu'ils règnent sur la Syrie, et l'Asie et l'Orient, qui ne peuvent se passer de rois ! Il en est encore parmi nous qui sont nés avant qu'on payât tribut aux Romains. Les Dieux sont du parti du plus brave. » Des serments solennels consacrent cette conjuration, comme plus tard l'alliance des Gueux ; comme celle-ci, elle se cache insidieusement sous le voile de la soumission et sous la majesté d'un grand nom. Les cohortes de Civilis jurent, au bord du Rhin, fidélité à Vespasien, alors en Syrie, comme les

---

1. Voyez ce discours dans les *Histoires* de Tacite, liv. IV, chap. 14. — Je n'ai pas besoin d'avertir que nous avons traduit, non le latin de Tacite, mais l'allemand de Schiller, qui est une version assez libre.

signataires du Compromis à Philippe II. Le même champ de bataille produit le même plan de défense, ouvre le même refuge au désespoir. Les uns et les autres confient leur fortune chancelante à l'élément que la nature leur donne pour allié; dans la même détresse, Civilis sauve son île par une inondation factice, comme, quinze siècles après lui, Guillaume d'Orange sauvera la ville de Leyde. La vaillance batave révèle la faiblesse des maîtres du monde, comme le noble courage de leurs descendants donne en spectacle à toute l'Europe le déclin de la puissance espagnole. La même fécondité de génie dans les généraux des deux époques fait que la guerre dure avec la même opiniâtreté et qu'elle a une issue presque également douteuse. Cependant nous remarquons une différence : les Romains et les Bataves font la guerre avec humanité, parce qu'ils ne combattent pas pour la religion[1].

[1]. Tacit., *Hist.*, liv. IV et V.

LIVRE PREMIER

HISTOIRE ANTÉRIEURE DES PAYS-BAS,

JUSQU'AU SEIZIÈME SIÈCLE.

Avant de pénétrer au cœur de cette grande révolution, il nous faut faire quelques pas en arrière dans l'histoire ancienne du pays, et voir naître l'état politique dans lequel nous le trouvons à l'époque de ce mémorable changement.

La première entrée de ce peuple dans l'histoire du monde est le moment de sa ruine. C'est de ses vainqueurs qu'il reçut une existence politique. La vaste contrée qui est bornée à l'est par l'Allemagne, au sud par la France, au nord et à l'ouest par la mer du Nord, et que nous comprenons sous le nom général de Pays-Bas (Néerlande), était, à l'époque de l'invasion romaine dans les Gaules, partagée entre trois peuples principaux, tous primitivement d'origine germaine, de mœurs germaines et de caractère germain[1]. Le Rhin leur servait[2] de limite. Sur la rive gauche du fleuve habitaient les Belges[3]; sur la rive droite, les

---

1. J. Cæsar, *De bello gall.*, liv. I. — Tacit., *De morib. Germ.* et *Hist.*, liv. IV. (Comme nous l'avons dit plus haut, les renvois aux auteurs sont de Schiller. Nous les reproduisons tels qu'ils sont dans l'original, et ce n'est pas à nous qu'il faut imputer le défaut d'uniformité qu'on peut remarquer dans ces indications.)
2. Dans la première édition « leur sert. »
3. Dans la contrée dont la plus grande partie forme aujourd'hui les Pays-Bas catholiques et les pays de la généralité. (*Note de l'auteur.* — Il ne faut pas oublier que la première édition de cette histoire est de 1788. — Dans le *Mercure* cette note est plus longue. L'addition que voici y rendait inutiles les deux notes distinctes, consacrées, dès l'édition de 1788, aux Frisons et aux Bataves : « Les Bataves et un petit peuple qui leur était uni, les Canninéfates, habitaient une partie de la Hollande, une partie du pays de Clèves d'à présent, la Gueldre, Utrecht et Overysse'. Les Frisons occupaient tout le reste.»)

Frisons[1] ; et, dans l'île que ses deux bras formaient alors avec l'Océan, les Bataves[2]. Ces trois peuples particuliers furent assujettis, l'un plus tôt, l'autre plus tard, par les Romains ; mais leurs vainqueurs eux-mêmes rendent à leur vaillance le plus glorieux témoignage. « Les Belges, écrit César[3], furent les seuls de tous les peuples gaulois qui repoussèrent de leurs frontières l'invasion des Cimbres et des Teutons. » — « Tous les peuples des bords du Rhin, nous dit Tacite[4], cédaient en héroïsme guerrier aux Bataves. Ce peuple sauvage payait son tribut en soldats, et ses vainqueurs le réservaient, comme les flèches et les épées, pour les seules batailles. » Les Romains eux-mêmes déclaraient que la cavalerie batave était la meilleure partie de leurs armées. Longtemps elle forma, comme les Suisses de nos jours, la garde des empereurs romains. Leur courage farouche, lorsqu'ils franchirent tout armés le Danube à la nage, effraya les Daces. Ces mêmes Bataves avaient accompagné Agricola dans son expédition en Bretagne, et l'avaient aidé à conquérir cette île[5]. De tous ces peuples, les Frisons furent les derniers soumis, et les premiers ils reconquirent leur liberté. Les marais au milieu desquels ils habitaient ne tentèrent que plus tard les conquérants, et leur coûtèrent davantage. Le Romain Drusus, qui faisait la guerre dans ces contrées, ouvrit un canal du Rhin au Flévo (aujourd'hui le Zuyderzée), par lequel la flotte romaine pénétra dans la mer du Nord, et de là, par les embouchures de l'Ems et du Wéser, trouva un accès plus facile dans l'intérieur de la Germanie[6].

Pendant quatre siècles, nous trouvons des Bataves dans les armées romaines ; mais, après le temps d'Honorius, leur nom

1. Dans ce qui est aujourd'hui la province de Groningue, la Frise orientale et occidentale, une partie de la Hollande, de la Gueldre, d'Utrecht et d'Overyssel. (Note de l'auteur.)
2. Dans la partie supérieure de la Hollande, des provinces d'Utrecht et d'Overyssel, dans le pays de Clèves d'à présent, etc., entre le Leck et le Wahal. On peut y joindre des peuplades moins considérables : les Canninéfates, les Mattiaques, les Maréates, etc.— Tacit., *Hist.*, liv. IV, chap. 15, 56 ; *De morib. Germ.*, chap. 29. (Note de l'auteur.)
3. *De bello gallico.*
4. *Hist.*, liv. IV, chap. 12.
5. Dio Cass., liv. LXIX. — Tacit., *Agricol.*, chap. 36 ; *Ann.*, liv. II, chap. 16.
6. Tacit., *Ann.*, liv. II, chap. 8. — Sueton., *In Claud.*, chap. 1, n. 3.

disparaît de l'histoire. Nous voyons leur île envahie par les Francs, qui se confondent ensuite avec les Belges limitrophes. Les Frisons[1] ont brisé le joug de leurs maîtres lointains et impuissants, et reparaissent comme un peuple libre et même conquérant, qui se gouverne par ses propres coutumes et un reste des lois romaines, et recule ses limites au delà du Rhin, sur la rive gauche. En général, de toutes les provinces néerlandaises, la Frise a le moins souffert des invasions de peuples étrangers, de coutumes et de lois étrangères, et, durant une longue suite de siècles, elle a conservé de sa constitution, de son esprit national et de ses mœurs, des vestiges qui, même aujourd'hui, ne sont pas entièrement effacés.

L'époque de la grande migration des peuples anéantit la forme primitive de la plupart de ces nations; d'autres mélanges se font, d'autres constitutions naissent. Les villes et les camps des Romains disparaissent dans la dévastation universelle, et, avec eux, d'innombrables monuments de leur grand art de gouverner, exécutés par le travail de mains étrangères. Les digues abandonnées succombent sous la fureur des fleuves et l'invasion de l'Océan. Ces merveilles de l'industrie humaine, ces ingénieux canaux, se dessèchent; les fleuves prennent un autre cours; la terre ferme et l'Océan confondent leurs limites, et la nature du sol change comme ses habitants. La liaison des deux époques semble rompue, et, avec une nouvelle race d'hommes, commence une nouvelle histoire.

La monarchie des Francs, qui s'éleva sur les ruines de la Gaule romaine, avait englouti, au sixième et au septième siècle, toutes les provinces néerlandaises, et planté dans ces pays la foi chrétienne. La Frise fut la dernière que Charles-Martel assujettit à la couronne franque, après une guerre opiniâtre, et ses armes y frayèrent le chemin à l'Évangile. Charlemagne réunit toutes ces provinces, qui devinrent alors une portion de la vaste monarchie que ce conquérant forma de l'Allemagne, de la France

---

1. A partir de cette phrase jusqu'à la dernière de l'alinéa suivant, Schiller a modifié, surtout par des additions, sa première rédaction. Les phrases « En général de toutes les provinces néerlandaises, etc., » et plus loin « Les villes et les camps des Romains, etc., » et « Les digues, etc. » manquent dans le *Mercure*. Elles se trouvent déjà dans la première édition (1788.)

et de la Lombardie. Quand son grand empire fut démembré par les partages sous ses successeurs, les Pays-Bas se divisèrent aussi en provinces, tantôt allemandes, tantôt françaises, tantôt lorraines, et nous les trouvons enfin sous les deux noms de Frise et de Basse-Lorraine[1].

Avec les Francs, la constitution féodale, fruit du Nord, vint aussi dans ces contrées, et elle y dégénéra comme dans toutes les autres. Les vassaux les plus puissants se détachèrent peu à peu de la couronne, et les officiers royaux usurpèrent, comme propriétés héréditaires, les provinces qu'ils devaient gouverner. Mais ces vassaux rebelles ne pouvaient se soutenir contre la couronne que par le secours de leurs arrière-vassaux, et l'appui que ceux-ci leur prêtèrent dut être acheté par de nouvelles investitures. Des usurpations et des donations pieuses rendirent le clergé puissant, et il s'assura bientôt une existence propre et indépendante dans ses abbayes et ses évêchés. C'est ainsi qu'aux dixième, onzième, douzième et treizième siècles la Néerlande se trouvait morcelée en plusieurs petites souverainetés, dont les possesseurs rendaient hommage tantôt à l'empereur d'Allemagne, tantôt aux rois francs. Plusieurs de ces souverainetés furent souvent réunies sous une seule famille principale, par achat, mariage, succession, ou encore par droit de conquête, et, dans le quinzième siècle, nous voyons la maison de Bourgogne en possession de la plus grande partie des Pays-Bas[2]. Philippe le Bon, duc de Bourgogne, avait déjà réuni, avec plus ou moins de droit, sous son obéissance onze provinces, auxquelles son fils, Charles le Téméraire, en ajouta deux nouvelles par la force des armes. Ainsi s'éleva insensiblement en Europe un nouvel État, auquel il ne manquait que le nom pour être le royaume le plus florissant de cette partie du monde. Ces vastes possessions faisaient des ducs de Bourgogne des voisins redoutables pour la France, et elles induisirent l'esprit inquiet de Charles le Téméraire à former le plan d'une conquête qui devait embrasser tous les pays qui s'étendaient du Zuyderzée et de l'embouchure du Rhin jusqu'en Alsace. Les inépuisables ressources de ce prince justifiaient dans

---

1. *Histoire générale des Provinces-Unies*, Ire partie, liv. IV et V (t. I, sect. 3 de l'édition française).
2. Grotius, *Annal.*, liv. I, p. 2, 3.

une certaine mesure cette audacieuse chimère. Une armée formidable menace de la réaliser. Déjà la Suisse tremblait pour sa liberté, mais la fortune perfide le trahit dans trois batailles terribles, et le conquérant, en proie au vertige, disparut sous les murs de Nancy, dans la foule des vivants et des morts[1].

L'unique héritière de Charles le Téméraire, Marie, la plus riche fille de prince de l'époque, et la malheureuse Hélène qui attira le malheur sur ces provinces, occupa alors l'attention de toute l'Europe. Deux grands princes, Louis XI, roi de France, pour le jeune dauphin, et Maximilien d'Autriche, fils de l'empereur Frédéric III, parurent au nombre de ses prétendants. Celui auquel elle donnait sa main devenait le plus puissant prince de l'Europe, et ce fut alors pour la première fois que cette partie du monde conçut des craintes pour son équilibre. Louis, le plus puissant des deux, pouvait appuyer sa demande par la force des armes; mais le peuple néerlandais, qui disposait de la main de sa souveraine, laissa de côté ce redoutable voisin, et décida en faveur de Maximilien, dont les États plus éloignés et la puissance plus bornée menaçaient moins la liberté du pays. Trompeuse et funeste politique, qui, par une étonnante dispensation du ciel, ne fit que hâter le triste sort qu'on voulait ainsi prévenir.

Philippe le Beau, fils de Marie et de Maximilien, reçut de la princesse espagnole qu'il épousa cette vaste monarchie que Ferdinand et Isabelle avaient récemment fondée, et Charles d'Autriche, son fils, fut par sa naissance souverain de l'Espagne, des Deux-Siciles, du nouveau monde et des Pays-Bas.

Dans ces provinces, le commun peuple sortit plus prompte-

---

[1]. Un page, qui l'avait vu tomber, et qui conduisit les vainqueurs sur la place, quelques jours après la bataille, le sauva d'un injurieux oubli. On tira son cadavre nu, et entièrement défiguré par les blessures, d'un marais, où il était gelé, et on le reconnut, avec beaucoup de peine, à quelques dents qui lui manquaient et aux ongles qu'il portait plus longs que les autres hommes. Mais que, malgré ces signes, il y eût encore des incrédules doutant de sa mort et s'attendant à le voir reparaître, c'est ce que prouve un passage d'une missive où Louis XI sommait les villes de Bourgogne de revenir à la couronne de France. « Si le duc Charles se retrouvait en vie, est-il dit dans ce passage, vous seriez dégagés de votre serment envers moi. » Comines, t. III, Preuves des mémoires, 495, 497. (Note de l'auteur. — L'édition de Comines que cite Schiller est celle de Lenglet du Fresnoy. Londres et Paris, 1747, 4 vol. in-4°).

ment du servage que dans les autres États féodaux, et acquit bientôt une existence civile indépendante. La situation avantageuse du pays, baigné par la mer du Nord et par de grands fleuves navigables, éveilla de bonne heure le commerce, qui rassembla les hommes dans des villes, encouragea l'industrie, attira les étrangers, et répandit dans la population le bien-être et l'abondance. Avec quelque dédain que la politique guerrière de ces temps regardât d'en haut tous les métiers utiles, les souverains ne pouvaient toutefois entièrement méconnaître les avantages essentiels qui en découlaient pour eux. La population croissante de leurs États, les divers impôts qu'ils arrachaient aux nationaux et aux étrangers sous les différentes dénominations d'entrées, de douanes, droits de passage, d'escorte, de pontonnage, de hallage, de réversion, etc., étaient des appâts trop séduisants pour qu'ils vissent avec indifférence les causes auxquelles ils en étaient redevables. Leur propre avidité en fit des protecteurs du commerce, et, comme il arrive souvent, la barbarie elle-même prêta son assistance, jusqu'à ce qu'une saine politique prît sa place. Dans la suite, ils attirèrent eux-mêmes les marchands lombards; ils accordèrent aux villes quelques précieux priviléges et une juridiction particulière, par où elles acquirent infiniment de considération et d'influence. Les nombreuses guerres que les comtes et les ducs soutinrent entre eux et contre leurs voisins[1] les rendirent dépendants du bon vouloir des villes, qui surent se procurer de l'importance par leurs richesses et conquérir d'importants priviléges en retour des subsides qu'elles fournissaient. Avec le temps, ces priviléges des communes s'accrurent, quand les croisades rendirent nécessaire à la noblesse un armement dispendieux, quand une nouvelle route vers l'Europe fut ouverte aux produits de l'Orient, et quand les progrès du luxe créèrent pour les princes de nouveaux besoins. C'est ainsi que, dès le onzième et le douzième siècles, nous trouvons dans ces provinces un gouvernement mixte, où la puissance du souverain est notablement limitée par l'influence des états, composés de la noblesse, du clergé et des villes. Ces

---

1. « Entre eux et contre leurs voisins. » C'est là le texte de la première édition. Dans les éditions postérieures on a altéré le sens en supprimant un « et. »

états se rassemblaient aussi souvent que l'exigeait le besoin de la province. Sans leur consentement aucune nouvelle loi n'était valable, aucune guerre ne pouvait être entreprise, aucun impôt levé, aucun changement apporté aux monnaies, et aucun étranger admis à une partie quelconque de l'administration. Ces priviléges étaient communs à toutes les provinces ; il y en avait d'autres, différents selon les diverses localités. Le gouvernement était héréditaire, mais le fils ne succédait aux droits du père qu'après avoir juré solennellement la constitution[1].

Le premier législateur est la nécessité ; tous les besoins auxquels il est pourvu dans cette constitution ont été, dans le principe, des besoins du commerce. Ainsi tout le système de la république est fondé sur le négoce, et ses lois sont plus récentes que son industrie. Le dernier article de cette constitution, qui exclut de tout office les étrangers, est une suite naturelle de tous les autres. Des rapports si compliqués, ménagés avec tant d'art, entre le souverain et le peuple, et qui variaient encore dans chaque province, souvent dans une même ville, exigeaient des hommes qui joignissent au zèle le plus vif pour le maintien des libertés nationales la plus profonde connaissance de ces libertés. Ni l'un ni l'autre ne se pouvait guère présumer chez un étranger. Au reste, cette loi était valable pour chaque province en particulier, en sorte qu'un Flamand ne pouvait remplir une charge dans le Brabant, un Hollandais en Zélande, et la loi se maintint même dans la suite, après que toutes ces provinces eurent été réunies sous un seul souverain.

Entre toutes les provinces, c'était le Brabant qui jouissait de la plus large liberté. Ses priviléges étaient jugés d'un si grand prix, que beaucoup de mères des provinces limitrophes s'y rendaient, vers le temps de leur délivrance, pour y faire leurs couches, afin que leurs enfants eussent part à toutes les prérogatives de cet heureux pays : « de même, dit Strada, qu'on anoblit dans un sol plus doux les plantes d'un climat rigoureux[2]. »

Après que la maison de Bourgogne eut réuni plusieurs provinces sous sa domination, les assemblées provinciales particu-

---

1. Grotius, liv. I, 3.
2. *De bello belg.*, dec. I, liv. II, 34. — Guicciardini, *Descr. Belg.*

lières, qui avaient été jusqu'alors des tribunaux indépendants, furent subordonnées à une cour suprême, séante à Malines, qui rassembla les divers membres en un seul corps, et qui jugea en dernier ressort toutes les causes civiles et criminelles. La souveraineté particulière des provinces fut abolie, et la majesté résida dans le sénat de Malines.

Après la mort de Charles le Téméraire, les états ne négligèrent pas de mettre à profit l'embarras de leur duchesse, que menaçaient les armes de la France et qui était en leur pouvoir[1]. Les états de Hollande et de Zélande la contraignirent de souscrire une grande lettre de franchise qui leur assurait les droits les plus importants de la souveraineté[2]. L'insolence des Gantois alla si loin qu'ils traînèrent arbitrairement devant leur tribunal les favoris de Marie, qui avaient eu le malheur de leur déplaire, et les firent décapiter devant les yeux de cette princesse. Pendant le peu de temps que dura le gouvernement de la duchesse jusqu'à son mariage, la communauté civile acquit une force qui la rapprochait beaucoup de l'état républicain. Après la mort de sa femme, Maximilien prit, de sa propre autorité, le gouvernement, comme tuteur de son fils. Les états, lésés dans leurs droits par cette usurpation, ne reconnurent pas son pouvoir, et tout ce qu'il put obtenir d'eux, ce fut d'être toléré comme lieutenant, pour un temps déterminé, et sous des conditions qu'il jura d'observer.

Maximilien crut pouvoir enfreindre la constitution, lorsqu'il fut devenu roi des Romains[3]. Il frappa les provinces d'impôts extraordinaires, conféra des emplois à des Bourguignons et à des Allemands, et introduisit dans les Pays-Bas des troupes étrangères. Mais la jalousie de ces républicains s'était accrue avec la puissance de leur régent. Comme il faisait son entrée à Bruges avec une nombreuse escorte d'étrangers, le peuple courut aux armes, s'empara de sa personne et le retint prisonnier

---

1. *Mémoires* de Philippe de Commines, t. 1, 314.
2. *Histoire générale des Provinces-Unies*, IIe partie (t. IV, p. 169, 171 de l'éd. franç.).
3. *Roi des Romains* (*Römischer König*). C'est là le vrai texte de Schiller. Dans les éditions postérieures il s'est glissé une faute grave : on a remplacé *König* « roi, » par *Kaiser* « empereur. » Le fait dont il s'agit est antérieur à l'avénement de Maximilien à l'empire. Il fut élu roi des Romains en 1486 ; empereur en 1493.

dans le château. Nonobstant la puissante intercession de la cour
impériale et de celle de Rome, il ne recouvra pas sa liberté
avant d'avoir donné des garanties à la nation sur les points contestés.

La sûreté de la vie et de la propriété, qui était le résultat de
lois douces et d'une impartiale administration de la justice,
avait encouragé, dans ces contrées, l'activité et l'industrie. En
lutte continuelle avec l'Océan et les embouchures de fleuves impétueux, qui sévissaient contre les terres plus basses, et dont il
fallait dompter la violence par des digues et des canaux, ce peuple avait appris de bonne heure à observer la nature qui l'entourait, à braver par son industrie et sa constance un élément
plus fort que lui, et, comme l'Égyptien, que son Nil instruisait,
à exercer dans une résistance ingénieuse son esprit d'invention
et sa sagacité. La fertilité naturelle du sol, qui favorisait l'agriculture et l'élève du bétail, augmenta en même temps la population. Son heureuse situation près de l'Océan et des grands
fleuves navigables de l'Allemagne et de la France, dont plusieurs
s'y jettent dans la mer; tant de canaux artificiels, qui coupent
le pays dans tous les sens, animaient la navigation; et les relations intérieures des provinces, qui étaient par là rendues si faciles, éveillèrent bientôt chez ces peuples le génie du commerce.

Les côtes de l'Angleterre et du Danemark furent, à cause du
voisinage, les premières que visitèrent leurs vaisseaux. Les laines d'Angleterre, qu'ils rapportaient, occupèrent des milliers
de mains industrieuses à Bruges, à Gand, à Anvers, et, dès le
milieu du XIIe siècle, on porta des draps de Flandre en France
et en Allemagne. Au XIe siècle, nous trouvons déjà des vaisseaux frisons dans la Baltique et jusque dans la mer du Levant. Ce peuple courageux osa même, sans boussole, s'avancer vers le pôle arctique, jusqu'à l'extrémité septentrionale de
la Russie[1]. Les Pays-Bas recevaient par les villes des Wendes
une partie du commerce levantin, qui allait encore, à cette
époque, de la mer Noire à la Baltique, à travers la Russie. Au

---

1. Fischer, *Geschichte des deutschen Handels* (*Histoire du commerce allemand*), 1re partie, 447.

XIIIᵉ siècle, lorsque ce commerce commença à déchoir, que les croisades ouvrirent aux marchandises de l'Inde une nouvelle route par la mer Méditerranée, que les villes italiennes attirèrent à elles cette fructueuse branche de négoce, et qu'en Allemagne la grande Hanse se forma, les Pays-Bas devinrent le grand entrepôt entre le Nord et le Sud. L'usage de la boussole n'était pas encore général, et l'on naviguait toujours lentement et avec précaution le long des côtes. Les ports de la Baltique étaient le plus souvent gelés pendant les mois d'hiver, et inaccessibles à tout navire[1]. Les vaisseaux qui ne pouvaient facilement achever en une seule saison le trajet de la Méditerranée dans la Baltique, choisissaient donc volontiers un point de réunion, situé entre les deux mers. Les Pays-Bas, ayant derrière eux un immense continent auquel ils étaient rattachés par des fleuves navigables; étant ouverts à l'Océan, vers le couchant et le nord, par des ports hospitaliers, semblaient faits exprès pour être le rendez-vous des peuples et le centre du commerce. Des entrepôts furent établis dans les principales villes néerlandaises. Là, Portugais, Espagnols, Italiens, Français, Anglais, Allemands, Danois et Suédois affluaient, avec les productions de toutes les parties du monde. La concurrence des vendeurs faisait baisser le prix des marchandises; l'industrie était vivifiée, parce que le marché était à sa porte. La nécessité de l'échange des espèces produisit le commerce de banque, qui ouvrit encore une abondante source de richesses. Les souverains du pays, qui finirent par mieux connaître leur véritable intérêt, encouragèrent le marchand par les plus importantes franchises, et surent protéger le commerce par des traités avantageux avec les puissances étrangères. Au XVᵉ siècle, quand plusieurs provinces se joignirent ensemble sous un seul maître, leurs funestes guerres particulières cessèrent aussi, et les avantages propres à chacune se trouvèrent désormais plus étroitement réunis par un gouvernement commun. Leur commerce et leur prospérité fleurirent dans le sein d'une longue paix, que la puissance prépondérante de leurs princes imposa aux rois voisins. Le pavillon de Bourgogne était redouté dans toutes les mers[2]; l'autorité

1. Anderson, III, 89.
2. *Mémoires* de Comines, liv. III, chap. 5.

du souverain donnait aux entreprises une force efficace, et faisait des tentatives d'un simple particulier l'affaire d'un État redoutable. Une si puissante protection les mit bientôt en état de renoncer même à la ligue anséatique, et de poursuivre ce tier ennemi sur toutes les mers. Les trafiquants anséatiques, à qui les côtes d'Espagne furent fermées, se virent à la fin obligés de visiter les foires flamandes et de recevoir les marchandises espagnoles dans l'entrepôt néerlandais.

Au XIV° et au XV° siècle, la ville de Bruges en Flandre était le centre de tout le commerce européen et la grande foire de toutes les nations. En 1468, on compta cent cinquante vaisseaux marchands, qui entrèrent à la fois dans le port de l'Écluse[1]. Outre le riche magasin de la ligue anséatique, il s'y trouvait encore quinze compagnies de commerce avec leurs comptoirs, de nombreuses factoreries et familles de marchands de tous les pays de l'Europe. C'était l'entrepôt de tous les produits du Nord pour le Sud, et de tous ceux du Sud et du Levant pour le Nord. Ceux-ci étaient expédiés par le Sund sur des vaisseaux de la Hanse, et par le Rhin dans la Haute-Allemagne, ou transportés sur des voitures, par une voie latérale, vers les pays de Brunswick et de Lunebourg.

Un luxe effréné, telle est la marche naturelle de l'humanité, suivit ce bien-être. L'exemple séducteur de Philippe le Bon ne pouvait que hâter cette époque. La cour des ducs de Bourgogne était la plus voluptueuse et la plus magnifique de l'Europe, sans excepter même l'Italie. L'habillement somptueux des grands, qui servit plus tard de modèle aux Espagnols, et qui passa enfin à la cour d'Autriche avec les usages bourguignons, se propagea bientôt jusque chez le peuple, et le moindre bourgeois se couvrit de soie et de velours[2]. « L'abondance avait été suivie de l'or-

---

[1]. Anderson, III, 237, 259, 260. — L'Écluse, port de Bruges, communique avec cette ville par un canal.

[2]. Philippe le Bon était trop prodigue pour amasser des trésors; cependant Charles le Téméraire trouva entassée dans sa succession une plus grande provision de vaisselle de table, de joyaux, de livres, de tapis et de linge, que trois riches maisons princières n'en possédaient alors ensemble; et, outre cela, un trésor de trois cent mille écus d'argent comptant. La richesse de ce prince et du peuple bourguignon s'étala sur les champs de bataille de Gransor, de Morat et de Nancy. C'est là qu'un soldat suisse arracha du doigt de Charles ce diamant

gueil, au rapport de Comines, c'est-à-dire d'un auteur qui parcourut les Pays-Bas vers le milieu du xv⁰ siècle. La vanité et la magnificence des vêtements était portée chez les deux sexes jusqu'à une extrême somptuosité. Le luxe de la table ne s'était encore élevé chez aucun autre peuple à un tel degré de prodigalité. Le rapprochement indécent des deux sexes dans les bains et les réunions du même genre, qui irritent la volupté, avait banni toute pudeur; et il ne s'agit pas ici de la mollesse ordinaire des grands; les femmes du peuple, de la plus basse condition, se livraient à ces désordres sans bornes et sans mesure[1]. »

Mais combien cet excès même est plus satisfaisant pour l'ami de l'humanité que la triste parcimonie de l'indigence et la grossière vertu de l'imbécillité, sous lesquelles l'Europe presque entière était alors écrasée ! La période bourguignonne brille d'un éclat bienfaisant dans ces siècles ténébreux, comme un beau jour de printemps au milieu des froides ondées de février.

Mais cette prospérité même, si florissante, conduisit enfin à leur perte les cités de la Flandre. Gand et Bruges, enivrées de liberté et d'opulence, déclarent à Philippe le Bon, maître de onze provinces, une guerre qui finit aussi malheureusement pour elles qu'elle avait été témérairement entreprise. La seule ville de Gand perdit dans la bataille de Gavre plusieurs milliers d'hommes, et il lui fallut apaiser la colère du vainqueur par

fameux *, qui passa longtemps pour le plus gros de l'Europe, qui brille encore aujourd'hui au second rang dans la couronne de France, et que l'ignorant trouveur vendit pour un florin. Les Suisses échangèrent l'argent contre de l'étain et l'or contre du cuivre, et ils mirent en pièces les tentes magnifiques, faites de drap d'or. La valeur du butin que l'on fit en or, en argent et en pierres précieuses, est estimée à trois millions (de florins **). Charles et son armée n'avaient pas marché à la bataille comme des ennemis qui veulent combattre, mais comme des vainqueurs qui se parent après la victoire. Comines, I, 253, 259, 265. (*Note de l'auteur.*)

1. *Mémoires* de Philippe de Comines, t. I, liv. I, chap. 2; liv. V, chap. 9, 291. — L'allemand de Schiller n'est point une traduction bien littérale du texte de Comines. — Fischer, *Gesch. d. d. Handels* (*Hist. du com. allem.*), t. II, 193, etc.

* Les historiens s'accordent à raconter que ce diamant fameux, le Sancy, fut non pas arraché du doigt de Charles, mais trouvé sur le chemin, où quelque serviteur du duc l'avait sans doute laissé tomber en fuyant, après la bataille de Grauson.

** Schiller dit simplement *trois millions*. Nous avons ajouté *florins* d'après l'évaluation de Jean de Muller dans son *Histoire de la Suisse*, liv. V, chap. 1.

une amende de quatre cent mille florins d'or. Tous les magistrats et les principaux bourgeois de cette cité, au nombre de deux mille, durent aller en chemise, nu-pieds et la tête découverte, à la rencontre du duc, jusqu'à une lieue de la ville, et lui demander grâce à genoux. A cette occasion, on leur enleva quelques précieux priviléges, perte irréparable pour l'avenir de leur commerce. En 1482, ils combattirent, sans beaucoup plus de succès, contre Maximilien d'Autriche, pour lui arracher la tutelle de son fils, dont il s'était emparé contre le droit. La ville de Bruges retint l'archiduc lui-même prisonnier en 1487, et fit exécuter quelques-uns de ses principaux ministres. L'empereur Frédéric III entra sur leur territoire avec une armée, pour venger son fils, et tint le port de l'Écluse bloqué pendant dix ans, ce qui arrêta tout leur commerce. Dans cette circonstance, il fut puissamment assisté par Amsterdam et Anvers, dont la jalousie avait été depuis longtemps excitée par la prospérité des villes flamandes. Les Italiens commencèrent à porter leurs étoffes de soie au marché d'Anvers, et les tisserands flamands, qui s'étaient établis en Angleterre, y envoyèrent aussi leurs marchandises, ce qui fit perdre à la ville de Bruges deux importantes branches de commerce. Son orgueil hautain avait depuis longtemps offensé la ligue anséatique, qui l'abandonna alors pareillement et transporta son entrepôt à Anvers. En 1516, tous les marchands étrangers quittèrent Bruges, il n'y resta qu'un petit nombre d'Espagnols; mais sa prospérité défleurit lentement, comme elle s'était épanouie[1].

Anvers recueillit, dans le XVIe siècle, le commerce que le luxe et sa mollesse bannissaient des villes flamandes : sous le règne de Charles-Quint, Anvers était la ville la plus vivante et la plus magnifique du monde chrétien. Un fleuve tel que l'Escaut, dont l'embouchure voisine et spacieuse participe au flux et au reflux de la mer du Nord, et qui peut amener jusque sous les murs de la ville les plus pesants navires, en faisait naturellement le rendez-vous de tous les vaisseaux qui visitaient cette côte. Ses foires libres attiraient des négociants de tous les pays[2]. Au commence-

---

1. Anderson, 3e partie, 200, 314, 315, 316, 488.
2. Deux de ces foires duraient quarante jours, et toutes les marchandises qui s'y vendaient étaient exemptes de droits. (*Note de l'auteur.*)

ment de ce siècle, l'industrie des habitants s'était élevée à son état le plus florissant. La culture du blé et du lin, l'élève du bétail, la chasse et la pêche enrichissaient le campagnard; les arts, les manufactures et le commerce, le citadin. Bientôt on vit les produits de l'industrie flamande et brabançonne en Arabie, en Perse et dans l'Inde. Ses vaisseaux couvraient l'Océan, et nous les voyons disputer aux Génois, dans la mer Noire, le droit souverain de protection[1]. Un caractère qui distinguait le marin néerlandais, c'est qu'il faisait voile dans toutes les saisons sans hiverner jamais.

Après la découverte de la nouvelle route par le cap de Bonne-Espérance, et quand le commerce des Portugais avec les Indes orientales eut ruiné celui du Levant, les Pays-Bas ne ressentirent pas la plaie dont étaient frappées les républiques italiennes. Les Portugais établirent leur entrepôt dans le Brabant, et les épiceries de Calicut s'étalèrent sur le marché d'Anvers[2]. Là affluaient les marchandises des Indes occidentales, avec lesquelles l'orgueilleuse paresse espagnole payait l'industrie néerlandaise. L'entrepôt des Indes orientales attira les maisons de commerce les plus renommées de Florence, de Lucques et de Gênes, et les Fugger et les Welser d'Augsbourg. La Hanse y porta ses denrées du Nord, et la Compagnie anglaise y avait son magasin. L'art et la nature semblaient y donner en spectacle toutes leurs richesses. C'était une magnifique exposition des œuvres du Créateur et de l'homme[3].

La renommée d'Anvers se répandit bientôt dans le monde entier. A la fin de ce siècle, une société de marchands turcs demanda la permission de s'y établir, et d'y apporter par la Grèce les produits de l'Orient. Avec le commerce des marchandises s'accrut aussi celui de l'argent. Les lettres de change d'Anvers avaient cours partout jusqu'aux extrémités du monde. On

---

1. Anderson, 3ᵉ partie, 155.
2. La valeur des épiceries et drogues médicinales qu'on y expédiait de Lisbonne doit s'être élevée, d'après Guicciardini, à un million de couronnes (florins *) par an. (*Note de l'auteur.*)
3. Meteren, 1ʳᵉ partie, t. I, 12, 13.

* Jean de Müller, à l'endroit cité plus haut au sujet du butin de Granson, donne à la couronne (*Krone*) la même valeur qu'au florin (*Gulden*).

assure que cette place faisait alors en un mois un plus grand nombre d'affaires et de plus considérables que Venise en deux années à l'époque de sa plus brillante prospérité[1].

En 1491, toute la ligue anséatique tint dans cette ville son assemblée solennelle, qui jusque-là n'avait eu lieu qu'à Lubeck. En 1531, fut bâtie la Bourse, la plus magnifique alors de toute l'Europe, et qui justifiait son orgueilleuse inscription[2]. La ville comptait à cette époque cent mille habitants. Le mouvement de la vie, la foule qui s'y pressait sans cesse, surpasse toute croyance. On voyait souvent paraître à la fois dans son port de deux cents à deux cent cinquante vaisseaux; il n'y avait pas de jour qu'il n'en arrivât et n'en sortît cinq cents et plus. Les jours de marché, ce nombre montait à huit ou neuf cents. Deux cents voitures et plus passaient journellement par ses portes; on voyait chaque semaine arriver d'Allemagne, de France et de Lorraine plus de deux mille chariots, sans compter les charrettes de paysans et les voitures de grains, dont le nombre s'élevait d'ordinaire à dix mille. La seule Compagnie anglaise des marchands *aventuriers*[3] occupait trente mille bras. Les droits de marché, les douanes, l'accise, rapportaient chaque année des

---

1. Fischers *G. d. d. Handels* (*Histoire du commerce allemand*), II, 593, etc.
2. Voici, telle que je l'ai copiée sur une gravure du cabinet des estampes de la Bibliothèque impériale, l'inscription à laquelle Schiller fait allusion :

S. P. Q. A. (Senatus populusque antverpiensis)
IN VSVM NEGOTIATORVM
CVIVSCVNQVE NATIONIS AC LINGVÆ
VRBISQVE ADEO SVÆ ORNAMENTVM
ANNO M. D. XXXI
A SOLO EXTRVI CVR. (curaverunt)

Au bas de la même gravure, à la gauche du monument, on lit les deux distiques suivants :

Mundi anima ut rerum moderetur Nummus habenas,
Terrasque et tractus conciliet marium.
Disce, hospes, tota quamvis divisus ab orbe,
Hic, tibi si Nummus, non peregrinus eris.

— A la suite de ces mots « son orgueilleuse inscription, » il y a dans l'édition de 1788 une phrase de plus : « Des maisons qui, un siècle auparavant, se louaient quatre cents couronnes, étaient montées à huit cents et mille [*]. »

3. Nous avons traduit ainsi le mot *wagende* « risquants, » qui reproduit l'anglais *adventurers*.

[*] Anderson, III, 174, 343, 540.

millions[1] au gouvernement. Nous pouvons nous faire une idée des ressources de la nation, quand nous apprenons que les impôts extraordinaires qu'elle dut payer à Charles-Quint pour ses nombreuses guerres ont été évalués à 40 millions d'or[2].

Cette prospérité florissante, la Néerlande en était tout autant redevable à sa liberté qu'à la situation et à la nature du pays. Des lois incertaines et la volonté despotique d'un prince rapace auraient anéanti tous les avantages qu'une nature bienfaisante avait répandus sur cette contrée avec une si riche abondance. L'inviolable sainteté des lois peut seule garantir au citoyen les fruits de son industrie, et lui inspirer cette heureuse confiance, qui est l'âme de toute activité.

Le génie de cette nation, développé par l'esprit de commerce et par d'intimes rapports avec tant de peuples, éclatait dans d'utiles inventions : au sein de l'abondance et de la liberté prospéraient tous les beaux-arts. Du foyer brillant de l'Italie, à laquelle Côme de Médicis avait rendu naguère son âge d'or, les Néerlandais transportèrent dans leur patrie la peinture, l'architecture, la sculpture, l'art de graver, qui fleurirent sur un nouveau sol avec un nouvel éclat. L'école flamande, fille de l'école italienne, disputa bientôt le prix à sa mère, et donna avec elle, dans toute l'Europe, des lois aux beaux-arts. Les manufactures et les arts divers sur lesquels les Néerlandais ont surtout fondé leur prospérité et la fondent même encore en partie, sont assez connus. La tapisserie, la peinture à l'huile, la peinture sur verre, les montres même et les cadrans solaires, sont originairement, au dire de Guicciardini, des inventions des Néerlandais. On leur doit le perfectionnement de la boussole, dont les points sont encore connus aujourd'hui sous des noms néerlandais. En 1432, l'imprimerie fut inventée à Harlem[3], et le

---

1. *Des millions.* Dans la première édition : « environ deux millions somme qui, dans ce temps-là, avait encore bien plus de valeur. »
2. *Histoire générale des Provinces-Unies*, 2ᵉ partie, 562. — Fischers *G. d. d. handels* (*Histoire du commerce allemand*), II, 595, etc. — « Quarante millions d'or » sont les termes employés dans l'*Histoire générale des Provinces-Unies*, L. XII (T. IV, p. 683 de l'édition française) : «.... trop heureux de saisir le moment d'une trêve pour céder à son fils des États épuisés, et dont la défense avait consommé plus de quarante millions d'or. » Une note renvoie à l'*Apologie du prince d'Orange* dans Bor, *Pièces authent.* T. I, p. 3.
3. Il y a dans le texte allemand « en 1482. » C'est évidemment une faute

destin voulut qu'un siècle plus tard cet art utile donnât en récompense la liberté à sa patrie. Au plus fécond génie pour les inventions nouvelles les Néerlandais unissaient l'heureux talent de perfectionner les inventions étrangères et antérieures : on trouvera peu d'arts mécaniques et de fabrications qui ne soient nés sur ce sol ou qui n'y soient parvenus à une plus grande perfection.

d'impression. — On peut s'étonner que Schiller transporte de Mayence à Harlem, de l'Allemagne à la Hollande, la gloire de cette invention. Le procès est jugé depuis longtemps, et ce n'est pas ici le lieu d'y revenir.

LES PAYS-BAS SOUS CHARLES-QUINT.

Ces provinces avaient été jusqu'alors l'État européen le plus digne d'envie. Aucun des ducs de Bourgogne n'avait eu la pensée d'en renverser la constitution; elle était demeurée sacrée même pour Charles le Téméraire, dont l'esprit aventureux préparait l'esclavage à une république étrangère. Tous ces princes grandirent sans concevoir de plus ambitieuse espérance que celle de régir une république, et aucun de leurs États ne pouvait leur donner l'expérience d'une autre forme de gouvernement. D'ailleurs ces princes ne possédaient rien que ce que leur donnaient les Pays-Bas: aucune armée que celle que la nation mettait pour eux en campagne; aucunes richesses que celles qui leur étaient accordées par les états. Maintenant tout changea. Les Pays-Bas étaient tombés au pouvoir d'un maître qui avait à sa disposition d'autres instruments et d'autres ressources, qui pouvait armer contre eux des forces étrangères[1]. Charles-Quint régnait despo-

[1] L'union monstrueuse de deux nations aussi dissemblables que le sont les Néerlandais et les Espagnols ne pouvait jamais avoir d'heureux résultats. Je ne puis m'empêcher de recueillir ici le parallèle que Grotius a tracé, dans un style énergique, de l'un et l'autre peuple. « Les Néerlandais, dit-il, pouvaient aisément entretenir des relations amicales avec les peuples voisins, parce qu'ils étaient de même race, et qu'ils s'étaient développés dans la même direction. Mais les Espagnols et les Néerlandais diffèrent presque à tous égards les uns des autres, et, lorsqu'ils se rencontrent, c'est pour se heurter avec d'autant plus de violence. Depuis plusieurs siècles, les deux peuples avaient brillé dans la guerre; mais les Flamands avaient, à cette époque, oublié les armes dans un voluptueux repos, tandis que les Espagnols s'étaient tenus en haleine par les campagnes d'Italie et d'Afrique. Le goût de s'enrichir disposa davantage les premiers à la paix, sans les rendre toutefois moins sensibles aux offenses. Aucun peuple n'est plus exempt de la passion des conquêtes, mais aucun ne défend mieux sa propriété. De là ces villes nombreuses, resserrées dans une étroite ré-

tiquement sur ses États espagnols; dans les Pays-Bas, il n'était que le premier citoyen. La soumission absolue qu'il trouvait dans le sud de son empire lui donnait nécessairement du mépris pour les droits des individus : ici on le faisait souvenir qu'il devait les respecter. Plus il savourait en Espagne le plaisir du pouvoir illimité, et plus grande était l'opinion qu'on le forçait de concevoir de lui-même : plus il répugnait en Néerlande à descendre jusqu'à la modeste humanité, et plus il devait être tenté de vaincre cet obstacle. Il faut déjà une grande vertu pour ne pas combattre comme ennemie la puissance qui s'oppose à nos plus chers désirs [1].

La prépondérance de Charles éveilla en même temps, chez les Néerlandais, la défiance, qui accompagne constamment la fai-

---

gion, où se pressent les étrangers et la population indigène, fortifiées au bord de la mer et des grands fleuves. Aussi, pendant les huit siècles qui suivirent la migration des peuples du Nord, les armes étrangères furent impuissantes contre eux. L'Espagne, au contraire, changea beaucoup plus souvent de maître. Lorsqu'enfin elle tomba dans les mains des Goths, son caractère et ses mœurs avaient déjà plus ou moins souffert de chaque vainqueur. Après tous ces mélanges, on nous représente ce peuple comme le plus patient dans le travail, le plus intrépide dans les dangers, également avide de richesse et d'honneur, orgueilleux jusqu'à mépriser les autres, dévot, et reconnaissant des bienfaits, mais en même temps aussi vindicatif et immodéré dans la victoire, que si la conscience et l'honneur ne prescrivaient rien à l'égard de l'ennemi. Tout cela est étranger au Néerlandais, qui est adroit, mais non pas fourbe, et qui, placé entre la France et l'Allemagne, tempère par un doux mélange les défauts et les qualités des deux peuples. Il n'est pas facile de le tromper, et on ne l'offense pas impunément. Il ne cède pas non plus à l'Espagnol en piété : les armes des Normands ne purent le détacher du christianisme, lorsqu'il l'eut une fois embrassé; aucune opinion condamnée par l'Église n'avait jusqu'alors infecté la pureté de sa foi. Ses pieuses professions allèrent même si loin, qu'on dut mettre, par des lois, une barrière à l'avidité de son clergé. Les deux peuples sont par nature dévoués à leurs souverains, mais avec cette différence, que le Néerlandais place les lois au-dessus du monarque. Entre les Espagnols, les Castillans veulent être gouvernés avec le plus de ménagements; mais ils ne souffrent pas volontiers chez les autres les libertés auxquelles ils prétendent eux-mêmes. De là vient que c'est pour leur maître commun une tâche si difficile de partager son attention et ses soins entre les deux nations, de telle manière que la préférence donnée aux Castillans ne blesse pas les Néerlandais, et que l'égalité accordée à ceux-ci n'offense pas la fierté castillane. » Grotii, *Annal. belg.*, l. I, 4, 5, seq.
(*Note de l'auteur.*)

1. Schiller a supprimé ici la phrase suivante qui se trouve dans la première édition : « Plutôt que de nous soumettre à l'aveugle nécessité, nous aimons mieux la métamorphoser en un être doué de volonté contre qui nous pouvons lutter : combien plus résistons-nous quand c'est la liberté d'autrui qui limite notre liberté! »

blesse. Jamais ils n'avaient été plus susceptibles au sujet de leur constitution, jamais plus incertains sur les droits de leur souverain, jamais plus prévoyants[1] dans leurs négociations. Nous trouvons sous son gouvernement les plus violentes explosions de l'esprit républicain, et les prétentions du peuple poussées souvent jusqu'à l'abus, ce qui colora d'une apparence de légalité les empiétements de la puissance royale. Un souverain regardera toujours la liberté civile comme une portion aliénée de son domaine, qu'il doit reconquérir. Pour un citoyen, l'autorité souveraine est un fleuve impétueux qui envahit ses droits. Les Néerlandais se protégeaient contre leur océan avec des digues, contre leurs princes avec des constitutions. Toute l'histoire du monde est une lutte, sans cesse renouvelée, entre l'ambition dominatrice et la liberté, pour ce terrain litigieux, comme l'histoire de la nature n'est autre chose qu'une lutte des éléments et des corps, qui se disputent l'espace.

Les Pays-Bas sentirent bientôt qu'ils étaient devenus provinces d'une monarchie. Aussi longtemps que leurs anciens maîtres n'eurent pas de plus grand intérêt que de veiller à leur prospérité, leur situation ressembla au tranquille bonheur d'une famille, dont le prince était le chef. Charles-Quint les amena sur le théâtre du monde politique. Ils formaient maintenant un membre du corps gigantesque qui servait d'instrument à l'ambition d'un seul homme. Ils cessèrent d'être leur but à eux-mêmes ; le centre de leur existence était transporté dans l'âme de leur souverain. Comme tout son gouvernement n'était qu'un mouvement expansif du dedans au dehors ou une action politique, il fallait avant tout qu'il fût maître de ses membres, pour s'en servir avec énergie et célérité. Il ne pouvait donc absolument s'engager dans le mécanisme compliqué de leur vie civile, ni donner à leurs priviléges particuliers la scrupuleuse attention que réclamait leur formalisme républicain. Le monarque, d'un pas audacieux, écrasa l'ingénieux édifice d'un monde de pygmées. Il fallait que, par l'unité, il se rendît plus facile l'usage de leurs forces. Le tribunal de Malines avait été jusqu'alors une cour in-

---

1. Au lieu de *vorsichtiger* « plus prévoyants ; » la première édition a *weitschweifiger* « plus longs, plus prolixes. »

dépendante : il le subordonna à un conseil royal, qu'il établit à Bruxelles, et qui fut l'organe de sa volonté. Il introduisit au cœur de leur constitution des étrangers, auxquels il confia les offices les plus importants. Des hommes qui n'avaient d'autre appui que la faveur royale ne pouvaient être que de mauvais gardiens d'immunités qui leur étaient d'ailleurs peu connues. Les dépenses croissantes de son gouvernement guerrier le forcèrent d'augmenter ses ressources. Au mépris de leurs plus sacrés privilèges, il imposa aux provinces des contributions extraordinaires ; les états, pour sauver leur dignité, durent accorder ce qu'il avait eu la discrétion de ne pas arracher par la force. Toute l'histoire du gouvernement de ce monarque dans les Pays-Bas n'est guère qu'une énumération continuelle d'impôts demandés, refusés, et pourtant à la fin consentis. Contre la constitution, il introduisit sur leur territoire des troupes étrangères, fit faire des enrôlements pour ses armées dans les Provinces, et les engagea dans des guerres indifférentes, sinon nuisibles, à leurs intérêts, et qu'elles n'avaient pas approuvées. Il punit en monarque les fautes d'une république, et le terrible châtiment des Gantois leur apprit le grand changement qu'avait déjà subi leur constitution [1].

La prospérité du pays était assurée, en tant qu'elle était nécessaire aux projets politiques de son dominateur ; car la prudente politique de Charles se serait bien gardée de contrarier les conditions de santé de ce corps auquel il se voyait forcé d'imposer des efforts. Heureusement les desseins les plus opposés de l'ambition et de la philanthropie la plus désintéressée mènent souvent au même résultat, et le bien-être des citoyens, qu'un Marc-Aurèle se propose pour but, est favorisé accidentellement sous un Auguste et un Louis [2].

---

1. Il y a de plus ici dans la première édition : « Quelques historiens l'accusent même d'avoir tenté de faire soustraire dans les couvents et les archives où elles étaient déposées, les chartes les plus importantes des provinces : action petite et lâche de la part d'un si grand prince, mais qui prouve en même temps qu'il redoutait encore ces chartes... * »

2. Ici encore Schiller a supprimé quelques phrases qui se lisent dans la première édition : « Aussi le domaine d'un despote intelligent a-t-il souvent l'ap-

* *Hist. génér. des Provinces-Unies*, 2ᵉ partie, 548 (T. IV, p. 665 de l'édit. franç.).

Charles-Quint reconnut parfaitement que le commerce était la force de la nation, et que le solide fondement de son commerce était la liberté. Il ménagea sa liberté, parce qu'il avait besoin de sa force. Plus politique, et non plus juste que son fils, il subordonnait ses maximes aux besoins du lieu et du temps : il retira dans Anvers une ordonnance qu'il aurait maintenue à Madrid[1] en recourant à toutes les terreurs du pouvoir.

Ce qui rend surtout mémorable pour les Pays-Bas le gouvernement de Charles-Quint, c'est la grande révolution religieuse, qui eut lieu sous lui, et qui doit nous occuper avec un peu plus de détail, comme la cause principale du soulèvement qui suivit. C'est cette révolution qui fit pénétrer pour la première fois le pouvoir despotique au plus profond du sanctuaire de la constitution, qui apprit à ce pouvoir à donner une preuve terrible de son habileté, et le rendit en quelque façon légitime, parce qu'elle poussa l'esprit républicain à une dangereuse extrémité. Ce dernier s'étant laissé emporter à l'anarchie et à la révolte, le pouvoir monarchique s'éleva jusqu'au comble du despotisme.

Rien n'est plus naturel que le passage de la liberté civile à la liberté de conscience. L'homme, ou le peuple, qui, par une heureuse constitution politique, a une fois appris à connaître la valeur de l'homme; qui a été accoutumé à approfondir, ou, plus encore, a créé lui-même la loi qui doit prononcer sur lui; dont l'esprit est éclairé par l'activité; dont les sensations sont éveillées par les jouissances de la vie; dont le courage naturel a été relevé par la sécurité intérieure et la prospérité : un tel peuple et un tel homme se soumettront plus difficilement que d'autres à l'aveugle domination d'une croyance voilée et despotique, et plus tôt que d'autres en secoueront le joug[2]. Une autre circonstance devait encore favoriser dans ces contrées le développement de la nouvelle religion. L'Italie, alors le siège du plus grand raffinement d'esprit, ce pays où

parence de cette terre bénie à laquelle un philosophe a donné un code de lois, et cette apparence trompeuse peut égarer le jugement de l'historien. Mais qu'il lève ce voile qui le séduit : un nouvel examen lui apprendra combien peu, dans cette puissance de l'État, il est tenu compte du bien des individus, et combien il y a encore de distance d'un empire florissant à un empire heureux.

1. La première édition ajoute : « et à Lisbonne. »
2. Voyez la note de la page 10.

les plus violentes factions politiques se sont du reste toujours déchaînées, où un climat brûlant allume le sang et porte aux passions les plus impétueuses : l'Italie, pourrait-on objecter, fut presque de tous les pays de l'Europe le plus étranger à ces nouveautés. Mais un peuple romantique, qu'un ciel agréable et chaud, une riche nature, toujours jeune et toujours riante, et les mille enchantements des arts, entretiennent dans une éternelle volupté, devait mieux s'accommoder d'une religion dont la pompe magnifique captive les sens, dont les mystérieuses énigmes ouvrent à l'imagination une immense carrière, dont les principales doctrines s'insinuent dans l'âme sous des formes pittoresques. A un peuple, au contraire, qui est rabaissé vers une réalité prosaïque par les occupations de la vie vulgaire et bourgeoise ; qui vit plus d'idées claires que d'images, et qui cultive sa raison aux dépens de son imagination : à un tel peuple se recommandera une croyance qui redoute moins l'examen ; qui insiste moins sur les mystères que sur la morale ; qui peut moins être contemplée que comprise. En un mot, la religion catholique conviendra mieux, dans son ensemble, à un peuple artiste, et la religion protestante à un peuple marchand.

Cela présupposé, la nouvelle doctrine, que Luther propagea en Allemagne et Calvin en Suisse, devait trouver dans les Pays-Bas le terrain le plus favorable[1]. Les premiers germes en furent semés dans ce pays par les marchands protestants qui se rassemblaient à Amsterdam et à Anvers. Les troupes allemandes et suisses que Charles-Quint introduisit dans ces provinces, et la multitude de réfugiés français, allemands et anglais, qui cherchaient à se dérober, sous l'abri des libertés flamandes, au glaive de la persécution qui les menaçait dans leur patrie, favorisèrent la propagation de la doctrine. Une grande partie de la noblesse néerlandaise étudiait alors à Genève, parce que l'université de Louvain n'était pas encore en renom, et que celle de Douai était encore à fonder ; les nouvelles idées religieuses, qui étaient ouvertement enseignées à Genève, furent rapportées par

---

1. On lit ici de plus dans la première édition la phrase suivante : « Le chemin par lequel elle y parvint fut le même par lequel la peste arrive de l'Orient, celui que suivent pour venir à nous la sagesse et la folie : le chemin du commerce. »

les jeunes étudiants dans leur patrie. Chez un peuple non mélangé et isolé, ces premiers germes pouvaient être étouffés; mais il était inévitable que leur progrès fût d'abord dérobé à l'œil du gouvernement, et accéléré sous le voile du secret, par l'affluence de nations si nombreuses et si diverses dans les villes d'entrepôt hollandaises et brabançonnes. Une différence d'opinion pouvait aisément se propager dans une société sans caractère national commun, sans unité de mœurs et de lois. Enfin dans un pays où l'activité laborieuse était la vertu la plus célébrée, et la mendicité, le vice le plus méprisé, un ordre d'oisiveté, l'état monacal, devait avoir longtemps scandalisé. La nouvelle religion, qui tonnait contre, gagna infiniment à avoir déjà pour elle sur ce point l'opinion populaire. Des pamphlets pleins d'amertume et de satires, auxquels l'imprimerie récemment découverte donnait dans ces pays une circulation plus rapide, et plusieurs bandes de harangueurs, nommés *Rederyker*, qui parcouraient alors les provinces, raillant les abus de leur temps dans des représentations théâtrales et des chansons, ne contribuèrent pas peu à détruire l'autorité de l'Église romaine, et à préparer un accueil favorable dans les esprits du peuple à la doctrine nouvelle[1].

Ses premières conquêtes furent étonnamment rapides; le nombre de ceux qui, en peu de temps, et surtout dans les provinces du Nord, se déclarèrent pour la nouvelle secte, fut immense; mais les adeptes étrangers étaient encore bien plus nombreux que les nationaux. Charles-Quint, qui, dans cette grande scission religieuse, avait pris le parti qu'un despote ne peut manquer de prendre, opposa au flot croissant de l'hérésie les moyens les plus énergiques. Malheureusement[2] pour la religion réformée, la justice politique était du côté de son persécuteur. La digue qui, durant tant de siècles, avait fermé à la raison humaine l'accès de la vérité, avait été trop soudainement renversée pour que le fleuve déchaîné ne débordât pas hors du

---

1. *Histoire générale des Provinces-Unies.* 2ᵉ partie, 399; voy. la note (T. IV, p. 32 de l'éd. franç.).
2. Il y a ici, dans la première édition, une faute singulière : *Zum Glück* « par bonheur, heureusement, » au lieu de *Zum Unglück* « par malheur, malheureusement. »

lit qui lui était marqué. L'esprit renaissant de liberté et d'examen, qui aurait dû s'arrêter dans les limites des questions religieuses, sonda aussi les droits des souverains. Après s'être borné à briser d'abord des chaînes de fer, on voulut à la fin rompre également les liens les plus légitimes et les plus nécessaires. Les livres saints, qui étaient désormais plus généralement répandus, fournirent des poisons au fanatisme le plus extravagant, aussi bien que des lumières et des aliments au plus sincère amour de la vérité. La bonne cause avait été réduite à choisir la mauvaise voie de la révolte, et alors arriva ce qui arrivera toujours, aussi longtemps que les hommes seront des hommes : la mauvaise cause, qui n'avait rien de commun avec l'autre que le moyen illégal, rendue plus audacieuse par cette affinité, parut à ses côtés et fut confondue avec elle. Luther s'était élevé contre l'adoration des saints : tout effronté vaurien, qui envahissait les églises et les cloîtres et pillait les autels, se nomma dès lors luthérien. La sédition, le brigandage, l'égarement, l'impureté, s'habillèrent des couleurs du réformateur; les plus monstrueux scélérats confessèrent devant les juges qu'ils étaient de sa secte. La réformation avait fait descendre l'évêque de Rome dans les rangs de la faillible humanité; une troupe furieuse, égarée par la faim, veut abolir toutes les différences de conditions. Certes une doctrine qui ne se présentait à l'État que par son côté funeste, ne pouvait se concilier un monarque qui avait déjà tant de motifs de l'extirper; et il ne faut pas s'étonner qu'il employât contre elle les armes qu'elle lui avait elle-même mises de force à la main.

Charles-Quint devait déjà se considérer comme prince absolu dans les Pays-Bas, puisqu'il n'étendit pas à ces provinces la liberté de conscience qu'il concéda à l'Allemagne. Tandis que, forcé par la résistance énergique de nos princes, il assurait, dans ce dernier pays, à la nouvelle religion un paisible exercice, il la faisait poursuivre dans les Pays-Bas par les édits les plus cruels. La lecture des évangélistes et des apôtres, toutes les assemblées, publiques ou secrètes, auxquelles la religion, de quelque manière que ce fût, prêtait son nom, tous les entretiens sur ce sujet, en famille et à table, étaient défendus dans ces édits sous des peines sévères. Dans toutes les provinces du pays furent établis des tribunaux particuliers, pour veiller à l'exécution des édits. Quiconque professait des opinions erronées était, sans égard à son rang, dépouillé de son office. Quiconque était convaincu d'avoir propagé des doctrines hérétiques, ou seulement d'avoir assisté aux réunions secrètes des réformateurs, était condamné à mort: les hommes avaient la tête tranchée, les femmes étaient enterrées toutes vives. On livrait aux flammes les hérétiques relaps. Ces terribles arrêts ne pouvaient même être annulés par la rétractation du coupable. Qui abjurait ses erreurs ne gagnait à cela tout au plus qu'un genre de mort plus doux[1].

Les fiefs d'un condamné étaient adjugés au fisc, contre tous les privilèges du pays, selon lesquels il était permis à l'héritier de les dégager moyennant une somme modique. Au mépris d'une formelle et précieuse prérogative du citoyen hollandais, de n'être pas jugé hors de sa province, les coupables étaient transportés hors des limites de la juridiction paternelle et condamnés par des tribunaux étrangers. Il fallait que la religion prêtât ainsi son secours au despotisme, pour attenter, de sa main sacrée, sans péril et sans opposition, à des libertés qui étaient inviolables pour le bras séculier[2].

Charles-Quint, enhardi par l'heureux succès de ses armes en Allemagne, crut alors pouvoir tout oser, et pensa sérieusement à transplanter dans les Pays-Bas l'inquisition espagnole. La seule terreur de ce nom arrêta soudain le commerce dans Anvers. Les principaux négociants étrangers étaient sur le point de quitter la ville. On n'achetait, on ne vendait plus rien. La valeur des maisons tomba, les métiers s'arrêtèrent. L'argent disparut des mains du bourgeois. La ruine de cette ville de commerce si florissante était inévitable, si Charles-Quint, persuadé par les représentations de la gouvernante, n'avait laissé tomber ce dangereux projet. On recommanda en conséquence au tribunal les ménagements envers les négociants étrangers, et le nom d'inquisiteurs fut changé en la qualification plus douce de juges ecclésiastiques. Mais dans les autres provinces ce tri-

---

1. Thuan., *Hist.*, 1re partie, liv. VI, 309. — Grot., liv. I.
2. *Hist. gén. des Prov.-Un.*, t. II, 547 (t. IV, p. 662 de l'éd. franç.).

bunal continua de sévir avec le despotisme inhumain qui lui est propre. On a calculé, dit-on, que, pendant le règne de Charles-Quint, cinquante mille personnes périrent par la main du bourreau, uniquement pour cause de religion[1].

Si l'on jette un coup d'œil sur la conduite violente de ce monarque, on a de la peine à comprendre ce qui a contenu pendant son règne le soulèvement qui éclata avec tant de furie sous le règne suivant. Un examen plus approfondi expliquera ce fait. La prépondérance redoutée que Charles exerçait en Europe avait élevé le commerce des Pays-Bas à une prospérité qu'il n'avait jamais atteinte auparavant. La majesté du nom de l'empereur ouvrait à leurs vaisseaux tous les ports, nettoyait pour eux toutes les mers, et leur préparait les plus favorables traités de commerce avec les puissances étrangères. C'est par lui principalement qu'ils ruinèrent la suprématie de la Hanse dans la Baltique. Le nouveau monde, l'Espagne, l'Italie, l'Allemagne, qui obéissaient maintenant avec eux au même souverain, pouvaient être, en quelque façon, considérés comme des provinces de leur patrie, et étaient ouverts à toutes leurs entreprises. Charles-Quint avait de plus réuni à l'héritage de Bourgogne les six dernières provinces des Pays-Bas, et donné à cet État une étendue, une importance politique, qui l'égalaient aux premières monarchies de l'Europe[2]. Par là il flattait l'orgueil national de ce peuple. Après que les provinces de Gueldre, d'Utrecht, de Frise et de Groningue eurent été incorporées à sa souveraineté, on vit cesser entre ces provinces toutes les guerres particulières, qui avaient si longtemps inquiété leur commerce; une

---

1. Meteren, 1re partie, liv. I, 56, 57.—Grot., Ann. belg., liv. I, 12. Ce dernier en compte cent mille.—*Hist. gén. des Prov.-Un.*, t. II, 619 (t. IV, p. 630 et s. de l'éd. fr.).

2. Il eut aussi un jour la volonté de l'ériger en royaume : mais les différences essentielles de province à province, qui s'étendaient de la constitution et des mœurs jusqu'aux poids et aux mesures, le détournèrent de ce projet. Le service qu'il leur rendit par le traité de Bourgogne, qui fixa leurs rapports avec l'empire d'Allemagne, aurait pu devenir plus important. En vertu de ce traité, les dix-sept provinces devaient contribuer, pour les besoins communs de l'empire, deux fois autant qu'un électeur, et, pour une guerre contre les Turcs, trois fois autant. En revanche, elles devaient jouir de la puissante protection de cet empire, et n'être lésées dans aucun de leurs priviléges particuliers. La révolution qui transforma, sous son fils, la constitution politique des Provinces annula cette convention, qui, vu le peu de fruits qu'elle a porté, ne mérite pas une mention plus étendue.

paix intérieure continuelle leur permit de recueillir tous les fruits de leur activité. Charles était donc le bienfaiteur de ces peuples. L'éclat de ses victoires avait en même temps ébloui leurs yeux : la gloire de leur souverain qui rejaillissait aussi sur eux, avait séduit et endormi leur vigilance républicaine ; la redoutable auréole qui couronnait le monarque invincible, le vainqueur de l'Allemagne, de la France, de l'Italie et de l'Afrique, effrayait les factions. Et qui ne sait combien de choses peut se permettre l'homme, simple particulier ou prince, qui a réussi à captiver l'admiration? Ses fréquents séjours dans ces provinces, qu'il visita, selon son propre aveu, jusqu'à dix fois, tinrent en bride les mécontents ; les exemples répétés d'une sévère et prompte justice entretinrent la frayeur de l'autorité souveraine. Enfin Charles était né dans les Pays-Bas, et il aimait la nation au sein de laquelle il avait été élevé. Les mœurs des habitants lui plaisaient ; la simplicité de leur caractère et de leur commerce le distrayait agréablement de l'austère gravité espagnole. Il parlait leur langue, et dans la vie privée il se conformait à leurs usages. Le fatigant cérémonial, ce mur de séparation si peu naturel élevé entre le roi et le peuple, était banni de Bruxelles. Aucun étranger envieux ne fermait aux sujets l'accès de leur prince; ils arrivaient à lui par l'entremise de leurs compatriotes, auxquels il confiait sa personne. Il parlait beaucoup et volontiers avec eux ; son air était affable, ses discours obligeants. Ces petits artifices lui gagnaient leur amour, et, tandis que ses armées foulaient aux pieds leurs moissons, que ses mains avides fouillaient dans leur avoir[1], pendant que ses lieutenants les opprimaient et que ses bourreaux les égorgeaient, il s'assurait de leurs cœurs par sa mine amicale.

Charles-Quint aurait vu avec plaisir son fils Philippe hériter de cet attachement de la nation. Ce fut l'unique motif pour lequel il le fit venir d'Espagne, jeune encore, et le montra dans Bruxelles à son peuple futur. Le jour solennel de son abdication, il lui recommanda ces provinces comme les plus riches diamants de sa couronne, et l'exhorta sérieusement à épargner leur constitution.

1. *Tandis que ses armées.... leur avoir.* La construction est un peu différente

Philippe II, en tout ce qui est de l'homme, était l'opposé de son père. Ambitieux comme lui, mais connaissant moins les hommes et la dignité humaine, il s'était fait de la puissance royale un idéal d'après lequel il ne traitait les hommes que comme de serviles instruments de l'arbitraire, et voyait une offense dans toute manifestation de liberté. Né en Espagne, élevé sous la verge de fer du monachisme, il exigeait des autres la triste uniformité et la contrainte qui étaient devenues son caractère. La libre gaieté des Néerlandais ne révoltait pas moins son tempérament et son humeur, que leurs priviléges son ambition dominatrice. Il ne parlait aucune autre langue que l'espagnol, ne souffrait autour de sa personne que des Espagnols, et tenait obstinément à leurs usages. Vainement l'esprit inventif de toutes les villes flamandes par lesquelles il passa, célébra à l'envi sa présence par des fêtes somptueuses[1] ; l'œil de Philippe resta sombre : toutes les profusions du luxe, tous les bruyants et chaleureux épanchements de l'allégresse la plus loyale, ne purent appeler sur son visage un sourire d'approbation[2].

Charles-Quint manqua tout à fait son but quand il présenta son fils aux Flamands. Ils auraient trouvé dans la suite son joug moins pesant, s'il n'avait jamais mis le pied dans leur pays. Mais son aspect leur annonça ce que serait ce joug : son entrée à Bruxelles lui avait aliéné tous les cœurs. L'abandon amical de l'empereur envers ce peuple ne servit qu'à mettre en relief, comme d'autant plus choquante, l'orgueilleuse gravité de son fils[3]. Ils avaient lu sur son visage le funeste dessein qu'il roulait déjà dans son esprit contre leur liberté. Ils s'attendaient à trouver en lui un tyran, et ils étaient préparés à lui résister.

Le trône des Pays-Bas fut le premier d'où Charles-Quint descendit. Dans une assemblée solennelle, tenue à Bruxelles, il

---

dans la première édition. Le premier de ces deux membres de phrase est placé le second, et le second le premier.

1. La ville d'Anvers, à elle seule, dépensa, dans cette occasion, 260 000 florins d'or. Meteren, 1ʳᵉ partie, t. I, 21, 22. (*Note de l'auteur.*)
2. *Hist. gén. des Proc.-Un.*, II, 512 (t. IV, p. 627, 628 de l'éd. franç.).
3. La première édition a ici quelques phrases de plus : « Ils avaient vu la créature de qui plus tard leur vinrent leurs souffrances. Le saint effroi dont le mystère et l'éloignement l'auraient entouré s'était évanoui par l'effet de sa présence. Leur mémoire le leur offrait homme comme eux et petit homme. »

délia de leur serment les états généraux, et transmit la couronne au roi Philippe, son fils. « Si ma mort, lui dit-il en finissant, vous avait mis en possession de ces provinces, un legs si précieux me donnerait déjà de grands droits à votre reconnaissance; mais aujourd'hui que je vous les abandonne volontairement, que je me hâte de mourir pour vous en procurer plus tôt la jouissance, aujourd'hui, je vous demande de payer à ces peuples ce que vous croyez me devoir de plus pour cela. D'autres princes s'estiment heureux lorsqu'ils gratifient leurs enfants de la couronne que la mort leur redemande : cette joie, je veux la goûter moi-même avec vous, vous voir vivre et régner. Mon exemple aura peu d'imitateurs, il a eu peu de modèles; mais mon action sera digne de louanges, si votre vie future justifie ma confiance, si vous ne déviez jamais de la sagesse que vous avez montrée jusqu'à présent, si vous persistez inébranlablement dans la pureté de la foi, qui est la plus solide colonne de votre trône. J'ajoute encore un mot : Puisse le ciel vous avoir accordé, à vous aussi, un fils auquel vous puissiez abandonner l'autorité souveraine.... mais sans y être contraint! »

Après que l'empereur eut fini de parler, Philippe s'agenouilla devant lui, pressa de ses lèvres la main de son père, et reçut la bénédiction paternelle. Ses pleurs coulèrent pour la dernière fois. Tout ce qui l'entourait fondait en larmes. Ce fut une heure à jamais mémorable[1].

A cette scène touchante en succéda bientôt une autre. Philippe reçut l'hommage des états assemblés; il prêta le serment, dont la formule lui fut présentée en ces termes : « Moi, Philippe, par la grâce de Dieu, prince d'Espagne, des Deux-Siciles, etc., je promets et je jure que je serai, dans les provinces, comtés, duchés, etc., un bon et juste seigneur; que je maintiendrai et ferai maintenir exactement et fidèlement à tous les nobles, villes, communes et sujets, les priviléges et franchises qui leur ont été octroyés par mes prédécesseurs, ainsi que les coutumes, pratiques, usages et droits qu'ils ont et possèdent actuellement, soit en commun, soit en particulier; qu'enfin je ferai tout ce

---

[1] Strada, dec. I, liv. I, 4, 5. — Meteren, t. I, liv. I, 28. — Thuan., Hist., Ire partie, liv. XVI, 169.

qu'on doit légalement attendre d'un bon et juste prince et seigneur. Ainsi Dieu et tous les saints me soient en aide[1] ! »

La crainte que le gouvernement absolu de l'empereur avait inspirée, et la défiance des états envers son fils, sont déjà visibles dans cette formule de serment, qui était rédigée avec beaucoup plus de soin et de précision que les serments prêtés par Charles-Quint lui-même et par tous les ducs de Bourgogne. Philippe dut s'engager, de plus, au maintien de leurs usages et coutumes, ce qui n'avait jamais été demandé avant lui. Dans le serment que les états lui prêtèrent[2], on ne lui promet d'autre obéissance que celle qui est compatible avec les priviléges du pays. Ses officiers ne peuvent compter sur la soumission et l'assistance qu'autant qu'ils rempliront conformément à leurs obligations la charge qui leur est confiée. Enfin, dans ce serment d'hommage des états, Philippe est nommé seulement le prince naturel, le prince-né des Pays-Bas, et non le souverain ou le seigneur, comme l'empereur l'avait souhaité : preuves suffisantes de l'attente médiocre qu'on avait de la justice et de la générosité du nouveau monarque.

---

1 *Hist. gén. des Prov.-Un.*, 2ᵉ partie, 515 (t. IV, p. 626 de l'édit. franç.).
2. *Hist. gén. des Prov.-Un.*, 2ᵉ partie, 516 (t. IV, p. 627 de l'éd. franç.).

PHILIPPE II,

SOUVERAIN DES PAYS-BAS.

Philippe II reçut les Pays-Bas à l'époque de leur plus florissante prospérité. Il fut le premier de leurs princes qui, au début de son règne, en réunit toutes les parties sous son sceptre. Ils se composaient alors de dix-sept provinces : les quatre duchés de Brabant, de Limbourg, de Luxembourg, de Gueldre; les sept comtés d'Artois, de Hainaut, de Flandre, de Namur, de Zutphen, de Hollande et de Zélande; le marquisat d'Anvers et les cinq seigneuries de Frise, de Malines, d'Utrecht, d'Overyssel et de Groningue; elles formaient ensemble un grand et puissant État, qui pouvait rivaliser avec des royaumes[1]. Leur commerce ne pouvait plus monter au delà de ce qu'il était alors. Leurs mines étaient à la surface du globe, mais elles étaient plus inépuisables et plus riches que toutes les mines d'Amérique[2]. Ces dix-sept provinces, qui égalent à peine, toutes ensemble, la cinquième partie de l'Italie, et qui n'ont pas plus de trois cents lieues flamandes d'étendue, ne rapportaient pas beaucoup moins à leur souverain que toute la Grande-Bretagne ne valait à ses rois, avant que ceux-ci eussent réuni à leur couronne les biens ecclésiastiques. Trois cent cinquante villes, animées par le plaisir et le travail, un grand nombre d'entre elles

---

1. « Qui, pour la vie intérieure et la richesse, pouvait rivaliser avec les premiers royaumes de l'Europe. » (*Première édition.*)
2. Dans la première édition : « De son Amérique (de l'Amérique de Philippe II). »

fortes sans boulevards et fermées sans murailles ; six mille trois cents grands bourgs ; des villages moins considérables, des fermes et des châteaux sans nombre, forment de tout cet État une seule et florissante contrée [1]. L'éclat de la nation avait tout juste alors atteint son plus haut point ; l'industrie et l'abondance avaient élevé le génie du citoyen, éclairé sa pensée, ennobli ses inclinations ; à la faveur de la prospérité du pays, l'esprit épanouissait toutes ses fleurs. Un sang plus calme, tempéré par un ciel plus rigoureux, laisse ici moins éclater les orages des passions. L'égalité d'âme, la modération et la patience persévérante, présents de cette zone septentrionale ; la probité, la justice et la bonne foi, vertus nécessaires au commerce de ce peuple, et fruits aimables de sa liberté ; la vérité, la bienveillance, la fierté patriotique, se mêlent doucement chez lui à des vices qu'on peut appeler plus humains que ceux des autres contrées. Il n'est point de peuple sur la terre plus facile à gouverner pour un sage prince ; il n'en est pas de plus difficile si le prince est un fourbe ou un tyran. Nulle part la voix du peuple n'est un juge aussi infaillible du gouvernement. Le véritable art de régner ne peut s'essayer dans une plus glorieuse épreuve, et une politique infirme et artificieuse n'en peut redouter de plus sévère.

Un État tel que celui-là pouvait agir et souffrir avec une force colossale, si un besoin pressant réclamait ses efforts, si une administration sage et ménagère ouvrait les sources de sa puissance. Charles-Quint laissa dans ce pays à son successeur un pouvoir qui était peu différent d'une monarchie tempérée. L'autorité royale s'était remarquablement élevée au-dessus du pouvoir républicain, et cette machine compliquée pouvait désormais être mise en jeu presque aussi sûrement et aussi promptement qu'un État soumis sans restriction. La nombreuse noblesse, autrefois si puissante, suivait maintenant volontiers le souverain dans ses guerres, ou briguait dans les offices de la paix un sourire de Sa Majesté. L'artificieuse politique de la couronne avait créé de nouveaux biens imaginaires, dont elle était seule dispensatrice. De nouvelles passions et de nouvelles idées sur le

---

1. Strada, dec. I, liv. I, 17, 18. — Thuan., II, 482.

bonheur prirent enfin la place de la rude simplicité républicaine. L'orgueil céda à la vanité, la liberté à l'honneur, une indépendance pauvre à un voluptueux et riant esclavage. Opprimer ou piller la patrie, en qualité de satrape tout-puissant d'un maître absolu, était, pour l'avidité et l'ambition des grands, un appât plus puissant que d'exercer dans les états généraux, en partage avec le maître, la centième partie de la souveraineté[1]. Un grand nombre de nobles étaient d'ailleurs tombés dans la pauvreté ou accablés de dettes. Sous le spécieux prétexte de marques d'honneur, Charles-Quint avait déjà affaibli les plus dangereux vassaux de la couronne par de coûteuses ambassades près des cours étrangères. C'est ainsi qu'il avait envoyé Guillaume d'Orange en Allemagne avec la couronne impériale, et le comte d'Egmont en Angleterre, pour conclure le mariage de Philippe avec la reine Marie. L'un et l'autre accompagnèrent aussi plus tard le duc d'Albe en France, pour négocier la paix entre les deux couronnes et le nouveau mariage de leur souverain avec Madame Élisabeth. Les frais de ce voyage se montèrent à trois cent mille florins, dont le roi ne paya pas même un denier. Quand le prince d'Orange fut nommé général à la place du duc de Savoie, il dut supporter seul toutes les dépenses que cette dignité rendait nécessaires. Quand des ambassadeurs étrangers ou des princes venaient à Bruxelles, les grands du pays étaient tenus de faire les honneurs pour leur souverain, qui mangeait seul et ne donnait jamais de festin. La politique espagnole avait imaginé des moyens encore plus ingénieux pour épuiser peu à peu les plus riches familles du pays. Chaque année un des grands de Castille paraissait à Bruxelles, où il prodiguait un luxe et faisait une dépense qui surpassaient de beaucoup ses revenus. Lui céder l'avantage aurait semblé, à Bruxelles, une honte ineffaçable. Tous rivalisaient pour le surpasser, et consumaient leurs biens dans cette lutte coûteuse, tandis que l'Espagnol se retirait à temps dans sa patrie, et réparait la profusion d'une seule année par quatre ans d'économie. Disputer à tout venant le prix de l'opulence était le faible de la noblesse néerlandaise, et le gouvernement savait

---

1. « La centième ou la millième partie de la souveraineté. » (*Première édition.*)

très-bien le mettre a profit. A la vérité, ces artifices ne tournèrent pas aussi bien pour lui dans la suite qu'il l'avait espéré ; car le fardeau de ces dettes accablantes rendit précisément la noblesse plus favorable à toutes les nouveautés, parce que celui qui a tout perdu ne peut que gagner dans la ruine générale [1].

Le clergé fut de tout temps l'appui du pouvoir royal, et il devait l'être. Son âge d'or correspondit toujours à l'esclavage de l'esprit humain, et, comme le pouvoir despotique, nous le voyons récolter aux dépens de l'imbécillité et de la sensualité. L'oppression civile rend la religion plus précieuse et plus nécessaire; une aveugle soumission à un pouvoir tyrannique prépare les esprits à une foi aveugle et commode, et la hiérarchie ecclésiastique paye avec usure au despotisme ses services. Dans l'assemblée des états, les évêques et les prélats étaient les zélés défenseurs de la majesté royale, et toujours prêts à sacrifier l'intérêt du citoyen à l'utilité de l'Église et à l'avantage politique du souverain. De nombreuses et vaillantes garnisons tenaient en respect les villes, qui étaient d'ailleurs divisées par les dissensions religieuses et les factions, et par là incertaines de leurs plus fermes appuis. Qu'il fallait donc peu de chose pour conserver cette prépondérance, et combien dut être énorme la faute qui la détruisit!

Aussi grande qu'était l'influence de Philippe II dans ces provinces, aussi considérable était alors l'ascendant que la monarchie espagnole avait acquis dans toute l'Europe. Aucun État n'osait se mesurer avec elle sur le champ de bataille. La France, son plus dangereux voisin, affaiblie par une pénible guerre et plus encore par des factions intérieures, qui levaient la tête sous un gouvernement d'enfant, marchait déjà d'un pas rapide au-devant de l'époque malheureuse qui en fit, pendant près d'un demi-siècle, un théâtre d'horreur et de misère. Élisabeth d'Angleterre pouvait à peine défendre son trône, encore chancelant, contre les attaques des partis, et son Église nouvelle, encore mal affermie, contre les tentatives secrètes de l'Église proscrite. C'était seulement à son appel créateur que cet État

---

[1]. Roidanus, liv. I, 2.

devait sortir d'une humble obscurité, et recevoir de la mauvaise politique de son rival les forces vives avec lesquelles il parvint enfin à le terrasser. La maison impériale d'Allemagne était unie à celle d'Espagne par les doubles liens du sang et de l'intérêt politique, et la fortune croissante des armes de Soliman attirait plus son attention vers l'orient que vers l'occident de l'Europe. La reconnaissance et la crainte assuraient à Philippe les princes italiens, et ses créatures maîtrisaient le conclave. Les monarchies du Nord étaient encore plongées dans les ténèbres de la barbarie, ou commençaient seulement alors à prendre une forme, et le système politique de l'Europe les ignorait. Les plus habiles généraux, de nombreuses armées, accoutumées à vaincre, une marine redoutée, et le riche tribut de l'or, qui ne faisait que de commencer à affluer régulièrement et sûrement des Indes occidentales.... quels redoutables instruments dans la main ferme et constante d'un prince puissant par l'intelligence ! Ce fut sous ces heureuses étoiles que s'ouvrit le règne de Philippe II.

Avant de le voir agir, il convient de jeter un rapide coup d'œil dans son âme et d'y chercher la clef de sa vie politique. La joie et la bienveillance manquaient à ce cœur : son tempérament même et les sombres années de sa tendre enfance l'avaient privé de l'une ; l'autre ne lui pouvait être inspirée par des hommes auxquels manquait le plus doux et le plus puissant lien qui rattache l'homme à la société. Deux idées, son *moi* et ce qui était au-dessus de ce *moi*, remplissaient son esprit stérile : égoïsme et dévotion, voilà le fonds et la devise de sa vie tout entière. Il était roi et chrétien, mais mauvais chrétien et mauvais roi ; il ne fut jamais homme pour les hommes, parce qu'il ne sortait de lui-même que pour monter, jamais pour descendre. Sa religion était cruelle et sombre, car sa divinité était un être terrible. Il n'avait plus rien à recevoir d'elle, mais beaucoup à craindre. Elle apparaît aux petits comme consolatrice, comme libératrice ; devant lui elle se dressait comme un épouvantail, une douloureuse et humiliante barrière, opposée à sa toute-puissance humaine. Son respect pour elle était d'autant plus profond et plus intime, qu'aucun être n'y avait part avec elle. Il tremblait servilement devant Dieu, parce que Dieu était la seule puissance devant laquelle il eût à trembler. Charles-Quint se montrait plein de zèle pour la religion, parce que la religion travaillait pour lui ; Philippe, parce qu'il croyait réellement en elle. Le père voulut qu'on sévît par le fer et le feu contre des milliers de victimes pour la défense du dogme, et il insulta lui-même, en la personne du pape, son prisonnier, à la doctrine à laquelle il sacrifiait le sang humain. Le fils ne se résout qu'à contre-cœur et avec une conscience troublée à la plus juste guerre contre le chef de l'Église, et abandonne tous les fruits de sa victoire, comme un criminel repentant son larcin. L'Empereur était barbare par calcul, son fils par sentiment. Le premier était un esprit ferme et éclairé, mais peut-être un homme d'autant plus méchant ; le second était une tête bornée et faible, mais il était plus juste.

Toutefois, l'un et l'autre pourraient, ce me semble, avoir été des hommes meilleurs qu'ils ne furent réellement, et avoir agi pourtant, en général, d'après les mêmes maximes. Ce que nous imputons au caractère de la personne est très-souvent la faute, la ressource nécessaire de la nature humaine. Une monarchie de cette étendue était une trop forte tentation pour l'orgueil humain, une tâche trop pesante pour les forces humaines. Concilier la félicité générale avec la plus haute liberté possible de l'individu, appartient à l'Intelligence infinie, qui, par son immensité, s'étend à toutes les parties du tout. Mais à quel expédient peut recourir l'homme mis à la place du Créateur ? L'homme vient par la classification au secours de ses facultés bornées ; comme le naturaliste, il établit des caractères distinctifs et une règle qui facilite à son regard vacillant la vue de l'ensemble, et à laquelle tous les individus doivent se soumettre : c'est là ce que lui donne la religion. Elle trouve dans tous les cœurs humains les germes de la crainte et de l'espérance : en s'emparant de ces mobiles, en les assujettissant à un même objet, elle a transformé des millions d'êtres indépendants en une abstraction uniforme. Cela fait, l'infinie variété de la volonté humaine ne trouble plus le souverain ; il existe alors un mal universel et un bien universel, qu'il peut produire et retirer ; qui opère d'accord avec lui, là même où lui n'est pas. Il existe alors une limite où la liberté s'arrête, une ligne respectable et sacrée vers laquelle tous les mouvements séditieux de la volonté doivent à la fin se diriger. Le but commun du despotisme et du sacerdoce est l'uniformité, et l'uniformité est une ressource nécessaire de l'indigence et de la faiblesse humaines. Philippe devait aller d'autant plus au delà du despotisme de son père, que son esprit était plus borné; en d'autres termes, il devait tenir d'autant plus servilement aux règles générales, qu'il était moins capable de descendre aux espèces et aux individus. Que suit-il de tout cela? Philippe II ne pouvait avoir de plus grand intérêt que l'uniformité de croyance et de constitution, parce qu'il ne pouvait, lui, gouverner sans cette uniformité.

Et cependant il aurait ouvert son règne avec plus de douceur et d'indulgence s'il l'avait commencé plus tôt. Dans le jugement qu'on porte ordinairement sur ce prince, on ne semble pas avoir assez d'égard à une circonstance qu'il serait équitable de prendre en considération dans l'histoire de son esprit et de son cœur. Philippe avait près de trente ans lorsqu'il monta sur le trône d'Espagne, et sa raison précoce avait hâté prématurément sa majorité. Un esprit tel que le sien, qui sentait sa maturité, et qui ne s'était que trop accoutumé à de plus hautes espérances, ne pouvait porter qu'avec répugnance le joug de la soumission filiale; le génie supérieur du père et la volonté arbitraire du maître absolu devaient peser à l'orgueil d'un fils qui se complaisait en lui-même. La part que Charles-Quint lui accorda dans l'administration du royaume était justement assez considérable pour détourner son esprit des passions frivoles et entretenir l'austère gravité de son caractère; mais, en même temps, assez restreinte pour enflammer d'autant plus vivement son désir de la puissance absolue. Lorsqu'il en prit effectivement possession, elle avait perdu pour lui le charme de la nouveauté. La douce ivresse d'un jeune monarque, qui est surpris par l'autorité souveraine; ce joyeux enchantement, qui ouvre l'âme à tous les mouvements les plus doux, et auquel l'humanité a dû nombre d'institutions bienfaisantes, étaient depuis longtemps éteints chez lui, ou n'avaient jamais existé. Son caractère était endurci quand la fortune le mit à cette grande épreuve, et ses principes affermis résistèrent à cet ébranlement salutaire.

Il avait eu quinze ans pour se préparer à ce passage, et, au lieu de s'arrêter en jeune homme aux marques extérieures de son nouvel état, ou de perdre, dans l'ivresse d'une vanité désœuvrée, le matin de son règne, il demeura assez calme et sérieux pour entrer sur-le-champ en possession réelle de son pouvoir, et se dédommager, en l'exerçant dans toute sa plénitude, d'en avoir été privé si longtemps.

L'INQUISITION.

Philippe II ne se vit pas plus tôt tranquille possesseur de ses États par la paix de Cateau-Cambrésis, qu'il s'adonna entièrement à la grande œuvre de la purification de la foi, et justifia les craintes de ses sujets néerlandais. Les ordonnances que son père avait rendues contre les hérétiques furent renouvelées dans toute leur rigueur, et de terribles tribunaux, auxquels il ne manquait que le nom de l'inquisition, veillèrent à l'exécution des édits. Mais sa tâche lui semblait à peine à moitié remplie, aussi longtemps qu'il ne pouvait transplanter l'inquisition espagnole, sous sa vraie forme, au sein de ces provinces : projet dans lequel l'empereur avait déjà échoué.

Cette inquisition espagnole est une institution d'une nouvelle espèce et d'une nature particulière, dont on ne trouve nul modèle dans tout le cours des temps, et qui ne peut se comparer à aucun tribunal ecclésiastique ou séculier. Il exista une inquisition dès le moment où la raison osa se prendre aux choses saintes, dès qu'il y eut des sceptiques et des novateurs ; mais c'est seulement vers le milieu du treizième siècle, après que quelques grands exemples de défection eurent effrayé l'Église, qu'Innocent III érigea l'inquisition en tribunal particulier, et sépara, contrairement à la nature des choses, la surveillance et l'enseignement ecclésiastique du pouvoir de punir. Pour être d'autant plus sûr qu'aucun sentiment humain, aucune séduction de la nature, ne fit céder la rigoureuse sévérité des statuts, Innocent III enleva ce pouvoir aux évêques et au clergé séculier, trop attaché encore à l'humanité par les liens de la vie civile, pour le confier à des moines, c'est-à-dire à une variété dégénérée de l'espèce humaine qui a abjuré les penchants sacrés de la nature, à des créatures serviles du siége de Rome. L'Allemagne, l'Italie, l'Espagne, le Portugal et la France reçurent l'inquisition; un moine franciscain siégea comme juge dans le terrible procès des Templiers. Un petit nombre d'États réussirent à repousser cette juridiction, ou à la soumettre à l'autorité séculière. Les Pays-Bas y avaient échappé jusqu'au règne de Charles-Quint; leurs évêques exerçaient la censure ecclésiastique, et, dans les cas extraordinaires, on avait coutume de s'adresser aux tribunaux d'inquisition étrangers : les provinces françaises à Paris, les provinces allemandes à Cologne[1].

Mais l'inquisition dont il s'agit ici prit naissance dans l'occident de l'Europe, et elle différait de l'autre par son origine et sa forme. Le dernier trône des Maures était tombé à Grenade dans le quinzième siècle, et le culte sarrasin avait enfin cédé à la fortune supérieure du christianisme. Cependant l'Évangile était nouveau et peu affermi dans ce royaume le plus récemment chrétien, et, au milieu du mélange confus de lois et de mœurs diverses, les religions ne s'étaient pas encore séparées. A la vérité, le glaive de la persécution avait poussé en Afrique bien des milliers de familles; mais un beaucoup plus grand nombre, retenues par l'amour du ciel natal, se rachetèrent de cette affreuse nécessité par le simulacre d'une feinte conversion, et continuèrent de servir leur Moïse ou leur Mahomet au pied des autels chrétiens. Aussi longtemps que leurs prières se dirigeaient vers la Mecque, Grenade n'était pas soumise; aussi longtemps que le nouveau chrétien redevenait, dans l'intérieur de sa maison, juif ou musulman, il n'était pas plus sûrement fidèle au trône royal qu'au siège de Rome. Il ne suffisait donc pas d'imposer à ce peuple qui résistait la forme extérieure d'une nouvelle croyance, ou de l'unir à l'Église victorieuse par les faibles liens des cérémonies; il importait d'extirper les racines d'une ancienne religion, et de triompher d'un penchant opiniâtre, que l'action des siècles, lentement efficace, avait fait entrer profondément dans ses mœurs, sa langue, ses lois, et

---

1. Hopper, *Mémoires des troubles des Pays-Bas*, in vita Vigl., 65, sq.

que maintenait continuellement en exercice l'influence permanente du sol et du ciel de la patrie. L'Église voulait-elle remporter une victoire complète sur le culte ennemi, et garantir sa nouvelle conquête de toute rechute, il lui fallait miner la base même sur laquelle l'ancienne croyance était fondée ; briser toute la forme du caractère moral à laquelle cette croyance paraissait liée de la manière la plus intime. Il fallait arracher des profondeurs de l'âme les plus cachées les secrètes racines de cette foi ; en effacer toutes les traces dans le cercle de la vie domestique et dans la société civile ; en étouffer tout souvenir, et même, s'il était possible, anéantir la faculté d'en recevoir les impressions. La patrie et la famille, la conscience et l'honneur, les sentiments sacrés de la société et de la nature, sont toujours les premiers, les plus prochains, auxquels les religions s'unissent, ceux dont elles reçoivent des forces et auxquels elles en communiquent. Cette union, il fallait maintenant la briser ; il fallait détacher violemment l'antique religion des sentiments sacrés de la nature, dût la sainteté même de ces affections y périr. Ainsi naquit l'inquisition que nous appelons espagnole, pour la distinguer de tribunaux plus humains qui portent le même nom. Elle a pour fondateur le cardinal Ximénès. Un moine dominicain, Torquemada, monta le premier sur son trône sanglant, établit ses statuts, et par ce legs attira sur son ordre une malédiction éternelle. L'avilissement de la raison et le meurtre des intelligences, tel est le vœu de cette institution . ses instruments sont la terreur et l'infamie. Toute passion est à sa solde ; son filet s'étend sur toutes les joies de la vie. La solitude même n'est pas solitude pour elle ; la crainte de sa vigilance partout présente tient la liberté enchaînée jusque dans les profondeurs de l'âme. Elle a étouffé sous la foi tous les instincts de l'humanité ; à la foi cèdent tous les liens que l'homme regarda toujours comme les plus sacrés. Un hérétique se dépouille de tous droits sur son espèce ; par la plus légère infidélité à l'Église maternelle, il a renoncé au caractère d'homme. Un doute modeste sur l'infaillibilité du pape est puni comme le parricide, et déshonore autant qu'un crime contre nature. Les arrêts de l'inquisition ressemblent aux horribles ferments de la peste, qui réduisent en soudaine pourriture le corps le plus sain. Les choses même inanimées qui ont appartenu aux hérétiques sont maudites; nul événement ne peut dérober ses victimes à ce tribunal ; ses sentences sont exécutées sur des cadavres et des effigies, et la tombe même n'est pas un refuge contre son bras épouvantable.

L'audace des arrêts de l'inquisition n'est surpassée que par l'inhumanité avec laquelle elle les exécute. En mêlant au terrible le ridicule[1], en amusant les yeux par l'étrangeté de l'appareil, elle affaiblit le sentiment de la pitié, parce qu'elle en excite un autre : elle noie la sensibilité dans la moquerie et le mépris. C'est avec une pompe solennelle qu'on mène le coupable au lieu du sup-

---

1. Schiller a abrégé et modifié notablement ce morceau, depuis « Elle a pour fondateur le cardinal Ximénès, » jusqu'aux mots « En mêlant au terrible le ridicule. » En voici la rédaction première, traduite de l'édition de 1788 :

« Sa fondation date du ministère du cardinal Ximénès. Un moine dominicain, Torquemada, ouvrit le premier ce terrible tribunal, en établit les statuts, et légua ainsi à son ordre l'éternelle malédiction de l'humanité. Bientôt d'un moyen d'oppression despotique et hiérarchique, on fit un instrument de l'avidité. Les sommes immenses qui, par la confiscation des biens, entraient dans le trésor royal, devinrent un épouvantable attrait pour Ferdinand : l'inquisition lui mettait dans la main la clef de la fortune de tous ses sujets, en même temps qu'elle était l'instrument de son pouvoir et la forte chaîne par laquelle il tenait les puissants. Le tribunal était assis sur une base inébranlable, parce qu'il s'appuyait sur la force unie des deux passions les plus puissantes.

« Étouffer la raison sous la foi aveugle, et détruire la liberté de l'esprit par une uniformité morte : tel était le but auquel tendait cette institution ; ses instruments pour cela étaient la terreur et l'infamie. Elle étendait sa monstrueuse juridiction jusque dans le domaine des plus secrètes pensées. Toutes les passions étaient à sa solde : l'amitié, l'amour conjugal et tous les penchants de la nature, elle les savait faire servir à ses fins; ses filets posaient sur toutes les joies de la vie. Où elle ne pouvait introduire ses espions, elle s'assurait des consciences par la crainte : une vague croyance à son ubiquité enchaînait, jusque dans les profondeurs de l'âme, la liberté du vouloir. Elle ployait tous les instincts de l'humanité sous le formulaire d'une foi arbitraire : un hérétique se dépouillait de tous droits sur son espèce ; par la plus légère infidélité à l'Église il avait renoncé au caractère d'homme. L'horreur salutaire de l'instinct, dont l'auteur de notre être nous arma contre les crimes monstrueux, elle la transporta arbitrairement sur une misérable œuvre de prêtres. Un doute modeste sur l'infaillibilité du pape est puni comme le parricide et déshonore autant qu'un crime contre nature. Nul événement ne pouvait lui dérober ses victimes ; ses sentences étaient exécutées sur des cadavres et des effigies, la tombe même n'était pas un refuge contre les bras de l'inquisition, et la faute du père continuait de vivre dans le malheur de générations entières.

« L'audace de ses arrêts n'est surpassée que par l'inhumanité avec laquelle elle les exécute. Elle attaque les sens par des terreurs nouvelles, recherchées, et souterraines, empruntées aux fantômes qu'elle a elle-même déposés dans une imagination malade et puérile, et elle confond l'horreur réelle du moment présent avec l'épouvantail de mondes futurs. En mêlant au terrible le ridicule, etc. »

plice; devant lui flotte une bannière sanglante; le son de toutes les cloches accompagne la procession. D'abord viennent des prêtres en chasubles et chantant un chant sacré. Ils sont suivis du pécheur condamné, vêtu d'un vêtement jaune, sur lequel on voit peintes de noires figures de diables. Il porte sur la tête un bonnet de papier, qui se termine par une figure humaine, autour de laquelle tourbillonnent des flammes et voltigent d'affreux démons. On porte l'image du Sauveur crucifié en la détournant du malheureux voué à l'éternelle damnation : la rédemption n'a plus d'effet pour lui. Son corps mortel appartient au feu du bûcher, comme son âme immortelle aux flammes de l'enfer. Un bâillon lui ferme la bouche, et l'empêche d'alléger sa souffrance par des plaintes[1], d'éveiller la pitié par sa touchante histoire et de révéler les secrets du saint-office. Après le patient vient le clergé en ornements de fête, les magistrats et la noblesse; les pères qui l'ont jugé ferment l'effroyable procession. On croit voir un cadavre mené à la tombe, et c'est un homme vivant dont les tortures doivent offrir au peuple un si épouvantable amusement! Ces exécutions sont d'ordinaire réservées pour les grandes fêtes; à cet effet, on garde rassemblés dans les cachots du saint-office un certain nombre de ces malheureux, afin de rendre l'acte plus solennel par la foule des victimes, et alors les rois eux-mêmes y assistent. Ils sont assis, la tête découverte, sur un siége plus bas que le grand inquisiteur, auquel ils cèdent ce jour-là l'honneur de la préséance : et qui ne tremblerait, après cela, devant un tribunal auprès duquel s'humilie jusqu'à la majesté royale[2]?

La grande révolution religieuse, opérée par Luther et Calvin, ramena la nécessité qui avait donné à ce tribunal sa première origine; et ce qui n'avait été d'abord imaginé que pour purger d'un faible reste de Sarrasins et de Juifs le petit royaume de Grenade, devint un besoin de toute la chrétienté catholique. Toutes les inquisitions, en Portugal, en Italie, en Allemagne et en France, adoptèrent la forme de l'inquisition espagnole. Elle

---

1. Dans la première édition : « de rafraîchir sa souffrance par des plaintes qui l'adoucissent, d'éveiller la pitié morte... »
2. Burgund., *Histor. belg.*, 126, 127. — Hopper. 65, 66, 67. — Grot., *Annal. belg.*, liv. I, 8, 9, sq. — *Essai sur les mœurs*, t. III. (*Inquisition*).

suivit les Européens aux Indes, et érigea à Goa un terrible tribunal, dont les procédures inhumaines nous font encore frissonner à la lecture. Partout où l'inquisition mettait le pied, elle était suivie de la désolation ; mais elle n'a sévi dans aucune contrée du monde comme en Espagne. On oublie les victimes qu'elle a immolées ; les générations humaines se renouvellent, et les pays qu'elle a dévastés et dépeuplés refleurissent ; mais des siècles passeront avant que ses traces disparaissent du caractère espagnol. Un peuple excellent et spirituel a été arrêté par elle dans la voie du progrès ; elle a banni le génie d'un climat où il était indigène, et a laissé le silence des tombeaux dans l'esprit d'une nation née pour la joie plus que beaucoup d'autres qui habitent cette partie du monde.

Ce fut en 1522 que Charles-Quint institua pour la première fois un inquisiteur dans le Brabant. On lui donna quelques prêtres pour assesseurs, mais il était lui-même laïque. Après la mort d'Adrien VI, Clément VII, son successeur, établit trois inquisiteurs pour toutes les provinces néerlandaises, et Paul II réduisit ce nombre à deux, qui se maintinrent jusqu'au commencement des troubles. En 1530, furent publiés, avec l'assistance et l'approbation des états, les édits contre les hérétiques, ces édits qui furent la base de tous les suivants, et dans lesquels il est aussi fait mention expresse de l'inquisition. En 1550, Charles-Quint se vit forcé, par le rapide progrès des sectes, de renouveler et d'aggraver ces édits, et ce fut dans cette occasion que la ville d'Anvers s'opposa à l'inquisition et lui échappa heureusement. Mais l'esprit de l'inquisition fut, selon le génie du pays, plus humain dans les Pays-Bas que dans les royaumes d'Espagne, et aucun étranger, surtout aucun dominicain, ne l'avait encore exercée. Elle suivait pour règle les édits, que chacun connaissait ; et on la trouvait moins choquante, parce que, si rigoureux que fussent ses jugements, elle paraissait moins soumise à l'arbitraire et ne s'enveloppait pas de mystère comme l'inquisition espagnole.

Mais c'était précisément à celle-ci que Philippe II voulait ouvrir la voie dans les Pays-Bas, parce qu'elle lui semblait l'instrument le plus propre à pervertir l'esprit de ce peuple et à le préparer au gouvernement despotique. Il commença par aggraver les édits de religion rendus par son père, par étendre de plus en plus le pouvoir des inquisiteurs, par rendre leur action plus arbitraire et plus indépendante de la juridiction civile. Bientôt il ne manqua plus au tribunal, pour se confondre avec l'inquisition espagnole, que le nom et les dominicains. Un simple soupçon suffisait pour enlever furtivement un citoyen du sein de la paix publique, du cercle de sa famille, et le plus faible témoignage autorisait la torture. Quiconque tombait dans cet abîme ne reparaissait plus. Tous les bienfaits des lois cessaient pour lui. Les soins maternels de la justice ne s'étendaient plus à lui. Devenu étranger à ce monde, il était jugé par la méchanceté et la fureur, selon des lois qui ne sont pas faites pour des hommes. Jamais le délinquant ne connaissait son accusateur; rarement on lui disait son crime : artifice impie, diabolique, qui forçait le malheureux à deviner son accusation, et à confesser, dans le délire des tourments ou la lassitude d'une longue prison, sépulture anticipée, des fautes que peut-être il n'avait jamais commises, ou que du moins le juge n'avait jamais connues. Les biens des condamnés étaient confisqués, et les délateurs encouragés par des lettres de grâce et par des récompenses. Aucun privilége, aucune justice civile, n'avaient d'effet contre cette puissance sacrée. Celui qu'elle atteignait était enlevé au bras séculier, auquel elle n'accordait d'autre part à sa juridiction que d'exécuter ses sentences avec une respectueuse soumission. Les suites de cette institution devaient être monstrueuses et terribles. Tout le bonheur temporel, la vie même de l'homme irréprochable, étaient désormais livrés aux mains de tout scélérat. Tout ennemi secret, tout envieux, avait maintenant le dangereux appât d'une vengeance invisible et infaillible. Plus de garantie pour la propriété, plus de sincérité dans le commerce de la vie. Tous les liens de l'intérêt et du gain, ceux du sang et de l'amour, étaient rompus. Une défiance contagieuse empoisonnait la vie sociale; la crainte de la présence d'un espion enchaînait les regards dans les yeux, et la parole sur les lèvres. On ne considérait plus personne comme honnête, et l'on ne passait plus soi-même pour tel. La bonne réputation, la qualité de concitoyen, celle de confrère, le serment même et tout ce que les hommes tiennent pour sacré, avait perdu de sa valeur. Tel fut le sort auquel on soumit une grande et florissante ville de commerce, où cent mille hommes laborieux étaient unis par le seul lien de la confiance. Chacun nécessaire à chacun, et chacun douteux et suspect; tous attirés les uns vers les autres par l'amour du gain, et écartés par la peur; toutes les bases de la sociabilité renversées, en un lieu où la sociabilité est le fondement de toute vie et de toute stabilité[1]!

1 Grotius, lib. I, 9, 10.

AUTRES INFRACTIONS

A LA CONSTITUTION DES PAYS-BAS.

Il n'est pas surprenant qu'un si monstrueux tribunal, qui avait paru insupportable même au caractère plus patient des Espagnols, ait révolté un État libre. Mais la frayeur qu'il inspirait était augmentée par l'armée espagnole, qui fut conservée même après le rétablissement de la paix, et qui, au mépris de la constitution, remplissait les villes frontières. On avait pardonné à Charles-Quint cette introduction d'armées étrangères, parce qu'on voyait qu'elles étaient nécessaires, et qu'on se fiait davantage à ses bonnes intentions. Maintenant on ne voyait plus dans ces troupes que le redoutable appareil de l'oppression et les instruments d'une hiérarchie détestée. Une nombreuse cavalerie, formée de nationaux, était suffisante pour la défense du pays, et rendait ces étrangers superflus. La licence et la rapacité de ces Espagnols, qui avaient à réclamer un fort arriéré de solde, et se payaient aux dépens du bourgeois, achevèrent d'exaspérer la nation, et réduisirent le commun peuple au désespoir. Lorsqu'ensuite les murmures universels décidèrent le gouvernement à les retirer des frontières et à les transporter dans les îles de la Zélande, où l'on équipait les vaisseaux destinés à les emmener, leur insolence alla si loin, que les habitants cessèrent de travailler aux digues, et préféraient abandonner leur patrie à la mer, plutôt que de souffrir davantage la brutale pétulance de ces bandes furieuses[1].

1. *Hist. gén. des Provinces-Unies*, t. III, liv. XXI, p. 23, etc. (t. V, p. 51 de l'éd. franç.).

Philippe aurait bien voulu conserver ces Espagnols dans le pays, pour donner par eux plus de force à ses édits et soutenir les innovations qu'il songeait à introduire dans la constitution néerlandaise. Ils étaient pour lui comme les garants du repos général, et comme une chaîne à laquelle il tenait toute une nation attachée. C'est pourquoi il n'y eut rien qu'il ne tentât pour éluder les demandes pressantes des états, qui voulaient voir éloigner ces Espagnols, et il épuisa dans cette occasion toutes les ressources de la chicane et de la persuasion. Tantôt il craint une attaque soudaine de la France, qui, déchirée par des factions furieuses, est à peine en état de se défendre contre un ennemi intérieur; tantôt ces troupes doivent recevoir à la frontière son fils don Carlos, qu'il n'a jamais songé à laisser sortir de Castille. Leur entretien ne tombera point à la charge de la nation; il subviendra lui-même à tous les frais sur sa cassette. Pour avoir un meilleur prétexte de ne pas les retirer, il retenait à dessein leur solde arriérée, tandis qu'il les aurait sans cela fait passer indubitablement avant les troupes du pays, qu'il satisfaisait complétement. Pour endormir les craintes de la nation, et apaiser le mécontentement général, il offrit le commandement supérieur de ces troupes étrangères aux deux favoris du peuple, le prince d'Orange et le comte d'Egmont; mais tous deux refusèrent sa proposition, en déclarant magnanimement qu'ils ne se résoudraient jamais à servir contre les lois du pays. Plus le roi montrait le désir de laisser ses Espagnols dans le pays, plus les états insistaient obstinément pour qu'ils fussent éloignés. Dans l'assemblée qui fut tenue à Gand après ces démêlés, il lui fallut entendre au milieu de ses courtisans le langage de la franchise républicaine : « A quoi bon des bras étrangers pour notre garde? lui dit le syndic de Gand. Est-ce peut-être pour que le reste du monde nous croie trop légers ou même trop imbéciles pour nous défendre nous-mêmes? Pourquoi avons-nous fait la paix, si, dans la paix même, les charges de la guerre pèsent encore sur nous? Pendant la guerre, la nécessité soutenait notre patience; mais en supporter les souffrances au sein du repos est au-dessus de nos forces. Ou bien veut-on que nous maintenions dans l'ordre ces bandes indisciplinées, quand ta présence même n'a pas eu ce pouvoir? Voici tes sujets de Cambrai et d'Anvers qui se plaignent à grands cris des violences qu'ils subissent. Thionville et Marienbourg sont dévastés, et cependant tu ne nous as pas donné la paix pour que nos villes se changent en déserts, ce qui arrivera nécessairement si tu ne les délivres de ces destructeurs? Peut-être veux-tu te garantir contre une attaque de nos voisins? Cette prévoyance est sage, mais le bruit de leur armement devancera de longtemps leurs armes. Pourquoi louer à grands frais des étrangers qui n'épargneront pas un pays qu'il leur faudra quitter demain? Il reste encore pour te servir de braves Néerlandais, auxquels ton père confia la république en des temps bien plus orageux. Pourquoi veux-tu douter aujourd'hui de leur fidélité, qu'ils ont gardée inviolable à tes ancêtres pendant tant de siècles? Ne seraient-ils pas en état de soutenir la guerre jusqu'à ce que tes alliés accourussent sous leurs drapeaux ou que tu envoyasses toi-même des secours du voisinage? » Ce langage était trop nouveau pour le roi, et ces vérités trop évidentes, pour qu'il pût y répondre sur-le-champ. « Je suis aussi un étranger, s'écria-t-il enfin. Ne voudrait-on pas plutôt encore me chasser moi-même du pays? » En même temps il descendit du trône et quitta l'assemblée; mais la hardiesse de l'orateur lui fut pardonnée. Deux jours après, Philippe fit faire aux états la déclaration suivante : « S'il avait su plus tôt que ces troupes leur fussent à charge, il aurait déjà pris des mesures pour les emmener sans retard avec lui en Espagne. Maintenant il était trop tard sans doute, parce qu'elles ne partiraient pas sans être payées; mais il promettait aux états, par ce qu'il y a de plus sacré, que cette charge ne pèserait pas sur eux plus de quatre mois. » Les troupes cependant, au lieu de ces quatre mois, en restèrent encore plus de dix-huit dans le pays, et l'auraient quitté peut-être plus tard encore, si les besoins du royaume ne les avaient rendues plus nécessaires dans une autre contrée [1].

L'introduction violente d'étrangers dans les emplois les plus importants du pays donna lieu à de nouvelles plaintes contre le

---

1. Burgund., liv. I, p. 38, 39, 40.—Reidan., liv. 1, p. 1.—Meteren, 1ʳᵉ part., liv. I, 47.

gouvernement. De tous les priviléges des provinces, aucun ne choquait autant les Espagnols que celui qui excluait les étrangers des offices, et il n'en était point qu'ils eussent cherché avec plus d'ardeur à saper[1]. L'Italie, les deux Indes et toutes les provinces de cette immense monarchie étaient ouvertes à leur cupidité et à leur ambition : il n'y en avait qu'une, la plus riche entre toutes, d'où ils fussent exclus par une loi fondamentale inexorable. On persuada au monarque que la puissance royale ne pourrait jamais s'affermir dans ces provinces, aussi longtemps qu'elle n'aurait pas le droit de se servir pour cela d'instruments étrangers. Déjà l'évêque d'Arras, Bourguignon de naissance, avait été illégalement imposé aux Flamands, et maintenant un Castillan, le comte de Féria, était sur le point d'obtenir séance et voix dans le conseil d'État. Mais cette entreprise rencontra une résistance plus courageuse que les flatteurs du roi ne le lui avaient fait attendre, et sa toute-puissance despotique échoua cette fois contre l'adresse de Guillaume d'Orange et la fermeté des états[2].

1. Reidan., liv. I, p. 1.
2. Grot., Annal., liv. I, p. 13.

GUILLAUME D'ORANGE

ET LE COMTE D'EGMONT

C'est ainsi que Philippe II annonça son règne aux Pays-Bas, et tels étaient leurs griefs au moment où il s'apprêtait à les quitter. Il lui tardait depuis longtemps de sortir d'un pays où il était étranger, où tant de choses offensaient ses penchants, où son humeur despotique trouvait, dans les lois de la liberté, une opposition qui lui rappelait si impétueusement les bornes de son pouvoir. La paix avec la France lui permit enfin de s'éloigner; les préparatifs de Soliman l'appelaient vers le Sud, et l'Espagne aussi commençait à s'apercevoir de l'absence de son maître. Le choix d'un gouverneur général pour les Pays-Bas était l'affaire principale qui, dans ce moment, l'occupait encore. Depuis la démission de la reine Marie de Hongrie, le duc Emmanuel-Philibert de Savoie avait rempli cette place, qui, du reste, donnait plus d'honneur que de véritable influence, aussi longtemps que le roi lui-même résidait dans les Pays-Bas. Son absence en faisait la charge la plus importante de la monarchie et le but le plus éclatant où pût aspirer l'ambition d'un citoyen. Elle se trouvait alors vacante par l'éloignement du duc, que la paix de Cateau-Cambrésis avait remis en possession de ses États. L'autorité presque absolue qu'il fallait déférer au gouverneur général, les talents et les connaissances qu'un poste si considérable et si délicat exigeait, mais surtout les projets hasardeux du gouvernement contre la liberté du pays, projets dont l'exécution dépendrait du gouverneur, devaient nécessairement rendre ce choix plus difficile. La loi qui exclut des charges publiques tout étranger fait une exception pour le gouverneur général. Comme il ne peut appartenir par sa naissance aux dix-sept provinces à la fois, il lui est permis de n'appartenir à aucune ; car la jalousie d'un Brabançon n'accorderait, à cet égard, pas plus de droit à un Flamand, dont le domicile serait à une demi-lieue de sa frontière, qu'à un Sicilien, né sur une autre terre, sous un autre ciel. Ici, toutefois, l'intérêt même de la couronne semblait devoir favoriser un citoyen néerlandais. Un Brabançon, par exemple, à qui sa patrie se fût livrée avec une confiance plus illimitée, aurait pu, s'il eût voulu la trahir, avoir achevé à moitié l'œuvre de mort tramée contre la liberté, avant qu'un étranger eût seulement surmonté la défiance[1], attentive à ses actions les plus insignifiantes. Le gouvernement avait-il accompli ses desseins dans une province, la résistance des autres était dès lors une témérité qu'il était en droit de châtier de la manière la plus sévère. Dans l'ensemble coordonné que les provinces formaient à cette époque, leurs constitutions particulières avaient, pour ainsi dire, disparu ; l'obéissance d'une seule était une loi pour chacune, et le privilége que l'une d'entre elles ne savait pas conserver était perdu pour toutes les autres.

Parmi les grands des Pays-Bas qui pouvaient prétendre à la lieutenance générale, l'attente et les vœux de la nation étaient partagés entre le comte d'Egmont et le prince d'Orange, qui étaient appelés à ce poste par une naissance également illustre, autorisés à y prétendre par des mérites pareils, et que le peuple, à qui ils étaient chers l'un comme l'autre, eût accueillis avec la même faveur. L'éclat du rang les avait placés tous deux près du trône, et, si le regard du monarque cherchait d'abord parmi les plus dignes, il devait nécessairement tomber sur l'un d'eux. Comme nous aurons souvent à prononcer ces deux noms dans la suite de cette histoire, nous ne pouvons attirer trop tôt sur eux l'attention du lecteur.

Guillaume Ier, prince d'Orange, descendait de la maison sou-

---

[1]. Il y a ici un membre de phrase de plus dans la première édition : « Avant qu'un étranger eût appris à jouer de ce nouvel instrument, ou surmonté.... »

veraine de Nassau, qui florissait depuis huit siècles, avait disputé quelque temps la prééminence à la maison d'Autriche, et donné un empereur à l'Allemagne. Outre plusieurs riches domaines dans les Pays-Bas, qui faisaient de lui un citoyen de cet État et un vassal de l'Espagne, il possédait encore en France la principauté indépendante d'Orange[1]. Guillaume naquit, en 1533, à Dillenbourg, dans le comté de Nassau, d'une comtesse de Stolberg. Son père, le comte de Nassau, du même nom que lui, avait embrassé la religion protestante, dans laquelle il éleva aussi son fils. Mais Charles-Quint, qui s'intéressa de bonne heure à l'enfant, le recueillit très-jeune à sa cour, et le fit élever dans la religion romaine. Ce monarque qui, dans cet enfant, reconnaissait déjà le grand homme futur, le garda neuf ans auprès de sa personne, daigna le former lui-même aux affaires d'État, et l'honora d'une confiance supérieure à son âge. Lui seul avait la permission de rester auprès de l'empereur, lorsqu'il donnait audience aux ambassadeurs étrangers : preuve que, dès son enfance, il devait avoir commencé à mériter le glorieux surnom de Taciturne. L'empereur ne rougit pas même d'avouer un jour publiquement que ce jeune homme lui donnait souvent des avis qui auraient échappé à sa propre sagesse. Quel espoir ne pouvait-on pas fonder sur le génie d'un homme formé à une telle école[2]!

Guillaume était âgé de vingt-trois ans lorsque Charles-Quint abdiqua, et il avait déjà reçu de lui deux témoignages publics de la plus haute estime. Ce prince le chargea, à l'exclusion de tous les grands de sa cour, de l'honorable mission de porter la couronne impériale à son frère Ferdinand. Quand le duc de Sa-

---

1. Dans la première édition, on lit de plus ce qui suit : « (La principauté indépendante d'Orange) que René de Châlons lui avait léguée par testament, » et au bas de la page est la note que voici : « René de Châlons était cousin germain de Guillaume et fils du comte Henri de Nassau, qui, dans un voyage d'ambassade fait en France, avait épousé l'héritière de la maison de Châlons. Il perdit la vie au siège de Saint-Inzier, et ce fut sa veuve, la princesse Anne de Lorraine, qui la première conduisit le jeune Guillaume à Bruxelles. » — *Hist. gén. des Provinces-Unies*, 2ᵉ partie, p. 485 (t. IV, p. 689 de l'édition française).

2. La première édition ajoute : « (Et que ne devait-on pas attendre) du cœur de cet homme qui, placé, encore enfant, si près d'un monarque, n'avait pas cessé d'être homme de bien ! »

voie, qui commandait l'armée impériale dans les Pays-Bas, fut appelé en Italie par les affaires de ses propres États, l'empereur confia à Guillaume le commandement de ces troupes, malgré les représentations de tout son conseil de guerre, qui jugeait beaucoup trop hasardeux d'opposer un jeune homme à l'expérience des généraux français. Absent et sans aucune recommandation, il fut préféré par le monarque à la troupe de ses généraux tout couverts de lauriers, et l'événement ne lui donna pas lieu de regretter son choix.

La faveur insigne dont ce prince avait joui auprès du père aurait été, à elle seule, un motif très-grave pour qu'il fût exclu de la confiance du fils. Philippe s'était fait, ce semble, une loi de venger la noblesse espagnole sur celle des Pays-Bas de la préférence que Charles-Quint avait constamment témoignée à celle-ci. Mais les raisons secrètes qui l'éloignaient du prince étaient plus importantes. Guillaume d'Orange était de ces hommes maigres et pâles, comme César les appelle, qui ne dorment pas la nuit, qui pensent trop, devant lesquels a chancelé le plus intrépide des cœurs humains. Le tranquille repos d'un visage toujours égal cachait une âme active, ardente, qui n'agitait pas même le voile derrière lequel elle agissait et créait, et qui était également impénétrable à la ruse et à l'amour; un esprit multiple, fécond, infatigable, assez souple et flexible pour prendre à l'instant, comme coulé dans un nouveau moule, toutes les formes qu'il voulait; assez sûr de lui pour ne se perdre lui-même dans aucune, assez fort pour supporter tous les changements de la fortune. Pour pénétrer les hommes et pour gagner les cœurs, il n'y avait point de plus grand maître que Guillaume: non que, selon l'usage de la cour, il laissât ses lèvres professer une servilité que son âme fière aurait démentie, mais parce qu'il n'était ni avare ni prodigue des témoignages de sa faveur et de son estime, et que, par une sage économie des moyens avec lesquels on gagne les hommes, il augmentait le nombre des instruments dont il faisait provision. Autant son esprit était lent à produire, autant les fruits de son génie étaient parfaits; autant sa détermination tardait à mûrir, autant l'exécution était ferme et inébranlable. Lorsqu'il avait une fois adopté un plan comme le meilleur, il n'y avait point de résistance propre à le lasser, point d'accidents qui pussent détruire sa résolution, parce qu'ils s'étaient tous offerts à sa pensée avant qu'ils se présentassent réellement. Autant son âme était au-dessus de la frayeur et de la joie, autant elle était sujette à la crainte ; mais sa crainte devançait le péril, et il était calme dans le tumulte, parce qu'il avait tremblé dans le repos. Guillaume répandait son or avec profusion, mais il était avare de ses moments. L'heure de la table était sa seule récréation, mais aussi cette heure appartenait tout entière à son cœur, à sa famille et à l'amitié : c'était un modeste larcin fait à la patrie. Alors, le verre en main, son front s'éclaircissait ; la gaieté et la tempérance assaisonnaient pour lui ce plaisir, et, à ce moment, l'austère souci n'avait pas le droit d'assombrir sa bonne humeur. Son état de maison était somptueux ; l'éclat d'un nombreux domestique, la foule et la qualité des officiers qui entouraient sa personne, rendaient sa demeure semblable à la cour d'un prince souverain. Une brillante hospitalité, ce puissant enchantement des démagogues, était la divinité de son palais. Les princes et les ambassadeurs étrangers y trouvaient un accueil et un traitement qui surpassaient tout ce que l'opulente Belgique pouvait leur offrir. Une humble soumission au gouvernement écartait le blâme et le soupçon que cette dépense pouvait jeter sur ses vues. Mais ces profusions entretenaient l'éclat de son nom parmi le peuple, que rien ne flatte plus que de voir étalés devant les étrangers les trésors de la patrie ; et le haut faîte de prospérité où on le voyait placé rehaussait le mérite de l'affabilité à laquelle il daignait descendre. Jamais homme peut-être, plus que Guillaume le Taciturne, n'était né pour être le chef d'une conjuration. Un regard ferme et pénétrant, qui sondait le passé, le présent et l'avenir, le don de saisir promptement l'occasion, l'ascendant sur tous les esprits, des projets immenses, qui ne montrent leur forme et leurs proportions qu'à celui qui les observe à une grande distance, des calculs hardis, dont la trame descend tout le long de la chaîne de l'avenir : tout cela, chez lui, était sous la garde d'une vertu éclairée et libre, de cette vertu qui, sur l'extrême limite, marche encore d'un pas assuré.

Un homme tel que celui-là pouvait rester impénétrable à tous ses contemporains, mais non à l'esprit le plus défiant de son siècle[1]. Philippe II pénétra promptement jusqu'au fond de ce caractère, celui de tous qui, parmi les bonnes natures, était le plus semblable au sien. S'il ne l'avait pas si complétement pénétré, on ne saurait s'expliquer qu'il ait pu ne pas donner sa confiance à un homme dans lequel se réunissaient presque toutes les qualités qu'il estimait le plus et qu'il pouvait le mieux apprécier. Mais Guillaume avait encore avec Philippe II un autre point de contact plus important. Il avait appris la politique sous le même maître, et il avait été, on pouvait le craindre, un élève plus capable. Non pour avoir fait son étude du *Prince* de Machiavel, mais parce qu'il avait reçu l'enseignement vivant d'un monarque qui avait mis les maximes du *Prince* en pratique, Guillaume s'était familiarisé avec les dangereux artifices qui élèvent et qui renversent les trônes. Philippe II avait affaire en lui à un adversaire armé contre sa politique, et qui avait à sa disposition, pour défendre la bonne cause, les ressources de la mauvaise; et cette dernière circonstance nous explique précisément pourquoi, entre tous les contemporains, Guillaume lui inspirait la haine la plus implacable et la crainte la moins naturelle[2].

Les soupçons qu'on avait déjà conçus contre le prince s'augmentèrent par l'opinion douteuse qu'on avait de sa religion. Guillaume crut au pape aussi longtemps que vécut le monarque son bienfaiteur; mais on craignait avec raison que la préférence inspirée autrefois à son jeune cœur pour la religion réformée n'en fût jamais entièrement sortie. Quelle que soit l'Église qu'il ait peut-être préférée à certaines époques de sa vie, ce qui aurait pu les rassurer toutes, c'est qu'aucune ne l'a possédé tout entier. Nous le voyons, dans un temps postérieur, passer au calvinisme avec aussi peu de difficulté que, dans sa première enfance, il avait quitté la religion luthérienne pour la romaine. Il défendit plutôt contre la tyrannie espagnole les droits naturels des protestants que leurs opinions; ce n'était pas

---

1. « A l'esprit le plus défiant de son siècle. » Dans la première édition, ces mots sont précédés de ceux-ci : « Au plus grand connaisseur des âmes. »
2. Dans la première édition, l'alinéa se termine ainsi : « Malheureusement l'empereur, en plantant pour son fils cette belle fleur, avait en même temps élevé le ver qui en rongeait la corolle (*littéralement* la floraison). »

leur foi, c'étaient leurs souffrances qui avaient fait de lui leur frère[1].

Ces raisons générales de défiance parurent justifiées par une révélation que le hasard fournit sur ses véritables sentiments. Guillaume était resté en France, comme otage de la paix de Cateau-Cambrésis, à la conclusion de laquelle il avait coopéré, et, par l'imprudence de Henri II, qui croyait parler à un confident du roi d'Espagne, il avait appris un secret dessein que la cour de France formait avec celle d'Espagne contre les protestants des deux royaumes. Le prince s'empressa de communiquer à ses amis de Bruxelles cette importante découverte, qui les touchait de si près, et les lettres qu'il échangea avec eux à ce sujet tombèrent par malheur dans les mains du roi d'Espagne[2]. Philippe II fut moins surpris de cet éclaircissement décisif sur les véritables sentiments de Guillaume qu'irrité du renversement de son projet; mais les grands d'Espagne, qui n'avaient pas encore pardonné au prince ce moment où le plus grand des empereurs, dans le dernier acte de sa vie, s'appuya sur les épaules de Guillaume, ne laissèrent pas échapper cette occasion favorable de perdre enfin tout à fait dans l'esprit de leur roi l'homme qui avait trahi un secret d'État.

D'aussi noble race que Guillaume, Lamoral, comte d'Egmont et prince de Gavre, descendait des ducs de Gueldre, dont le courage guerrier avait lassé les armes de l'Autriche. Sa famille brillait dans les annales du pays; un de ses ancêtres avait déjà exercé sous Maximilien le stathoudérat de Hollande. Le mariage d'Egmont avec la duchesse Sabine de Bavière releva encore l'éclat de sa naissance et le rendit puissant par d'importantes alliances. En 1546, Charles-Quint l'avait fait à Utrecht chevalier de la Toison d'or. Les guerres de cet empereur furent l'école de sa gloire future, et les batailles de Saint-Quentin et de Gravelines firent de lui le héros de son siècle. Chacun des bienfaits de la paix, et ce sont les peuples commerçants qui les ressentent avec le plus de gratitude, rappelait le souvenir des

---

[1] Strad., dec. I, liv. I, p. 24, et liv. III, p. 55, sq. — Grot., Ann., liv. I, p. 7 — Reidan., liv. III, 59. — Meurs., Guil. Aurac., liv. I, p. 2, sq. — Burg., 65, 66.

[2] Strad., dec. I, liv. III, p. 56. — Thuan., I, 1010. — Reidan., liv. I, p. 2.

victoires par lesquelles cette paix avait été accélérée, et l'orgueil flamand se glorifiait, comme une mère orgueilleuse, de l'illustre fils du pays, qui remplissait toute l'Europe de l'admiration de son nom. Neuf enfants, qui florissaient sous les yeux de ses concitoyens, multipliaient et resserraient ses liens avec sa patrie, et l'affection générale dont il était l'objet s'entretenait à la vue de ceux qui étaient son bien le plus cher. Chaque apparition d'Egmont en public était un triomphe; tous les regards qui se fixaient sur lui racontaient sa vie; ses exploits vivaient dans les récits pleins de jactance de ses compagnons d'armes; les mères l'avaient montré à leurs enfants dans les jeux chevaleresques. La courtoisie, un noble maintien et l'affabilité, les aimables vertus de la chevalerie, ornaient de grâce son mérite [1]. Sur son front ouvert se révélait son âme libre; sa franchise ne ménageait pas mieux ses secrets que sa bienfaisance ses richesses, et une pensée, dès qu'elle était à lui, appartenait à tout le monde. Sa religion était douce et humaine, mais peu éclairée, parce qu'elle recevait la lumière de son cœur et non de son intelligence [2].

Egmont avait plus de conscience que de principes; sa tête ne s'était pas donné à elle-même son code de lois, il lui avait été simplement enseigné : aussi le seul nom attaché à une action pouvait-il suffire pour la lui défendre. Les hommes, à ses yeux, étaient bons ou mauvais, et non ayant en eux du bon ou du mauvais [3]. Dans sa morale, il n'y avait point de milieu entre le vice et la vertu : c'est pourquoi un seul bon côté le décidait souvent en faveur d'un homme. Egmont réunissait tous les avantages qui font le héros; il était meilleur soldat que Guillaume d'Orange, mais fort au-dessous de lui comme homme d'État : celui-ci voyait le monde tel qu'il était réellement;

---

1. La première édition ajoute ici : « Dans un salut amical ou une poignée de main, son cœur, avec effusion, engageait sa foi à chacun de ses concitoyens. »
2. Dans la première édition, la phrase se termine ainsi : « (C'était une religion) sensible et commode, une foi de soldat, fidèle à l'Église, comme son chef, l'était au roi, parce qu'il fallait qu'il l'eût là toute prête dans les nécessités de la bataille, et parce qu'on récolte plus vite les fruits de la mémoire que ceux du jugement. »
3. Le sens de la phrase est bien déterminé dans la première édition : les mots *waren* (étaient) et *hatten* (avaient) sont imprimés en lettres espacées, ce qui équivaut à nos italiques.

Egmont le voyait dans le miroir magique d'une imagination qui embellissait tout. Les hommes que la fortune a surpris par des faveurs auxquelles ils ne trouvent point dans leurs actions de cause naturelle, sont très-facilement tentés d'oublier, en général, l'enchaînement nécessaire des causes et des effets, et de faire intervenir dans la suite naturelle des choses cette force supérieure et merveilleuse à laquelle ils finissent par se fier témérairement, comme César à sa fortune. Egmont était de ces hommes. Enivré de ses mérites, que la reconnaissance qu'on lui vouait avait exagérés, il vivait dans l'étourdissement de cette douce conviction, comme dans les aimables rêves d'un monde enchanté. Il ne craignait rien, parce qu'il se fiait au gage incertain que le sort lui avait donné dans l'amour de tout le peuple ; et il croyait à la justice, parce qu'il était heureux. La plus affreuse expérience du parjure espagnol ne put elle-même plus tard extirper de son âme cette confiance, et, même sur l'échafaud, l'espérance fut son dernier sentiment. Une tendre appréhension pour sa famille tint son courage patriotique enchaîné à de plus humbles devoirs. Parce qu'il avait à craindre pour ses biens et pour sa vie, il ne pouvait hasarder beaucoup pour la république. Guillaume d'Orange rompit avec le trône, parce que le pouvoir arbitraire révoltait son orgueil[1] ; Egmont était vain, voilà pourquoi il attachait du prix à la faveur des monarques. Le premier était un citoyen du monde, Egmont n'a jamais été rien de plus qu'un Flamand[2].

Philippe II n'avait pas encore acquitté sa dette envers le vainqueur de Saint-Quentin, et la place de gouverneur général des Pays-Bas semblait être la seule récompense digne de si brillants services. La naissance et la considération, la voix du peuple et les talents personnels parlaient aussi haut en faveur d'Egmont que d'Orange, et si le dernier était écarté, l'autre pouvait seul l'avoir supplanté.

Deux concurrents d'un mérite si égal auraient pu rendre le choix embarrassant pour Philippe II, s'il lui était jamais venu

---

1. On lit de plus ici dans la première édition : « S'il donna la liberté à son pays, ce n'était pas qu'il fût exempt d'ambition, mais son ambition plus haute dédaignait de rien devoir à autrui. »
2. Grot., *Annal.*, liv. I, p. 7. — Strad., liv. I, 23, et liv. III, 84.

à la pensée de se prononcer pour l'un des deux. Mais les avantages mêmes sur lesquels ils fondaient leur droit furent ce qui les exclut : c'étaient précisément ces vœux ardents du peuple pour leur élévation qui leur avaient enlevé irrévocablement tous leurs titres à ce poste. Philippe ne pouvait employer dans les Pays-Bas un gouverneur qui eût à sa disposition la bonne volonté et la force du peuple [1]. Egmont, issu des ducs de Gueldre, était, par sa naissance, un ennemi de la maison d'Espagne, et le pouvoir souverain paraissait dangereux dans les mains d'un homme qui pouvait former le dessein de venger l'oppression de son aïeul sur le fils de l'oppresseur. On ne pouvait offenser la nation en excluant ses deux favoris, ni les offenser eux-mêmes : « Le roi, disait-on, les écarte tous les deux, parce qu'il ne veut pas préférer l'un à l'autre [2]. »

Trompé dans son attente d'être gouverneur, le prince d'Orange ne perdit pas cependant tout espoir d'affermir son influence dans les Pays-Bas. Parmi les autres personnes qui furent proposées pour cette charge était Christine, duchesse de Lorraine et tante du roi, qui avait rendu à la couronne un service éclatant comme médiatrice de la paix de Cateau-Cambrésis. Guillaume avait des vues sur sa fille, et il espérait les faire réussir en s'employant activement pour la mère; mais il ne réfléchit pas que par là même il gâtait la cause de la duchesse. Christine fut rejetée, non, comme on le prétendait, parce que la dépendance où ses domaines étaient de la France la rendait suspecte à la cour d'Espagne, mais bien plutôt parce qu'elle était agréable au peuple néerlandais et au prince d'Orange [3].

---

[1]. La première édition ajoute : « Et que le peuple se fût attaché par une si vive affection. »
[2]. Strad., dec. I, liv. I, 24. — Grot., *Annal.*, p. 12.
[3]. Burgund., liv. I, 23, sq. — Strad., dec. I, liv. I, 24, 25.

MARGUERITE DE PARME,

GOUVERNANTE GÉNÉRALE DES PAYS-BAS.

Tandis que l'attention universelle est encore vivement excitée, et qu'on se demande qui présidera désormais aux destinées des Provinces-Unies, on voit paraître tout à coup aux frontières la duchesse Marguerite de Parme, que le roi avait appelée de l'Italie lointaine pour gouverner les Pays-Bas.

Marguerite était une fille naturelle de Charles-Quint, née en 1522, d'une demoiselle néerlandaise nommée Vangeest. Pour ménager l'honneur de sa maison, on l'avait d'abord élevée dans l'obscurité; mais sa mère, plus sensible à la vanité qu'à l'honneur, ne prit pas beaucoup de soin pour garder le secret de sa naissance, et une éducation royale trahit la fille d'empereur. Encore enfant, elle fut envoyée à Bruxelles pour être élevée par la gouvernante Marguerite, sa grand'tante, qu'elle perdit dans sa huitième année, et que remplaça pour elle la reine Marie de Hongrie, sœur de l'empereur et gouvernante après Marguerite. Charles-Quint avait fiancé sa fille, dès sa quatrième année, avec un prince de Ferrare; mais cet engagement ayant été rompu dans la suite, on la destina pour femme à Alexandre de Médicis, nouveau duc de Florence, et ce mariage fut en effet célébré à Naples, lorsque l'empereur revint victorieux de son expédition d'Afrique. Dès la première année de cette union malheureuse, une mort violente lui enlève son époux, qu'elle ne pouvait aimer, et, pour la troisième fois, sa main doit servir les intérêts politiques de son père. Octave Farnèse, prince âgé de treize ans, et neveu de Paul III, obtient, avec sa personne, les duchés de Parme et de Plaisance pour dot, et, par une destinée bizarre, Marguerite est unie, une fois nubile, à un enfant, comme auparavant un traité l'avait donnée dans son enfance à un homme fait. Son caractère peu féminin rendit cette dernière union encore plus choquante, car ses goûts étaient ceux d'un homme, et toute sa manière de vivre démentait son sexe. A l'exemple de la reine de Hongrie, qui l'avait élevée, et de son arrière-grand'tante, la duchesse Marie de Bourgogne, qui trouva la mort dans sa récréation favorite, elle aimait passionnément la chasse, et avait tellement endurci son corps à cet exercice, qu'elle pouvait défier un homme quand il s'agissait d'en supporter les fatigues. Sa démarche même avait si peu la grâce féminine, qu'on était tenté de la prendre pour un homme déguisé, plutôt que pour une femme virile; et la nature, dont elle s'était jouée en violant ses limites, se vengea d'elle enfin par une maladie qui attaque surtout les hommes, la goutte. Ces qualités si singulières étaient couronnées par une piété rigide, monacale, qu'Ignace de Loyola, son directeur et son maître spirituel, avait eu la gloire d'implanter dans son âme. Parmi les œuvres de charité et les pénitences par lesquelles elle mortifiait sa vanité, une des plus remarquables est que, chaque année, pendant la semaine sainte, elle lavait de ses mains les pieds à un certain nombre de pauvres, auxquels il était rigoureusement défendu de les nettoyer auparavant; après quoi, elle les servait à table comme une servante et les congédiait avec de riches présents.

Ce dernier trait de caractère suffirait presque pour expliquer la préférence que le roi lui donna sur tous ses concurrents[1]; mais sa prédilection pour elle était en même temps justifiée par les plus solides motifs de la politique. Marguerite était née dans les Pays-Bas, et elle y avait été élevée. Elle avait passé sa première jeunesse au milieu de ce peuple, et avait pris beaucoup de ses mœurs. Deux gouvernantes, sous les yeux desquelles elle avait grandi, l'avaient initiée par degrés aux meilleures maximes à suivre dans le gouvernement de ce peuple singulier, et

---

[1]. La première édition a de plus la proposition suivante : « Car au moins par ce choix il n'avait rien à craindre de l'amour de la nation. »

pouvaient en cela lui servir de modèles. Elle ne manquait pas d'esprit et d'une aptitude particulière pour les affaires, qu'elle tenait de ses institutrices, et qu'elle avait perfectionnée ensuite à l'école des Italiens. Les Pays-Bas étaient depuis plusieurs années accoutumés au gouvernement des femmes, et peut-être Philippe II espérait-il que le fer tranchant de la tyrannie, dont il voulait désormais se servir contre eux, ferait, dans les mains d'une femme, des blessures plus douces. Un reste d'égards pour son père, qui vivait encore, et qui avait beaucoup d'affection pour cette fille, doit aussi, assure-t-on, l'avoir dirigé dans ce choix. En outre, il est vraisemblable qu'ayant été forcé en ce temps-là de refuser une demande au duc de Parme, il voulut l'obliger par cette attention pour sa femme. Comme les domaines de la duchesse étaient enclavés dans ses possessions italiennes, et en tout temps exposés à ses armes, il pouvait avec d'autant moins de danger placer dans ses mains le pouvoir suprême. Afin de rendre sa sûreté complète, le fils de Marguerite, Alexandre Farnèse, restait, comme gage de sa foi, à la cour d'Espagne. Toutes ces raisons réunies avaient assez de poids pour déterminer le roi en sa faveur ; mais elles devinrent décisives lorsque l'évêque d'Arras et le duc d'Albe les appuyèrent : ce dernier, à ce qu'il paraît, parce qu'il haïssait ou qu'il enviait tous les autres prétendants ; l'autre, parce que, vraisemblablement, son ambition pressentait dès lors l'ample satisfaction que lui préparait le caractère chancelant de cette princesse[1].

Philippe reçut la nouvelle gouvernante à la frontière du pays, avec une suite brillante, et la conduisit en pompe magnifique à Gand, où les états généraux avaient été rassemblés. Comme il n'avait pas l'intention de revenir de sitôt dans les Pays-Bas, il voulut, avant de les quitter tout à fait, satisfaire la nation par la réunion d'une diète solennelle, et assurer aux ordonnances qu'il avait rendues une plus grande sanction et une force légale. Alors, pour la dernière fois, il se montra à son peuple néerlandais, qui devait voir venir désormais d'un lointain mystérieux[2]

---

[1] Burgund., liv. I. 23. sq. — Strad., dec. I, liv. I, 24-30. — Meteren, t. II, 61. — Recueil et Mémorial des troubles des Pays-Bas (autore Hoppero), t. II, Vita Vigl., 18, 19.

[2] La première édition ajoute : « Comme des mains des puissances souterraines. »

les arrêts de son sort. Afin de relever l'éclat de ce jour solennel, il reçut onze nouveaux chevaliers de la Toison d'or, fit asseoir sa sœur sur un siége placé à côté du sien, et la présenta à la nation comme sa future souveraine. Tous les griefs du peuple sur les édits de religion, l'inquisition, le séjour prolongé des troupes espagnoles, les tributs imposés et l'introduction illégale d'étrangers dans les offices publics, furent agités dans cette diète, et débattus des deux parts avec chaleur; quelques-uns furent écartés avec adresse ou redressés en apparence, d'autres furent repoussés par décision souveraine. Comme la langue du pays était étrangère à Philippe II, il s'adressa à la nation par l'organe de l'évêque d'Arras, lui détailla avec une éloquence fastueuse tous les bienfaits de son gouvernement, l'assura de sa faveur pour l'avenir, et recommanda encore une fois aux états, de la manière la plus sérieuse, le maintien de la foi catholique et l'extirpation de l'hérésie. Il promit que les troupes espagnoles évacueraient les Pays-Bas dans peu de mois, si l'on voulait seulement lui accorder le temps de se remettre des grandes dépenses de la dernière guerre, afin de pouvoir payer à ses troupes leur solde arriérée. Leurs lois nationales resteraient intactes; les impôts ne les chargeraient pas au delà de leurs forces, et l'inquisition exercerait son office avec justice et modération. Dans le choix d'une gouvernante, ajouta-t-il, il avait eu égard principalement aux vœux de la nation, et s'était décidé pour une personne née dans le pays, initiée à ses mœurs et à ses habitudes, et qui leur était affectionnée par patriotisme. Il les exhortait donc à honorer son choix par leur reconnaissance, et à obéir à sa sœur, la duchesse, comme à lui-même. Si des obstacles inattendus, dit-il en finissant, s'opposaient à son retour, il leur promettait d'envoyer à sa place le prince Charles, son fils, qui résiderait à Bruxelles[1].

Quelques membres plus courageux de cette assemblée hasardèrent encore une dernière tentative pour la liberté de conscience. « Chaque peuple, dirent-ils, devait être traité selon son caractère national, comme chaque individu selon sa constitution physique. Ainsi l'on pouvait, par exemple, juger le Midi heureux encore

---

1. Burg., liv. I, 34, 37. — *Hist. gén. des Prov.-Un.*, t. III, 25, 26 (t. V, p. 46, 47 de l'éd. franç.). — Strad., liv. I, 32.

sous un certain degré de contrainte qui serait insupportable pour le Nord. Jamais, ajoutèrent-ils, les Flamands ne consentiraient à porter un joug sous lequel des Espagnols ploieraient peut-être patiemment ; et si l'on voulait le leur imposer, ils aimeraient mieux en venir aux dernières extrémités. » Quelques-uns des conseillers du roi appuyèrent cette représentation, et ils insistèrent sérieusement pour que ces terribles édits de religion fussent adoucis ; mais Philippe resta inexorable. « Plutôt ne pas régner, répondit-il, que de régner sur des hérétiques[1]. »

Conformément à une organisation que Charles-Quint avait lui-même établie, la gouvernante fut assistée de trois conseils ou chambres, qui se partagèrent l'administration des affaires publiques. Aussi longtemps que Philippe II avait résidé dans les Pays-Bas, ces trois conseils avaient beaucoup perdu de leur autorité, et le premier d'entre eux, le conseil d'État, était resté presque entièrement inactif. Maintenant que le roi remettait de nouveau à d'autres mains les rênes du gouvernement, ces conseils recouvrèrent leur premier éclat. Dans le conseil d'État, qui veillait sur la guerre et la paix et sur la sûreté extérieure, siégeaient l'évêque d'Arras, le prince d'Orange, le comte d'Egmont, le président du conseil privé Viglius de Zuichem d'Aytta, et le comte de Barlaimont, président du conseil des finances. Tous les chevaliers de la Toison d'or, tous les membres du conseil privé et du conseil des finances, comme aussi les membres du grand sénat de Malines, que Charles-Quint avait déjà subordonné au conseil privé siégeant à Bruxelles, avaient séance et voix dans le conseil d'État, lorsqu'ils y étaient expressément convoqués par la gouvernante. L'administration des revenus royaux et des domaines appartenait au conseil des finances, et le conseil privé s'occupait de la justice et de la police du pays, et expédiait les lettres de grâce et de franchise. Il fut pourvu aux gouvernements de provinces devenus vacants, ou bien les anciens titulaires furent confirmés. Le comte d'Egmont eut la Flandre et l'Artois ; le prince d'Orange, la Hollande, la Zélande, Utrecht, la Frise occidentale, avec la comté de Bourgogne ; le comte d'Aremberg, la Frise orientale, Overyssel et Groningue ;

---

[1]. Bentivogl., liv. I, p. 10.

le comte de Mansfeld, le Luxembourg; Barlaimont, Namur; le marquis de Bergues, le Hainaut, Cateau-Cambrésis et Valenciennes; le baron de Montigny, Tournai et son territoire. D'autres provinces furent données à d'autres qui sont moins dignes de notre attention. Philippe de Montmorenci, comte de Hoorn, à qui le comte de Megen avait succédé dans le gouvernement de Gueldre et de Zutphen, fut confirmé dans sa charge d'amiral de la marine néerlandaise[1]. Chaque gouverneur de province était en même temps chevalier de la Toison d'or et membre du conseil d'État. Chacun avait, dans la province qu'il gouvernait, le commandement des troupes qui la gardaient, la haute surveillance de l'administration civile et de la justice, la Flandre exceptée, où le gouverneur n'avait point à s'ingérer dans les affaires judiciaires. Le Brabant était seul sous l'autorité immédiate de la gouvernante, qui, selon l'ancien usage, choisit Bruxelles pour lieu de sa résidence. L'installation du prince d'Orange dans ses gouvernements eut lieu, à proprement parler, contre la constitution du pays, car il était étranger; mais quelques domaines épars qu'il possédait dans les provinces, ou qu'il administrait comme tuteur de son fils, un long séjour dans le pays, et surtout la confiance illimitée de la nation en ses sentiments, suppléaient, par des titres effectifs, à ce qui lui manquait par le hasard de la naissance[2].

Les forces nationales des Pays-Bas, qui, lorsqu'elles étaient au complet, devaient se monter à trois mille chevaux, mais n'en comptaient pas alors beaucoup plus de deux mille, étaient divisées en quatorze escadrons, qui avaient pour commandants supérieurs, outre les gouverneurs des provinces, le duc d'Arschot, les comtes de Hoogstraeten, Bossu, Rœux et Bréderode. Cette cavalerie, qui était dispersée dans les dix-sept provinces, ne devait servir que pour les besoins soudains; si peu suffisante qu'elle fût pour de grandes entreprises, elle était du moins en état de maintenir la tranquillité intérieure. Son courage était

---

1. D'autres traducteurs ont déjà fait remarquer qu'il s'est glissé quelques petites erreurs de dates dans cette énumération de gouverneurs.
2. Meteren, t. I, liv. 1, 46. — Burgund., liv. 1, pag. 7, 25, 30, 34. — Strad., liv. 1, 20, sq. — *Hist. gén. des Prov.-Un.*, III, 21 (t. V, p. 40, 41 de l'édit. franç.).

éprouvé, et les dernières guerres avaient répandu le renom de sa valeur dans toute l'Europe[1]. Il avait été question, en outre, de former un corps d'infanterie; mais, jusqu'alors, les états n'avaient pas voulu y entendre. Des troupes étrangères, il restait encore au service quelques régiments allemands, qui attendaient leur solde. Les quatre mille Espagnols, sujet de tant de griefs, obéissaient à deux chefs de leur nation, Mendoza et Romero, et ils étaient en garnison dans les villes frontières.

Parmi les grands des Pays-Bas que le roi distingua particulièrement dans cette distribution des charges, figurent au premier rang les noms du comte d'Egmont et de Guillaume d'Orange. Quelques profondes racines qu'eût dès lors jetées sa haine contre l'un et l'autre, et surtout contre le dernier, il leur donna cependant cette marque publique de sa faveur, parce que sa vengeance n'était pas mûre encore, et que le peuple les honorait avec enthousiasme. Les biens de l'un et de l'autre furent déclarés exempts d'impôts[2]; les gouvernements les plus lucratifs leur furent confiés. En leur offrant le commandement des Espagnols laissés dans le pays, il les flattait d'une confiance qu'il était bien éloigné de mettre effectivement en eux. Mais, dans le même temps où il obligeait le prince par ces témoignages publics de son estime, il sut le blesser en secret d'une manière d'autant plus sensible. Craignant qu'une alliance avec la puissante maison de Lorraine n'entraînât ce vassal suspect à des projets trop hardis, il traversa le mariage qui devait se conclure entre Guillaume et une princesse de cette maison, et anéantit son espérance au moment où elle allait se réaliser : offense que le prince ne lui a jamais pardonnée[3]. La haine du roi envers lui l'emporta même un jour sur la dissimulation naturelle de ce monarque, et l'entraîna à une manifestation où nous ne reconnaissons nullement Philippe II. Comme il s'embarquait à Flessingue, et que les grands du pays l'entouraient sur le rivage, il s'oublia au point de rudoyer le prince et de l'accuser ouvertement d'être

---

1. Burgund., liv. I, 26. — Strad., liv. I, 21, sq. — Hopper, 18, 19, sq. — Thuan., t. II, 489.
2. Comme aussi ceux du comte de Hoorn. (*Note de l'auteur.*) — *Hist. gén. des Prov.-Un.*, t. III, 8 (t. V, p. 14 de l'édit. franç.).
3. Watson, t. I, 137.

l'auteur des troubles de Flandre. Le prince répondit avec modération qu'il n'était rien arrivé que les états n'eussent fait de leur propre mouvement et par les motifs les plus légitimes. « Non, dit Philippe II en lui saisissant la main et la secouant rudement, non, pas les états, mais vous! vous! vous! » Le prince resta muet, et, sans attendre l'embarquement du roi, il lui souhaita un heureux voyage et reprit le chemin de la ville[1]. C'est ainsi que la haine particulière rendit enfin incurable l'amertume que Guillaume[2] portait depuis longtemps dans son sein contre l'oppresseur d'un peuple libre, et cette double provocation amena enfin à maturité la grande entreprise qui ravit à la couronne espagnole sept de ses perles les plus précieuses.

Philippe n'avait pas peu dérogé à son véritable caractère en se montrant encore si favorable aux Pays-Bas avant son départ. La forme légale d'une diète, cette condescendance à retirer ses Espagnols des provinces, cette complaisance de faire occuper les charges les plus importantes par les favoris du peuple, et enfin le sacrifice qu'il fit à leur constitution en retirant le comte de Féria du conseil d'État, étaient des attentions dont sa générosité ne se rendit plus coupable dans la suite. Mais il avait alors besoin plus que jamais de la bonne volonté des états pour éteindre, s'il était possible, avec leur assistance, la dette énorme qui pesait encore sur les Pays-Bas, par l'effet des dernières guerres. En leur montrant sa complaisance par de petits sacrifices, il espérait peut-être gagner leur consentement pour ses graves usurpations. Il signalait son départ par la faveur, parce qu'il savait en quelles mains il laissait le pays. Les horribles scènes de mort qu'il avait préméditées contre ce malheureux peuple ne devaient pas ternir le pur éclat de la majesté royale, qui, semblable à la divinité, ne signale ses pas que par des bienfaits: cette affreuse gloire était réservée à ses lieutenants. Au reste, en érigeant le conseil d'État, on avait plus flatté la noblesse

---

1. *Vie et généalogie de Guillaume Ier, prince d'Orange.* — À la suite de ce renvoi, Schiller ajoute dans la première édition : « Ce livre que je n'ai plus entre les mains et dont je ne puis déterminer plus exactement le titre, a été écrit sous Guillaume III d'Angleterre, et lui est dédié. »

2. À la place du nom propre Guillaume, il y a dans la première édition : « Cet homme noble et juste. »

néerlandaise qu'on ne lui avait donné de véritable influence. L'historien Strada, qui pouvait être parfaitement instruit, par les papiers même de la gouvernante, de tout ce qui la concernait personnellement[1], nous a conservé quelques articles des instructions secrètes que lui donna le ministère espagnol. Si elle remarquait, y est-il dit entre autres choses, que les conseils fussent divisés par des factions, ou, ce qui serait bien pis encore, qu'ils se fussent préparés et conjurés ensemble par des conférences privées avant la séance, elle devait sur-le-champ dissoudre toute l'assemblée, et statuer de sa propre autorité sur le point en litige dans un comité moins nombreux. Dans ce comité plus étroit, qu'on nomma la consulte, siégeaient l'évêque d'Arras, le président Viglius et le comte de Barlaimont. Elle devait agir de la même manière, si des cas pressants exigeaient une résolution plus prompte. Si ce règlement n'avait pas été l'ouvrage d'un despotisme arbitraire, il pourrait être justifié peut-être par la plus sage politique, et même toléré par la liberté républicaine. Dans les grandes assemblées, où tant de relations privées et de passions exercent leur influence, où la foule des auditeurs ouvre un champ trop magnifique à la vanité et à l'ambition de l'orateur, et où les partis se déchaînent souvent les uns contre les autres avec une violence effrénée, il est rare qu'une résolution puisse être prise avec ce sang-froid et cette maturité qui peuvent se rencontrer encore dans un cercle plus étroit, quand les membres sont bien choisis[2]. Ajoutons que, dans une réunion plus nombreuse, il faut supposer moins d'esprits éclairés que d'esprits bornés, et que ceux-ci, par le droit égal des suffrages, entraînent assez souvent la majorité du côté le moins raisonnable. Une deuxième maxime que la gouvernante devait mettre en pratique, était d'exhorter fortement les membres du conseil qui auraient voté contre une ordonnance, d'en seconder l'exécution avec le même empressement, si elle était adoptée, que s'ils en avaient été eux-mêmes les plus zélés défenseurs. Par là, non-seulement elle laisserait le peuple dans l'ignorance

---

1. Strada, liv. II. 49, et liv. I, 31.
2. La première édition termine ainsi la phrase : « Et que dans une seule tête se trouvent heureusement cette généralité de vues et cet équilibre qu'on veut obtenir dans la grande assemblée par la diversité des voix. »

sur les auteurs de la loi; mais aussi elle préviendrait les querelles particulières entre les membres du conseil, et elle assurerait aux suffrages une plus grande liberté[1].

Malgré toutes ces précautions, Philippe II ne pouvait quitter sans inquiétude les Pays-Bas, aussi longtemps qu'il savait aux mains d'une noblesse suspecte la prépondérance au conseil d'État et l'obéissance des provinces; en conséquence, pour se tranquilliser aussi de ce côté, et s'assurer en même temps de la gouvernante, il la soumit elle-même, et, avec elle, toutes les affaires de l'État, à la haute surveillance de l'évêque d'Arras; et, dans la personne de ce seul homme, il opposait un contre-poids suffisant à la plus formidable cabale. C'est à lui que fut adressée la duchesse, comme à un oracle infaillible de la majesté royale, et elle avait en lui un inspecteur sévère et toujours vigilant de son administration. Parmi tous les contemporains, Granvelle est le seul qui paraisse avoir échappé à la méfiance de Philippe; c'est parce qu'il savait ce ministre à Bruxelles, qu'il pouvait dormir à Ségovie. Il quitta les Pays-Bas au mois de septembre 1559 : une tempête submergea sa flotte, tandis que lui-même, sauvé de la mort, il débarquait à Laredo, en Biscaye; et sa joie sombre remercia par un vœu abominable le Dieu auteur de son salut. Il avait remis aux mains d'un prêtre et d'une femme le dangereux gouvernail des Pays-Bas; et, en lâche tyran[2], il se déroba dans son oratoire, à Madrid, aux prières, aux plaintes et aux malédictions de son peuple[3].

1. Strad., dec. I, liv. I, 31.
2. Dans la première édition, il y a de plus : « Il s'enfuit devant le mal qu'il avait fait, et se déroba, etc. »
3. *Hist. gén. des Prov.-Un.*, t. III, 27, 28 (t. V, p. 50, de l'édit. franç.).

LIVRE DEUXIÈME

LE CARDINAL GRANVELLE.

Antoine Perenot, évêque d'Arras, puis archevêque de Malines, et métropolitain de tous les Pays-Bas, que la haine de ses contemporains a immortalisé sous le nom de cardinal Granvelle, naquit, en 1516, à Besançon, dans la comté de Bourgogne. Son père, Nicolas Perenot, fils d'un forgeron[1], s'était élevé par son propre mérite au poste de secrétaire intime de la duchesse Marguerite de Savoie, alors gouvernante des Pays-Bas. Dans cet emploi, Charles-Quint reconnut en lui une grande habileté pour les affaires, le prit à son service et l'employa dans les négociations les plus importantes. Il travailla vingt ans dans le cabinet de l'empereur, devint conseiller privé et garde du sceau, fut initié à tous les secrets d'État de ce monarque et amassa de grands biens[2]. Il transmit ses dignités, son influence et sa science politique à son fils, Antoine Perenot, lequel donna, dès ses jeunes années, des preuves de la grande capacité qui lui ouvrit plus tard une si glorieuse carrière. Antoine avait cultivé dans plusieurs hautes écoles les talents dont la nature l'avait doué d'une manière si prodigue, et, par les talents comme par la culture, il eut l'avantage sur son père. Bientôt il fit voir qu'il pourrait se maintenir par ses propres forces dans une place où des mérites étrangers l'avaient porté. Il était âgé de vingt-quatre ans

---

[1]. Des recherches plus exactes que celles qu'on avait faites jusqu'au temps où Schiller écrivait, nous ont appris que le cardinal Granvelle était né à Ornans, petite ville de Bourgogne, et que ses ancêtres y avaient exercé d'importantes charges de magistrature.

[2]. Meteren, 60. — Strat., 17.

lorsque l'empereur l'envoya, comme son plénipotentiaire, au concile de Trente, et ce fut là qu'il fit entendre les prémices de son éloquence, qui lui donna dans la suite une si grande autorité sur deux monarques[1]. Charles-Quint se servit encore de lui dans diverses missions difficiles, qu'il termina à l'entière satisfaction de son maître, et, lorsque enfin l'empereur abandonna le sceptre à son fils, il compléta ce précieux don, en lui léguant le ministre qui l'aida à le porter.

Granvelle ouvrit tout d'abord sa nouvelle carrière par le plus grand chef-d'œuvre de son génie politique, je veux dire en s'insinuant si aisément de la faveur d'un tel père dans les bonnes grâces d'un tel fils. Il réussit bientôt à les mériter en effet. Dans la secrète conférence que la duchesse de Lorraine avait ménagée en 1558, à Péronne, entre les ministres de France et d'Espagne, il projeta avec le cardinal de Lorraine, contre les protestants, la conjuration qui fut ensuite amenée à maturité, mais en même temps trahie, dans Cateau-Cambrésis, où Granvelle coopéra aux négociations de paix.

A un esprit vaste et pénétrant, à une rare facilité dans les grandes affaires les plus compliquées, au savoir le plus étendu, se réunissaient merveilleusement chez cet homme un labeur qu'aucun fardeau n'accablait et une patience infatigable; au génie le plus entreprenant, la marche exactement mesurée d'une machine. Jour et nuit, à jeun, sans sommeil, l'État le trouvait toujours prêt; les grandes et les petites affaires étaient pesées par lui avec le même soin consciencieux[2]. Il n'était pas rare qu'il occupât cinq secrétaires à la fois, et en différentes langues : on dit qu'il en parlait sept. Ce qu'une sagesse attentive avait amené lentement à maturité, acquérait de la force et de la grâce dans sa bouche, et la vérité, accompagnée d'une puissante éloquence, entraînait tous les auditeurs. Sa fidélité était incorruptible, parce qu'aucune des passions qui rendent l'homme dépendant de l'homme ne tentait son cœur[3]. Avec une admirable sagacité,

---

1. *Hist. gén. des Prov.-Un.*, t. II, 526 (t. IV, p. 43, 44 de l'édit. franç.).
2. « Et l'on pourrait dire de lui avec vérité qu'il portait le fardeau de la monarchie sur de vigoureuses épaules. » (*Première édition.*)
3. « Un homme unique (à savoir: le roi, son maître) était son besoin ; pour garder ce trésor, il sacrifiait tout le genre humain. » (*Première édition.*)

il pénétrait dans l'âme de son souverain, et lisait souvent sur son visage toute la suite de ses pensées, comme, à la vue de l'ombre qui précède, on devine le corps qui approche. Avec un art plein de ressources il allait au-devant de cet esprit plus lent, transformait en pensées achevées les germes à peine ébauchés sur les lèvres du prince, et lui attribuait généreusement l'honneur de l'invention[1]. Granvelle connaissait l'art difficile, et si profitable, d'atténuer son esprit, de faire de son génie le serf d'un autre[2] : il dominait, parce qu'il cachait sa domination, et c'était ainsi seulement que Philippe II pouvait être dominé. Satisfait d'un pouvoir secret, mais solide, il n'en recherchait pas, avec une insatiable avidité, de nouveaux témoignages, lesquels sont toujours pour les petits esprits l'objet le plus digne d'envie ; mais chaque nouvelle dignité lui seyait, comme s'il en avait toujours été revêtu. Il n'était pas étonnant que des qualités si extraordinaires lui gagnassent la faveur de son maître ; mais en même temps l'important héritage de secrets et d'expériences politiques que Charles-Quint avait recueilli dans une vie pleine d'actions et déposé dans cette intelligence, rendait Granvelle indispensable à son successeur. Avec quelque complaisance que Philippe se confiât d'ordinaire en sa propre sagesse, sa politique timide et cauteleuse avait besoin de se frotter à un esprit supérieur et de venir en aide à sa propre irrésolution par l'autorité, l'exemple d'autrui et l'usage traditionnel. Aussi longtemps que Philippe résida dans les Pays-Bas, aucun événement politique et aucune affaire de la maison royale ne s'accomplirent sans la participation de Granvelle, et, quand le roi partit pour l'Espagne, il fit à la nouvelle gouvernante, en lui donnant ce ministre, un présent aussi considérable que celui que lui avait légué à lui-même, en sa personne, l'empereur son père.

Si ordinaire qu'il soit de voir des princes despotiques livrer leur confiance à des créatures qu'ils ont tirées de la poussière, et qui sont en quelque façon leur ouvrage, il fallait pourtant d'éminentes qualités pour surmonter le taciturne égoïsme d'un

---

1. Dans la première édition : « La douce illusion personnelle de l'invention. »
2. « Pareil à une mère dénaturée qui renie son propre enfant, il renonçait à des pensées dont il était le créateur, pour en céder la propriété à son maître. » (Première édition.)

caractère tel que Philippe II, au point de le changer en confiance et même en familiarité. Le plus léger mouvement d'un amour-propre bien légitime, par lequel le ministre aurait paru revendiquer comme sienne une pensée que le monarque avait une fois honorée de son adoption, lui aurait coûté toute son influence. Il lui eût été permis de s'abandonner aux passions basses de la volupté, de l'avarice, de la vengeance; mais la seule qui l'animât réellement, le sentiment flatteur de sa propre supériorité et de sa force, il devait la voiler soigneusement au regard soupçonneux du despote. Il se dépouilla volontairement de tous les avantages qu'il possédait en propre, pour les recevoir une seconde fois de la générosité du monarque. Il fallait que son bonheur ne découlât d'aucune autre source que celle-là, qu'aucun autre mortel n'eût des titres à sa reconnaissance. Avant de revêtir la pourpre que Rome lui avait envoyée, il attendit que l'autorisation royale lui fût arrivée d'Espagne : en la déposant sur les marches du trône, il semblait en quelque sorte ne la recevoir que des mains de son roi[1]. Moins politique que lui, le duc d'Albe se fit ériger un trophée dans Anvers, et inscrivit son propre nom sous les victoires qu'il avait remportées comme instrument de la couronne; mais le duc d'Albe descendit dans la tombe avec la disgrâce de son maître. Il avait attenté d'une main téméraire aux droits régaliens, en puisant immédiatement à la source de l'immortalité.

Granvelle changea trois fois de maître, et trois fois il réussit à s'élever à la plus haute faveur. Avec autant de facilité qu'il avait dirigé le légitime orgueil d'un autocrate et le dur égoïsme d'un despote, il sut manier la vanité délicate d'une femme. Le plus souvent c'était par billets qu'il traitait d'affaires avec la gouvernante, même lorsqu'ils se trouvaient sous le même toit : usage qui remonte, dit-on, au temps d'Auguste et de Tibère. Si la gouvernante se trouvait dans l'embarras, ces billets entre elle et le ministre étaient souvent échangés d'heure en heure. Vraisemblablement Granvelle choisit ce moyen pour tromper la vigilante jalousie de la noblesse, qui ne devait pas connaître entièrement son influence sur la gouvernante. Peut-être croyait-il

1. Strada, 65.

aussi assurer par là à ses avis un effet plus durable auprès d'elle, et se garantir, au besoin, contre les accusations par ces témoignages écrits. Mais la vigilance de la noblesse rendit cette précaution inutile, et l'on sut bientôt dans toutes les provinces que rien ne se faisait sans le ministre.

Granvelle possédait toutes les qualités d'un homme d'État accompli, pour gouverner une monarchie voisine du despotisme; mais il n'en avait aucune absolument pour une république ayant un roi à sa tête. Élevé entre le trône et le confessionnal, il ne connaissait d'autres rapports entre les hommes que l'empire et la soumission, et le sentiment intime de sa supériorité lui inspirait le mépris du genre humain. Sa politique manquait de souplesse, la seule vertu qui lui fût alors indispensable [1]. Il était arrogant, audacieux, et il armait de la toute-puissance royale la vivacité naturelle de son caractère et les passions d'un homme d'Église. Il déguisait sa propre ambition sous l'intérêt de la couronne, et rendit irréparable la division entre la nation et le roi, parce que, au temps de cette division, il demeura lui-même indispensable à son maître. Il se vengeait sur la noblesse de sa basse origine, et, selon l'usage de tous ceux qui ont triomphé de la fortune par leur mérite, il plaçait les avantages de la naissance bien au-dessous de ceux par lesquels il s'était élevé. Les protestants le connaissaient pour leur plus implacable ennemi; toutes les charges qui écrasaient le pays lui étaient imputées; et l'on en trouvait le poids d'autant plus insupportable qu'il en était l'auteur. On l'accusa même d'avoir ramené à la sévérité les dispositions plus équitables que les pressantes sollicitations des états avaient enfin arrachées au monarque. Les Pays-Bas le maudissaient comme le plus redoutable ennemi de leur liberté, et le premier auteur de toutes les souffrances qui, dans la suite, fondirent sur eux [2].

(1559.) Évidemment Philippe II avait quitté trop tôt les Provinces. Les nouvelles règles de gouvernement étaient encore trop étrangères à ce peuple, et ne pouvaient recevoir que du roi

---

[1]. « Jamais elle ne quittait la ligne une fois tracée, parce que cette ligne était du temps de la jeunesse de son génie, et qu'il est toujours difficile de renoncer à une impression reçue de bonne heure. » (*Première édition.*)

[2]. Strada, déc. 1, liv. II, 17-30. — Thuan., liv. VI, 301. — Burgundius.

leur force et leur sanction ; les nouvelles machines qu'il fit jouer auraient dû être mises en train par sa main puissante et redoutée ; il en fallait attendre les premiers mouvements et les affermir d'abord par l'usage. Maintenant il livrait ce ministre à l'attaque de toutes les passions, qui cessaient tout à coup de sentir les chaînes de la présence royale, et abandonnait au faible bras d'un sujet une entreprise à laquelle la majesté souveraine elle-même, avec ses plus fermes appuis, aurait pu succomber[1].

A la vérité, le pays était florissant, et une prospérité générale semblait attester le bonheur de la paix, qui lui avait été récemment rendue. Le calme extérieur trompait les yeux, mais ce n'était qu'une apparence, et au sein de ce calme brûlait secrètement la plus dangereuse discorde. Quand la religion chancelle dans un pays, elle n'est pas seule ébranlée : la témérité s'était d'abord attaquée au sacré, et elle passait enfin au profane. L'avantage remporté sur la hiérarchie ecclésiastique avait éveillé l'audace et le désir d'attaquer en général l'autorité, et de scruter les lois comme les dogmes, les devoirs comme les opinions. Ce courage fanatique, qu'on avait appris à exercer dans les affaires de l'éternité, pouvait changer d'objet ; ce mépris de la vie et des biens temporels pouvait métamorphoser de timides bourgeois en rebelles audacieux. Pendant près de quarante années, un gouvernement de femmes avait permis à la nation de faire valoir ses libertés ; des guerres continuelles, qui prenaient les Pays-Bas pour leur théâtre, avaient introduit une certaine licence et invité le droit du plus fort à se substituer à l'ordre civil. Les provinces étaient pleines d'aventuriers et de fugitifs étrangers, toutes personnes qui n'avaient plus aucun lien de patrie, de famille, de propriété, et qui de plus apportaient de leur malheureux séjour d'autrefois les semences de la révolte. Le spectacle répété des supplices et de la mort avait rompu le délicat tissu de la douceur des mœurs et donné au caractère national une dureté inhumaine[2].

Toutefois le soulèvement n'aurait fait que ramper à terre, ti-

---

[1] La première édition ajoute : « Il changeait par le mauvais choix de son serviteur un attentat politique en une infâme scélératesse. »

[2] « En offrant en spectacle sur les échafauds toutes les terreurs de la nature humaine, et en familiarisant les âmes avec elles, le gouvernement se dépouilla

midement et sans bruit, s'il n'avait trouvé dans la noblesse un
appui, à l'aide duquel il s'éleva d'une manière formidable.
Charles-Quint avait séduit les grands des Pays-Bas, en les associant à sa gloire, en nourrissant leur orgueil national par la
préférence partiale qu'il leur donnait sur la noblesse de Castille,
et en ouvrant un théâtre à leur ambition dans toutes les parties
de son empire. Dans la dernière guerre contre la France, ils
avaient réellement mérité de son fils cette préférence : les avantages que le roi recueillit du traité de Cateau-Cambrésis avaient
été en très-grande partie l'œuvre de leur vaillance, et maintenant ils se voyaient avec dépit frustrés de la reconnaissance sur
laquelle ils avaient compté avec tant de confiance. Ajoutons que
la séparation de l'empire germanique, détaché de la monarchie
espagnole, et l'esprit moins guerrier du nouveau gouvernement
avaient généralement resserré leur sphère d'activité, et qu'il
leur restait peu de chances de fortune hors de leur patrie. Philippe II établissait maintenant des Espagnols dans les postes où
Charles-Quint avait employé des Néerlandais. Toutes les passions que le règne précédent avait éveillées chez eux et qu'il
avait occupées, les suivaient au sein de la paix; et ces désirs
effrénés, auxquels manquait leur objet légitime, en trouvèrent par malheur un autre dans les griefs de la patrie. Alors ils
se remirent à tirer de l'oubli les prétentions que de nouvelles
passions avaient quelque temps écartées. Dans la dernière distribution des charges, le roi n'avait guère fait que des mécontents ; car ceux mêmes qui avaient obtenu des offices n'étaient
pas beaucoup plus satisfaits que ceux qu'on avait entièrement
oubliés, parce qu'ils avaient espéré mieux. Guillaume d'Orange
reçut quatre gouvernements, sans compter d'autres plus petits
qui, réunis ensemble, en valaient un cinquième; mais Guillaume avait espéré la Flandre et le Brabant. Lui et le comte
d'Egmont oublièrent ce qui leur était réellement échu en partage, et se souvinrent seulement que la lieutenance était perdue
pour eux. La plus grande partie de la noblesse s'était plongée

et ourdiment de son plus puissant talisman, de la crainte des maux latents. Désormais l'attentat n'avait plus à redouter aucune de ces terreurs gardées en
réserve ; l'œil les comptait, l'accoutumance les désarmait, et la raison les pouvait peser. » (*Première édition.*)

dans les dettes, où le gouvernement l'y avait entraînée. Maintenant, n'ayant plus la perspective de rétablir ses affaires dans des emplois lucratifs, elle se voyait tout à coup exposée à l'indigence, qui l'affligeait d'une manière d'autant plus sensible, que la vie brillante du bourgeois opulent la faisait ressortir davantage. Dans l'extrémité où ces nobles étaient réduits, un grand nombre auraient d'eux-mêmes offert leurs mains pour un crime : comment auraient-ils pu résister aux propositions séduisantes des calvinistes, qui payaient avec de grandes sommes d'argent leur intervention et leur appui? Plusieurs enfin, dont la situation était désespérée, trouvaient leur dernier refuge dans le bouleversement général, et étaient prêts à chaque instant à mettre en feu la république.

Cette dangereuse disposition des esprits était encore aggravée par le malheureux voisinage de la France. Là, ce que Philippe II avait à craindre pour les Provinces était déjà un fait accompli. Il pouvait lire d'avance, dans le sort de cet empire, celui de ses Pays-Bas, et l'esprit de révolte y pouvait trouver un modèle séduisant. Des circonstances semblables avaient répandu dans ce royaume, sous François Ier et Henri II, le germe des nouveautés; la même fureur de persécution et le même esprit de faction en avaient favorisé le développement[1]. Maintenant huguenots et catholiques étaient engagés dans une lutte également incertaine; des partis déchaînés désorganisaient toute la monarchie, et poussaient violemment ce puissant État au bord de l'abîme. En Néerlande comme en France, l'égoïsme, l'ambition et l'esprit de parti pouvaient se couvrir de la religion et de la patrie, et les passions de quelques citoyens armer toute la nation. Les bornes des deux États se touchent dans la Flandre wallonne: la révolte, comme une mer soulevée, peut lancer jusque-là ses flots : le passage lui sera-t-il refusé par une contrée dont la langue, les mœurs et le caractère flottent entre la Gaule et la Belgique? Le gouvernement n'a pas fait encore dans ces provinces la revue de ses sujets protestants; mais la nou-

---

1. *Vita Vigl.*, t. II, voy. *Recueil des troubles des Pays-Bas* par Hopper, 22. — Strad., 47.

2. La première édition ajoute: « et élevé ce faible embryon à la taille d'un géant. »

velle secte, il le sait, est une vaste république, cohérente, qui étend ses racines dans toutes les monarchies de la chrétienté, et ressent sur-le-champ, dans toutes ses parties, le moindre ébranlement. Ce sont des volcans menaçants, qui, liés par des canaux souterrains, s'embrasent à la fois avec un accord formidable. Il fallait que les Pays-Bas fussent ouverts à tous les peuples, parce que tous les faisaient vivre. Philippe pouvait-il isoler un État commerçant aussi facilement que ses Espagnes? S'il voulait purger ces provinces de l'hérésie, il devait commencer par la détruire en France[1].

C'est dans cette situation que Granvelle trouva les Pays-Bas, au début de son administration (1560).

Ramener dans ces provinces l'uniformité catholique, briser la puissance de la noblesse et des états qui avaient part au gouvernement, et élever l'autorité monarchique sur les ruines de la liberté républicaine, telle était la grande affaire de la politique espagnole et la tâche du nouveau ministre. Mais à cette entreprise s'opposaient des obstacles qu'on ne pouvait vaincre sans imaginer de nouveaux moyens, sans mettre en mouvement de nouvelles machines. A la vérité, l'inquisition et les édits de religion semblaient de force à empêcher la contagion de l'hérésie; mais les édits manquaient de surveillants, et l'inquisition d'instruments suffisants pour sa juridiction agrandie. En ce temps-là subsistait toujours la primitive constitution ecclésiastique des anciens temps où les Pays-Bas étaient moins peuplés, où l'Église jouissait encore d'un repos universel, et pouvait être plus aisément surveillée. Une longue suite de siècles, qui avait changé toute la forme intérieure du pays, avait laissé inaltérée celle de la hiérarchie, qui était d'ailleurs défendue par les priviléges particuliers de chaque province contre l'autorité arbitraire de leurs maîtres. Les dix-sept provinces étaient partagées entre quatre évêques, qui avaient leurs siéges à Arras, Tournai, Cambrai et Utrecht, et étaient subordonnés aux archevêchés de Reims et de Cologne. A la vérité, Philippe le Bon, duc de Bourgogne, en voyant l'accroissement de la population dans ces contrées, avait déjà songé à une extension

---

[1]. Strad., liv. III, 71, 72, 73.

de la hiérarchie, mais il avait ensuite perdu ce projet de vue dans l'ivresse d'une vie voluptueuse. L'ambition et la soif des conquêtes enlevèrent Charles le Téméraire aux affaires intérieures de ses domaines, et Maximilien eut sans cela trop de luttes à soutenir contre les états, pour hasarder encore celle-là. Un règne orageux interdit à Charles-Quint l'exécution de ce vaste plan, que Philippe II enfin adopta comme un legs de tous ces princes[1]. Le moment était venu où le pressant besoin de l'Église pouvait faire excuser cette nouveauté, et le loisir de la paix en favoriser l'exécution. Avec l'immense multitude qui, de tous les pays de l'Europe, se pressait dans les villes néerlandaises, il s'était introduit un mélange confus des religions et des opinions, que si peu d'yeux vigilants ne pouvaient plus surveiller. Le nombre des évêques étant si restreint, leurs diocèses devaient nécessairement s'étendre beaucoup trop loin, et quatre hommes ne pouvaient suffire à maintenir la pureté de la foi dans un aussi vaste territoire.

La juridiction que les archevêques de Cologne et de Reims exerçaient dans les Pays-Bas choquait depuis longtemps le gouvernement, qui ne pouvait regarder cet État comme sa propriété tant que la branche la plus importante du pouvoir était encore dans des mains étrangères. Pour la leur arracher, pour animer par de nouveaux et zélés instruments les enquêtes religieuses, et en même temps pour multiplier ses partisans dans l'assemblée des états, le gouvernement n'avait pas de meilleur moyen que d'augmenter le nombre des évêques. C'est avec ce dessein que Philippe II monta sur le trône; mais une innovation dans la hiérarchie devait rencontrer la plus violente opposition au sein des états, sans lesquels on ne pouvait cependant l'entreprendre. Jamais, il pouvait le prévoir, la noblesse n'approuverait une institution par laquelle le parti royal recevrait un si fort accroissement, et qui lui ôterait à elle-même la prépondérance dans la diète. Les revenus dont vivraient ces nouveaux évêques devaient être enlevés aux abbés et aux moines, qui formaient une partie considérable des états. D'ailleurs Philippe II avait à craindre tous les protestants, qui ne pouvaient manquer

---

1. Burgund., 45. — Strad., 22.

d'agir secrètement contre lui dans l'assemblée. Toute l'affaire [1] fut traitée à Rome avec le plus grand mystère. François Sonnoi, prêtre de la ville de Louvain, créature de Granvelle, qui lui avait donné ses instructions, paraît devant Paul IV et lui représente combien ces provinces sont étendues, prospères, populeuses et florissantes dans leur félicité. « Mais, poursuit-il, dans la jouissance immodérée de la liberté, la vraie foi est négligée, et les hérétiques s'élèvent. Pour arrêter ce mal, le saint-siége doit prendre une mesure extraordinaire. » On n'a pas de peine à déterminer l'évêque de Rome à une innovation qui étend le cercle de sa propre juridiction. Paul IV institue une commission de sept cardinaux qui doivent délibérer sur cet objet important. Interrompue par sa mort, l'affaire est terminée par son successeur Pie IV [2]. Le message souhaité arrive encore au roi en Zélande, avant qu'il mette à la voile pour l'Espagne, et le ministre est chargé en secret de la périlleuse exécution. La nouvelle hiérarchie est publiée (1560); treize évêchés nouveaux sont ajoutés aux quatre anciens, pour égaler le nombre des dix-sept provinces, et quatre de ces siéges sont érigés en archevêchés. Six de ces évêchés, savoir, ceux d'Anvers, de Bois-le-Duc, de Gand, de Bruges, d'Ypres et de Ruremonde, sont soumis à l'archevêché de Malines; cinq autres, Harlem, Middelbourg, Leuwarden, Deventer et Groningue, à l'archevêché d'Utrecht; et les quatre derniers, Arras, Tournai, Saint-Omer et Namur, plus voisins de la France et liés avec ce pays par la langue, le caractère et les mœurs, sont subordonnés à l'archevêché de Cambrai. Malines, situé au milieu du Brabant et des dix-sept provinces, est le siége du primat de tous les autres évêques, et devient, avec plusieurs riches abbayes, la récompense de Granvelle. Les revenus des nouveaux évêchés sont pris dans les trésors qu'une pieuse bienfaisance a accumulés, depuis des siècles, dans les couvents et les abbayes. Quelques-uns des abbés obtiennent eux-mêmes la dignité épis-

---

1. Dans la première édition, la phrase commence ainsi : « Trop peu accoutumé à prendre le droit chemin de la vérité ou de la justice, lorsqu'il restait encore quelque faux-fuyant ouvert au mensonge, il eut recours là aussi à la tromperie. Et toute l'affaire, etc. »
2. Burgund., 46. — Meteren, 57. — *Vita Vigl.*, t. I, 34.

copale, et, avec la possession de leurs couvents et de leurs prélatures, ils conservent, comme un droit qui en dépend, leur voix dans les états généraux. A chaque évêché sont aussi attachées neuf prébendes, que l'on confère aux plus habiles jurisconsultes et théologiens, pour soutenir l'inquisition et l'évêque dans leur office ecclésiastique. Deux d'entre eux, qui se sont rendus le plus dignes de cette préférence par leur savoir, leur expérience et leur conduite irréprochable, sont inquisiteurs titulaires, et ils opinent les premiers dans les assemblées. L'archevêque de Malines, comme métropolitain des dix-sept provinces, a plein pouvoir d'instituer et de destituer, à son gré, les archevêques et les évêques, et le siége de Rome donne seulement la ratification [1].

En tout autre temps, la nation aurait reçu avec une approbation reconnaissante cette réforme ecclésiastique; car elle était suffisamment justifiée par la nécessité, favorable à la religion, et tout à fait indispensable pour la réforme des mœurs monacales. Mais les conjonctures lui donnaient alors l'apparence la plus odieuse. Elle fut accueillie par le mécontentement général. « La constitution est foulée aux pieds, s'écrie-t-on; les droits de la nation sont violés [2]; l'inquisition est aux portes, et elle ouvrira désormais ici, comme en Espagne, son sanglant tribunal. » Le peuple observe avec horreur ces nouveaux serviteurs de l'arbitraire et de la persécution. La noblesse voit le pouvoir monarchique fortifié, dans l'assemblée des états, de quatorze voix puissantes; elle voit détruit le plus ferme appui de la liberté nationale, l'équilibre de l'autorité royale et de l'autorité civile. Les anciens évêques se plaignent de la diminution de leurs droits et de la réduction de leurs diocèses; les abbés et les moines ont perdu à la fois du pouvoir et des revenus, et reçu en échange de sévères inspecteurs de leur conduite. La noblesse et le peuple, les laïques et les prêtres se réunissent contre ces ennemis communs, et, tandis que tous combattent pour un petit intérêt

---

1. Burg., 49, 50. — Dinoth, De bello civili belg., liv. I. 8. — Grot., 15. — Vit. Vigl., 34. — Strad., 23. — Bord., 6. — Hopper, Recueil des troubles des Pays-Bas, in éd. Vigl., t. II, 23, 28.
2. La première édition ajoute : « Avec les priviléges qui appartiennent à des ordres particuliers. »

privé, il semble qu'on entend retentir comme une voix redoutable du patriotisme [1].

De toutes les provinces, le Brabant est celle qui résiste le plus hautement. L'inviolabilité de sa constitution ecclésiastique est un des importants privilèges qu'il s'est réservés dans la remarquable charte de joyeuse entrée, statuts que le souverain ne peut enfreindre sans délier la nation de l'obéissance envers lui. L'Université de Louvain elle-même eut beau soutenir qu'un privilège accordé à une époque où l'Église était en paix perdait sa force dans les temps orageux. L'établissement des nouveaux évêchés ébranlait tout l'édifice de la liberté. Les prélatures, qui passaient maintenant aux évêques, devaient dès lors obéir à une autre règle qu'à l'intérêt de la province qu'elles représentaient aux états. Des citoyens libres et zélés pour la patrie, se trouvaient changés en instruments du siége de Rome, et en dociles machines de l'archevêque, qui devait en outre avoir sur eux une autorité spéciale comme premier prélat du Brabant [2]. La liberté des suffrages était anéantie, parce que les évêques, comme officieux espions de la couronne, se rendaient redoutables à chacun. « Qui osera désormais, disait-on, élever la voix dans les états en présence de tels surveillants, ou soutenir devant eux les droits du peuple contre les avides tentatives du gouvernement? Ils épieront les ressources des provinces, et livreront à la couronne les secrets de notre liberté et de nos fortunes. Ils nous fermeront le chemin à tous les honneurs : bientôt nous verrons venir à leur suite les courtisans du monarque; les fils des étrangers rempliront à l'avenir les états, et l'intérêt de leurs protecteurs guidera leurs suffrages vendus. Quelle violence, poursuivaient les moines! Dénaturer les saintes fondations de la piété! insulter à l'inviolable volonté des mourants! et, ce qu'une pieuse charité déposa dans ces trésors pour les malheureux, le faire servir au luxe de ces évêques et décorer leur faste orgueilleux des dépouilles de la pauvreté! » Non-seulement les abbés et les moines, qui avaient le malheur de souffrir actuellement de cette diminution des revenus, mais toutes les familles qui,

1. Grotius, 15, sq. — *Vita Vigl.*, t. II, 28, sq.
2. En qualité d'abbé d'Afflighem.

jusqu'aux générations les plus reculées, pouvaient se flatter, avec la moindre apparence, de jouir quelque jour d'un bénéfice, ressentaient cette ruine de leur espérance, comme si elles avaient fait une perte réelle, et la douleur de quelques prélats devint l'intérêt de races entières[1].

Dans ce tumulte général, les historiens nous ont fait remarquer la marche prudente de Guillaume d'Orange, qui s'efforça de diriger vers un but ces passions confusément déchaînées. Ce fut à son instigation que les Brabançons sollicitèrent de la gouvernante un orateur et défenseur, parce qu'eux seuls, entre tous les sujets néerlandais, ils avaient le malheur de voir réunis dans une même personne leur patron et leur maître. Leur choix ne pouvait tomber sur nul autre que sur le prince d'Orange. Mais Granvelle rompit ce piége par sa présence d'esprit. « Celui qui obtiendra cet emploi, dit-il hautement dans le conseil d'État, comprendra, je l'espère, qu'il partage le Brabant avec le roi d'Espagne[2]. » Le long retard des bulles papales d'institution, dont une mésintelligence entre la cour de Rome et celle de Madrid reculait l'expédition, laissa le loisir aux mécontents de se concerter pour tendre à un même but. Les états de Brabant envoient en grand secret un messager extraordinaire à Pie IV, pour soutenir à Rome même leur requête. L'envoyé était muni de lettres de recommandation importantes du prince d'Orange, et il emporta des sommes considérables pour se frayer les voies auprès du chef de l'Église. En même temps, les habitants d'Anvers adressèrent au roi, en Espagne, une lettre publique, où ils lui faisaient les plus pressantes représentations, pour qu'il épargnât cette innovation à une ville de commerce si florissante. « Ils reconnaissent, était-il dit dans la lettre, que les vues du monarque sont excellentes, et que l'établissement des nouveaux évêques est fort avantageux au maintien de la vraie religion; mais il est impossible d'en convaincre les étrangers, desquels pourtant dépend la prospérité de leur ville. Ici les bruits les plus dénués de fondement sont aussi dangereux que les plus véritables. » La première députation fut connue à temps de

---

1. Burgundius, 55, 56. — *Vita Vigl.*, t. II, 24. — Strad., 36.
2. Strad., III, 80, 81.

la gouvernante et déjouée; par la seconde, le message au roi, la ville d'Anvers obtint que son évêque ne lui serait pas imposé « avant l'époque, disait-on, où le roi viendrait en personne[1]. »

L'exemple et le succès d'Anvers donnèrent le signal de l'opposition à toutes les autres villes auxquelles on avait destiné des évêques. Ceci nous montre d'une manière frappante à quel degré était alors parvenue la haine de l'inquisition et la concorde des villes néerlandaises : elles aimaient mieux renoncer à tous les avantages que la résidence d'un évêque devait répandre nécessairement sur leur commerce intérieur, que de favoriser par leur adhésion ce tribunal détesté et d'agir contre l'intérêt général. Deventer, Ruremonde et Leuwarden résistèrent avec fermeté et parvinrent heureusement à leur but (1561); les autres villes, malgré toute leur opposition, furent contraintes de recevoir les évêques. Utrecht, Harlem, Saint-Omer et Middelbourg furent parmi les premières qui leur ouvrirent leurs portes; les autres villes suivirent cet exemple; mais à Malines et à Bois-le-Duc on traita les évêques avec fort peu de respect. Lorsque Granvelle fit son entrée solennelle à Malines, pas un seul membre de la noblesse ne parut, et tout manqua à son triomphe, par l'absence de ceux sur lesquels il était remporté[2].

Pendant ce temps, le terme était expiré, où les troupes espagnoles devaient évacuer le pays, et il n'y avait encore aucune apparence que leur départ fût proche. On découvrit avec effroi la véritable cause de ce retard, et la méfiance craintive y voulut voir un funeste rapport avec l'inquisition. Le séjour prolongé de ces troupes rendait plus difficiles au ministre toutes les autres innovations, parce que la nation en devenait plus soupçonneuse et plus vigilante; et cependant il répugnait à se priver de ce puissant secours, qui, dans un pays où tout le monde le haïssait, et chargé comme il l'était d'une mission où il trouvait tout contre lui, lui paraissait indispensable. Mais enfin la gouvernante se vit forcée par le murmure général à insister sérieusement auprès du roi pour le rappel de ces troupes. « Les provinces, écrit-elle à Madrid, ont déclaré unanimement qu'on ne les amènerait

---

[1]. Burgund., 60, 61. — Mete.en, 59. — *Vita Vigl.*, t. II, 29, 30. — Strad., II, 70. — Thuan., II, 488.
[2]. *Vita Vigl.*, t. II. *Recueil des troubles des Pays-Bas* par Hopper, 24.

jamais à accorder au gouvernement les impôts extraordinaires qu'il avait demandés, aussi longtemps qu'on ne leur tiendrait point parole à ce sujet. Le danger d'un soulèvement était bien plus pressant que celui d'une attaque des protestants français, et, s'il éclatait une révolte dans les Pays-Bas, ces troupes étaient en tout cas trop faibles pour la réprimer, et le trésor trop pauvre pour en recruter de nouvelles. » Le roi chercha encore à gagner au moins du temps en différant sa réponse, et les représentations réitérées de la gouvernante seraient demeurées sans effet, si, pour le bonheur des Pays-Bas, un échec qu'il avait éprouvé récemment contre les Turcs, ne l'avait forcé d'employer ces troupes dans la Méditerranée. Il souscrivit donc enfin à leur départ. Elles furent embarquées en Zélande (1561), et firent voile accompagnées des cris de joie de toutes les provinces[1].

Granvelle cependant dominait d'une manière presque absolue dans le conseil d'État. Il disposait de tous les emplois civils et ecclésiastiques; son avis prévalait sur l'opinion unanime de l'assemblée. La gouvernante elle-même était sous sa loi. Il avait su arranger les choses de telle sorte que la nomination de la régente ne fût que pour deux ans, et par cet artifice il la tenait toujours sous sa dépendance[2]. Il était rare qu'on proposât aux délibérations des autres membres une affaire de conséquence, et, si cela arrivait par hasard, c'étaient des choses dès longtemps décidées, pour lesquelles on demandait tout au plus l'inutile formalité de leur consentement. Lorsqu'on lisait une lettre du roi, Viglius avait l'ordre de passer les endroits que le ministre lui avait soulignés. Il se rencontrait souvent en effet que cette correspondance avec l'Espagne laissât paraître les plaies de l'État ou les soucis de la gouvernante, choses dont on n'aimait pas à informer les membres du conseil, de la fidélité desquels on avait à se méfier. S'il arrivait que les partis l'emportassent sur le ministre, et qu'ils insistassent énergiquement sur un article qu'il ne lui était plus guère possible d'écarter, il le soumettait à la décision du ministère à Madrid : par là il gagnait au moins

---

1. Strad., 61, 62, 63.
2. Meteren, 61. — Burgund., 37.

du temps, et il était sûr de trouver de l'appui[1]. Si l'on excepte le comte Barlaimont, le président Viglius et un petit nombre d'autres, tout le reste des conseillers ne figuraient au conseil que pour la forme, et la conduite de Granvelle à leur égard se réglait sur le peu de prix qu'il attachait à leur amitié et à leur dévouement. Il n'est pas étonnant que des hommes dont la fierté avait été tellement caressée par les attentions les plus flatteuses de princes souverains[2], et que le dévouement respectueux de leurs concitoyens encensait comme les dieux de la patrie, ressentissent avec la plus profonde indignation l'arrogance d'un plébéien. Plusieurs d'entre eux avaient été offensés personnellement par Granvelle. Le prince d'Orange n'ignorait pas qu'il avait traversé son mariage avec la princesse de Lorraine, et tâché de faire échouer une autre alliance avec la princesse de Saxe. Il avait enlevé au comte de Hoorn le gouvernement de Gueldre et de Zutphen, et gardé pour lui-même une abbaye que le comte d'Egmont avait sollicitée pour un parent. Assuré de sa prépondérance, il ne croyait pas même qu'il valût la peine de cacher à la noblesse le dédain qui était la règle de toute son administration. Guillaume d'Orange était le seul qu'il jugeât encore digne de sa dissimulation. Sur ce point, quoiqu'il se crût en effet bien au-dessus de toutes les règles de la crainte et de la convenance, son confiant orgueil le trompa, et il ne manqua pas moins à la politique qu'il ne pécha contre la modestie. Dans la situation où les choses étaient alors, il eût été difficile au gouvernement de suivre un plus mauvais système que celui de ne compter pour rien la noblesse. Il ne tenait qu'à lui de flatter ses inclinations, de la gagner adroitement et à son insu au plan qu'il suivait, et de l'employer elle-même à étouffer la liberté du peuple. Et maintenant il lui rappelait fort mal à propos ses devoirs, sa dignité et sa force, il la contraignait d'être patriote, et de reporter vers la véritable grandeur une ambition qu'il avait inconsidérément rebutée. Pour faire exécuter les édits de religion, il avait besoin du concours le plus actif des gouverneurs; mais on ne

1. Meteren, 61.
2. La première édition a de plus ici ce membre de phrase : « qui joignaient à l'orgueil aristocratique une vanité que le trône satisfait. »

doit pas s'étonner qu'ils témoignassent peu de zèle pour le seconder. Il est de la plus grande vraisemblance qu'ils travaillèrent plutôt secrètement à multiplier les embarras du ministre et à renverser ses mesures, pour montrer par son mauvais succès combien le roi avait mal placé sa confiance, et livrer au mépris l'administration de Granvelle. C'est manifestement à la tiédeur de leur zèle qu'il faut attribuer les rapides progrès que la réformation a faits dans les Pays-Bas pendant son ministère, malgré les terribles édits. Assuré de la noblesse, il aurait méprisé la fureur de la multitude, qui se brise impuissante contre les barrières d'un trône redouté. La douleur des bourgeois s'arrêta longtemps à des larmes et de muets soupirs, jusqu'au moment où les artifices et l'exemple des nobles la firent éclater [1].

Cependant le grand nombre des nouveaux agents imprima une nouvelle activité aux enquêtes religieuses (1561, 1562), et l'on obéit, avec une terrible docilité, aux édits contre les hérétiques. Mais cet affreux remède arrivait après le temps où il aurait pu être employé : la nation avait déjà de trop nobles sentiments pour souffrir un si indigne traitement. La nouvelle religion ne pouvait plus être abolie que par la mort de tous ceux qui la professaient. Tous ces supplices étaient maintenant autant de séduisantes proclamations de son excellence, autant de théâtres de son triomphe et de son éclatante vertu. L'héroïsme avec lequel ils mouraient prévenait en faveur de la doctrine pour laquelle ils mouraient. D'un martyr il naissait dix nouveaux confesseurs. Ce n'était pas seulement dans les villes et les villages, c'était sur les grands chemins, sur les vaisseaux, dans les voitures, qu'on disputait sur l'autorité du pape, sur les saints, le purgatoire, les indulgences; que l'on prêchait et qu'on opérait des conversions. Le peuple s'élançait en masse des villes et des campagnes pour arracher les prisonniers du saint-office aux mains des sbires, et les magistrats, qui essayaient de maintenir leur autorité par la force, étaient accueillis par lui à coups de pierres. Il accompagnait en foule les prédicateurs protestants que l'inquisition poursuivait, les portait sur ses épaules à l'église et les en rapportait, puis les recélait, au péril de sa vie, pour

1. Grot., 8-15. — Str. C., VI.

les dérober à leurs persécuteurs. La première province qui fut saisie du vertige de la révolte, fut, comme on l'avait craint, la Flandre wallonne. Un calviniste français, nommé Launoi, s'éleva comme thaumaturge à Tournai, où il paya quelques femmes pour feindre des maladies et se laisser guérir par lui. Il prêchait dans les bois près de la ville, entraînait après lui les flots de la multitude, et jeta dans les cœurs le ferment de la sédition. Les mêmes choses arrivaient à Lille et à Valenciennes. Dans cette dernière ville, les magistrats se saisirent des apôtres. Mais, tandis qu'on différait leur exécution, leur parti s'accrut d'une manière si formidable, qu'il fut assez puissant pour forcer les prisons et arracher violemment à la justice ses victimes. A la fin le gouvernement fit entrer dans la ville des troupes, qui rétablirent la tranquillité. Mais cet incident insignifiant avait dévoilé en un instant le mystère dans lequel le parti protestant avait été jusqu'alors enveloppé, et avait fait deviner au ministre le nombre prodigieux des sectaires. A Tournai seulement, on en avait vu paraître cinq mille à un des prêches, et presque autant à Valenciennes. Que ne pouvait-on pas attendre des provinces du Nord, où la liberté était plus grande et le gouvernement plus éloigné, et où le voisinage de l'Allemagne et du Danemark augmentait les sources de la contagion ! Un seul signal avait tiré de l'obscurité une si effrayante multitude : combien était plus grand peut-être le nombre de ceux qui adhéraient de cœur à la nouvelle secte, et n'attendaient qu'un moment plus favorable pour se déclarer.

Cette découverte alarma extrêmement la gouvernante. La désobéissance aux édits, la gêne du trésor épuisé, qui l'obligeait de décréter de nouveaux impôts, et les mouvements suspects des huguenots à la frontière française, augmentaient encore ses inquiétudes. Dans ce même temps elle reçoit de Madrid l'ordre d'envoyer deux mille cavaliers néerlandais en France, pour se joindre à l'armée de la reine mère, qui, dans l'extrémité où la réduisaient les guerres de religion, avait eu recours à Philippe II. Toute affaire qui intéressait la religion, quelque

---

1. Burgund., 53, 54, 55. — Strad., liv. III, 75, 76, 77. — Dinoth. *de Bello civil. belgic.*, liv. I, 25.

pays qu'elle concernât, était l'affaire propre de Philippe. Il la prenait à cœur comme un événement qui eût touché sa famille, et, en pareille occurrence, il était toujours prêt à sacrifier ses trésors à des besoins étrangers. Si c'était l'intérêt qui en cela le guidait, cet intérêt était du moins royal et grand, et la profession hardie de cette maxime excite, d'une part, notre admiration, autant que, de l'autre, ses funestes effets nous interdisent de l'approuver.

La gouvernante communique au conseil d'État la volonté royale, et rencontre chez la noblesse la plus vive opposition. Le comte d'Egmont et le prince d'Orange déclarent que le temps serait très-mal choisi pour dégarnir de troupes les Pays-Bas, où tout conseillait plutôt d'en lever de nouvelles. Les mouvements aux frontières de la France menacent à chaque instant d'une attaque, et la fermentation intérieure des Provinces réclame maintenant plus que jamais la vigilance du gouvernement. « Jusqu'à présent, disaient-ils, les protestants d'Allemagne ont regardé, sans agir, la lutte de leurs coreligionnaires; mais persisteront-ils dans leur inaction, si nous augmentons par notre secours les forces de leurs ennemis? N'exciterons-nous pas contre nous leur vengeance, et n'appellerons-nous pas leurs armes dans le nord des Pays-Bas? » Presque tout le conseil d'État se rangea à cette opinion; ces représentations étaient énergiques et irréfutables. La gouvernante elle-même, comme le ministre, ne peuvent s'empêcher d'en sentir la vérité, et leur propre intérêt semble leur défendre d'exécuter la volonté royale. Devaient-ils, en éloignant la plus grande partie de l'armée, enlever à l'inquisition son unique appui, et se livrer eux-mêmes, sans défense, sans soutien, dans un pays en révolte, à la discrétion d'une orgueilleuse noblesse? Tandis que la gouvernante, partagée entre la volonté royale, les invitations pressantes de ses conseillers et sa propre crainte, n'ose prendre une résolution décisive, Guillaume d'Orange se lève, et propose de convoquer les états généraux. On ne pouvait porter à l'autorité royale un coup plus mortel qu'en convoquant ainsi la nation, et en lui rappelant le souvenir si séduisant, dans un pareil moment, de sa puissance et de ses droits. Le ministre vit fort bien le danger qui s'amassait au-dessus de sa tête; un signe de sa part avertit la duchesse de rompre la délibération et de lever la séance. « Le gouvernement, écrit-il à Madrid, ne peut rien faire qui lui soit plus funeste que de permettre l'assemblée des états. Une telle démarche est fâcheuse en tout temps, parce qu'elle induit le peuple en tentation de peser et de limiter les droits du trône; mais elle serait trois fois pernicieuse à présent que l'esprit de révolte s'est déjà répandu au loin de tous côtés; à présent que les abbés, irrités de la perte de leurs revenus, ne négligeront rien pour diminuer l'autorité des évêques; que toute la noblesse et les députés des villes sont menés par les artifices du prince d'Orange, et que les mécontents peuvent compter certainement sur l'appui de la nation. » Ces représentations, qui tout au moins n'étaient pas dépourvues de solidité, ne pouvaient manquer de produire sur l'esprit du roi l'effet qu'on s'en promettait. La convocation des états fut rejetée une fois pour toutes; les sévères édits contre les hérétiques furent renouvelés avec la dernière rigueur, et la gouvernante invitée à faire partir promptement les secours demandés.

Mais il lui fut impossible d'y déterminer le conseil d'État. Tout ce qu'elle obtint fut d'envoyer à la reine mère, au lieu de soldats, de l'argent, ce qui, dans la conjoncture présente, était un secours encore plus opportun. Cependant, pour amuser du moins la nation par un simulacre de liberté républicaine, Marguerite convoque les gouverneurs des provinces et les chevaliers de la Toison d'or en assemblée extraordinaire à Bruxelles, pour délibérer sur les dangers actuels et les besoins de l'État. Après que le président Viglius leur eut exposé l'objet de leur réunion, on leur donna trois jours pour y réfléchir. Pendant l'intervalle, le prince d'Orange les rassemble dans son palais, où il leur représente la nécessité de se concerter avant la session et d'arrêter en commun les règles d'après lesquelles on doit agir dans le présent danger de l'État. Beaucoup de membres approuvent cette proposition; mais Barlaimont, avec quelques rares partisans du cardinal Granvelle, eut le courage de défendre dans cette réunion la cause du roi et du ministre. Il déclara qu'il ne leur appartenait pas de se mêler des soins du gouvernement, et que cet accord préparatoire des suffrages était une illégale et punissable usurpation, dont il ne voulait pas se rendre coupable.

Cette déclaration mit fin à la conférence et la rendit vaine[1]. La gouvernante, informée de cet incident par le comte Barlaimont, sut si bien occuper les chevaliers pendant leur séjour dans la ville, qu'ils ne purent trouver le temps de se concerter de nouveau. Cependant il fut résolu dans cette session, avec son consentement, que Florent de Montmorency, seigneur de Montigny, ferait le voyage d'Espagne, pour informer le roi de l'état présent des affaires. Mais la gouvernante le fit devancer à Madrid par un messager secret, qui fit connaître au roi préalablement tout ce qui s'était passé dans cette conférence entre le prince d'Orange et les chevaliers. A Madrid, on berça l'envoyé flamand par de vaines assurances de la faveur du monarque et de ses sentiments paternels pour les Pays-Bas, et en même temps il fut ordonné à la régente d'empêcher par tous les moyens les secrètes alliances de la noblesse, et, s'il était possible, de semer la désunion entre les principaux de ses membres[2].

La jalousie, l'intérêt particulier et la différence de religion avaient longtemps divisé beaucoup de grands; leur commune disgrâce et la haine pour le ministre les avaient de nouveau réunis. Aussi longtemps que le comte d'Egmont et le prince d'Orange aspirèrent au gouvernement général, ils ne pouvaient manquer de se heurter quelquefois l'un l'autre dans les routes diverses que chacun d'eux avait choisies pour aller à son but. Tous deux s'étaient rencontrés sur le chemin de la gloire et auprès du trône; tous deux se retrouvèrent encore dans la république, où ils briguèrent le même prix, la faveur de leurs concitoyens. Des caractères si opposés ne devaient pas tarder à s'éloigner l'un de l'autre; mais la puissante sympathie de la nécessité les rapprochait tout aussitôt. Ils étaient maintenant indispensables l'un à l'autre; et le besoin serra entre ces deux hommes un lien que leurs cœurs n'auraient jamais réussi à former[3]. Ce fut précisément sur cette différence de leurs caractères que la gouvernante fonda son plan; et, si elle parvenait à les diviser, elle séparait en même temps toute la noblesse néerlandaise en deux partis. Au moyen de présents et de petites atten-

---

1. Burgund., 63, 65. — *Vita Vigl.*, t. II, 25, 26. — Strad., 82.
2. Strad., liv. III, 83.
3. Burgund., 45. — Strad., 83, 84.

tions, dont elle honora exclusivement ces deux hommes, elle cherchait à exciter contre eux l'envie et la défiance des autres; et, en paraissant donner au comte d'Egmont la préférence sur le prince d'Orange, elle espérait rendre la fidélité du premier suspecte au second. Il arriva que, vers ce même temps, elle dut envoyer à Francfort un ambassadeur extraordinaire pour l'élection du roi des Romains : elle choisit le duc d'Arschot, l'adversaire le plus déclaré du prince, pour montrer en quelque sorte par cet exemple avec quel éclat on récompensait la haine portée à Guillaume d'Orange.

Le parti du prince, au lieu de s'affaiblir, avait fait une acquisition importante en la personne du comte de Hoorn, lequel, comme amiral de la marine néerlandaise, avait conduit le roi en Biscaïe et venait de rentrer au conseil d'État. L'esprit inquiet et républicain de Hoorn vint au-devant des projets hasardeux d'Orange et d'Egmont, et bientôt il se forma entre ces trois amis un dangereux triumvirat, qui ébranla la puissance royale dans les Pays-Bas, mais qui ne finit pas de la même manière pour tous trois.

(1562.) Cependant Montigny était aussi revenu de sa mission, et il rendit compte au conseil d'État des sentiments favorables du roi. Mais le prince d'Orange avait de son côté, par de secrets canaux, des nouvelles de Madrid qui contredisaient complétement ce rapport, et qui méritaient beaucoup plus de créance. Par cette voie il apprit tous les mauvais services que Granvelle lui rendait auprès du roi, ainsi qu'à ses amis, et les noms odieux que l'on donnait en Espagne à la conduite de la noblesse néerlandaise. Il n'y avait point de remède à espérer, aussi longtemps que le ministre ne serait pas écarté du gouvernement, et cette entreprise, si hasardeuse et si téméraire qu'elle parût, occupait alors entièrement le prince. Il fut résolu entre lui et les deux comtes de Hoorn et d'Egmont, qu'on rédigerait, au nom de toute la noblesse, une lettre commune au roi, pour accuser formellement le ministre et solliciter avec force son éloignement. Le duc d'Arschot, à qui cette proposition est communiquée par le comte d'Egmont, la rejette, avec cette fière déclaration, qu'il n'entend recevoir aucune loi d'Egmont et d'Orange; qu'il n'a point à se plaindre de Granvelle, et qu'il trouve d'ailleurs fort téméraire de prescrire au roi comment il doit user de ses ministres. Le prince d'Orange reçoit du comte d'Aremberg une réponse semblable. Ou bien les germes de méfiance que la gouvernante avait semés parmi la noblesse avaient déjà poussé des racines, ou bien la crainte qu'inspirait la puissance du ministre surmontait l'horreur de son administration. Quoi qu'il en soit, toute la noblesse recula, intimidée et irrésolue, devant cette proposition. Cette attente déçue n'abattit point leur courage : la lettre fut écrite, et tous les trois la signèrent[1] (1563).

Granvelle y est représenté comme le premier auteur de tous les troubles des Pays-Bas. Aussi longtemps que le pouvoir souverain restera confié à des mains si coupables, il leur sera impossible, déclarent-ils, de servir efficacement la nation et le roi. Tout rentrerait, au contraire, dans le repos accoutumé, toute opposition cesserait et le gouvernement regagnerait l'affection du peuple, aussitôt qu'il plairait à Sa Majesté d'éloigner cet homme des affaires. Dans ce cas, ajoutaient-ils, ils ne manqueraient ni d'influence ni de zèle pour maintenir dans ces provinces l'autorité du monarque et la pureté de la foi, qui ne leur était pas moins sacrée qu'au cardinal Granvelle[2].

Si secrètement que cette lettre fût expédiée, la duchesse en fut pourtant informée assez tôt pour affaiblir par une autre lettre, dont elle la fit précéder en toute hâte, l'effet que, contre toute vraisemblance, elle eût pu produire sur l'esprit du roi. Quelques mois s'écoulèrent avant qu'il vint de Madrid une réponse. Elle fut modérée, mais vague. Le roi, disait-elle, n'avait pas coutume de condamner, sans les entendre, ses ministres, sur les accusations de leurs ennemis. La seule équité naturelle demandait que les accusateurs du cardinal descendissent des inculpations générales à quelques preuves particulières, et, s'ils répugnaient à le faire par écrit, l'un d'entre eux pouvait venir en Espagne, où il serait reçu avec tous les égards convenables[3]. Outre cette lettre, qui était adressée à tous trois en commun, le comte d'Egmont en reçut encore une de la propre main du roi, où Philippe II exprimait le désir d'apprendre de lui en par-

---

1. Strad., 85, 86.
2. Burgund., liv. I, 67. — Hopper, 30. — Strad., 87. — Thuan., Pars II, 459.
3. Vit. Vigl., t. II, 32. 33. — Grot., 16. — Burgund., 68.

ticulier ce qui n'était touché que superficiellement dans la lettre commune. La gouvernante reçut aussi les instructions les plus ponctuelles sur ce qu'elle devait répondre à tous trois, et spécialement au comte d'Egmont. Le roi connaissait ses hommes. Il savait combien il était facile d'influer sur le comte d'Egmont, quand on avait affaire à lui seul : c'est pourquoi il s'efforçait de l'attirer à Madrid, où il serait soustrait à la direction d'un esprit supérieur[1]. En le distinguant de ses deux amis par ce témoignage flatteur de sa confiance, il rendait inégales les relations où ils se trouvaient tous trois avec le trône; et comment pourraient-ils se réunir encore, avec un zèle égal, pour tendre au même but, si leurs mobiles n'étaient plus les mêmes? Cette fois, à la vérité, la vigilance du prince d'Orange déjoua ce plan; mais la suite de cette histoire fera voir que les semences qui furent ici jetées ne furent pas tout à fait perdues[2].

(1563.) La réponse du roi ne satisfit point les trois alliés. Ils eurent le courage de risquer une deuxième tentative. Ils n'ont pas été peu surpris, écrivent-ils, que Sa Majesté ait jugé leurs avis si peu dignes d'attention. Ils lui ont adressé la première lettre, non comme accusateurs du ministre, mais comme des conseillers de Sa Majesté, dont le devoir était de faire connaître à leur souverain la situation de ses États. Ils ne désirent point le malheur du ministre; ils seraient charmés, au contraire, de le savoir heureux et content en tout autre lieu du monde que dans les Pays-Bas. Mais ils sont complétement persuadés que le repos général est absolument incompatible avec la présence de cet homme. La situation dangereuse où se trouve actuellement leur patrie ne permet à aucun d'eux de la quitter et d'entreprendre, à cause de Granvelle, un long voyage en Espagne. S'il ne plaisait donc pas à Sa Majesté d'acquiescer à leur prière écrite, ils espéraient être dispensés à l'avenir de siéger au conseil d'État, où ils ne faisaient que s'exposer au déplaisir de rencontrer le ministre, où ils ne pouvaient servir en rien ni le roi ni l'État, et se trouvaient uniquement mépri-

---

1. « Il savait que d'un tel caractère on pouvait obtenir plus en lui laissant voir qu'on attendait plus de lui : voilà pourquoi il s'adressa à lui en particulier. » (*Première édition.*)
2. Strada, 88.

sables à leurs propres yeux. En finissant, ils priaient Sa Majesté de vouloir bien excuser leur simplicité sans fard, parce que des gens de leur sorte attachaient plus de prix à bien agir qu'à parler éloquemment[1]. Les mêmes observations étaient contenues dans une lettre particulière du comte d'Egmont, où il remerciait le roi de sa lettre autographe. Il fut répondu à cette deuxième missive qu'on prendrait leurs avis en considération ; cependant on les invitait à paraître au conseil d'État comme auparavant.

Le roi était évidemment bien éloigné d'accueillir leur requête ; aussi ne se montrèrent-ils plus dès lors au conseil, et même ils quittèrent Bruxelles. Ils n'avaient pas réussi à éloigner le ministre légalement ; ils essayèrent d'y parvenir par un autre moyen, dont on pouvait attendre davantage. Dans chaque occasion, eux et leur parti lui témoignèrent publiquement le mépris dont ils se sentaient pénétrés, et ils surent donner à tout ce qu'il entreprenait le vernis du ridicule. Par ce traitement humiliant, ils espéraient torturer l'orgueil du prêtre et obtenir peut-être de son amour-propre offensé ce qui ne leur avait pas réussi par d'autres voies. Ils n'atteignirent pas ce but, il est vrai ; cependant le moyen qu'ils avaient imaginé conduisit enfin le ministre à sa chute.

La voix du peuple s'était élevée plus hautement contre lui, aussitôt qu'on avait su qu'il avait perdu l'estime de la noblesse, et que des hommes dont la foule suivait aveuglément les inspirations donnaient à celle-ci l'exemple de détester ce ministre. La conduite méprisante de la noblesse à son égard le voua dès lors, en quelque sorte, au mépris général, et autorisa la calomnie, qui n'épargne pas même les choses saintes, à déchirer sa réputation. La nouvelle constitution ecclésiastique, le principal grief de la nation, avait fondé la fortune de Grandvelle : c'était un crime qui ne pouvait être pardonné[2]. Chaque nouveau spectacle d'exécution, dont l'activité des inquisiteurs n'était que trop prodigue, entretenait affreusement l'horreur dont le ministre était l'objet,

---

1. *Vit. Vigl.*, t. II, 34, 35.
2. Il y a ici une phrase de plus dans la première édition : « L'indignation générale cherchait à se soulager par la haine envers lui : toutes les souffrances secrètes et publiques se rencontraient à cette source commune. »

et enfin l'habitude et la coutume attachèrent son nom à tout acte d'oppression. Étranger dans un pays auquel il avait été imposé par violence, seul parmi des millions d'ennemis, ne pouvant se fier à aucun de ses instruments, faiblement soutenu par un monarque éloigné, n'étant mis en rapport avec la nation, qu'il s'agissait de gagner, que par des intermédiaires perfides, par des hommes dont le plus grand avantage était de dénaturer ses actes; enfin, placé auprès d'une femme qui ne pouvait partager avec lui le poids de la malédiction universelle, il se voyait exposé à la malveillance, à l'ingratitude, à l'esprit de parti, à l'envie et à toutes les passions d'un peuple déchaîné et sans frein[1]. Il est remarquable que la haine qu'il amassa sur sa tête dépasse de beaucoup les inculpations qu'on pouvait faire peser sur lui; qu'il était difficile et même impossible à ses accusateurs de justifier par des preuves détaillées la sentence générale de condamnation dont ils l'accablaient. Avant et après lui, le fanatisme traîna ses victimes à l'autel; avant et après lui, le sang des citoyens coula, les droits de l'homme furent foulés aux pieds et l'on fit des malheureux. Sous Charles-Quint, la tyrannie, par sa nouveauté, aurait dû sembler plus douloureuse; sous le duc d'Albe, elle fut portée à un excès beaucoup plus monstrueux, en sorte que l'administration de Granvelle, comparée à celle de son successeur, était encore humaine : et pourtant nous ne trouvons nulle part que les contemporains aient laissé voir contre le dernier le degré d'acharnement et de mépris personnel qu'ils se sont permis contre son prédécesseur.

Pour couvrir la bassesse de sa naissance sous l'éclat des hautes dignités, et peut-être pour le dérober à la malice de ses ennemis par une position plus élevée, la gouvernante, par ses démarches à Rome, était parvenue à le revêtir de la pourpre; mais cette dignité même, qui le liait plus étroitement à la cour pontificale, le rendait encore plus étranger dans les Provinces. La pourpre était un nouveau crime à Bruxelles, et un costume choquant, détesté, qui exposait en quelque sorte publiquement aux regards les mobiles qui détermineraient sa conduite future.

---

1. Dans la première édition, la phrase se termine par l'apposition suivante : « exemple sans précédent dans l'histoire. »

Ni son rang vénérable, qui souvent suffit à sanctifier le plus infâme scélérat, ni son poste élevé, ni ses talents, qui commandaient l'estime, ni même sa redoutable toute-puissance, qui se manifestait journellement par des preuves si sanglantes, ne pouvaient le préserver de la moquerie. L'épouvante et la raillerie, le terrible et le ridicule se mêlaient étrangement, en ce qui le touchait[1]. Des bruits odieux flétrissaient son honneur ; on lui imputait faussement des projets meurtriers contre la vie d'Egmont et d'Orange ; les choses les plus incroyables trouvaient créance ; les plus monstrueuses, si elles le concernaient, ou si elles devaient émaner de lui, ne surprenaient plus. La nation était déjà parvenue à ce point d'exaspération sauvage où les sentiments les plus contradictoires s'associent, et où sont renversées les limites les plus délicates de la bienséance et du sentiment moral. Cette croyance à des crimes extraordinaires est presque toujours un infaillible avant-coureur de leur prochaine apparition[2].

Mais l'étrange destinée de cet homme porte avec elle quelque chose de grand et d'élevé, qui inspire à l'observateur non prévenu de la joie et de l'admiration. Il voit ici une nation qui, sans être éblouie par un faux éclat, ni enchaînée par aucune crainte, toujours ferme, inexorable, et unanime sans s'être concertée, punit le crime commis contre sa dignité par l'intrusion violente de cet étranger. Quant à lui, nous le voyons toujours à l'écart, toujours seul, pareil à un corps étranger, ennemi, flotter au-dessus de la surface qui dédaigne de le recevoir. La puissante main du monarque, son ami et son protecteur, ne peut elle-

---

1. A l'instigation du comte d'Egmont, la noblesse fit porter à ses domestiques une livrée commune, sur laquelle était brodé un bonnet de fou. Tout Bruxelles y voulut voir le chapeau de cardinal, et chaque apparition d'un de ces domestiques renouvelait les rires. Ce bonnet de fou, ayant offensé la cour, fut plus tard remplacé par un faisceau de flèches : plaisanterie fortuite, qui eut une conséquence très-sérieuse, et donna vraisemblablement naissance aux armes de la république. — *Vit. Vigl.*, t. II, 35. — Thuan., 489. — La considération du cardinal tomba à la fin si bas, qu'on lui mit publiquement dans la main une gravure satirique, où il était représenté couvant un monceau d'œufs d'où sortaient en rampant des évêques. Au-dessus de lui planait un diable, avec cette légende : « celui-ci est mon fils; écoutez-le! » *Hist. gén. des Prov.-Un*, III, 40 (t. V, p. 76 de l'éd. franç.). (*Note de l'auteur.*)

2. Hopper. liv. 1, 35.

même le maintenir contre la volonté de la nation qui a une fois résolu de le repousser loin d'elle. La voix de ce peuple est si formidable, que l'intérêt même renonce à sa proie certaine; que l'on fuit les bienfaits du ministre, comme les fruits d'un arbre maudit. L'infamie de la réprobation universelle s'attache à lui comme un souffle contagieux. La reconnaissance se croit affranchie envers lui de ses devoirs; ses partisans l'évitent, ses amis se taisent. C'est de cette façon terrible que le peuple vengeait ses nobles et sa propre majesté offensée, sur le plus grand monarque de la terre!

L'histoire n'a reproduit qu'une fois ce mémorable exemple, dans le cardinal Mazarin, mais avec des différences conformes à l'esprit des deux époques et des deux nations. Le pouvoir suprême ne put préserver ni l'un ni l'autre de la moquerie; mais la France se trouvait soulagée, quand elle avait ri de son *Pantalon*, tandis que la Néerlande alla par le rire à la révolte. L'une, après un long état de servitude sous l'administration de Richelieu, se voyait transportée dans une liberté nouvelle et soudaine; l'autre passait d'une longue et native liberté à un esclavage inaccoutumé. Il était naturel que la Fronde se terminât par le retour à la soumission, et les troubles néerlandais par la liberté républicaine ou la révolte. Le soulèvement des Parisiens fut le fruit de la pauvreté : il fut effréné, mais non pas hardi ; insolent sans énergie, bas et vulgaire comme la source d'où il sortait. Le murmure des Pays-Bas fut la voix fière et puissante de la richesse. La pétulance et la faim inspiraient le mouvement parisien: la vengeance, la propriété, la vie et la religion, celui de la Néerlande. Le ressort de Mazarin était l'avidité ; l'ambition celui de Granvelle. Le premier était doux et humain ; le second était dur, impérieux, cruel. Le ministre français cherchait dans l'affection de sa souveraine un refuge contre la haine des grands et la fureur du peuple; le ministre néerlandais provoquait la haine de toute la nation, pour plaire à un seul homme. Mazarin n'avait contre lui que des partis et la populace qu'ils armaient; Granvelle avait contre lui la nation. Sous celui-là, le parlement essaya de dérober un pouvoir qui ne lui appartenait point; sous celui-ci, les états combattirent pour une autorité régulière, que leur adversaire s'efforçait d'anéantir par la ruse.

L'un avait à lutter avec les princes du sang et les pairs du royaume, comme l'autre avec la noblesse indigène et les états; mais, tandis que les premiers ne cherchaient à renverser leur ennemi commun que pour se mettre à la place qu'il occupait, les derniers voulaient détruire cette place même et diviser un pouvoir qu'un seul homme, quel qu'il fût, ne devait pas posséder tout entier.

Tandis que ces choses se passaient parmi le peuple, le ministre commençait à chanceler à la cour de la gouvernante. Les griefs répétés contre le pouvoir de Granvelle devaient enfin avoir fait connaître à Marguerite combien peu l'on croyait au sien [1]; peut-être encore craignit-elle que l'aversion générale dont il était l'objet ne s'étendît jusqu'à elle-même, ou qu'un plus long séjour du ministre dans le pays ne provoquât enfin la révolte dont on était menacé. Les longs rapports qu'elle avait eus avec lui, ses leçons et son exemple, l'avaient enfin mise en état de gouverner sans lui. L'autorité de Granvelle commença à lui peser, lorsqu'il lui devint moins nécessaire, et ses défauts, sur lesquels la bienveillance de Marguerite avait jusqu'alors jeté un voile, devinrent visibles, quand cette bienveillance se refroidit. Elle était maintenant aussi disposée à les rechercher et à les compter, qu'elle l'avait été auparavant à les couvrir. Se trouvant une fois dans ces sentiments si défavorables au cardinal, les nombreuses et pressantes représentations des nobles commencèrent enfin à avoir accès chez elle, et d'autant plus facilement, qu'ils savaient y faire intervenir en même temps sa frayeur personnelle. « On s'étonne beaucoup, lui dit entre autres le comte d'Egmont, que, pour complaire à un homme qui n'est pas même Néerlandais, et dont on sait par conséquent que le bonheur n'est nullement intéressé au bien de ce pays, le roi puisse voir souffrir tous ses sujets néerlandais : pour complaire, dis-je, à un étranger, sujet de l'empereur par sa naissance, et, par la pourpre, créature de la cour de Rome. » Le comte ajouta que c'était à lui seul que Granvelle devait d'être encore au

---

1. La première édition ajoute : « Voir qu'on tremblait devant le ministre, et non devant elle qui lui commandait, devait blesser sa vanité, et les imprécations même qu'il attirait sur lui excitaient nécessairement son envieuse jalousie. »

nombre des vivants ; mais qu'à l'avenir il laisserait ce soin à la gouvernante : c'était de quoi il avait voulu l'avertir. La plus grande partie de la noblesse s'étant peu à peu retirée du conseil d'État, lassée des mépris qu'elle y rencontrait, la conduite arbitraire du ministre perdit jusqu'à la dernière apparence républicaine qui l'avait jusqu'alors tempérée, et la solitude du conseil fit paraître dans tout ce qu'elle avait de choquant sa hautaine domination. La gouvernante sentit alors qu'elle avait un maître au-dessus d'elle, et dès ce moment le renvoi du ministre fut résolu.

A cet effet, elle envoya en Espagne son serviteur intime Thomas Armenteros, pour faire connaître exactement au roi la situation du cardinal ; l'instruire secrètement de toutes ces déclarations de la noblesse, et lui faire ainsi concevoir à lui-même la résolution d'éloigner ce ministre. Ce qu'elle ne voulait pas confier à sa lettre, Armenteros avait l'ordre de le mêler adroitement dans le rapport verbal que vraisemblablement le roi lui demanderait. Armenteros remplit sa commission avec toute l'adresse d'un parfait courtisan ; mais une audience de quatre heures ne pouvait détruire dans l'esprit de Philippe l'ouvrage de tant d'années, l'opinion qu'il avait de son ministre et qui reposait sur d'inébranlables fondements. Le monarque interrogea longtemps la politique, longtemps sa prévention, jusqu'à ce qu'enfin Granvelle lui-même vint au secours de son irrésolution, et demanda volontairement son congé, auquel il craignait de ne pouvoir plus échapper. Ce que n'avait pu l'aversion de toute la nation néerlandaise, avait réussi à la conduite méprisante de la noblesse. Granvelle était enfin las d'un pouvoir qui n'était plus redouté, et qui l'exposait moins à l'envie qu'à l'opprobre. Peut-être, comme quelques-uns l'ont cru, tremblait-il pour sa vie, exposée à un danger qui certes n'était pas purement imaginaire ; peut-être préféra-t-il recevoir du roi son congé comme une faveur que comme un ordre, et, à l'exemple des vieux Romains, faire avec bienséance une chute qu'il ne pouvait plus éviter. Philippe II lui-même, à ce qu'il paraît, aima mieux évacuer généreusement alors une prière de la nation néerlandaise, que céder plus tard à une exigence ; il voulut, par un acte que lui imposait la nécessité, mériter du moins encore sa reconnaissance. Sa crainte triompha de son obstination et la prudence l'emporta sur son orgueil.

Granvelle ne douta pas un instant de la décision que le roi avait prise. Peu de jours après le retour d'Armenteros, il vit l'humilité et la flatterie s'effacer sur le petit nombre de visages qui, jusque-là, lui avaient encore souri officieusement; le dernier petit groupe de valets attentifs qui entourait sa personne se dispersa; son seuil fut abandonné : il reconnut que la chaleur fécondante s'était retirée de lui. La calomnie, qui l'avait maltraité pendant toute son administration, ne l'épargna pas non plus dans le moment où il y renonçait. On ose affirmer que, peu de temps avant de déposer sa charge, il a désiré une réconciliation avec le prince d'Orange et le comte d'Egmont, et même qu'il a offert de leur faire réparation à genoux, s'il pouvait à ce prix espérer leur pardon [1]. C'est une bassesse, une honte, de souiller par une semblable imputation la mémoire d'un homme extraordinaire; mais il est plus bas, plus honteux encore de la transmettre à la postérité. Granvelle se soumit à l'ordre du roi avec une bienséante tranquillité. Quelques mois auparavant, il avait déjà écrit au duc d'Albe, en Espagne, de vouloir bien lui préparer une retraite à Madrid, dans le cas où il devrait quitter les Pays-Bas. Le duc y réfléchit longtemps, et se demanda ce qui serait le plus sage, ou d'appeler en Espagne un si dangereux concurrent à la faveur de son roi, ou d'écarter un ami si important, un si précieux instrument de sa vieille haine contre la noblesse néerlandaise. La vengeance l'emporta sur la crainte, et il appuya fortement auprès du monarque la requête de Granvelle. Mais son entremise fut inutile. Armenteros avait persuadé au roi que le séjour de ce ministre à Madrid ranimerait avec plus de violence tous les griefs de la nation auxquels on l'avait sacrifié; car, disait-il, on croirait désormais empoisonnée par lui la source même dont on ne l'accusait jusqu'alors d'avoir altéré que les lointains canaux. Le roi l'envoya dans la comté de Bourgogne, sa patrie, sous un prétexte honorable qui s'offrit à propos. Le cardinal donna à son départ de Bruxelles l'apparence d'un voyage insignifiant dont il reviendrait au premier jour. Mais, en

1. Reidan., 4.

même temps, tous les conseillers d'État qui, sous son administration, s'étaient volontairement éloignés, reçurent de la cour l'ordre de reparaître au conseil à Bruxelles. Quoique cette dernière circonstance ne rendît pas son retour croyable, et que l'on ne vît dans le prétexte allégué qu'une misérable bravade, cependant la possibilité de son retour, si éloignée qu'elle fût, refroidit beaucoup le triomphe que l'on célébra au sujet de son départ. La gouvernante elle-même paraît n'avoir pas su exactement ce qu'elle devait croire de cette rumeur; car, dans une nouvelle lettre au roi, elle reproduisit toutes les considérations et tous les motifs qui devaient le détourner de laisser revenir ce ministre dans les Pays-Bas. Granvelle lui-même chercha à entretenir cette rumeur dans sa correspondance avec Barlaimont et Viglius, et à effrayer du moins par de vains songes ses ennemis, qu'il ne pouvait plus tourmenter par sa présence. La crainte qu'inspirait l'influence de cet homme était si grande, si excessive, qu'on le chassa enfin de sa propre patrie[1].

Après la mort de Pie IV, Granvelle fit un voyage à Rome, pour assister à l'élection du nouveau pape, et soigner en même temps quelques affaires de son maître, dont il n'avait nullement perdu la confiance. Bientôt après, Philippe II le fit vice-roi de Naples, où il succomba aux séductions du climat, et laissa vaincre par la volupté un génie que nul coup du sort n'avait pu courber. Il avait soixante-deux ans quand le roi le rappela en Espagne, où il continua de gérer avec un pouvoir illimité les affaires d'Italie. Une vieillesse triste et le confiant orgueil que lui donnait une administration de quarante années faisaient de lui un juge sévère et injuste des opinions d'autrui, un esclave de la coutume et un panégyriste importun des temps passés.

Mais la politique du siècle qui allait finir n'était plus la politique de celui qui commençait. La jeunesse du nouveau ministère se lassa bientôt d'un surveillant si impérieux, et Philippe II commença lui-même à éviter un conseiller qui ne trouvait rien de louable que les actions de son père. Néanmoins il lui confia

1. « Comme si cette forme gigantesque, si elle était restée si près des Pays-Bas, eût pu encore avec son ombre redoutable engloutir la liberté de la nation. » (Première édition.)

encore à la fin ses provinces d'Espagne, quand la conquête du Portugal l'appela lui-même à Lisbonne. Enfin Granvelle, ayant entrepris un voyage en Italie, mourut à Mantoue, dans la soixante et treizième année de sa vie, et dans la pleine jouissance de sa gloire, après avoir possédé, sans interruption, pendant quarante ans, la confiance de son roi[1].

[1] Strad., dec. 1, liv. III, IV, p. 88-98. — La première édition ajoute : « Et avoir uni en sa personne, par une alliance sans exemple, la liberté et la faveur des princes. » — Schiller a supprimé en outre tout l'alinéa suivant : « Granvelle était tombé, comme jamais favori ne tomba, non parce que son bonheur éphémère était flétri, non par le léger souffle d'un caprice du prince : il tomba par la force prodigieuse de la concorde, par la voix irritée de toute une nation. Mais comment est-il possible que l'homme qui maniait si habilement l'instrument le plus difficile, ait joué si malheureusement d'un autre beaucoup plus facile? Lui qui échappait au soupçon vigilant d'un sombre despote, n'avait-il donc plus aucun artifice en réserve vis-à-vis d'un peuple riant? Plus cette merveilleuse amitié royale, qui désapprit à son endroit l'inconstance, le place haut, plus il déchoit pour avoir exposé cette royale amitié à la honte d'étaler aux yeux du monde son impuissance, et pour avoir forcé son royal protecteur à le sacrifier en détournant les yeux. »

LE CONSEIL D'ÉTAT.

(1564.) Immédiatement après la retraite du ministre, se montrèrent toutes les heureuses conséquences qu'on s'était promises de son éloignement. Les nobles mécontents reprirent leurs siéges dans le conseil d'État, et se vouèrent aux affaires avec un redoublement de zèle, pour qu'on n'eût pas lieu de regretter le banni, et pour prouver par l'heureuse marche de l'administration qu'on pouvait se passer de lui. La presse était grande autour de la duchesse. Tous rivalisaient pour se surpasser les uns les autres en bon vouloir, en soumission, en zèle pour le service. On prolongeait le travail jusque bien avant dans la nuit; la plus grande union régnait entre les trois conseils, la meilleure intelligence entre la cour et les états. On pouvait tout obtenir de la cordialité de la noblesse néerlandaise, aussitôt qu'on flattait par la confiance et la bonne grâce son obstination et son orgueil. La gouvernante mit à profit la première allégresse de la nation pour lui dérober son consentement à quelques impôts, qu'elle n'avait pu arracher sous l'administration précédente. Le grand crédit de la noblesse auprès du peuple la soutint dans cette occasion de la manière la plus efficace, et bientôt elle apprit de cette nation le secret, qui s'est tant de fois vérifié à la diète de l'Empire[1], qu'il faut seulement demander beaucoup pour obtenir toujours quelque chose. La gouvernante elle-même se voyait avec plaisir délivrée de son long esclavage;

1. « Qui s'est tant de fois vérifié à la diète de l'Empire. » Ce membre de phrase n'est point dans la première édition.

l'émulation du zèle chez les nobles lui rendait plus léger le poids des affaires, et leur flatteuse soumission lui faisait sentir toute la douceur du commandement [1].

(1564.) Granvelle était renversé, mais son parti subsistait toujours. Sa politique vivait dans ses créatures, qu'il avait laissées dans le conseil privé et dans le conseil des finances. La haine couvait encore au sein des partis, longtemps après que le chef eut été banni, et les noms d'*orangistes*, de *royalistes*, de *patriotes* et de *cardinalistes*, continuaient à partager le conseil et à nourrir le feu de la discorde. Viglius de Zuichem d'Aytta, président du conseil privé, conseiller d'État et garde des sceaux, passait alors pour l'homme le plus important du sénat et le plus puissant soutien de la couronne et de la tiare. Ce vieillard plein de mérite, à qui nous devons quelques documents précieux relatifs à l'histoire de la révolte néerlandaise, et dont la correspondance intime avec ses amis nous a guidé plus d'une fois dans cette narration, était un des plus grands jurisconsultes de son temps, et de plus théologien et prêtre, et il avait déjà exercé sous l'empereur les charges les plus importantes. Son commerce avec les hommes qui honoraient le plus cette époque par leur science, et à la tête desquels se trouvait Érasme de Rotterdam; les nombreux voyages aussi qu'il avait entrepris pour les affaires de l'empereur, avaient agrandi le cercle de ses connaissances et de son expérience, et, à plusieurs égards, élevé ses principes au-dessus de son temps. La renommée de son savoir remplit tout son siècle, et a transmis son nom à la postérité. En 1848, quand l'union des Pays-Bas avec l'empire d'Allemagne dut être fondée à la diète d'Augsbourg, Charles-Quint y envoya cet homme d'État pour soutenir les intérêts des Provinces, et son habileté contribua le plus à faire tourner les négociations à l'avantage des Pays-Bas [2]. Après la mort de l'empereur, Viglius fut un des serviteurs les plus éminents que Philippe II hérita de son père, et du petit nombre de ceux dans lesquels il honora sa mémoire. Il fut associé à la haute

---

1. Hopper, 38. — Burg., 78, 79. — Strad., 95, 98. — Grot., 17.
2. *Hist. gén. des Prov.-Un.*, 2ᵉ partie, 503 et suiv. (t. IV, p. 612 de l'éd. franç.).

fortune de Granvelle, avec qui d'anciennes relations l'avaient lié, mais il ne partagea pas la disgrâce de son protecteur, parce qu'il n'avait partagé ni son ambition, ni la haine dont il était l'objet. Un séjour de vingt ans dans les Provinces, où les affaires les plus importantes lui avaient été confiées; la fidélité la plus éprouvée envers son souverain, et le plus vif attachement à la foi catholique, faisaient de lui le principal instrument de la monarchie dans les Pays-Bas [1].

Viglius était un savant, mais non un penseur; un homme d'affaires expérimenté, non une tête vraiment éclairée: il n'avait pas l'âme assez forte pour briser les chaînes du préjugé comme Érasme son ami, et bien moins encore assez mauvaise pour les mettre au service de ses passions comme son chef Granvelle. Trop faible et trop timide pour suivre la direction plus hardie de sa propre raison, il aimait mieux se confier au sentier plus commode de la conscience : une chose était juste pour lui, aussitôt qu'il y voyait un devoir. Il était de ces honnêtes gens qui sont indispensables aux méchants : l'astuce comptait sur sa loyauté. Un demi-siècle plus tard il aurait dû sa gloire à la liberté, qu'il concourut alors à opprimer. Dans le conseil privé de Bruxelles, il servit la tyrannie; dans le parlement de Londres ou le sénat d'Amsterdam, il fût mort peut-être comme Thomas Morus et Olden Barnevelt.

La faction avait un adversaire non moins redoutable que Viglius dans le président du conseil des finances, le comte Barlaimont. Les historiens nous ont conservé peu de détails sur le mérite et les sentiments de cet homme; la grandeur éblouissante de son chef, le cardinal Granvelle, l'éclipsa. Lorsque ce ministre eut disparu de la scène, la prépondérance du parti contraire l'écrasa; mais le peu que nous pouvons découvrir sur son compte, jette sur son caractère un jour favorable. Plus d'une fois le prince d'Orange fait des efforts pour l'éloigner des intérêts du cardinal et l'attacher à son propre parti : preuve suffisante qu'il mettait du prix à cette conquête. Toutes ses tentatives échouent : preuve qu'il n'avait pas affaire à un caractère chancelant. Plus d'une fois nous voyons Barlaimont, seul parmi tous

---

1. *Vita Viglii.*

les membres du conseil, faire tête à la faction prépondérante, et soutenir contre l'opposition générale les intérêts de la couronne qui sont déjà en danger d'être sacrifiés. Quand le prince d'Orange eut rassemblé dans sa maison les chevaliers de la Toison d'or, pour prendre une résolution préalable sur l'abolition du saint-office, Barlaimont fut le premier qui blâma cette démarche illégale, et le premier qui en informa la gouvernante. Quelque temps après, le prince lui demanda si la gouvernante avait connaissance de cette réunion, et Barlaimont n'hésita pas un moment à lui déclarer la vérité. Tous les actes qu'on rapporte de lui décèlent un homme que ni l'exemple ni le respect humain ne séduisent, qui demeure fidèle, avec un ferme courage et une invincible constance, au parti qu'il a une fois choisi ; mais qui a d'ailleurs des sentiments trop fiers et trop despotiques pour en choisir un autre que celui du maître[1].

Dans le parti royal, à Bruxelles, on nous cite encore le duc d'Arschot, les comtes de Mansfeld, de Megen et d'Aremberg, tous trois néerlandais de naissance et par conséquent intéressés, à ce qu'il semblait, comme toute la noblesse du pays, à lutter contre le clergé et le pouvoir monarchique dans leur patrie. La conduite opposée qu'ils tinrent doit nous étonner d'autant plus, et ce qui la rend surtout étrange, c'est que nous les voyons liés d'amitié avec les principaux membres de la faction et rien moins qu'indifférents aux charges communes du pays. Mais ils ne se trouvèrent pas dans le cœur assez de confiance, assez d'héroïsme, pour hasarder une lutte inégale contre un adversaire si supérieur. Avec une lâche prudence ils firent plier leur juste mécontentement sous la loi de la nécessité, et ils préférèrent imposer à leur orgueil un dur sacrifice, parce que leur vanité amollie n'en pouvait pas offrir d'autre. Trop économes et trop avisés pour vouloir arracher à la seule justice ou à la crainte de leur souverain le bien certain qu'ils tenaient déjà de sa libre générosité, ou pour abandonner une fortune réelle afin de sauver l'ombre d'une autre, ils profitèrent plutôt du moment favorable pour faire payer plus cher leur fidélité, qui, par la défection générale de la noblesse, avait alors augmenté de prix. Peu

---

1. Strad, 82, 83. — Burgund., 91, 168. — *Vita Vigl.*, 40.

sensibles à la véritable gloire, ils laissèrent leur ambition décider du parti qu'ils devaient embrasser : or, la petite ambition se courbe beaucoup plus volontiers sous la dure loi de la force que sous la douce domination d'un esprit supérieur. Ils donnaient peu de chose, s'ils se livraient au prince d'Orange; mais ils devenaient pour lui de redoutables adversaires, en s'unissant avec le monarque. Là, leur nom se perdait au sein d'un parti nombreux et dans l'éclat de leur rival ; dans le parti royaliste, qu'on délaissait, leur mince mérite jetait de l'éclat [1].

La maison de Nassau et celle de Croy, à laquelle appartenait le duc d'Arschot, avaient été, depuis plusieurs règnes, rivales en crédit et en dignité, et leur jalousie avait nourri entre elles une ancienne haine de famille, que les divisions religieuses rendirent enfin implacable. Depuis un temps immémorial, la maison de Croy avait une grande réputation de piété et de sainteté catholique; les comtes de Nassau s'étaient donnés à la nouvelle secte. Ces motifs suffisaient pour que Philippe de Croy, duc d'Arschot, préférât le parti qui était le plus contraire à Guillaume d'Orange. La cour ne négligea pas de mettre à profit cette haine particulière, et d'opposer un si puissant ennemi à l'autorité croissante de la maison de Nassau dans la république. Les comtes de Mansfeld et de Megen avaient été jusqu'alors les plus intimes amis du comte d'Egmont. Ils avaient élevé la voix, de concert avec lui, contre le ministre; avec lui ils avaient combattu l'inquisition et les édits, et lui étaient restés loyalement unis jusque-là, jusqu'à la dernière limite de leur devoir. Mais alors, à ce point critique où les voies se divisent, les trois amis se séparèrent. La vertu inconsidérée d'Egmont l'entraînait irrésistiblement sur le chemin qui menait à la ruine; ses amis avisés songèrent, quand il en était encore temps, à une avantageuse retraite. Des lettres sont parvenues jusqu'à nous, qui furent échangées entre les comtes d'Egmont et de Mansfeld, et, bien qu'elles soient d'une époque postérieure, elles nous offrent une peinture fidèle de leurs relations au moment où nous sommes

---

1. Il y a deux phrases de plus dans la première édition : « Ce qui détachait de la couronne la plus grande partie des nobles, fut précisément ce qui lui conserva ce petit nombre de fidèles : ceux-là ne voulaient recevoir aucune loi du despote ; ceux-ci, de leurs égaux. »

arrivés. Le comte de Mansfeld répondait à son ami, qui lui avait fait des plaintes amicales de ce qu'il s'était détaché de lui pour passer au roi : « Si j'ai pensé autrefois que le bien général rendait nécessaires la suppression du saint-office, la modération des édits et l'éloignement du cardinal Granvelle, maintenant le roi a rempli ces vœux et la cause de nos plaintes n'existe plus. Nous avons déjà trop entrepris contre la majesté du monarque et l'autorité de l'Église; il est plus que temps de rentrer dans la bonne voie, afin que nous puissions, si le roi vient, aller au-devant de lui, le front levé et sans inquiétude. Pour moi, je ne crains point ses châtiments; à son premier signe, je me rendrais en Espagne, le cœur assuré, et j'attendrais avec confiance mon arrêt de sa justice et de sa bonté. Je ne dis pas cela comme si je doutais que le comte d'Egmont pût affirmer la même chose de lui; mais le comte d'Egmont fera sagement d'assurer de plus en plus sa sécurité, et d'éloigner de ses actes le soupçon. Si j'apprends, est-il dit à la fin, qu'il prenne à cœur mes avis, notre amitié subsistera; sinon, je me sens assez fort pour sacrifier à mon devoir et à l'honneur toutes les relations humaines[1]. »

L'extension du pouvoir de la noblesse exposa la république à un mal plus grand peut-être que celui auquel elle venait d'échapper par le renvoi du ministre. Appauvrie par une longue habitude de luxe, qui avait aussi corrompu ses mœurs, et à laquelle elle était déjà trop accoutumée pour y pouvoir désormais renoncer, elle succomba à la dangereuse occasion qui s'offrait de flatter son penchant dominant et de faire revivre l'éclat obscurci de sa fortune. Les prodigalités amenèrent la soif du gain, et celle-ci l'usure. Les charges civiles et ecclésiastiques devinrent vénales; les dignités, les priviléges et les patentes furent vendus au plus offrant; on trafiqua même de la justice. Celui que le conseil privé avait condamné, le conseil d'État l'absolvait; ce que le premier refusait, on l'obtenait du second à prix d'argent. A la vérité, le conseil d'État rejeta dans la suite cette accusation sur les deux autres cours; mais ce fut son propre exemple qui les corrompit. L'avidité ingénieuse ouvrit de nouvelles sources de gain. La vie, la liberté et la religion furent assurées, comme

1. Strada, 159.

des biens-fonds, pour des sommes déterminées ; les meurtriers et les malfaiteurs se libéraient avec de l'or, et la loterie dépouilla la nation. Sans égard pour le rang et le mérite, on vit les gens de service et les créatures des conseillers d'État et des gouverneurs de provinces élevés aux emplois les plus importants. Qui avait à solliciter quelque chose de la cour devait passer par les gouverneurs et leurs derniers serviteurs. Aucun artifice de séduction ne fut épargné pour entraîner dans ces désordres Thomas Armenteros, secrétaire intime de la duchesse, homme jusqu'alors irréprochable et intègre. Par de feintes assurances de dévouement et d'amitié, on parvint à s'insinuer dans sa confiance, et à corrompre ses principes par les délices ; le mauvais exemple altéra ses mœurs, et de nouveaux besoins triomphèrent de sa vertu jusque-là incorruptible. Alors il ferma les yeux sur des abus dont il était complice, et jeta un voile sur les fautes d'autrui, pour en couvrir aussi les siennes. D'accord avec lui, on volait le trésor royal, et, par une mauvaise administration des revenus, on trompait les vues du gouvernement. Cependant la régente s'abandonnait avec ivresse à une douce illusion de puissance et d'activité, que la flatterie des grands savait nourrir adroitement. L'ambition des partis se jouait des faiblesses d'une femme et achetait d'elle un pouvoir véritable au prix d'un vain simulacre de pouvoir et par une humble apparence de soumission. Bientôt elle appartint entièrement à la faction, et changea insensiblement de maximes. Suivant une marche tout opposée à sa conduite précédente, elle porta illégalement devant le conseil d'État, que la faction dominait, des questions qui appartenaient aux autres conseils, où des représentations que Viglius lui avait faites en secret, tout comme auparavant elle avait négligé illégalement ce conseil, sous l'administration de Granvelle. Presque toutes les affaires et toute l'influence passaient maintenant aux gouverneurs. On leur adressait toutes les requêtes, ils distribuaient tous les bénéfices. Les choses allèrent si loin, qu'ils enlevaient des causes à la magistrature des villes et les évoquaient devant leur propre tribunal. Le crédit des tribunaux de province diminuait à mesure qu'ils étendaient le leur, et avec le crédit de la magistrature l'administration de la justice déchut, ainsi que l'ordre civil. Bientôt les cours de justice inférieures suivirent l'exemple du gouvernement. Bientôt l'esprit qui dominait à Bruxelles dans le conseil d'État se répandit dans toutes les provinces. La corruption, la faveur, la rapine, la vénalité de la justice furent générales dans les tribunaux du pays ; les mœurs se perdirent, et les nouvelles sectes profitèrent de cette licence pour étendre leur cercle. Les opinions plus tolérantes de la noblesse, qui penchait elle-même du côté des novateurs ou du moins détestait l'inquisition comme un instrument du despotisme, avaient adouci la rigueur des édits de religion ; les dispenses qu'on accordait à beaucoup de protestants arrachaient au saint-office ses plus importantes victimes. Les nobles ne pouvaient annoncer au peuple leur participation actuelle au gouvernement d'une façon plus agréable qu'en lui immolant l'odieux tribunal de l'inquisition, et leur inclination les y portait plus encore que les conseils de la politique. La nation passa en un moment de la plus oppressive contrainte de l'intolérance à un état de liberté, dont elle avait déjà trop perdu l'habitude pour le supporter avec modération. Les inquisiteurs, privés de l'appui des magistrats, se virent l'objet de la moquerie plus que de la crainte. A Bruges le conseil de la ville fit lui-même mettre en prison, au pain et à l'eau, quelques-uns de leurs familiers, qui avaient voulu arrêter un hérétique. Vers ce même temps, à Anvers, où la multitude avait fait une vaine tentative pour arracher un hérétique au saint-office, on afficha dans la place du marché une déclaration écrite en lettres de sang, qui portait qu'un certain nombre d'hommes s'étaient conjurés pour venger la mort de cet innocent[1].

Le conseil privé et le conseil des finances, où présidaient Viglius et Barlaimont, s'étaient encore préservés en très-grande partie de la corruption, qui avait infecté tout le conseil d'État[2].

1. Hopper, 40. — Grot., 17. — *Vita Vigl.*, 39. — Burg., 80, 87, 88. — Strad., 99, 100.

2. La première édition a ici de plus le long morceau que voici : « Une nouvelle tentative dirigée contre le second avait encore échoué. On s'efforça alors d'introduire dans ces deux conseils quelques nouveaux membres qui fussent plus dévoués à l'intérêt de la faction. En ce temps-là s'éleva dans le domaine de l'érudition un nommé Baudouin, Flamand d'origine, qui s'était acquis une éclatante renommée dans la jurisprudence, et qui unissait aux dons les plus distingués de l'esprit tous les attraits d'un extérieur séduisant et toutes les grâces de l'éloquence et du commerce de la vie. Un séjour qu'il avait fait en Allemagne l'avait

Comme la faction n'avait pu réussir à introduire ses partisans dans ces deux cours[1], il ne lui restait d'autre moyen que de les mettre entièrement l'une et l'autre hors d'activité, et de faire passer leurs attributions au conseil d'État. Pour venir à bout de ce projet, le prince d'Orange chercha à s'assurer l'appui des autres conseillers d'État. « On nous appelle sénateurs, disait-il souvent à ceux de son parti, mais d'autres possèdent le pouvoir. Quand on a besoin d'argent pour payer les troupes, ou lorsqu'il est question de réprimer les progrès de l'hérésie, ou de maintenir le peuple dans l'ordre, on vient à nous, qui n'avons pourtant la garde ni du trésor ni des lois, et qui sommes seulement les organes par lesquels les deux autres conseils agissent sur l'État. Et cependant nous suffirions à nous seuls pour toute l'administration, qu'on a inutilement partagée entre trois chambres diverses, si nous voulions seulement nous réunir pour incorporer de nouveau dans le conseil d'État ces branches détachées du gouvernement, afin qu'un seul esprit anime le corps tout entier. »
On traça d'avance et en secret un plan, selon lequel douze nouveaux chevaliers de la Toison d'or étaient appelés au conseil d'État, l'administration de la justice restituée au tribunal de Malines, auquel elle appartenait légitimement, les lettres de grâce,

attiré à l'Église luthérienne, qu'il abandonna ensuite en France pour le calvinisme. Puis étant, là même, revenu, peu satisfait de son maître, à son Église maternelle, il rapporta avec lui dans les Pays-Bas toutes les idées de tolérance et d'impartialité qui étaient la conséquence inévitable de tant d'expériences qu'il avait faites en lui même. Guillaume d'Orange regardait ce Baudouin comme l'instrument le mieux choisi pour introduire l'esprit d'humanité dans les tribunaux néerlandais, et pour bannir l'inquisition; il suffirait pour cela, pensait-il, qu'il réussît à le faire entrer dans le conseil privé à Bruxelles. Il forma donc le plan de le placer d'abord, en y employant toute son influence, à l'université de Douai ou de Louvain, d'où la réputation de sa science se répandrait sans doute bientôt, et ne pourrait longtemps demeurer cachée au roi lui-même. Si cela lui réussissait, le dernier pas, c'est-à-dire son introduction dans le conseil privé, lui semblait chose facile. Mais, quelque séduisants que fussent les motifs dont il sut parer sa proposition, ils manquèrent leur effet sur l'âme de cet homme, qui avait des pensées trop sages et trop modestes pour sacrifier une sûre médiocrité à une grandeur douteuse. Le comte de Hoorn échoua dans un semblable dessein auprès d'un jurisconsulte allemand, nommé Cassander, que les mœurs corrompues de la cour ramenèrent bien vite dans sa patrie*. »

1. « Comme la faction ne put réussir ni à gagner à ses vues le conseil privé et le conseil des finances, ni à introduire ses partisans dans ces deux cours.... » (*Première édition.*)

* Burgund., 89. 90. 91. — Grot., 18.

patentes, etc., abandonnées au président Viglius; mais l'administration des finances leur devait être confiée à eux-mêmes. On prévoyait bien toutes les difficultés que la défiance de la cour et la jalousie qu'inspirait le pouvoir croissant de la noblesse opposeraient à cette nouveauté; en conséquence, pour forcer la gouvernante d'y consentir, on mit en avant quelques-uns des principaux officiers de l'armée, qui devaient inquiéter la cour de Bruxelles par de violentes réclamations au sujet de leur solde arriérée, et la menacer d'une rébellion en cas de refus. On fit en sorte que la régente fût assiégée de suppliques et de mémoires, qui contenaient des plaintes sur les lenteurs de la justice et qui exagéraient le péril que l'on avait à craindre des progrès journaliers de l'hérésie. On ne négligea rien pour lui représenter sous des couleurs si effrayantes la perturbation de l'ordre civil, de la justice et des finances, qu'elle s'éveilla avec terreur de l'ivresse où on l'avait bercée jusqu'alors[1]. Elle convoque les trois conseils à la fois, pour délibérer sur les moyens d'obvier à ces désordres. La majorité est d'avis qu'il faut envoyer en Espagne un ambassadeur extraordinaire, qui fera connaître au roi, par une peinture vive et détaillée, le véritable état des choses, et le décidera peut-être à prendre de meilleures mesures. Viglius, qui ne soupçonnait pas le moins du monde le plan secret de la faction, s'opposa à cet avis. « Le mal dont on se plaint, dit-il, est grand sans doute et ne doit pas être négligé; mais il n'est pas incurable. La justice est mal administrée, mais c'est uniquement parce que la noblesse elle-même, par sa conduite dédaigneuse envers les magistrats, rabaisse leur considération, et que les gouverneurs ne les soutiennent pas suffisamment. L'hérésie prend le dessus, parce que le bras séculier laisse sans appui les juges ecclésiastiques, et parce que le commun peuple, à l'exemple de la noblesse, a dépouillé le respect envers ses magistrats. C'est moins la mauvaise administration des finances que les guerres précédentes et les besoins politiques du roi, qui ont fait peser sur les Provinces cette masse de dettes, dont elles pourront s'affranchir peu à peu par des impôts modérés. Si le conseil d'État diminuait ses faveurs, les lettres de

---

[1] Bergund., 92-94. — Hopper, 41. Vit. Vigl., § 87, 88.

franchise et les dispenses; s'il commençait sur lui-même la réforme des mœurs; s'il respectait davantage les lois, et rétablissait les magistrats dans leur autorité précédente; si seulement les colléges et les gouverneurs faisaient d'abord leur devoir, ces plaintes cesseraient bientôt. Pourquoi donc un nouvel ambassadeur en Espagne, quand il n'est arrivé rien de nouveau qui justifie ce moyen extraordinaire? Cependant, si l'on persiste, il ne veut pas s'opposer à l'avis général; seulement il stipule que le mandat le plus important de l'envoyé soit d'engager le roi à se rendre bientôt dans les Pays-Bas[1]. »

Sur le choix du député, il n'y avait qu'une voix. Parmi tous les grands des Pays-Bas, le comte d'Egmont semblait être le seul qui pût également satisfaire les deux partis. Sa haine déclarée de l'inquisition, ses opinions libérales et patriotiques, et l'irréprochable intégrité de son caractère, offraient à la république des gages assurés de sa conduite. Nous avons dit plus haut les raisons qui devaient rendre sa venue agréable au roi. Comme le premier coup d'œil est souvent décisif chez les princes, l'extérieur prévenant du comte d'Egmont pouvait seconder son éloquence, et prêter à sa requête un appui dont la plus juste cause ne peut jamais se passer auprès des rois. Egmont lui-même souhaitait cette ambassade, afin de régler avec le roi quelques intérêts de famille[2].

Sur ces entrefaites, le concile de Trente avait clos ses séances, et ses décrets avaient été communiqués à toute la chrétienté catholique. Mais, loin d'atteindre le but du synode, et de satisfaire l'attente des partis religieux, ces décrets avaient au contraire élargi l'abîme entre les deux Églises, et rendu le schisme irrémédiable et éternel[3].

1. Burg., 95, 96. — Hopper, 41, 43, sq.
2. Strada, 103.
3. Schiller a supprimé ici, dès la seconde édition, une très-longue digression, où il raconte et juge, de son point de vue (voyez la note de la page 10), le concile de Trente. Il l'a considérée, avec raison, comme un hors-d'œuvre, qui ne se rattachait qu'indirectement à son sujet, et qui surtout était peu à sa place dans cette section intitulée *Le conseil d'État*.

« Déjà le fanatisme entrait dans la voie salutaire qui ramène à la raison, quand la première pensée de ce concile prit naissance. Le succès croissant de la réforme, qui commençait à élever des États au sein des États, et arrachait à la papauté un pays du Nord après l'autre, bravait et décriait les moyens bar-

L'ancienne doctrine, au lieu d'être épurée, avait acquis désormais plus de précision, et une dignité plus grande. Toutes les subtilités du dogme enseigné, tous les artifices et toutes les prétentions du saint-siége, qui jusqu'alors avaient plutôt reposé

bares qu'une politique grossière s'était empressée d'accumuler contre elle. Le danger pressant dont l'Église se voyait menacée avait justifié, dans un certain sens, ces moyens sanguinaires de salut : la nécessité les imposait, parce qu'une chose mauvaise ne se peut maintenir que par de mauvais secours, et la politique elle-même plaidait en leur faveur, tant qu'on pouvait démontrer qu'ils étaient efficaces. La mort d'un membre dont on pouvait se passer sauvait peut-être tout le corps; mais ce membre devait être épargné, dès qu'il était le plus noble. Précisément cette méthode, qui pouvait être recommandée contre les premiers commencements de la secte, risquait d'être la plus funeste, quand la secte eut fait des progrès. Dans plusieurs pays, en France, par exemple, et généralement aussi en Allemagne, la partie protestante du peuple était déjà en équilibre avec la partie catholique ; dans d'autres, elle lui était même supérieure. Là même où elle était inférieure en nombre, elle avait peut-être dans les mains toute l'industrie et la prospérité du pays, et le souverain ne pouvait la laisser opprimer, sans se priver en même temps de ses plus utiles sujets. De grandes et vastes monarchies, telles que l'Espagne, supportaient plus aisément cette perte de citoyens, ou du moins ne la sentaient qu'à la longue, tandis qu'au contraire de plus petits États, comme la Savoie, les Pays-Bas, etc., s'en trouvaient nécessairement épuisés. Ces derniers, qui gagnaient peu à sacrifier la partie attaquée pour sauver la partie saine, devaient donc plutôt aviser soigneusement aux moyens de conserver aussi celle-là, et de la changer, autant qu'il était possible, en partie utile. De là les opinions religieuses plus modérées des princes du second et du troisième rang; de là une tolérance plus grande dans les États moindres.

« Dans cette violente et générale secousse qui agita et bouleversa tout l'ensemble de la religion, il était inévitable que quelques-uns de ses côtés faibles parussent à la lumière. Les attaques hardies et heureuses des réformateurs contre la hiérarchie ecclésiastique avaient enfin ouvert les yeux aux catholiques eux-mêmes sur la corruption des mœurs de leur clergé, et sur divers abus de l'Église qui semblaient justifier jusqu'à un certain point les reproches des novateurs. L'Église, on en convenait unanimement, avait besoin d'une réforme, pour revenir à la noble simplicité de son origine, et pour éliminer tous les éléments hétérogènes et arbitraires par lesquels une longue suite de siècles avait défiguré la pure doctrine. On espérait, à l'exemple des temps antérieurs, atteindre l'un et l'autre but au moyen d'un concile général, qui représentait le céleste fondateur du christianisme par la réunion de ses membres terrestres. Là les points litigieux seraient soumis encore une fois à l'examen; les adversaires de l'ancienne Église devaient exposer leurs griefs avec une liberté républicaine, puis être renvoyés aux décisions du Saint-Esprit, qui parle par le concile.

« Plus graves encore étaient les raisons politiques qui faisaient désirer le concile aux princes. Les empiétements arbitraires du siége de Rome avaient depuis longtemps blessé leurs propres droits. Maintenant que ce redoutable agitateur de leurs trônes était tombé, par une chute profonde, dans leur dépendance, maintenant il était en leur pouvoir de ramener dans de plus modestes limites cette choquante puissance sacerdotale, de borner par ses propres instruments l'autorité du chef suprême de la hiérarchie, et de lui prescrire des sur l'arbitraire, étaient maintenant passés à l'état de lois, et érigés en système. Ces usages et ces abus, qui s'étaient insinués dans le christianisme durant les temps barbares de la superstition et de l'ignorance, furent déclarés partie essentielle du

lois par l'entremise du clergé de leurs pays. Toutes ces raisons déterminèrent Charles-Quint à intervenir, avec le zèle le plus actif, pour sa réunion du concile : elle était aussi le vœu unanime de tous les princes catholiques.

« Mais les motifs mêmes qui inspiraient un si ardent désir de ce concile à l'empereur et aux autres princes, faisaient hésiter le pape à le convoquer. Un système tel que la hiérarchie, qui avait tant de raisons de craindre l'examen, qui tenait ensemble par des liens si faibles, si peu sûrs, et ne semblait fait que pour un demi-jour, ne pouvait être exposé sans danger à la licence républicaine de cette diète ecclésiastique, et à l'ambition des prélats, dont l'intérêt était directement opposé à celui du siége de Rome. Plusieurs dogmes, liés à la suprématie papale, ne devaient même pas être soumis à la discussion : une querelle scolastique pouvait miner les fondements de la puissance pontificale. L'exemple des précédents conciles montrait suffisamment combien les prélats pourraient prendre de libertés contre la papauté. Si cela était arrivé dans les temps paisibles où la doctrine n'était point attaquée, combien ne pourrait-on pas risquer davantage à une époque où un exemple si séduisant de défection avait déjà été donné, où les lumières du genre humain avaient fait un progrès de plusieurs siècles, et où la disposition fâcheuse des esprits, le peu de fond qu'on pouvait faire sur plus d'un des princes catholiques les plus importants, interdisaient au chef de l'Église l'emploi de ces armes violentes qui autrefois étaient irrésistibles et infaillibles. Clément VII échappa à la proposition par tous les tortueux artifices de la politique romaine; mais le vœu unanime, énergique, de tous les princes catholiques arracha enfin le consentement de son successeur Paul III. Après beaucoup de retards qui s'élevèrent au sujet du lieu où serait tenu le concile et qui agréerait fort au pape, il fut enfin, par une bulle solennelle, convoqué à Trente, où le pontife envoya trois légats, pour diriger de Rome les négociations, par leur entremise. Dans les diverses séances du concile, le principal dogme des protestants, en vertu duquel ils reconnaissent les écrits des évangélistes et des apôtres pour seule règle de la foi, fut rejeté comme condamnable; les livres que les protestants déclaraient apocryphes furent mis au même rang que les livres canoniques, et on leur attribua, ainsi qu'aux traditions orales de l'Église, une égale autorité. Au lieu de chercher les vraies sources du schisme, et d'examiner les griefs des adversaires, on dépensa ce qu'on avait de voix et d'haleine dans d'inutiles discussions scolastiques et dans les luttes les plus ridicules, qui n'avaient nul rapport avec la véritable origine du mal. Quelques attaques, en petit nombre, dirigées plus hardiment contre le siége de Rome, furent heureusement repoussées par la majorité de ses partisans et par l'habileté des légats. Puis, la querelle commençant à s'échauffer et quelques articles périlleux inquiétant le pape, il se hâta de transférer l'assemblée à Bologne. Les contestations politiques qui divisaient la cour impériale et celle de Rome, divisèrent aussi le concile, et les évêques impériaux demeurés à Trente, ne voulurent pas reconnaître les pères de Bologne. Sur ces entrefaites, la bataille de Mühlberg avait rehaussé la confiance du vainqueur. Offensé par le pape et mécontent des conciles, il veut accomplir de sa propre autorité ce qu'il renonce à obtenir d'eux, et entreprend de réunir par son *Interim* les parties contestantes : tentative qui échoue comme toutes les précédentes. L culte, et l'anathème fut lancé contre tout téméraire qui s'opposerait à ces dogmes ou se soustrairait à ces usages; l'anathème contre quiconque oserait douter de la vertu miraculeuse des reliques, ne pas vénérer les ossements des martyrs et tenir pour

concile est encore partagé par les vives querelles qu'excitent, au sujet de Parme et de Plaisance, les bâtards du pape et de l'empereur. Pendant ces troubles, Paul III meurt. Le concile, sous son successeur Jules III, retourne à Trente: mais la lutte au sujet de Parme et de Plaisance, qui se complique encore par l'intervention d'une fille naturelle de Henri II de France, n'en continue pas moins à diviser les deux cours et à entraver les délibérations. Les deux archevêques de Mayence et de Trèves, quatre nonces et légats du pape, deux ambassadeurs impériaux, et quelques prélats italiens, espagnols et allemands, rendent enfin au concile son activité; mais, après quelques vaines disputes sur la Cène, il est levé tout à coup par l'effet de la crainte des armes des protestants, qui déjà menacent les frontières d'Italie. Charles perd en Tyrol le fruit de toutes ses victoires, et fuit honteusement devant son vainqueur. Les armes de Soliman appellent en Hongrie le roi des Romains, et Henri II de France*, allié aux deux ennemis de la chrétienté catholique, vient à leur secours en Italie et en Allemagne. Les nations assemblées abandonnent précipitamment Trente, et le concile est interrompu pendant neuf ans.

« A peine la guerre de France était-elle terminée par la paix de Cateau-Cambrésis et le repos rétabli en Europe, que l'attention de Philippe II, qui n'était plus distraite par aucune affaire politique plus pressante, revint à l'objet favori de sa sollicitude, la situation religieuse de ses États, et qu'il reporta les yeux sur le concile. Mais, bien loin de songer à ménager par là une réconciliation avec la secte évangélique, qu'il haïssait d'une haine instinctive et inextinguible, ou de croire qu'il valût la peine de conserver à l'ancienne Église ces membres perdus, il n'avait d'autre désir que de préserver d'une semblable contagion la partie encore saine de ses sujets. La perte d'un million d'hommes, de plus encore s'il l'eût fallu, était un léger souci pour un monarque qui, lorsqu'il s'agissait de calculs politiques, était si prodigue de la vie des hommes et ne comptait jamais par individus. La commodité, au contraire, d'une générale uniformité d'opinion, qui devait être le fruit de ce concile, était si attrayante pour son esprit étroit, qu'il croyait ne pouvoir trop se hâter de la publier dans toutes les provinces de sa monarchie. A cela se joignait que, lui aussi, malgré son vrai et son feint dévouement au siége de Rome, il regardait avec des yeux jaloux ses usurpations, et qu'il espérait, en étendant la puissance des évêques et des petits princes, limiter la juridiction de ce siége. Par de tout autres motifs et une politique bien plus humaine, la France désirait aussi la réouverture du concile. Henri II, le terrible ennemi des huguenots, n'était plus. Leur parti avait acquis dans ce royaume une si formidable puissance, qu'il était en état de tenir tête à l'Église dominante et même de s'emparer des rênes du gouvernement. En même temps, il formait la portion la plus riche et la plus noble des citoyens, et il semblait que ce fût une perte également grande d'opprimer un tel ennemi ou d'être vaincu par lui. Le seul moyen de salut pour cet État paraissait être la réunion des deux Églises, qui ne pouvait être obtenue que par un concile général. La même politique humaine força l'empereur, le duc

---

* Le texte allemand a ici une faute d'impression qui dénature entièrement le sens.

impuissante l'intercession des saints. La vertu des indulgences, première cause de la rupture avec le saint-siége, était maintenant établie par une déclaration irréfragable, et le monachisme protégé par un décret formel du concile, qui permet aux hommes

de Savoie et quelques autres princes d'exprimer les mêmes vœux, et la continuation du concile de Trente fut la demande unanime de toutes les puissances catholiques.

« Pie IV, un Médicis, portait alors la tiare. Il s'était lui-même, avant son élévation, engagé à rouvrir le concile; mais à peine fut-il monté sur le trône de Pierre, qu'il adopta les maximes de ses prédécesseurs. Il se souvint des motifs qui avaient fait agir Paul III, lorsqu'il réussit à dissoudre l'assemblée, sous prétexte de la transférer dans un lieu plus sain. Il réfléchit au danger auquel Jules III, par sa bonne fortune et les armes des protestants d'Allemagne, avait échappé à grand'peine. Maintenant il n'y avait plus en Europe de Charles-Quint pour mettre des bornes à la présomption et à l'ambition des prélats, si l'idée leur venait d'élever leur propre puissance sur les ruines de la papauté. Mais la chaleur avec laquelle les princes catholiques poursuivaient cette affaire ne lui laissait pas de choix. En même temps, la France le menaçait d'un synode national, qui le mettait en danger de perdre tout ce royaume, comme autrefois l'Angleterre. Pour prévenir ce péril, il dut se hâter de rouvrir le concile à Trente.

« La question était de savoir s'il fallait l'annoncer comme une assemblée entièrement nouvelle, ou seulement comme une continuation du concile interrompu. La décision de ce point était aussi sérieuse et délicate qu'elle paraissait, au premier aspect, insignifiante. Si c'était un nouveau concile, l'autorité du précédent était par là tacitement annulée, et il fallait exposer encore une fois aux dangers de l'examen toutes ces décisions surprises avec tant d'art. Si, au contraire, ce n'était que la continuation du premier, toutes les sentences prononcées contre les protestants conservaient force de loi, et ceux-ci pouvaient, par conséquent, se regarder comme condamnés d'avance. Or, dans le peu d'années pendant lesquelles le concile avait été interrompu, la situation des protestants avait pris une tournure si avantageuse que leurs dispositions n'étaient plus aussi entièrement indifférentes. Si l'on déclarait que c'était un nouveau concile, on pourrait les décider peut-être à le reconnaître et à y envoyer leurs plénipotentiaires. Ce dernier avis était soutenu, de la manière la plus énergique, par les cours impériale et française, qui tenaient à ce qu'on mît en oubli les décisions des séances antérieures. Mais Philippe II, qui attachait beaucoup plus d'importance à hâter le concile qu'à y voir entrer les protestants, et qui de plus craignait que les résolutions de l'assemblée n'éprouvassent par là quelque adoucissement, insista pour qu'ils en fussent entièrement exclus, et qu'on déclarât expressément le nouveau concile une continuation du premier. La cour de Rome, pour ménager, sinon satisfaire entièrement, les deux partis, s'en tira par une subtilité. « Nous continuerons le concile, déclarèrent les légats, en le convoquant, et le convoquerons en le continuant. »

« Tous les princes de la chrétienté, même les princes protestants, furent invités à se rendre à Trente, au concile. Deux nonces du pape, auxquels l'empereur adjoignit trois ambassadeurs pour appuyer leur demande, parurent devant les princes protestants de l'Allemagne, qui s'étaient réunis à cette fin à Naumbourg. Mais malheureusement on faillit tout d'abord dans la convocation même. Elle présupposait des points qui devaient d'abord être démontrés, et se faisait au nom de l'évêque de Rome, dont le droit à cet égard était la grande question de faire profession à seize ans et aux filles à douze. Tous les dogmes des protestants sont condamnés sans exception; il n'est pas rendu une seule décision à leur avantage; il n'est pas fait une seule démarche pour les ramener par les voies de la douceur dans le sein de l'Église maternelle. La chronique scandaleuse du concile et l'absurdité de ses décisions augmentèrent chez eux, s'il était possible, le profond mépris qu'ils nourrissaient depuis longtemps contre la papauté, et livrèrent à leurs attaques de nouveaux côtés faibles, encore inaperçus. Ce fut une malheureuse pensée de porter le lumineux flambeau de la

litigieuse. Les princes exprimèrent aux ambassadeurs de l'empereur leur reconnaissance pour l'intervention bienveillante de leur maître. Rien, dirent-ils, ne leur serait plus agréable qu'une assemblée générale de l'Église qui se proposerait sérieusement de remédier aux divisions religieuses existantes ; mais ils ne pouvaient se promettre ni un tel but ni un tel effet de celle de Trente, dans laquelle, comme on le voyait par la bulle même, les partisans de la cour romaine auraient seuls quelque chose à dire. Les nonces furent introduits, mais les lettres papales, malgré leur suscription engageante, furent rendues sans avoir été ouvertes. Comme on ne savait rien, fut-il répondu, du droit qu'eût l'évêque de Rome d'exercer une juridiction hors de son diocèse, on ne se croyait pas obligé de lui dire ce qu'on pensait du concile. Les nonces députés en Danemark et en Angleterre furent traités avec encore moins d'égards. Sur la frontière néerlandaise, le cardinal Martiningo reçoit de la part de Frédéric l'ordre de rétrograder, et, à Lubeck, son compagnon est poliment engagé, au nom de la reine Élisabeth, à s'épargner la peine de traverser la mer.

« Dès l'ouverture du concile, il fut facile de reconnaître ce qu'on en pouvait attendre. Avant même que la plus grande partie des députés et des prélats étrangers fussent arrivés, il fut décidé, à la demande des légats qui présidaient l'assemblée, qu'ils auraient seuls le droit de proposer les questions litigieuses. Par là le siège de Rome croyait écarter toutes les attaques qui pourraient être dirigées contre lui-même, et l'objet principal du concile, la réforme de la hiérarchie, se trouva annulé tout d'abord, par les résolutions de sa première séance. Plus Philippe et les autres princes se donnèrent de peine pour renverser ce décret funeste, plus ils augmentèrent la défiance du pape, qui dès lors ne douta plus qu'on n'en voulût, au moyen du concile, à sa propre juridiction ; et les légats reçurent l'ordre de maintenir cet article avec une inébranlable fermeté. Néanmoins quelques questions très-délicates furent soulevées, particulièrement sur l'institution et la résidence des évêques, questions qui avaient déjà effrayé Paul III et mis en jeu tous les efforts de sa politique ; mais par une vigilance infatigable, par la corruption, les caresses et les menaces, par de continuelles négociations secrètes avec les prélats, et surtout par l'active coopération des évêques italiens, qui étaient bien supérieurs en nombre aux autres et, comme les plus pauvres entre tous, se trouvaient dans une plus grande dépendance du siège de Rome, le pape sut obtenir sur tous les points la pluralité des voix, de telle sorte que non-seulement il ne passa aucune résolution qui limitât son pouvoir, mais qu'en outre quelques usurpations importantes, dont la répression était parmi les objets principaux du concile, furent confirmées par lui. Cette partialité manifeste de l'assemblée, qui était maintenue dans la raison si près des mystères de l'Église, et de combattre avec des syllogismes pour les objets de la foi aveugle.

Mais les décrets du concile ne satisfirent pas même toutes les puissances catholiques. La France les rejeta entièrement, et pour complaire aux calvinistes, et parce qu'elle était offensée de la supériorité que le pape s'arrogeait sur le concile. Quelques princes catholiques d'Allemagne se prononcèrent aussi dans le même sens[1]. Si peu édifié que fût Philippe II de certains articles qui touchaient de trop près à des droits particuliers, sur lesquels aucun monarque du monde ne veillait avec plus de jalousie que lui ; si vivement que l'eût offensé la grande influence du pape

dépendance par des ordres secrets arrivant sans cesse de Rome, donna lieu à d'amères plaintes des ambassadeurs et des prélats étrangers, auxquelles tantôt on échappait par des réponses adroites et ambiguës, et tantôt on opposait la plus confiante audace. Catherine de Médicis vendit l'Église de France au siége de Rome pour une misérable somme de 25 000 florins d'or, et l'empereur Ferdinand se plaignit amèrement qu'on ne lui eût pas fait une offre semblable. L'or romain coulait abondamment à Trente, et les pères s'abaissaient à servir d'espions au saint-siége. Mais ces grandes dépenses d'argent et ces continuels efforts d'attention lassèrent à la fin le pape. Avec toute sa vigilance, Pie IV ne pouvait empêcher que les articles insidieux ne se succédassent les uns aux autres, et que l'insolence des prélats ne le tînt dans une crainte perpétuelle. Il donna donc à ses légats l'ordre de lever l'assemblée sans perdre de temps. Cela eut lieu vers la fin de l'année 1563, avec la précipitation la plus inconvenante, pourtant sans opposition sensible de la part des princes catholiques, qui avaient renoncé depuis longtemps aux espérances qu'ils avaient autrefois conçues du concile, et voyaient clairement que sa prolongation, au lieu d'amoindrir l'autorité papale, ne ferait que l'étendre et la fortifier. C'est ce dont les convainquirent les derniers décrets du concile, qui mirent pleinement le sceau à tout ce qu'il y avait eu d'arbitraire dans sa conduite antérieure. L'un de ces décrets voulait que les résolutions, avant d'avoir force de loi, eussent été confirmées par le pape ; un autre déclarait qu'aucune des expressions qu'on pouvait avoir employées dans leur rédaction, ne devait être interprétée au préjudice de l'autorité papale. Quatre légats du pape, onze cardinaux, vingt-cinq archevêques, cent soixante-huit évêques, trente-neuf ministres députés, et sept généraux d'ordre signèrent les statuts. Le pape, très-agréablement surpris de l'heureuse issue de ce concile si redouté, ordonna de publiques actions de grâce. La bulle de sanction fut expédiée sans retard ; tous les prélats et princes y furent invités à donner force de loi aux décrets du concile, et toute explication de ces décrets, quelque nom qu'elle pût avoir, fut interdite une fois pour toutes. Il ne fut pas même fait mention dans cette bulle des princes protestants. Comme ils avaient eu si peu d'égard à l'invitation qu'on leur avait adressée, on ne pouvait espérer que la bulle de sanction eût plus de succès auprès d'eux. La cour de Rome renonça donc tacitement à eux.

« En réalité, le résultat de ce concile n'avait que trop confirmé la triste attente de ces derniers. L'ancienne doctrine, etc. »

1. La première édition a une phrase de plus : « La république de Venise et plusieurs États italiens se soumirent aux décrets. »

sur le concile et la clôture arbitraire, précipitée, de l'assemblée ; enfin, quelque juste cause d'hostilité que le chef de l'Église lui eût donnée en assignant un rang inférieur à son ambassadeur : il se montra néanmoins disposé à recevoir les décrets du concile, qui, même dans cette forme, venaient à propos pour son projet favori, l'extinction de l'hérésie. Toutes les autres considérations politiques furent subordonnées à cet intérêt, et il commanda qu'ils fussent publiés dans tous ses États[1].

L'esprit de révolte, qui s'était déjà emparé de toutes les provinces néerlandaises, n'avait pas besoin de ce nouveau brandon. Les âmes étaient en fermentation, l'autorité de l'Église romaine était déjà, chez un grand nombre, déchue au dernier degré : dans de pareilles circonstances, les décisions impérieuses et souvent ineptes du concile ne pouvaient paraître que choquantes ; mais Philippe II ne put démentir son caractère jusqu'à permettre que des peuples qui avaient un autre climat, un autre sol et d'autres lois, eussent une autre croyance. La gouvernante reçut l'ordre le plus précis d'exiger dans les Pays-Bas la même obéissance aux décrets de Trente qui leur était prêtée en Espagne et en Italie[2].

Les décrets rencontrèrent à Bruxelles la plus violente opposition dans le conseil d'État. « La nation, dit hautement Guillaume d'Orange, ne saurait et ne pourrait les recevoir ; car ils sont, la plupart, contraires aux lois fondamentales de sa constitution, et, pour des raisons semblables, ils ont été rejetés par plusieurs princes catholiques. » Presque tout le conseil se rangea de l'avis de Guillaume d'Orange ; la pluralité opina que le roi fût sollicité de retirer entièrement les décrets ou du moins de ne les faire publier qu'avec certaines réserves. Viglius s'opposa à cet avis : il s'en tenait à la lettre des ordres royaux. « L'Église, disait-il, a maintenu dans tous les temps par de semblables conciles généraux la pureté de sa foi et l'exactitude de la discipline. On ne peut opposer aux hérésies qui troublent, depuis si longtemps déjà, notre patrie un remède plus efficace que ces décrets mêmes dont on réclame le rejet avec instance. S'ils se trouvent

---

1. *Hist. de Philippe II*, Watson, t. II, liv. V. — Thuan., II, 29, 491, 370. — *Essai sur les mœurs*, t. III (*Concile de Trente*). — Meteren, 59, 60.
2. Strada, 102.

çà et là en contradiction avec les droits du citoyen et la constitution, c'est là un mal auquel on peut obvier aisément par une exécution sage et modérée. Au reste, il est glorieux pour notre souverain, le roi d'Espagne, que, seul entre tous les princes de son temps, il ne soit pas forcé de subordonner sa conscience à la nécessité et de rejeter, par crainte, des mesures que le bien de l'Église réclame de lui, et dont le bonheur de ses sujets lui fait un devoir. » Comme les décrets renfermaient diverses choses qui blessaient les droits de la couronne elle-même, quelques membres en prirent occasion de proposer qu'on supprimât du moins ces chapitres dans la promulgation. Afin que le roi fût convenablement dispensé de ces articles choquants et contraires à sa dignité, ils voulaient alléguer la liberté nationale néerlandaise, et prêter le nom de la république à cette entreprise sur le concile; mais le roi avait accepté et fait recevoir sans condition les décrets dans ses autres États, et il ne fallait pas s'attendre qu'il donnât aux autres puissances catholiques cet exemple d'opposition, ni qu'il minât lui-même l'édifice qu'il avait pris tant de peine à fonder[1].

1. Watson, t. I, liv. VII. 262. — Strad., 102. — Burgund., 115.

LE COMTE D'EGMONT

EN ESPAGNE.

Faire au roi des représentations au sujet de ces décrets, obtenir qu'il suivît à l'égard des protestants une conduite plus modérée, et proposer l'abolition des deux autres conseils : telle était la mission qui avait été donnée au comte d'Egmont de la part des mécontents. Porter à la connaissance du monarque l'opposition du peuple des Pays-Bas aux édits, lui démontrer l'impossibilité d'exécuter ces édits dans toute leur rigueur, lui ouvrir les yeux sur le mauvais état de l'armée et des finances dans ses États néerlandais : voilà ce qui lui était recommandé par la gouvernante.

Les instructions du comte furent rédigées par le président Viglius. Elles renfermaient de grandes plaintes sur la décadence de l'administration de la justice, sur l'accroissement de l'hérésie et l'épuisement du trésor. On insistait avec force sur la visite du roi. Le reste était abandonné à l'éloquence de l'envoyé, à qui la gouvernante fit entendre qu'il ne devait pas laisser échapper une si belle occasion de s'affermir dans les bonnes grâces de son souverain.

Les instructions du comte et les représentations qui devaient par lui être faites au roi, parurent conçues au prince d'Orange en termes beaucoup trop généraux et trop indécis. « La peinture que le président a faite de nos griefs, disait-il, est restée bien au-dessous de la vérité. Comment le roi pourra-t-il employer les remèdes les plus convenables, si nous lui cachons les sources du mal ? Ne donnons pas du nombre des hérétiques une évaluation inférieure à la réalité; avouons franchement que chaque province, chaque ville, chaque bourg, si petit qu'il soit, en fourmille; ne cachons pas non plus qu'ils méprisent les prescriptions pénales, et qu'ils ont peu de respect pour les magistrats. Pourquoi donc cette réserve encore? Il faut avouer sincèrement au roi que la république ne peut demeurer dans cet état. Le conseil privé en jugera sans doute autrement, lui qui se complaît dans ce bouleversement général. D'où viendrait, en effet, cette mauvaise administration de la justice, cette corruption générale des tribunaux, si ce n'est de son avidité, que rien ne peut assouvir? D'où viendrait cette magnificence, le luxe scandaleux de ces créatures que nous avons vues sortir de la poussière, si elles ne sont pas arrivées là par la corruption? N'entendons-nous pas journellement le peuple dire que l'or est la seule clef avec laquelle on pénètre auprès d'elles, et leurs divisions intestines ne démontrent-elles pas combien peu elles se laissent conduire par l'amour du bien public? Comment des hommes qui sont victimes de leurs passions particulières pourraient-ils aviser au bien général? Croyez-vous peut-être que nous autres, gouverneurs des provinces, nous devions être, avec nos soldats, au service du bon plaisir d'un infâme licteur? Qu'ils mettent des bornes à leurs faveurs et à leurs dispenses, dont ils sont si prodigues envers ceux à qui nous les refusons. Personne ne peut remettre un crime sans se rendre coupable envers l'État et sans augmenter par un surcroît le mal général. Pour moi, je l'avoue, il m'a toujours déplu que les affaires du gouvernement fussent partagées entre tant de colléges. Le conseil d'État suffit pour tout : beaucoup d'amis de la patrie l'ont senti depuis longtemps en silence, et je le déclare aujourd'hui hautement. Je déclare que, pour tous les maux dont on se plaint, je ne connais point d'autre remède que d'absorber ces deux chambres dans le conseil d'État. Voilà ce qu'il faut chercher à obtenir du roi, ou cette nouvelle ambassade sera encore inutile et sans but. » A ces mots, le prince communiqua au conseil le projet dont il a été parlé plus haut[1]. Viglius, contre qui ce nouveau projet était

---

1. La première édition ajoute : « La séance ne fut levée que tard dans la nuit, pour être continuée le jour suivant. »

proprement et principalement dirigé, et dont les yeux s'ouvrirent alors tout à coup, succomba à la violence de son chagrin. L'agitation de son esprit fut trop forte pour son faible corps, et, le lendemain, on le trouva paralysé par une attaque d'apoplexie et en danger de mort [1].

Il fut remplacé par Joachim Hopper, du conseil privé de Bruxelles, homme de mœurs antiques et d'une probité irréprochable, le plus intime et le plus digne ami du président [2]. Hopper ajouta, en faveur du parti orangiste, quelques articles aux instructions du député, concernant la suppression du saint-office et la réunion des trois conseils, moins avec l'approbation de la gouvernante que parce qu'elle n'y fit pas d'opposition. Lorsque ensuite le comte d'Egmont prit congé du président Viglius, qui, dans l'intervalle, s'était remis de son accident, celui-ci le pria de lui rapporter d'Espagne la démission de sa charge. Son temps était passé, disait-il; il voulait, à l'exemple de son prédécesseur et de son ami Granvelle, se retirer dans le silence de la vie privée, et prévenir l'inconstance de la fortune. Son bon génie lui présageait un avenir orageux, auquel il n'aimerait point à se mêler [3].

Le comte d'Egmont se mit en route pour l'Espagne au mois de janvier 1565, et il y fut accueilli avec une bonté et une considération qui n'avaient été témoignées jusque-là à aucune personne de son rang. Tous les grands de Castille, entraînés par l'exemple de leur roi, ou plutôt fidèles à sa politique, semblaient avoir dépouillé leur vieille animosité contre la noblesse flamande, et rivalisèrent d'efforts pour le gagner par des procédés agréables. Toutes ses demandes particulières lui furent accordées par le roi; son attente fut même surpassée à cet égard, et, pendant tout le temps de son séjour en Espagne, il eut sujet de se louer de l'hospitalité du monarque. Philippe II lui donna les plus fortes assurances de son amour pour le peuple néerlandais, et lui fit espérer qu'il ne serait pas éloigné de céder au vœu géné-

1. *Vit. Vigl.*, § 88, 89. — Burg., 97-102.
2. *Vit. Vigl.*, § 89. — C'est le même dans les *Mémoires* duquel j'ai puisé beaucoup d'éclaircissements sur cette époque. Il partit plus tard pour l'Espagne, ce qui occasionna sa correspondance avec le président, qui est un des plus précieux documents pour cette histoire. (*Note de l'auteur.*)
3. Burg., 103.

ral et de modérer un peu les édits de religion. Mais, en même temps, il établit à Madrid une commission de théologiens, auxquels fut posée la question de savoir s'il était nécessaire d'accorder aux provinces la tolérance religieuse qu'elles réclamaient. Comme la plupart furent d'avis que la constitution particulière des Pays-Bas et la crainte d'un soulèvement pouvaient y faire excuser un certain degré d'indulgence, la question fut renouvelée en termes plus précis. Il ne demandait pas de savoir « s'il le pouvait, mais s'il le devait. » La réponse sur ce second point ayant été négative, il se leva de son siége, et, se jetant à genoux devant un crucifix : « Je te prie donc, majesté du Tout-Puissant, s'écria-t-il, de ne me laisser jamais tomber si bas, que je sois le souverain de sujets qui te repoussent. » Et c'est à peu près dans cet esprit que furent arrêtées les mesures qu'il avait résolu d'adopter pour les Pays-Bas. Sur l'article de la religion, la résolution du monarque était prise irrévocablement ; la pressante nécessité pouvait le forcer peut-être à se montrer moins rigoureux dans l'exécution des édits, mais jamais à les révoquer ou seulement à les restreindre légalement. Egmont lui représenta combien ces exécutions publiques des hérétiques augmentaient elles-mêmes leur parti, parce que les exemples de leur courage et de leur joie dans la mort remplissaient les spectateurs de la plus profonde admiration, et leur donnaient de hautes idées d'une doctrine qui peut faire de ses confesseurs des héros. Cette représentation ne fut pas négligée par le roi, mais elle produisit un effet tout autre que celui que le comte avait en vue. Pour éviter ces scènes séduisantes, sans rien retrancher cependant de la rigueur des édits, il eut recours à un expédient, et décida qu'à l'avenir les exécutions auraient lieu en secret. La réponse du roi à l'objet de l'ambassade fut remise par écrit au comte pour la gouvernante. Avant de le congédier, il ne put s'empêcher de lui demander des explications sur sa conduite envers Granvelle, et il fit mention particulièrement de sa livrée moqueuse[1]. Egmont protesta que tout cela n'avait été qu'une plaisanterie de table et qu'on n'avait eu aucune pensée qui blessât le respect envers le monarque. S'il

1. Voyez la note de la page 126.

savait qu'un seul d'entre eux eût songé en cela à quelque chose de si criminel, il le forcerait lui-même de mettre l'épée à la main[1].

A son départ, le roi lui fit présent de cinquante mille florins, et y ajouta l'assurance qu'il se chargeait d'établir ses filles. Il lui permit en même temps d'emmener avec lui à Bruxelles le jeune Farnèse de Parme, pour donner par là une marque d'attention à sa mère la gouvernante[2]. La feinte douceur du roi, et les assurances qu'il donna, pour la nation néerlandaise, d'une affection qu'il ne sentait pas, trompèrent la loyauté du Flamand. Heureux du bonheur qu'il croyait rapporter à sa patrie, et dont elle n'avait jamais été plus éloignée, il quitta Madrid, satisfait au delà de son attente, pour remplir toutes les provinces néerlandaises de la gloire de leur bon roi.

Dès l'ouverture de la réponse royale dans le conseil d'État de Bruxelles, ces agréables espérances diminuèrent déjà considérablement. « Quoique sa résolution au sujet des édits de religion, disait le roi, fût arrêtée et invariable, et qu'il aimât mieux perdre mille fois la vie que d'y changer une seule lettre, cependant, sur les représentations du comte d'Egmont, il n'avait voulu négliger aucun des moyens de douceur par lesquels le peuple pourrait être préservé de la contagion hérétique et arraché à ces châtiments irrévocables. Or, comme il avait appris, par le rapport du comte, que, jusqu'à ce jour, la principale cause des hérésies devait être cherchée dans la corruption des mœurs du clergé néerlandais, dans la mauvaise instruction du peuple, et le peu de soin apporté à l'éducation de la jeunesse : il invitait la gouvernante à nommer une commission particulière de trois évêques et de quelques-uns des plus habiles théologiens, qui auraient à délibérer sur la réforme nécessaire, afin que le peuple ne fût pas à l'avenir ébranlé dans sa foi par le scandale, ou précipité dans l'erreur par ignorance. Comme il a d'ailleurs appris que les exécutions publiques des hérétiques ne servaient qu'à leur donner l'occasion de faire parade d'un courage forcené, et de séduire le commun peuple par

---

1. Grot., VI. — Hopper, 43. 44. 45. — Strad., 104. 105. 106.
2. Strad., 107.

une apparence de martyre, la commission devra proposer les moyens d'entourer ces exécutions de plus de mystère, et de ravir aux hérétiques condamnés l'honneur de leur constance. » Mais pour être certain que cette commission particulière ne dépasserait pas son mandat, Philippe II requit expressément que l'évêque d'Ypres, homme éprouvé et le plus sévère zélateur de la foi catholique, fût un des conseillers délégués. Les délibérations, s'il était possible, devaient être secrètes, et avoir pour but ostensible l'introduction du concile de Trente : c'était vraisemblablement pour ne pas inquiéter la cour de Rome par ce synode particulier, et ne donner par là aucun encouragement à l'esprit de révolte dans les Provinces. La duchesse devait assister elle-même aux séances, avec quelques conseillers dévoués; après quoi un rapport écrit lui serait adressé à lui-même sur ce qui aurait été fait. Philippe envoyait provisoirement à la gouvernante une somme d'argent pour ses plus pressants besoins. Il lui faisait espérer qu'il viendrait en personne; mais il fallait d'abord terminer la guerre avec les Turcs, qu'on attendait alors devant Malte. L'augmentation proposée du conseil d'État et la réunion à ce corps du conseil privé et du conseil des finances furent passées entièrement sous silence; seulement le duc d'Arschot, que nous connaissons pour un zélé royaliste, obtint séance et voix dans le dernier. Viglius était, il est vrai, déchargé de la présidence du conseil privé, mais il dut néanmoins continuer encore d'exercer cette charge quatre années entières; parce que son successeur, Charles Tyssenacque, membre du conseil des affaires néerlandaises séant à Madrid, fut retenu pendant tout ce temps en Espagne[1].

1. Hopper, 44-46, 60. — Strad., 107, 151. — *Vita Vigl.*, 45, *Not. ad Vit. Vigl.*, 187. — Burgund., 105, sq., 119.

LES ÉDITS DE RELIGION AGGRAVÉS

RÉSISTANCE GÉNÉRALE DE LA NATION.

Le comte d'Egmont était à peine de retour, que des ordres plus rigoureux contre les hérétiques, expédiés de Madrid presque sur ses pas, démentirent les joyeuses nouvelles qu'il avait rapportées sur l'heureux changement des dispositions du monarque. Avec ces ordres arriva une copie des résolutions du concile de Trente, telles qu'elles avaient été reçues en Espagne et qu'on devait maintenant les mettre en vigueur dans les Pays-Bas. A ces pièces étaient jointes les sentences de mort, signées du roi, de quelques anabaptistes et autres hérétiques. « Le comte a été trompé par les artifices espagnols, dit alors Guillaume le Taciturne. L'amour-propre et la vanité ont aveuglé sa pénétration ; son intérêt particulier lui a fait oublier le bien général. » La duplicité du ministère espagnol était maintenant manifeste; cette conduite déloyale révolta les plus honnêtes citoyens du pays. Mais personne n'y fut plus sensible que le comte d'Egmont, qui se reconnut alors le jouet de la fourberie espagnole, et qui était devenu, sans le savoir, traître envers sa patrie. « Cette apparente bonté, disait-il hautement avec amertume, n'était rien qu'un artifice pour me livrer à la moquerie de mes concitoyens et ruiner ma bonne renommée. Si c'est ainsi que le roi est disposé à tenir les promesses qu'il m'a faites en Espagne, se charge de la Flandre qui voudra; je ferai voir publiquement, par ma retraite des affaires, que je n'ai aucune part à ce manque de foi. » En effet, le ministère espagnol pouvait difficilement choisir un moyen plus propre à détruire le crédit d'un homme si important que de le présenter publiquement comme son jouet à ses concitoyens qui l'adoraient[1].

Sur ces entrefaites, le synode s'était accordé sur l'opinion suivante, qui fut aussitôt transmise au roi. « Le concile de Trente, dans ses décrets, a déjà montré tant de sollicitude pour l'enseignement religieux du peuple, la réforme des mœurs du clergé et l'éducation de la jeunesse, qu'il ne reste plus maintenant qu'à mettre au plus tôt ses décrets à exécution. Les édits impériaux contre les hérétiques ne doivent absolument subir nulle modification; cependant on pourrait faire entendre confidentiellement aux tribunaux de ne condamner à mort que les hérétiques obstinés et leurs prédicants, de faire entre les sectes mêmes une différence, et d'avoir égard à l'âge, au rang, au sexe et au caractère des personnes accusées. S'il était constant que les exécutions publiques augmentassent l'ardeur du fanatisme, peut-être la peine des galères, qui, elle, n'a rien d'héroïque et frappe moins les regards, bien qu'elle ne soit pas moins dure, serait-elle la plus convenable pour rabaisser ces hautes idées de martyre. Les fautes de la simple étourderie, de la curiosité et de la légèreté d'esprit pourraient être punies d'une amende, du bannissement ou d'un châtiment corporel[2]. »

Pendant que le temps se passait inutilement au milieu de ces délibérations, qu'il fallait maintenant envoyer d'abord à Madrid, pour attendre qu'elles en fussent revenues, les procédures contre les sectaires sommeillaient, ou étaient du moins très-négligemment poursuivies. Depuis le renvoi du ministre Granvelle, l'anarchie qui régnait dans les cours supérieures, et qui de là s'étendait dans les tribunaux de province, jointe aux opinions religieuses plus tolérantes de la noblesse, avait relevé le courage des sectes et laissé le champ libre à la fureur de prosélytisme de leurs apôtres. Les juges inquisiteurs, mal soutenus par le bras séculier, qui, en plusieurs lieux, prenait ouvertement sous sa protection leurs victimes, étaient tombés dans le mépris. La partie catholique de la nation avait fondé sur les décrets du concile de Trente, comme sur l'ambassade d'Egmont en

---

1. Strad., 113.
2. Hopper, 49, 50. — Burgund., 110, 111.

Espagne, de grandes espérances, qui semblaient justifiées, au moins les dernières, par les réjouissantes nouvelles que le comte avait rapportées et que, dans la sincérité de son cœur, il n'avait pas manqué de répandre. Plus on avait désaccoutumé la nation de la rigueur des procès religieux, plus un renouvellement soudain et aggravé devait être douloureusement senti. Dans ces circonstances, arrive d'Espagne la réponse du roi à l'avis des évêques et à la dernière question de la gouvernante.

« Quelque interprétation que le comte d'Egmont eût donnée des déclarations verbales du roi, disait cette réponse, jamais le roi n'avait eu, en aucune façon, la pensée de faire le moindre changement aux édits que l'empereur, son père, avait publiés, trente-cinq ans auparavant, dans les Provinces. Il ordonnait en conséquence que ces édits fussent exécutés désormais avec la plus grande sévérité; que l'inquisition reçût du bras séculier l'assistance la plus active, et que les décrets du concile de Trente fussent mis en vigueur irrévocablement et sans restriction dans toutes les provinces de ses Pays-Bas. Il approuvait complétement l'avis des évêques et des théologiens, à l'exception de l'adoucissement qu'ils proposaient en considération de l'âge, du sexe et du caractère des personnes, estimant que ses édits ne manquaient nullement de modération. Il ne fallait attribuer qu'au défaut de zèle et à la mauvaise foi des juges les progrès que l'hérésie avait faits jusqu'alors dans le pays. Celui d'entre eux qui manquerait de zèle à l'avenir devrait donc être destitué de ses fonctions et remplacé par un plus digne. Il voulait que, sans aucun respect humain, l'inquisition poursuivît sa marche d'un pas ferme, sans crainte et sans passion, sans regarder ni en avant ni en arrière. Il approuvait tout, si loin qu'elle voulût aller, pourvu qu'elle évitât le scandale [1]. »

Cette lettre du roi, à laquelle le parti orangiste attribua tous les maux qu'éprouvèrent dans la suite les Pays-Bas, provoqua

---

[1]. Inquisitores præter me intueri neminem volo. Lacessant scelus securi. Satis est mihi, si scandalum declinaverint. Burgund., 118. (*Note de l'auteur.*) — La première édition ajoute : « Elle ne devait se référer qu'à lui; il saurait affronter le mécontentement du peuple*. »

* Meteren, 75, 76. — Hopper, 55-58. — Strad., 114. — *Vit. Vigl.*, 45.

les plus violents orages parmi les membres du conseil d'État, et les propos qui, soit par hasard, soit à dessein, leur échappèrent à ce sujet dans le monde, répandirent la terreur parmi le peuple. La peur de l'inquisition espagnole se réveilla, et l'on voyait déjà crouler sous ses coups toute la constitution. Déjà l'on voyait bâtir des prisons; on entendait forger des chaînes et des carcans, et dresser des bûchers. Tous les cercles sont remplis de ces entretiens, et la frayeur ne les tient plus en bride. Des écrits furent affichés aux maisons des nobles, dans lesquels on les sommait, comme autrefois Rome son Brutus, de sauver la liberté mourante. De mordantes pasquinades parurent contre les nouveaux évêques, « les tourmenteurs, » comme on les appelait; le clergé était tourné en ridicule dans les comédies, et les invectives épargnaient aussi peu le trône que le siége de Rome[1].

Effrayée de ces rumeurs, la gouvernante convoque tous les conseillers d'État et les chevaliers, pour qu'ils lui tracent sa conduite dans cette situation critique. Les opinions furent diverses, et la lutte violente. Indécis entre la crainte et le devoir, on hésitait à prendre une résolution, jusqu'au moment où le vieux Viglius se leva enfin, et surprit par son opinion toute l'assemblée. « Maintenant, dit-il, on ne peut absolument songer à publier l'ordonnance royale, avant d'avoir prévenu le roi de l'accueil qu'elle recevra selon toute vraisemblance. On doit plutôt recommander aux inquisiteurs de se garder d'abuser de leur pouvoir, et d'avoir bien soin de procéder sans rigueur. » Mais on fut bien plus surpris quand le prince d'Orange se leva pour combattre cet avis. « La volonté du roi, dit-il, est exprimée avec trop de clarté et trop de précision; elle est confirmée par des délibérations trop nombreuses, pour qu'on puisse encore se hasarder de surseoir à l'exécution, sans encourir le reproche de la plus punissable obstination. — Je le prends sur moi, interrompit Viglius. Je m'expose à sa disgrâce. Si nous achetons à ce prix le repos de ses Pays-Bas, cette opposition, à la fin, nous assurera sa reconnaissance. » Déjà la gouvernante commençait à pencher vers cet avis, quand le prince intervint avec

---

1. Grot., 19. — Burg., 122. — Hopper, 61.

vivacité. « Qu'ont produit, s'écria-t-il, tant de représentations que nous lui avons faites; tant de lettres que nous lui avons écrites; cette députation, enfin, que nous lui avons récemment envoyée? Rien. Et qu'attendons-nous donc encore? Voulons-nous peut-être, nous ses conseillers, attirer sur nous seuls tout le poids de sa colère, pour lui rendre à nos risques un service dont jamais il ne nous saura gré? » Incertaine et irrésolue, toute l'assemblée garde le silence; personne n'a la hardiesse de se ranger à cet avis, pas plus que de le combattre; mais le prince a appelé à son aide la timidité naturelle de la gouvernante, qui n'a plus le courage de choisir. Les suites de sa malheureuse obéissance frapperont tous les yeux.... Mais, si elle est assez heureuse pour prévenir ces suites par une sage désobéissance, comment prouvera-t-elle qu'elle avait réellement à les craindre? Elle choisit donc entre deux avis le plus triste : quel qu'en doive être le résultat, l'ordonnance royale est publiée. Ainsi, cette fois, la faction l'emporta, et le seul ami courageux du gouvernement, qui, pour servir son roi avait le courage de lui déplaire, fut vaincu[1]. Cette séance mit un terme au repos de la gouvernante; c'est de ce jour que la Néerlande date tous les orages qui, sans interruption, exercèrent dans son sein leur furie. Quand les conseillers se séparèrent, le prince d'Orange dit à un des membres, qui se tenait auprès de lui : « Eh bien, maintenant on nous donnera bientôt une grande tragédie[2]. »

---

1. Burgund., 123, 124. — Meteren, 76. — Vit. Vigl., 45.
2. Les historiens du parti espagnol n'ont pas négligé d'invoquer en témoignage contre le prince d'Orange, sa conduite dans cette séance, et de triompher de lui en citant cette preuve de déloyauté. Lui, disent-ils, qui, jusqu'ici, dans tout le cours des événements, a combattu par ses discours et par ses actes les mesures de la cour, tant qu'on pouvait craindre, avec quelque fondement, qu'elles ne réussissent, le voilà qui passe, pour la première fois, de son côté, quand une exécution scrupuleuse de ses ordres lui sera vraisemblablement nuisible à elle-même. Pour montrer au roi combien il a tort de ne tenir nul compte de ses avertissements, pour pouvoir dire avec orgueil : « Je l'avais prédit. » il joue le bonheur de sa patrie, pour laquelle uniquement il prétendait avoir jusqu'alors combattu. Tout l'ensemble de sa conduite antérieure démontrait qu'il avait regardé comme un mal l'exécution des édits : néanmoins, il devient tout à coup infidèle à ses convictions, et suit un plan opposé, quoique, du côté de la nation, tous les motifs subsistent encore, qui lui ont prescrit le premier, et il agit ainsi uniquement parce qu'aujourd'hui les suites tourneront autrement pour le roi. Il est clair, par conséquent, poursuivent ses adversaires, que le bien de son pays a moins de pouvoir sur lui que sa mau-

LIVRE DEUXIÈME.

Un édit fut donc adressé à tous les gouverneurs de province, par lequel il leur était commandé de faire exécuter ponctuellement les édits de l'empereur, aussi bien que ceux qui avaient été rendus sous le présent règne contre les hérétiques ; les décisions du concile de Trente, comme celles du dernier synode des évêques ; de prêter main-forte à l'inquisition, et d'inviter, de la manière la plus pressante, à se conduire de même, les autorités qui étaient sous leur dépendance. A cet effet, chacun d'eux devait choisir, dans le conseil qui lui était subordonné, un homme capable, qui parcourrait assidûment les provinces et ferait de sévères enquêtes, pour s'assurer si les fonctionnaires inférieurs exécutaient convenablement les ordonnances rendues. Les gouverneurs auraient à envoyer à ce sujet, tous les trois mois, un rapport circonstancié à Bruxelles. Une copie des décrets du concile de Trente, conforme à l'original espagnol, fut adressée aux

---

vaise volonté à l'égard du roi. Pour satisfaire sa haine contre le roi, peu lui importe de sacrifier ses concitoyens.

Mais est-il donc vrai qu'en appuyant ces édits il sacrifie la nation? Ou, pour parler plus exactement, amène-t-il l'exécution des édits lorsqu'il en presse la promulgation? Est-ce qu'on ne démontrerait pas, au contraire, avec beaucoup plus de vraisemblance, qu'il ne peut empêcher la première que par la seconde? Le pays est en fermentation, et tout fait supposer (Viglius ne le craint-il pas lui-même ?) que les partis échauffés montreront une résistance qui forcera le roi de céder. « Maintenant, dit le prince, mes concitoyens ont l'élan nécessaire pour combattre avec succès contre la tyrannie. Si je néglige ce moment, elle trouvera moyen de dérober par des négociations et des intrigues secrètes ce qu'elle n'aura pu emporter par la force ouverte. Elle poursuivra le même but, seulement avec plus de précautions et de ménagements ; mais l'extrême nécessité peut seule réunir mes concitoyens pour tendre à un but unique, et les entraîner à une démarche hardie. » Il est donc évident qu'à l'égard du roi, le prince ne change que de langage ; mais qu'à l'égard du peuple, il agit d'une manière très-conforme à toute sa conduite précédente. Et quels devoirs peuvent l'engager envers le roi, qui soient différents de celui qui le lie à la république? Doit-il empêcher une violence dans l'instant même où elle punira son auteur *? Se conduit-il bien envers sa patrie, s'il épargne à son oppresseur une précipitation qui peut seule la dérober à sa destinée inévitable **? (Note de l'auteur.)

* « Doit-il empêcher une iniquité (je veux appeler de ce nom adouci la conduite de Philippe envers les Pays-Bas) dans l'instant même, etc. ? » (Première édition.)

** Dans la première édition, cette note a quelques phrases de plus : « Sont-ce là les seuls motifs qui poussèrent le prince à cette démarche, ou s'y est-il mêlé de la vengeance et une joie malfaisante? C'est au jugement de chacun à en décider librement. Il suffit que la conduite du prince puisse s'expliquer d'une manière satisfaisante par les mobiles les plus nobles, sans qu'on ait besoin d'invoquer contre lui les pires, et que dans son caractère du moins nous ne trouvions aucune raison de faire dériver cette conduite d'une mauvaise source plutôt que d'une bonne. »

archevêques et aux évêques, avec l'avis que, dans le cas où ils auraient besoin du bras séculier, les gouverneurs de leurs diocèses devaient être à leur disposition avec des troupes, à moins qu'ils ne préférassent recevoir cette assistance de la gouvernante elle-même. Aucun privilége ne prévalait contre ces décrets. Le roi voulait et ordonnait que leur exécution ne portât du reste aucun préjudice aux justices territoriales des provinces et des villes [1].

Ces ordres, qui furent lus publiquement dans chaque ville par un héraut, produisirent sur le peuple un effet qui justifia de la manière la plus complète la crainte du président Viglius et les espérances du prince d'Orange. Presque tous les gouverneurs refusèrent d'y donner suite et menacèrent de se démettre de leur charge, si l'on voulait les contraindre à l'obéissance. « L'ordonnance, répondirent-ils, est fondée sur une évaluation tout à fait inexacte des sectaires [2]. La justice était révoltée du nombre immense des victimes qui s'entassaient journellement sous leurs mains. Faire périr dans les flammes cinquante ou soixante mille personnes de leurs provinces était une commission qu'ils ne pouvaient accepter. » Les canons du concile de Trente rencontrèrent surtout de l'opposition dans le bas clergé, dont l'ignorance et la corruption étaient attaquées dans ces décrets de la manière la plus violente, et qui était en outre menacé d'une réforme si odieuse à ses yeux. Il immola pour lors à son intérêt particulier le plus grand intérêt de l'Église; il s'éleva, avec d'amères injures, contre les décrets et le concile tout entier, et répandit dans les esprits les germes de la révolte. C'étaient les mêmes clameurs que les moines avaient fait entendre auparavant contre les nouveaux évêques. L'archevêque de Cambrai

---

1. Strad., 114. — Hopper, 53, 54. — Burg., 115. — Meteren, 77. — Grot., 18.
2. Le nombre des hérétiques était estimé très-inégalement par les deux partis, selon que l'intérêt ou la passion de chacun d'eux commandait de l'augmenter ou de le diminuer; et souvent le même parti se contredisait lui-même, quand son intérêt venait à changer. Était-il question de nouvelles mesures oppressives, d'introduire l'inquisition, etc., le parti des protestants était nécessairement innombrable et infini. S'agissait-il, au contraire, de condescendance à leur égard, d'ordonnances en leur faveur, ils étaient alors en si petit nombre qu'il ne valait pas la peine d'introduire une innovation pour si peu de méchantes gens. — Hopper, 62. (*Note de l'auteur.*)

réussit enfin, mais non sans une grande opposition, à faire publier les canons. Il en coûta plus de peine à Malines et à Utrecht, où les archevêques étaient en guerre avec leur clergé, qui aimait mieux, comme on l'en accusait, entraîner toute l'Église au bord du précipice, que se soumettre à une réforme des mœurs [1].

De toutes les provinces, ce fut le Brabant qui éleva la voix avec le plus de force. Les états de ce pays firent valoir de nouveau leur grand privilège, d'après lequel il n'était pas permis d'appeler un citoyen devant un tribunal étranger. Ils faisaient grand bruit du serment que le roi avait prêté à leurs statuts, et des conditions sous lesquelles ils lui avaient promis obéissance. Louvain, Anvers, Bruxelles et Bois-le-Duc protestèrent solennellement dans un mémoire particulier, qu'ils envoyèrent à la gouvernante [2]. Elle, toujours indécise, toujours flottante entre tous les partis, trop timide pour obéir au roi, et bien plus timide encore pour lui désobéir, convoque de nouvelles assemblées, entend des avis pour et contre, et finit toujours par adopter l'opinion la plus funeste pour elle. On veut s'adresser de nouveau au roi, en Espagne; puis, aussitôt après, on juge ce moyen beaucoup trop lent; le danger est pressant; il faut céder à la violence, et accommoder, de son autorité privée, l'ordonnance royale aux circonstances. Enfin la gouvernante fait compulser les annales du Brabant, afin de découvrir dans les instructions du premier inquisiteur que Charles-Quint avait préposé à cette province, une règle pour le cas actuel. Ces instructions ne sont pas pareilles à celles qui ont été données en dernier lieu : or le roi n'a-t-il pas déclaré qu'il n'introduisait aucune nouveauté? Il est donc permis de mettre les nouvelles ordonnances d'accord avec les anciennes. Cet expédient ne suffisait pas, il est vrai, pour satisfaire les hautes prétentions des états de Brabant, qui allaient à la suppression totale de l'inquisition; mais il donnait aux autres provinces le signal de semblables protestations et d'une aussi courageuse résistance. Sans laisser à la duchesse le temps de se déterminer, elles refusent, de leur propre autorité, à l'inquisition leur obéissance et leur

---

1. Hopper, 55, 62. — Strad., 115. — Burg., 115. — Meteren, 76, 77.
2. Hopper, 63, 64. — Strad., 115.

appui. Les inquisiteurs, que, dernièrement encore, un ordre formel avait invités à exercer sévèrement leur office, se voient de nouveau abandonnés tout à coup par le bras séculier, privés de toute autorité et de tout soutien, et, pour toute réponse à leurs plaintes, ne reçoivent de la cour que de vaines paroles. La gouvernante, pour satisfaire tous les partis, les avait tous mécontentés[1].

Tandis que ces choses se passaient entre la cour, les conseils et les états, un esprit général de révolte se répandait parmi le peuple. On commence à rechercher les droits des sujets et à peser le pouvoir des rois. « Les Néerlandais ne sont pas si simples, disaient déjà beaucoup de gens et assez peu secrètement, que de ne pas savoir très-bien ce que le sujet doit au souverain et le souverain au sujet, et l'on saura bien trouver encore les moyens de repousser la force par la force, quoiqu'il n'y ait pas jusqu'ici d'apparence qu'on en doive venir là. » A Anvers, on trouva même affiché en plusieurs endroits un écrit dans lequel on sommait le conseil de la ville de citer par-devant le tribunal aulique de Spire le roi d'Espagne, pour avoir enfreint son serment et violé les libertés du pays, attendu que le Brabant, comme partie du cercle de Bourgogne, était compris dans les traités de paix religieuse de Passau et d'Augsbourg. Vers ce même temps, les calvinistes publièrent leur profession de foi, et déclarèrent dans un préambule, qui était adressé au roi, que, bien que leur nombre montât à près de cent mille, ils se tenaient en repos, et se soumettaient, comme les autres citoyens, à toutes les charges publiques : ce qui démontrait, ajoutaient-ils, qu'ils ne méditaient aucune révolte. On répand dans le public des écrits libres et dangereux, qui représentent la tyrannie espagnole sous les plus odieuses couleurs, qui rappellent à la nation ses priviléges, et, occasionnellement aussi, ses forces[2].

Les préparatifs militaires de Philippe II contre la Porte,

---

1. *Vit. Vigl.*, 46. — Hopper, 64, 65. — Strad., 115, 116. — Burgund., 150-154.
2. La régente signala au roi cinq mille de ces écrits (Strad., 117). Il est remarquable de voir le grand rôle que l'imprimerie et la publicité en général ont joué dans la révolution néerlandaise. Par leur moyen, une seule tête turbulente parlait à des millions d'hommes. Parmi les libelles, qui étaient rédigés la plupart avec toute la trivialité, la rudesse et la brutalité qui étaient à cette

comme ceux qu'Éric, duc de Brunswick, faisait, vers ce même temps, dans le voisinage des Pays-Bas, sans que personne sût dans quelle vue, contribuèrent encore à fortifier le soupçon général que l'inquisition serait imposée de force aux Provinces. Un grand nombre des marchands les plus considérables parlaient hautement d'abandonner leurs maisons et leurs biens, pour trouver dans une autre contrée la liberté qui leur était ravie dans celle-ci; d'autres cherchaient un chef, et laissaient échapper des menaces de résistance ouverte et de secours étrangers[1].

Il ne manquait plus à la gouvernante, pour se voir absolument sans conseil et sans appui dans sa détresse, que d'être encore abandonnée par le seul homme qui lui était alors indispensable, et qui avait contribué à la précipiter dans cette situation. « Sans allumer une guerre civile, lui écrivit le prince d'Orange, il était à présent absolument impossible de suivre les ordres du roi. Si l'on voulait néanmoins y persister, il devait la prier de confier sa charge à un autre qui répondît mieux aux vues de Sa Majesté, et qui eût plus de pouvoir que lui sur l'esprit du peuple. Le zèle qu'il avait montré dans toutes les autres circonstances, pour le service de la couronne, mettrait, il osait l'espérer, sa démarche actuelle à l'abri de toute fâcheuse interprétation; car, au point où en étaient les choses, il ne lui restait d'autre alternative que de désobéir au roi ou d'agir au détriment de sa patrie et de lui-même. » Dès ce moment, Guillaume d'Orange sortit du conseil d'État, pour se retirer dans sa ville de Bréda, où, silencieux observateur, mais non tout à fait oisif assurément, il attendait la marche des événements. Le comte de Hoorn suivit son exemple[2]; mais Egmont, toujours indécis entre la république et le monarque, toujours s'épuisant dans la vaine tentative de concilier le bon citoyen avec le sujet obéissant; Egmont, à qui la faveur du monarque était plus nécessaire, et par conséquent moins indifférente, ne pouvait se

---

époque le caractère distinctif du plus grand nombre des écrits polémiques protestants, il se trouvait aussi de temps en temps des livres qui défendaient seulement la liberté religieuse. (*Note de l'auteur.*)

1. Hopper, 61, 62. — Strad., 117, 118. — Meteren, 77. — *Hist. gén. des Prov.-Un.*, III, 60.
2. Hopper, 67.

résoudre à sacrifier les espérances de sa fortune, qui étaient alors en pleine fleur à la cour de la régente. L'éloignement du prince d'Orange, auquel la nécessité, aussi bien que son génie supérieur, avait donné sur la gouvernante toute l'influence que les grands esprits ne peuvent manquer d'obtenir sur les petites âmes, avait laissé dans la confiance de Marguerite une place vide, dont le comte d'Egmont s'empara complétement, en vertu de la sympathie qui s'établit très-facilement entre la faiblesse craintive et la faiblesse bienveillante. Comme la duchesse craignait également d'irriter le peuple par une confiance exclusive dans les partisans de la couronne, et de déplaire au roi par une liaison trop étroite avec les chefs déclarés de la faction, elle eût alors difficilement trouvé personne à qui elle pût mieux donner sa confiance qu'à ce comte d'Egmont même, dont on ne pouvait bien dire encore auquel des deux partis il appartenait[1].

---

1. Dans la première édition, cette dernière phrase du livre continue ainsi : « A Egmont) qui, d'un côté, avait assez de force pour soutenir son caractère chancelant, et de l'autre assez de condescendance pour supporter sa vanité susceptible [*]. »

[*] Le parti royal du conseil d'État, non content de ce sacrifice, demandait encore que le comte d'Egmont se déclarât hautement et nettement pour l'inquisition et pour les édits. « Il vous est aisé de parler ainsi, répondit le comte; mais considérez aussi combien, par ce que j'ai fait, mon honneur est déjà compromis, à combien de jugements ambigus je me suis exposé, et combien de reproches me sont journellement adressés à ce sujet par mes amis. » — Hopper. 66.

LIVRE TROISIÈME

CONJURATION DE LA NOBLESSE.

(1565.) Jusqu'alors le repos général avait été, à ce qu'il semble, le vœu sincère du prince d'Orange, des comtes d'Egmont et de Hoorn et de leurs amis. Ils avaient été guidés tout autant par le véritable intérêt du roi, leur souverain, que par le bien public; leurs efforts et leurs actes avaient du moins aussi peu contrarié l'un que l'autre. Il ne s'était rien passé encore qui ne fût compatible avec la fidélité envers leur prince; rien qui rendît leurs vues suspectes, ou révélât chez eux l'esprit de révolte. Ce qu'ils avaient fait, ils avaient dû le faire en leur qualité obligatoire de membres d'un État libre, comme représentants et avocats de la nation, comme conseillers du roi, comme gens de probité et d'honneur. Les armes avec lesquelles ils avaient combattu les usurpations de la cour étaient les représentations, les plaintes modérées, les prières. Jamais ils ne s'étaient laissé emporter par le plus juste zèle pour leur bonne cause jusqu'à démentir la sagesse et la modération, qui sont d'ordinaire si aisément violées par l'esprit de parti. Tous les nobles de la république n'écoutèrent pas cette voix de la sagesse; tous ne restèrent pas si constamment dans les limites de la modération.

Tandis qu'on discutait dans le conseil d'État la plus grave question, celle de savoir si la nation serait, ou non, malheureuse; tandis que ses représentants assermentés employaient, pour sa défense, les arguments de la raison et de l'équité, et que, d'autre part, la bourgeoisie et le peuple se répandaient en vaines plaintes, en menaces et en malédictions, on vit se mettre à l'œuvre une partie de la nation qui semblait y être moins provoquée que toutes les autres, et à laquelle on avait donné le moins d'attention. Qu'on se souvienne de cette classe de la noblesse dont il a été dit, plus haut, que Philippe II, à son avénement, n'avait pas jugé nécessaire de se rappeler ses services et ses besoins. La très-grande majorité de ces nobles avait attendu [1] de l'avancement par un motif bien plus pressant que le simple désir de l'honneur. Plusieurs, par des causes que nous avons indiquées plus haut, étaient abîmés de dettes, et ils ne pouvaient plus espérer de s'en relever par leurs propres ressources. En les laissant de côté dans la distribution des charges, Philippe II avait fait une chose bien plus grave que d'offenser leur orgueil : il s'était préparé dans ces mendiants autant de surveillants oisifs, de juges impitoyables de ses actions; autant de malveillants collecteurs et fauteurs de nouveautés. Comme avec leur fortune ils n'avaient pas perdu leur fierté [2], ils faisaient valoir maintenant, par nécessité, le seul capital qu'ils n'avaient pu aliéner, leur noblesse et l'importance républicaine de leur nom; et ils mettaient en circulation une monnaie qui, alors ou jamais, pouvait être donnée en payement, je veux dire leur protection. Avec un sentiment de leur importance auquel ils donnaient d'autant plus carrière qu'il était désormais leur unique avoir, ils se considéraient alors comme une vraie puissance intermédiaire entre le souverain et la bourgeoisie, et se croyaient appelés à voler au secours de la république opprimée, qui comptait impatiemment sur eux comme sur son dernier appui. Cette idée n'était ridicule qu'autant que leur vanité y avait part; mais les avantages qu'ils surent tirer de cette opinion étaient assez solides. Les marchands protestants, dans les mains desquels se trouvait une grande partie de la richesse néerlandaise, et qui croyaient ne pouvoir acheter trop cher à aucun prix le libre exercice de leur religion, ne négligèrent pas de tirer le seul parti possible de cette classe de gens, qui se te-

1. Dans la première édition : « La très-grande majorité de ces hommes d'honneur si dédaigneusement oubliés avait attendu, etc. »
2. La première édition ajoute ici : « Mais qu'au contraire (sort inévitable, ce semble, de leurs pareils!) cette fierté s'était encore accrue pour remplir le vide qu'avait laissé chez eux la perte de leur fortune.... »

'naient oisifs sur la place, et que personne n'avait loués. Ces mêmes hommes qu'en tout autre temps ils auraient regardés peut-être dédaigneusement, avec l'orgueil de la richesse, pouvaient maintenant par leur nombre, leur courage, leur crédit auprès de la foule, leur ressentiment contre le gouvernement, même par leur arrogance de mendiants et leur désespoir, rendre aux bourgeois de très-bons services. Par ce motif, ceux-ci s'appliquèrent, avec toute l'ardeur possible, à s'attacher étroitement à eux; à nourrir soigneusement leurs idées de révolte; à tenir éveillée dans leur esprit cette haute opinion d'eux-mêmes, et, ce qui était le plus important, à stipendier leur indigence par des secours pécuniaires offerts à propos, et par d'éblouissantes promesses[1]. Il y avait peu de ces nobles qui fussent assez décrédités pour n'avoir pas quelque influence, ne fût-ce que par leur parenté avec de plus grands qu'eux; et tous ensemble, si l'on parvenait à les réunir, ils pouvaient élever une voix formidable contre la couronne. Beaucoup d'entre eux appartenaient eux-mêmes à la nouvelle secte, ou lui étaient du moins secrètement favorables; mais ceux même qui étaient catholiques zélés avaient assez de motifs politiques ou particuliers pour se déclarer contre les décrets de Trente et l'inquisition. Enfin tous étaient déjà suffisamment conviés par leur seule vanité à ne pas laisser échapper le moment unique où ils avaient quelque chance de jouer un rôle dans la république.

Mais autant étaient sérieux les résultats qu'on pouvait se promettre de la réunion de ces hommes, autant il eût été chimérique et ridicule de fonder la moindre espérance sur aucun d'eux individuellement; et il n'était pas trop facile d'amener cette réunion. Il fallait qu'il intervînt des circonstances extraordinaires pour les mettre seulement en contact : heureusement elles se présentèrent. Les noces du seigneur de Montigny, un des grands du pays, et celles du prince Alexandre de Parme, qui furent célébrées, vers ce temps, à Bruxelles, rassemblèrent dans cette ville une grande partie de la noblesse néerlandaise. A cette occasion, les parents rencontrèrent leurs parents; de nouvelles

---

1. Strad., 52.

amitiés se formèrent et d'anciennes furent renouvelées ; la souffrance générale du pays est le sujet des entretiens ; le vin et la joie délient les langues et ouvrent les cœurs ; on laisse échapper les mots de confédération, d'alliance avec des puissances étrangères. Ces réunions fortuites en provoquent bientôt de préméditées ; on passe des discours publics aux entretiens secrets. Le hasard veut que, vers ce temps, deux barons allemands, les comtes de Holle et de Schwarzenberg, séjournent dans les Pays-Bas : ils ne manquent pas d'éveiller de grandes espérances de secours voisins [1]. Quelque temps auparavant, le comte Louis de Nassau avait déjà engagé personnellement dans plusieurs cours allemandes des négociations d'assistance éventuelle [2]. Quelques-uns veulent même avoir vu vers cette époque, dans le Brabant, de secrets émissaires de l'amiral Coligny ; mais le fait est à bon droit révoqué en doute.

Si une conjoncture politique fut jamais favorable à un changement, c'était bien celle-là. Une femme au timon de l'État ; les gouverneurs des provinces mécontents et disposés à l'indulgence ; quelques conseillers d'État tout à fait hors d'activité ; aucune armée dans les provinces ; le peu de troupes qui restent, dès longtemps mécontentes qu'on ne les paye pas, et déjà trop souvent trompées par de fausses promesses pour se laisser séduire par de nouvelles ; ces troupes d'ailleurs conduites par des officiers pleins de mépris pour l'inquisition, et qui auraient rougi de tirer seulement l'épée pour elle ; point d'argent dans le trésor, pour lever promptement de nouvelles troupes, et tout aussi peu pour en solder d'étrangères ; la cour de Bruxelles, comme les trois conseils, en proie à une discorde intestine et corrompue par la licence des mœurs ; la gouvernante sans pleins pouvoirs, et le roi très-éloigné ; son parti faible dans les provinces, incertain et sans courage ; la faction nombreuse et puissante ; les deux tiers de la nation irrités contre le papisme et désireux de changements : quelle triste et faible position pour

---

[1]. Burgund.. 150. — Hopper, 67, 68.
[2]. Et ce n'était pas non plus sans raison que le prince d'Orange avait si subitement disparu de Bruxelles, afin de se rendre à Francfort pour l'élection du roi des Romains. Une réunion de tant de princes allemands devait favoriser beaucoup une négociation. — Strad., 84. (*Note de l'auteur.*)

le gouvernement, et combien il était plus triste encore qu'elle fût si bien connue de ses ennemis[1].

Il manquait encore un chef, pour unir tant de têtes en vue du but, et quelques noms marquants, pour donner du poids à leur entreprise dans la république. Ce double avantage se trouva dans les comtes Louis de Nassau et Henri de Bréderode, tous deux de la première noblesse du pays, qui se placèrent volontairement à la tête de la conjuration. Louis de Nassau, frère du prince d'Orange, réunissait beaucoup de brillantes qualités, qui le rendaient digne de paraître sur un si grand théâtre. Il avait puisé à Genève, où il avait étudié, la haine de la hiérarchie catholique et l'amour de la nouvelle religion, et, à son retour, il n'avait pas manqué de recruter dans sa patrie des adhérents à ses principes. L'enthousiasme républicain que son âme avait puisé à cette même école entretenait chez lui, contre tout ce qui s'appelait espagnol, une haine ardente, qui anima chacune de ses actions et qui ne l'abandonna qu'à son dernier soupir. Le papisme et le gouvernement espagnol n'étaient à ses yeux, comme en réalité, qu'une seule et même chose, et l'horreur qu'il nourrissait pour l'un servait à fortifier son aversion pour l'autre. Autant les deux frères étaient d'accord dans leurs sympathies et leurs antipathies, autant étaient diverses les voies par lesquelles ils les voulaient satisfaire. L'ardeur de son tempérament et de son âge ne permettait pas au plus jeune frère les détours par lesquels l'aîné se dirigeait vers son but[2]. Un coup d'œil calme et tranquille conduisait celui-ci lentement, mais sûrement, au terme; une souple habileté lui soumettait[3] les événements; par une fougue téméraire, qui renversait tout devant lui, l'autre fit quelquefois violence à la fortune, et plus souvent encore il accéléra le malheur[4]. Aussi Guillaume était-il un général, et

---

1. Grot., 19. — Burgund., 154.
2. La première édition a une phrase de plus : « Autant les pensées de ce dernier étaient cachées profondément, autant les sentiments du plus jeune des deux frères étaient visibles et à nu ; autant la passion courait mystérieusement et sans bruit dans le sein de Guillaume, autant elle brûlait ardemment sur le visage de Louis. » Dans la phrase suivante, il y a naturellement, comme la construction l'exige, « le premier, » au lieu de « celui-ci. »
3. La première édition a *entwarf* au lieu de *unterwarf*. C'est évidemment une faute d'impression.
4. La tournure est un peu différente dans la première édition : « C'est à une

Louis ne fut jamais qu'un aventurier, un bras sûr et vigoureux lorsqu'une tête sage le dirigeait[1]. Louis avait-il donné sa parole, c'était pour jamais ; ses liaisons survivaient à toutes les fortunes, parce qu'elles avaient été formées dans l'adversité, et que le malheur attache plus fortement que la joie légère. Il aimait son frère comme sa cause, et pour sa cause il a donné sa vie.

Henri de Bréderode, seigneur de Viane et burgrave d'Utrecht, tirait son origine des anciens comtes de Hollande, qui avaient autrefois gouverné cette province comme princes souverains. Un titre si important le rendait cher à un peuple chez qui le souvenir de ses anciens maîtres vivait encore, préservé de l'oubli, et d'autant plus apprécié qu'on sentait avoir moins gagné au changement. Cet éclat héréditaire servait fort bien la vanité d'un homme qui avait sans cesse à la bouche la gloire de ses ancêtres, et se promenait d'autant plus volontiers parmi les ruines de son antique magnificence, qu'il trouvait moins de consolations dans les regards qu'il jetait sur sa fortune actuelle. Exclu de toutes les dignités et de toutes les charges, auxquelles la haute opinion qu'il avait de lui-même et la noblesse de sa race semblaient lui donner des prétentions fondées (un escadron de cavalerie légère était tout ce qu'on lui avait confié), il haïssait le gouvernement[2], et se permettait d'attaquer ses mesures par des invectives téméraires. Par là il s'attacha le peuple. Il favorisait aussi secrètement la foi évangélique, mais moins parce qu'une conviction éclairée le décidait pour elle, qu'en général parce que c'était une révolte. Il avait plus de loquacité que d'éloquence, et plus de témérité que de courage ; il était brave, mais plutôt pour ne pas croire au danger que pour s'élever au-dessus. Louis de

---

langue téméraire, qui renversait tout devant lui, que Louis dut tout ce qu'il fit d'excellent, comme aussi tous ses mauvais succès. »

1. Schiller a supprimé ici deux phrases qui se trouvent dans la première édition : « Opiniâtres et constants, les deux frères demeuraient fidèles à leur première haine comme à leur premier amour ; mais la bonne cause avait une meilleure garantie dans la raison convaincue de Guillaume, que dans l'inflexibilité de son frère. Ce fut un heureux hasard que la patrie, la vérité et la liberté eussent les premières pris possession du cœur de Louis ; mais le cœur de son frère ne pouvait manquer, fût-ce plus tard, de leur appartenir. »

2. « Il haïssait le gouvernement. » Dans la première édition : « Il se croyait autorisé à bouder le gouvernement. »

Nassau s'enflammait pour la cause qu'il défendait, Bréderode pour la gloire de l'avoir défendue ; l'un se contentait d'agir pour son parti, l'autre voulait être à sa tête. Personne ne convenait mieux que ce dernier pour donner le branle à une révolte, mais elle pouvait difficilement avoir un plus mauvais chef. Autant ses menaces étaient au fond méprisables, autant les préventions de la multitude pouvaient leur donner de force et de gravité, si elle s'avisait d'ériger cet homme en prétendant. Ses droits aux domaines de ses ancêtres n'étaient qu'un vain mot; mais un mot suffisait au mécontentement universel. Une brochure qui se répandit alors parmi le peuple le nommait ouvertement l'héritier de la Hollande, et une gravure qu'on montrait de lui portait cette fastueuse légende :

> Sum Brederodus ego, Batavæ non infima gentis
> Gloria ; virtutem non unica pagina claudit [1].

(1565.) Outre les comtes de Nassau et de Bréderode, quelques hommes de la plus haute noblesse néerlandaise, le jeune comte Charles de Mansfeld, fils de celui que nous avons rencontré parmi les plus zélés royalistes, le comte de Kuilembourg, deux comtes de Bergues et de Battenbourg, Jean de Marnix, seigneur de Thoulouse, Philippe de Marnix, seigneur de Sainte-Aldegonde, ainsi que beaucoup d'autres, entrèrent dans l'alliance, qui fut conclue vers le milieu de novembre 1565, dans la maison d'un certain Van Hammes [2], roi d'armes de la Toison d'or. Là, six hommes [3], comme autrefois ces confédérés qui fondèrent la liberté suisse, décidèrent du sort de leur patrie, allumèrent le flambeau d'une guerre de quarante années, et posèrent le fondement d'une liberté dont ils ne devaient jamais jouir eux-mêmes. L'objet de la confédération était contenu dans la formule de serment que voici, au bas de laquelle Philippe de Marnix inscrivit le premier son nom :

« Certaines personnes malintentionnées, sous le masque d'un

---

1. « Je suis Bréderode, gloire illustre de la nation batave : une seule page ne saurait contenir mes vertus. » — Burg., 351, 352. — Grot., 20.
2. Zélé calviniste, et le plus actif propagandiste de l'alliance; il se vantait d'y avoir entraîné environ deux mille nobles. — Strad., 118. (*Note de l'auteur.*)
3. Burgund., 156. — Strada en nomme neuf, 118. — L'*Hist. gén. des Prov.-Un.*, III, 38 (t. V, p. 95 de l'éd. franç.), en nomme onze. (*Note de l'auteur.*)

zèle pieux, mais en effet par la seule impulsion de leur avarice et de leur ambition, ayant induit le roi, notre très-gracieux seigneur, à introduire dans ces provinces l'abominable tribunal de l'inquisition (tribunal qui offense toutes les lois divines et humaines, et qui surpasse en inhumanité toutes les barbares institutions de l'aveugle paganisme; qui assujettit aux inquisiteurs tout autre pouvoir, abaisse les hommes à un perpétuel esclavage, et, par ses piéges, expose à une éternelle angoisse de mort le plus honnête citoyen, en sorte qu'il est toujours loisible à un prêtre, à un ami perfide, à un Espagnol, à un vaurien, quel qu'il soit, d'accuser qui il veut, et dès qu'il le veut, devant ce tribunal, de le faire arrêter, condamner et exécuter, sans qu'il soit accordé à la victime de connaître son accusateur, ou de produire des preuves de son innocence) : nous soussignés, nous avons pris l'engagement de veiller à la sûreté de nos familles, de nos biens et de nos personnes. Nous nous obligeons et nous réunissons à cette fin par une sainte confédération, et promettons, par un serment solennel, de nous opposer de toutes nos forces à l'introduction de ce tribunal dans ces provinces, qu'on l'entreprenne ouvertement ou secrètement, et sous quelque nom que ce puisse être. Nous déclarons en même temps que nous sommes bien éloignés de rien méditer en ceci d'illégitime contre le roi, notre seigneur. Notre immuable et commune intention est bien plutôt de soutenir et de défendre son gouvernement royal, de maintenir la paix et de nous opposer selon nos forces à toute révolte. Conformément à cette résolution, nous avons juré et nous jurons encore de respecter le gouvernement et de ne l'offenser ni par nos actions ni par nos paroles : de quoi nous soit témoin le Dieu tout-puissant!

« De plus, nous promettons et nous jurons de nous protéger et nous défendre mutuellement, en tout temps et tout lieu, contre toute attaque quelconque, au sujet des articles qui sont énoncés dans ce compromis. Nous prenons ici l'engagement qu'aucune accusation de nos persécuteurs, de quelque nom qu'elle puisse être décorée, qu'elle soit appelée rébellion, sédition ou autrement, n'aura la force d'abolir notre serment envers celui qui sera accusé, ou de nous délier envers lui de notre promesse. Aucun acte dirigé contre l'inquisition ne peut mériter le nom de révolte. Celui donc qui sera incarcéré pour une pareille cause, nous nous obligeons ici à l'aider selon notre pouvoir et à procurer sa liberté par tous les moyens permis. A ce sujet, comme dans toutes les autres règles de notre conduite, mais particulièrement en ce qui concerne le tribunal de l'inquisition, nous nous soumettons à l'avis général des confédérés, ou bien aussi au jugement de ceux que nous élirons unanimement pour nos conseillers et nos chefs.

« En foi de quoi, et pour la confirmation de cette alliance, nous invoquons le saint nom du Dieu vivant, créateur du ciel et de la terre et de tout ce qu'ils renferment, qui sonde les cœurs, les consciences et les pensées, et qui connaît la pureté des nôtres. Nous le prions de nous accorder l'assistance de son Saint-Esprit, en sorte que le succès et l'honneur couronnent notre entreprise pour la gloire de son nom, la bénédiction et la paix éternelle de notre patrie[1]. »

Ce compromis fut aussitôt traduit en plusieurs langues et promptement répandu dans toutes les provinces. Chacun des conjurés rassembla ce qu'il avait d'amis, de parents, de partisans et de domestiques, pour donner sans retard un corps à l'alliance. On fit de grands festins, qui durèrent des jours entiers : séductions irrésistibles pour des hommes sensuels et voluptueux, chez lesquels la plus profonde misère n'avait pu étouffer le penchant pour les plaisirs. Quiconque paraissait à ces fêtes, et chacun y était le bienvenu, était ébranlé par les assurances d'amitié les plus prévenantes, échauffé par le vin, entraîné par l'exemple et vaincu par le feu d'une fougueuse éloquence. On aida beaucoup de signataires à tracer leur nom; les indécis étaient insultés, les timides menacés; on étouffait par des clameurs les voix restées fidèles. Plusieurs ne savaient ce qu'ils signaient, et avaient honte de demander d'abord de longues explications. Le vertige général ne laissait plus la liberté du choix; un grand nombre furent poussés dans le parti par leur seule légèreté; une brillante camaraderie séduisit les petites gens; le grand nombre donna du cœur aux timides. On avait recouru à l'artifice de contrefaire les signatures et les sceaux du

---

1. Burgund., 156-159. — Strad., 118.

prince d'Orange, des comtes d'Egmont, de Hoorn, de Megen, et d'autres encore, et cette feinte gagna à l'alliance plusieurs centaines d'adhérents. On voulait surtout attirer les officiers de l'armée, pour se couvrir de ce côté à tout événement, si l'on devait en venir à la violence. On réussit auprès d'un grand nombre, surtout auprès des officiers subalternes, et le comte de Bréderode tira même l'épée contre un enseigne, qui voulait d'abord y réfléchir. Des gens de toute classe et de toute condition donnèrent leur signature. La religion n'y faisait aucune différence, et jusqu'à des prêtres catholiques s'associèrent à la confédération. Les motifs n'étaient pas les mêmes chez tous, mais le prétexte était pareil. Les catholiques ne voulaient que la suppression de l'inquisition et l'adoucissement des édits ; les protestants aspiraient à une entière liberté de conscience. En secret, quelques têtes plus téméraires ne méditaient rien moins que le renversement complet du gouvernement actuel, et, dans le nombre, les plus nécessiteux fondaient de viles espérances sur le bouleversement universel [1].

Deux repas d'adieu, qui furent donnés, vers ce même temps, aux comtes de Schwarzenberg et de Holle, l'un à Bréda, l'autre bientôt après à Hoogstraeten, attirèrent dans ces deux endroits beaucoup de personnes de la première noblesse, parmi lesquelles il s'en trouvait déjà un grand nombre qui avaient signé le compromis. Le prince d'Orange, les comtes d'Egmont, de Hoorn et de Megen se rendirent aussi au repas, mais sans s'être concertés, et même sans avoir part à l'alliance, quoiqu'un des propres secrétaires d'Egmont et quelques serviteurs des autres y fussent entrés ouvertement. Pendant le festin, trois cents personnes déjà se déclarèrent pour le compromis, et l'on agita la question de savoir si l'on s'adresserait à la gouvernante avec ou sans armes, par une harangue ou une supplique. Hoorn et Orange (Egmont ne voulut en aucune façon encourager l'entreprise) furent pris pour juges, et ils se prononcèrent pour la voie de la modestie et de la soumission ; mais par là même ils donnèrent lieu à l'accusation d'avoir pris, d'une manière peu déguisée, sous leur protection, l'entreprise des conjurés. On ré-

---

1. Strad., 119. — Burgund., 159-161.

solut en conséquence de se présenter sans armes avec une supplique, et l'on fixa le jour où l'on se réunirait à Bruxelles[1].

Le premier avis de cette conjuration de la noblesse fut donné à la gouvernante par le comte de Megen aussitôt après son retour. « Une entreprise se prépare, telle fut sa confidence; trois cents gentilshommes y sont engagés; la religion est en jeu; les membres se sont liés par serment; ils comptent beaucoup sur des secours étrangers; elle en apprendra bientôt davantage. » Il ne lui en dit pas plus, si vivement qu'elle le pressât. « Un gentilhomme le lui avait confié sous le sceau du secret, et il lui avait engagé sa parole. » Dans le fait, c'était moins cette délicatesse d'honneur que sa répugnance pour l'inquisition, à laquelle il ne se souciait point de rendre un service, qui le pouvait détourner de s'expliquer plus amplement. Bientôt après, le comte d'Egmont remit à la gouvernante une copie du compromis, et lui nomma de plus, à peu de noms près, les conjurés. Le prince d'Orange lui écrivit presque dans le même temps : « Il avait ouï dire qu'on levait une armée, que quatre cents officiers étaient déjà nommés et que vingt mille hommes paraîtraient bientôt sous les armes. » C'est ainsi qu'on exagérait les bruits à dessein en y ajoutant toujours, et que chaque bouche grossissait le danger[2].

La gouvernante, d'abord troublée de frayeur à cette nouvelle, et n'écoutant que sa crainte, convoque en toute hâte ceux des conseillers d'État qui se trouvent à Bruxelles, et, en même temps, elle adresse des lettres pressantes au prince d'Orange et au comte de Hoorn, pour les inviter à reprendre dans le conseil leurs places qu'ils ont quittées. Avant qu'ils arrivent, elle délibère avec Egmont, Megen et Barlaimont, sur ce qu'il convient de résoudre dans cette situation critique. La question était de savoir s'il fallait sur-le-champ prendre les armes ou céder à la nécessité et accorder aux conjurés leurs demandes, ou bien si on les amuserait par des promesses et une feinte condescendance, pour gagner du temps jusqu'à ce qu'on pût recevoir d'Espagne des directions et se pourvoir de troupes et d'argent.

---

1. Burgund., 150-166.
2. Hopper, 69, 70. — Burgund., 166, 167.

Pour le premier parti manquait l'argent nécessaire, ainsi que la confiance, non moins nécessaire, en l'armée, qui était peut-être déjà gagnée par les conjurés. Le second ne serait jamais approuvé par le roi, et d'ailleurs servirait plutôt à élever l'orgueil des confédérés qu'à l'abattre; tandis qu'au contraire une souplesse opportune et le prompt pardon, sans conditions, de ce qui s'était passé, étoufferait peut-être la révolte dès le berceau. Le dernier avis fut soutenu par Egmont et Megen, mais combattu par Barlaimont. « Le bruit est exagéré, disait ce dernier : un armement si formidable ne peut s'être fait si secrètement et avec une si grande célérité. C'était un rassemblement de quelques mauvais sujets, excités par deux ou trois enthousiastes : rien de plus. Tout serait tranquille, quand on aurait abattu quelques têtes. » La gouvernante décide d'attendre l'avis du conseil d'État rassemblé. Toutefois, dans l'intervalle, elle ne reste pas oisive : elle fait visiter les fortifications des principales places, et réparer celles qui ont souffert; ses envoyés près des cours étrangères sont invités à redoubler d'activité; des courriers sont expédiés en Espagne. En même temps, elle s'attache à répandre de nouveau le bruit de la prochaine arrivée du roi, et à montrer dans sa conduite extérieure la fermeté et l'égalité d'âme de qui attend l'attaque et ne fait pas mine d'y succomber[1].

A la fin de mars, et par conséquent quatre mois entiers après la rédaction du compromis, tout le conseil d'État se réunit à Bruxelles. Étaient présents le prince d'Orange, le duc d'Arschot, les comtes d'Egmont, de Bergues, de Megen, d'Aremberg, de Hoorn, de Hoogstraeten, de Barlaimont et d'autres; les seigneurs de Montigny et d'Hachicourt, tous les chevaliers de la Toison d'or, avec le président Viglius, le conseiller d'État Bruxelles, et les autres assesseurs du conseil privé[2]. On y produisit différentes lettres, qui fournissaient des renseignements plus précis sur le plan de la conjuration. L'extrémité où la gouvernante se trouvait réduite donnait aux mécontents une importance dont ils ne négligèrent pas de faire usage, pour exhaler,

---

1. Strad., 120. — Burgund., 168, 169.
2. Hopper, 71, 72. — Burgund., 173.

à cette occasion, leur ressentiment longtemps comprimé. On se permit des plaintes amères contre la cour elle-même et contre le gouvernement. « Il n'y a que peu de temps, osa dire le prince d'Orange, le roi a envoyé à la reine d'Écosse quarante mille florins d'or, pour la soutenir dans ses entreprises contre l'Angleterre; et il laisse succomber ses Pays-Bas sous le poids de leurs dettes. Mais, sans s'arrêter même à l'inopportunité du subside et au mauvais résultat de cet envoi [1], pourquoi éveille-t-il contre nous la colère d'une reine qui nous est si utile comme amie et si redoutable comme ennemie ? » Le prince ne put s'empêcher non plus de faire allusion, dans cette conjoncture, à la haine cachée que le roi, disait-il, nourrissait contre la famille de Nassau et particulièrement contre lui-même. « Il est manifeste, dit-il, que le roi s'est entendu avec les ennemis héréditaires de ma maison, pour se débarrasser de moi, par quelque moyen que ce soit, et qu'il n'attend pour cela, et avec impatience, qu'une occasion. » L'exemple du prince ouvrit aussi la bouche au comte de Hoorn et à beaucoup d'autres, qui s'étendirent avec une violence passionnée sur leurs propres services et sur l'ingratitude du roi. La gouvernante eut de la peine à calmer le tumulte et à ramener l'attention sur le véritable objet de la séance. Il s'agissait de savoir s'il fallait admettre ou non les confédérés, qui avaient le dessein, maintenant bien connu, de s'adresser à la cour avec une supplique. Le duc d'Arschot, les comtes d'Aremberg, de Megen et de Barlaimont se prononcèrent pour la négative. « Pourquoi cinq cents hommes, disait le dernier, pour présenter un petit écrit? Ce contraste d'humilité et d'arrogance ne signifie rien de bon. Qu'ils nous envoient, sans pompe, sans haute prétention, un homme respectable, choisi parmi eux, et qu'ils nous produisent de cette façon leur demande. Sinon, qu'on leur ferme les portes, ou, si l'on veut absolument les admettre, qu'on les observe de la manière la plus sévère, et qu'on punisse de mort la première témérité dont un d'entre eux se rendrait coupable. » Le comte de Mansfeld, dont le propre fils était au nombre des conjurés, se déclara contre leur parti. Il

---

[1]. Cet argent était tombé dans les mains de la reine Élisabeth. (*Note de l'auteur.*)

avait menacé son fils de le déshériter, s'il ne renonçait pas à l'alliance. Les comtes de Megen et d'Aremberg se firent aussi scrupule de l'admission de la supplique; mais le prince d'Orange, les comtes d'Egmont, de Hoorn, de Hoogstraeten et beaucoup d'autres opinèrent avec force pour qu'on l'admît. « Les confédérés, déclarèrent-ils, nous sont connus comme des hommes d'honneur et de probité ; un grand nombre ont avec nous des rapports d'amitié et de parenté, et nous osons répondre de leur conduite. Il est permis à tout sujet de présenter une requête : on ne peut sans injustice refuser à une société si considérable un droit dont peut jouir le moindre citoyen dans l'État. » Il fut donc résolu, la pluralité des voix s'étant prononcée pour cette opinion, d'admettre les confédérés, à condition qu'ils paraîtraient sans armes et qu'ils se comporteraient avec modestie. Les querelles des conseillers avaient consumé la plus grande partie du temps, en sorte qu'on dut renvoyer la suite de la délibération à une seconde séance, qui fut ouverte dès le lendemain[1].

Pour ne pas perdre de vue, comme la veille, au milieu de plaintes inutiles, l'objet principal, la gouvernante se hâta cette fois d'aller au but. « D'après les nouvelles que nous avons reçues, Bréderode, dit-elle, doit se présenter devant nous, au nom de l'alliance, pour demander que l'inquisition soit abolie et les édits modérés. C'est à l'opinion de mon conseil à décider ce que j'aurai à lui répondre; mais, avant que vous exposiez vos avis, souffrez que je vous communique d'abord quelques courtes observations. On me dit qu'il en est plusieurs, même parmi vous, qui blâment publiquement les édits de religion de l'empereur, mon père, et les représentent au peuple comme inhumains et barbares. Maintenant je vous demande à vous-mêmes, chevaliers de la Toison, conseillers de Sa Majesté et de l'État, si vous n'avez pas donné vos propres suffrages à ces édits? si les états du pays ne les ont pas reconnus comme ayant force de loi? Pourquoi blâme-t-on aujourd'hui ce qu'on déclarait juste auparavant? Est-ce peut-être parce que cela est devenu plus nécessaire que jamais? Depuis quand l'inquisition est-elle

1. Strad., 121, 122.

dans les Pays-Bas quelque chose de si extraordinaire? L'empereur ne l'a-t-il pas établie, il y a déjà seize ans? et en quoi serait-elle plus cruelle que les édits? Si l'on accorde que ceux-ci ont été l'œuvre de la sagesse ; si l'approbation générale des états les a consacrés : pourquoi cette répugnance pour l'inquisition, qui est pourtant beaucoup plus humaine que les édits, s'ils sont observés à la lettre? Parlez maintenant avec liberté ; je n'ai pas voulu influencer vos avis, mais c'est à vous de veiller à ce que la passion ne les dicte pas[1]. »

Le conseil d'État fut, comme toujours, partagé entre deux opinions; mais le petit nombre de ceux qui parlèrent pour l'inquisition et l'exécution littérale des édits, se trouva de beaucoup inférieur au parti contraire, qui avait le prince d'Orange à sa tête. « Plût au ciel, dit celui-ci, qu'on eût jugé mes avis dignes de réflexion, tant qu'ils exprimaient encore des craintes éloignées! On n'aurait jamais été entraîné, en ce cas, à recourir aux mesures extrêmes, et des hommes qui vivaient dans l'erreur n'y auraient pas été plongés plus profondément par les mesures mêmes qu'on employait pour les en tirer. Nous sommes tous d'accord, comme vous le voyez, quant au but principal. Nous voulons tous savoir hors de danger la religion catholique : si cela ne peut se faire sans le secours de l'inquisition, soit! nous offrons pour son service nos biens et nos vies; mais c'est précisément sur ce point, vous l'entendez, que le plus grand nombre d'entre nous sont d'un avis tout différent.

« Il y a deux sortes d'inquisitions : l'une que le siège de Rome s'attribue, l'autre que les évêques ont exercée de temps immémorial. La force du préjugé et de la coutume nous a rendu celle-ci supportable et légère. Elle trouvera peu d'opposition dans les Pays-Bas, et l'accroissement du nombre des évêques la rendra suffisante. Pourquoi donc la première, dont le nom seul révolte tous les esprits? Tant de nations s'en passent : pourquoi faut-il qu'elle nous soit imposée justement à nous? Avant Luther personne ne la connaissait; l'empereur fut le premier qui l'introduisit, mais cela arriva dans un temps où l'on manquait de surveillants ecclésiastiques; où les évêques, peu nombreux, se

---

1. Strad., 123, 124.

montraient en outre négligents; où la corruption des mœurs du clergé l'excluait des fonctions judiciaires. Maintenant tout est changé; maintenant nous comptons autant d'évêques que de provinces. Pourquoi l'art de gouverner ne suivrait-il pas l'esprit des temps? Nous avons besoin de douceur et non de dureté. Nous voyons l'antipathie du peuple, et nous devons chercher à la calmer, si nous voulons qu'elle ne dégénère pas en sédition. A la mort de Pie IV, les pleins pouvoirs des inquisiteurs ont pris fin; le nouveau pape n'a point encore envoyé la confirmation, sans laquelle cependant aucun, jusqu'ici, ne s'est permis d'exercer son office. Le moment est donc venu où l'on peut les suspendre sans léser les droits de personne.

« Le jugement que je porte de l'inquisition s'applique aussi aux édits. Le besoin des temps les a imposés, mais ces temps ne sont plus. Une si longue expérience devrait nous avoir enfin convaincus qu'il n'est aucun moyen moins efficace contre l'hérésie que les bûchers et le glaive. Quels progrès incroyables n'a pas faits la nouvelle religion, depuis peu d'années seulement, dans les Provinces! Et, si nous recherchons les causes de cet accroissement, nous les trouverons dans la glorieuse fermeté de ceux qui sont tombés comme ses martyrs. Entraîné par la pitié et l'admiration, on commence à soupçonner en secret que ce pourrait bien être la vérité qui est soutenue avec cet invincible courage. En France et en Angleterre on a fait éprouver aux protestants la même rigueur; mais a-t-elle mieux réussi dans ces États que chez nous? Les premiers chrétiens se vantaient déjà que le sang des martyrs avait été la semence de leur Église. L'empereur Julien, le plus redoutable ennemi que le christianisme ait jamais eu, était pénétré de cette vérité. Persuadé que la persécution ne fait qu'enflammer l'enthousiasme, il eut recours au ridicule et à la moquerie, et trouva ces armes incomparablement plus puissantes que la violence. Dans l'empire grec s'étaient élevées en divers temps diverses sectes: Arius sous Constantin, Aétius sous Constance, Nestorius sous Théodose; mais nulle part on ne voit infliger, ni aux hérésiarques eux-mêmes, ni à leurs disciples, des châtiments pareils à ceux qui dévastent nos provinces. Et où sont maintenant toutes ces sectes, qu'un monde entier, serais-je tenté de dire, semblait ne pouvoir contenir? Mais telle est la marche de l'hérésie. Si l'on ferme les yeux sur elle avec mépris, elle tombe dans son néant. C'est un fer qui se rouille s'il reste en repos, et qui ne s'aiguise que par l'usage. Détournez-en les yeux, et elle perdra son plus puissant attrait, le charme de la nouveauté et de la chose défendue. Pourquoi ne voulons-nous pas nous contenter de mesures que de si grands princes ont trouvées efficaces? Les exemples sont pour nous la direction la plus sûre.

« Mais pourquoi chercher des exemples dans l'antiquité païenne, quand nous avons devant nous le gorieux modèle de Charles-Quint, le plus grand des monarques, lequel, vaincu par tant d'expériences, abandonna enfin la route sanglante de la persécution et eut recours à la douceur, plusieurs années avant son abdication? Philippe lui-même, notre très-gracieux souverain, a paru autrefois incliner vers la modération. Les conseils d'un Granvelle et de ses pareils lui ont enseigné une autre politique. De quel droit? C'est un compte qu'ils peuvent régler avec eux-mêmes. Quant à moi, il m'a toujours paru que les lois doivent se plier aux mœurs et les maximes aux temps, si l'on veut que le succès les favorise. Pour conclure, je vous rappelle encore l'étroite liaison qui règne entre les huguenots et les protestants flamands. Gardons-nous de provoquer chez eux plus de colère qu'ils n'en ressentent peut-être déjà à présent. Ne soyons pas contre eux des catholiques français, afin qu'il ne leur vienne pas à la pensée d'imiter contre nous les huguenots et de plonger, comme eux, leur patrie dans les horreurs d'une guerre civile[1]. »

Si les représentations du prince d'Orange ne restèrent pas cette fois absolument sans effet, il en fut bien moins redevable à la justesse de ses raisons irréfutables, qui furent appuyées par une majorité très-prononcée dans le conseil, qu'au mauvais état des forces militaires et à l'épuisement du trésor, qui empêchaient de faire prévaloir, les armes à la main, l'opinion contraire. Afin

---

1. Burg., 174-180. — Hopper, 72. — Strad., 123, 124. — « Personne ne doit être surpris, dit Burgundius, ardent zélateur de la religion catholique et du parti espagnol, de voir briller dans le discours de ce prince une si grande connaissance de la philosophie : il l'avait puisée dans la conversation de Baudouin*. » 180. (*Note de l'auteur.*)

* Voyez plus haut, pag. 140, note 2.

de détourner du moins le premier orage, et de gagner le temps nécessaire pour se mettre contre eux dans une meilleure situation, on convint d'accorder aux confédérés une partie de leurs demandes. On résolut d'adoucir les prescriptions pénales de l'empereur, comme il les aurait adoucies, s'il fût revenu à la vie dans les temps actuels; comme il avait cru lui-même autrefois, dans de pareilles circonstances, pouvoir les adoucir sans compromettre sa dignité. On décida que l'inquisition ne serait pas établie dans les lieux où elle ne l'était pas encore, et que, dans ceux où elle l'était, elle procéderait plus doucement, ou même cesserait tout à fait d'agir, attendu que les inquisiteurs (c'est ainsi qu'on s'exprimait, pour ne pas donner aux protestants la petite satisfaction de croire qu'ils étaient redoutés ou qu'on rendait justice à leur demande), attendu, disait-on, que les inquisiteurs n'avaient pas encore été confirmés par le nouveau pape. Le conseil privé fut chargé d'expédier sans retard cette décision du conseil d'État. Ainsi préparé, on attendit la conjuration[1].

1. Strad., 124. 125.

LES GUEUX.

Le conseil d'État n'était pas encore séparé, et tout Bruxelles retentissait déjà de la nouvelle, que les confédérés approchaient de la ville. Ils n'étaient en tout que deux cents cavaliers, mais la renommée grossissait leur nombre. La gouvernante, consternée, met en délibération s'il convient de leur fermer les portes ou de chercher son salut dans la fuite. L'un et l'autre parti sont rejetés comme déshonorants, et la paisible entrée des nobles dément bientôt la crainte d'une attaque violente. Dès le matin du jour qui suit leur arrivée, ils se rassemblent dans la maison de Kuilembourg, où Bréderode leur demande un second serment, portant qu'ils s'obligeaient à se soutenir les uns les autres, même par la force des armes s'il était nécessaire, et en subordonnant tous les autres devoirs à celui-là. On présenta aussi aux confédérés une lettre d'Espagne, annonçant qu'un protestant, que tous connaissaient et estimaient, y avait été brûlé vif à petit feu. Après ces préliminaires et d'autres semblables, Bréderode appelle chacun par son nom, leur fait prêter pour eux-mêmes, et pour les absents, le nouveau serment et renouveler l'ancien, et il est arrêté que la supplique sera présentée dès le jour suivant, 5 avril 1566[1].

Le nombre des confédérés était alors de trois à quatre cents. Dans leurs rangs se trouvaient beaucoup de vassaux de la haute noblesse, comme aussi plusieurs serviteurs du roi lui-même et de la duchesse. Ayant à leur tête le comte de Nas-

---

1. trad., 126.

sau et Bréderode, ils se mirent en marche processionnellement, sur quatre de front, vers le palais. Toute la ville de Bruxelles suivait, dans un muet étonnement, ce spectacle extraordinaire. Elle voyait là des hommes qui s'avançaient avec assez d'audace et de fierté pour ne pas sembler des suppliants, et à leur tête deux chefs qu'on n'était pas accoutumé à voir s'abaisser aux prières; mais, d'un autre côté, une apparence d'ordre, d'humilité et de modeste silence, qui jamais ne fut compatible avec une révolte. La gouvernante reçoit le cortége, entourée de tous ses conseillers et des chevaliers de la Toison. « Ces nobles Néerlandais, lui dit Bréderode avec respect, qui se rassemblent ici devant Votre Altesse, et un bien plus grand nombre encore, qui bientôt se joindront à eux, désirent lui présenter une requête dont cette procession solennelle lui prouvera l'importance en même temps qu'elle atteste leur humble soumission. Comme orateur de la société, je prie Votre Altesse de recevoir cette supplique, qui ne renferme rien de contraire au bien de la patrie et à la dignité du roi. »

« Si cette supplique, répondit Marguerite, ne renferme réellement rien de contraire au bien de la patrie et à la dignité du roi, il n'est pas douteux qu'elle ne soit accueillie. » — Ils ont appris avec indignation et avec chagrin, poursuit l'orateur, qu'on attribue à leur réunion des intentions suspectes, et qu'on a prévenu contre eux Son Altesse : c'est pourquoi ils la supplient de leur nommer les auteurs de si graves inculpations, et de les obliger à présenter leur accusation en forme et publiquement, afin que celui qu'on trouvera coupable subisse le châtiment mérité. — On ne peut en aucune façon trouver mauvais, répondit la gouvernante, qu'elle ait jugé nécessaire, d'après les bruits défavorables répandus sur les vues et les alliances de l'association, d'appeler sur elle l'attention des gouverneurs des provinces. Quant aux auteurs de ces avis, elle ne les nommera jamais. On ne peut justement, ajouta-t-elle d'un air indigné, lui demander de trahir des secrets d'État. » A ces mots, elle remit les confédérés au jour suivant pour venir chercher la réponse à leur supplique, sur laquelle elle consulta de nouveau les chevaliers [1].

---

1. Hopper, 73. — Strad., 126, 127. — Burg., 182, 183.

« Jamais, était-il dit dans cette requête (qui, selon quelques auteurs, avait été rédigée par le célèbre Baudouin), jamais ils n'avaient manqué à la fidélité qu'ils devaient à leur souverain, et maintenant encore ils étaient bien loin d'y vouloir manquer; mais ils aimaient mieux courir le risque de tomber dans la disgrâce de leur seigneur, que de le laisser plus longtemps dans l'ignorance des suites funestes dont l'introduction violente de l'inquisition et le maintien prolongé des édits menaçaient leur patrie. Ils s'étaient longtemps tranquillisés par l'espérance qu'une assemblée générale des états redresserait ces griefs; mais à présent, cette espérance étant aussi évanouie, ils croyaient remplir leur devoir en avertissant la gouvernante du danger[1]. Ils priaient donc Son Altesse d'envoyer à Madrid une personne bien intentionnée et bien instruite, qui pût déterminer le roi, conformément au vœu unanime du peuple, à supprimer l'inquisition, à révoquer les édits et à faire rédiger, à leur place, dans une assemblée des états généraux, des ordonnances nouvelles et plus humaines. Que cependant, jusqu'au moment où le roi aurait fait connaître sa résolution, on voulût bien laisser dormir les édits et faire cesser les poursuites de l'inquisition. Si l'on ne prêtait pas l'oreille à leur humble requête, disaient-ils enfin, ils prenaient à témoin Dieu, le roi, la régente et tous ses conseillers, qu'ils avaient fait leur devoir, si les choses tournaient mal[2]. »

Le jour suivant, les confédérés, dans le même appareil, mais plus nombreux encore (les comtes de Bergues et de Kuilembourg s'étant joints à eux, dans l'intervalle, avec leurs amis), se présentèrent devant la gouvernante pour recevoir sa réponse. Elle était écrite à la marge de la requête; en voici le contenu : « Laisser sans aucun effet l'inquisition et les édits n'était pas en son pouvoir; mais, selon le vœu des confédérés, elle enverrait en Espagne un membre de la noblesse et appuierait de toutes ses forces leur demande auprès du roi. En attendant, on recom-

---

[1] La première édition a une phrase de plus : « Si une révolte éclatait, cela leur serait moins indifférent qu'à tous autres; parce que tout leur avoir consistait en terres ouvertes, et qu'ils seraient les premiers à souffrir, dans leurs biens, d'un soulèvement. »

[2] Hopper, 74. — Burg., 162-166.

manderait aux inquisiteurs d'exercer leur office avec modération ; mais, en revanche, elle attendait de l'association qu'elle s'abstiendrait de toute violence et n'entreprendrait rien contre la foi catholique. » Si peu satisfaisante que fût pour les confédérés cette concession générale et incertaine, cependant c'était tout ce qu'ils avaient pu attendre, avec une ombre de vraisemblance, de leur première démarche. Le rejet ou l'admission de leur requête n'avait rien de commun avec le véritable but de l'alliance. C'était assez pour le moment qu'elle fût seulement fondée ; qu'il y eût désormais quelque chose à quoi l'esprit de révolte pût se rattacher à l'avenir, et avec quoi l'on pût, toutes les fois qu'il serait nécessaire, effrayer le gouvernement. Les confédérés agirent donc d'une manière conforme à leur plan, en se contentant de cette réponse et attendant sur le reste la décision du roi. Comme toute la parade de cette requête n'avait été imaginée que pour couvrir sous cette forme suppliante les desseins plus audacieux de l'alliance, jusqu'à ce qu'elle eût pris assez de forces pour se montrer sous son vrai jour, il devait importer bien plutôt aux confédérés de conserver leur masque, bien plutôt de voir leur demande gracieusement reçue que promptement accordée. Aussi, dans une nouvelle adresse, qu'ils remirent trois jours plus tard, ils sollicitèrent un témoignage formel de la gouvernante, qu'ils n'avaient rien fait que leur devoir, et que le zèle pour le service du roi les avait seul conduits[1]. Comme la duchesse éludait une déclaration, ils lui envoyèrent encore, de l'escalier, l'un d'entre eux, pour répéter cette demande. « Le temps seul et leur conduite future, répondit-elle, seraient juges de leurs intentions[2]. »

L'alliance était née au milieu des festins, et un festin lui donna sa forme définitive. Le même jour où la deuxième

---

1. Dans la première édition on lit ici, au bas de la page, la note suivante : « Et de la sorte le roi, à prendre les choses à la rigueur, leur aurait même dû une grande reconnaissance pour avoir pris sur eux de le défendre contre ses propres mesures ; car enfin le compromis ne disait pas autre chose. Ils séparaient, assez habilement, l'œuvre de son auteur, considéraient l'inquisition comme un ennemi commun, de lui et d'eux, et faisaient comme s'ils ignoraient que c'était lui-même qui la leur imposait, et que, par conséquent, il ne dépendait que de lui de les en délivrer. »
2. Hopper, § 04. — Strada, 127.

requête fut présentée, Bréderode traita les conjurés dans la maison de Kuilembourg¹. Environ trois cents convives étaient présents ; l'ivresse les rendit pétulants, et leur bravoure s'accrut avec leur nombre. Quelques-uns se souvinrent qu'ils avaient entendu le comte de Barlaimont chuchoter en français à l'oreille de la gouvernante, qui parut pâlir en recevant la supplique : « Qu'elle ne devait pas avoir peur d'un tas de *gueux*². » En effet, la plupart d'entre eux, par l'effet de leur mauvaise économie, étaient descendus si bas, qu'ils ne justifiaient que trop cette qualification³. Comme on était justement embarrassé pour trouver un nom de confrérie, on saisit avidement cette expression, qui cachait sous un humble voile l'audace de l'entreprise⁴, et qui, en même temps, s'éloignait le moins de la vérité. Aussitôt on se porta réciproquement des santés sous ce nom, et l'on s'écria : « Vivent les Gueux! » au milieu d'une clameur générale d'approbation. Lorsqu'on eut desservi, Bréderode parut avec une besace, telle que la portaient alors les pèlerins errants et les moines mendiants; la suspendit à son cou, but à la santé de tous les convives avec un gobelet de bois, les remercia tous de leur adhésion à l'alliance, et assura hautement qu'il était prêt à sacrifier pour chacun d'eux ses biens et sa vie. Tous répétèrent, à grands cris, cette déclaration; le gobelet circula à la ronde, et chacun, en l'approchant de ses lèvres, redit la même promesse. Puis tous prirent successivement la besace et la pendirent au mur, au clou que chacun d'eux s'était attribué. Le vacarme que provoqua cette comédie attira dans la maison le prince d'Orange, les comtes d'Egmont et de Hoorn, que le hasard avait fait passer dans le quartier tout juste à ce moment, et Bréderode, comme hôte du logis, les pressa vivement de rester et de vider un verre avec

---

1. La première édition ajoute, entre parenthèses : « Dans la suite, cette maison fut rasée. »

2. Dans le texte allemand, il y a « d'un tas de mendiants, » et le mot *mendiants* est suivi, entre parenthèses, du français *gueux*.

3. On lit ici de plus dans la première édition : « Et Barlaimont, par ce seul mot, avait exprimé la nature intime de l'association, et, sans y penser, tout ce qu'elle avait de redoutable. »

4. Il y a de plus dans la première édition : « Qui, si l'on réussissait, était la plus mordante satire contre le plus riche des rois, et qui, en même temps, ce qu'on trouva bon de considérer aussi, s'éloignait, etc. »

eux[1]. L'arrivée de ces trois personnages importants renouvela l'allégresse des convives, et leur joie commença de monter jusqu'au délire. Plusieurs s'enivrèrent ; convives et valets, sans distinction, choses sérieuses et risibles, débauche et affaires d'État, se mêlèrent d'une façon burlesque, et la détresse générale du pays devint l'occasion d'une bacchanale. On ne s'en tint pas là : ce qu'on avait résolu dans l'ivresse, on l'exécuta à jeun. Il fallait rendre sensible au peuple la présence de ses protecteurs, et tenir en haleine, par un signe visible, le zèle du parti. Il n'y avait pas pour cela de meilleur moyen que de porter et d'étaler publiquement le nom de Gueux, et de lui emprunter les signes de la confrérie. En peu de jours la ville de Bruxelles fourmilla de vêtements gris cendré, tels qu'on en voyait aux moines mendiants et aux pénitents. Toute la famille, tous les domestiques d'un conjuré adoptèrent ce commun costume. Quelques-uns portaient des plats de bois, recouverts d'une mince plaque d'argent, des gobelets de la même façon, ou des couteaux : tout l'attirail de la mendicité, attaché à leur chapeau, ou bien pendu à leur ceinture. Ils suspendaient à leur cou une médaille d'or ou d'argent, appelée dans la suite le *denier des Gueux*, dont un côté offrait le buste du roi, avec cette légende : « Fidèle au roi ; » de l'autre on voyait deux mains entrelacées, qui tenaient un sac à provisions, avec ces mots : « Jusqu'à la besace[2]. » De là dérive le nom de *Gueux*, que portèrent ensuite dans les Pays-Bas tous ceux qui abandonnèrent le papisme et prirent les armes contre le roi[3].

Avant de se séparer pour se disperser dans les provinces, les confédérés parurent encore une fois devant la duchesse, pour lui recommander, jusqu'à ce que la réponse royale arrivât d'Es-

---

1. « Mais, affirma ensuite le comte d'Egmont dans son mémoire justificatif, nous ne bûmes qu'un seul petit verre, pendant que les convives criaient : « Vive « le roi et vivent les Gueux ! » C'était la première fois que j'entendais cette qualification, et certainement elle me déplut. Mais les temps étaient si fâcheux qu'on était obligé de se prêter à bien des choses contre son inclination, et je croyais faire une action innocente. » *Procès criminel des comtes d'Egmont*, etc., t. I. *Défense d'Egmont*. (Note de l'auteur.)

2. A cette phrase se rapporte, dans la première édition, la note suivante : « Dans l'image du roi, on n'oublia pas les grosses lèvres et les yeux étincelants de sa race. » — Burgund., 187.

3. Hopper, § 94. — Strad., 127-130. — Burgund., 185-187.

pagne, une conduite modérée envers les hérétiques, afin que le peuple n'en vînt pas aux dernières extrémités. Que si une conduite opposée amenait des malheurs, ajoutèrent-ils, ils voulaient, eux du moins, être considérés comme ayant fait leur devoir.

La gouvernante répliqua qu'elle espérait prendre de telles mesures qu'aucun désordre ne pût arriver; que s'il en éclatait néanmoins, elle ne le pourrait attribuer qu'aux confédérés. Elle les exhortait donc sérieusement à tenir aussi leurs promesses, mais surtout à ne pas recevoir de nouveaux membres dans leur alliance, à ne plus tenir d'assemblées particulières, et en général à ne tenter aucune innovation. Cependant, afin de les tranquilliser pour le moment, le secrétaire intime Berti reçut l'ordre de leur montrer les lettres où l'on recommandait aux inquisiteurs et aux juges séculiers la modération envers tous ceux qui n'auraient pas aggravé leur délit d'hérésie par un crime civil. Avant de quitter Bruxelles, ils élurent encore quatre directeurs pris parmi eux[1], qui devaient soigner les intérêts de l'alliance, et, de plus, des agents particuliers pour chaque province. Quelques membres furent laissés à Bruxelles même, pour avoir l'œil ouvert sur tous les mouvements de la cour. Bréderode, Kuilembourg et Bergues quittèrent enfin la ville, accompagnés de cinq cent cinquante cavaliers. Parvenus hors des murailles, ils saluèrent encore une fois d'une mousquetade; après quoi ils se séparèrent pour se rendre, Bréderode à Anvers, et les deux autres dans la Gueldre. La régente fit devancer le premier par un courrier, qui devait avertir les magistrats d'Anvers d'être sur leurs gardes avec lui. Plus de mille personnes se pressèrent autour de l'hôtel où il était descendu. Il se montra à la fenêtre, tenant à la main un verre rempli de vin. « Bourgeois d'Anvers, leur dit-il, je suis ici, au péril de mes biens et de ma vie, pour vous délivrer du joug de l'inquisition. Voulez-vous prendre part avec moi à cette entreprise et me reconnaître pour votre chef? Alors, acceptez la santé que je vous porte, et levez les mains en signe d'approbation. » Ensuite il but, et toutes les

---

1. Burgundius en compte douze, que le peuple appelait, dit-on, plaisamment les douze apôtres. 188. (*Note de l'auteur.*)

mains se levèrent avec de bruyantes clameurs d'allégresse. Après cet héroïque exploit, il quitta Anvers[1].

Aussitôt après la présentation de la requête des nobles, la gouvernante avait fait rédiger par le conseil privé une nouvelle formule d'édits, qui devait tenir en quelque sorte le milieu entre les ordres du roi et les demandes des confédérés. Il s'agissait maintenant de savoir s'il serait plus sage de publier directement cette *modération*, ainsi que fut appelée communément cette rédaction nouvelle, ou si elle serait d'abord proposée à l'approbation du roi[2]. Le conseil privé, qui jugeait hasardeux de faire une si importante démarche sans la connaissance préalable et même contre l'ordre formel du monarque, s'opposa au prince d'Orange, qui opinait pour le premier parti. Outre cela, on avait lieu de craindre que la nation ne fût pas même satisfaite de cette *modération*, rédigée sans la participation des états qui était proprement ce qu'on réclamait. Pour obtenir, ou plutôt pour dérober le consentement des états, la gouvernante eut recours à un artifice : elle consulta une province après l'autre isolément, et d'abord celles qui avaient le moins de liberté, comme l'Artois, le Hainaut, Namur et le Luxembourg : par là, non-seulement elle évitait que l'une encourageât l'autre à la résistance, mais elle y gagna encore que les provinces plus libres, comme la Flandre et le Brabant, qu'on réservait prudemment pour les dernières, se laissassent entraîner par l'exemple des autres[3]. Par une conduite d'une extrême illégalité, on surprit les députés des villes, avant qu'ils pussent consulter leurs communes, et on leur imposa sur toute l'affaire un profond silence. Par ce moyen la gouvernante obtint que quelques provinces acceptassent la *modération* sans réserve, et d'autres avec un petit nombre d'additions. Le Luxembourg et Namur y souscrivirent sans difficulté. Les états d'Artois firent la réserve que les faux accusateurs seraient soumis à la peine du talion; ceux du Hainaut demandèrent qu'au lieu de la confiscation des biens, qui était contraire à leurs priviléges, une autre peine arbitraire

---

1. Strad., 131.
2. Hopper, § 95.
3. Grot., 22. — Burgund., 196.

fût introduite. La Flandre réclama la suppression totale de l'inquisition, et voulut qu'on garantît aux accusés le droit d'en appeler à leur province. Les états de Brabant se laissèrent tromper par les artifices de la cour. Quant à la Zélande, la Hollande, Utrecht, la Gueldre et la Frise, comme étant les provinces protégées par les priviléges les plus importants, et qui veillaient avec le plus de jalousie au maintien de leurs droits, on ne prit pas leur avis. On avait aussi demandé aux tribunaux des provinces une consultation sur le nouveau projet de *modération*; mais elle ne doit pas avoir été bien favorable, car elle ne fut jamais envoyée en Espagne[1]. Un précis de cette *modération*, qui pourtant méritait en effet son nom, fait juger de ce qu'étaient les édits eux-mêmes. « Les écrivains des sectes, disait-elle, les chefs et les docteurs, comme aussi ceux qui hébergeaient quelqu'un d'entre eux; ceux qui favorisaient ou celaient des assemblées hérétiques, ou qui du reste donnaient d'une manière quelconque un scandale public, devaient être punis du gibet et leurs biens confisqués (dans les lieux où les lois du pays le permettaient); mais, s'ils abjuraient leurs erreurs, ils subissaient simplement la peine du glaive, et leur héritage restait à leur famille : » piége barbare tendu à l'amour paternel! « Les hérétiques légers et repentants, était-il dit de plus, pouvaient obtenir leur grâce; les impénitents devaient vider le pays, sans toutefois perdre leurs biens, à moins qu'en séduisant d'autres personnes ils ne se privassent eux-mêmes de cette faveur. Cependant les anabaptistes étaient exclus de cette dernière grâce; s'ils ne se rachetaient par la plus réelle pénitence, ils étaient dépouillés de leurs biens, et, s'ils étaient relaps, c'est-à-dire retombés dans l'hérésie, on les mettait à mort sans pitié[2]. » Le respect plus grand pour la vie et la propriété qu'on remarque dans ces ordonnances, et qu'on pourrait être aisément tenté d'attribuer à un changement naissant de volonté dans le ministère espagnol, n'était qu'une concession forcée, que lui arrachait la ferme résistance de la noblesse. On était même si peu édifié dans les Pays-Bas de cette *modération*, qui, dans le fond,

---

1. *Hist. gén. des Prov.-Un.*, III, 72 (t. V, p. 113-115 de l'éd. franç.).
2. Burg., 190-193.

ne faisait disparaître aucun abus essentiel, que le peuple, dans son mécontentement, l'appelait non pas la *modération*, mais la *moorderation*, c'est-à-dire l'édit de meurtre [1].

Après avoir ainsi surpris le consentement des états, on présenta la *modération* au conseil d'État, et, lorsqu'il l'eut signée, elle fut envoyée au roi en Espagne, pour recevoir force de loi par sa ratification [2].

L'ambassade à Madrid, dont on était convenu avec les confédérés, fut d'abord confiée au marquis de Bergues [3]; mais, par une défiance trop fondée des dispositions actuelles du roi, et parce qu'il ne voulait pas se charger seul de cette affaire délicate, il demanda un collègue. Il l'obtint en la personne du baron de Montigny, qui avait été déjà employé précédemment à une semblable affaire, et qui l'avait glorieusement terminée. Mais, comme les circonstances avaient considérablement changé depuis ce temps, et que Montigny avait de justes inquiétudes sur la réception qui l'attendait à Madrid cette seconde fois, il convint avec la duchesse, pour sa plus grande sûreté, qu'elle écrirait préalablement au roi à ce sujet, et que cependant il voyagerait avec son compagnon assez lentement pour que la réponse du roi pût l'atteindre encore en chemin. Son bon génie, qui voulait l'arracher, ce semble, au sort affreux qui lui était réservé à Madrid, troubla encore son voyage par un incident inattendu : une blessure que le marquis de Bergues reçut en jouant à la paume, le mit hors d'état d'accompagner immédiatement Montigny. Néanmoins, celui-ci, comme la gouvernante le pressait de faire diligence, se mit seul en route, non pas, comme il espérait, pour gagner en Espagne la cause de ses concitoyens, mais pour mourir martyr de cette cause [4].

La face des choses était maintenant si fort changée, et la démarche que la noblesse venait de faire avait rendu si imminente une complète rupture avec le gouvernement, qu'il sem-

---

1. *Hist. gén. des Prov.-Un.*, 72 (t. V, p. 110, 111 de l'éd. franç.).
2. *Vigl. ad Hopper. epist.* VII.
3. Il faut distinguer ce marquis de Bergues du comte Guillaume de Bergues, qui avait été un des premiers signataires du compromis. *Vigl. ad Hopper. epist.* VII. (*Note de l'auteur.*)
4. Strad., 133, 134.

blait désormais impossible au prince d'Orange et à ses amis de
garder plus longtemps les rapports réservés et les ménagements qu'ils avaient entretenus jusqu'alors entre la république
et la cour, et de concilier des devoirs si opposés. Autant il leur
en devait coûter de faire violence à leur manière de penser pour
ne pas prendre parti dans cette lutte, et autant leurs sentiments
naturels de liberté, leur amour de la patrie et leurs idées de
tolérance, souffraient de la contrainte que leurs charges leur
imposaient : autant, d'un autre côté, la défiance de Philippe
envers eux, le peu de considération avec lequel on avait depuis
longtemps coutume de recevoir leurs avis, et le manque d'égards
de la duchesse à leur endroit, devaient refroidir leur empressement, et leur rendre pénible la continuation d'un rôle qu'ils
remplissaient avec tant de répugnance et dont on leur savait si
peu de gré. A cela s'ajoutaient différents avis venus d'Espagne,
qui mettaient hors de doute le mécontentement du roi au sujet
de la requête de la noblesse, ainsi que son peu de satisfaction
de leur propre conduite en cette occasion, et faisaient attendre
de lui des mesures auxquelles, comme soutiens de la liberté
nationale, et, la plupart, comme amis ou parents des confédérés,
ils ne pourraient jamais donner la main [1]. En somme, du nom
qu'on appliquerait en Espagne à l'alliance de la noblesse, dépendait principalement désormais le parti qu'ils auraient à
prendre pour l'avenir. Si la requête était appelée une révolte,
il ne leur restait d'autre choix que d'en venir, avant le temps, à
une explication dangereuse avec la cour, ou de l'aider à traiter
en ennemis ceux dont l'intérêt était aussi le leur, et qui n'avaient
agi que selon les sentiments dont ils étaient eux-mêmes animés. Ils ne pouvaient échapper à cette fâcheuse alternative que
par une retraite absolue des affaires : résolution qu'une partie
d'entre eux avaient déjà prise une fois, et qui, dans les conjonctures présentes, était plus qu'un simple expédient suggéré
par la nécessité. Toute la nation avait les yeux fixés sur eux.
La confiance illimitée dans leurs sentiments, le respect universel dont ils étaient l'objet, et qui touchait à l'adoration, ennoblissaient la cause qu'ils adopteraient, et ruinaient absolument

---

1. Meteren, 61.

celle qu'ils abandonneraient. Leur participation au gouvernement, quoiqu'elle fût purement nominale, tenait en bride le parti contraire. Aussi longtemps qu'ils assistaient encore au conseil, on évitait les mesures violentes, parce qu'on attendait encore quelque chose des voies de douceur. Leur désapprobation, quoiqu'elle ne partît pas du cœur, rendait la faction craintive et indécise; elle se relèverait, au contraire, avec toute sa force, aussitôt qu'elle pourrait compter, ne fût-ce que de loin, sur une si puissante approbation. Les mêmes mesures du gouvernement, qui, si elles passaient par leurs mains, étaient assurées d'un succès favorable, devenaient sans eux suspectes et inefficaces; la condescendance même du roi, si elle n'était pas l'ouvrage de ces amis du peuple, manquait nécessairement la meilleure partie de son effet. Outre que leur retraite des affaires laissait la régente sans conseil dans un temps où les conseils lui étaient plus indispensables que jamais, elle donnait en même temps la prépondérance à un parti qui, dirigé par un aveugle attachement à la cour, et ne connaissant pas les particularités du caractère républicain, ne cesserait pas d'envenimer le mal et de pousser à l'extrême l'irritation des esprits.

Tous ces motifs, parmi lesquels chacun, selon sa bonne ou sa mauvaise opinion du prince, est libre de choisir celui qui peut avoir dominé dans son esprit, le décidèrent alors à laisser la gouvernante dans l'embarras et à s'éloigner de toutes les affaires publiques. L'occasion de mettre ce projet à exécution se trouva bientôt. Le prince avait opiné pour la prompte promulgation des édits nouvellement modifiés; la gouvernante suivit l'avis du conseil privé et les envoya auparavant au roi. « Je vois aujourd'hui clairement, s'écria le prince, avec une vivacité feinte, qu'on se défie de tous les avis que je donne. Le roi n'a que faire de serviteurs dont la fidélité lui est suspecte, et loin de moi la pensée d'imposer à mon maître des services qui lui déplaisent! Il vaut donc mieux pour lui et pour moi que je renonce à la vie publique[1]. » Le comte de Hoorn fit à peu près la même déclaration. Egmont demanda la permission de se rendre aux bains d'Aix-la-Chapelle, que son médecin lui avait ordon-

---

1. Burgund., 189.

nés, quoiqu'il parût la santé même, est-il dit dans l'acte d'accusation dirigé contre lui. La gouvernante, effrayée des suites que cette démarche entraînerait inévitablement, fit entendre au prince des paroles sévères. « Si mes représentations et le bien public n'ont pas sur vous assez d'influence pour vous faire renoncer à ce projet, vous devriez du moins ménager davantage votre propre gloire. Louis de Nassau est votre frère. Lui et le comte Bréderode, les chefs de la conjuration, ont été ouvertement vos hôtes. La requête renferme les mêmes choses sur lesquelles toutes vos représentations dans le conseil d'État ont roulé jusqu'à présent. Si maintenant vous abandonnez tout à coup la cause de votre souverain, tout le monde ne dira-t-il pas que vous favorisez la conjuration? » On ne dit pas si le prince sortit effectivement cette fois du conseil d'État; mais, s'il en fut ainsi, il doit s'être bientôt ravisé, car nous le voyons, peu de temps après, mêlé encore aux affaires publiques. Egmont, à ce qu'il paraît, se laissa vaincre par les représentations de la gouvernante; le comte de Hoorn, lui seul, se retira réellement dans une de ses terres[1], avec le projet de ne plus servir ni empereurs ni rois.

Cependant les Gueux s'étaient dispersés dans toutes les provinces, et, partout où ils s'étaient montrés, ils avaient répandu les nouvelles les plus favorables sur le succès de leur entreprise. A les entendre, la cause de la liberté religieuse était entièrement gagnée, et, pour mieux affermir cette créance, quand la vérité ne suffisait pas, ils avaient recours au mensonge. Ils produisirent, par exemple, une fausse lettre des chevaliers de la Toison d'or, dans laquelle ceux-ci déclaraient solennellement qu'à l'avenir personne n'aurait plus à craindre, pour cause de religion, ni la prison, ni l'exil, ni la mort, à moins qu'il ne se fût rendu coupable en même temps d'un crime politique, auquel cas néanmoins les seuls confédérés seraient ses juges; et telle serait la règle suivie jusqu'à ce que le roi, de concert avec les états généraux, en eût ordonné autrement. Quel que fût, à la première nouvelle d'une telle imposture, l'empressement des

---

[1]. Il y resta trois mois hors d'activité. *Accusation de Hoorn*, 118. (*Note de l'auteur.*)

chevaliers à détromper le peuple, cette invention n'en avait pas moins rendu, dans ce court intervalle, d'importants services à la faction. S'il y a des vérités dont l'effet se borne à un seul instant, des fictions, pourvu qu'elles subsistent durant cet instant, peuvent aisément en occuper la place. Outre que la nouvelle répandue éveilla la défiance entre la gouvernante et les chevaliers, et releva le courage des protestants par de nouvelles espérances, elle fournit à ceux qui méditaient des nouveautés une apparence de droit, qui, bien qu'ils n'y ajoutassent pas foi eux-mêmes, servait à pallier leur conduite. En vain ce faux bruit fut bientôt démenti : dans le court espace de temps où il avait trouvé créance, il avait nécessairement occasionné tant de désordres, amené tant de licence et d'excès, que le retour devenait impossible, et qu'on se vit forcé, par l'habitude aussi bien que par le désespoir, de suivre la route où l'on était une fois entré[1]. Dès la première nouvelle de cet heureux succès, les protestants fugitifs rentrèrent dans leurs foyers, dont ils ne s'étaient éloignés qu'à regret; ceux qui s'étaient cachés sortirent de leurs retraites; ceux qui n'avaient adhéré jusque-là que de cœur à la nouvelle religion, rendus hardis par cet acte de tolérance, l'embrassèrent alors hautement et publiquement[2]. Le nom des Gueux fut célébré dans toutes les provinces; on les proclamait les soutiens de la religion et de la liberté; leur parti s'accrut de jour en jour, et beaucoup de marchands commencèrent à porter leurs insignes. En les adoptant, ils firent un changement au denier des Gueux, et mirent dessus deux bourdons placés en croix, comme pour faire entendre qu'ils étaient à chaque instant disposés et tout prêts à quitter, pour la religion, maison et foyer. L'établissement de l'alliance des Gueux avait donné aux affaires une tout autre face. Les murmures des sujets, jusque-là impuissants et méprisables, parce que c'étaient seulement des cris isolés, s'étaient réunis en un ensemble formidable, et, par cette réunion, ils avaient gagné de la force, une direction et de la stabilité. Tout esprit séditieux se considérait maintenant comme membre d'une respectable et puissante asso-

1. Strad., 132, 133.
2. Grot., 22.

ciation, et croyait mettre à couvert sa témérité, en lui donnant asile dans ce rendez-vous du mécontentement général. L'homme vain était flatté qu'on le proclamât une acquisition importante pour la ligue; les peureux étaient séduits par l'idée de se perdre, oubliés et impunis, dans ce vaste courant. La face que la conjuration montrait au peuple était très-différente de celle qu'elle avait présentée à la cour. Lors même que les confédérés eussent eu les vues les plus pures, qu'ils eussent été réellement à l'égard du trône aussi bien intentionnés qu'ils voulaient le paraître au dehors, cependant la multitude se serait attachée uniquement au côté illégal de leur conduite, et leur but louable aurait été pour elle comme n'existant pas.

LES PRÊCHES PUBLICS.

Les huguenots et les protestants allemands ne pouvaient trouver un moment plus favorable que celui-là pour essayer d'écouler dans les Pays-Bas leur dangereuse marchandise. Chaque ville importante fourmillait maintenant de nouveaux venus suspects, d'espions déguisés, d'hérétiques de toute espèce et de leurs apôtres. Trois partis religieux, entre tous ceux qui s'écartaient de l'Église dominante, avaient fait dans les provinces des progrès remarquables. La Frise et les contrées voisines avaient été inondées par les anabaptistes, qui, étant les plus pauvres, sans chefs, sans constitution, sans forces militaires, et de plus divisés entre eux, éveillaient le moins de craintes. Un parti bien plus important était celui des calvinistes, qui occupaient les provinces méridionales et surtout la Flandre; qui trouvaient de puissants soutiens dans leurs voisins les huguenots, dans la république de Genève, dans les cantons suisses et une partie de l'Allemagne, et dont la religion, à quelques nuances près, était assise sur le trône d'Angleterre. Leur secte était la plus nombreuse, surtout dans le commerce et la petite bourgeoisie; c'étaient en grande partie les huguenots chassés de France qui lui avaient donné naissance[1]. Les luthériens leur cédaient en nombre et en richesse, mais un parti beaucoup plus considérable parmi la noblesse leur donnait du poids. Ils possédaient principalement la partie

[1]. Ce dernier membre de phrase est un peu différent dans la première édition : « Elle s'était formée insensiblement de ce que la France avait rejeté de son sein. »

orientale des Pays-Bas, qui confine à l'Allemagne; leur confession dominait dans quelques royaumes du Nord; les plus puissants princes de l'empire étaient leurs alliés, et la liberté religieuse de cet État, auquel les Pays-Bas appartenaient aussi par le traité de Bourgogne, pouvait être invoquée par eux avec la meilleure apparence de droit. Anvers était le rendez-vous de ces trois religions, parce que la foule du peuple les dérobait à la vue, et que le mélange de toutes les nations dans cette ville favorisait la liberté[1]. Ces trois Églises[2] n'avaient rien de commun entre elles qu'une haine également implacable contre le papisme, contre l'inquisition en particulier et contre le gouvernement espagnol, dont elle était l'instrument; mais la jalousie même avec laquelle elles se surveillaient mutuellement entretenait leur zèle[3] et empêchait que l'ardeur du fanatisme ne s'éteignît chez elles[4].

La gouvernante, comptant que l'édit projeté de *modération* serait mis en vigueur, et voulant satisfaire les Gueux, avait recommandé provisoirement aux gouverneurs et aux magistrats des provinces d'user de douceur dans les procédures dirigées contre les hérétiques : mandat auquel la plupart d'entre eux, qui ne remplissaient qu'à regret leur triste charge pénale, obéirent avec empressement, et qu'ils prirent dans sa signification la plus étendue. La plupart des principaux magistrats en voulaient cordialement à l'inquisition et à la tyrannie espagnole, et même beaucoup d'entre eux étaient secrètement attachés à l'une ou à l'autre des sectes religieuses; ceux même qui ne l'étaient pas ne voulaient pas donner aux Espagnols, leurs ennemis déclarés, le plaisir de voir maltraiter leurs compatriotes[5]. Ils comprirent donc mal à dessein la gouvernante, et laissèrent tomber presque entièrement en désuétude l'inquisition comme les édits. Cette indulgence[6] du gouvernement, jointe aux brillantes illusions répandues par les Gueux, fit sortir de

1. Dans la première édition : « la Licence. »
2. Dans la première édition : « Ces trois sectes. »
3. Au lieu de « leur zèle, » on lit dans la première édition : « Leur esprit de secte. »
4. Grot., 22. — Strad., 136. — Burgund., 212.
5. Grot., 29. — Burgund., 203, 204.
6. Dans la première édition : « Cette connivence. »

leur obscurité les protestants, qui d'ailleurs s'étaient trop multipliés pour demeurer plus longtemps cachés. Jusqu'alors on s'était contenté de secrètes réunions nocturnes; maintenant ils se crurent assez nombreux et assez redoutés pour pouvoir aussi hasarder publiquement ces assemblées. Cette licence prit son origine entre Oudenarde et Gand, et s'étendit bientôt dans tout le reste de la Flandre. Un certain Hermann Stricker, natif d'Overyssel, ancien moine, échappé du couvent, audacieux enthousiaste, d'un esprit capable, d'une figure imposante et d'une langue habile, est le premier qui ait mené le peuple à un sermon en plein air. La nouveauté de l'entreprise rassemble autour de lui une troupe de sept mille personnes. Un juge de la contrée, qui, plus hardi que sage, s'élance à travers la foule, l'épée à la main, pour arrêter le prédicant au milieu de l'assemblée, est si mal reçu par le peuple, qui saisit des pierres, à défaut d'autres armes, qu'étendu par terre, grièvement blessé, il est trop heureux de sauver sa vie en demandant grâce[1]. Le succès de la première tentative donne le courage d'en faire une seconde. Les protestants se rassemblent encore en plus grand nombre dans le voisinage d'Alost; mais cette fois ils se sont déjà pourvus de rapières, d'armes à feu et de hallebardes; ils posent des gardes, et barricadent les avenues avec des chariots et des voitures. Si quelqu'un vient à passer par hasard en ce lieu, il faut que, bon gré mal gré, il prenne part au service divin, et des gens sont là, apostés tout exprès, qui veillent à ce qu'il en soit ainsi. A l'entrée, des libraires se sont établis, qui exposent en vente le catéchisme protestant, des livres d'édification et des libelles contre les évêques. L'apôtre Hermann Stricker se fait entendre du haut d'une chaire, dressée à l'instant même avec des charrettes et des troncs d'arbres. Une toile à voile, tendue au-dessus, le préserve du soleil et de la pluie. La foule se place sous le vent, pour ne pas perdre un mot de la prédication, dont les invectives contre le papisme sont le meilleur assaisonnement.

1. Burgund., 213, 214. — Cette brutalité inouïe d'un seul homme, pénétrant au milieu d'une foule de sept mille téméraires, qu'enflamme encore leur dévotion commune, pour arrêter sous leurs yeux un personnage qu'ils vénèrent, montre mieux que tout ce qu'on pourrait dire sur ce sujet, avec quel insolent mépris les catholiques d'alors regardaient ceux qu'on appelait hérétiques, et qu'ils considéraient comme une espèce d'hommes dégénérée. (*Note de l'auteur.*)

On puise de l'eau à la rivière prochaine pour faire baptiser par lui, sans autre cérémonie, comme dans les premiers temps du christianisme, les enfants nouveau-nés. On administre les sacrements selon le rite calviniste; on bénit des mariages et l'on prononce des divorces. La moitié de Gand avait été de la sorte attirée hors de ses murs; la troupe grossissait et s'étendait sans cesse, et en peu de temps elle eut inondé toute la Flandre orientale. La Flandre occidentale fut à son tour mise en mouvement par un autre moine défroqué, Pierre Dathen, de Poperingue : quinze mille personnes sortirent des bourgs et des villages pour se presser à son prêché; leur nombre les rendit assez hardies pour forcer les prisons, où quelques anabaptistes étaient tenus en réserve pour le martyre. A Tournai, les protestants furent poussés aux mêmes témérités par un certain Ambroise Ville, calviniste français. Ils insistent également sur la délivrance de leurs prisonniers, et il leur échappe de fréquentes menaces de livrer la ville aux Français. Elle avait été entièrement évacuée par la garnison, que le commandant avait retirée dans la citadelle, par la crainte d'une trahison, et qui d'ailleurs se refusait à agir contre ses concitoyens. Les sectaires allèrent si loin dans leur arrogance, qu'ils réclamèrent pour eux une des églises publiquement consacrées au culte dans l'intérieur de la ville, et, comme on la leur refusait, ils formèrent une ligue avec Anvers et Valenciennes, pour célébrer à force ouverte leur service divin, à l'exemple des autres villes. Ces trois cités étaient entre elles dans la plus étroite union, et dans chacune le parti protestant était également puissant et nombreux. Mais, comme aucune n'osait cependant commencer le tumulte, elles convinrent de risquer en même temps les prêches publics. L'apparition de Bréderode à Anvers les enhardit enfin. Le même jour où pareille chose se passait à Tournai et à Valenciennes, seize mille personnes s'élancèrent hors de la ville, hommes et femmes mêlés confusément, les mères traînant par la main après elles leurs tout petits enfants. Ils entourèrent la place de chariots liés ensemble, derrière lesquels se cachaient des hommes armés, pour défendre le culte contre toute surprise. Les prédicants étaient les uns Allemands, les autres huguenots, et parlaient en langue wallonne. Plusieurs d'entre eux étaient tirés du plus bas peuple, et des artisans même se sentaient appelés à cette œuvre sainte. Nul respect de l'autorité, nulle loi, nulle apparition de sergents ne les effrayaient plus. Un grand nombre étaient entraînés par la seule curiosité, pour apprendre enfin quelles choses nouvelles et singulières pouvaient débiter ces étrangers qui avaient tant fait parler d'eux. D'autres étaient séduits par l'harmonie des psaumes, qu'on chantait en vers français, comme il était d'usage à Genève. Une grande partie furent attirés par ces prêches comme par de joyeuses comédies, dans lesquelles on ravalait plaisamment le pape, les pères du concile de Trente, le purgatoire et d'autres dogmes de l'Église dominante. Plus les extravagances allaient loin, plus elles chatouillaient les oreilles de la foule, et, comme au théâtre, des applaudissements universels récompensaient l'orateur qui avait surpassé les autres[1] par ses exagérations aventureuses. Toutefois le ridicule qui était jeté, dans ces assemblées, sur l'Église dominante, n'était pas entièrement perdu pour l'âme des auditeurs, non plus que les quelques grains de raison qui s'y mêlaient occasionnellement; et tel qui était venu chercher là tout autre chose que la vérité, la remportait peut-être avec lui, sans le savoir[2].

Ces assemblées se répétèrent pendant plusieurs jours, et à chacune croissait l'audace des sectaires, jusqu'à ce qu'enfin ils se permirent de reconduire en triomphe leurs prédicateurs, après le service divin, avec une escorte de cavaliers armés, et d'insulter à la loi par cet appareil. Le conseil de la ville expédie à la duchesse courrier sur courrier, pour la prier de venir en personne, et, s'il est possible, d'établir sa résidence à Anvers : c'est, pense-t-il, l'unique moyen de tenir en bride l'insolence des séditieux et de prévenir la ruine totale de la ville; car les principaux marchands, craignant le pillage, étaient déjà sur le point de la quitter. La crainte de compromettre la majesté royale dans un hasard si dangereux interdit, il est vrai, à Marguerite d'accéder à leur demande; mais, à sa place, elle envoie le comte de Megen, pour s'entendre avec les magistrats

---

1. J'ai suivi la première édition. Le texte actuel a le singulier : « l'autre. »
2. Strad., 132 — Burgund., 220-232.

sur l'introduction d'une garnison. La multitude séditieuse, à qui l'objet de son arrivée ne resta pas longtemps caché, se rassemble autour de lui avec des cris tumultueux. « On le connaissait pour un ennemi juré des Gueux, lui criait-on ; il apportait l'esclavage et l'inquisition, et il n'avait qu'à quitter la ville sans délai. » Le tumulte ne cessa pas, en effet, avant que Megen eût repassé les portes. Alors les calvinistes de la ville présentèrent aux magistrats un mémoire, dans lequel ils démontraient que, vu leur grand nombre, il leur était désormais impossible de se rassembler en secret, et demandaient pour leur usage un temple dans l'intérieur de la ville. Le conseil renouvelle ses représentations à la duchesse, pour qu'elle vienne secourir par sa présence la ville menacée, ou qu'elle y envoie du moins le prince d'Orange, le seul homme pour qui le peuple ait encore quelque respect, et qui, d'ailleurs, est obligé envers la cité par son titre héréditaire de burgrave d'Anvers. Pour éviter un plus grand mal, la gouvernante dut consentir à la seconde demande, et, quelle que fût à cela sa répugnance, confier Anvers au prince. Celui-ci, après s'être fait longtemps prier, parce qu'il paraissait fermement résolu de ne plus prendre à l'avenir aucune part aux affaires d'État, se rendit enfin aux pressantes invitations de la régente et aux désirs impétueux du peuple. Bréderode vint au-devant de lui, à une demi-lieue de la ville, avec un nombreux cortége, et, des deux parts, on se salua par une décharge de pistolets. Anvers semblait avoir versé toute sa population hors de ses murailles pour recevoir son sauveur. Toute la grande route fourmillait de monde ; les toits des maisons de campagne avaient été découverts pour contenir plus de spectateurs ; de derrière les haies, les murs des cimetières, des tombeaux mêmes, les hommes se dressaient en foule. L'attachement du peuple pour le prince se manifestait par de naïfs épanchements. « Vivent les Gueux! » lui criaient jeunes et vieux. « Voyez! entendait-on ailleurs, voilà celui qui vient nous donner la liberté ! — C'est lui, s'écriaient les luthériens, qui nous apporte la confession d'Augsbourg ! — Nous n'avons plus besoin des Gueux, maintenant ! criaient d'autres encore ; nous n'avons plus besoin de faire le pénible voyage de Bruxelles ; lui seul est tout pour nous! » Ceux enfin qui ne savaient que dire, donnaient l'essor à leur joie immodérée, en chantant des psaumes, qu'ils entonnaient tumultueusement autour de lui. Lui cependant gardait toute sa gravité; il faisait signe à ceux qui l'environnaient de se taire, et enfin, comme personne ne voulait lui obéir, il s'écria d'un ton moitié ému, moitié mécontent : « Au nom de Dieu, prenez garde à ce que vous faites; vous pourriez vous repentir un jour de votre conduite d'aujourd'hui[1]! » Les cris d'allégresse redoublèrent lorsqu'il entra à cheval dans la ville même. Dès la première conférence du prince avec les chefs des différentes sectes religieuses[2], qu'il fit venir auprès de lui et interrogea séparément, il reconnut qu'il fallait chercher la principale source du mal dans la défiance mutuelle des partis religieux et dans les soupçons qu'inspiraient aux bourgeois les vues du gouvernement; et que par conséquent son premier soin devait être de rassurer les esprits. Il chercha, par persuasion et par adresse, à tirer les armes des mains des calvinistes, qui étaient les plus puissants par leur nombre, et, à force de peines, il y réussit à la fin. Mais, bientôt après, quelques voitures ayant été chargées à Malines de munitions de guerre, et le *drossart* (bailli) de Brabant s'étant montré plusieurs fois avec des gens armés sur le territoire d'Anvers, les calvinistes craignirent d'être troublés par quelque acte d'hostilité dans leur culte, et sollicitèrent le prince de leur accorder dans l'intérieur des murs une place pour leurs prêches, où ils pussent être à l'abri d'une surprise[3]. Il réussit encore une fois à les rassurer, et sa présence empêcha heureusement l'explosion du tumulte, même pendant la fête de l'Assomption, qui avait attiré dans la ville une foule de peuple, et à l'occasion de laquelle on avait conçu les craintes les plus vives. L'image de la Vierge fut promenée, sans insulte, avec la pompe accoutumée; quelques paroles moqueuses et de sourds murmures contre l'idolâtrie furent tout ce que la plèbe non catholique se permit contre la procession[4].

---

1. Strad., 138, 139. — Burg., 233, 234.
2. Dans la première édition : « Avec les chefs de la bourgeoisie et des différentes sectes. »
3. Meurs, *Guil. Auriac.*, lib. I, 10, 11.
4. Meteren, 83. — Burgund., 234.

(1566.) Tandis que la régente reçoit d'une province après l'autre les plus tristes nouvelles de l'arrogance des protestants, et tremble pour Anvers, qu'elle a été forcée de laisser dans les mains suspectes du prince d'Orange, un sujet non moindre de frayeur la vient troubler d'un autre côté. A la première nouvelle des prêches publics, elle avait sommé la confédération de remplir ses promesses et de lui prêter assistance pour le rétablissement de l'ordre. Le comte Bréderode saisit ce prétexte pour convoquer une assemblée générale des confédérés. On n'aurait pu choisir pour cela un plus dangereux moment. Un si fastueux étalage des forces intérieures de l'alliance, dont l'existence et la protection avaient pu seules encourager la multitude protestante à aller aussi loin qu'elle avait fait, devait maintenant relever autant la confiance des sectaires qu'elle abattait le courage de la régente. L'assemblée se tint à Saint-Trond, ville du pays de Liége, où Bréderode et Louis de Nassau s'étaient portés, à la tête de deux mille confédérés. Comme le long retard de la réponse royale, attendue de Madrid, ne leur semblait présager rien de bon de ce côté, ils jugèrent prudent d'exiger, à tout événement, de la gouvernante, une lettre de sûreté pour leurs personnes. Ceux d'entre eux qui nourrissaient de coupables sympathies pour la multitude protestante, considéraient ses excès comme un événement favorable pour la confédération. Le succès apparent de ceux à l'alliance desquels ils s'étaient abaissés, les induisit à changer de ton; leur zèle louable d'autrefois commença à dégénérer en insolence et en bravade. Un grand nombre furent d'avis qu'on devait mettre à profit la confusion générale et l'embarras de la duchesse, pour prendre un ton plus hardi et entasser requête sur requête. Les membres catholiques de l'alliance, parmi lesquels plusieurs étaient encore au fond du cœur très-royalistes, et avaient été entraînés dans la confédération par l'occasion et l'exemple, plutôt qu'ils n'y avaient accédé par une impulsion personnelle, entendirent alors, à leur grand étonnement, proposer une liberté religieuse universelle, et reconnurent avec effroi dans quelle dangereuse entreprise ils s'étaient étourdiment engagés. Aussitôt après cette découverte, le jeune comte de Mansfeld se retira, et une discorde intestine commença dès lors à miner l'ouvrage de la précipitation et à délier insensiblement les nœuds de l'alliance[1].

Le comte d'Egmont et Guillaume d'Orange reçoivent de la gouvernante des pleins pouvoirs pour négocier avec les confédérés. Douze de ces derniers, parmi lesquels se trouvaient Louis de Nassau, Bréderode et Kuilembourg, s'abouchèrent avec eux à Duffle, village peu éloigné de Malines. « Pourquoi cette nouvelle démarche? leur fit dire la régente par la bouche de ses deux envoyés. On m'a demandé d'envoyer des députés en Espagne : je les ai envoyés; on a trouvé les édits et l'inquisition trop sévères : je les ai modérés. On a proposé une assemblée générale des états : j'ai transmis cette prière au roi, parce que je ne pouvais l'accorder de ma propre autorité. Qu'ai-je donc, à mon insu, ou fait ou négligé qui rendît nécessaire cette assemblée de Saint-Trond? Est-ce peut-être la crainte du courroux du roi et des suites de ce courroux, qui inquiète les confédérés? L'offense est grande, mais plus grande encore est sa clémence. Où sont maintenant les promesses de l'alliance, de ne pas exciter de troubles parmi le peuple? Où sont ces magnifiques et retentissantes protestations, qu'on serait prêt à mourir à mes pieds plutôt que de laisser porter atteinte à quelque droit du monarque? Déjà les novateurs se permettent des choses qui touchent de bien près à la révolte et conduisent la république à sa perte; et c'est de l'alliance qu'ils s'autorisent en agissant ainsi. Si elle le souffre en silence, elle s'accuse elle-même d'être complice de leur attentat; si elle est sincèrement dévouée à son roi, elle ne peut rester inactive en présence de ces excès de la multitude. Mais elle-même, par son dangereux exemple, ouvre les voies à la fureur populaire; elle conclut des traités avec les ennemis de la patrie, et confirme maintenant les mauvais bruits et les soupçons par sa criminelle assemblée[2]. »

La confédération se justifia formellement de ces imputations, dans un mémoire qu'elle fit présenter à Bruxelles au conseil d'État par trois députés. « Nous avons ressenti, disait le mémoire, avec la plus vive reconnaissance, tout ce que Votre Al-

---

1. Burgund., 235. — Strad., 147.
2. Meteren, 81. — Burgund., 238, 239.

tesse a fait par égard pour notre supplique ; et nous ne pouvons nous plaindre d'aucune innovation qui depuis se serait produite, en quelque lieu que ce soit, contre votre promesse. Mais si, malgré cela, nous apprenons toujours, et de tous côtés, et si nous voyons de nos propres yeux, qu'on traîne devant les tribunaux et conduit à la mort nos concitoyens, pour cause de religion, nous devons nécessairement en conclure que les ordres de Votre Altesse sont, pour le moins, très-peu respectés par les tribunaux. Ce que l'alliance a promis de son côté, elle l'a loyalement tenu ; elle a cherché aussi, selon ses forces, à réprimer les prêches publics ; mais assurément il n'est pas extraordinaire qu'un si long retard de la réponse de Madrid remplisse les esprits de soupçons, et que, déçus dans l'espérance d'une assemblée générale des états, ils soient peu disposés à croire à de nouvelles assurances. Jamais la ligue ne s'est alliée avec les ennemis de l'État : elle n'en a même jamais senti la tentation. Si les armées françaises devaient se montrer dans les Provinces, nous serions des premiers à cheval, nous autres confédérés, pour les en chasser. Mais nous voulons être sincères avec Votre Altesse : nous avons cru lire sur son visage des signes de mécontentement contre nous ; nous voyons en possession de sa faveur des hommes qui sont fameux par la haine qu'ils nous portent. Chaque jour il nous faut entendre que l'on vous déconseille d'avoir aucun commerce avec nous, comme si nous étions des pestiférés ; que l'on nous annonce l'arrivée du roi comme le lever d'un jour de justice.... N'est-il pas naturel que la défiance dont nous sommes l'objet éveille enfin la nôtre ? que le reproche de lèse-majesté, dont on s'efforce de noircir notre confédération ; que les préparatifs militaires du duc de Savoie et d'autres princes, qui, si l'on en croit certaine rumeur, doivent nous concerner ; que les négociations du roi avec la cour de France, pour obtenir le passage, à travers ce royaume, d'une armée espagnole qui est destinée, dit-on, pour les Pays-Bas ; qu'enfin plusieurs événements pareils nous aient pressés de songer à notre propre défense et de nous fortifier par une alliance avec nos amis étrangers ? Sur un bruit public, incertain et vague, on nous accuse d'une participation à la licence de la tourbe protestante ; mais qui le bruit public n'accuse-t-il point ? Il est vrai sans doute qu'il se trouve aussi parmi nous des protestants, pour qui la tolérance religieuse serait le don le plus précieux; mais, eux-mêmes, ils n'ont jamais oublié ce qu'ils doivent à leur souverain. Ce n'est point la crainte de la colère du roi qui nous a portés à tenir cette assemblée. Le roi est bon, et nous voulons espérer qu'il est juste. Ce ne peut donc pas être le pardon que nous cherchons auprès de lui, et nous ne pouvons davantage solliciter l'oubli pour des actes qui ne sont pas les moins considérables des services que nous avons rendus à Sa Majesté. Il est vrai encore que des députés des luthériens et des calvinistes se sont rendus à Saint-Trond, et même ils nous ont remis une requête, que nous envoyons ci-jointe à Votre Altesse. Ils y offrent de déposer les armes en assistant à leurs prêches, si l'alliance veut garantir leur sécurité et répondre de la convocation générale des états. Nous avons cru devoir leur promettre l'un et l'autre, mais notre promesse seule n'a aucune force si elle n'est aussi confirmée par Votre Altesse et par quelques-uns de ses principaux conseillers. Dans leur nombre, aucun ne peut être aussi bien informé de l'état de nos affaires, ni mieux intentionné pour nous, que le prince d'Orange et les comtes de Hoorn et d'Egmont. Nous les acceptons tous trois avec joie pour médiateurs, si on leur donne à cet effet les pleins pouvoirs nécessaires, et si l'on nous assure qu'il ne sera point levé de troupes ni nommé de généraux pour les commander sans qu'ils le sachent. Cependant nous ne demandons cette sûreté que pour un temps déterminé, après l'expiration duquel il sera libre au roi de la retirer ou de la confirmer. S'il prend le premier parti, l'équité demande qu'on nous fixe un terme pour mettre nos personnes et nos biens en sûreté: à quoi trois semaines suffiront. Enfin, pour terminer, nous nous engageons aussi de notre côté à ne rien entreprendre de nouveau sans avoir consulté ces trois médiateurs[1]. »

La confédération ne pouvait tenir un langage si hardi sans s'appuyer sur une puissante réserve et sans compter sur une solide protection; mais la gouvernante se voyait aussi peu en état de lui accorder les points demandés qu'elle était incapable

---

[1] Meteren, 84, 85. — Strad., 141, sq. — Burgund., 249-251. — Meurs., *Guil. Auriac.*, lib. 1, 11, 12.

de lui résister sérieusement. A Bruxelles, que la plupart des conseillers d'État avaient quitté, pour se retirer dans leurs provinces ou pour s'éloigner des affaires sous un autre prétexte quelconque, Marguerite, aussi dépourvue d'argent que de conseil, se vit forcée par le besoin de faire appel à la générosité du clergé, puis, comme ce moyen ne suffisait pas, de recourir à une loterie; et, dépendant des ordres de l'Espagne, qui étaient toujours attendus et n'arrivaient jamais, elle fut enfin réduite à l'humiliante nécessité de faire avec les confédérés de Saint-Trond un traité, portant qu'ils attendraient encore vingt-quatre jours la résolution du roi avant de rien entreprendre de nouveau. Il était étrange assurément que le roi continuât toujours de faire attendre une réponse décisive à la requête, quoique tout le monde sût qu'il avait répondu à des lettres beaucoup plus récentes, et que la gouvernante insistât sur ce point auprès de lui avec la plus grande énergie. Dès le premier éclat des prêches publics, elle avait aussi envoyé, après le baron de Montigny, le marquis de Bergues, qui devait, comme témoin oculaire de ces nouveaux événements, appuyer d'autant plus vivement son rapport écrit, et presser en conséquence la résolution du roi[1].

(1566.) Cependant l'envoyé néerlandais, Florent de Montigny, était arrivé à Madrid, où il avait été reçu avec toute sorte d'égards. L'objet de ses instructions était la suppression du saint-office et la modération des édits; l'augmentation du conseil d'État et l'abolition des deux autres conseils; le vœu de la nation qu'il fût tenu une assemblée générale des états, et la prière de la gouvernante que le roi vînt en personne dans les Pays-Bas. Mais, comme Philippe II ne cherchait toujours qu'à gagner du temps, Montigny fut amusé jusqu'à l'arrivée de son collègue, sans lequel le roi ne voulait prendre aucune résolution définitive. En attendant, le Flamand avait chaque jour et à toutes les heures qui lui convenaient audience du roi, qui donna de plus l'ordre de lui communiquer les diverses dépêches de la duchesse et les réponses qu'il y faisait. Souvent aussi il fut appelé dans le conseil des affaires néerlandaises, où il ne manqua jamais de

---

1. Hopper, § 117. — Burgund., 252-262.

signaler au roi une assemblée générale des états comme l'unique moyen de remédier aux désordres passés, ajoutant que ce moyen rendrait tous les autres superflus. Il lui démontra également qu'une amnistie générale et absolue pour tout le passé pourrait seule dissiper la méfiance qui était la source de tous ces griefs et qui ne cesserait de contrarier les mesures les plus sages. Se fondant sur sa science profonde des affaires et son exacte connaissance du caractère de ses compatriotes, il osa se porter envers le roi garant de leur inviolable fidélité, aussitôt que, par une conduite franche, le souverain les aurait convaincus de la loyauté de ses intentions; tandis qu'au contraire, guidé par cette même connaissance, il ne voyait pour le roi nulle espérance de réussir, aussi longtemps que ces peuples ne seraient pas guéris de la crainte d'être opprimés par lui et sacrifiés à la jalousie des grands d'Espagne. Le collègue de Montigny parut enfin, et l'objet de leur ambassade fut soumis à de nombreuses délibérations [1].

(1566.) Le roi était alors au Bois de Ségovie, et il y assembla son conseil d'État, dont les membres étaient le duc d'Albe, don Gomez de Figueroa, le comte de Féria, don Antoine de Tolède, grand commandeur de l'ordre de Saint-Jean, don Jean Manriquez de Lara, grand maître d'hôtel de la reine, Ruy Gomez, prince d'Éboli et comte de Mélito, Louis de Quixada, grand écuyer du prince, Charles Tyssenacque, président du conseil des Pays-Bas, le conseiller d'État et garde des sceaux Hopper [2], et le conseiller d'État de Corteville [3]. La session dura plusieurs jours; les deux députés y assistèrent, mais le roi lui-même n'y parut point. La conduite des nobles néerlandais y fut examinée par des juges espagnols; on la suivit pas à pas jusqu'à la première origine; on établit entre des incidents fortuits des rapports qui n'avaient jamais existé, et l'on vit un plan mûri et d'une vaste portée dans des événements que le moment avait fait naître. Toutes ces diverses démarches et tentatives de la noblesse, que le hasard seul avait liées entre elles et que la suite

---

1. Hopper, 98. 99. 103.
2. Aux *Mémoires* duquel sont empruntés les résultats de cette session, à laquelle il prit part. (*Note de l'auteur.*)
3. Hopper, § 111.

toute naturelle des choses avait dirigées d'une façon plutôt que d'une autre, on voulut qu'elles fussent sorties du projet médité d'introduire une liberté générale de religion et de mettre le timon de l'État dans les mains de la noblesse. Le premier pas fait dans cette vue, disait-on, avait été la violente expulsion du ministre Granvelle, auquel on ne pouvait trouver rien à reprocher que de posséder un pouvoir qu'on aurait mieux aimé exercer soi-même. On avait fait le second pas en déléguant en Espagne le comte d'Egmont, pour solliciter l'abolition du saint-office et la modération des prescriptions pénales, et déterminer le roi à étendre les attributions du conseil d'État. Mais, comme on n'avait pas réussi à surprendre ces concessions par une voie si modeste, on essayait maintenant de les arracher à la cour par une troisième tentative plus hardie, par une conjuration formelle, l'alliance des Gueux. Un quatrième pas vers le même but est cette nouvelle ambassade, où l'on jette enfin effrontément le masque, où l'on fait voir clairement, par les propositions insensées qu'on ne rougit pas de présenter au roi, où tendaient toutes ces démarches précédentes. « En effet, poursuivait-on, l'abolition du saint-office peut-elle mener à quelque chose de moins que l'absolue liberté de croyance? Avec elle la direction des consciences n'est-elle pas perdue? Cette *modération* projetée n'introduit-elle pas une complète impunité de toutes les hérésies? Ce dessein d'extension du conseil d'État et de suppression des deux autres conseils est-il autre chose qu'une refonte complète du gouvernement à l'avantage de la noblesse, un gouvernement général pour toutes les provinces néerlandaises? Cet attroupement des hérétiques dans les prêches publics n'est-il pas déjà une troisième alliance, formée dans les mêmes vues, parce que la ligue des grands dans le conseil d'État et la confédération des Gueux n'ont pas semblé assez efficaces[1]? »

Mais, quelles que fussent les sources du mal, on convenait qu'en tout cas il était dangereux et pressant. La prompte arrivée du roi à Bruxelles était assurément le remède souverain pour guérir ce mal promptement et radicalement. Mais, comme l'année était déjà avancée et que les préparatifs de ce voyage

---

1. Hopper, § 104.

devaient nécessairement absorber le peu de temps qui restait avant l'hiver; comme la saison orageuse, aussi bien que le danger de rencontrer les navires anglais ou français qui infestaient l'Océan, ne permettaient pas de prendre la voie du Nord, la plus courte des deux; comme les rebelles même pouvaient, dans l'intervalle, occuper l'île de Walcheren et disputer au roi le débarquement, il était impossible de songer à ce voyage avant le printemps, et il fallait, à défaut du seul moyen infaillible, se contenter d'un expédient mitoyen. On convint, en conséquence, que l'on proposerait au roi : premièrement, de révoquer dans les Provinces l'inquisition papale et de s'en tenir à l'inquisition épiscopale; secondement, de rédiger un nouveau plan de modération des édits, dans lequel la dignité de la religion et du roi fût plus ménagée que dans la *modération* envoyée des Pays-Bas; troisièmement, afin que les esprits fussent rassurés et qu'aucune voie d'humanité ne fût négligée, de donner à la gouvernante plein pouvoir de faire grâce *à tous ceux qui n'avaient pas commis auparavant un acte criminel* ou qui n'avaient pas été déjà condamnés juridiquement, à l'exception toutefois des prédicants des sectes et de ceux qui les auraient recélés. Toutes les ligues, confréries, réunions publiques et prédications devaient être désormais interdites sous des peines sévères. S'il était, néanmoins, contrevenu à ces défenses, la gouvernante pouvait se servir des troupes ordinaires et des garnisons pour soumettre les rebelles par la force, et, en cas de nécessité, lever de nouvelles troupes, dont elle nommerait les commandants à son choix. Enfin, il serait bon que Sa Majesté écrivît aux principales villes, aux prélats et aux chefs les plus éminents de la noblesse, à quelques-uns de sa propre main, à tous en termes bienveillants, afin d'animer leur zèle pour son service [1].

Aussitôt qu'on eut présenté au roi cette résolution de son conseil d'État, son premier soin fut d'ordonner qu'on célébrât dans les principales villes du royaume et aussi dans les Pays-Bas des processions et des prières publiques, afin d'appeler sur sa décision la direction divine. Il parut en personne au conseil d'État pour approuver cette résolution et la faire expédier aus-

1. Hopper, §§ 109, 110, 112, 113.

sitôt. Il déclara inutile l'assemblée des états généraux et la refusa absolument ; mais il prit l'engagement de garder à sa solde quelques régiments allemands et de payer leur solde arriérée, afin qu'ils servissent avec d'autant plus de zèle. Il commanda, dans une lettre confidentielle, à la gouvernante de faire sous main et sans bruit des préparatifs de guerre : elle devait lever en Allemagne 3000 cavaliers et 10 000 hommes d'infanterie ; il lui envoya, à cet effet, les lettres nécessaires, et lui fit passer une somme de 300 000 florins d'or [1]. Il accompagna cette résolution de plusieurs lettres autographes à des particuliers et à des villes, où il les remerciait, en termes très-gracieux, de leur louable zèle jusqu'à ce jour, et les exhortait à y persévérer dans l'avenir. Bien qu'il fût demeuré inexorable sur le point le plus important, auquel la nation s'attachait alors principalement, savoir la convocation des états ; bien que cette amnistie limitée et équivoque fût comme nulle et dépendît beaucoup trop de l'arbitraire pour pouvoir rassurer les esprits ; enfin, bien qu'il rejetât comme trop douce la *modération* projetée, dont on se plaignait pourtant comme trop rigoureuse, Philippe II avait fait cependant cette fois, en faveur de la nation, une concession inaccoutumée : il lui avait sacrifié l'inquisition papale et ne lui avait laissé que celle des évêques, à laquelle elle était accoutumée. Elle avait trouvé dans le conseil d'Espagne des juges plus équitables qu'on n'eût dû vraisemblablement l'espérer. Cette sage condescendance aurait-elle, dans un autre temps et d'autres conjonctures, produit l'effet attendu ? c'est ce que nous ne déciderons point. Alors, elle venait trop tard. Quand les lettres royales arrivèrent à Bruxelles (1566), les fureurs des iconoclastes avaient éclaté.

[1] Hopper, § 118, 124. — Burg., 288.

LIVRE QUATRIÈME

LES ICONOCLASTES.

Il est manifeste qu'il ne faut pas chercher les ressorts de cet événement extraordinaire aussi loin que beaucoup d'historiens prennent la peine de le faire. Sans doute il est possible, et très-vraisemblable, que les protestants français aient travaillé assidûment à entretenir dans les Pays-Bas une pépinière pour leur religion, et se soient efforcés d'empêcher par tous les moyens un accommodement amiable de leurs coreligionnaires néerlandais avec le roi d'Espagne, pour occuper dans ses propres États cet implacable ennemi de leur cause : il est donc fort naturel que leurs agents dans les Provinces n'aient pas négligé de fomenter chez leurs frères opprimés de téméraires espérances; de nourrir de toutes les manières leur exaspération contre l'Église dominante; d'exagérer la tyrannie sous laquelle ils gémissaient, et de les entraîner par là insensiblement à des actions criminelles. Il est possible encore que parmi les confédérés il y en eût plusieurs qui pensassent relever leur propre cause perdue, en augmentant le nombre de leurs complices; qui crussent ne pouvoir autrement établir la légitimité de leur confédération qu'en faisant naître les suites malheureuses qu'ils avaient prédites au roi, et qui espérassent cacher leur propre crime sous celui de tout le monde. Mais que la guerre déclarée aux images ait été le fruit d'un plan réfléchi, qu'on aurait concerté dans l'assemblée de Saint-Trond; que, dans une réunion solennelle de tant de nobles et de braves, dont la très-grande majorité était encore attachée à la religion catholique, un furieux ait eu l'audace de proposer le plan d'une infamie manifeste, qui offensait bien moins un parti religieux isolé, qu'elle ne foulait aux pieds tout respect pour la religion en général et pour toute moralité, et qui ne pouvait être conçue que dans une âme de boue appartenant à la plus vile populace : cela serait déjà incroyable par ce seul fait, que ces actes furieux paraissent trop soudains dans leur explosion, trop passionnés, trop monstrueux, dans leur exécution, pour n'avoir pas été l'œuvre du moment où ils se manifestèrent ; puis encore parce qu'ils découlent si naturellement des circonstances qui les précédèrent, qu'il n'est pas besoin de si profondes recherches pour en expliquer la naissance.

Une troupe nombreuse et grossière, ramas de la plus vile plèbe, que des traitements brutaux ont rendue brutale ; des hommes chassés partout, de province en province, par les édits meurtriers qui les menacent dans chaque ville, traqués, réduits au désespoir, contraints de dérober aux regards la pratique de leur culte, de cacher, comme une œuvre de ténèbres, l'exercice d'un droit universel et sacré de l'humanité ; voyant peut-être se dresser devant leurs yeux les temples superbes de l'Église triomphante, où leurs frères orgueilleux se livrent à leur aise à une commode et fastueuse dévotion, tandis qu'eux-mêmes, bannis hors des murs, bannis parfois par le plus petit nombre, les voilà dans un bois sauvage, sous la chaleur brûlante du jour, servant le même Dieu, avec un injurieux mystère ! les voilà poussés de la société civile dans l'état de nature, et, dans un moment terrible, on leur rappelle les droits de cet état !... Plus leur nombre est grand, plus cette destinée est contre nature : ils s'en aperçoivent avec étonnement. La libre voûte du ciel, des armes sous la main, le délire dans le cerveau, l'amertume dans le cœur : tout vient en aide à l'appel d'un orateur fanatique. L'occasion invite ; il n'est pas besoin qu'on se concerte, quand tous les yeux disent la même chose ; la résolution est née, avant même que la parole soit prononcée. Préparée à un méfait, sans que personne sache clairement auquel, cette troupe furieuse se débande. La riante prospérité du culte ennemi offense leur pauvreté ; la pompe de ces temples insulte à leur religion proscrite ; toute croix élevée au bord des chemins, toute image des saints qu'ils rencontrent, est un trophée érigé contre eux, et toutes doivent tomber sous leurs mains vengeresses. Le fanatisme commence ces abominations, mais de viles passions, qui trouvent ici largement à se satisfaire, les achèvent et y mettent le comble.

(1566.) Les premiers ravages des iconoclastes eurent lieu dans la Flandre occidentale et l'Artois, dans les contrées entre la Lys et l'Océan. Une bande furieuse d'ouvriers, de bateliers et de paysans, confondus avec des prostituées, des mendiants et des voleurs, au nombre d'environ trois cents, munis de massues, de haches, de marteaux, d'échelles et de cordes, un petit nombre seulement ayant des armes à feu, des poignards, se jette, exaltée par une rage fanatique, dans les bourgs et les villages voisins de Saint-Omer, enfonce les portes des églises et des couvents qu'elle trouve fermées, renverse les autels, brise les images des saints et les foule aux pieds. Échauffés encore par ces actes abominables, et fortifiés par de nouveaux renforts, ils marchent droit sur Ypres, où ils peuvent compter sur un fort parti de calvinistes. Là ils envahissent, sans que rien les retienne, l'église principale; ils montent aux murailles avec des échelles, détruisent les peintures avec le marteau, mettent en pièces à coups de hache les chaires et les stalles, dépouillent les autels de leurs ornements, et dérobent les vases sacrés. Cet exemple est aussitôt imité à Menin, Comines, Wervic, Lille et Oudenarde; la même fureur s'empare en peu de jours de toute la Flandre. Dans le temps même où les premières nouvelles en circulèrent, Anvers était rempli d'une foule de gens sans asile, que la fête de l'Assomption avait amassée dans cette ville. A peine la présence du prince d'Orange tient-elle encore en bride cette tourbe effrénée, qui brûle d'imiter ses frères de Saint-Omer; mais un ordre de la cour, qui le rappelle promptement à Bruxelles, où la gouvernante convoque à ce moment son conseil d'État pour lui communiquer les lettres royales, livre Anvers aux caprices furieux de cette bande. Le départ du prince est le signal du tumulte. Craignant la licence de la populace, qui s'était manifestée dès les premiers jours par des allusions railleuses, on avait replacé, après quelques tours de procession, l'image de Marie dans le chœur, sans l'exposer, comme de coutume, au milieu de l'église. Cela provoqua quelques drôles insolents d'entre le peuple à lui faire, en ce lieu, une visite, et à lui demander ironiquement pourquoi elle s'était si vite retirée? D'autres montèrent dans la chaire, où ils contrefirent le prédicateur, et défièrent les papistes à une controverse. Un marin catholique, indigné de ces railleries, voulut les arracher de là, et l'on en vint aux coups dans la chaire. Des scènes pareilles eurent lieu dans la soirée du lendemain. Le nombre augmentait, et beaucoup de gens vinrent avec des instruments suspects et des armes cachées. Enfin quelqu'un s'avise de crier : « Vivent les Gueux! » Aussitôt toute la troupe répète ce cri, et l'on invite l'image de la Vierge à en faire autant. Le petit nombre de catholiques qui étaient là, et qui renoncent à l'espoir de rien faire contre ces furieux, quittent l'église, après en avoir fermé toutes les portes, à l'exception d'une seule. Aussitôt qu'on se voit seul, on fait la proposition de chanter un psaume, selon la nouvelle mélodie, qui est prohibée par le gouvernement. Tandis que le chant dure encore, tous, comme à un signal donné, se précipitent avec fureur sur l'image de Marie, la percent de leurs épées et de leurs poignards, et lui abattent la tête. Des prostituées et des voleurs arrachent des autels les grands cierges, et éclairent le travail. Le bel orgue de l'église, chef-d'œuvre de l'art de cette époque, est détruit; toutes les peintures sont effacées, toutes les statues brisées. Un Christ sur la croix, de grandeur naturelle, qui était érigé entre les deux larrons, vis-à-vis du maître autel, morceau antique et tenu pour très-précieux, est tiré à terre avec des cordes, et mis en pièces à coups de hache, tandis qu'on épargne respectueusement les deux larrons crucifiés à ses côtés. On répand à terre les hosties, et on marche dessus; avec le vin réservé pour la sainte cène, qu'on trouve par hasard, on boit à la santé des Gueux; on frotte ses souliers avec les saintes huiles; les tombeaux même sont fouillés, les cadavres à demi putréfiés en sont tirés et foulés aux pieds. Tout cela se passait avec un ordre si surprenant, qu'il semblait qu'on se fût auparavant distribué les rôles. Chacun secondait son voisin; personne ne fut blessé, si dangereuse que fût la besogne, et malgré les épaisses ténèbres, malgré les lourdes masses qui tombaient autour et au milieu de la troupe, et quoique plusieurs en vinssent aux mains sur les plus hauts degrés des échelles[1]. En dépit des cierges nombreux qui les éclairaient pendant ce brigandage, nul ne fut reconnu. L'acte fut accompli avec une incroyable célérité : une troupe de cent hommes au plus dévasta en quelques heures un temple qui comptait soixante-dix autels, et qui, après Saint-Pierre de Rome, était une des églises les plus grandes et les plus magnifiques[2] de la chrétienté.

On ne s'en tint pas à la cathédrale : à la lueur des flambeaux et des cierges qu'on y a dérobés, on se met en chemin, au milieu de la nuit, pour faire éprouver le même sort aux autres églises, chapelles et couvents. Les bandes s'accroissent à chaque nouvel attentat, et l'occasion attire les voleurs. On emporte tout ce qu'on trouve, vases, nappes d'autel, argent, ornements; on s'enivre dans les caves des couvents; les moines et les religieuses abandonnent tout pour se dérober aux derniers outrages. Le sourd tumulte de ces événements avait arraché les bourgeois au premier sommeil; mais la nuit faisait paraître le danger plus redoutable qu'il n'était réellement, et, au lieu de courir défendre ses églises, on se retranchait dans ses maisons, et l'on attendait le jour avec une vague terreur. Le lever du soleil éclaira enfin ces dévastations; mais l'œuvre de la nuit ne finit pas avec elle. Quelques églises et quelques couvents ont encore été épargnés : le même sort les atteint. Ces horreurs durent trois jours. Enfin, craignant que cette canaille furieuse, lorsqu'elle ne trouverait plus rien de sacré à détruire, ne fît la même entreprise sur le profane, et ne devînt dangereuse pour leurs magasins de marchandises, les plus riches bourgeois, rendus d'ailleurs plus hardis par la découverte du petit nombre des ennemis, se hasardent à se montrer en armes à l'entrée de leurs maisons. On ferme toutes les portes de la ville, excepté une seule, par laquelle les iconoclastes s'échappent pour renouveler les mêmes horreurs dans les environs. Pendant tout ce temps les magistrats n'avaient osé qu'une seule fois user de leur autorité, tant ils étaient effrayés de la supériorité des

---

1. Il y a une phrase de plus dans la première édition : « Il semblait qu'une puissance supérieure eût pris sous sa protection cette œuvre des ténèbres. »
2. Dans la première édition : « Et qui, après Saint-Pierre de Rome, était peut-être l'église la plus grande et la plus magnifique de la chrétienté. »

calvinistes, par lesquels on croyait les brigands soudoyés. Le dommage causé par cette dévastation était immense : dans la seule église de Notre-Dame, il est évalué à quatre cent mille florins d'or. Beaucoup d'œuvres d'art estimables furent détruites dans cette occasion; beaucoup de précieux manuscrits, de documents importants pour l'histoire et la diplomatique, furent perdus. Les magistrats ordonnèrent sur-le-champ, sous peine de la vie, de rapporter les objets enlevés, et les prédicateurs réformés, qui rougissaient pour leur foi, les secondèrent en cela vigoureusement. Beaucoup d'objets furent ainsi sauvés, et les chefs de la populace, soit parce que c'était moins la soif du pillage que le fanatisme et la vengeance qui les animaient, soit parce qu'ils étaient dirigés par une main étrangère, résolurent, pour empêcher à l'avenir de tels excès, d'attaquer désormais par bandes et en meilleur ordre[1].

Cependant la ville de Gand redoutait le même sort. A la première nouvelle des ravages iconoclastes d'Anvers, les magistrats de Gand s'étaient obligés par serment, avec les principaux bourgeois, à repousser par la force les profanateurs des églises. Lorsqu'on proposa au peuple le même serment, les avis furent partagés, et un grand nombre déclarèrent nettement qu'ils n'étaient nullement disposés à empêcher une œuvre si religieuse. Dans cet état de choses, le clergé catholique jugea prudent de porter dans la citadelle les plus précieuses richesses des églises, et il fut permis également à quelques familles de mettre en sûreté les objets qui y avaient été offerts en don par leurs ancêtres. En attendant, toutes les cérémonies furent suspendues, les tribunaux vaquèrent, comme dans une ville conquise; on tremblait, dans l'attente de ce qui devait arriver. Enfin une troupe forcenée ose envoyer une députation au gouverneur de la ville, avec un impudent message : « Il leur était, disaient-ils, enjoint par leurs chefs d'enlever les images des églises, à l'exemple des autres villes. Si on ne leur opposait pas de résistance, la chose se passerait tranquillement et sans dommage; dans le cas contraire, ils attaqueraient de vive force. » Ils poussèrent même

---

1. Meteren, 86. — Strad., 145-147. — Burgund., 294, 295, 300. — Hopper, § 126. — Meurs., Guil. Auriac, lib. II, 13, 14.

l'effronterie jusqu'à demander l'assistance des sergents. Le gouverneur fut d'abord stupéfait d'une pareille prétention ; mais, ayant fait réflexion que les séditieux seraient peut-être mieux tenus en bride par l'autorité des lois, il ne se fit point scrupule de leur accorder les sergents.

A Tournai, les églises furent dépouillées de leurs ornements à la vue de la garnison, qu'on ne put décider à tirer sur les iconoclastes. Ayant ouï dire que (dans l'église Notre-Dame) on avait enfoui sous terre les vases d'or et d'argent avec les autres objets précieux, ils fouillèrent tout le sol, et, à cette occasion, fut déterré le cadavre du duc Adolphe de Gueldre, qui, s'étant mis autrefois à la tête des Gantois révoltés, avait péri dans le combat, et avait été inhumé à Tournai. Cet Adolphe avait fait la guerre à son père, et avait traîné en prison, nu-pieds, pendant l'espace de plusieurs milles, le vieillard vaincu ; mais Charles le Téméraire lui avait rendu la pareille. Maintenant, après un demi-siècle, le sort vengeait un outrage envers la nature par un outrage envers la religion ; il fallait que le fanatisme profanât les choses saintes, pour que les ossements d'un parricide fussent livrés encore une fois à la malédiction[1].

Aux iconoclastes de Tournai s'en joignirent d'autres de Valenciennes, pour dévaster tous les couvents du voisinage. Une précieuse bibliothèque, qu'on avait travaillé à rassembler durant plusieurs siècles, y périt dans les flammes. Ce funeste exemple fut imité dans le Brabant. Malines, Bois-le-Duc, Bréda et Berg-op-Zoom éprouvèrent le même sort. Les provinces de Namur et de Luxembourg, avec une partie de l'Artois et du Hainaut, eurent seules le bonheur de se conserver pures de ces infamies. Dans l'espace de quatre ou cinq jours, quatre cents églises furent saccagées dans la seule Flandre et dans le Brabant[2].

Le nord des Pays-Bas fut bientôt saisi de la même rage qui parcourait le sud. Les villes hollandaises d'Amsterdam, de

---

1. Burgund., 315, 316.
2. Dans la première édition on lit ici de plus la phrase suivante : « Lorsqu'on rapprochait cette extension et cet excès des ravages du petit nombre de leurs auteurs, on était tenté de croire que ce n'étaient pas uniquement des mains humaines qui y avaient eu part. » — Meteren, 85, 87. — Strad., 149.

Leyde et de La Haye eurent le choix de dépouiller volontairement leurs églises de leurs ornements ou de les en voir enlevés par la force. Delft, Harlem, Gouda et Rotterdam échappèrent au ravage par la fermeté de leurs magistrats. Les mêmes violences furent exercées aussi dans les îles de la Zélande ; la ville d'Utrecht, quelques places dans les provinces d'Overyssel et de Groningue essuyèrent de pareils assauts. La Frise fut préservée d'un malheur semblable par le comte d'Aremberg, et la Gueldre par le comte de Mégen [1].

Le bruit de ces désordres, qui arrivait de toutes les provinces, exagéré par la renommée, répandit la terreur dans Bruxelles, où la gouvernante venait de convoquer une assemblée extraordinaire du conseil d'État. Les bandes des iconoclastes pénètrent déjà fort avant dans le Brabant, et menacent même de renouveler dans la capitale, où ils sont assurés d'un fort parti, les mêmes horreurs, sous les yeux de l'autorité souveraine. La régente, alarmée pour sa propre vie, qu'elle ne croit pas en sûreté dans le cœur même du pays, au milieu des gouverneurs et des chevaliers de la Toison, est déjà sur le point de fuir à Mons en Hainaut (ville que le comte d'Arschot lui a réservée comme un refuge), pour n'être pas livrée à la merci des iconoclastes, et contrainte d'accepter des conditions humiliantes. Vainement les chevaliers engagent pour sa sûreté leurs biens et leurs vies, et la sollicitent avec les plus vives instances de ne pas les exposer, par une si honteuse fuite, au reproche ignominieux d'avoir manqué de courage ou de zèle pour défendre leur princesse ; vainement la ville de Bruxelles elle-même la presse-t-elle de ne pas l'abandonner dans cette extrémité, et le conseil d'État lui fait-il les plus fortes représentations de ne pas exciter encore plus, par une démarche si timide, l'insolence des rebelles : elle persiste inébranlable dans cette résolution désespérée, d'autant plus qu'elle reçoit message sur message, qui lui annoncent que les iconoclastes sont en marche sur la capitale. Elle donne l'ordre de tout préparer pour sa fuite, qui devait s'exécuter secrètement le lendemain matin. Au point du jour se présente devant elle le vénérable Viglius, que, pour complaire aux grands, elle

---

1. Burgund., 318, 319. — Meurs., Guil. Auriac., lib. II,15.

avait depuis longtemps négligé. Il veut savoir ce que signifient ces préparatifs; sur quoi elle lui avoue enfin qu'elle veut fuir, et qu'il ferait bien de chercher lui-même à se sauver avec elle. « Il y a deux ans, lui dit le vieillard, que vous pouviez vous attendre à cette issue des affaires. Parce que j'ai parlé plus librement que vos courtisans, Votre Altesse n'a plus daigné m'écouter, et n'a prêté l'oreille qu'à de funestes propositions. » La princesse convient qu'elle s'est trompée, et qu'elle a été aveuglée par une apparence d'honnêteté; mais maintenant la nécessité la presse. « Êtes-vous résolue, reprit Viglius, de maintenir avec fermeté les ordres du roi ? — Je le suis, lui répondit la duchesse. — Ayez donc recours au grand secret de la politique, à la dissimulation, et attachez-vous en apparence aux princes du pays, jusqu'à ce qu'avec leur secours vous ayez dissipé cet orage. Montrez-leur une confiance dont vous êtes au fond du cœur bien éloignée. Demandez-leur le serment de faire avec vous cause commune pour obvier à ces désordres. Fiez-vous, comme à des amis, à ceux qui se montreront disposés à cela; mais gardez-vous de rebuter les autres par votre mépris. » Viglius l'entretint longtemps encore, jusqu'à l'arrivée des princes, desquels il savait qu'ils ne consentiraient nullement à la fuite de la gouvernante. Quand ils parurent, il s'éloigna sans bruit, pour ordonner au conseil de la ville de faire fermer les portes de Bruxelles et de refuser la sortie à tout ce qui appartenait à la cour. Cette dernière démarche fit plus que toutes les représentations n'avaient fait. La gouvernante, qui se vit prisonnière dans sa propre résidence, se rendit alors aux exhortations de sa noblesse, qui s'engagea à la défendre jusqu'à la dernière goutte de son sang. Marguerite nomma le comte de Mansfeld commandant de la ville, renforça à la hâte la garnison et arma toute sa cour[1].

Alors eut lieu une réunion du conseil d'État, dont la résolution définitive fut qu'il fallait céder à la nécessité, permettre les prêches dans les lieux où ils avaient été déjà commencés, publier la suppression de l'inquisition papale, déclarer abolis les anciens édits contre les hérétiques, et, avant toutes choses, ac-

---

1. Burgund., 330, 331. — Hopper, § 128. *Vita Vigl.*, 48.

corder sans restriction à la noblesse liguée la sûreté qu'elle demandait. Aussitôt le prince d'Orange, le comte d'Egmont, le comte de Hoorn et quelques autres sont désignés pour conférer avec les députés de l'alliance. Celle-ci est libérée solennellement, et dans les termes les moins équivoques, de toute responsabilité à raison de la requête qu'elle a présentée, et il est enjoint à tous les officiers royaux, à tous les magistrats de se conformer à cette déclaration, et de ne rechercher aucun des confédérés, ni maintenant ni plus tard, à cause de cette requête. En retour, les confédérés s'engagent dans une contre-promesse à être serviteurs fidèles de Sa Majesté, à contribuer de toutes leurs forces au rétablissement du repos et à la punition des iconoclastes, à décider le peuple à poser les armes, et à prêter au roi un secours actif contre les ennemis du dedans et du dehors. La promesse et la contre-promesse furent rédigées en forme d'actes authentiques, et signées par les plénipotentiaires de part et d'autre ; la lettre de garantie fut de plus signée par la duchesse elle-même et revêtue de son sceau. Elle n'avait fait ce pas douloureux qu'après un pénible combat et les larmes aux yeux, et ce fut en tremblant qu'elle en fit l'aveu au roi. Elle rejeta toute la faute sur les grands, qui l'avaient tenue à Bruxelles comme prisonnière et l'avaient entraînée par force à cet acte. Elle se plaignit surtout avec amertume du prince d'Orange[1].

Cette affaire étant réglée, tous les gouverneurs s'empressent de se rendre dans leurs provinces : Egmont en Flandre, Guillaume d'Orange à Anvers. Là, les protestants avaient pris possession des églises saccagées, comme d'une chose qui appartient au premier occupant, et s'y étaient établis selon l'usage de la guerre. Le prince les rend à leurs légitimes possesseurs, prend soin qu'on les répare, et y rétablit le service catholique. Trois des iconoclastes, qu'on a pu saisir, expient par la corde leur folle audace ; quelques séditieux sont bannis ; beaucoup d'autres subissent divers châtiments. Ensuite Guillaume réunit quatre députés de chaque langue, ou, comme on les appelait, « de chaque nation »[2], et convient avec eux que, vu l'approche de

1. Meteren, 88, 89, 90. — Hopper, § 128, 129-134. — Burgund., 333-337. — Meurs., lib II, 16, 17.
2. Dans la première édition : « Ou, comme on les appelait, *les nations.* »

l'hiver, qui rendait impossibles désormais les prêches en plein air, trois places leur seront accordées dans l'intérieur de la ville, où ils pourront bâtir de nouvelles églises ou disposer pour cet usage des maisons particulières. Ils devaient y célébrer leur culte chaque dimanche et jour de fête, et toujours à la même heure; mais tout autre jour cet exercice leur était interdit. S'il ne se rencontrait dans la semaine aucun jour de fête, le mercredi leur en tiendrait lieu. Aucune secte ne pouvait entretenir plus de deux ministres, et ils devaient être Néerlandais de naissance, ou du moins avoir reçu droit de bourgeoisie dans quelque ville considérable des Provinces. Tous devaient prêter serment d'être soumis aux magistrats de la ville et au prince d'Orange, dans les affaires civiles. Ils supporteraient toutes les charges comme les autres citoyens. Personne ne viendrait armé au prêche; on permettrait cependant de porter l'épée. Aucun prédicateur n'attaquerait en chaire la religion dominante ni ne s'engagerait dans des points de controverse, hormis en ce que l'enseignement même du dogme rendait inévitable et en ce qui touchait les mœurs. Aucun psaume ne devait être chanté par eux hors de l'enceinte qui leur était assignée. Pour l'élection de leurs prédicateurs, présidents et diacres, comme, du reste, à toutes leurs autres assemblées consistoriales, il devait être appelé un officier public, qui ferait rapport au prince et aux magistrats de ce qu'on y conclurait. Au surplus, ils jouiraient de la même protection que la religion dominante. Ce règlement devait subsister jusqu'à ce que le roi, avec le concours des états, en décidât autrement; mais alors il serait libre à chacun de quitter le pays avec ses biens et sa famille.

D'Anvers le prince se rendit promptement en Hollande, en Zélande et à Utrecht, afin d'y prendre des mesures pareilles pour le rétablissement de la tranquillité; mais, pendant son absence, Anvers fut confié à la surveillance du comte de Hoogstraeten, qui était un homme doux, et qui, malgré son attachement déclaré à l'alliance, n'avait jamais manqué de fidélité au roi. Il est visible que, dans cette convention, le prince avait beaucoup dépassé ses pouvoirs, et qu'au service du roi il n'avait pas agi autrement qu'en maître souverain. Mais il allégua, pour s'excuser, qu'il serait beaucoup plus facile aux magistrats de surveiller cette secte nombreuse et puissante, s'ils se mêlaient eux-mêmes à leur culte, et si ce culte se célébrait sous leurs yeux, que si les sectaires étaient livrés à eux-mêmes en pleine campagne[1].

Le comte de Megen se conduisit avec plus de sévérité dans la Gueldre, où il étouffa complétement la secte protestante et chassa tous ses prédicants. A Bruxelles, la régente profita de l'avantage que lui donnait sa présence pour interdire les prêches publics, même hors de la ville. Le comte de Nassau lui ayant rappelé, au nom des confédérés, le traité conclu avec eux, et lui ayant demandé si la ville de Bruxelles avait moins de droits que les autres, elle répondit que, s'il y avait eu des prêches publics à Bruxelles avant le traité, ce n'était pas sa faute qu'il n'y en eût plus maintenant. Mais en même temps elle fit savoir sous main à la bourgeoisie que le premier qui oserait assister à un prêche public serait pendu sans miséricorde. Par là elle s'assura du moins la fidélité de la résidence[2].

Il fut plus difficile de pacifier Tournai. En l'absence de Montigny, au gouvernement duquel appartenait cette ville, ce soin fut remis au comte de Hoorn. Il ordonna aux protestants de vider sur-le-champ les églises, et de se contenter d'un temple hors des murs. Leurs prédicateurs objectèrent que les églises étaient bâties pour l'usage du peuple, et que le peuple était non pas où sont ses pères et maîtres, mais où se trouve le grand nombre; que, si on les chassait des temples catholiques, il serait équitable qu'on leur fournît de l'argent pour en bâtir à leur usage. Là-dessus les magistrats répondirent que, si le parti des catholiques était le plus faible, il était assurément le meilleur. On ne leur défendrait pas de bâtir des églises, mais on espérait qu'après les dommages que leurs dignes frères en religion, les iconoclastes, avaient fait souffrir à la ville, ils ne prétendraient pas qu'elle se mît encore en frais pour leurs temples. Après de longs débats, les protestants surent néanmoins rester en possession de quelques églises, où, pour plus de sûreté, ils placèrent des gardes[3]. A Valenciennes, les protestants ne voulurent

---

1. Meteren, 91. — Burgund., 349-354. — Strad., 163. — Hopper, § 130. — Meurs., Guil. Auriac., lib. I, 17, 18.
2. Burgund., 345, 346, 354.
3. Burgund., 356, 357.

pas non plus accéder aux conditions qui leur furent offertes par Philippe de Sainte-Aldegonde, seigneur de Noircarmes, à qui le gouvernement de cette place avait été remis, en l'absence du marquis de Bergues. Un prédicateur réformé, nommé La Grange, Français de naissance, excitait les esprits, qu'il dominait en maître absolu par la force de son éloquence, à exiger des temples à eux dans l'intérieur de la ville, et à menacer, en cas de refus, de la livrer aux huguenots. Le nombre supérieur des calvinistes et leurs intelligences avec les huguenots empêchèrent le gouverneur de rien entreprendre contre eux par la force [1].

Le comte d'Egmont lui-même fit alors violence à sa douceur naturelle pour témoigner son zèle au roi. Il mit garnison dans la ville de Gand, et fit punir de mort quelques-uns des mutins les plus dangereux. Les églises furent rouvertes, le culte catholique rétabli, et tous les étrangers reçurent l'ordre d'évacuer la province. Une place hors de la ville fut accordée aux calvinistes, mais à eux seuls, pour se bâtir un temple; en retour, ils durent s'obliger à la plus rigoureuse obéissance envers les magistrats de la cité et à une active coopération dans les procédures contre les iconoclastes. Il prit des mesures semblables dans toute la Flandre et l'Artois. Un de ses gentilshommes et un membre de l'alliance, Jean Casembrot, seigneur de Beckerzeel, poursuivit les iconoclastes, à la tête de quelques cavaliers confédérés, en surprit près de Grammont, en Flandre, une troupe qui s'apprêtait à enlever par un coup de main une ville du Hainaut, et en fit trente prisonniers, dont vingt-deux furent pendus sur-le-champ et les autres fustigés et chassés du pays [2].

On pouvait croire que des services de cette importance n'avaient pas mérité d'être récompensés par la disgrâce du roi. Ce que Guillaume d'Orange, Egmont et Hoorn firent en cette occasion, montrait du moins autant de zèle et réussit tout aussi bien que ce qu'exécutèrent Noircarmes, Megen et Aremberg, auxquels Philippe II témoigna sa reconnaissance en actes et en paroles. Mais ce zèle, ces services, venaient trop tard. Les premiers avaient déjà parlé trop hautement contre ses édits, com-

---

1. Burgund., 359, sq.
2. Meteren, 91, 92. — Burgund., 310-313.

battu trop vivement ses mesures; ils l'avaient trop offensé en la personne de son ministre Granvelle, pour que la voie du pardon leur fût encore ouverte. Aucun temps, aucun repentir, aucun dédommagement, si important qu'il fût, ne pouvaient effacer ces torts dans l'esprit de leur maître [1].

(1566.) Philippe II était malade à Ségovie, quand les nouvelles des excès des iconoclastes et de l'arrangement conclu avec les hérétiques arrivèrent jusqu'à lui. La gouvernante, en lui transmettant ce message, renouvelait sa pressante prière que le roi vînt en personne, sujet touché également dans toutes les lettres que le président Viglius échangeait, vers ce temps-là, avec son ami Hopper. Plusieurs seigneurs néerlandais, comme, par exemple, Egmont, Mansfeld, Megen, Aremberg, Noircarmes et Barlaimont, firent aussi passer au roi des lettres particulières, où ils lui rendaient compte de l'état de leurs provinces et cherchaient à colorer par les meilleurs motifs les règlements qu'ils y avaient établis. Vers ce même temps arriva, en outre, une dépêche de l'empereur, qui lui recommandait une conduite plus douce envers ses sujets néerlandais, et s'offrait, à cet effet, pour médiateur. Il avait aussi écrit là-dessus directement à la gouvernante elle-même, et ajouté pour les chefs de la noblesse des lettres particulières, mais qui ne furent pas remises. Une fois maître de la première indignation que ces odieux événements avaient excitée chez lui, le roi chargea son conseil de délibérer sur cette nouvelle situation.

Le parti de Granvelle, qui dominait dans le conseil, prétendait avoir remarqué entre la conduite de la noblesse néerlandaise et les excès des iconoclastes une très-étroite liaison, que faisait ressortir la conformité des prétentions des uns et des autres, et surtout l'époque où ces derniers événements avaient éclaté. C'est dans le même mois, remarquaient-ils, où la noblesse a présenté ses trois demandes, que les attaques contre les images ont commencé; c'est le soir du même jour où le prince d'Orange a quitté la ville d'Anvers que les églises ont été dé-

---

[1]. La première édition ajoute : « Cet esprit n'éprouvait rien du changement universel des choses de ce monde : les offenses étaient imprimées dans l'âme de Philippe, comme des traits de feu dans le bronze. »

vastées. Pendant tout le tumulte, pas un doigt ne s'est levé pour faire signe de prendre les armes; tous les moyens auxquels on a eu recours ont été à l'avantage des hérétiques; on a négligé tous les autres, qui tendent au maintien de la pure doctrine. Beaucoup d'iconoclastes, ajoutait-on, déclaraient qu'ils avaient tout fait à la connaissance et avec l'approbation des princes néerlandais. Il était, en effet, très-naturel que ces misérables cherchassent à couvrir de grands noms un crime qu'ils avaient entrepris de leur propre mouvement. On produisit aussi un écrit dans lequel les chefs de la noblesse promettaient aux Gueux leur appui pour obtenir la convocation des états généraux; mais cet écrit fut obstinément désavoué. En général, on prétendait avoir remarqué dans les Pays-Bas quatre ligues différentes, qui toutes s'enchaînaient plus ou moins avec les autres, et qui toutes travaillaient en vue du même but. La première était celle de ces bandes réprouvées qui avaient ravagé les églises; la deuxième, les différentes sectes qui avaient payé les iconoclastes pour commettre ces infâmes attentats; les Gueux, qui s'étaient déclarés protecteurs des sectes, formaient, disait-on, la troisième; et la quatrième était composée de la principale noblesse, qui se rattachait aux Gueux par les liens de la suzeraineté, du sang et de l'amitié. Tous étaient donc infectés de la même dépravation, et tous, sans distinction, étaient coupables. Le gouvernement n'avait pas affaire seulement à quelques membres isolés, il avait à lutter contre tout l'ensemble. Mais, si l'on considérait que le peuple n'était que séduit et que l'excitation à la révolte était venue d'en haut, on inclinait à changer le plan suivi jusqu'alors, qui semblait à plusieurs égards défectueux. En pesant sur toutes les classes sans distinction, et en montrant au commun peuple autant de rigueur que de mépris à la noblesse, on les avait contraints à se chercher l'un l'autre, on avait donné à la noblesse un parti et au peuple des chefs. Une conduite inégale envers les uns et les autres était un moyen infaillible de les séparer. La multitude, toujours timide et lente quand l'extrême nécessité ne la soulève pas, abandonnerait bientôt ses protecteurs adorés et apprendrait à considérer leur sort comme une punition méritée, dès qu'elle ne le partagerait plus avec eux. On proposa, en conséquence, au roi de traiter à l'avenir la multitude avec plus de douceur, et de tourner toute la rigueur contre les chefs de la faction. Cependant, pour éviter l'apparence d'une honteuse facilité, on trouva bon de prendre pour prétexte l'intercession de l'empereur, laquelle seule, et non la justice de leurs réclamations, avait pu déterminer le roi à accorder leur demande à ses sujets néerlandais comme un don généreux [1].

La question du voyage du roi se présenta alors de nouveau; et toutes les difficultés qu'on y avait trouvées auparavant, semblèrent disparaître devant l'urgente nécessité du moment. « Le temps est réellement venu, dirent hautement Tyssenacque et Hopper, où le roi, selon la déclaration qu'il a faite précédemment lui-même au comte d'Egmont, est prêt à risquer mille fois sa vie. Pour pacifier la seule ville de Gand, Charles-Quint s'était résigné à un dangereux et pénible voyage par terre, à travers un pays ennemi ; c'était pour cette seule ville, et maintenant il s'agit du repos, peut-être même de la possession de toutes les Provinces-Unies [2]. » La plupart des conseillers furent de cet avis, et le voyage du roi fut considéré comme une nécessité qu'il ne pouvait absolument plus éviter.

Mais alors la question fut de savoir avec quelle escorte, nombreuse ou faible, il entreprendrait ce voyage. Là-dessus le prince d'Éboli et le comte de Figueroa différèrent d'opinion avec le duc d'Albe, selon que différait leur intérêt particulier. Si le roi partait à la tête d'une armée, le duc d'Albe était l'homme indispensable, et, au contraire, pour un accommodement amiable, où l'on avait moins besoin de lui, il fallait qu'il cédât la place à ses rivaux. « Une armée, disait Figueroa, qui eut à opiner le premier, alarmerait les princes par les États desquels on la conduirait, et peut-être même éprouverait de leur part quelque résistance. Quant aux Provinces, à la pacification desquelles elle serait destinée, elle les chargerait inutilement, et aux griefs qui les ont déjà poussées si loin elle en ajouterait un nouveau. Elle pèserait également sur tous les sujets, tandis qu'une justice pacifiquement exercée distinguait au contraire l'innocent du coupable. Ce qu'une pareille mesure

---

1. Burgund., 363, 364. — Hopper. § 138, 139, 140, et § 152, 153.
2. Hopper. § 142. — Burgund., 366.

avait de violent et d'extraordinaire induirait les chefs de la faction à envisager sous un aspect plus sérieux leur conduite antérieure, à laquelle la pétulance et la légèreté avaient eu la plus grande part, et les porterait dès lors à poursuivre leur entreprise avec ensemble et calcul. La pensée d'avoir poussé le roi si loin les jetterait dans un désespoir qui les ferait recourir aux moyens extrêmes. Si le roi se présente aux rebelles à la tête d'une armée, il renonce à l'avantage le plus important qu'il ait sur eux, à sa dignité de seigneur souverain, qui le défendra d'autant plus qu'il paraîtra se reposer entièrement sur elle. Il se place par là, pour ainsi dire, au même rang que les rebelles, qui, de leur côté, ne seraient pas embarrassés de mettre une armée sur pied, parce que la haine générale de la nation contre les armées espagnoles leur frayerait les voies. Le roi échange ainsi la supériorité certaine que lui assure sa qualité de prince souverain contre l'issue incertaine d'entreprises militaires, qui devront nécessairement, quel qu'en soit le succès, détruire une partie de ses propres sujets. Le bruit de son arrivée en armes le devancerait assez tôt dans les Provinces, pour laisser à tous ceux qui se sentaient coupables de quelque méfait, le temps de se mettre en état de défense et de faire agir leurs secours intérieurs et étrangers. En cela, la crainte générale leur rendrait de grands services : l'incertitude de savoir qui était menacé jetterait jusqu'aux moins coupables dans la grande masse des rebelles, et forcerait à se déclarer ennemis du roi des gens qui, sans cela, ne le seraient jamais devenus. Si l'on apprend, au contraire, qu'il s'est mis en route sans cette suite formidable ; si son apparition est moins celle d'un juge terrible que d'un père irrité, tous les bons sentiront croître leur courage et les méchants se perdront par leur propre sécurité. Ils se persuaderont que le passé est de peu de conséquence, puisque le roi ne l'a pas jugé assez grave pour prendre, à ce sujet, des mesures de vive force. Ils se garderont d'empirer par des violences ouvertes une cause qui peut-être n'est pas encore désespérée. Par cette voie paisible on sauvera précisément ce que par l'autre on perdrait sans ressource ; le sujet fidèle ne sera en aucune façon confondu avec le rebelle digne de châtiment ; sur celui-ci seulement tombera tout le poids de la colère du monarque. Il n'est pas besoin d'ajouter qu'on évite ainsi l'énorme dépense que coûterait à la couronne le transport d'une armée espagnole dans ces contrées lointaines[1]. »

« Mais, répliquait le duc d'Albe, les souffrances d'un petit nombre de citoyens peuvent-elles être prises en considération quand tout l'État est en péril ? Parce que quelques sujets fidèles en seront lésés, les séditieux ne devront-ils pas être punis? La faute a été générale, pourquoi le châtiment ne le serait-il pas? Si les rebelles sont coupables pour avoir agi, les autres le sont pour avoir laissé agir. A qui revient la faute, sinon à ces derniers, que les autres aient pu réussir à ce point? Pourquoi n'ont-ils pas résisté plus tôt à leur entreprise ? Les conjonctures, dit-on, ne sont pas encore assez désespérées pour justifier ce moyen violent : mais qui peut nous garantir qu'elles ne le seront pas à l'arrivée du roi, lorsque, d'après chaque dépêche de la régente, tout marche à grands pas vers de plus grands maux? Faut-il s'exposer à ce que le monarque apprenne seulement à son entrée dans les Provinces combien une armée lui aurait été nécessaire ? On n'est que trop fondé à croire que les rebelles se sont assurés d'un secours étranger, qui est à leur disposition au premier signal. Sera-t-il temps de songer à un armement, quand l'ennemi franchira les frontières ? Faut-il risquer d'avoir à recourir aux premières troupes néerlandaises qu'on aura sous la main, à des troupes sur la fidélité desquelles on doit si peu compter? Et la gouvernante enfin ne revient-elle pas elle-même sans cesse sur ce que le manque de forces suffisantes l'a seule empêchée jusqu'à présent de donner force aux édits, et d'arrêter les progrès des rebelles ? Une armée bien disciplinée, et redoutée, pourra seule leur ôter tout espoir de se soutenir contre leur légitime souverain, et la perspective certaine de leur perte rabattre leurs prétentions. En tout cas, le roi ne peut, sans forces suffisantes, hasarder sa personne dans des pays ennemis; sans elles, il ne peut conclure avec ses sujets rebelles aucun arrangement convenable à sa dignité[2]. »

(1566.) Le crédit de l'orateur fit prévaloir ses raisons, et la

---

1. Burgund., 386, 387.
2. Burgund. 381-390.

seule question était maintenant de savoir quand le roi entreprendrait le voyage et quelle route il suivrait. Comme il ne pouvait en aucune manière le hasarder par mer, il ne lui restait d'autre choix que de passer en Allemagne par les défilés de Trente, ou de franchir les Alpes par la Savoie. Sur la première route il avait à craindre les protestants d'Allemagne, auxquels l'objet de son voyage ne pouvait être indifférent; et, dans cette saison avancée, on ne pouvait se risquer à passer les Alpes par l'autre voie. De plus, il fallait d'abord faire venir d'Italie et réparer les galères nécessaires, ce qui exigerait plusieurs mois. Comme enfin l'assemblée des cortès de Castille, dont le roi ne pouvait guère s'absenter, était déjà convoquée pour le mois de décembre, le voyage ne pouvait être entrepris avant le printemps[1].

Cependant la gouvernante insistait pour obtenir une résolution décisive sur la manière dont elle devait se tirer des embarras présents, sans trop sacrifier l'autorité royale; et il fallait absolument faire quelque chose avant que le roi entreprît d'apaiser les troubles par sa présence. Deux lettres différentes furent donc adressées à la duchesse : l'une ostensible, qu'elle pouvait communiquer aux états et aux conseils, et l'autre secrète, destinée à elle seule. Dans la première, Philippe II lui annonçait sa guérison et l'heureuse naissance de l'infante Claire-Isabelle-Eugénie, qui dans la suite épousa l'archiduc Albert d'Autriche et fut princesse des Pays-Bas. Il lui déclarait sa résolution, maintenant arrêtée, de visiter en personne les Provinces, voyage pour lequel il faisait déjà les préparatifs nécessaires. Il refusait, comme l'autre fois, l'assemblée des états. Quant à l'accommodement qu'elle avait conclu avec les protestants et la confédération, il n'en était fait aucune mention dans cette lettre, parce que Philippe II ne jugeait pas encore prudent de le rejeter absolument, et qu'il avait encore bien moins envie de le ratifier. En revanche, il ordonnait à la gouvernante de lever de nouveaux régiments en Allemagne et d'opposer la force aux rebelles. Au reste, disait-il en finissant, il se reposait sur la fidélité des principaux seigneurs, parmi lesquels

[1]. Hopper, § 154, 155. — Burgund., 390-392.

il en connaissait un grand nombre qui étaient sincèrement dévoués à leur religion et à leur roi. Dans la lettre confidentielle, il lui recommandait encore une fois d'empêcher de tout son pouvoir l'assemblée des états généraux; si cependant la voix publique devenait trop puissante, et si elle était contrainte de céder à la force, elle devait du moins agir avec assez de prudence pour ne pas compromettre la dignité royale et ne laisser savoir à personne qu'il eût consenti[1].

(1566.) Tandis qu'on délibérait en Espagne sur cette affaire, les protestants faisaient dans les Pays-Bas l'usage le plus étendu des priviléges qu'on avait été forcé de leur accorder. La construction des temples, dans les lieux où elle leur était permise, s'achevait avec une incroyable rapidité; jeunes et vieux, nobles et roturiers, aidaient à porter les pierres; des femmes[2] sacrifiaient même leurs parures pour accélérer l'ouvrage. Les deux partis religieux[3] fondèrent dans plusieurs villes des consistoires particuliers et un conseil ecclésiastique indépendant, d'après l'exemple d'Anvers, et ils mirent leur culte sur un pied légal. On proposa aussi de réunir par cotisation des deniers dans une caisse commune, pour avoir sur-le-champ sous la main les ressources nécessaires contre les accidents inattendus qui intéresseraient l'Église protestante en général. Les calvinistes d'Anvers présentèrent au comte de Hoogstraeten un écrit dans lequel ils s'engageaient à payer trois millions d'écus, pour obtenir le libre exercice de leur culte dans toutes les provinces néerlandaises. Beaucoup de copies de cet écrit circulèrent dans les Pays-Bas; plusieurs personnes, pour engager les autres, avaient souscrit pour des sommes fastueuses. Sur ces offres excessives les ennemis des réformés ont donné diverses explications, qui ont toutes pour elles quelque vraisemblance. En effet, sous le prétexte de rassembler les sommes nécessaires pour l'accomplissement de cette promesse, on espérait, à ce que croyaient quelques personnes, recueillir, avec moins de soupçon, les contributions dont on avait besoin maintenant pour une résis-

---

1. Meteren, 92. — Hopper, § 144, 145, 146. — Burgund., 369, 370.
2. Dans la première édition : « Beaucoup de femmes. »
3. Dans la première édition : « Les deux sectes. »

tance à main armée; et, si la nation devait une fois se mettre
en frais, que ce fût pour ou contre la gouvernante, il fallait
s'attendre qu'elle se résoudrait bien plus facilement à contribuer pour le maintien de la paix que pour une guerre oppressive et désastreuse. D'autres ne voyaient dans cette offre qu'un
expédient temporaire des protestants, une illusion par laquelle
ils avaient essayé de tenir quelques moments la cour irrésolue,
jusqu'à ce qu'ils eussent rassemblé des forces suffisantes pour
lui faire tête. D'autres encore affirmaient que c'était tout uni-
ment une fanfaronnade, pour alarmer la gouvernante et relever
le courage de leur parti par la révélation de si riches ressources. Quel que pût être le véritable motif de ces offres, leurs auteurs y gagnèrent peu de chose; les contributions arrivèrent
très-modiques, et la cour répondit à la proposition par un silencieux mépris [1].

Mais les excès des iconoclastes, bien loin d'avancer les affaires
des confédérés, et de relever les protestants, avaient causé aux
uns et aux autres un dommage irréparable. L'aspect de leurs
églises dévastées, qui, selon l'expression de Viglius, ressem-
blaient plus à des étables qu'à des temples du Seigneur, exaspé-
rait tous les catholiques et particulièrement leur clergé. Tous
les confédérés de cette communion quittaient l'alliance, qui,
bien qu'elle n'eût pas provoqué et encouragé à dessein les
violences des iconoclastes, en avait du moins été incontestablement l'occasion éloignée. L'intolérance des calvinistes, qui,
dans les villes où leur parti était dominant, opprimaient les
catholiques de la manière la plus cruelle, tira ceux-ci complètement de leur première illusion, et ils cessèrent de s'intéresser
à un parti dont ils avaient tant à craindre pour leur propre
religion s'il gardait le dessus. L'alliance perdit ainsi beaucoup
de ses meilleurs membres; les amis et les soutiens qu'elle avait
trouvés jusqu'alors parmi les bourgeois bien intentionnés,
l'abandonnèrent, et son crédit dans la république commença
à baisser sensiblement. La rigueur avec laquelle quelques-uns
des confédérés agirent contre les iconoclastes, pour se rendre

---

1. Strad., 169. — Burgund., 374, 375. — *Hist. gén. des Prov.-Un.*, IIIe partie, 93 (t. V, p. 139, 140 de l'édition franç.).

agréables à la gouvernante et éloigner d'eux le soupçon d'intelligence avec les malintentionnés, leur fit tort auprès du peuple, qui protégeait leurs victimes, et l'alliance courait le risque de mécontenter à la fois les deux partis.

La régente ne fut pas plutôt instruite de ce changement, qu'elle forma le plan de dissoudre peu à peu toute la ligue, ou du moins de l'affaiblir par des divisions intestines. Elle se servit pour cet effet des lettres particulières que le roi lui avait fait tenir pour quelques hommes de la noblesse, avec entière liberté de s'en servir comme elle le jugerait à propos. Ces lettres, qui débordaient de bienveillance, furent remises à ceux à qui elles étaient destinées, avec une intention apparente de mystère qu'on rendait vaine à dessein, de sorte que, chaque fois, tel ou tel de ceux qui ne recevaient rien de pareil en avait vent; et, pour augmenter encore la méfiance, on eut soin[1] d'en faire circuler de nombreuses copies. Cet artifice atteignit son but. Beaucoup de membres de l'alliance commencèrent à se défier de la fermeté de ceux auxquels on avait fait de si brillantes promesses. Craignant d'être laissés dans l'embarras par leurs plus puissants protecteurs, ils acceptèrent avec empressement les conditions qui leur furent offertes par la gouvernante, et recherchèrent avidement une prompte réconciliation avec la cour. Le bruit général de la prochaine arrivée du roi, que la gouvernante prit soin de répandre partout, lui rendit en cette occasion de grands services; beaucoup de gens, qui ne se promettaient rien de bon de cette apparition royale, ne délibérèrent pas longtemps pour accepter une grâce qui leur était peut-être offerte pour la dernière fois[2].

Parmi ceux qui reçurent de ces lettres particulières se trouvaient aussi le comte d'Egmont et le prince d'Orange. Tous deux s'étaient plaints au roi des propos malveillants par lesquels on cherchait en Espagne à flétrir leur réputation et à rendre leurs intentions suspectes. Egmont surtout, avec la loyale simplicité[3] qui lui était propre, avait sollicité le monarque de lui faire seulement savoir ce qu'il voulait réellement; de lui tracer le plan

---

1. Dans la première édition : « Elle eut soin. »
2. Thuan., II, 107. — Strad., 164, 165. — Meteren, 93.
3. « Avec la loyale simplicité et la bravoure. » (*Première édition.*)

de conduite par lequel on pouvait lui plaire et lui manifester son zèle officieux. Le roi lui fit répondre, par le président de Tyssenacque, qu'il ne pouvait mieux réfuter ses calomniateurs que par la plus complète soumission aux ordres de son souverain, qui étaient conçus en termes si clairs et si précis, qu'il n'était besoin d'aucune nouvelle explication ni d'aucune injonction particulière. C'était au souverain de délibérer, d'examiner et de commander; se conformer absolument à la volonté du souverain était le devoir du sujet; son honneur consistait dans son obéissance. Il ne convenait pas à un membre de se croire plus sage que la tête. On lui reprochait, il est vrai, de n'avoir pas fait tout ce qui eût été en son pouvoir pour réprimer la licence des sectaires; mais il dépendait encore de lui de réparer sa négligence, d'aider du moins à maintenir le repos et l'ordre jusqu'à l'arrivée effective du roi.

Lorsqu'on châtiait le comte d'Egmont par des remontrances, comme un enfant indocile, on le traitait comme on le connaissait. Avec son ami il fallait recourir à l'artifice et à la feinte. Guillaume d'Orange avait aussi fait mention dans sa lettre des fâcheux soupçons que le roi avait conçus de sa fidélité et de son dévouement; mais ce n'était pas, comme Egmont, dans la vaine espérance de lui ôter ces soupçons, il avait depuis longtemps cessé de s'en flatter; c'était pour faire de ce grief une transition à la prière de le décharger de ses emplois. Souvent déjà il avait adressé cette prière à la gouvernante; mais elle lui avait constamment refusé sa demande, avec les plus fortes assurances de son estime. Le roi, à qui il avait enfin présenté directement la même requête, lui fit la même réponse, qui était parée d'assurances tout aussi fortes de son contentement et de sa reconnaissance. Il lui témoignait particulièrement sa plus haute approbation pour les services qu'il lui avait récemment rendus à Anvers; il regrettait vivement que les affaires particulières du prince (que celui-ci avait mises surtout en avant pour obtenir son congé) fussent en si mauvais état; mais il finissait par déclarer qu'il lui était impossible de se passer d'un serviteur de son importance, dans un moment où il eût fallu que le nombre des bons augmentât au lieu de diminuer. Il avait cru, ajoutait-il, que le prince s'était fait une trop bonne opinion de lui pour le supposer faible au point d'ajouter foi au vain caquet de certains hommes malintentionnés à l'égard du prince et de lui-même. Pour lui donner en même temps une preuve de sa sincérité, il se plaignait à lui en confidence de son frère, le comte de Nassau; il paraissait lui demander conseil à ce sujet; il exprimait enfin le vœu d'apprendre que le comte s'était éloigné pour quelque temps des Pays-Bas[1].

Mais Philippe II avait ici affaire à un homme qui le surpassait en finesse. Le prince d'Orange le surveillait depuis longtemps, lui et son conseil privé de Madrid et de Ségovie, par une armée d'espions, qui lui rapportaient tout ce qui s'y passait de remarquable. La cour du plus dissimulé des despotes était devenue accessible à sa ruse et à son argent. Par ce moyen il avait eu en original plusieurs lettres que la gouvernante avait envoyées secrètement à Madrid, et il les avait fait circuler, comme en triomphe, sous les yeux de la duchesse, à Bruxelles, en sorte que celle-ci, étonnée d'y voir dans les mains de tout le monde ce qu'elle avait cru si bien caché, pria le roi d'anéantir à l'avenir ses dépêches incontinent. La vigilance de Guillaume ne se bornait pas à la cour d'Espagne; il avait aposté ses espions jusqu'en France et ailleurs encore, et quelques-uns l'accusent même de n'avoir pas employé pour obtenir ses informations les voies les plus innocentes. Mais le renseignement le plus important lui fut donné par une lettre interceptée de François d'Alava, ambassadeur d'Espagne à la cour de France, adressée à la duchesse, et dans laquelle il s'étendait sur la belle occasion qui était maintenant donnée au roi, par la criminelle conduite du peuple néerlandais, pour établir dans ce pays le pouvoir arbitraire. Il conseillait donc à Marguerite de tromper les nobles par les mêmes artifices dont ils s'étaient servis contre elle jusque-là, et de les rassurer par de belles paroles et des manières obligeantes. Le roi, disait-il enfin, qui connaît les gentilshommes pour être les moteurs secrets de tous les troubles passés, saura bien les trouver en son temps, tout comme les deux seigneurs qu'il tient déjà en Espagne, et qui ne lui échapperont plus : il a juré de faire sur eux un exemple qui épouvantera toute la chrétienté, dût-il

---

1. Hopper, § 149. — Burgund., 397. *Apologie de Guillaume Pr. d'Orange.*

y risquer tous ses États héréditaires. Cette fâcheuse découverte acquérait le plus haut degré de vraisemblance par les lettres que Bergues et Montigny écrivaient d'Espagne, et dans lesquelles ils faisaient des plaintes amères sur le peu d'égards de la grandesse et sur le changement de conduite du monarque envers eux. Guillaume d'Orange reconnut alors parfaitement ce qu'il devait penser des belles assurances du roi [1].

(1566.) La lettre du ministre Alava, et quelques autres, qui étaient datées d'Espagne, et donnaient des nouvelles détaillées sur la prochaine arrivée du roi, à la tête d'une armée, et sur ses mauvais desseins contre les nobles, furent communiquées par le prince à son frère, le comte Louis de Nassau, aux comtes d'Egmont, de Hoorn et de Hoogstraeten, dans une entrevue à Dendermonde en Flandre, où ces cinq chevaliers s'étaient rendus, afin de prendre en commun les mesures nécessaires pour leur sûreté. Le comte Louis, qui n'écoutait que son indignation, soutint, avec témérité, qu'on devait, sans perdre un moment, prendre les armes et s'assurer de quelques places fortes. Il fallait, à quelque prix que ce fût, empêcher le roi d'entrer à main armée dans les Provinces. Il fallait appeler aux armes la Suisse, les princes protestants d'Allemagne et les huguenots, pour mettre obstacle à son passage sur leur territoire, et, si néanmoins il parvenait à franchir tous ces obstacles, il fallait le recevoir à la frontière du pays avec une armée. Il se chargeait de négocier en France, en Suisse et en Allemagne une alliance défensive, et de lever dans ce dernier État quatre mille reitres, avec un nombre proportionné de fantassins. On ne manquait pas de prétexte pour réunir l'argent nécessaire, et les négociants réformés, il s'en tenait pour assuré, ne le laisseraient pas dans l'embarras. Mais Guillaume, plus prudent et plus sage, se déclara contre ce projet, qui rencontrerait dans l'exécution des difficultés infinies, et que rien ne pourrait encore justifier. Il représenta que l'inquisition était dans le fait abolie, les édits presque entièrement tombés dans l'oubli, et qu'on avait accordé une équitable liberté de conscience. Ils manquaient donc jus-

---

1. Reidan., 3. — Thuan., 501. — Burgund., 401. — Meteren, 94. — Strad., 100.

qu'à présent d'un motif valable pour entrer dans cette voie hostile; cependant il ne doutait pas qu'on ne leur en fournît un bientôt. Son avis était donc d'attendre tranquillement ce motif, mais de veiller diligemment à tout dans l'intervalle, et d'aviser le peuple du danger qui le menaçait, afin qu'il fût prêt à agir, si les circonstances le demandaient.

Si tous ceux qui composaient l'assemblée se fussent rangés à l'avis du prince d'Orange, il n'est pas douteux qu'une si puissante ligue, redoutable par l'autorité et le pouvoir de ses membres, n'eût pu opposer aux desseins du roi des obstacles qui l'auraient forcé d'abandonner tout son plan. Mais le courage des chevaliers assemblés fut extrêmement abattu par la déclaration surprenante du comte d'Egmont. « J'aime mieux, dit-il, subir tout ce qui peut arriver que de tenter si témérairement la fortune. Le bavardage de l'espagnol Alava me touche peu. Comment cet homme parviendrait-il à lire dans l'âme fermée de son maître et à déchiffrer ses secrets? Les nouvelles que nous donne Montigny ne prouvent qu'une chose : c'est que le roi nourrit une opinion très-équivoque de notre zèle pour son service; qu'il croit avoir des raisons de se défier de notre fidélité; et il me semble que nous n'y avons que trop donné sujet. Aussi ma résolution bien arrêtée est de lui inspirer une meilleure opinion de moi en redoublant de zèle, et d'effacer, s'il est possible, par ma conduite future, le soupçon que mes actes ont pu jusqu'ici jeter sur moi. Et comment pourrais-je m'arracher des bras de ma nombreuse famille, qui a besoin de mon appui, pour me traîner en fugitif dans les cours étrangères, à charge à tous ceux qui m'accueilleraient, esclave de quiconque voudrait s'abaisser à me soutenir, et devenu le valet des étrangers, pour échapper à une contrainte, après tout tolérable, dans ma patrie? Jamais le monarque ne pourra maltraiter un serviteur qui lui fut autrefois cher, et qui s'est acquis un droit fondé à sa reconnaissance. Jamais on ne me persuadera que ce souverain, qui nourrissait dans son cœur des sentiments si équitables, si bienveillants, pour son peuple des Pays-Bas, et qui m'en a donné des assurances si fortes et si saintes, forge à présent contre lui des desseins si despotiques. Quand nous aurons seulement rendu au pays sa première tranquillité, châtié les rebelles, rétabli le culte catholique, alors, croyez-moi, l'on n'entendra plus parler ici de troupes espagnoles ; et c'est à cela que je vous invite tous en ce moment par mon conseil et mon exemple ; à cela aussi que la plupart de nos frères inclinent déjà. Moi pour ma part, je ne crains rien de la colère du monarque. Ma conscience m'absout ; mon sort dépend de sa justice et de sa bonté[1]. »

Vainement Nassau, Hoorn et Orange s'efforcèrent d'ébranler sa constance, et de lui ouvrir les yeux sur le danger prochain, inévitable. Egmont était sincèrement dévoué au roi ; le souvenir de ses bienfaits et des procédés obligeants dont il les avait accompagnés, vivait encore dans sa mémoire. Les attentions par lesquelles il l'avait distingué de tous ses amis n'avaient pas manqué leur effet. C'était plus par fausse honte que par esprit de parti qu'il avait défendu contre lui la cause de ses concitoyens ; c'était plus par tempérament et par bonté naturelle de cœur que par des principes éprouvés qu'il avait combattu les mesures rigoureuses du gouvernement. L'amour de la nation, qui l'adorait comme son idole, avait égaré son ambition. Trop vain pour sacrifier un renom qui résonnait si agréablement à ses oreilles, il avait dû faire quelque chose pour le mériter ; mais un seul regard jeté sur sa famille, une qualification sévère sous laquelle on lui représentait sa conduite, une dangereuse conséquence qu'on en tirait, le seul nom du crime, l'arrachaient à cette illusion, et le ramenaient tremblant et empressé à son devoir.

La retraite d'Egmont fit échouer tout le plan du prince d'Orange. Egmont avait les cœurs du peuple et toute la confiance de l'armée, sans laquelle il était absolument impossible d'entreprendre quelque chose d'efficace. On avait si sûrement compté sur lui ! Sa déclaration inattendue rendit toute la conférence inutile. On se sépara sans avoir rien résolu. Tous ceux qui s'étaient rencontrés à Dendermonde étaient attendus à Bruxelles au conseil d'État ; mais Egmont seul s'y rendit. La gouvernante voulut le questionner sur ce qui avait été l'objet de l'entretien ; elle n'obtint autre chose de lui que la lettre d'Alava, dont il avait emporté une copie, et qu'il lui présenta en ajoutant les reproches

---

[1] Thuan., 507. — Burgund., 405, 406. — Meteren, 95.

les plus amers. D'abord cette vue la fit pâlir; mais bientôt elle se remit, et soutint hardiment que la lettre était supposée. « Comment, disait-elle, cette lettre pourrait-elle être d'Alava, puisque aucune ne me manque, et que celui qui prétend l'avoir surprise n'aurait certainement pas épargné les autres? puisque, jusqu'à présent, il n'est point de paquet qui ne me soit parvenu, et qu'aucun messager ne m'a fait défaut? Et comment imaginer que le roi aurait choisi un Alava pour le rendre maître d'un secret qu'il ne m'eût jamais livré même à moi [1]? »

1. Burgund., 408. — Meteren, 95. — Grot., 23.

GUERRE CIVILE.

(1566.) Cependant la gouvernante se hâta de mettre à profit l'avantage que lui donnait la division de la noblesse, pour consommer la ruine de l'alliance, déjà ébranlée par la discorde intestine. Elle tira d'Allemagne sans retard des troupes que le duc Éric de Brunswick tenait prêtes pour elle, renforça la cavalerie et forma cinq régiments de Wallons, dont les comtes de Mansfeld, de Megen, d'Aremberg et d'autres, reçurent le commandement. Il fallut, pour ne pas offenser le prince d'Orange de la manière la plus sensible, lui confier aussi des troupes, d'autant plus que les provinces dont il était gouverneur en avaient le plus grand besoin; mais on prit la précaution de placer à ses côtés un colonel, nommé Walderfinger, qui surveillait toutes ses démarches, et pouvait faire échouer ses mesures, si elles paraissaient dangereuses. Le clergé de Flandre fournit au comte d'Egmont quarante mille florins d'or pour entretenir quinze cents hommes, dont il distribua une partie dans les places les plus menacées. Chaque gouverneur dut augmenter ses forces militaires et se pourvoir de munitions. Tous ces préparatifs, qui se faisaient partout et avec vigueur, ne laissaient plus aucun doute sur la voie que la gouvernante suivrait à l'avenir.

Certaine de sa supériorité et assurée de ce puissant secours, elle se hasarde maintenant à changer de conduite et à tenir aux rebelles un tout autre langage; elle se hasarde à interpréter d'une façon tout arbitraire les concessions qu'elle n'a faites aux protestants que dans un moment de frayeur et par nécessité, et à réduire à la seule faveur des prêches toutes les libertés qu'elle leur avait tacitement accordées. Tous leurs autres exercices et usages religieux, qui semblaient, une fois les prêches accordés, devoir s'entendre d'eux-mêmes, furent déclarés illicites par de nouvelles ordonnances, et il fut procédé contre les délinquants comme contre des coupables de lèse-majesté. On permit aux protestants de penser autrement que l'Église dominante sur la sainte cène; mais la célébrer autrement était un crime. Leur manière de baptiser, de marier, d'ensevelir, fut interdite sous peine de mort. C'était une cruelle moquerie de leur permettre la religion et de leur en défendre l'exercice; mais cet ignoble artifice pour s'affranchir de la parole donnée était digne de la lâcheté avec laquelle Marguerite s'était laissé arracher cette parole. Elle prenait prétexte des moindres innovations, des infractions les plus insignifiantes, pour troubler les prêches; elle fit procéder contre plusieurs prédicants, sous le prétexte qu'ils avaient exercé leurs fonctions dans un autre lieu que celui qu'on leur avait assigné, et quelques-uns même furent pendus. Elle déclara hautement, en plusieurs occasions, que les confédérés avaient abusé de sa frayeur, et qu'elle ne se tenait pas pour liée par une convention qu'on lui avait extorquée par des menaces[1].

De toutes les villes néerlandaises qui avaient pris part à la révolte iconoclaste, Valenciennes, en Hainaut, avait inspiré à la gouvernante les alarmes les plus vives. Dans aucune le parti des calvinistes n'était aussi puissant que dans celle-là, et l'esprit de révolte, par lequel la province du Hainaut s'était toujours signalée par-dessus toutes les autres, semblait y avoir élu domicile[2]. Le voisinage de la France, à laquelle elle appartenait par le langage et par les mœurs beaucoup plus qu'aux Pays-Bas, avait été cause qu'on avait de tout temps gouverné cette ville avec une plus grande douceur, mais aussi avec plus de prudence, ce qui n'avait fait que lui apprendre à sentir d'autant plus son importance. A la dernière révolte des iconoclastes,

---

1. Meteren, 93, 94. — Thuan., 507. — Strad., 166. — Meurs., Guil. Auriac., 21.
2. C'était, et c'est peut-être encore, un proverbe dans le Hainaut, que la province ne relève que de Dieu et du soleil. — Strad., 174. (Note de l'auteur.)

il s'en était déjà peu fallu qu'elle ne se livrât aux huguenots, avec lesquels elle entretenait les plus intimes intelligences, et la moindre occasion pouvait renouveler ce danger. Aussi, de toutes les villes néerlandaises, Valenciennes fut la première à laquelle la gouvernante destina une plus forte garnison; aussitôt qu'elle se trouva en mesure de la lui donner. Philippe de Noircarmes, seigneur de Sainte-Aldegonde, gouverneur du Hainaut à la place du marquis de Bergues absent, avait reçu cette commission, et parut devant les murs à la tête d'un corps de troupes. Les magistrats envoyèrent de la ville des députés à sa rencontre, pour s'excuser de recevoir la garnison, parce que la bourgeoisie protestante, comme le parti le plus fort, s'était prononcée contre cette mesure. Noircarmes leur notifia la volonté de la gouvernante, et leur donna le choix d'une garnison ou d'un siége. On n'imposerait à la ville que quatre escadrons de cavalerie et six compagnies de gens de pied : pour garantir sa parole, il était prêt à donner son propre fils comme otage. Tandis que ces conditions étaient proposées aux magistrats, qui étaient, quant à eux, très-enclins à les accepter, parut, à la tête de son parti, dont il était l'apôtre et l'idole, le ministre Pérégrin La Grange, qui était nécessairement intéressé à empêcher une soumission dont il serait devenu la victime, et qui, par la force de son éloquence, excita le peuple à refuser les conditions. Lorsqu'on rapporte cette réponse à Noircarmes, il fait, contre toutes les lois du droit des gens, mettre aux fers les députés, et les emmène prisonniers avec lui; mais, sur l'ordre de la régente, il lui fallut bientôt les relâcher. Obligée aux plus grands ménagements par des ordres secrets de Madrid, elle fait sommer la ville plusieurs fois encore de recevoir la garnison qui lui est destinée; mais, comme elle persiste obstinément dans son refus, elle est, par acte public, déclarée rebelle, et Noircarmes reçoit l'ordre formel de l'assiéger. On défend à toutes les autres provinces d'assister de conseils, d'argent ou d'armes cette ville révoltée. Tous ses biens sont adjugés au fisc. Pour lui montrer la guerre, avant de la commencer réellement, et pour lui laisser le temps de sages réflexions, Noircarmes rassembla des troupes de tout le Hainaut et le Cambrésis (1566), prit possession de Saint-Amand, et mit garnison dans toutes les places voisines.

Les mesures prises contre Valenciennes firent comprendre à toutes les villes qui étaient dans le même cas le sort qui leur était réservé à elles-mêmes, et mirent aussitôt toute la ligue en mouvement. Une armée de Gueux, de trois à quatre mille hommes, qui avait été ramassée à la hâte et composée de populace fugitive et des bandes qui restaient des iconoclastes, paraît sur le territoire de Tournai et de Lille, pour s'assurer de ces deux villes et inquiéter l'ennemi devant Valenciennes. Le gouverneur de Lille a le bonheur de mettre en fuite un détachement de cette armée, qui, d'intelligence avec les protestants de cette ville, a fait une tentative pour s'en emparer, et il sauve la place. Dans le même temps, l'armée des Gueux, qui perd du temps près de Lannoy, est surprise par Noircarmes et presque entièrement détruite. Le petit nombre de ceux qui, par une valeur désespérée, parviennent à se frayer un passage, se jettent dans la ville de Tournai, qui est sommée incontinent par le vainqueur d'ouvrir ses portes et de recevoir garnison. Sa prompte obéissance lui prépare un sort plus doux. Noircarmes se contente d'y abolir le consistoire protestant, de bannir les prédicants, de punir les chefs des rebelles, et de rétablir le culte catholique, qu'il trouve presque entièrement supprimé. Après lui avoir donné pour gouverneur un catholique sûr, et avoir laissé une garnison suffisante, il se porte de nouveau, avec son armée victorieuse, devant Valenciennes, pour continuer le siége.

Cette ville, insolemment fière de ses remparts, se préparait à une vive résistance, fermement décidée à pousser les choses aux dernières extrémités. On n'avait pas négligé de se pourvoir de munitions et de vivres pour un long siége; tout ce qui pouvait porter les armes, sans excepter même les artisans, devint soldat; on rasa les maisons voisines de la ville, et surtout les couvents, afin que les assiégeants ne s'en servissent pas contre la place. Le petit nombre des partisans de la couronne gardaient le silence, opprimés par la multitude; nul catholique n'osait remuer. L'anarchie et la révolte avaient remplacé le bon ordre, et le fanatisme d'un prêtre téméraire dictait la loi. Les combattants étaient nombreux, leur courage désespéré, leur espérance de secours assurée, et leur haine contre la religion catholique portée à l'extrême. Un grand nombre n'avaient aucune grâce à attendre; tous abhorraient le joug commun d'une impérieuse garnison. Noircarmes, dont l'armée s'était accrue d'une manière redoutable, par les auxiliaires affluant de toutes parts, et était abondamment pourvue de toutes les choses nécessaires pour un long blocus, tenta encore une fois de gagner la ville par la bonté; mais ce fut en vain. Il fit en conséquence ouvrir la tranchée et se mit en devoir d'investir la place[1].

La situation des protestants s'était empirée, sur ces entrefaites, dans la même proportion que les forces de la gouvernante s'étaient accrues. L'alliance de la noblesse s'était peu à peu réduite au tiers. Quelques-uns de ses plus importants défenseurs, comme le comte d'Egmont[2], étaient revenus au roi; les contributions, sur lesquelles on avait si sûrement compté, produisaient fort peu; le zèle du parti commençait à se refroidir sensiblement, et avec la belle saison devaient aussi finir les prêches publics, qui avaient entretenu ce zèle jusqu'alors. Toutes ces circonstances réunies décidèrent le parti défaillant à modérer ses prétentions et à tenter tous les moyens licites avant de risquer les mesures extrêmes. Dans un synode général des protestants, tenu à cette fin dans Anvers, et auquel assistent aussi quelques-uns des confédérés, on résout de députer à la gouvernante, de lui faire des représentations sur son manque de foi, et de lui rappeler la convention faite. Bréderode se charge de cette commission, mais il se voit repoussé avec dureté et avec insulte, et même exclu de Bruxelles. Il prend alors le parti de rédiger un mémoire, où il se plaint, au nom de toute l'alliance, de ce que la duchesse, par son manque de foi, le fait mentir à la face de tous les protestants, qui ont posé les armes sous la garantie de l'alliance. Il lui reproche d'anéantir, en révoquant ses concessions, tout ce que les confédérés ont fait de bien; d'avoir cherché à déshonorer l'alliance aux yeux du peuple, d'avoir fomenté la discorde entre ses membres, et fait poursuivre beaucoup d'entre eux comme criminels. Il la pressait de révoquer ses nouvelles ordonnances, par lesquelles on avait enlevé aux protes-

---

[1]. Burgund., 379. 411-418. — Meteren, 98,99. — Strad., 176. — *Vigl. ad Hopper. epist.* II, XXI.

[2]. Dans la première édition : « Comme le prince de Gavre. » C'est un autre titre du comte d'Egmont (voy. p. 82).

tants le libre exercice de leur religion ; mais, avant tout, de lever le siége de Valenciennes, de licencier les troupes nouvellement enrôlées, seule condition sous laquelle la ligue pût lui garantir la tranquillité publique.

La gouvernante répondit sur un ton qui était bien différent de sa modération précédente : « Qui sont ces confédérés qui s'adressent à moi dans ce mémoire ? c'est en vérité un secret pour moi. Les confédérés avec lesquels j'ai eu affaire se sont, si je ne me trompe, dispersés. Du moins tous ne peuvent avoir pris part à cette plainte, car j'en connais beaucoup moi-même, qui, satisfaits sur toutes leurs demandes, sont rentrés dans le devoir. Mais, qui que ce soit qui s'adresse ici à moi, sans raison, sans droit et sans titre, il a du moins donné à mes paroles une très-fausse interprétation, s'il en conclut que j'aie assuré aux protestants la liberté de religion. Il ne peut être ignoré de personne combien il m'a été pénible de permettre les prêches dans les lieux où ils se sont introduits d'eux-mêmes, et cela ne peut certes passer pour une concession de la liberté de croyance. J'aurais pu avoir l'idée de prendre sous ma protection ces consistoires illégaux? de tolérer cet État dans l'État? J'aurais pu m'oublier au point d'accorder cette dignité légale à une secte abominable; de bouleverser l'ordre entier de l'Église et de la république, et de faire à ma sainte religion cet horrible outrage! Prenez-vous-en à celui qui vous a donné cette permission, mais ne contestez pas avec moi. Vous m'accusez d'avoir enfreint la convention qui vous garantissait l'impunité et la sécurité? Je vous ai remis le passé, mais non les fautes que vous commettriez à l'avenir. Votre requête du mois d'avril dernier ne devait nuire à aucun de vous, et, à ma connaissance, elle n'a nui à personne; mais quiconque a péché de nouveau contre la majesté du roi n'a qu'à subir les conséquences de son crime. Enfin, comment osez-vous me rappeler un traité que vous avez violé les premiers? A l'instigation de qui les églises ont-elles été pillées, les images des saints renversées, et les villes entraînées à la révolte? Qui a conclu des traités avec les puissances étrangères, ordonné des enrôlements illicites et levé sur les sujets du roi des contributions illégales? C'est pour cela que j'ai rassemblé des troupes; pour cela que j'ai aggravé les édits. Celui qui me presse de poser les armes ne peut avoir de bonnes intentions pour sa patrie et pour son roi, et, si vous n'êtes pas les ennemis de vous-mêmes, prenez soin d'excuser vos propres actions, au lieu de juger les miennes[1]. »

Toute l'espérance qu'avaient les Gueux d'un arrangement amiable tombèrent devant cette déclaration altière. Sans être assurée d'un puissant soutien, la régente ne pouvait tenir un pareil langage. Une armée était en campagne, l'ennemi devant Valenciennes; l'élite des associés s'était détachée de la ligue, et la gouvernante exigeait une soumission absolue. Les affaires des confédérés allaient si mal maintenant, qu'une résistance ouverte ne pouvait les gâter davantage. S'ils se livraient sans défense aux mains de leur souverain irrité, leur perte était certaine; mais la voie des armes pouvait du moins la rendre douteuse encore : ils choisirent donc ce dernier parti, et commencèrent sérieusement à s'occuper de leur défense. Pour s'assurer un droit à l'assistance des protestants de l'Allemagne, *Louis de Nassau* voulut persuader aux villes d'Amsterdam, d'Anvers, de Tournai et de Valenciennes de s'unir plus étroitement à eux par la foi, en accédant à la confession d'Augsbourg : proposition qu'il ne put jamais faire accueillir, parce que la haine religieuse des calvinistes pour leurs frères évangéliques surpassait encore, s'il était possible, l'horreur qu'ils avaient du papisme. Alors Nassau commença à négocier sérieusement pour des subsides, en France, dans le Palatinat et en Saxe. Le comte de Bergues fortifia ses châteaux; Bréderode se jeta avec une petite armée dans sa place forte de Viane sur le Leck, sur laquelle il s'attribuait des droits de souverain, et qu'il mit, à la hâte, en état de défense, pour y attendre un renfort de l'alliance et l'issue des négociations de Nassau. L'étendard de la guerre était maintenant arboré; partout battait le tambour; partout on voyait marcher des troupes, on recueillait de l'argent, on enrôlait des soldats. Les agents des deux partis se rencontraient souvent dans le même endroit, et à peine les percepteurs et les enrôleurs de la régente avaient-ils quitté une

---

1. Thuan., 523, 524. — Strad., 167, 168. — Burgund., 433, 434, 435. — Meteren, 96, 97.

ville que les courtiers de la ligue lui faisaient souffrir les mêmes violences [1].

(1566.) De Valenciennes, la gouvernante porta son attention sur Bois-le-Duc, où les iconoclastes avaient commis de nouveaux excès, et où le parti des protestants avait acquis une grande supériorité. Pour décider, par des voies pacifiques, la bourgeoisie à recevoir une garnison, elle députa le chancelier de Brabant, nommé Scheiff, avec le conseiller d'État Mérode de Petersheim, qu'elle avait destiné pour gouverneur à la ville. Ces envoyés devaient s'assurer de la place à l'amiable, et demander à la bourgeoisie un nouveau serment d'obéissance. En même temps, il fut ordonné au comte de Megen, qui se trouvait dans le voisinage avec un corps de troupes, d'approcher de la ville, pour soutenir la mission des deux députés et pouvoir y jeter incontinent une garnison. Mais Bréderode, qui en fut averti dans Viane, envoya à Bois-le-Duc une de ses créatures, un certain Antoine de Bomberg, ardent calviniste, mais qui était connu pour un brave soldat, afin de relever dans cette ville le courage de son parti et de mettre obstacle aux projets de la gouvernante. Ce Bomberg parvint à s'emparer des lettres que le chancelier avait apportées de la part de la duchesse, et à y substituer des lettres fausses, qui, par leur langage dur et impérieux, irritèrent la bourgeoisie. En même temps, il sut rendre les deux envoyés de Marguerite suspects d'avoir sur la ville des projets sinistres, ce qui lui réussit tellement auprès de la multitude, que, dans sa rage frénétique, elle s'attaqua à eux et les retint prisonniers. Bomberg, de son côté, se plaçant à la tête de huit cents hommes, qui l'avaient choisi pour leur chef, s'opposa au comte de Megen, qui s'avançait sur la ville en ordre de bataille, et le reçut si mal avec la grosse artillerie que Megen dut se retirer sans avoir rien fait. La gouvernante fit ensuite réclamer ses députés par un sergent de justice, et, en cas de refus, menacer la ville d'un siège; mais Bomberg occupa l'hôtel de ville avec son parti, et força les magistrats de lui livrer les clefs de la place. Le sergent fut renvoyé avec insulte, et il fut ré-

---

1. Thuan., 524. — Strad., 169. — *Hist. gén. des Prov.-Un.*, t. XXII, 95 (t. V, p. 146, 147 de l'édit. franç.). — *Vigl. ad Hopper. epist.* IV.

pondu par son entremise à la gouvernante qu'on s'en remettrait aux ordres de Bréderode pour savoir ce qu'on ferait des captifs. Le héraut, qui s'était tenu hors de la ville, parut alors pour lui déclarer la guerre, ce que le chancelier put toutefois encore empêcher [1].

Après cette inutile tentative sur Bois-le-Duc, le comte de Megen se jeta sur Utrecht, pour prévenir un dessein que le comte de Bréderode voulait exécuter sur cette ville. Comme elle avait beaucoup à souffrir de l'armée des confédérés, qui campait non loin de là sous Viane, elle le reçut à bras ouverts, comme son protecteur, et s'accommoda à tous les changements qu'il fit dans le service divin. Il fit aussitôt élever au bord du Leck une redoute, d'où il pouvait battre Viane. Bréderode, qui n'avait nulle envie de l'attendre dans cette place, la quitta avec la meilleure partie de sa troupe et courut à Amsterdam [2].

Bien que le prince d'Orange, au milieu de ces mouvements, semblât perdre son temps dans Anvers, il n'en était pas moins actif sous ce repos apparent. C'était sur ses avis que l'alliance avait fait des levées, et que Bréderode avait fortifié ses châteaux : à cet effet il fit même présent à ce dernier de trois canons, qu'il avait fait fondre à Utrecht. Ses yeux veillaient sur tous les mouvements de la cour, et la ligue fut par lui avertie de tous les desseins qu'on formait sur telle ou telle place. Mais son affaire capitale parut être d'avoir en sa puissance les principales villes de son gouvernement : à cet effet, il avait cherché secrètement à favoriser de toutes ses forces l'entreprise de Bréderode sur Utrecht et sur Amsterdam [3].

Le poste le plus important était Walcheren, île de Zélande, où l'on présumait que débarquerait le roi ; et, pour surprendre cette île, Guillaume forma un projet qu'entreprit d'exécuter un noble de l'alliance, fidèle ami du prince d'Orange, Jean de Marnix, seigneur de Thoulouse, frère de Philippe de Sainte-Aldegonde (1567). Thoulouse entretenait avec l'ancien bailli de

---

1. Thuan., 525. — Strad., 170. — Burgund., 423, 424, 427, 428. — *Vigl. ad Hopper. epist.* vi.
2. *Hist. gén. des Prov.-Un.*, 98, 99 (t. V, p 147 de l'édit. franç.). — Strad., 170. — *Vigl. ad Hopper. epist.* v.
3. Grotius, 23.

Middelbourg, Pierre Haak, des intelligences secrètes qui devaient lui fournir l'occasion de jeter des garnisons dans Middelbourg et Flessingue; mais les enrôlements qu'on faisait à Anvers pour cette entreprise ne pouvaient avoir lieu si mystérieusement que les magistrats n'en conçussent des soupçons. Pour les tranquilliser, et pour favoriser en même temps son projet, le prince fit ordonner publiquement par le héraut à tous les étrangers, soldats et autres, qui n'étaient pas au service de l'État, ou n'avaient du reste pas d'affaires dans la ville, qu'ils eussent à la quitter sans délai. Il aurait pu, disent ses adversaires, en fermant les portes, s'emparer aisément de tous ces soldats suspects, mais il les chassa hors de la ville, afin de les pousser d'autant plus vite au lieu de leur destination. Ils furent incontinent embarqués sur l'Escaut, et transportés jusque devant Rammekens; mais, comme on fut prévenu de leur entreprise à Flessingue, par le coche d'eau d'Anvers, qui arriva peu de temps avant eux, on leur refusa l'entrée du port. Ils trouvèrent les mêmes difficultés à Arnemuiden, non loin de Middelbourg, où les sectaires s'efforcèrent vainement d'exciter une sédition en leur faveur. Ainsi Thoulouse vira de bord sans avoir rien fait, et remonta l'Escaut jusqu'à Osterweel, à un quart de lieue d'Anvers, où il débarqua son monde, et établit un camp sur la rive, dans le dessein d'y attendre des renforts d'Anvers, et de soutenir par son voisinage le courage de son parti, qui était opprimé par les magistrats. Avec l'assistance du clergé réformé, qui recrutait pour lui dans la ville d'Anvers, sa petite armée croissait de jour en jour, en sorte qu'il finit par devenir redoutable aux habitants, dont il désolait tout le territoire. Les magistrats irrités voulurent le faire surprendre dans son camp par la milice urbaine; mais le prince d'Orange sut y mettre obstacle, sous prétexte qu'on ne pouvait alors dégarnir la ville de soldats.

Cependant la gouvernante avait rassemblé à la hâte contre Thoulouse une petite armée, qui s'avança de Bruxelles, à marches forcées, sous les ordres de Philippe de Launoy. En même temps, le comte de Megen sut si bien envelopper et occuper l'armée des Gueux, près de Viane, qu'elle ne put rien apprendre de ces mouvements ni courir à l'aide de ses confédérés. Launoy surprit à l'improviste les bandes dispersées qui étaient sorties pour le pillage, et les détruisit avec un carnage horrible. Thoulouse se jeta, avec le faible reste de ses troupes, dans une maison de campagne, qui lui avait servi de quartier général, et se défendit longtemps avec le courage du désespoir, jusqu'à ce que Launoy, qui ne put le déloger autrement, fit mettre le feu à la maison. Le petit nombre qui échappa à l'incendie se précipita au-devant des coups de l'ennemi, ou trouva la mort dans l'Escaut. Thoulouse lui-même aima mieux périr dans les flammes que de tomber dans les mains du vainqueur. Ce succès, qui enleva plus de mille hommes aux Gueux, ne coûta pas cher au vainqueur; car Philippe de Launoy ne perdit pas, dans toute son armée, plus de deux hommes. Parmi les vaincus, trois cents, qui s'étaient rendus vivants, furent aussitôt égorgés sans miséricorde, parce qu'on craignait d'Anvers une sortie [1].

Avant que la bataille commençât, on ne se doutait nullement de l'attaque dans Anvers. Le prince d'Orange, qui en avait reçu avis de bonne heure, avait eu la précaution de faire rompre la veille le pont qui joint la ville à Osterweel, afin, disait-il, que les calvinistes d'Anvers ne fussent pas tentés de se joindre à l'armée de Thoulouse, mais, plus vraisemblablement, afin que les catholiques ne tombassent pas sur les derrières du général des Gueux, ou même que Launoy, s'il était vainqueur, ne pût se jeter dans la ville. Par ce même motif, les portes furent fermées sur son ordre; et les habitants, qui ne comprenaient rien à toutes ces mesures, flottaient incertains entre la curiosité et la crainte, jusqu'à ce que le bruit de l'artillerie leur annonça d'Osterweel ce qui pouvait s'y passer. Alors tout le monde court en tumulte aux remparts et sur les murs, où, lorsque le vent dissipe la fumée de la poudre, tout le spectacle d'une bataille s'offre aux regards. Les deux armées étaient si près de la ville, qu'on pouvait parfaitement distinguer les unes des autres leurs enseignes et reconnaître les cris des vainqueurs comme ceux des vaincus. Le spectacle que présentait alors cette ville était plus terrible que la bataille elle-même. Chacune des deux

---

1. Meteren, 97, 98. — Burgund., 440, 441. — Strad., 171, 172. — Thuan., lib. LXI.

armées qui étaient aux prises avait sur les murs ses partisans et ses ennemis. Tout ce qui se passait là-bas éveillait ici l'allégresse et l'horreur; de l'issue du combat semblait dépendre le sort de chaque spectateur. Chaque mouvement sur le champ de bataille se peignait et pouvait se lire sur la figure des Anversois : la défaite et le triomphe, l'effroi des vaincus, la rage des vainqueurs. Ici un effort douloureux et vain pour retenir ceux qui tombent, pour arrêter en place ceux qui cèdent; là un désir également inutile de les atteindre, de les frapper, de les anéantir[1]. Enfin les Gueux prennent la fuite, et dix mille personnes sont dans la joie; le dernier refuge de Thoulouse est en flammes, et vingt mille bourgeois d'Anvers meurent avec lui par le supplice du feu.

Mais bientôt la stupeur du premier effroi fait place à un désir furieux de secourir, de venger les vaincus. Poussant de grands cris et se tordant les mains, la veuve du général qui a succombé, se jette, les cheveux épars, au milieu de la foule, pour implorer vengeance et pitié. Enflammés par Hermann, leur apôtre, les calvinistes courent aux armes, résolus de venger leurs frères ou de périr avec eux. Sans réflexion, sans plan, sans chefs, conduits uniquement par leur douleur et leur délire, ils s'élancent vers la porte rouge, qui mène au champ de bataille; mais point d'issue! la porte est fermée, et les groupes les plus avancés se rejettent sur les derniers venus. Ils s'entassent milliers sur milliers, et une foule effroyable se presse sur le pont de Meer. Tous s'écrient : « Nous sommes trahis! nous sommes prisonniers! Mort aux papistes! mort à celui qui nous a trahis! » Un sourd murmure, avant-coureur de la révolte, parcourt toute la foule. On commence à soupçonner que tout ce qui s'est fait a été machiné par les catholiques pour perdre les calvinistes. On a exterminé leurs défenseurs, maintenant on va tomber aussi sur les gens désarmés. Ce soupçon se répand dans toute la ville avec une déplorable rapidité. On croit désormais être éclairé sur le passé, et l'on craint quelque surprise plus

---

1. Ici l'auteur a supprimé la phrase suivante, qui se trouve dans la première édition : « Éprouver un si vif intérêt, et ne pouvoir le témoigner; se voir condamné à l'impuissance tout en brûlant de la passion la plus ardente; être à la fois éloigné et présent : c'était une terrible situation. »

funeste encore : une affreuse défiance s'empare de tous les esprits. Chaque parti redoute l'autre; chacun voit dans son voisin son ennemi; le mystère accroît cette crainte, cette épouvante : situation terrible pour une ville si populeuse, où tout concours accidentel devient aussitôt un tumulte, toute parole jetée au hasard une rumeur, la plus faible étincelle un incendie, et où le contact, le frottement enflamme avec plus de violence toutes les passions. Tout ce qu'il y a de réformés s'émeut à cette nouvelle. Quinze mille hommes de ce parti s'emparent du pont de Meer, et y braquent de la grosse artillerie, qu'ils ont enlevée de vive force à l'arsenal; la même chose a lieu sur un autre pont. Leur multitude les rend formidables : la ville est dans leurs mains; pour échapper à un danger imaginaire, ils entraînent tout Anvers au bord du précipice.

Dès le commencement du tumulte, le prince d'Orange était accouru au pont de Meer, où il se jeta courageusement à travers la foule furieuse, recommandant la paix et suppliant qu'on l'écoutât. Sur l'autre pont, le comte de Hoogstraeten, accompagné du bourgmestre Strahlen, faisait la même tentative; mais, comme il manquait d'autorité aussi bien que d'éloquence, il adressa la troupe forcenée, qui devenait trop violente pour lui, au prince d'Orange, vers lequel maintenant tout Anvers se précipitait. Celui-ci cherche à leur faire comprendre que la porte a été uniquement fermée afin que le vainqueur, quel qu'il pût être, fût écarté de la ville, qui sans cela serait devenue la proie des soldats. Il parle en vain; ces bandes furieuses ne l'écoutent pas, et un des plus téméraires ose même le coucher en joue et l'appeler traître. Avec des cris tumultueux, ils lui demandent les clefs de la porte rouge, qu'il se voit enfin obligé de mettre dans les mains du prédicant Hermann. « Mais, ajouta-t-il avec une heureuse présence d'esprit, prenez garde à ce que vous allez faire; six cents cavaliers ennemis sont postés dans le faubourg pour vous recevoir. » Cette supposition, que la nécessité et l'angoisse lui inspiraient, n'était pas si éloignée de la vérité qu'il le croyait peut-être lui-même; car le général victorieux n'eut pas plutôt appris le tumulte d'Anvers, qu'il fit monter à cheval toute sa cavalerie, pour pénétrer dans la ville à la faveur du désordre. « Moi, du moins, continua le prince d'Orange, je saurai me mettre en sûreté pendant qu'il en est temps, et celui qui suivra mon exemple s'épargnera le repentir. » Ces paroles, dites à propos, et suivies d'une prompte retraite, eurent leur effet. Ceux qui étaient le plus près de lui le suivirent, et, de proche en proche, tous les autres, en sorte que le petit nombre de ceux qui avaient déjà pris les devants, ne voyant venir personne après eux, perdirent l'envie de combattre seuls contre les six cents cavaliers. Tout se calma donc de nouveau sur le pont de Meer, où l'on établit des gardes et des avant-postes, et où l'on passa une nuit tumultueuse à veiller sous les armes[1].

La ville d'Anvers était maintenant menacée du plus affreux massacre et d'un pillage complet. Dans ce pressant danger, le prince d'Orange convoque un conseil extraordinaire, où sont appelés les plus honnêtes bourgeois des quatre nations. « Si l'on veut abattre l'insolence des calvinistes, leur dit-il, il nous faut mettre aussi sur pied contre eux une troupe qui soit prête à les recevoir. » On résolut donc d'appeler promptement sous les armes les habitants catholiques, indigènes, italiens et espagnols, et d'attirer aussi, s'il était possible, les luthériens dans le parti. L'esprit dominateur des calvinistes, qui, fiers de leurs richesses et enhardis par la supériorité de leur nombre, traitaient avec mépris tous les autres partis religieux, leur avait dès longtemps attiré la haine des luthériens, et l'acharnement que ces deux Églises protestantes avaient l'une contre l'autre était d'une nature plus implacable que la haine qui les unissait contre l'Église dominante. Les magistrats avaient tiré de cette jalousie mutuelle l'avantage essentiel de contenir les deux sectes l'une par l'autre, mais surtout les réformés, dont l'accroissement était le plus redoutable. Par ce motif, ils avaient pris sans bruit sous leur protection les luthériens, comme étant le parti le plus faible et le plus pacifique, et leur avaient même fait venir d'Allemagne des docteurs ecclésiastiques, qui nécessairement, par la controverse dans leurs sermons, tenaient continuellement en haleine cette aversion mutuelle. On laissait croire aux luthériens que le roi jugeait plus favorablement de

---

1. Burgund., 444-447. — Strad. *7*

leur confession, et on les exhortait à ne pas gâter leur bonne cause par des intelligences avec les réformés. Il ne fut donc pas très-difficile d'opérer pour le moment une réunion entre les catholiques et les luthériens, puisqu'il s'agissait de réprimer des rivaux si détestés. Au point du jour fut opposée aux calvinistes une troupe qui était bien supérieure en nombre à la leur. A la tête de ces forces, l'éloquence du prince d'Orange acquit bientôt un plus grand pouvoir et se fit bien mieux écouter. Les calvinistes, quoique en possession des armes et de l'artillerie, effrayés par la supériorité numérique de leurs ennemis, envoyèrent les premiers des députés et proposèrent un accommodement, qui, par l'adresse du prince, fut conclu à la satisfaction générale. Aussitôt qu'il fut publié, les Espagnols et les Italiens posèrent les armes; les réformés après eux, et ensuite les catholiques; les luthériens les quittèrent les derniers [1].

Anvers était demeuré deux jours et deux nuits dans cette affreuse situation. Déjà les catholiques avaient porté sous le pont de Meer des barils de poudre, pour faire sauter toute l'armée des réformés, qui l'avait occupé; ils imitaient ce que les réformés avaient fait en d'autres lieux contre les catholiques [2]. La perte de la ville ne tint qu'à un instant; et ce fut la prudence du prince d'Orange qui la sauva.

(1567.) Noircarmes était toujours avec son armée de Wallons sous les murs de Valenciennes, qui, se confiant fermement dans la protection des Gueux, continuait à rester inébranlable à toutes les représentations de la gouvernante, et à rejeter toute idée de soumission. Un ordre formel de la cour défendait au général qui menaçait la ville d'agir avec vigueur, avant d'avoir reçu d'Allemagne des troupes fraîches. Le roi, que ce fût par ménagement ou par crainte, répugnait au moyen violent d'un assaut, dans lequel on ne pouvait éviter de confondre l'innocent dans le même sort avec le coupable, et de traiter comme un ennemi le sujet fidèle. Mais, comme de jour en jour croissait l'insolence des assiégés, qui, rendus plus hardis par l'inaction de l'ennemi, osèrent même l'inquiéter par de fréquentes sor-

---

1. Thuan., 526, 527. — Burgund., 448-451. — Strad., 173. — Meteren, 97, 98.
2. Meteren, 97.

ties, réduire en cendres quelques couvents hors de la ville et s'en retourner avec du butin ; comme il pouvait se faire que le temps qu'on perdait devant cette place fût mieux mis à profit par les rebelles et les confédérés, Noircarmes sollicita la duchesse de lui obtenir du roi la permission de donner l'assaut à la ville. La réponse fut plus prompte qu'on n'y était accoutumé de la part de Philippe. « On pouvait encore se contenter de disposer simplement les machines pour l'assaut, et, avant de le donner réellement, laisser d'abord agir quelque temps la terreur de ces préparatifs ; si, même alors, la capitulation ne s'ensuivait pas, il permettait l'assaut, mais en ménageant le plus qu'il serait possible la vie des habitants. » Avant que la gouvernante eût recours à ce moyen extrême, elle donna des pleins pouvoirs au comte d'Egmont[1], auquel fut associé le duc d'Arschot, pour négocier encore une fois amiablement avec les rebelles. Ils s'abouchent tous deux avec les députés de la ville, et ne négligent rien pour les arracher à l'aveuglement où ils ont persisté jusqu'ici. Ils leur apprennent que Thoulouse est battu et qu'avec lui est tombé tout l'appui des assiégés ; que le comte de Megen a coupé toute communication entre l'armée des Gueux et la ville, et que celle-ci ne doit qu'à l'indulgence du monarque de s'être soutenue si longtemps. Ils leur offrent l'entier pardon du passé. Chacun aura la liberté de défendre son innocence devant un tribunal de son choix ; à quiconque s'y refusera il sera accordé un délai de quinze jours pour quitter la ville en emportant tout son avoir. On ne leur demandait rien que de recevoir garnison. Pour réfléchir à cette proposition, un armistice de trois jours leur fut accordé. Quand les députés rentrèrent dans la ville, ils trouvèrent leurs concitoyens moins disposés que jamais à un accommodement, parce que, dans l'intervalle, de faux bruits d'un nouvel armement des Gueux s'y étaient répandus. On assurait que Thoulouse était vainqueur, et qu'une puissante armée était en marche pour délivrer la ville. Cette confiance alla si loin, qu'on se permit même de rompre l'armistice et de faire feu sur les assiégeants. Enfin les magistrats obtinrent, avec beaucoup de peine, qu'on enverrait au camp douze conseillers

---

1. Dans la première édition, comme déjà plus haut : « Au prince de Gavre. »

avec les conditions suivantes : l'édit par lequel Valencienne
était accusée du crime de lèse-majesté et déclarée ennemie serait
révoqué; les biens confisqués juridiquement seraient rendus, et
les prisonniers de part et d'autre remis en liberté. La garnison
n'entrerait pas dans la ville avant que tous ceux qui l'auraient
jugé convenable eussent mis en sûreté leur personne et leurs
biens; elle s'engagerait à n'être à charge en rien aux habitants
et le roi supporterait les frais qu'elle occasionnerait.

Noircarmes répondit à ces conditions avec emportement, et
fut sur le point de maltraiter les envoyés. S'ils n'étaient pas
venus pour lui rendre la ville, leur dit-il, ils devaient se retirer
à l'instant même, ou s'attendre à ce qu'il les renvoyât chez eux
les mains liées derrière le dos. Ils rejetèrent la faute sur l'obstination des réformés, et le supplièrent de les retenir dans le
camp, parce qu'ils ne voulaient plus avoir affaire à leurs concitoyens rebelles, ni être enveloppés dans leur destin. Ils embrassèrent même les genoux d'Egmont, pour obtenir son intercession; mais Noircarmes resta sourd à leurs prières, et la vue
des chaînes qu'on apporta les força de retourner malgré eux à
Valenciennes. C'était la nécessité, et non la dureté de son cœur,
qui imposait au général ennemi cette conduite sévère. L'arrestation des députés lui avait déjà précédemment attiré les reproches de la duchesse; s'il les avait retenus cette fois encore, on
n'aurait pas manqué de l'attribuer dans la ville à la même
cause que la première fois. Il ne devait pas non plus priver
Valenciennes du faible reste des bourgeois bien pensants, ni
souffrir qu'une multitude aveugle et forcenée fût maîtresse du
sort de la place. Egmont fut tellement irrité du mauvais succès
de sa députation, que, la nuit suivante, il fit lui-même à cheval
le tour de la ville, reconnut les ouvrages, et rentra fort satisfait, lorsqu'il se fut convaincu qu'elle ne pouvait tenir plus
longtemps [1].

Valenciennes s'étend, d'une colline doucement inclinée, dans
une plaine tout unie, et jouit d'une position aussi forte qu'a-
gréable. Entourée d'un côté par l'Escaut et une plus petite rivière; de l'autre, défendue par des fossés profonds, de fortes

---

[1]. Thuan., 528. — Strad., 178. — Burgund., 466.

murailles et des tours, elle semble pouvoir défier toute attaque[1]. Mais Noircarmes avait remarqué dans le fossé quelques endroits que par négligence on avait laissés se combler au niveau du sol extérieur, et il profita de cette découverte. Il rassemble tous les corps dispersés avec lesquels il avait jusque-là cerné la ville, et, dans une nuit orageuse, il emporte le faubourg de Berg, sans perdre un seul homme. Il distribue ensuite l'attaque de la ville entre le comte de Bossu, le jeune comte Charles de Mansfeld et le cadet des Barlaimont; un de ses colonels s'approche, avec la plus grande célérité possible, des murailles, d'où l'ennemi est repoussé par un feu terrible. Tout près de la ville et vis-à-vis de la porte, est établie, sous les yeux des assiégés, avec très-peu de perte, et au niveau des remparts, une batterie de vingt et une pièces de canon, qui foudroient la place sans interruption pendant quatre heures. La tour de Saint-Nicolas, sur laquelle les assiégés avaient placé quelque artillerie, s'écroule des premières, et beaucoup de personnes trouvent la mort sous ses ruines. Le feu est dirigé sur tous les édifices qui dominent, et il en résulte un affreux carnage des habitants. En peu d'heures leurs plus importants ouvrages sont détruits, et à la porte même est pratiquée une brèche si considérable que les assiégés, désespérant de leur salut, dépêchent à la hâte deux trompettes pour demander une audience. On l'accorde, mais l'attaque est poursuivie sans interruption. Les députés ont d'autant plus hâte de conclure l'accommodement, pour livrer la ville aux mêmes conditions qu'elle a refusées deux jours auparavant; mais les circonstances avaient changé, et le vainqueur ne voulait plus entendre parler de conditions. Le feu continuel ne laissait pas aux assiégés le temps de réparer les murailles, qui remplissaient tout le fossé de leurs débris, et ouvraient partout des chemins à l'ennemi pour entrer par la brèche. Au point du jour, assurés de leur ruine totale, ils rendent la place à discrétion, après que l'attaque a duré trente-six heures sans interruption, et qu'on a jeté trois mille bombes dans la place. Noircarmes y entre à la tête de ses troupes victorieuses, à qui il fait observer une sévère discipline; il est accueilli par une troupe de femmes

---

1. Dans la première édition : « Toute attaque du dehors. »

et d'enfants, qui viennent au-devant de lui, portant des rameaux verts et implorant sa pitié. Aussitôt tous les bourgeois sont désarmés, le gouverneur et son fils décapités; trente-six des plus obstinés rebelles, au nombre desquels se trouvent La Grange et Guido de Bresse, autre prédicateur réformé, expient par la potence leur opiniâtreté; toutes les autorités perdent leurs emplois, et la ville tous ses priviléges. Le culte catholique est sur-le-champ rétabli dans tout son éclat, et le culte protestant aboli. L'évêque d'Arras reçoit l'ordre de transférer sa résidence à Valenciennes, dont l'obéissance future est garantie par une forte garnison[1].

(1567.) La reddition de Valenciennes, cette place sur laquelle étaient fixés tous les regards, fut pour les autres villes qui s'étaient rendues coupables de la même manière, une effrayante nouvelle, et ne mit pas peu en crédit les armes de la gouvernante. Noircarmes poursuivit sa victoire, et se porta aussitôt devant Maestricht, qui se soumit à lui sans coup férir, et reçut garnison. De là il marcha sur Turnhout, pour intimider par son approche les villes de Bois-le-Duc et d'Anvers. Son arrivée effraya le parti des Gueux, qui, sous la conduite de Bomberg, avait toujours fait la loi aux magistrats, au point que ces rebelles quittèrent la ville à la hâte avec leur chef. Noircarmes fut reçu sans résistance, les députés de la duchesse mis sur-le-champ en liberté et une forte garnison jetée dans la place. Cambrai ouvrit aussi ses portes à son archevêque, que le parti dominant des réformés avait chassé de sa résidence; il fut reçu avec des cris d'allégresse, et il méritait ce triomphe, car il ne souilla point son entrée par le sang. Les villes de Gand, Ypres et Oudenarde se soumirent également et reçurent garnison. Le comte de Megen avait presque entièrement purgé de rebelles et ramené à l'obéissance la province de Gueldre; le comte d'Aremberg avait aussi bien réussi dans la Frise et le pays de Groningue, cependant un peu plus tard et avec plus de difficulté, parce que sa conduite manquait d'égalité et de constance, parce que ces belliqueux républicains étaient plus fermement attachés à

---

1. Thuan., 528, 529. — Meteren, 98, 99. — Strad., 178-180. — Burgund. 462-465.

leurs priviléges et se reposaient fièrement sur leur forte position[1]. Le parti des rebelles est chassé de toutes les provinces, la Hollande exceptée; tout cède aux armes victorieuses de la duchesse. Le courage des chefs était abattu, et il ne leur restait plus qu'à fuir ou à se soumettre sans condition[2].

1. *Vigl. ad Hopper. epist.* I, XXI.
2. Burgund., 466, 473-475.

DÉMISSION DE GUILLAUME D'ORANGE.

Dès l'établissement de l'alliance des Gueux, mais plus sensiblement encore depuis les excès des iconoclastes, l'esprit d'opposition et de division avait tellement pris le dessus dans les hautes et les basses conditions, les partis s'étaient si fort confondus, que la gouvernante avait de la peine à reconnaître ses partisans et ses agents, et qu'à la fin elle ne savait plus trop dans quelles mains elle se trouvait. La marque distinctive des suspects et des fidèles s'était peu à peu effacée, et les limites qui les séparaient les uns des autres étaient devenues moins sensibles. Par les changements qu'elle avait été forcée d'introduire dans les lois, à l'avantage des protestants, et qui n'étaient, pour la plupart, que des expédients et des créations du moment, elle avait enlevé aux lois elles-mêmes leur précision, leur force obligatoire, et donné libre carrière à l'arbitraire de toute personne qui avait à les interpréter. De là résulta enfin que, dans la multitude et la diversité des commentaires, le sens des lois disparaissait, et que l'intention du législateur était méconnue; que, par suite des rapports intimes qui s'étaient établis entre protestants et catholiques, entre Gueux et royalistes, et qui rendaient assez souvent leurs intérêts communs, les agents du gouvernement profitaient des subterfuges que le vague des lois leur laissait, et se dérobaient à la rigueur de leur mission par des distinctions subtiles. Dans leur opinion, il suffisait de n'être ni rebelle déclaré, ni du nombre des Gueux et des hérétiques, pour se croire en droit de régler sa conduite administrative sur son bon plaisir, et de fixer à son obéissance envers le roi les limites les plus arbitraires. Sans compromettre pour cela leur responsabilité, les gouverneurs, les employés supérieurs et inférieurs, les magistrats des villes et les commandants des troupes étaient devenus très-négligents dans leur service, et, se promettant l'impunité, usaient envers les rebelles et leur parti d'une funeste indulgence, qui rendait inefficaces toutes les mesures de la gouvernante. Cette disposition peu sûre de tant d'hommes importants dans l'État eut cette fâcheuse conséquence, que les esprits remuants comptaient trouver un appui beaucoup plus fort qu'ils n'avaient réellement sujet de l'espérer, parce qu'ils regardaient comme étant de leur parti tout homme qui ne prenait que tièdement celui de la cour. Comme cette fausse opinion les rendait plus entreprenants, l'effet était à peu près le même que si elle eût été vraiment fondée, et les vassaux incertains furent par là presque aussi nuisibles à la cause du roi que ses ennemis déclarés, sans qu'on osât agir contre eux avec une égale sévérité. Il en était surtout ainsi du prince d'Orange, des comtes d'Egmont, de Bergues, de Hoogstraeten, de Hoorn et de plusieurs autres membres de la plus haute noblesse. La gouvernante sentait la nécessité d'amener ces sujets équivoques à une explication, afin de ravir aux rebelles leurs appuis imaginaires ou de démasquer les ennemis du roi. Cela était alors d'autant plus urgent qu'elle devait mettre en campagne une armée et se voyait forcée de confier des troupes à plusieurs d'entre eux. Elle fit pour cet effet rédiger un serment par lequel on s'engageait à aider aux progrès de la religion catholique romaine, à poursuivre les iconoclastes, à contribuer de toutes ses forces à l'extirpation des hérésies de toute espèce. On s'obligeait à traiter tout ennemi du roi comme le sien propre, et à se laisser employer, sans distinction, contre tous ceux que la gouvernante désignerait au nom du roi. Par ce serment, elle n'espérait pas pénétrer au fond des cœurs, et moins encore les enchaîner, mais il devait lui servir de prétexte légal pour éloigner les suspects, tirer de leurs mains, s'ils se refusaient à le prêter, une autorité dont ils pouvaient abuser, et, s'ils le violaient, les livrer au châtiment. Ce serment fut imposé par la cour à tous les chevaliers de la Toison, à tous les hauts et bas fonctionnaires, à tous les employés et magistrats, à tous les officiers de l'armée, et indistinctement à tous ceux auxquels on avait confié quelque charge dans la république. Le comte de Mansfeld fut le premier qui le prêta publiquement à Bruxelles, dans le conseil d'État; son exemple fut suivi par le duc d'Arschot, le comte d'Egmont[1], les comtes de Megen et Barlaimont. Hoogstraeten et Hoorn cherchèrent par adresse à s'en dispenser. Le premier était encore piqué d'une marque de méfiance que la régente lui avait récemment donnée à l'occasion de son gouvernement de Malines. Sous prétexte que Malines ne pouvait se passer plus longtemps de son gouverneur, et que la présence du comte n'était pas moins nécessaire à Anvers, elle lui avait retiré la première de ces provinces, et l'avait donnée à un autre, dont elle était plus sûre. Hoogstraeten lui témoigna sa reconnaissance d'avoir bien voulu le soulager d'une de ses charges, et ajouta qu'elle mettrait le comble à sa gratitude si elle le délivrait encore de l'autre. Le comte de Hoorn, fidèle à sa résolution, vivait toujours dans un de ses domaines, dans la ville forte de Weerdt, sans prendre aucune part aux affaires. Comme il avait quitté le service de l'État et qu'il ne se croyait plus obligé en rien envers la république et le roi, il refusa le serment, et il paraît qu'on finit par l'en dispenser[2].

On laissa le choix au comte de Bréderode, ou de prêter le serment demandé, ou de renoncer au commandement de l'escadron qu'on lui avait confié. Après beaucoup de vaines excuses, tirées de ce qu'il ne remplissait dans l'État aucun office public, il prit enfin le dernier parti, et par là il évita un parjure[3].

On avait tenté inutilement d'obliger à ce serment le prince d'Orange, qui semblait avoir besoin plus que tout autre d'effacer ainsi le soupçon qui pesait sur lui depuis longtemps, et de qui l'on pouvait exiger cet engagement avec la plus grande apparence de justice, à cause du grand pouvoir qu'on était forcé de laisser dans ses mains. Envers lui on ne pouvait procéder avec le même laconisme qu'envers Bréderode et ses pareils, et la démission volontaire qu'il offrait de toutes ses charges ne satisfaisait pas la gouvernante, qui prévoyait parfaitement combien cet homme serait dangereux pour elle, alors surtout qu'il

---

1. Dans la première édition : « Le prince de Gavre. »
2. Meteren, 99. — Strad., 180, sq. — Grot., 24.
3. Burgund., 421, 422.

se saurait indépendant, et qu'il ne croirait plus ses véritables sentiments enchaînés par aucune bienséance extérieure ni aucun devoir. Mais le prince d'Orange était irrévocablement décidé, dès la conférence de Dendermonde, à quitter le service du roi d'Espagne, et même à s'éloigner du pays jusqu'à de meilleurs jours. Une expérience très-décourageante lui avait appris combien sont incertaines les espérances que l'on est contraint de fonder sur la multitude, et combien ce zèle qui promet tant est prompt à s'évanouir quand on lui demande des effets. Une armée était en campagne, et une autre, beaucoup plus forte, s'approchait, comme il en était informé, sous les ordres du duc d'Albe : le temps des représentations était passé ; ce n'était qu'à la tête d'une armée qu'on pouvait espérer de conclure avec la gouvernante des traités avantageux et de fermer au général espagnol l'entrée du pays. Mais où prendre cette armée, lorsque l'argent nécessaire, l'âme de toutes les entreprises, lui manquait : lorsque les protestants retiraient leurs fastueuses promesses et l'abandonnaient dans ce pressant besoin [1] ? La jalousie et la haine religieuse séparaient d'ailleurs les deux Églises protestantes, et travaillaient à empêcher toute réunion salutaire contre l'ennemi commun de leur croyance. La répugnance des réformés pour la confession d'Augsbourg avait irrité contre eux tous les princes protestants d'Allemagne, en sorte qu'il ne fallait plus penser maintenant au puissant secours de cet empire. Avec le comte d'Egmont on perdait l'excellente armée wallonne, qui suivait avec un aveugle dévouement la fortune de son général, sous lequel elle avait appris à vaincre à Saint-Quentin et à Gravelines. Les violences que les iconoclastes avaient exercées dans les églises et les couvents avaient détourné de la ligue

---

[1]. Entre autres exemples, le suivant fait voir combien la volonté était vaillante et l'exécution languissante. A Amsterdam, quelques amis de la liberté nationale, catholiques aussi bien que luthériens, avaient fait le vœu solennel de verser dans une caisse commune le centième denier de leurs biens, jusqu'à ce qu'on eût rassemblé une somme de onze mille florins, qui devait être employée au service de la cause nationale. Une boîte, avec une fente dans le couvercle et munie de trois serrures, fut destinée à recevoir cet argent. Lorsqu'on l'ouvrit, au terme fixé, on y trouva un trésor.... de sept cents florins, que l'on abandonna à l'hôtesse du comte de Brederode, à valoir sur ce qu'il lui devait pour sa dépense. — *Hist. gén. des Prot.-Un.*, III (t. V, p. 157 de l'édit. franç.).

(*Note de l'auteur.*)

la classe nombreuse, riche et puissante, du clergé catholique, qui était déjà à moitié gagnée avant ce funeste incident ; et chaque jour la ligue elle-même se voyait enlever adroitement par la gouvernante plusieurs de ses membres.

Toutes ces considérations réunies firent résoudre au prince de remettre à un temps plus heureux un projet auquel les conjonctures présentes n'étaient pas favorables, et de quitter un pays où son séjour prolongé ne pouvait plus rien réparer, et lui apprêtait à lui-même une perte certaine. Sur les sentiments de Philippe II à son égard, après tant d'informations reçues, tant de preuves de sa défiance, tant d'avis de Madrid, il ne pouvait plus avoir aucun doute. S'il en avait conservé, l'armée formidable qu'on équipait en Espagne, et que devait commander non pas le roi, comme on en faisait courir le faux bruit, mais, comme il le savait fort bien, le duc d'Albe, l'homme qui lui était le plus opposé, l'aurait tiré bientôt de son incertitude. Le prince avait lu trop profondément dans le cœur humain et dans l'âme de Philippe II, pour croire à une réconciliation sincère avec ce monarque, après s'en être une fois fait craindre. Il jugeait d'ailleurs trop bien sa propre conduite pour compter, comme son ami Egmont, récolter auprès du roi une reconnaissance qu'il n'avait pas semée[1]. Il ne pouvait donc attendre de lui que des sentiments hostiles, et la prudence lui conseillait de se dérober à leur explosion par une prompte fuite. Il avait jusqu'alors obstinément refusé le nouveau serment qu'on lui demandait, et toutes les exhortations écrites de la gouvernante avaient été sans effet. Enfin elle lui dépêcha à Anvers son secrétaire intime Berti, pour parler fortement à sa conscience, et lui représenter toutes les fâcheuses conséquences qu'une si brusque retraite du service du roi attirerait après elle sur le pays, aussi bien que sur sa propre réputation. Le refus du serment demandé, lui faisait-elle dire par son envoyé, avait déjà jeté une ombre sur son honneur, et donné au bruit général qui lui imputait des intelligences avec les rebelles une apparence de vérité, que cette violente démission changerait en une complète certitude.

1. La première édition ajoute ici : « Et il avait trop bonne opinion de la dissimulation de Philippe pour pouvoir jamais se flatter de lui avoir fait illusion. »

Il n'appartenait d'ailleurs qu'au maître de congédier son serviteur, et non au serviteur de quitter son maître. L'envoyé de la gouvernante trouva le prince dans son palais à Anvers, déjà tout à fait mort aux affaires publiques, à ce qu'il paraissait, et enseveli dans ses affaires particulières. Il a refusé de prêter le serment demandé, répondit-il en présence de Hoogstraeten, parce qu'il ne se souvient pas qu'une pareille proposition ait jamais été faite avant lui à un gouverneur ; parce qu'il s'est déjà engagé, une fois pour toutes, envers le roi, et qu'ainsi il avouerait d'une manière tacite, par ce nouveau serment, qu'il a violé le premier. Il a refusé de le prêter, parce qu'un serment antérieur lui commande de défendre les droits et les priviléges du pays, et qu'il ne peut savoir si le nouveau ne lui imposera pas des actes qui seraient contraires au premier ; parce que dans ce nouveau serment qui lui fait un devoir de servir contre toute personne, sans exception, qu'on lui nommerait, on n'excepte pas même l'empereur, son suzerain, contre lequel il ne peut cependant, en sa qualité de vassal, porter les armes. Il a refusé de le prêter, parce que ce serment pourrait l'obliger de mener au supplice ses amis et ses parents, ses propres fils et même son épouse, qui est luthérienne. En vertu de ce serment il devrait se soumettre à tout ce qu'il plairait au roi d'attendre de lui ; mais le roi pouvait attendre de lui des choses qui lui faisaient horreur ; et la dureté avec laquelle on agissait maintenant et avait toujours agi envers les protestants avait depuis longtemps révolté son cœur. Ce serment était en opposition avec ses sentiments d'humanité, et il ne pouvait le prononcer. À la fin, il laissa échapper, avec un signe d'amertume, le nom du duc d'Albe, et aussitôt après il se tut[1].

Berti répondit, article par article, à toutes ces objections. On n'avait encore demandé un pareil serment à aucun gouverneur avant lui, parce que les Provinces ne s'étaient jamais trouvées dans une pareille situation. On ne demandait pas ce serment parce que les gouverneurs auraient violé l'autre, mais pour leur remettre plus vivement en mémoire ce premier serment, et ranimer leur activité dans cette conjoncture pressante. Ce

---

1. Burgund., 456-458. — Strad., 182, 183.

serment ne lui imposerait rien qui offensât les droits et les priviléges du pays, car le roi avait juré, aussi bien que le prince d'Orange, de respecter ces priviléges et ces droits. Il n'était question dans ce serment d'aucune guerre ni contre l'empereur, ni contre un souverain quelconque de la parenté du prince, et, si c'était là ce qui l'arrêtait, on l'en affranchirait volontiers expressément par une clause particulière. On saurait lui épargner les missions qui répugneraient à ses sentiments d'humanité, et aucune puissance sur la terre ne pourrait le contraindre d'agir contre son épouse ou contre ses enfants. Berti voulut alors passer au dernier point, qui concernait le duc d'Albe; mais le prince, qui n'avait pas grande envie qu'on éclaircît ce point, l'interrompit en disant « que le roi viendrait dans les Pays-Bas, et qu'il connaissait le roi. Le roi ne souffrirait jamais qu'un de ses serviteurs eût pour femme une luthérienne : c'est pourquoi il avait résolu de s'exiler volontairement avec toute sa famille, avant de se voir réduit à ce parti par la contrainte. Cependant, ajouta-t-il, en quelque lieu qu'il pût être, il se comporterait toujours comme un sujet du roi. » On voit jusqu'où le prince va chercher les raisons de cette fuite, pour ne pas toucher la seule qui l'y décidait réellement[1].

Berti espéra encore de réussir peut-être par l'éloquence d'Egmont dans ce qu'il renonçait à obtenir par la sienne. Il proposa une entrevue avec le comte (1567), et le prince s'y montra d'autant plus disposé, qu'il souhaitait lui-même d'embrasser encore une fois son ami Egmont avant son départ, et d'arracher, s'il était possible, cet homme aveuglé à sa perte certaine. Cette mémorable entrevue, la dernière qui eut lieu entre les deux amis, se passa à Villebroeck, village sur la Rupel, entre Bruxelles et Anvers; avec le secrétaire intime Berti s'y trouvait aussi présent le jeune comte de Mansfeld. Les réformés, dont la dernière espérance reposait sur l'issue de cette conférence, avaient trouvé moyen d'en apprendre les détails par un espion, qui se tint caché dans la cheminée de la chambre où l'on se réunit[2]. Ils attaquèrent tous trois la résolution du prince avec

---

1. Burgund., 456-458. — Strad., 182, 183.
2. Meteren.

toute leur éloquence, mais sans pouvoir l'ébranler. « Il t'en coûtera tes biens, Orange, si tu persistes dans ce projet, lui dit enfin le prince de Gavre, en l'entraînant à part vers une fenêtre. — Et à toi, Egmont, il t'en coûtera la vie, reprit Guillaume, si tu ne changes pas de résolution. Moi, du moins, quel que soit mon sort, j'aurai la consolation d'avoir voulu secourir de mon bras et de mes conseils ma patrie et mes amis, à l'heure du besoin; et toi, tu entraîneras dans une même ruine, avec toi, tes amis et ta patrie. » Alors il le pressa encore une fois, plus instamment qu'il n'avait jamais fait, de revenir à un peuple que son bras seul pouvait encore sauver; sinon, de se soustraire du moins, pour l'amour de lui-même, à l'orage qui s'avançait d'Espagne contre lui.

Mais toutes ces raisons si lumineuses, qu'une sagesse prévoyante lui fournissait, présentées avec toute la vivacité, avec tout le feu que leur pouvait seule communiquer la tendre inquiétude de l'amitié, ne purent détruire la malheureuse confiance qui tenait encore le bon sens d'Egmont enchaîné. Les avis du prince venaient d'une âme sombre et découragée, et le monde souriait encore à Egmont. S'exiler du milieu de l'abondance, du bien-être et du faste, au sein desquels il était parvenu à la jeunesse, puis à l'âge viril; renoncer à toutes les douceurs de ce monde, par lesquelles seules la vie avait du prix à ses yeux; et tout cela pour échapper à un mal que sa légère insouciance reculait si loin encore.... non, ce n'était pas là un sacrifice qu'on pût demander à Egmont. Mais eût-il même été de mœurs moins délicates, comment aurait-il eu le cœur de familiariser une fille de prince, amollie par une longue prospérité, une tendre épouse et des enfants auxquels tenait sa vie, avec des privations qu'il n'avait pas lui-même le courage d'affronter, et qu'une sublime philosophie peut seule faire accepter à la sensualité? « Jamais, Orange, disait Egmont, tu ne me persuaderas de voir les choses sous ce jour sombre où elles apparaissent à ta triste sagesse. Quand je serai parvenu à abolir les prêches publics, à châtier les iconoclastes, à écraser les rebelles et à rendre aux Provinces leur ancien repos, quels reproches le roi peut-il me faire? Le roi est bienveillant et juste; je me suis acquis des droits à sa reconnaissance, et je ne puis oublier ce que je me dois à moi-même — Eh bien, soit, s'écria le prince avec amertume et avec une douleur profonde, risque-toi donc sur la foi de cette reconnaissance royale! Mais un triste pressentiment me dit, et fasse le ciel qu'il me trompe! que c'est toi, Egmont, qui seras le pont par lequel les Espagnols entreront dans le pays, et qu'ils rompront lorsqu'ils l'auront passé. » Après avoir dit ces mots, il l'attira à lui avec tendresse, le pressa ardemment et fortement dans ses bras. Il tint les yeux longtemps fixés sur lui, comme si ce devait être la dernière fois de sa vie; des larmes lui échappèrent; ils ne se revirent jamais[1].

Dès le jour suivant, le prince d'Orange écrivit à la gouvernante sa lettre d'adieu, dans laquelle il l'assurait de son respect éternel, et la priait encore une fois d'interpréter favorablement sa démarche actuelle; ensuite il se rendit avec ses trois frères et toute sa famille dans la ville de Bréda, où il ne s'arrêta que le temps nécessaire pour mettre en ordre quelques affaires particulières. Son fils aîné, Philippe-Guillaume, resta seul à l'université de Louvain, parce qu'il le croyait assez en sûreté sous la protection des franchises du Brabant et des priviléges de l'académie : imprévoyance qui, si réellement elle n'était pas calculée, ne peut guère se concilier avec la saine opinion qu'il avait exprimée, en tant d'autres circonstances, du caractère de son adversaire. A Bréda, les chefs des calvinistes lui demandèrent encore une fois s'il restait pour eux de l'espérance ou si tout était perdu sans ressource. Le prince leur répondit qu'il leur avait autrefois donné le conseil, et qu'il le leur donnait encore, d'accéder à la confession de foi d'Augsbourg: alors ils seraient assurés du secours de l'Allemagne. Mais, s'ils persistaient à ne vouloir pas y entendre, il leur conseillait de lui fournir six cent mille florins, ou même davantage s'ils pouvaient. « La première proposition, répondirent-ils, répugne à notre conviction et à notre conscience. » Pour l'argent, peut-être trouverait-on moyen de s'en procurer, s'il voulait seulement faire connaître à quel usage il l'emploierait. « Fort bien! s'écria le prince avec dépit; s'il faut que je fasse connaître cet emploi, il devient, par cela même,

---

1. Thuan., 527. — Strad., 183. — Meteren, 95. — Burgund., 470, 471. — Meurs., 28.

impossible. » Là-dessus il rompit aussitôt la conférence, et congédia peu après les députés. On lui a reproché d'avoir dissipé ses biens, et d'avoir favorisé les nouveautés à cause de ses dettes accablantes; mais il a assuré qu'il jouissait encore de soixante mille florins de revenu. Cependant, avant son départ, il se fit avancer par les états de Hollande vingt mille florins, pour lesquels il leur engagea quelques domaines. On ne pouvait se persuader qu'il eût ainsi cédé sans résistance à la nécessité et renoncé à toute tentative ultérieure ; mais personne ne savait quelle était sa pensée secrète, personne n'avait lu dans son âme. Quelques-uns lui demandèrent comment il avait dessein de se comporter à l'avenir envers le roi d'Espagne : « Paisiblement, répondit-il, à moins qu'il ne s'attaque à mon honneur ou à mes biens. » Aussitôt après, il quitta les Pays-Bas, pour aller vivre tranquillement dans sa ville natale de Dillembourg, au duché de Nassau : plusieurs centaines soit de ses serviteurs, soit de compagnons volontaires, s'en allèrent avec lui en Allemagne. Il fut bientôt suivi par les comtes de Hoogstraeten, de Kuilembourg, de Bergues, qui aimèrent mieux partager avec lui un exil volontaire, qu'affronter imprudemment une destinée incertaine. Avec lui la nation voyait s'éloigner son bon ange ; un grand nombre l'avaient adoré; tous l'avaient respecté. Avec lui tombait le dernier appui des protestants ; cependant ils espéraient plus de ce fugitif que de tous les autres ensemble qui étaient restés. Les catholiques eux-mêmes ne le voyaient pas sans douleur s'éloigner. Pour eux aussi il s'était opposé à la tyrannie; assez souvent il les avait protégés contre leur propre Église ; il en avait arraché un grand nombre au zèle sanguinaire des sectes. Seulement quelques pauvres âmes, parmi les calvinistes, qu'il avait scandalisées en leur proposant d'adhérer à la confession d'Augsbourg, fêtèrent par de secrètes actions de grâces le jour où l'ennemi de leur salut s'était éloigné [1].

1. Meteren, 100. — Meurs., *Guill. Auriac.*, 34. — Reidan., 5. — Grot., 26.

DÉCADENCE ET DISSOLUTION

DE L'ALLIANCE DES GUEUX.

Aussitôt qu'il eut pris congé de son ami, le prince de Gavre s'empressa de revenir à Bruxelles, pour recevoir, à la cour de la gouvernante, la récompense de sa fermeté, et pour dissiper dans le tumulte de la cour et dans la splendeur de sa fortune le peu de nuages que le sérieux avertissement du prince avait répandus sur son âme [1]. La fuite de Guillaume d'Orange lui laissait maintenant à lui seul tout le théâtre. Il n'avait plus désormais dans la république aucun rival qui obscurcît sa gloire [2]. Il continua dès lors, avec un redoublement de zèle, à briguer la fragile faveur des princes, au-dessus de laquelle il était cependant si fort élevé. Il fallut que tout Bruxelles partageât avec lui sa joie. Il donna de superbes festins et des fêtes publiques, auxquels la gouvernante elle-même assista souvent, pour effacer dans l'esprit d'Egmont toute trace de défiance. Non content d'avoir prêté le serment, il surpassa en dévotion les plus dévots, en zèle les plus zélés, pour anéantir la foi protestante et soumettre par les armes les villes rebelles de Flandre. Il déclara au comte de Hoogstraeten, son ancien ami, comme aussi à tout le reste des Gueux, qu'il renonçait pour toujours à leur amitié, s'ils hésitaient plus longtemps à rentrer dans le sein de l'Église

---

1. La première édition a ici une phrase de plus : « Il ne pouvait y avoir à ce moment personne qui fût plus heureux qu'Egmont ne croyait l'être. »
2. La première édition ajoute : « Il était le seul astre qui alors brillât au ciel. »

et à se réconcilier avec leur roi. Toutes les lettres confidentielles qu'on s'était écrites et qu'on avait gardées de part et d'autre furent échangées, et cette dernière démarche rendit la rupture irréparable et publique. La défection du comte d'Egmont et la fuite du prince d'Orange détruisirent la dernière espérance des protestants et rompirent toute l'alliance des Gueux. Tous les confédérés rivalisaient d'empressement, d'impatience, pour abjurer le compromis et prêter le nouveau serment qu'on leur proposait. En vain les marchands protestants crièrent-ils contre le manque de foi de la noblesse; leur faible voix n'était plus écoutée; et toutes les sommes qu'ils avaient consacrées à la fondation de l'alliance furent perdues pour eux[1].

Les places les plus importantes étaient soumises et avaient reçu garnison; les séditieux étaient en fuite ou mouraient de la main du bourreau; il n'y avait plus de libérateur dans les Provinces. Tout cédait à la fortune de la gouvernante, et son armée victorieuse était en marche sur Anvers. Après une lutte pénible et opiniâtre, cette ville s'était enfin délivrée de ses plus mauvaises têtes; Hermann et son parti avaient pris la fuite; les orages intérieurs avaient cessé de gronder[2]. Les esprits commençaient peu à peu à se recueillir, et, n'étant plus échauffés par aucun fanatique furieux, donnaient accès à de meilleurs conseils. Le riche bourgeois désirait sérieusement la paix, pour voir revivre le commerce et l'industrie, qui avaient gravement souffert de cette longue anarchie. La redoutable approche d'Albe faisait des merveilles. Pour prévenir les maux qu'une armée espagnole causerait au pays, on s'empressait de se remettre dans la main facile de la duchesse. On envoya spontanément à Bruxelles des fondés de pouvoir, pour lui proposer un accommodement et entendre ses conditions. Autant la gouvernante fut agréablement surprise de cette démarche volontaire, autant elle fut maîtresse de sa joie et ne s'y laissa point emporter. Elle déclara qu'elle ne pouvait et ne voulait rien entendre, avant

---

1. Strad., 184. — Burgund., 472.
2. « Et maintenant la cité languissait épuisée et énervée, pareille au malade en danger de mort que la violence de la fièvre vient de quitter à l'instant. » (*Première édition.*)

que la ville eût reçu garnison. Cela même ne souffrit aucune contradiction, et le comte de Mansfeld entra dans la place le lendemain, avec seize enseignes, en ordre de bataille. Alors un traité solennel fut conclu entre la ville et la duchesse, par lequel Anvers s'engageait à supprimer entièrement le culte réformé, à bannir tous les prédicateurs appartenant à cette Église, à rétablir dans sa première dignité la religion catholique romaine, à restaurer dans tout leur éclat les églises dévastées, à appliquer, comme auparavant, les anciens édits, à prêter le nouveau serment comme les autres villes l'avaient juré, et à livrer dans les mains de la justice tous ceux qui avaient offensé la majesté du roi, pris les armes, et qui avaient eu part à la profanation des églises. En retour, la gouvernante promettait d'oublier tout le passé et d'intercéder elle-même auprès du roi en faveur des coupables. Tous ceux qui, incertains d'obtenir leur grâce, préféraient s'exiler, devaient avoir un mois pour vendre leurs biens et mettre leurs personnes en sûreté; sauf toutefois ceux qui avaient commis quelque crime, et qui étaient déjà exceptés de plein droit par les conditions qui précèdent. Aussitôt après la conclusion de ce traité, tous les prédicateurs réformés et luthériens, à Anvers et dans tout le territoire environnant, furent sommés par le héraut de vider le pays dans l'espace de vingt-quatre heures[1]. Tous les chemins, toutes les portes furent alors encombrés de fugitifs, qui, pour la gloire de leur Dieu, abandonnaient ce qu'ils avaient de plus cher, et cherchaient un plus heureux climat pour leur croyance persécutée. Des maris, des pères, adressaient à leurs femmes, à leurs enfants, des adieux éternels; d'autres emmenaient avec eux leurs familles. Tout Anvers ressemblait à une maison de deuil; de quelque côté qu'on regardât, partout s'offrait l'émouvant spectacle des plus douloureuses séparations. Les scellés étaient apposés sur toutes les églises protestantes; cette religion n'existait plus. Ce fut le 10 avril 1567 que les prédicateurs s'éloignèrent. Lorsqu'ils se montrèrent une dernière fois à l'hôtel de ville pour prendre congé des magistrats, ils ne purent retenir leurs larmes et ils

---

1. « Trois jours furent accordés à ceux qui appartenaient aux consistoires. » *(Première édition.)*

se répandirent en plaintes amères. On les avait sacrifiés, s'écrièrent-ils, on les avait lâchement abandonnés ; mais¹ un temps viendrait où Anvers expierait douloureusement cette infamie. Les plaintes les plus amères vinrent des ecclésiastiques luthériens, que les magistrats avaient eux-mêmes appelés dans le pays pour prêcher contre les calvinistes. Sous le faux prétexte que le roi n'était pas défavorable à leur religion, on les avait engagés dans une alliance contre les calvinistes, qu'on avait accablés par leur secours, et maintenant qu'on n'avait plus besoin d'eux, on laissait les deux partis, dans une destinée commune, déplorer leur aveuglement².

Peu de jours après, la gouvernante fit dans Anvers une entrée fastueuse, accompagnée de mille cavaliers wallons, de tous les chevaliers de la Toison d'or, de tous les gouverneurs et conseillers, de toute sa cour, et d'un grand nombre de magistrats, enfin avec toute la pompe d'un triomphe. Sa première visite fut pour la cathédrale, qui portait encore de tous côtés les déplorables traces de la fureur iconoclaste, et qui arracha à sa piété les larmes les plus amères. Immédiatement après, quatre rebelles, qu'on avait atteints dans leur fuite, furent exécutés sur la place publique. Tous les enfants qui avaient été baptisés selon le rite protestant durent l'être de nouveau par des prêtres catholiques ; toutes les écoles des hérétiques furent supprimées, tous leurs temples rasés. Presque toutes les villes néerlandaises suivirent l'exemple d'Anvers, et partout les ministres protestants furent obligés de fuir. A la fin d'avril, toutes les églises catholiques étaient ornées avec plus d'éclat que jamais ; tous les temples protestants étaient renversés, et tout culte étranger banni, jusqu'au dernier vestige, des dix-sept provinces. La multitude, dont l'inclination ordinaire est de suivre la fortune, montra tout autant de zèle pour accélérer la chute des malheureux, qu'elle avait mis de fureur à lutter contre eux peu de temps auparavant. Un beau temple, que les calvinistes avaient

---

1. « Mais au-dessus d'eux était un Dieu qui ne souffrirait pas qu'on eût chassé impunément les ministres de sa parole, et un temps viendrait, etc. » (*Première édition.*)

2. Meurs., 33, 34. — Thuan., 527. — Reidan., 5. — Strad., 187, 188. — Meteren, 99, 100. — Burgund., 477, 478.

érigé à Gand, disparut en moins d'une heure[1]. Avec les poutres des églises démolies on construisit des potences pour ceux qui s'étaient attaqués aux églises catholiques. Tous les gibets étaient chargés de cadavres, toutes les prisons remplies de victimes destinées au supplice, tous les chemins couverts de fugitifs. Il n'y eut pas de ville si petite où, pendant cette année meurtrière, on ne conduisît à la mort de cinquante à trois cents personnes, sans compter même celles qui tombèrent en rase campagne dans les mains des drossarts (baillis), et furent aussitôt pendues sans miséricorde, et sans autre forme de procès, comme de misérables brigands[2].

La gouvernante était encore à Anvers, lorsque se présentèrent des députés du Brandebourg, de la Saxe, de la Hesse, du Wurtemberg et de Bade, qui venaient intercéder auprès d'elle en faveur de leurs coreligionnaires fugitifs. Les ministres de la confession d'Augsbourg expulsés avaient invoqué la paix de religion des Allemands, dont le Brabant devait aussi jouir, disaient-ils, comme État de l'empire, et ils s'étaient mis sous la protection des princes de ces divers pays. L'apparition des députés étrangers alarma la gouvernante, et elle chercha inutilement à empêcher leur entrée dans la ville; mais, sous l'apparence de marques d'honneur, elle réussit à les faire surveiller de si près qu'il n'y avait rien à craindre de leur part pour le repos de la ville. Du ton hautain qu'ils prirent très-mal à propos avec la duchesse on pourrait presque conclure que leur intention, en réclamant, n'était pas fort sérieuse. « L'équité voudrait, dirent-ils, que la confession d'Augsbourg, comme la seule qui s'élève au vrai sens de l'Évangile, fût dominante dans les Pays-Bas; mais, cela n'étant point, il n'est, en tout cas, ni naturel ni licite que ses adhérents soient poursuivis par des édits si cruels. » On invitait donc la gouvernante, au nom de la religion, à ne pas traiter avec une telle rigueur les peuples qui lui étaient confiés. « Une pareille ouverture ne mérite aucune réponse, répliqua-t-elle par l'organe de son ministre allemand, le comte de Staremberg. L'intérêt que les princes allemands ont pris aux fugitifs néerlandais

---

1. Ce temple, dont il est ici parlé comme d'un bel édifice, ressemblait plutôt, dit Vandervinckt (liv. II, § 8), à une misérable cabane qu'à une église.
2. Thuan., 529. — Strad., 178. — Meteren, 99, 100. — Burgund., 482-484.

prouve clairement qu'ils ont ajouté beaucoup moins de foi aux lettres royales, où se trouve la clef de la conduite de Sa Majesté, qu'aux rapports de quelques vauriens, qui ont laissé le souvenir de leurs exploits dans tant d'églises saccagées. Ces princes peuvent s'en remettre au roi d'Espagne du soin de veiller au bonheur de ses peuples, et renoncer à la tâche peu glorieuse de nourrir l'esprit de sédition dans les pays étrangers. » Les députés quittèrent Anvers, au bout de peu de jours, sans avoir rien fait; seul, l'envoyé de Saxe déclara en secret à la régente que son maître avait pris part à cette démarche par contrainte, et qu'il était sincèrement dévoué à la maison d'Autriche[1]. Les députés allemands n'avaient pas encore quitté Anvers, qu'une nouvelle de Hollande compléta le triomphe de la gouvernante.

Le comte de Bréderode avait abandonné sa ville de Viane et ses nouvelles fortifications, par la crainte du comte de Megen, et, avec le secours des sectaires, il s'était jeté dans la ville d'Amsterdam, où sa présence inquiétait extrêmement les magistrats, qui venaient d'apaiser avec peine une révolte intestine, et ranimait au contraire le courage des protestants. Son parti s'y augmentait de jour en jour et il affluait vers lui d'Utrecht, de la Frise et de Groningue, beaucoup de gentilshommes que les armes victorieuses de Megen et d'Aremberg en avaient chassés. Sous divers déguisements, ils trouvèrent moyen de se glisser dans la ville, où ils se réunirent autour de la personne de leur chef, et lui formèrent une redoutable garde du corps. La gouvernante, craignant un nouveau soulèvement, envoya un de ses secrétaires intimes, Jacques de La Torre, au conseil d'Amsterdam, et lui fit commander de se débarrasser, par quelque moyen que ce fût, du comte de Bréderode. Ni les magistrats ni de La Torre lui-même, qui notifia en personne à Bréderode la volonté de la duchesse, ne purent rien obtenir de lui. De La Torre fut même assailli dans sa demeure par quelques gentilshommes de la suite de Bréderode, qui lui enlevèrent tous ses papiers. Il aurait peut-être même perdu la vie, s'il n'avait trouvé moyen de s'échapper promptement de leurs mains. Après cet événement, Bréderode, idole impuissante des protestants et

[1]. Strad., 188 — Burgund., 487-489.

fléau des catholiques, séjourna encore tout un mois dans Amsterdam, sans qu'il fît guère autre chose que d'augmenter son compte d'auberge, tandis que la vaillante armée qu'il avait laissée à Viane, renforcée par de nombreux fugitifs des provinces méridionales, donnait assez à faire au comte de Megen pour l'empêcher d'inquiéter les protestants dans leur fuite. Enfin Bréderode prend le parti, à l'exemple du prince d'Orange, de céder à la nécessité, et d'abandonner une cause qu'il n'est plus possible de sauver. Il découvrit au conseil de ville son désir de quitter Amsterdam, si on voulait le mettre en état de le faire, en lui avançant une modique somme d'argent. Pour se délivrer de lui, on se hâta de la lui procurer, et quelques banquiers l'avancèrent sur la caution du conseil de ville. Il sortit d'Amsterdam la nuit même où on lui remit cet argent, et fut escorté par un bâtiment armé de canons jusque dans la Flie, d'où il s'enfuit heureusement à Emden. La fortune le traita plus doucement que le plus grand nombre de ceux qu'il avait entraînés dans sa folle entreprise : il mourut l'année suivante (1568), dans un de ses châteaux en Allemagne, des suites de l'ivrognerie, dans laquelle il s'était, dit-on, jeté pour dissiper son chagrin. Un sort meilleur échut à sa veuve, née comtesse de Mœrs, qui fut épousée par Frédéric III, électeur palatin. La cause protestante perdit peu à la mort de Bréderode : l'œuvre qu'il avait commencée ne périt pas avec lui, comme aussi ce n'était pas par lui qu'elle avait vécu [1].

La petite armée qu'il avait abandonnée à elle-même par sa honteuse fuite, était ferme et vaillante, et avait quelques chefs résolus. Elle était licenciée, dès l'instant que celui qui devait la solder avait pris la fuite; mais sa bravoure et la faim la tinrent réunie quelque temps encore. Une partie, sous la conduite de Thierri de Battenbourg, marcha sur Amsterdam, dans l'espérance de prendre cette place par surprise; mais le comte de

---

[1]. Dans la première édition il y a ici deux phrases de plus : « C'est l'issue qui décide de la valeur de toutes les entreprises. Une conjuration de la façon de Bréderode devait nécessairement rentrer dans le néant d'où elle était sortie; mais ce qu'elle avait de bon et de solide était et resta élevé au-dessus de tous les hasards. » Meteren, 100. — *Vigl. Vit.*, N. cv. — *Hist. gén. des Prov.-Unies*, 104 (t. V, p. 156, 157 de l'édit. franç.).

Megen, qui, avec treize compagnies d'excellentes troupes, accourut pour la délivrer, força les ennemis de renoncer à leur projet. Ils se contentèrent de piller les couvents du voisinage, entre lesquels l'abbaye d'Egmont eut surtout beaucoup à souffrir. Ensuite ils se jetèrent dans le Waaterland, où ils se croyaient à l'abri de nouvelles poursuites, à cause des nombreux marais. Mais le comte de Megen les suivit jusque-là, et les contraignit de chercher à la hâte leur salut dans le Zuyderzée. Les frères de Battenbourg, Beima et Galama, avec quelques gentilshommes frisons, suivis de cent vingt soldats et emmenant avec eux le butin qu'ils avaient fait dans les couvents, se jetèrent dans un vaisseau, près de la ville de Hoorn, pour passer dans la Frise; mais, par la perfidie du pilote, qui fit échouer le vaisseau près de Harlingen sur un banc de sable, ils tombèrent dans les mains d'un capitaine du comte d'Aremberg, qui les fit tous prisonniers. Aremberg fit aussitôt exécuter les simples soldats; il envoya les gentilshommes à la gouvernante, par les ordres de laquelle sept furent décapités. Sept autres, des plus nobles familles, parmi lesquels se trouvaient les frères Battenbourg et quelques Frisons, tous à la fleur de l'âge, furent réservés au duc d'Albe, afin qu'il pût signaler son entrée en charge par un acte digne de lui. Les quatre autres vaisseaux, qui avaient fait voile de Medemblick, et que le comte de Megen poursuivit avec de petits bâtiments, furent plus heureux. Un vent contraire les avait écartés de leur route, et poussés vers les côtes de Gueldre, où ceux qui les montaient débarquèrent sains et saufs. Ils passèrent le Rhin près de Huissen, et atteignirent heureusement le pays de Clèves, où ils déchirèrent leurs drapeaux et se séparèrent. Quelques escadrons, qui s'étaient retardés à piller des couvents, furent atteints dans la Nord-Hollande par le comte de Megen, qui les fit tous prisonniers; après quoi il fit sa jonction avec Noircarmes, et mit garnison dans Amsterdam. Trois compagnies d'infanterie, dernier débris de l'armée des Gueux, furent surprises par le duc Éric de Brunswick, près de Viane, où elles voulaient s'emparer d'une forteresse. Elles furent battues complètement, et leur chef Rennesse fait prisonnier, pour être bientôt après décapité, à Utrecht, dans le château de Freudenbourg. Lorsque ensuite le duc Éric entra dans Viane, il ne trouva plus que des rues mortes et une ville déserte : les habitants et la garnison l'avaient abandonnée dans la première terreur. Il fit incontinent raser les fortifications, abattre les murs et les portes, et changea en village cette place d'armes des Gueux[1]. Les premiers fondateurs de l'alliance étaient dispersés; Bréderode et Louis de Nassau avaient fui en Allemagne, et les comtes de Hoogstraeten, de Bergues et de Kuilembourg avaient suivi leur exemple; Mansfeld avait changé de parti; les frères de Battenbourg attendaient en prison un sort ignominieux, et Thoulouse avait trouvé sur le champ de bataille une glorieuse mort. Ceux des confédérés qui s'étaient dérobés au glaive de l'ennemi ou du bourreau n'avaient sauvé que leur vie, et ils virent ainsi justifié sur eux, avec une effrayante vérité, ce nom de Gueux qu'ils avaient porté par ostentation.

(1567.) Ainsi finit sans gloire cette louable confédération qui, dans les premiers temps de son existence, avait éveillé des espérances si belles, et s'était annoncée comme une digue puissante contre la tyrannie. L'union fit sa force; la défiance et la discorde intestine causèrent sa perte. Elle mit en lumière et développa beaucoup de rares et belles vertus; mais il lui en manqua deux, et les plus indispensables, la modération et la prudence, sans lesquelles toutes les entreprises échouent, tous les fruits de la plus laborieuse activité périssent. Si ses intentions avaient été aussi pures qu'elle l'assurait, ou seulement si elles étaient restées aussi pures qu'elles l'étaient réellement à sa fondation, elle aurait bravé les accidents qui la minèrent de bonne heure, et, eût-elle même succombé, elle aurait mérité dans l'histoire un glorieux souvenir. Mais il est trop évident que les gentilshommes confédérés eurent ou prirent à la fureur des iconoclastes plus de part qu'il ne convenait à la dignité et à l'innocence de leur dessein, et beaucoup d'entre eux ont manifestement confondu leur bonne cause avec l'acte de démence de cette bande de vauriens. Les limites posées à l'inquisition, et une forme un peu plus humaine donnée aux édits, furent un des

---

1. Meteren, 100, 101. — Thuan., 530. — Burgund., 490-492. — Strad., 189. — Meurs., 31. — *Vigl. ad Hopper. epist.* xxxiv. — *Hist. gén. des Prov.-Unies*, 10% t. V, p. 156, 157 de l'édit. franç.).

effets salutaires de l'alliance; mais la mort de tant de milliers d'hommes, qui périrent dans cette entreprise, la perte que fit le pays de tant d'excellents citoyens, qui portèrent leur industrie dans d'autres contrées, l'appel du duc d'Albe, et le retour des troupes espagnoles dans les Provinces, firent assurément payer trop cher ce soulagement passager. Beaucoup de gens honnêtes et paisibles d'entre le peuple, qui, sans cette dangereuse occasion, n'eussent jamais été induits en tentation, furent excités par le nom de cette ligue à de coupables entreprises, dont elle leur faisait espérer un heureux résultat, et elle les précipita dans la ruine, parce qu'elle ne remplit pas ces espérances. Mais on ne peut nier qu'elle ait compensé par un avantage essentiel une grande partie des maux qu'elle avait faits. Par cette confédération, les individus furent rapprochés les uns des autres et arrachés à un lâche égoïsme; par elle un bienfaisant esprit public, qui s'était presque entièrement éteint sous le joug de la monarchie, reprit cours chez le peuple néerlandais, et entre les membres épars de la nation s'établit cet accord dont la difficile réalisation rend seule les despotes si hardis. A la vérité, la tentative échoua, et les liens, formés trop légèrement, se dénouèrent; mais par ce malheureux essai la nation apprit à trouver enfin le nœud durable qui devait braver l'action du temps.

La destruction de l'armée des Gueux ramena aussi les villes hollandaises à leur ancienne obéissance, et il ne restait pas une seule place dans les Provinces qui ne se fût soumise aux armes de la gouvernante; mais l'émigration croissante des indigènes et des étrangers menaçait le pays d'un funeste épuisement. Dans Amsterdam, le nombre des fugitifs était si considérable qu'on manquait de vaisseaux pour leur faire passer la mer du Nord et le Zuyderzée, et cette florissante ville de commerce se voyait menacée de perdre toute sa prospérité[1]. Effrayée de cette fuite générale, la régente se hâta d'écrire à toutes les villes des lettres rassurantes, et de relever par de belles promesses le courage abattu des citoyens. A tous ceux qui prêteraient de bon cœur serment de fidélité au roi et à l'Église, elle assurait, au

---

1. *Hist. gén. des Prov.-Un.*, 105 (t. V, p. 136 de l'édit. franç.).

nom du monarque, une grâce absolue, et elle invita par les feuilles publiques les fugitifs à revenir, sur la foi de cette clémence royale. Elle promit à la nation qu'elle la délivrerait de l'armée espagnole, quand même elle serait déjà à la frontière ; elle alla même si loin, qu'il lui échappa de dire qu'on pourrait bien encore trouver moyen de fermer de force à cette armée l'entrée des Provinces : car elle n'avait nulle envie de céder à un autre la gloire d'une paix qu'elle avait conquise avec tant de peine. Un bien petit nombre revinrent sur la foi de sa parole, et dans la suite ce petit nombre s'en repentit; des milliers étaient déjà partis et des milliers les suivirent. L'Allemagne et l'Angleterre étaient pleines de fugitifs néerlandais, qui, en quelque lieu qu'ils s'établissent, conservaient les usages, les mœurs et même l'habillement de leur pays, parce qu'il leur était trop douloureux de mourir entièrement à leur patrie, et de renoncer même à l'espérance du retour. Un petit nombre emportèrent avec eux quelques débris de leur ancienne opulence; mais la plupart firent leur route en mendiant, et n'apportèrent en don à leur nouvelle patrie que leur industrie, des mains utiles et d'honnêtes citoyens [1].

La gouvernante s'empressa d'apprendre au roi une nouvelle dont elle n'avait encore pu le réjouir durant toute son administration. Elle lui annonça qu'elle avait réussi à rétablir la tranquillité dans toutes les provinces néerlandaises, et qu'elle se croyait assez forte pour l'y maintenir. Les sectes étaient anéanties et le culte catholique romain brillait de son ancien éclat; les rebelles avaient reçu le châtiment mérité ou l'attendaient en prison; elle était assurée des villes par des garnisons suffisantes. Il n'était donc plus besoin de troupes espagnoles dans les Pays-Bas, et il ne restait plus rien qui pût justifier leur entrée. Leur arrivée troublerait de nouveau l'ordre et la tranquillité, dont le rétablissement lui avait coûté tant de soins; elle entraverait pour le commerce et l'industrie cette reprise dont l'un et l'autre avaient un si grand besoin, et, jetant le bourgeois dans de nouvelles dépenses, elle le priverait en même temps de l'unique

---

[1]. Meteren, 101. — Meurs., 35. — Burgund., 486. — *Vigl. ad Hopper. epist.* v, xxxiv. — Grot., 26.

moyen de les supporter. Le seul bruit de l'arrivée des troupes
espagnoles avait déjà coûté au pays des milliers de citoyens
utiles; leur apparition effective le changerait tout à fait en désert. Comme on n'avait plus d'ennemis à vaincre, et plus de révolte à étouffer, on ne pourrait supposer à la venue de cette
armée d'autre motif que le châtiment; mais cette supposition
ne lui procurerait pas une entrée fort honorable. N'étant plus
excusé par la nécessité, ce moyen violent n'aurait que l'apparence odieuse de l'oppression; il aigrirait de nouveau les esprits,
pousserait les protestants aux dernières extrémités, et armerait
pour leur défense leurs coreligionnaires étrangers. Elle avait
promis à la nation, au nom du roi, qu'elle serait délivrée des
troupes étrangères, et c'était surtout à cette condition qu'elle
devait la paix actuelle; elle n'en garantissait donc pas la durée,
si le roi démentait ce qu'elle avait dit. Les Pays-Bas le recevraient lui-même, lui leur seigneur et leur roi, avec toutes les
marques du dévouement et du respect; mais elle le priait de
venir comme un père, et non comme un monarque vengeur; de
venir jouir du repos qu'elle avait rendu à ces provinces, mais
non pour le troubler de nouveau[1].

1. Strad., 197.

ARMEMENT DU DUC D'ALBE

ET SON EXPÉDITION DANS LES PAYS-BAS.

Mais on en avait décidé autrement dans le conseil, à Madrid. Le ministre Granvelle, qui, même absent, régnait par ses adhérents dans le ministère espagnol, le cardinal grand inquisiteur Spinosa et le duc d'Albe, guidés par leur haine, leur esprit persécuteur ou leur intérêt particulier, l'avaient emporté sur les conseils plus doux du prince Ruy Gomès d'Éboli, du comte de Féria et du confesseur du roi Fresneda[1]. Les troubles étaient, il est vrai, apaisés pour le moment, disaient-ils, mais seulement parce que le bruit de l'arrivée du roi à la tête d'une armée avait jeté les rebelles dans la terreur. C'était à la peur uniquement, et non au repentir, qu'on devait ce repos, qui aurait bientôt disparu, si on les délivrait de la crainte. Comme les méfaits du peuple des Pays-Bas offraient au roi une occasion si belle et si désirée[2] d'exécuter avec une apparence de droit ses desseins despotiques, cet accommodement pacifique, dont la gouvernante se faisait un mérite, était bien éloigné du véritable but de Philippe II, qui n'était autre que d'arracher aux Provinces, sous un prétexte légal, les libertés qui avaient depuis longtemps contrarié son esprit dominateur.

Jusqu'alors il avait entretenu, avec une dissimulation impé-

---

1. Strad., 193 sq.
2. Dans la première édition : « D'exécuter sur la république, avec, etc. »

nétrable, l'opinion généralement répandue qu'il visiterait en personne les Provinces, si éloigné qu'il eût peut-être toujours été de ce projet. Les voyages en général ne semblaient guère pouvoir s'accorder avec le mouvement machinal de sa vie routinière, avec les limites étroites et la marche tranquille de son esprit, qui était trop sujet à se sentir désagréablement distrait et accablé par la variété et la nouveauté des objets extérieurs. Les difficultés et les périls dont ce voyage particulièrement était accompagné, devaient par conséquent effrayer d'autant plus sa timidité et sa mollesse naturelle, qu'il pouvait moins en comprendre l'avantage et la nécessité, lui qui était accoutumé à ne chercher qu'en lui-même le principe de ses actions, et à plier les hommes à ses maximes, et non ses maximes aux hommes. Comme il lui était d'ailleurs impossible de séparer, pour un seul moment, sa personne de sa dignité royale, sur laquelle aucun prince ne veilla jamais d'une manière plus servile et plus pédantesque, les mille détails de cérémonie qui, dans sa pensée, étaient inséparablement liés à un pareil voyage, et la dépense que par là même il devait coûter, étaient déjà à eux seuls suffisants pour l'en détourner, en sorte qu'il n'est pas du tout nécessaire de faire intervenir l'influence de son favori Ruy Gomès, qui voyait, dit-on, cette résolution avec plaisir pour éloigner son rival, le duc d'Albe, de la personne du roi. Mais autant il était éloigné de songer sérieusement à ce voyage, autant il jugea nécessaire toutefois d'en laisser agir la menace, pour empêcher un dangereux accord des esprits turbulents, pour soutenir le courage des fidèles sujets, et arrêter les progrès ultérieurs des rebelles.

Afin de pousser la dissimulation jusqu'aux dernières limites, il avait fait pour ce voyage les plus minutieux préparatifs[1], et observé tout ce qui peut être d'usage en pareil cas. Il avait ordonné d'équiper des vaisseaux, nommé des officiers et désigné toute sa suite. Toutes les cours étrangères furent informées de ce projet par ses ambassadeurs, afin qu'elles ne conçussent aucun soupçon de ces apprêts militaires. Il fit demander au roi

---

1. Dans la première édition : « Les plus minutieux et les plus bruyants préparatifs. »

de France, pour lui et sa suite, un libre passage à travers ce royaume, et consulta le duc de Savoie pour savoir lequel des deux chemins était préférable. Il fit rédiger une liste de toutes les villes, de toutes les places fortes par lesquelles sa marche pourrait le conduire, et noter avec la plus grande exactitude les distances qui les séparaient. Il voulut qu'on levât le plan de tout le pays depuis la Savoie jusqu'à la Bourgogne, et qu'on en dressât une carte particulière, et il demanda pour cet effet au duc de Savoie les artistes et les géomètres nécessaires. Il poussa même l'artifice jusqu'à ordonner à la gouvernante de tenir prêts huit vaisseaux au moins en Zélande, afin de pouvoir les envoyer sur-le-champ à sa rencontre si elle apprenait qu'il eût fait voile d'Espagne. Et en effet Marguerite fit équiper ces vaisseaux et réciter des prières dans toutes les églises pour l'heureux succès de ce voyage par mer, quoique plus d'une personne laissât en secret échapper la remarque que Sa Majesté n'aurait guère à redouter les tempêtes de la mer dans son cabinet de Madrid. Il joua ce rôle avec tant de perfection, que les envoyés néerlandais, Bergues et Montigny, qui se trouvaient à Madrid, et qui n'avaient vu jusqu'alors dans tout cela qu'une comédie, commencèrent enfin eux-mêmes à s'alarmer, et communiquèrent cette frayeur à leurs amis de Bruxelles. Une fièvre tierce, qui le prit, vers ce temps, à Ségovie, ou qu'il feignit peut-être, lui fournit un prétexte plausible pour différer l'exécution de ce voyage, tandis que les apprêts étaient toujours poussés avec la plus grande énergie. Lorsque enfin les sollicitations pressantes et réitérées de sa sœur l'obligèrent à une déclaration précise, il décida que le duc d'Albe prendrait les devants avec l'armée, pour purger la route de rebelles et donner plus d'éclat à son arrivée royale. Il n'osait pas encore annoncer le duc comme son véritable représentant, parce qu'on ne pouvait espérer que la noblesse néerlandaise étendît la déférence qu'elle ne pouvait refuser au souverain, jusqu'à un de ses serviteurs que toute la nation connaissait pour un barbare et qu'elle détestait comme étranger et comme ennemi de sa constitution. Et en effet l'opinion générale, qui dura longtemps encore après l'arrivée du duc d'Albe, l'opinion que le roi le suivrait bientôt en personne, contint l'explosion des résistances violentes que le duc aurait certainement rencontrées lorsqu'il inaugura d'une manière si cruelle son gouvernement[1].

Le clergé espagnol, et particulièrement l'inquisition, fournirent de riches subsides au roi pour cette expédition dans les Pays-Bas, comme pour une guerre sainte. On fit des levées dans toute l'Espagne avec le plus grand zèle. Les vice-rois et gouverneurs de Sardaigne, de Sicile, de Naples et de Milan[2], reçurent l'ordre de tirer des garnisons l'élite de leurs troupes italiennes et espagnoles, et de les envoyer au quartier général dans le territoire de Gênes, où le duc d'Albe les recevrait et les échangerait contre des recrues espagnoles qu'il amènerait avec lui. Il fut en même temps ordonné à la gouvernante de tenir prêts en outre dans le Luxembourg quelques régiments d'infanterie allemande, sous les ordres des comtes d'Éberstein, de Schauenbourg et de Lodrona, et dans la Franche-Comté quelques escadrons de cavalerie légère, afin que le général espagnol pût se renforcer de ces troupes dès son entrée dans les Provinces. Le comte de Barlaimont fut chargé de pourvoir à l'entretien de l'armée d'occupation, et une somme de deux cent mille florins d'or fut comptée à la gouvernante, pour subvenir à ces nouvelles dépenses aussi bien qu'à l'entretien de sa propre armée[3].

Comme, dans l'intervalle, la cour de France, sous le prétexte des dangers qu'elle pouvait avoir à craindre des huguenots, avait témoigné qu'elle ne se souciait pas d'accorder le passage à l'armée espagnole, Philippe II se tourna vers les ducs de Savoie et de Lorraine, qui étaient trop dépendants de lui pour lui refuser une semblable demande. Le premier y mit seulement la condition de pouvoir entretenir aux frais du roi deux mille hommes d'infanterie et un escadron de cavalerie, pour protéger le pays contre les désordres auxquels il pourrait être exposé pendant le passage de l'armée espagnole. En même temps, il se chargea de fournir à l'armée les vivres nécessaires[4].

La nouvelle de cette marche mit en mouvement les hugue-

---

1. Strad., 193-200. — Meteren, 103.
2. Dans la première édition : « De Sicile, de Naples, de Sardaigne et de Milan. »
3. Meteren, 104. — Burgund., 412. — Strad., 106.
4. Strad., 198, 199.

nots, les Génevois, les Suisses et les Grisons. Le prince de Condé et l'amiral de Coligny pressèrent le roi Charles IX de ne pas laisser échapper une occasion si favorable, où il était en son pouvoir de porter un coup mortel à l'ennemi héréditaire de la France. Avec le secours des Suisses, des Génevois et de ses propres sujets protestants, il lui serait facile d'écraser, dans les étroits défilés des Alpes, l'élite des troupes espagnoles, et ils promettaient de le soutenir avec une armée de cinquante mille huguenots. Mais cette offre, dont l'intention dangereuse ne pouvait être méconnue, fut, sous un prétexte plausible, refusée par Charles IX, et il se chargea de veiller lui-même, pendant cette marche, à la sûreté de son royaume. Il se hâta en effet de lever des troupes pour couvrir les frontières françaises ; les républiques de Genève, de Berne, de Zurich et des Grisons en firent autant, toutes prêtes à opposer la plus valeureuse résistance au redoutable ennemi de leur religion et de leur liberté [1].

Le 5 mai 1567, le duc mit à la voile à Carthagène, avec trente galères qu'André Doria et le duc Côme de Florence avaient fournies, et il aborda huit jours après à Gênes, où il reçut les quatre régiments qui lui étaient destinés. Mais une fièvre tierce, dont il fut atteint aussitôt après son arrivée, le força de rester quelques jours inactif en Lombardie : retard dont les puissances voisines profitèrent pour se mettre en défense. Aussitôt qu'il se vit rétabli, il passa, près d'Asti dans le Montferrat, une revue générale de ses troupes, qui étaient plus braves que nombreuses, et ne se montaient pas à beaucoup plus de dix mille hommes, infanterie et cavalerie. Il ne voulut pas, pour une marche si longue et si périlleuse, s'embarrasser d'un ramas inutile qui n'eût été propre qu'à retarder sa marche et à augmenter les difficultés de l'entretien. Ces dix mille vétérans ne devaient être, pour ainsi dire, que le noyau solide [2] d'une armée plus considérable qu'il pourrait aisément réunir dans les Pays-Bas même, selon le besoin du temps et des conjonctures.

Mais cette troupe était aussi choisie qu'elle était peu nom-

---

1. Strad., 196. — Burgund., 497.
Dans la première édition : « Que la moelle et le noyau solide. »

breuse. Elle se composait des restes de ces légions victorieuses à la tête desquelles Charles-Quint avait fait trembler l'Europe : bandes avides de carnage, inébranlables, dans lesquelles revivait l'ancienne phalange macédonienne, rapides et assouplies par un long exercice, endurcies contre tous les éléments, fières de la fortune de leur général, et enhardies par une longue suite de victoires, redoutables par la licence, plus redoutables encore par la discipline, lancées, avec toutes les passions d'un climat plus chaud, sur une contrée douce et fertile, et impitoyables envers un ennemi que l'Église maudissait. Ce désir fanatique de carnage, cette soif de gloire et ce courage naturel étaient enflammés par une sensualité grossière, le plus fort et le plus sûr lien par lequel le général espagnol menait ces bandes farouches. Avec une indulgence calculée, il laissait la débauche et la volupté envahir son armée[1]. Sous sa protection tacite, des filles de joie italiennes suivaient les drapeaux; dans le passage même des Alpes, où la cherté des vivres le força de réduire son armée au plus petit nombre possible, il aima mieux avoir quelques régiments de moins que de laisser en arrière ces instruments de volupté[2]. Mais autant il s'appliquait d'un côté à corrompre les mœurs de ses soldats, autant, d'un autre côté, il les comprimait sous une discipline outrée, à laquelle la victoire faisait seule exception, et qui ne trouvait de relâche que dans la bataille. En quoi il appliquait la maxime du général athénien Iphicrate, qui décernait la palme de la bravoure au soldat voluptueux et avide[3]. Plus les désirs avaient été douloureusement contenus sous une longue contrainte; plus devait être

[1]. La première édition ajoute : « Et une licence impudente étouffer toute moralité. »
[2]. Cette marche, vraie bacchanale, contrastait assez étrangement avec la sombre austérité et la sainteté prétendue de son but. Le nombre de ces filles publiques était si démesuré, que la nécessité leur donna l'idée d'établir spontanément entre elles une certaine discipline. Elles se formèrent en compagnies particulières, marchèrent en rangs et en files, derrière chaque bataillon, avec un ordre militaire surprenant, et elles se divisaient, avec une rigoureuse étiquette, d'après le rang et le salaire, en prostituées de commandants, de capitaines, riches et pauvres prostituées de soldats, selon que la fortune les avait traitées, et que leurs prétentions baissaient ou s'élevaient. — Meteren, loc. (Note de l'auteur.)
[3]. La première édition renvoie ici, en note, à Plutarque, *Vie de Galba*.

furieuse leur éruption par la seule porte qu'on leur laissât ouverte.

Toute l'infanterie, forte d'environ neuf mille hommes, la plupart Espagnols, fut divisée par le duc en quatre brigades, auxquelles il donna quatre Espagnols pour commandants. Alphonse d'Ulloa conduisait la brigade napolitaine, qui se composait de trois mille deux cent trente hommes en neuf compagnies; Sancho de Lodoño, la brigade milanaise, deux mille deux cents hommes en dix compagnies; la brigade sicilienne, même nombre de compagnies, en tout mille six cents hommes, était sous les ordres de Julien Romero, homme de guerre expérimenté, qui avait déjà combattu précédemment sur le sol néerlandais[1], et Gonsalve de Braccamonte commandait la brigade sarde, que trois compagnies de nouvelles recrues, amenées par le duc, avaient rendue égale en nombre à la précédente. A chaque compagnie furent encore ajoutés quinze mousquetaires espagnols. La cavalerie, qui ne se montait pas à plus de douze cents chevaux, se composait de trois escadrons italiens, deux albanais et sept espagnols, tant de cavalerie légère que de cuirassiers; elle avait pour commandants supérieurs deux fils du duc, Ferdinand et Frédéric de Tolède. Le maréchal de camp était Chiappin Vitelli, marquis de Cetona, officier renommé, que le duc Côme de Florence avait donné au roi d'Espagne, et Gabriel Serbellon commandait l'artillerie. Le duc de Savoie lui avait cédé un ingénieur expérimenté, François Paciotto, d'Urbin, qui lui devait être utile dans les Pays-Bas pour la construction de nouvelles forteresses. Suivaient encore ses drapeaux un grand nombre de volontaires et l'élite de la noblesse espagnole, dont la plus grande partie avait combattu sous Charles-Quint en Allemagne, en Italie et devant Tunis: Christophe Mondragone, un de ces dix héros espagnols qui, non loin de Mühlberg, l'épée entre les dents, avaient traversé l'Elbe à la nage, et, au milieu d'une pluie de balles ennemies, avaient amené de la rive opposée les barques avec lesquelles l'empereur construisit ensuite

---

1. Le même sous les ordres duquel s'était trouvé un des régiments espagnols qui avaient provoqué, sept années auparavant, tant de réclamations de la part des états généraux. (*Note de l'auteur.*)

un pont de bateaux ; Sancho d'Avila, que le duc d'Albe avait formé lui-même au métier de la guerre ; Camille de Monte ; François Ferdugo, Charles Davila, Nicolas Basta et le comte Martinengo : tous enflammés d'une noble ardeur, pour commencer leur carrière militaire sous un si excellent général, ou pour couronner par cette glorieuse campagne une gloire déjà conquise [1].

La revue achevée, l'armée, répartie en trois corps, passe le mont Cenis, par le même chemin qu'Annibal doit avoir suivi dix-huit siècles auparavant. Le duc conduisait lui-même l'avant-garde ; Ferdinand de Tolède, auquel il avait adjoint le colonel Lodoño comme lieutenant, commandait le corps de bataille, et le marquis de Cetona l'arrière-garde. Il fit prendre les devants à François d'Ibarra, maître des munitions, ainsi qu'au général Serbellon, pour frayer la route à l'armée, et préparer les vivres dans les étapes. Celle que l'avant-garde avait quittée le matin était occupée le soir par le corps d'armée, qui faisait place le lendemain à l'arrière-garde. Les troupes traversèrent ainsi, à petites journées, les Alpes de Savoie, et, à la quatorzième marche, ce dangereux passage était achevé. Une armée française d'observation les côtoya, le long de la frontière du Dauphiné et du cours du Rhône ; et, à droite, l'armée alliée des Génevois, dans le voisinage desquels les Espagnols passèrent à la distance de sept milles. Ces deux corps demeurèrent dans une complète inaction, uniquement attentifs à couvrir leurs frontières. Tandis que l'armée espagnole gravissait ou descendait les roches escarpées, passait l'Isère impétueuse, ou se glissait, homme par homme, à travers d'étroites crevasses de rochers, une poignée d'hommes aurait suffi pour arrêter toute sa marche et la repousser dans les montagnes. Là elle était perdue sans ressource, parce qu'à chaque étape il n'était amassé de vivres que pour un seul jour et pour un tiers de l'armée. Mais un respect et une crainte étranges du nom espagnol semblaient avoir aveuglé les ennemis, en sorte qu'ils ne voyaient pas leur avantage ou que du moins ils n'osaient pas en profiter. Pour ne pas les en faire souvenir, le général espagnol se hâta de se dérober,

---

1. Strad., 200, 201. — Burgund., 393. — Meteren, 104.

avec le moins de bruit possible, à travers ce dangereux passage, persuadé que c'en serait fait de lui s'il donnait le moindre sujet de plainte. La plus rigoureuse discipline fut observée pendant toute la marche ; pas une cabane, pas un champ ne souffrit de dommages[1], et jamais peut-être de mémoire d'homme une aussi nombreuse armée ne fit un si long chemin dans un ordre si parfait. Cette armée envoyée pour le meurtre fut conduite saine et sauve, à travers tous les périls, par son étoile redoutable, et il serait difficile de décider si c'est la prudence de son chef ou l'aveuglement de ses ennemis qui mérite le plus notre étonnement[2].

Dans la Franche-Comté quatre escadrons de cavalerie légère, nouvellement levés, se joignirent à l'armée, qui se renforça aussi, dans le Luxembourg, de trois régiments d'infanterie allemande, amenés au duc par les comtes d'Éberstein, de Schauenbourg et de Lodrona. De Thionville, où il se reposa quelques jours, il envoya complimenter la gouvernante par François d'Ibarra, qui était aussi chargé de s'entendre avec elle sur le logement des troupes. De la part de la gouvernante, Noircarmes et Barlaimont parurent dans le camp espagnol, pour féliciter le duc de son arrivée et lui rendre les honneurs accoutumés. Ils devaient aussi lui demander son plein pouvoir royal, mais il ne leur en fit voir qu'une partie. Ils furent suivis d'une foule de gentilshommes flamands, qui ne croyaient pouvoir trop se hâter de gagner les bonnes grâces du nouveau gouverneur, ou d'apaiser par une prompte soumission la vengeance qui s'avançait contre eux. Quand le comte d'Egmont s'approcha parmi les autres, le duc d'Albe le montra aux personnes qui l'entouraient, en disant : « Voici un grand hérétique ! » d'une voix assez haute, pour être entendu du comte, qui s'arrêta troublé à ces paroles et changea de couleur. Mais, quand le duc, pour réparer son irréflexion, s'avança vers lui avec un visage serein.

---

1. Une fois seulement, à l'entrée de la Lorraine, trois cavaliers osèrent enlever quelques moutons d'un troupeau ; mais le duc n'en eut pas plutôt connaissance qu'il renvoya au propriétaire ce qui lui avait été volé, et condamna les coupables à être pendus. A la prière du général lorrain, qui était venu le saluer à la frontière, cette sentence ne fut exécutée que sur l'un des trois, que le sort désigna sur le tambour. — Strad., 202. (*Note de l'auteur.*)

2. Burgund., 496, 497. — Strad., l. c.

et le salua amicalement en l'embrassant, le Flamand fut honteux de sa frayeur, et, par une interprétation étourdie, méprisa cet avertissement. Il scella cette nouvelle amitié par le présent de deux excellents chevaux, que le duc accepta d'un air d'affable grandeur [1].

Sur l'assurance de la gouvernante, que les Provinces jouissaient d'un parfait repos, et qu'on n'avait à craindre de révolte d'aucun côté, le duc licencia quelques régiments allemands qui avaient touché jusqu'alors la demi-solde. Trois mille six cents hommes furent logés à Anvers, sous les ordres de Lodrona, et la garnison wallonne, dont on n'était pas bien sûr, dut aussitôt quitter la place. On mit une garnison proportionnellement forte à Gand et dans d'autres villes importantes. Albe lui-même se dirigea, avec la brigade milanaise, vers Bruxelles, où l'accompagna une brillante escorte de la première noblesse du pays [2].

Là, comme dans toutes les autres villes des Pays-Bas, l'anxiété et la terreur l'avaient précédé, et ceux qui se sentaient coupables d'une faute quelconque, ceux même qui se croyaient innocents attendaient cette entrée avec inquiétude comme le lever d'un jour de jugement. Tout ce qui pouvait s'arracher à sa famille, à ses biens, à sa patrie, s'enfuyait ou avait déjà pris la fuite. D'après la propre déclaration de la gouvernante, l'approche de l'armée espagnole avait déjà dépeuplé les provinces de cent mille citoyens, et cette fuite générale durait encore sans interruption [3]. Mais l'arrivée du général espagnol ne pouvait être plus odieuse aux Néerlandais qu'elle n'était blessante et accablante pour la duchesse. Enfin, après tant d'années, pleines de soucis, elle avait commencé à goûter les douceurs du repos et de cette autorité incontestée qui avait été son vœu le plus ardent pendant ses huit ans d'administration et était demeurée toujours jusque-là un vain souhait. Ce fruit de son application inquiète, de ses soins et de ses veilles, lui devait être enlevé maintenant par un étranger, qui, étant mis tout d'un coup en possession de tous les avantages qu'elle n'avait pu con-

---

1. Meteren., 105. — Meurs., 37. — Strad., 202. — Watson, t. II, p. 9.
2. Strad., 201.
3. Strad., l. c.

quérir sur les événements que par une persévérante habileté, remporterait facilement sur elle le prix de la célérité, et triompherait par des succès plus rapides de son mérite réel, mais moins éclatant. Depuis la retraite du ministre Granvelle, elle avait goûté tout le charme de l'indépendance, et les hommages flatteurs de la noblesse, qui la laissait d'autant plus se complaire dans l'apparence du pouvoir qu'elle lui en dérobait davantage la réalité, avaient peu à peu égaré sa vanité à un tel point, qu'elle avait enfin éloigné d'elle, par sa froideur, jusqu'à son serviteur le plus loyal, le conseiller d'État Viglius, qui ne lui disait jamais que la vérité. Maintenant elle devait tout à coup souffrir à ses côtés un surveillant de ses actions, associé à son pouvoir, si même ce n'était pas un maître qu'on lui imposait ; dont l'esprit altier, opiniâtre, impérieux, étranger aux ménagements du langage des cours, préparait à l'amour-propre de la gouvernante les plus mortelles blessures. Vainement, pour empêcher sa venue, avait-elle invoqué toutes les raisons de la politique, représenté ou fait représenter au roi que la ruine totale du commerce néerlandais serait la suite inévitable de ce cantonnement des Espagnols ; vainement s'était-elle appuyée sur la paix déjà rétablie dans le pays et sur ses propres mérites au sujet de cette paix, qui lui donnaient droit à une meilleure récompense, que de livrer à un étranger nouveau venu les fruits de ses efforts, et de voir anéanti par une conduite opposée tout le bien qu'elle avait fait. Même après que le duc avait déjà passé le mont Cenis, elle avait fait encore une tentative, pour le déterminer du moins à une réduction de son armée ; mais cet effort avait été superflu, comme tous les autres, parce que le duc s'appuyait sur les ordres qu'il avait reçus. Elle voyait maintenant son approche avec le plus vif chagrin, et les larmes de l'amour-propre blessé se mêlaient à celles qu'elle versait pour la patrie [1].

Ce fut le 22 août 1567 que le duc d'Albe parut aux portes de Bruxelles. Son armée fut aussitôt mise en garnison dans les faubourgs, et son premier soin à lui-même fut de rendre ses respectueux hommages à la sœur de son roi. Elle le reçut

[1]. Meteren, 104.— Burgund., 470.— Strad., 200.— *Vigl. ad Hopper. epist.* IV, V, XXX.

comme une malade, soit que l'affront qui lui était fait l'eût réellement saisie au point d'affecter sa santé, soit, plus vraisemblablement, qu'elle eût choisi ce moyen pour blesser l'orgueil du duc et amoindrir en quelque chose son triomphe. Il lui remit des lettres du roi, qu'il avait apportées d'Espagne pour elle, et lui présenta une copie de sa propre commission, où lui était confié le commandement en chef de toutes les troupes néerlandaises, en sorte que l'administration des affaires civiles semblait rester en partage, comme auparavant, à la gouvernante. Mais, aussitôt qu'il se vit seul avec elle, il produisit une nouvelle commission, qui disait tout autre chose que la première. En vertu de cette nouvelle patente, le pouvoir lui était remis de faire la guerre comme il le trouverait bon, de construire des forteresses, de nommer et déposer à son gré les gouverneurs des provinces, les commandants des villes et les autres officiers royaux; de faire des enquêtes sur les troubles passés, d'en punir les auteurs et de récompenser ceux qui étaient demeurés fidèles. Des pleins pouvoirs de cette étendue, qui faisaient de lui presque un souverain, et surpassaient de beaucoup ceux dont Marguerite était elle-même investie, la consternèrent au dernier point, et il lui fut difficile de cacher la blessure de son âme. Elle demanda au duc s'il n'avait point peut-être une troisième commission ou des ordres particuliers en réserve, qui allassent encore plus loin, et fussent rédigés en termes plus précis. Il en convint d'une manière assez claire, mais il donna, en même temps, à entendre que ce serait trop de détails pour le jour présent, et qu'il valait mieux les différer jusqu'à un temps et une occasion plus convenables. Dès les premiers jours de son arrivée, il fit présenter aux conseils et aux états une copie de la première instruction, et la fit imprimer, afin qu'elle parvînt plus tôt dans les mains de chacun. Comme la gouvernante occupait le palais, il se logea provisoirement à l'hôtel de Kuilembourg, le même où la confédération des Gueux avait reçu son nom, et devant lequel, par une vicissitude étonnante des choses humaines, la tyrannie espagnole arborait maintenant ses insignes [1].

1. Strad., 203. — Meteren, 105. — Meurs., Guil. Auriac., lib. IV, 38.

Alors régnait dans Bruxelles un silence de mort, qui n'était interrompu, de moments en moments, que par le bruit inaccoutumé des armes. Le duc n'était dans la ville que depuis quelques heures, quand ses satellites, comme une meute lâchée, se répandirent dans toutes les directions. Partout des visages étrangers, des rues désertes, toutes les maisons fermées au verrou, tous les divertissements suspendus, toutes les places publiques abandonnées : la capitale tout entière comme un pays où la peste a passé. Sans s'arrêter, comme auparavant, pour converser à loisir ensemble, les amis passaient à la hâte devant leurs amis; on doublait le pas, aussitôt qu'un Espagnol paraissait dans les rues. On frémissait à chaque bruit, comme si un sergent de justice eût déjà frappé à la porte; les nobles se tenaient chez eux dans une attente inquiète; on évitait de se montrer en public, pour ne pas venir en aide à la mémoire du nouveau gouverneur. Les deux nations semblaient avoir échangé leurs caractères : l'Espagnol était maintenant causeur, et le Brabançon était muet, la défiance et la peur avaient fait fuir sa bonne humeur et son enjouement, une gravité forcée réprimait jusqu'au jeu de la physionomie. A chaque instant on craignait de se sentir accablé par le coup fatal. Depuis que la ville avait dans ses murs le général espagnol, elle était comme le malheureux qui a vidé la coupe empoisonnée, et attend de moment en moment, avec une angoisse tremblante, l'effet mortel du breuvage.

Cette anxiété universelle des esprits avertit le duc de mettre promptement à exécution ses desseins, avant qu'on les prévînt par une fuite opportune. Son premier soin devait être de s'assurer des grands les plus suspects, afin d'enlever, une fois pour toutes, à la faction ses chefs, et ses appuis au peuple, dont il voulait opprimer la liberté. Par une menteuse affabilité, il avait réussi à endormir leur première crainte, et à rendre au comte d'Egmont, en particulier, toute sa première sécurité : en quoi il se servit avec adresse de ses fils Ferdinand et Frédéric, dont l'affabilité et la jeunesse sympathisaient plus aisément avec le caractère flamand. Par cette habile conduite, il obtint que le comte de Hoorn, qui jusque-là avait jugé plus prudent de voir de loin les premières salutations, se laissât séduire par l'heureux succès de son ami, et attirer à Bruxelles. Quelques gentilshommes, à la tête desquels se trouvait Egmont, commencèrent même à reprendre leur ancienne vie joyeuse, sans que le cœur toutefois y fût tout entier, et sans trouver beaucoup d'imitateurs. L'hôtel de Kuilembourg était sans cesse assiégé par une foule de visiteurs, qui se pressaient autour de la personne du nouveau gouverneur, et faisaient briller une gaieté d'emprunt sur leurs visages altérés par la crainte et l'inquiétude. Egmont surtout se donnait l'apparence d'entrer dans cette maison et d'en sortir le cœur léger; il traitait les fils du duc et se laissait traiter par eux. Cependant le duc fit réflexion qu'une si belle occasion d'exécuter son projet pourrait bien ne pas se présenter une seconde fois, et qu'une seule imprudence suffirait pour troubler cette sécurité, qui livrait d'elle-même dans ses mains les deux victimes; mais il fallait encore que le troisième personnage, que Hoogstraeten fût pris dans le même filet : en conséquence il l'appela à Bruxelles, sous un prétexte plausible d'affaires. En même temps qu'il voulait arrêter lui-même à Bruxelles les trois comtes, le colonel de Lodrona devait se saisir, à Anvers, du bourgmestre Strahlen, ami intime du prince d'Orange, et suspect d'avoir favorisé les calvinistes. Un autre officier devait arrêter le secrétaire intime et gentilhomme du comte d'Egmont, Jean Casembrot de Beckerzeel, et avec lui quelques secrétaires du comte de Hoorn, et s'emparer de leurs papiers.

Quand vint le jour fixé pour l'accomplissement de ce projet, le duc fit appeler auprès de lui tous les conseillers d'État et les chevaliers, comme s'il avait eu à conférer avec eux sur les affaires publiques. A cette séance assistèrent, du côté des Néerlandais, le duc d'Arschot, les comtes de Mansfeld, de Barlaimont, d'Aremberg; et du côté des Espagnols, Vitelli, Serbellon et Ibarra. Le jeune comte de Mansfeld parut aussi à cette réunion; mais un signe de son père l'avertit de disparaître au plus tôt, et de se dérober par une prompte fuite au malheur qui le menaçait, comme ancien membre de l'alliance des Gueux. Le duc s'attacha à traîner la délibération en longueur, pour attendre les courriers d'Anvers qui devaient lui apporter la nouvelle de l'arrestation des autres personnes désignées. Pour le faire avec moins de soupçon, il appela à la séance l'ingénieur Paciotto, qui lui présenta les plans de quelques forteresses. Enfin il fut avisé que l'entreprise de Lodrona avait heureusement réussi, sur quoi il rompit sans affectation la conférence et congédia les conseillers d'État. Le comte d'Egmont voulut alors passer dans l'appartement de don Ferdinand, pour achever avec lui une partie de jeu qu'il avait commencée, quand le capitaine des gardes du duc, Sancho d'Avila, se présenta devant lui et, au nom du roi, lui demanda son épée. Aussitôt il se vit entouré d'une troupe de soldats espagnols, qui, selon la consigne, parurent tout à coup et s'élancèrent du fond de la chambre. Ce coup très-inattendu le saisit si violemment, qu'il perdit quelques moments la parole et la présence d'esprit ; mais il se remit bientôt : avec une contenance tranquille, il prit son épée à son côté, et dit, en la remettant aux mains de l'Espagnol : « Ce fer a défendu quelquefois non sans succès la cause du roi. » Dans le même temps, un autre officier espagnol s'assurait du comte de Hoorn, qui, sans aucun soupçon du danger, voulait s'en retourner chez lui. Sa première question fut de s'informer du comte d'Egmont. Lorsqu'on lui répondit que, dans ce même instant, son ami était traité comme lui, il se rendit sans résistance. « Je me suis laissé conduire par lui, s'écria-t-il ; il est juste que je partage son sort. » Les deux comtes furent gardés dans deux chambres séparées. Tandis que cela se passait dans la maison, toute la garnison était sortie de ses quartiers, et elle se tenait sous les armes devant l'hôtel de Kuilembourg. Personne ne savait ce qui s'y était passé ; une mystérieuse terreur parcourut tout Bruxelles, jusqu'à ce qu'enfin la rumeur répandit cette malheureuse nouvelle. Elle frappa tous les habitants, comme si chacun d'eux eût été lui-même la victime. Chez un grand nombre il y avait plus de colère pour l'aveuglement d'Egmont que de pitié pour son sort ; tous se réjouissaient que Guillaume d'Orange eût échappé. On dit aussi que le premier mouvement du cardinal Granvelle, quand on lui annonça dans Rome cette nouvelle, fut de s'informer si l'on tenait aussi le Taciturne. Comme on lui dit que non, il secoua la tête : « Eh bien ! on n'a rien absolument, dit-il, puisqu'on a laissé échapper le Taciturne. » La fortune fut plus propice au comte de Hoogstraeten.

que le bruit de cet événement surprit, comme il se rendait à Bruxelles, parce qu'il avait été obligé, pour raison de santé, de voyager plus lentement. Il retourna sur ses pas à la hâte, et il échappa heureusement à sa perte [1].

Immédiatement après son arrestation, on arracha au comte d'Egmont un ordre écrit de sa main au commandant de la citadelle de Gand, par lequel il fallut qu'il lui signifiât de livrer la forteresse au colonel espagnol Alphonse d'Ulloa. Ensuite les deux comtes, après avoir été détenus pendant quelques semaines à Bruxelles, chacun à part, furent conduits, sous une escorte de trois mille soldats espagnols, dans la ville de Gand, où ils demeurèrent prisonniers jusque bien avant dans l'année suivante. On s'était en même temps emparé de tous leurs papiers. Beaucoup de personnes de la première noblesse, que la trompeuse affabilité du duc d'Albe avait induites à rester, subirent le même sort, et ceux qui avaient été pris les armes à la main avant l'arrivée du duc furent sans plus de retard livrés au supplice. A la nouvelle de l'arrestation d'Egmont, environ vingt mille personnes s'exilèrent encore, outre les cent mille qui s'étaient déjà mises à l'abri, et qui n'avaient pas voulu attendre l'arrivée du général espagnol. Nul ne se croyait plus en sûreté [2], depuis qu'on s'était attaqué à une si noble vie [3]; mais un grand nombre eurent à se repentir d'avoir différé aussi longtemps cette résolution salutaire; car la fuite leur était rendue chaque jour

---

[1]. Meteren, 108. — Strad., 204, 205. — Meurs., *Guil. Auriac.*, 39. — *Hist. gén. des Prov.-Unies*, III, 112 (t. V, p. 172, 173 de l'édit. franç.).

[2]. Une grande partie de ces fugitifs servit à renforcer l'armée des huguenots, qui avaient pris prétexte du passage de l'armée espagnole à travers la Lorraine pour réunir leurs forces, et qui pressaient alors extrêmement le roi Charles IX. Par ce motif, la cour de France se crut en droit de réclamer des subsides auprès de la gouvernante des Pays-Bas. Les huguenots, disait-on, avaient considéré la marche de l'armée espagnole comme une conséquence de la convention verbale conclue contre eux, à Bayonne, entre les deux cours, et avaient été par là tirés de leur sommeil. La cour d'Espagne était donc tenue à bon droit d'aider le roi de France à se tirer d'un embarras dans lequel il n'était tombé que par la marche des Espagnols. Aussi le duc d'Albe envoya-t-il, en effet, le comte d'Aremberg avec des forces considérables, pour se joindre en France à l'armée de la reine mère, et il offrit même de les commander en personne, ce dont on le pria de se dispenser. — Strad., 206. — Thuan., 541. (*Note de l'auteur.*)

[3]. Dans la première édition : « A une vie si innocente, si sacrée. »

plus difficile, parce que le duc fit fermer tous les ports et défendit l'émigration sous peine de mort. Alors on trouva heureux ces mendiants qui avaient abandonné fortune et patrie pour ne rien sauver que leur vie et leur liberté[1].

1. Meurs., *Gufl. Auriac.*, 40. — Thuan., 539. — Meteren, 108. — *Hist. gén. des Prov.-Unies*, 113 (t. V, p. 173, 174).

PREMIÈRES MESURES DU DUC D'ALBE

ET RETRAITE DE LA DUCHESSE DE PARME.

Le premier acte du duc, aussitôt qu'il se fut assuré des grands les plus suspects, fut de rendre à l'inquisition son ancienne autorité, de remettre en vigueur les décrets du concile de Trente, d'abolir la *modération*, et de faire revivre, avec toute leur rigueur d'autrefois, les édits contre les hérétiques[1]. En Espagne, le tribunal de l'inquisition avait déclaré « coupable de lèse-majesté au premier chef, » toute la nation néerlandaise, catholiques et hérétiques, fidèles et révoltés, sans distinction, ceux-ci s'étant rendus criminels par leurs actes, ceux-là par leur négligence, à l'exception d'un petit nombre de personnes qu'on se réservait de désigner par leurs noms, et le roi avait confirmé cet arrêt par une sentence publique. Il se déclarait quitte en même temps de toutes ses promesses, et dégagé de toutes les conventions que la gouvernante avait faites en son nom avec le peuple des Pays-Bas; le pardon était toute la justice qu'on pouvait désormais attendre de lui. Tous ceux qui avaient contribué au renvoi du cardinal Granvelle, qui avaient pris part à la requête de la noblesse confédérée, ou seulement qui en avaient parlé favorablement; tous ceux qui avaient présenté des suppliques contre les canons de Trente, contre les édits de religion ou l'établissement des évêques; tous ceux qui avaient permis les prêches publics ou qui les avaient faiblement réprimés;

---

1. Meurs., *Guil. Auriac.*, 38. — Meteren, 105.

tous ceux qui avaient porté les insignes des Gueux, chanté les chansons des Gueux, ou qui avaient à ce sujet témoigné leur joie d'une manière quelconque ; tous ceux qui avaient recueilli ou caché un prédicant non catholique, assisté à des enterrements calvinistes, ou qui avaient seulement eu connaissance des assemblées secrètes des hérétiques et ne les avaient pas révélées ; tous ceux qui avaient fait des représentations fondées sur les priviléges du pays ; enfin tous ceux qui avaient déclaré qu'on doit obéir à Dieu plutôt qu'aux hommes : tous, sans distinction, étaient passibles de la peine que la loi prononce contre les crimes de lèse-majesté et de haute trahison, et cette peine devait être, selon les instructions qui seraient données à ce sujet, infligée aux coupables, sans ménagement ni grâce, sans égard au rang, au sexe ou à l'âge, pour l'exemple de la postérité et pour l'effroi de tous les temps à venir[1]. D'après cette déclaration, il n'y avait plus dans toutes les provinces une seule personne innocente, et le nouveau gouverneur avait le droit formidable de choisir dans toute la nation. Il tenait toutes les fortunes et toutes les vies dans sa main, et quiconque sauvait l'une ou l'autre, ou même toutes deux, les recevait comme un don de sa grandeur d'âme ou de son humanité.

Par cet artifice, aussi habilement imaginé qu'abominable, toute la nation était désarmée, et une réunion des volontés rendue impossible. En effet, comme il dépendait uniquement du libre arbitre du duc de résoudre à qui serait appliquée la sentence, qui avait atteint tout le monde sans exception, chacun se tenait tranquille, pour échapper, s'il était possible, à l'attention du gouverneur, et ne pas attirer sur soi le choix meurtrier. Ainsi toute personne en faveur de laquelle il lui plaisait de faire une exception, lui était en quelque façon redevable, et lui avait une obligation personnelle, équivalente au prix de sa vie et de ses biens. Mais, comme cette justice criminelle ne pouvait être exercée que sur la moindre partie de la nation, il s'était naturellement assuré de la plus grande par les liens les plus forts de la crainte et de la reconnaissance, et, pour une personne qu'il choisissait comme victime, il en gagnait dix autres qu'il épar-

1. Meteren, 107.

gnait. Aussi, au milieu des flots de sang qu'il faisait couler, demeura-t-il en possession paisible de son pouvoir, tant qu'il resta fidèle à cette politique, et il ne perdit pas ces avantages avant que le besoin d'argent l'eût forcé d'imposer à la nation un fardeau qui pesa, sans exception, sur tout le monde [1].

Pour mieux suffire à ce travail sanguinaire qui s'accumulait journellement sous ses mains, et pour ne perdre aucune victime faute d'instruments; d'un autre côté, pour rendre sa conduite indépendante des états, dont elle heurtait si fort les priviléges, et qui avaient à son gré des sentiments beaucoup trop humains : il établit une cour de justice extraordinaire, composée de douze juges, qui devait connaître de tous les troubles passés, et prononcer d'après la lettre des instructions qui leur étaient données. Le seul établissement de ce tribunal était déjà une infraction aux libertés nationales, qui portaient expressément que nul citoyen ne devait être jugé hors de sa province; mais le duc mit le comble à la violence, en donnant, contre les plus sacrés priviléges du pays, séance et voix dans ce tribunal aux ennemis déclarés de la liberté néerlandaise, à ses Espagnols. Il fut lui-même président de cette cour, et prit pour second un certain licencié Vargas, Espagnol de naissance, expulsé, comme un fléau contagieux, de sa patrie, où il avait fait violence à un de ses pupilles; scélérat impudent, endurci, chez qui l'avarice, la débauche et la soif du sang se disputaient la prééminence, enfin sur l'infamie duquel les écrivains des deux partis sont unanimes [2]. Les principaux assesseurs étaient le comte d'Aremberg, Philippe de Noircarmes et Charles de Barlaimont, qui cependant ne siégèrent jamais; Adrien Nicolaï, chancelier de Gueldre; Jacques Mertens et Pierre Asset, présidents de l'Artois et de la Flandre; Jacques Hesselts et Jean de La Porte, conseillers de Gand; Louis del Rio, docteur en théologie, Espagnol de naissance; Jean du Bois, procureur général

---

1. Thuan., II, 540. — *Hist. gén. des Prov.-Unies*, III, 115 (t. V, p. 175 et suiv. de l'édit. franç.).
2. « *Dignum belgico carcinomata cultrum.* » c'est ainsi que le nomme Meurs. Guil. Auriac., 38. — *Vigl. ad Hopper. epist.* XLV, LXVIII, LXXXI. — Meteren, 105. (*Note de l'auteur.*)

du roi, et de La Torre, secrétaire du tribunal. Sur les représentations de Viglius, le conseil privé fut dispensé de s'associer à cette cour, et aucun membre du grand conseil de Malines n'y fut appelé. Les voix des membres n'étaient que consultatives et non délibératives, le duc s'étant réservé à lui seul la décision. Il n'y avait point d'époque fixe pour les séances; les conseillers s'assemblaient l'après-midi, aussi souvent que le duc le trouvait bon. Mais, dès l'expiration du troisième mois, il commença d'assister plus rarement aux séances, et céda enfin tout à fait sa place à son favori Vargas, qui se montra si affreusement digne de la remplir, que bientôt tous les autres membres, las des infamies dont ils devaient être les témoins et les complices, s'absentèrent des assemblées, à l'exception du docteur espagnol del Rio, et du secrétaire de La Torre [1]. On est révolté, en lisant les actes de ce tribunal, de voir comme la vie des plus nobles et des meilleurs citoyens était livrée aux mains de misérables Espagnols, et comme ils étaient toujours prêts à fouiller jusque dans les saintes archives de la nation, dans ses priviléges et ses chartes, à briser les sceaux, à profaner et sacrifier les plus secrètes conventions passées entre le souverain et les états [2].

Le conseil des douze, qui fut appelé, à cause de sa destination, le *conseil des troubles*, et qui est plus généralement connu, à cause de sa conduite, sous le nom de *conseil de sang*, que lui donna la nation exaspérée, jugeait en dernière instance et sans appel. Ses sentences étaient irrévocables, et indépendantes de toute autre autorité. Aucun tribunal du pays ne pouvait con-

---

1. On a trouvé, en effet, des sentences prononcées contre les hommes les plus considérés, par exemple la condamnation à mort de Strahlen, bourgmestre d'Anvers, revêtues seulement des signatures de Vargas, del Rio et de La Torre. — Meteren, 105. (*Note de l'auteur.*)

2. Meteren, 106. — Comme exemple de la barbare légèreté avec laquelle les affaires les plus importantes, même les questions de vie et de mort, étaient traitées dans ce tribunal de sang, voici ce qu'on rapporte du conseiller Hesselts. Il dormait le plus souvent pendant les séances, et, quand venait son tour d'opiner dans une cause capitale, il criait, encore assoupi : *Ad patibulum! ad patibulum* (au gibet)! tant sa langue s'était familiarisée avec ce mot. Il faut remarquer encore sur ce Hesselts, que sa femme, nièce du président Viglius, avait stipulé expressément, dans le contrat de mariage, qu'il renoncerait à la triste charge de procureur du roi, qui le rendait odieux à toute la nation. — *Vigl. ad Hopper. epist.* LXVII. — *Hist. gén. des Prov.-Unies,* 114 (t. V, p. 175 de l'édit. franç.). (*Note de l'auteur.*)

naître des faits judiciaires relatifs à la dernière révolte, en sorte que presque toutes les autres cours de justice étaient inactives. Le grand conseil de Malines était comme aboli; l'autorité du conseil d'État tomba complétement, de façon qu'il ne tenait plus de séances. Il était rare que le duc conférât avec quelques-uns de ses membres sur des affaires d'État, et, si cela arrivait de temps en temps, c'était dans son cabinet, dans une conversation particulière, sans observer aucune forme légale. Le conseil des troubles ne tenait compte d'aucun privilége, d'aucune lettre de franchise, si soigneusement qu'elle fût scellée[1]. Tous les titres et les contrats lui devaient être présentés, et subir souvent les interprétations et les modifications les plus violentes. Quand le duc faisait expédier une sentence qui avait à craindre des états de Brabant quelque opposition, elle avait force de loi sans le sceau de Brabant. On entreprenait sur les droits les plus sacrés des personnes, et un despotisme sans exemple pénétrait jusque dans le cercle de la vie domestique. Comme les sectaires et les rebelles avaient su jusqu'alors fortifier considérablement leur parti par des mariages avec les premières familles du pays, le duc rendit une ordonnance qui défendait, sous peine de mort et de confiscation, à tout Néerlandais, de quelque rang et de quelque dignité qu'il pût être, de contracter mariage, sans avoir préalablement demandé et obtenu son autorisation[2].

Tous ceux que le conseil des troubles jugeait à propos d'assigner devaient comparaître devant ce tribunal : les prêtres comme les laïques, les membres les plus vénérables des conseils, comme la tourbe réprouvée des iconoclastes. Celui qui ne comparaissait pas, et c'était le cas de presque tout le monde, était banni du pays, et tous ses biens étaient dévolus au fisc; mais quiconque se présentait ou avait pu être arrêté, était perdu sans ressource. Vingt, quarante, souvent cinquante personnes d'une même ville étaient citées à la fois, et les plus riches étaient toujours les plus exposés à ce coup de foudre. De pauvres bour-

---

1. C'est en mauvais latin que Vargas décrétait la ruine des libertés néerlandaises. *Non curamus vestros privilegios*, répondit-il à quelqu'un qui voulait soutenir contre lui les libertés de l'Université de Louvain. — *Hist. gén. des Prov.-Un.*, 117 (t. V, p. 116 de l'édit. franç.). (*Note de l'auteur.*)
2. Meteren, 106, 107. — Thuan., 540.

geois, dénués de tout bien qui pût les attacher à leur patrie et à leurs foyers, étaient surpris et arrêtés sans citation préalable. On vit plusieurs notables négociants, qui avaient possédé un capital de soixante à cent mille florins, traînés au supplice, comme une vile canaille, les mains liées derrière le dos, attachés à la queue d'un cheval. On vit, d'une seule fois, tomber à Valenciennes cinquante-cinq têtes. Toutes les prisons, et le duc en avait fait bâtir un grand nombre de nouvelles dès son entrée en charge, étaient encombrées de coupables. Pendre, décapiter, écarteler, brûler, étaient les actes usités et ordinaires de chaque jour. Il était bien plus rare déjà d'entendre parler de galères et d'exil, car presque aucune imputation ne paraissait trop légère pour mériter la peine de mort. Par là des sommes immenses furent versées dans le fisc; mais elles enflammaient plutôt qu'elles n'apaisaient la soif de l'or chez le nouveau gouverneur et ses satellites. Son projet forcené semblait être de réduire toute la nation à la mendicité, et de faire passer toutes les richesses du pays dans les mains du roi et de ses serviteurs. Le produit annuel de ces confiscations fut estimé équivalent aux revenus d'un royaume du premier rang; dans un compte rendu au roi, on doit, d'après un rapport tout à fait incroyable, les avoir évaluées à la somme de vingt millions d'écus. Mais cette conduite était d'autant plus inhumaine que souvent elle frappait, précisément de la façon la plus dure, les plus paisibles sujets et les catholiques les plus orthodoxes, auxquels on n'avait pas même l'intention de nuire. Par la confiscation, en effet, se voyaient frustrés tous les créanciers qui avaient des prétentions à élever sur les biens. Tous les hôpitaux et les fondations publiques que ces biens avaient entretenus dépérissaient, et l'indigence, qui en avait tiré jusque-là de charitables secours, voyait tarir pour elle cette unique source de subsistance. Ceux qui entreprenaient de poursuivre leurs droits légitimes sur ces biens par-devant le conseil des douze (car aucune autre cour de justice ne pouvait s'occuper de ces questions) se consumaient en longues et coûteuses procédures, et tombaient dans le dénûment, avant d'en avoir vu la fin[1]. Un tel renversement des lois,

---

1. Meteren, 109.

de telles violences contre la propriété, un mépris si prodigue de la vie humaine, ne se rencontrent guère qu'une autre fois dans l'histoire des États civilisés; mais Cinna, Sylla et Marius entrèrent dans Rome en vainqueurs offensés, et ils firent du moins sans masque hypocrite ce que le gouverneur néerlandais accomplissait sous le voile respectable des lois.

Jusqu'à la fin de cette année 1567 on avait encore cru à l'arrivée du roi, et les meilleurs citoyens s'étaient reposés sur cette dernière espérance. Les vaisseaux qu'il avait fait équiper expressément dans cette vue étaient toujours prêts, dans le port de Flessingue, à faire voile à sa rencontre au premier signal; et c'était seulement parce qu'il devait résider dans ses murs que la ville de Bruxelles avait consenti à recevoir une garnison espagnole. Mais cette espérance s'évanouit aussi peu à peu, car le roi remettait ce voyage de saison en saison, et le nouveau gouverneur commença bientôt à déployer un pouvoir sans limites, qui annonçait moins un précurseur de la majesté royale qu'un ministre souverain qui devait la rendre inutile. Pour achever le malheur des Provinces, il fallut enfin que leur bon ange aussi les quittât en la personne de la gouvernante[1].

Dès le moment où l'étendue des pouvoirs conférés au duc ne laissa plus à Marguerite aucun doute sur la fin de sa propre autorité, elle avait pris, en effet, la résolution de renoncer également au titre de sa charge. Voir un insolent héritier en possession d'une dignité qui était devenue pour elle un besoin par une jouissance de neuf années; voir passer à un autre les grandeurs, la gloire, l'éclat, les hommages et toutes les attentions qui sont la suite accoutumée du pouvoir souverain, et sentir perdu ce qu'elle ne pouvait oublier d'avoir possédé: cela était plus que le cœur d'une femme n'en pouvait supporter; mais le duc d'Albe n'était pas fait du tout pour lui rendre, par un usage modéré de sa grandeur nouvelle, ces regrets moins sensibles. L'ordre public, que mettait en péril ce double pouvoir, semblait même imposer cette démarche à Marguerite. Beaucoup de gouverneurs de provinces se refusaient à recevoir des ordres du duc, sans un

---

1. *Vigl. ad Hopper. epist.* XLV.

commandement exprès de la cour, et à le reconnaître pour co-régent.

Le soudain déplacement de leurs pôles d'attraction n'avait pu se faire chez les courtisans d'une manière si douce et si imperceptible, que la duchesse ne ressentît le changement avec la plus vive amertume. Le petit nombre même qui lui restèrent fidèles, comme, par exemple, le conseiller d'État Viglius, le firent moins par attachement pour sa personne, que par dépit de se voir préférer des nouveaux venus et des étrangers, et parce qu'ils pensaient trop fièrement pour recommencer leur apprentissage sous le nouveau gouverneur[1]. La plupart ne pouvaient, malgré tous leurs efforts pour tenir le milieu entre les deux puissances rivales, cacher les hommages plus marqués qu'ils rendaient au soleil levant, et le palais royal de Bruxelles devenait chaque jour plus désert et plus silencieux, à mesure que la presse était plus grande à l'hôtel de Kuilembourg. Mais ce qui affecta le plus sensiblement la duchesse, ce fut l'arrestation de Hoorn et d'Egmont, qui fut résolue et exécutée par le duc de sa propre autorité, sans qu'elle en fût informée, et comme si elle n'eût pas même existé. Albe s'efforça, il est vrai, aussitôt après l'événement, de la calmer en l'assurant qu'on lui avait tenu cette résolution secrète par l'unique motif de ne pas impliquer son nom dans une affaire si odieuse; mais une simple attention délicate ne pouvait guérir la blessure qu'on avait faite à son orgueil. Pour se dérober définitivement à toutes les mortifications de ce genre, dont celle-là n'était probablement qu'un avant-coureur, elle envoya son secrétaire intime Machiavel à la cour de son frère, pour solliciter instamment sa démission de la régence. Elle lui fut accordée sans aucune difficulté[2], mais avec toutes les marques de la plus haute estime du roi : il sacrifiait, disait-il, son propre intérêt et celui des Provinces pour obliger sa sœur. Un présent de trente mille écus accompagna ce consentement, et une pension annuelle de vingt mille lui fut assignée[3]. Il envoya par le même courrier pour le duc d'Albe un

1. *Vigl. ad Hopper. epist.* XXIII, XL, XLIV, XLV.
2. Dans la première édition : « Sans difficulté. »
3. Mais qui ne lui fut pas très-scrupuleusement payée, si du moins l'on peut ajouter foi à une brochure qui parut de son vivant (elle porte pour titre . *Du-*

diplôme, qui le déclarait gouverneur général de tous les Pays-Bas, avec un pouvoir illimité, à la place de la duchesse[1].

Marguerite aurait vu avec un grand plaisir qu'il lui fût permis de déposer sa charge dans une assemblée solennelle des états; elle en exprima assez clairement le désir au roi, mais elle n'eut pas la joie de le voir accompli. En général, elle aimait les cérémonies, et l'exemple de l'empereur, son père, qui avait donné dans cette même ville le spectacle extraordinaire de son abdication, paraissait avoir infiniment d'attrait pour elle. Puisque enfin elle devait renoncer à la puissance souveraine, on ne pouvait du moins trouver blâmable son désir de faire cette démarche avec le plus d'éclat possible; et, comme d'ailleurs elle n'ignorait pas combien la haine générale que le duc inspirait l'avait mise elle-même en faveur, elle appelait de ses vœux une scène si flatteuse et si touchante. Il lui eût été si doux de voir couler les larmes des Néerlandais pour leur bonne régente, et d'y mêler aussi les siennes! Au milieu de l'attendrissement général, elle serait descendue du trône plus doucement. Si peu de chose qu'elle eût fait pendant les neuf années de son gouvernement pour mériter l'affection générale, quand la fortune lui souriait encore et qu'elle bornait ses désirs à la satisfaction de son souverain, cette affection avait maintenant acquis pour elle d'autant plus de prix, que c'était la seule chose qui pût la dédommager un peu de la ruine de ses autres espérances; et elle se serait volontiers persuadé qu'elle avait été une victime volontaire de son bon cœur et de ses sentiments trop humains pour les Néerlandais. Comme le monarque ne voulait nullement courir le danger d'une coalition séditieuse de la nation pour satisfaire un caprice de sa sœur, elle dut se contenter de prendre congé des états par un écrit, dans lequel elle passait en revue

---

cours sur la blessure de Monseigneur prince d'Orange, 1582, sans lieu d'impression, et se trouve dans la Bibliothèque électorale de Dresde). Il y est dit que Marguerite languissait à Namur dans la misère, si mal entretenue par son fils, alors gouverneur des Pays-Bas, que son secrétaire Aldobrandin appelait son séjour dans cette ville un exil. Mais, ajoute-t-on, pouvait-elle mieux attendre d'un fils qui, lui rendant visite à Bruxelles, très-jeune encore, se moquait d'elle derrière son dos? (Note de l'auteur).

[1]. Strad., 206, 207, 208. — Meurs., *Guil. Auriac.*, 40. — Thuan., 539. — *Vigl. ad Hopper. epist.* XL, XLI, XLIV.

toute son administration, énumérait non sans emphase toutes les
difficultés contre lesquelles elle avait eu à lutter, tous les maux
que son adresse avait prévenus, et concluait en disant qu'elle
quittait une œuvre achevée, et qu'elle n'avait rien à laisser à
son successeur que la punition des coupables. Le roi dut se résigner à l'entendre aussi plusieurs fois lui tenir ce même langage, et elle n'épargna rien pour faire obstacle à la gloire que
les heureux succès du duc lui pourraient valoir sans qu'il l'eût
méritée. Elle déposa aux pieds du roi son mérite propre, comme
quelque chose d'incontestable, mais en même temps comme
un fardeau qui pesait à sa modestie[1].

La postérité impartiale pourrait toutefois hésiter à souscrire
sans réserve à ce jugement flatteur. Quand même la voix unanime des contemporains, quand le témoignage des Pays-Bas
le confirmerait, on ne pourrait refuser à l'observateur impartial le droit de soumettre ce jugement à un examen plus
approfondi. L'esprit du peuple, facile à émouvoir[2], n'est que
trop disposé à compter un vice de moins pour une vertu de
plus, et à louer le mal passé sous l'impression d'un mal présent.
Toute la puissance de haine des Néerlandais semblait s'être
épuisée sur le nom espagnol ; accuser la gouvernante d'être
l'auteur d'un mal, c'était épargner au roi et à ses ministres des
malédictions qu'on aimait mieux faire retomber tout entières
sur eux, sur eux seuls ; et le gouvernement du duc d'Albe dans
les Pays-Bas n'était pas le vrai point de vue pour bien apprécier
le mérite de celle qui l'avait précédé. Assurément ce n'était pas
une entreprise facile de répondre à l'attente du monarque, sans
offenser les droits du peuple néerlandais et les devoirs de l'humanité ; mais, dans sa lutte avec ces deux obligations opposées,
Marguerite n'a rempli ni l'une ni l'autre, et elle a fait évidemment trop de tort à la nation pour être si peu utile au roi. Il
est vrai qu'elle finit par subjuguer le parti protestant ; mais
l'explosion accidentelle des fureurs iconoclastes lui rendit en cela
de plus grands services que toute sa politique. Par son adresse

---

1. Meurs., *Guil. Auriac.*, 49. — Strad., 207, 208.
2. Dans la première édition : « L'homme, créature débonnaire et facile à
émouvoir, n'est que trop, etc. »

elle parvint, il est vrai, à dissoudre l'alliance de la noblesse; mais ce fut seulement après que la discorde intestine eut porté aux racines mêmes de la ligue le coup mortel. Ce qui avait, pendant plusieurs années, épuisé sans résultat toute sa politique, une levée de troupes, qui lui fut commandée de Madrid, suffit pour l'accomplir. Elle remit au duc un pays pacifié, mais on ne peut nier que la crainte de l'arrivée du duc n'y ait contribué plus que tout le reste. Par ses rapports elle induisit en erreur le conseil d'Espagne, parce qu'elle ne lui fit jamais connaître la maladie, mais seulement les accidents; jamais l'esprit et le langage de la nation, mais seulement les désordres des partis. Son administration défectueuse poussa le peuple au crime, parce qu'elle irritait sans effrayer suffisamment. Elle amena dans le pays le funeste duc d'Albe, parce qu'elle avait porté le roi à croire que les troubles des Provinces devaient être moins attribués à la rigueur de ses ordonnances qu'à l'insuffisance de l'instrument auquel il en avait confié l'exécution. Marguerite avait de l'adresse et de l'esprit; elle savait appliquer habilement à une situation régulière une politique apprise; mais elle manquait du génie créateur, qui sait trouver pour un cas nouveau et extraordinaire une maxime nouvelle, ou en violer sagement une ancienne. Dans un pays où la plus fine politique était la loyauté, elle eut la malheureuse idée d'employer son artificieuse politique italienne, et par là sema dans les esprits une fatale méfiance. L'indulgence dont on lui fait si libéralement un mérite, avait été arrachée à sa faiblesse et à sa pusillanimité par la courageuse résistance de la nation. Jamais elle ne s'éleva par une résolution spontanée au-dessus de la lettre des ordres du roi; jamais, par un beau mouvement d'humanité, elle ne se méprit sur le sens barbare de ses commissions. Et même le petit nombre de concessions auxquelles la nécessité la força, elle les fit avec hésitation, à regret, comme si elle avait craint de trop donner, et elle perdait le fruit de ses bienfaits, parce qu'elle les restreignait avec une parcimonieuse exactitude. Ce qu'elle était trop peu dans tout le reste de sa vie, elle le fut trop sur le trône : elle n'y fut qu'une femme. Il dépendait d'elle, après le renvoi de Granvelle, de devenir la bienfaitrice du peuple néerlandais, et elle ne l'est pas devenue. Son bien suprême était l'approbation de son roi; son plus grand malheur était de lui déplaire. Avec tous les avantages de son esprit, elle reste une personne ordinaire, parce que son cœur manquait de noblesse. Elle exerça avec beaucoup de modération un pouvoir sinistre, elle ne souilla son gouvernement par aucune cruauté arbitraire, et même, si elle en avait été la maîtresse, elle aurait agi constamment avec humanité. Longtemps après que Philippe II, son idole, l'eut oubliée, le peuple néerlandais honorait encore sa mémoire; mais elle était bien loin de mériter l'auréole dont l'environna l'inhumanité de son successeur. Elle quitta Bruxelles vers la fin de décembre 1567, et fut accompagnée jusqu'aux frontières du Brabant par le duc d'Albe, qui de là, l'ayant laissée sous la protection du comte de Mansfeld, retourna bien vite dans sa capitale, pour se montrer désormais au peuple néerlandais comme le seul gouverneur.

SUPPLÉMENT

A L'HISTOIRE DE LA RÉVOLTE

DES PAYS-BAS

MORCEAUX DÉTACHÉS

I

VIE ET MORT

DU COMTE LAMORAL D'EGMONT[1].

Le souvenir du comte d'Egmont, de cet homme si remarquable, dans l'histoire des Pays-Bas, par les batailles de Saint-Quentin et de Gravelines et par sa fin malheureuse, de cette première grande victime qui tomba pour la liberté néerlandaise sous le gouvernement sanguinaire du duc d'Albe, a été récemment ranimé par la tragédie de ce nom. Un récit de sa vie, puisé à des sources dignes de foi, pourrait intéresser, je pense, plus d'un lecteur, et cela d'autant plus que la vie publique de ce personnage est liée de la manière la plus étroite à l'histoire de son peuple.

Lamoral, comte d'Egmont et prince de Gavre, naquit en 1523.

---

1. A la suite de l'*Histoire* inachevée de la *Révolte des Pays-Bas*, sont placés, dans les *OEuvres complètes*, sous le titre de *Suppléments*, deux autres morceaux de Schiller qui auraient pu trouver leur place dans le cours de l'histoire, si l'auteur l'avait continuée. Le premier est intitulé : *Procès et exécution des comtes d'Egmont et de Hoorn*; le second : *Siége d'Anvers par le prince de Parme, dans les années 1584 et 1585*. De ces deux morceaux, le premier n'est que la seconde et plus courte moitié d'une biographie complète du comte d'Egmont que Schiller publia dans le huitième cahier de la *Thalie*, en 1789, et que nous donnons ici tout entière. Elle ne renferme qu'un petit nombre de passages qui fassent vraiment double emploi avec quelques pages de l'*Histoire de la Révolte des Pays-Bas*. Voyez, p. 340, une note qui indique où commence le morceau inséré dans les *OEuvres complètes*.

Son père était Jean d'Egmont, chambellan au service de l'empereur ; sa mère, Françoise, princesse de Luxembourg. Sa famille, l'une des plus nobles des Pays-Bas, descendait des ducs de Gueldre, qui avaient longtemps maintenu leur indépendance avec opiniâtreté contre la maison de Bourgogne et d'Autriche, mais avaient enfin dû succomber à la supériorité de Charles-Quint ; elle remontait même jusqu'aux anciens rois frisons. Très-jeune encore, Egmont entra au service militaire de l'empereur, et se forma, dans les guerres de ce monarque contre la France, à son rôle futur de grand capitaine. En 1544, il épousa, à la diète de Spire et en présence de l'empereur, Sabine, palatine de Bavière, sœur de Jean, électeur palatin, laquelle lui donna trois princes et huit princesses. Deux ans après, dans un chapitre que l'empereur tint à Utrecht, il fut créé chevalier de la Toison d'or.

La guerre de France, qui éclata de nouveau sous Philippe II, en 1557, ouvrit au comte d'Egmont la carrière de la gloire. Emmanuel-Philibert, duc de Savoie, qui commandait, comme généralissime, l'armée combinée anglo-espagnole et néerlandaise, avait investi Saint-Quentin, en Picardie, et le connétable de France s'avançait avec une armée de trente mille hommes et l'élite de la noblesse française, pour dégager cette ville. Un marais profond séparait les deux armées. Le général français réussit, après avoir canonné le camp du duc de Savoie, et forcé ce dernier de quitter sa position, à jeter quelques centaines d'hommes dans la place. Mais, comme l'armée espagnole était d'environ soixante mille hommes, et, par conséquent, deux fois aussi forte que la sienne, le connétable se contenta d'avoir renforcé la garnison de Saint-Quentin, où l'amiral de Coligny était aussi entré à la faveur de la nuit, et il se disposa à la retraite. Mais c'était précisément là ce qu'on redoutait dans le conseil de guerre des Espagnols, qui fut tenu dans le quartier d'Egmont. Egmont, que sa bravoure naturelle entraînait et que le nombre inférieur des ennemis rendait encore plus ardent, opina chaudement pour qu'on attaquât les Français et hasardât une bataille.

Cet avis, bien qu'il fût combattu par beaucoup de membres du conseil, l'emporta. Le 10 août, jour de la Saint-Laurent, le duc conduisit l'armée par un étroit passage, qui était mal gardé par les ennemis et fut aussitôt abandonné. Egmont, avec sa cavalerie légère, formait l'avant-garde; le comte de Hoorn le suivait avec mille cavaliers pesamment armés; après lui venait la cavalerie allemande, forte de deux mille chevaux, sous la conduite des ducs Éric et Henri de Brunswick; le duc de Savoie en personne fermait la marche avec l'infanterie. L'armée française avait commencé sa retraite, mais la cavalerie d'Egmont la poursuivit si ardemment, qu'elle l'atteignit à trois lieues de Saint-Quentin. Les Néerlandais s'élancèrent de tous côtés sur l'ennemi avec une telle impétuosité, qu'ils renversèrent ses premiers rangs, rompirent l'ordre de bataille et mirent en fuite toute l'armée. Trois mille Français restèrent sur la place; le duc de Bourbon fut tué d'un coup de feu, et, outre le connétable, qui fut jeté, blessé, à bas de son cheval et pris avec ses deux fils, plusieurs membres de la première noblesse de France tombèrent au pouvoir des vainqueurs. Le camp fut emporté, et l'on fit un grand nombre de prisonniers. Dans cette belle victoire, que la prise de Saint-Quentin suivit immédiatement, Egmont eut le double mérite d'avoir conseillé la bataille et de l'avoir gagnée lui-même en grande partie.

Bientôt le duc de Guise, rappelé d'Italie, changea la fortune de la guerre et releva les armes françaises. Calais fut enlevé par lui aux Anglais; une armée française ravagea le Luxembourg, et la Flandre fut inquiétée par le maréchal de Thermes. Philippe envoya contre ce dernier le comte d'Egmont à la tête de douze mille hommes de pied et de deux mille chevaux. Le maréchal voulait, après avoir brûlé Dunkerque, se retirer le long de la côte vers Calais, quand Egmont tomba sur lui juste au moment où il allait passer la petite rivière d'Aa, près de Gravelines, le 13 juillet 1558. Les Français, forts de dix mille fantassins et de quinze cents cavaliers, le reçurent, en ordre de bataille, avec un feu meurtrier, de sorte que, dès la première attaque, Egmont eut son cheval tué sous lui. Néanmoins, il poussa en avant avec fureur, et comme la large plaine sablonneuse où l'on était aux prises favorisait le combat, il s'éleva une lutte désespérée, où l'on se battait homme contre homme, cheval contre cheval, et telle qu'on en a vu peu d'exemples dans les temps modernes. Pendant un assez long temps, la victoire demeura douteuse entre ces deux armées également braves et éprouvées, jusqu'à ce qu'enfin, par un heureux hasard, elle fut décidée en faveur des Néerlandais.

Le bruit de l'artillerie avait attiré quelques vaisseaux anglais, que la reine Marie avait envoyés croiser près de cette côte, pour chasser les ennemis du détroit, entre Dunkerque et Calais ; et, comme c'étaient en général de petits bâtiments, ils purent s'approcher assez de la terre pour atteindre, avec la grosse artillerie, une aile des Français. Bien que le dommage qu'ils causaient fût peu de chose, parce que leur trop grand éloignement rendait presque nul l'effet de leur artillerie, et qu'ils atteignaient, sans distinction, amis et ennemis, leur intervention inattendue ne laissa pas de consterner l'une des deux armées et de relever le courage de l'autre. Le comte d'Egmont, à qui cela n'échappa point, lança à l'improviste ses cavaliers allemands, de derrière les dunes, sur le flanc de la cavalerie française, qui commença à plier ; sur quoi la cavalerie bourguignonne attaqua plus vivement, rompit l'ordre de bataille et jeta le désordre dans toute l'infanterie. Quinze cents ennemis demeurèrent sur la place, sans compter ceux qui tentèrent de se sauver à la nage et furent noyés par les Anglais. De Thermes et ses meilleurs officiers, tous blessés, furent forcés de se rendre. Des drapeaux, l'artillerie, outre tout le butin fait jusque-là par les Français, restèrent au pouvoir du vainqueur. Un sort bien plus funeste attendait ceux qui avaient échappé à la bataille et qui tombèrent dans les mains des paysans flamands. Ceux-ci, à qui le pillage et l'incendie de leurs villages avaient inspiré une extrême fureur contre les Français, se jetèrent, avec un ressentiment meurtrier, sur les fugitifs sans défense ; les femmes elles-mêmes, si nous en croyons Strada, leur donnaient la chasse par bandes, les déchiraient avec leurs ongles ou les assommaient lentement à coups de bâton. Aussi de tous ceux qui avaient brûlé Dunkerque n'en échappa-t-il presque pas un seul. Les Anglais en envoyèrent à leur reine, à Londres, deux cents, qu'ils avaient pris vivants, pour mettre par là hors de doute la part qu'ils avaient eue à la victoire. Du côté des Néerlandais, on ne compta pas quatre cents morts. La prompte reprise des villes perdues fut le premier fruit de cette glorieuse victoire, dans laquelle Egmont avait joint le mérite d'un général à la bravoure d'un simple soldat.

Les défaites de Saint-Quentin et de Gravelines rendirent Henri II très-enclin à la paix, qui fut conclue, en effet, l'année suivante, 1559, à Cateau-Cambrésis.

La cavalerie néerlandaise s'était surtout distinguée dans ce combat, et toute la gloire en revint au comte d'Egmont, qui l'avait commandée. Les villes de Flandre, qui, dans une paix florissante, se remettaient des maux de la guerre, dont elles avaient été le théâtre, étaient particulièrement reconnaissantes de ce bienfait envers Egmont, dont la valeur avait arraché cette paix à l'ennemi. Son nom était dans toutes les bouches, et la voix publique le proclamait le héros de son temps. Philippe II lui-même dérogea à son orgueil espagnol au point de se reconnaître publiquement le débiteur d'Egmont et de promettre de s'acquitter dignement de cette obligation.

Peu de temps après la conclusion de la paix, le roi s'apprêta à quitter les Pays-Bas et à retourner dans ses chers États d'Espagne. Une des affaires les plus graves qu'il eût encore à régler avant son départ était la nomination aux fonctions de gouverneur général, qui, depuis le départ du duc de Savoie pour l'Italie, se trouvaient vacantes. A la tête des prétendants qui étaient proposés pour ce poste important était le comte d'Egmont avec Guillaume I*er*, prince d'Orange, et les vœux de la nation demeuraient incertains entre ces deux hommes. Mais Philippe ne jugeait pas prudent de remettre aux mains d'un *ami du peuple* un si grand pouvoir; en outre, bien qu'il estimât Egmont comme un brave soldat, il ne lui trouvait pas l'habileté politique nécessaire pour un tel poste, et, d'un autre côté, il se défiait, non sans quelque fondement, de l'orthodoxie et de la fidélité du prince d'Orange. Il les écarta donc tous deux, et appela d'Italie sa sœur naturelle, la duchesse Marguerite de Parme, pour gouverner les Pays-Bas durant son absence. Il chercha à dédommager le comte d'Egmont par les deux riches gouvernements d'Artois et de Flandre, et le prince d'Orange par trois autres, ceux de Hollande, de Zélande et d'Utrecht. Mais quelque brillante que fût cette faveur et bien qu'elle surpassât beaucoup toutes celles qui furent le partage du reste de la haute noblesse, elle ne put cependant rassasier l'ambition de deux hommes qui avaient porté leurs vues et leur espoir sur quelque chose de plus élevé, et, par cette préférence éclatante, Philippe n'avait fait que répandre dans leurs âmes les semences de la révolte future.

Toutefois, leur ambition aurait pu finir par se consoler de cette attente déçue, parce que c'était la sœur de leur roi qui l'avait emporté sur eux, et qu'une administration féminine leur donnait l'espérance d'avoir la part la plus importante au pouvoir. Mais cette espérance aussi leur fut enlevée par l'entrée au ministère de l'évêque d'Arras, de celui qui fut dans la suite le cardinal Granvelle, que le roi plaça, comme conseiller intime, auprès de sa sœur, et qu'il revêtit d'un pouvoir non moins odieux qu'irrégulier. Sa naissance obscure, car son grand-père avait été forgeron [1], suffisait déjà à soulever, contre le haut rang donné à ce prélat, la noblesse néerlandaise, fière à l'excès de ses avantages. Mais ce mécontentement était d'autant plus légitime et plus vif que Granvelle n'était pas né dans le pays et que la constitution des Pays-Bas excluait expressément tous les étrangers de toutes les charges. Le rôle que cet homme avait joué en Allemagne sous le précédent gouvernement ne contribuait guère à lui gagner d'avance les cœurs des Néerlandais. Sa conduite illégale dans le conseil d'État de Bruxelles, l'esprit dominateur qui lui faisait fouler aux pieds tous les priviléges des Provinces-Unies, son avidité, son genre de vie somptueux, ses manières hautaines, le joug qu'il faisait peser sur la haute noblesse et le dédain qu'il affectait contre plusieurs des grands, tout contribuait à porter à l'extrême la haine dont il était l'objet et à exciter la plus grande partie des nobles à se liguer contre l'ennemi commun.

La création de treize nouveaux évêchés, œuvre de ce ministre, souleva bientôt contre lui toute la nation néerlandaise. Outre que cet accroissement arbitraire de la hiérarchie sacrée, pour lequel on n'avait pas consulté les états, lésait les priviléges locaux des provinces, elle menaçait, en même temps, de ruiner la constitution, parce qu'il était à prévoir que ces

---

1. Voy. plus haut, p. 99, note 1.

nouveaux membres des états appuieraient, avec le zèle le plus ardent, la cour, à laquelle ils devaient leur existence, et feraient pencher du côté du roi, dans les assemblées, la pluralité des suffrages. Tous les abbés et les moines s'irritèrent contre les nouveaux évêques, parce que ceux-ci avaient part aux revenus des couvents et des fondations pieuses, et qu'ils étaient institués pour être les réformateurs du clergé. Le peuple les détestait comme les instruments de l'odieux tribunal de l'inquisition, qu'on voyait déjà venir à leur suite. Les procédures cruelles qui, conformément aux sévères édits de religion, étaient entreprises contre les hérétiques; l'insolence des troupes espagnoles qui, contrairement à la constitution, étaient encore en garnison, depuis la dernière guerre, dans les places frontières, et dont on expliquait de la manière la plus odieuse le séjour prolongé, en le liant aux griefs particuliers qu'on avait contre le ministre : tout cela se réunissait pour remplir la nation d'inquiétudes et pour révolter la noblesse comme le peuple contre le joug de Granvelle.

Parmi les mécontents, le prince d'Orange, le comte d'Egmont et le comte de Hoorn s'unirent de la manière la plus étroite. Ils étaient tous trois conseillers d'État, et avaient eu à souffrir également de l'esprit dominateur du cardinal. Après avoir en vain essayé de se faire un parti dans le reste de la noblesse, qu'une crainte servile du ministre détournait encore d'une démarche hardie, ils se décidèrent à accomplir à eux seuls leur dessein et rédigèrent en commun une lettre au roi, dans laquelle ils accusaient personnellement Granvelle comme l'ennemi de la nation et l'auteur de tous les troubles. Ils déclaraient que le mécontentement général ne cesserait pas tant que ce prélat détesté serait assis au gouvernail, et qu'eux-mêmes ils ne pourraient plus paraître au conseil d'État s'il ne plaisait au roi d'éloigner cet homme. Comme cette demande fut sans succès, ils abandonnèrent en effet le conseil, où le cardinal, de ce moment, exerça une domination absolue.

N'ayant pas réussi à écarter de cette façon le ministre, ils tentèrent de l'amener, en couvrant de ridicule sa personne et son administration, à résigner lui-même ses fonctions. Une idée plaisante qu'eut Egmont de donner à toute la domesticité de la noblesse une livrée commune sur laquelle était brodé un bonnet de fou, exposa le cardinal à la risée du public, à un tel point que la cour dut se mêler de la chose et interdire cette livrée. La licence de la plèbe envers le ministre alla si loin qu'on lui glissait des pasquinades dans la main lorsqu'il se montrait en public. Il avait bravé la haine de toute la nation, mais il ne put supporter le mépris public poussé aussi loin. Il se démit de sa place de ministre et quitta les Provinces.

Après le départ de Granvelle, le comte d'Egmont eut presque sans conteste le premier rang dans la faveur de la gouvernante. Mais, comme il manquait une main ferme pour tenir unie la noblesse divisée entre elle-même et conduite par les intérêts privés les plus divers, l'anarchie devint générale. La justice était mal administrée, les finances négligées; la religion allait en décadence, et les sectes prenaient de l'extension. Un renouvellement, avec aggravation, des édits religieux, envoyé d'Espagne, fut la suite immédiate de ces désordres. Mais le peuple, gâté par l'indulgence témoignée jusqu'alors, ne voulait plus supporter ce joug. Vers ce même temps devaient être mis à exécution dans les Pays-Bas les décrets du concile de Trente. Le contenu de ces décrets était contraire aux priviléges des Provinces, et tous les états s'élevaient contre eux. Pour amener le roi à d'autres idées, la gouvernante envoya en Espagne le comte d'Egmont, qui, de vive voix, par ses rapports, pouvait l'instruire de l'état présent des choses mieux qu'il n'était possible de le faire dans des lettres. Egmont partit des Pays-Bas au mois de janvier 1565.

L'accueil qu'il reçut à Madrid fut des plus distingués. Le roi et tous ses grands de Castille s'efforcèrent à l'envi de flatter sa vanité. Toutes ses demandes particulières lui furent accordées avec une générosité qui dépassait son attente, et ces faveurs furent encore accompagnées, à son départ, d'un présent de cinquante mille florins. De doux reproches que lui fit le roi, dans une audience privée, sur les libertés qu'il avait prises à l'endroit de Granvelle, durent augmenter plutôt qu'amoindrir sa confiance dans la sincérité du monarque. Sur les dispositions de Philippe envers la nation néerlandaise, il reçut de Philippe lui-même et de tous ses conseillers les meilleures assurances. Le roi, lui disait-on, voulait, d'après les informations plus exactes qu'il tenait maintenant du comte, avoir égard au vœu unanime des Provinces, et préférer les voies de douceur aux mesures violentes. Egmont quitta Madrid comme le plus heureux des hommes; il remplit les Pays-Bas des éloges du monarque, pendant que derrière lui arrivaient sans retard de nouveaux édits qui démentaient ses assurances.

Il se réveilla trop tard de son ivresse. La voix publique l'accusait d'avoir sacrifié le bien commun à son intérêt privé. Il cria bien haut contre la perfidie espagnole et menaça de se démettre de tous ses emplois. Mais il s'en tint à la menace.... Egmont avait onze enfants, et des dettes pesaient sur lui. Il ne pouvait se passer du roi.

La publication des édits de religion aggravés eut pour conséquence cette ligue de la noblesse inférieure qui est connue sous le nom d'alliance des Gueux. Egmont ne prit lui-même aucune part à la confédération, mais beaucoup de ses amis intimes et de ses vassaux y entrèrent : au nombre était son propre secrétaire, Jean Casembrot de Beckerzeel. Cette circonstance aggrava dans la suite son accusation. Il avait su ce fait, disait-on, gardé cependant cet homme à son service, et par là il s'était rendu coupable lui-même de haute trahison.

Un jour que le comte de Bréderode traitait, dans l'hôtel de Kuilembourg, à Bruxelles, les gentilshommes confédérés, le hasard voulut qu'Egmont, avec quelques amis, passât devant la maison. Une curiosité innocente l'y attira. Il fut forcé de boire avec les convives. On proposa la santé des Gueux : il la porta sans savoir ce qu'on entendait par là. Sur cette circonstance encore fut fondée plus tard une accusation de haute trahison.

Peu de temps après l'institution de l'alliance des Gueux, éclatèrent dans les Provinces les ravages des iconoclastes. Les gouverneurs se rendirent en toute hâte de Bruxelles dans leurs gouvernements, pour rétablir la tranquillité. Là Egmont se distingua par-dessus tous les autres par son zèle. Il fit punir de mort, dans l'Artois et dans la Flandre, beaucoup de rebelles, et fit rentrer les protestants dans le repos. Mais ce grand service même lui fut plus tard imputé comme une haute trahison, parce qu'il avait fait aux protestants quelques petites concessions qu'il eût été hors d'état de leur refuser violemment.

Les excès des prêches publics et des iconoclastes mirent aux mains des ennemis irréconciliables du peuple néerlandais : du cardinal Granvelle, qui avait toujours gardé son ancienne influence sur le roi, du duc d'Albe, du grand inquisiteur Spinosa, des armes puissantes, pour porter dans l'âme du monarque, aux chefs de la noblesse des Pays-Bas, une mortelle blessure. Tous ces désordres furent mis sur leur compte. Leur tiédeur au service du roi, leur indulgence envers les sectes qui faisaient irruption, leurs intrigues et leurs encouragements secrets, leurs exemples d'opposition, leurs liaisons avec les Gueux confédérés, tout cela devait avoir contribué à la fois à élever le courage des rebelles et à favoriser leurs excès. A cela se joignait qu'un grand nombre des furieux qu'on avait saisis dans le ravage des églises et condamnés à mort, s'armaient des noms du prince d'Orange, des comtes d'Egmont, de Hoorn, et d'autres, et cherchaient à pallier ainsi leurs propres infamies. Assurément, sans les bruyantes protestations que les grands des Pays-Bas avaient élevées contre la cruauté des prescriptions pénales, jamais le commun peuple n'eût été assez hardi pour braver ouvertement ces prescriptions et se porter à de telles violences. Mais de quel droit pouvait-on imputer à ces grands des conséquences auxquelles ils n'avaient jamais songé? Ces protestations pouvaient se concilier avec la plus rigoureuse fidélité envers le monarque, et l'intérêt de la nation, dont ils étaient les représentants, leur en faisait un devoir sacré : comment pouvait-on les rendre responsables des conséquences malheureuses de leurs vues louables?

Le conseil de Ségovie en jugea autrement. On persuada au roi de changer la conduite qu'il avait tenue jusqu'alors, d'épargner le peuple, comme étant la partie trompée de la nation, et de châtier les grands. On ne peut nier que les apparences ne fussent contre ceux-ci, et un monarque comme Philippe ne pouvait guère regarder leur manière d'agir d'un autre point de vue. La noblesse néerlandaise montrait des prétentions qui étaient sans exemple dans tout le reste de l'empire. S'appuyant sur les titres orgueilleux de la liberté représentative, et confirmée encore plus, par la préférence et la faiblesse de Charles-Quint pour sa patrie, dans une présomption qu'elle poussait déjà à un si haut degré, elle se laissait guider, dans toutes ses actions, par un esprit d'indépendance qui allait jusqu'à la licence et était tout à fait inconciliable avec les principes d'un monarque absolu. Ce qui à Bruxelles était une liberté tout ordinaire et légitime devait nécessairement choquer à Madrid comme la prétention la plus illégitime. La grandesse de Castille était fière aussi de ses avantages; mais un souverain qui les reconnaissait pouvait la conduire, par son orgueil même, comme à la lisière. L'esprit d'indépendance qu'on n'avait pas pu non plus étouffer encore parmi les grands d'Espagne, se conciliait avec la monarchie, avec le despotisme même, parce que ces grands précisément étaient habitués au despotisme par celui qu'ils exerçaient sur leurs propres sujets ; tandis que la noblesse néerlandaise, au contraire, avait entièrement désappris à supporter le despotisme, parce qu'elle commandait elle-même à des hommes libres, parce que, elle-même, elle ne pouvait exercer de tyrannie.

Le roi ayant une telle prévention contre les chefs de la noblesse néerlandaise, il n'était pas étonnant qu'il eût recours envers eux aux mesures les plus violentes. Dès ce moment, la perte du prince d'Orange, des comtes d'Egmont, de Hoorn, et de beaucoup d'autres, était résolue en secret. Mais, pour les attirer dans le piège qu'on leur préparait, il fallait d'abord qu'ils fussent rassurés par de feints témoignages de la satisfaction royale. On leur écrivit les lettres les plus gracieuses, où surabondaient les protestations de confiance et de faveur. Les griefs et les reproches qu'on y mêlait habilement donnaient à ces assurances un air de sincérité, et jetaient ceux à qui elles s'adressaient dans une dangereuse sécurité, comme si c'eût été là tout ce qu'on avait à leur imputer. Dans ces lettres, on disait souvent au duc d'Egmont les choses les plus dures ; l'idée lui venait d'autant moins qu'il pût y avoir encore autre chose en réserve.

Autant il était facile d'attirer Egmont dans le piége, autant on avait de peine à tromper le prince d'Orange. Plus de jugement et de calcul, une plus grande connaissance du monde et

des cours, et son attention à observer ses ennemis, le préservèrent de la déception. Vers le même temps où le roi était si prodigue, envers lui et ses amis, des assurances de sa satisfaction, un commencement de lettre intercepté, écrit par un envoyé d'Espagne à Paris, lui découvrit les vrais sentiments du monarque. Dans une réunion qu'il se ménagea avec les comtes d'Egmont, de Hoorn, de Hoogstraeten et de Nassau, à Dendermonde en Flandre, il leur communiqua cet écrit, dont le contenu fut encore confirmé par un autre que Hoorn avait reçu vers le même temps de Madrid. On voulut s'entendre sur les mesures qu'on avait à prendre en commun dans ce danger pressant; on parla de résistance à force ouverte, et pour cela on comptait particulièrement sur le crédit d'Egmont auprès des troupes néerlandaises. Mais de quel étonnement ne fut-on pas saisi quand Egmont intervint et fit la déclaration suivante :
« J'aime mieux subir tout ce qui peut arriver que de tenter si témérairement la fortune ! Le bavardage de l'Espagnol Alava me touche peu. Comment cet homme parviendrait-il à voir dans l'âme fermée de son maître et à déchiffrer ses secrets? Les nouvelles que nous donne Montigny ne prouvent qu'une chose : c'est que le roi a une opinion très-équivoque de notre zèle pour son service; qu'il croit avoir des raisons de se défier de notre fidélité; et notre conduite antérieure lui a donné sujet, ce me semble, de penser ainsi. Aussi ma résolution bien arrêtée est de lui inspirer une meilleure opinion de moi en redoublant de zèle, et d'effacer par mes actes futurs le soupçon que ma vie passée a pu jeter sur moi. Et comment pourrais-je m'arracher des bras de ma nombreuse famille, qui a besoin de mon appui, pour me traîner en fugitif dans les cours étrangères, à charge à tous ceux qui m'accueilleront, esclave de quiconque voudra s'abaisser à me soutenir, et devenu le valet des étrangers pour échapper à une contrainte, après tout tolérable, dans ma patrie? Jamais le monarque ne pourra maltraiter un serviteur qui lui fut autrefois cher, et qui s'est acquis un droit fondé à sa reconnaissance. Jamais on ne me persuadera que ce prince, qui nourrissait, comme il m'en a donné l'assurance expresse, des sentiments si bienveillants pour son peuple des Pays-Bas, forge à présent contre lui des desseins si despo-

tiques. Quand nous aurons seulement rendu au pays sa première tranquillité, châtié les rebelles, rétabli le culte catholique, alors, croyez-moi, l'on n'entendra plus parler ici de troupes espagnoles : et c'est à cela que je vous invite tous en ce moment par mon conseil et mon exemple; à cela aussi que la plupart des nobles inclinent déjà. Moi, pour ma part, je ne crains rien de la colère du monarque. Ma conscience m'absout; Mon sort dépend de sa justice et de sa bonté[1]. »

Toutes les représentations du prince d'Orange furent vaines. L'explosion des fureurs iconoclastes avait ouvert les yeux d'Egmont sur sa propre conduite. Il était zélé catholique et dévoué au roi pour plus d'un motif, et plus qu'il ne le savait lui-même. Une correspondance suivie avec la cour, des relations pleines de confiance avec la régente, et, plus que tout cela, les obligations personnelles qu'il avait au roi, le tenaient attaché à la couronne de la manière la plus étroite. Combien durent donc le révolter les violences inouïes auxquelles se portèrent les sectes, sous le prétexte de cette liberté qu'il avait défendue pour elles dans les vues les plus innocentes! Dès lors il sépara entièrement sa cause de la leur, et se prêta à toutes les mesures que la régente mit à exécution contre eux. Lorsqu'elle demanda à toute la noblesse un nouveau serment de fidélité, il fut un des premiers à le prêter.

Vers ce temps-là, on résolut en Espagne d'envoyer dans les Pays-Bas une armée espagnole, que devait commander le duc d'Albe. La régente avait rétabli le repos dans les Provinces mêmes par la voie des armes, et presque entièrement écrasé les protestants. Comme les troubles étaient étouffés et le pays pacifié, cette arrivée du duc à la tête d'une armée ne pouvait avoir d'autre but que le châtiment du passé et l'oppression des grands redoutés. Le caractère personnel du duc d'Albe, plus encore que les avis qu'on recevait d'Espagne, confirmait cette croyance.

La terreur que répandit ce bruit amena la noblesse rebelle aux pieds de la régente. Ceux qui s'étaient rendus trop coupables pour pouvoir encore espérer le pardon, ou qui ne se

---

[1]. Ce discours est le même, à quelques mots près, que celui qui se trouve plus haut dans l'*Histoire de la Révolte des Pays-Bas*, liv. IV, p. 238 et suiv.

fiaient pas aux promesses incertaines de clémence, s'enfuirent à la hâte du pays, et préférèrent abandonner tous leurs biens. Au nombre de ces derniers était le prince d'Orange; mais, avant son départ, il essaya encore de décider à une semblable résolution le comte d'Egmont. C'est à Villebroek, village situé entre Anvers et Bruxelles, qu'eut lieu l'entrevue, à laquelle assista aussi le comte de Mansfeld et un secrétaire particulier de la régente. Après que ces derniers, conjointement avec le comte d'Egmont, eurent essayé en vain de changer la détermination du prince d'Orange, Egmont suivit le prince auprès d'une fenêtre.

« Il t'en coûtera tes biens, Orange, dit Egmont, si tu persistes dans ce projet. — Et à toi la vie, Egmont, si tu ne changes pas de résolution, répondit le prince. Moi, du moins, quel que soit mon sort, j'aurai la consolation d'avoir soutenu mes amis et ma patrie, à l'heure du besoin, par mon exemple et mes conseils; toi, tu entraîneras dans une même ruine, avec toi, tes amis et ta patrie. »

Le prince employa encore une fois toute son éloquence pour ouvrir les yeux de son ami sur le prochain danger et le décider à une détermination salutaire; mais ce fut en vain. Egmont était enchaîné par mille liens à sa patrie; une confiance insensée l'aveuglait, et son destin s'opposait à sa fuite.

« Jamais, Orange, tu ne me persuaderas, dit-il, de voir les choses sous ce jour sombre où elles t'apparaissent. Si je parviens à abattre les rebelles et à rendre aux Provinces leur ancien repos, quels reproches le roi peut-il me faire? Le roi est bienveillant et juste; je me suis acquis des droits à sa reconnaissance. Dois-je m'en déclarer moi-même indigne par ma fuite? — Eh bien, soit, s'écria Orange, risque-toi donc sur la foi de cette reconnaissance royale! Mais un triste pressentiment me dit, et fasse le ciel qu'il me trompe! que c'est toi, Egmont, qui seras le pont par lequel les Espagnols entreront dans le pays, et qu'ils rompront lorsqu'ils l'auront passé. » A ces mots, il l'embrassa encore; ses yeux étaient humides. Ils s'étaient vus pour la dernière fois [1].

1. Voy. plus haut, p. 278 et suiv.

Egmont fut un des premiers qui saluèrent le duc d'Albe à son entrée dans le Luxembourg. Quand celui-ci le vit s'avancer de loin, il dit à ceux qui étaient auprès de lui : « Voici venir le grand hérétique! » Egmont, qui l'avait entendu, s'arrêta troublé et pâlit. Mais le duc l'ayant accueilli d'un visage serein, cet avertissement fut aussitôt oublié. Il fit présent au duc de deux beaux chevaux pour gagner son amitié.

Deux caractères aussi opposés qu'Egmont et Albe ne pouvaient jamais devenir amis. Mais une rivalité de gloire guerrière avait inspiré de bonne heure au duc une secrète inimitié contre Egmont, qui fut nourrie par quelques petits faits insignifiants. Egmont lui avait un jour gagné au jeu de dés plusieurs milliers de florins d'or, et c'était là une offense que l'avare Espagnol ne pouvait jamais pardonner. Une autre fois, il fut défié, à Bruxelles, et vaincu par le comte, à un tir à la cible. Tout Bruxelles témoigna hautement sa joie et éclata en transports d'allégresse, parce que le Flamand avait eu le dessus sur l'Espagnol. Ces petites circonstances ne s'oublient jamais entre hommes qui se heurtent sur un grand théâtre, et Albe savait aussi peu pardonner que son roi.

Durant les premiers jours de son séjour à Bruxelles, le duc se tint dans un complet repos : il fallait qu'il inspirât d'abord de la sécurité à la noblesse pour attirer tous ceux à qui il en voulait. Le comte de Hoorn avait jugé prudent de ne pas assister à sa réception. Mais les assurances qu'Egmont lui donna des bonnes dispositions du nouveau gouverneur, l'enhardirent à venir aussi peu de temps après. Il ne manquait plus que le comte de Hoogstraeten. Sous un prétexte d'affaires, il reçut l'ordre de paraître à Bruxelles. Un heureux hasard le préserva de sa perte.

Cependant le duc ne voulait pas différer trop longtemps l'exécution de son grave dessein. Le secret pouvait s'ébruiter, et ses victimes lui auraient échappé. Le jour fut donc fixé où l'on devait s'assurer des deux comtes de Hoorn et d'Egmont. Leurs secrétaires devaient être arrêtés en même temps, et leurs papiers saisis. Le gouverneur espagnol d'Anvers, le comte de Lodrona, avait ordre de se rendre maître, le même jour, du bourgmestre, et, dès que la chose serait faite, d'en donner avis au duc par une estafette.

Au jour marqué, les comtes de Mansfeld, de Hoorn, d'Egmont, de Barlaimont, d'Arschot et d'autres, avec les fils du duc et les premiers officiers espagnols, furent, sous prétexte d'une délibération extraordinaire, rassemblés dans l'hôtel de Kuilembourg, où logeait le général. Le duc s'entretint avec eux du plan d'une citadelle qu'il voulait faire bâtir à Anvers, et il chercha à prolonger le plus possible la séance, parce qu'il ne voulait rien faire avant de savoir comment avait réussi son entreprise à Anvers. Pour pouvoir temporiser sans faire naître de soupçon, il se fit montrer par l'architecte militaire Paciotto, qu'il avait amené d'Italie, le tracé de la citadelle, et demanda aux chevaliers leur avis. Enfin, un courrier étant arrivé d'Anvers avec des nouvelles favorables, il congédia le conseil. Egmont voulait se retirer avec un des fils du duc, quand le capitaine de la garde du corps de ce dernier, Sancho d'Avila, se présenta devant lui, et qu'en même temps parut une troupe de soldats espagnols, qui lui rendirent la fuite et la défense impossibles. L'officier lui demanda son épée, qu'il remit avec beaucoup de calme. « Ce fer, dit-il, a plus d'une fois défendu, non sans succès, la cause du roi. »

A la même heure, le comte de Hoorn fut aussi fait prisonnier dans une autre partie du palais. Hoorn demanda quel était le sort d'Egmont. On lui dit que ce dernier avait été également arrêté au même instant, sur quoi il se rendit sans résistance. « Je me suis laissé guider par lui, s'écria-t-il; il est juste que je partage son sort. »

Pendant que ceci se passait dans l'hôtel de Kuilembourg, un régiment espagnol se tenait sous les armes devant la maison [1].

Quelques semaines après leur arrestation, les deux comtes furent conduits, sous une escorte de trois mille soldats espagnols, dans la ville de Gand, où ils furent détenus plus de huit mois dans la citadelle. Leur procès fut instruit, dans toutes les formes, devant le conseil des douze, que le duc avait institué

---

1. Voy. plus haut, p. 223 et suiv. C'est après cette phrase que commence le morceau inséré dans les *Œuvres complètes*, sous le titre de *Procès et exécution des comtes d'Egmont et de Hoorn*.

à Bruxelles, pour connaître des derniers troubles, et le procureur général Jean du Bois fut chargé de dresser l'acte d'accusation. Celui qui était dirigé contre le comte d'Egmont contenait quatre-vingt-dix chefs différents; et celui qui concernait le comte de Hoorn, soixante. Il serait trop long de les énumérer ici; quelques échantillons, d'ailleurs, ont été déjà donnés ci-dessus[1]. Toute action, même la plus innocente, toute négligence, fut considérée du point de vue qu'on avait établi tout d'abord : « Que les deux comtes, d'accord avec le prince d'Orange, s'étaient efforcés de renverser dans la Néerlande l'autorité royale, et de faire passer dans leurs propres mains le gouvernement du pays. » L'éloignement de Granvelle, l'ambassade d'Egmont à Madrid, la confédération des Gueux, les concessions qu'ils avaient accordées aux protestants dans leurs gouvernements : tout cela devait s'être accompli en vue de ce plan; tout cela s'enchaînait. Par là, les bagatelles les plus insignifiantes acquéraient de l'importance, et l'une empoisonnait l'autre. Comme on avait eu la précaution de traiter la plupart des articles isolément comme des crimes de lèse-majesté, on pouvait d'autant plus aisément tirer une telle inculpation de tout l'ensemble.

L'acte d'accusation fut expédié aux deux prisonniers, avec invitation d'y répondre dans les cinq jours. Lorsqu'ils l'eurent fait, on leur permit d'appeler des défenseurs et des conseils, qui eurent auprès d'eux libre accès. Comme ils étaient accusés du crime de lèse-majesté, aucun de leurs amis n'eut permission de les voir. Le comte d'Egmont se servit d'un seigneur de Landas et de quelques savants jurisconsultes de Bruxelles.

Leur première démarche fut de récuser le tribunal qui devait les juger, attendu qu'en leur qualité de chevaliers de la Toison d'or, ils ne pouvaient être jugés que par le roi lui-même, comme grand maître de l'ordre. Mais cette récusation fut écartée, et on les somma de produire leurs témoins, à défaut de quoi on procéderait contre eux par contumace. Egmont avait répondu de la manière la plus satisfaisante à quatre-vingt-deux articles; et, de

---

1. Voy. p. 333 et suiv.

son côté, le comte de Hoorn réfuta son accusation de point en point. L'accusation et la justification subsistent encore; tout tribunal non prévenu les aurait absous sur une pareille défense. Le fiscal insistait sur la production des témoins, et le duc d'Albe leur adressa des ordres réitérés de se hâter. Ils différaient d'une semaine à l'autre, en renouvelant leurs protestations contre l'incompétence du tribunal. Enfin le duc leur fixa encore un terme de neuf jours, pour faire comparaître leurs témoins, et, lorsqu'ils l'eurent aussi laissé écouler, ils furent déclarés atteints et convaincus, et déchus du droit de se défendre.

Pendant que ce procès s'instruisait, les parents et les amis des deux comtes ne restèrent pas oisifs. La femme d'Egmont, née duchesse de Bavière, adressa des suppliques aux princes de l'empire d'Allemagne, à l'empereur, au roi d'Espagne; de même que la comtesse de Hoorn, la mère du prisonnier, qui avait des relations d'amitié ou de parenté avec les premières familles régnantes d'Allemagne. Tous protestèrent hautement contre cette procédure illégale, et ils voulaient faire valoir contre elle les libertés de l'empire d'Allemagne, que le comte de Hoorn, comme comte de l'Empire, invoquait particulièrement, les libertés néerlandaises et les priviléges de l'ordre de la Toison d'or. La comtesse d'Egmont fit agir presque toutes les cours en faveur de son mari : le roi d'Espagne et son lieutenant furent assiégés d'intercessions, qu'ils se renvoyaient l'un à l'autre et dont ils se jouaient tous les deux. La comtesse de Hoorn recueillit des certificats de tous les chevaliers de la Toison, en Espagne, en Allemagne et en Italie, pour démontrer les priviléges de l'ordre. Albe les repoussa, en déclarant que, dans le cas présent, ils n'avaient aucune valeur. « Les crimes dont les comtes sont accusés, répondit-il, ont été commis dans les affaires des provinces néerlandaises, et lui, le duc, il a été établi par le roi seul juge dans les affaires néerlandaises. »

On avait donné quatre mois au fiscal pour dresser l'acte d'accusation, on en donna cinq aux deux comtes pour leur défense. Mais, au lieu de perdre leur temps et leur peine à produire des témoins qui leur auraient peu servi, ils aimèrent mieux les perdre en protestations contre leurs juges, qui leur servirent encore moins. En prenant le premier parti, ils auraient vraisemblablement différé le jugement définitif, et, dans le temps qu'ils auraient ainsi gagné, les puissantes intercessions de leurs amis auraient peut-être encore produit quelque effet ; par leur opiniâtre persévérance à récuser le tribunal, ils fournirent au duc le moyen d'abréger le procès. Après l'expiration du dernier terme, le 1er juin 1568, le conseil des douze les déclara coupables, et le 4 du même mois l'arrêt définitif fut prononcé.

L'exécution de vingt-cinq nobles néerlandais, qui furent, dans l'espace de trois jours, décapités sur le marché, à Bruxelles, fut l'horrible prélude du sort qui attendait les deux comtes. Jean Casembrot de Beckerzeel, secrétaire du comte d'Egmont, était au nombre de ces infortunés : ce fut là la récompense de sa fidélité envers son maître, qu'il garda constamment même au milieu des tortures, et du zèle qu'il avait montré au service du roi contre les iconoclastes. Les autres avaient été pris, les armes à la main, dans la révolte des Gueux, ou arrêtés et condamnés comme coupables de haute trahison, à cause de la part qu'ils avaient prise autrefois à la requête de la noblesse.

Le duc avait ses raisons pour presser l'exécution de la sentence. Le comte Louis de Nassau avait livré bataille au comte d'Aremberg, près du couvent d'Heiligerlée, dans la province de Groningue, et il avait été assez heureux pour le vaincre. Aussitôt après sa victoire, il avait marché sur Groningue, qu'il tenait assiégée. Le bonheur de ses armes avait relevé le courage de son parti, et le prince d'Orange, son frère, était près de là avec une armée pour le soutenir. Tout cela rendait nécessaire la présence du duc dans ces provinces éloignées ; mais, avant que le sort de deux prisonniers si importants fût décidé, il n'osait pas quitter Bruxelles. Toute la nation leur était attachée avec un dévouement enthousiaste, qui était grandement accru par leur malheureux sort ; même le parti des catholiques les plus sévères ne voyait pas de bon œil ce triomphe du duc d'Albe, écrasant insolemment deux hommes de cette importance. Un seul avantage remporté sur lui par les armes des rebelles, ou même un faux bruit qui s'en serait répandu dans Bruxelles, eût suffi pour provoquer dans cette ville une révolution, qui aurait mis les deux comtes en liberté. D'ailleurs, les requêtes et les intercessions que les princes de l'Empire adressaient tant à lui qu'au roi en Espagne, devenaient chaque jour plus nombreuses; l'empereur Maximilien II lui-même avait fait assurer à la comtesse d'Egmont « qu'elle n'avait rien à craindre pour la vie de son mari; » et ces puissantes interventions pouvaient enfin décider le roi en faveur des prisonniers. Le roi pouvait même, avec la confiance qu'il avait dans la célérité de son ministre, céder pour la forme aux représentations de tant de princes, et abolir l'arrêt de mort rendu contre les prisonniers, parce qu'il se tiendrait assuré que cette grâce arriverait trop tard. C'étaient assez de motifs pour que le duc fît exécuter sans retard la sentence une fois rendue.

Dès le lendemain donc, les deux comtes furent amenés de la citadelle de Gand à Bruxelles, sous une escorte de trois mille Espagnols, et enfermés dans le Broodhuys, sur la grande place. Le matin du jour suivant, le conseil des troubles fut convoqué; le duc y parut lui-même, contre sa coutume, et les deux sentences, sous enveloppe et scellées, furent ouvertes et lues à haute voix par le secrétaire Pranz. Les deux comtes étaient déclarés coupables de lèse-majesté, « parce qu'ils avaient favorisé et secondé l'abominable conjuration du prince d'Orange, pris sous leur protection les gentilshommes confédérés, et mal servi le roi et l'Église dans leurs gouvernements et leurs autres emplois. » Tous deux devaient être décapités publiquement, leurs têtes plantées sur des piques, d'où elles ne pourraient être enlevées sans l'ordre formel du duc. Tous leurs biens, leurs fiefs et leurs droits étaient confisqués au profit du trésor royal. La sentence ne fut signée que par le duc et le secrétaire Pranz, sans qu'on prît la peine de demander l'adhésion des autres conseillers criminels.

Dans la nuit du 4 au 5 juin, les deux prisonniers étant déjà couchés, on vint leur communiquer la sentence. Le duc l'avait remise dans les mains de Martin Rithov, évêque d'Ypres, qu'il avait fait venir exprès à Bruxelles, pour préparer à la mort les condamnés. Quand l'évêque reçut cette commission, il se jeta aux pieds du duc, et le supplia, les larmes aux yeux, de faire grâce aux prisonniers ou du moins de différer l'exécution: à quoi le duc lui répondit, d'une voix dure et irritée, qu'on ne l'avait pas fait venir d'Ypres pour s'opposer à la sentence, mais pour la rendre plus douce aux malheureux comtes par ses exhortations.

Le premier auquel l'évêque communiqua l'arrêt de mort fut le comte d'Egmont. « Voilà certes une sentence sévère, s'écria, d'une voix émue d'horreur, le comte pâlissant. Je ne croyais pas avoir assez gravement offensé Sa Majesté, pour mériter un pareil traitement. Mais, s'il en doit être ainsi, je me soumets à mon sort avec résignation. Puisse cette mort expier mes péchés, et ne porter d'autre préjudice ni à ma femme ni à mes enfants! Je crois pouvoir du moins espérer cette faveur pour mes services passés. Je souffrirai la mort avec courage, puisque telle est la volonté de Dieu et du roi! » Il pressa ensuite l'évêque de lui dire sérieusement et sincèrement s'il n'avait aucune grâce à espérer. Celui-ci ayant répondu que non, il se confessa, et reçut le Saint-Sacrement des mains du prêtre, auquel il répondit la messe avec une très-grande dévotion. Il lui demanda quelle prière serait la meilleure et la plus efficace pour se recommander à Dieu dans la dernière heure. L'évêque lui ayant dit qu'aucune prière n'était plus efficace que celle qui nous a été enseignée par Notre Seigneur lui-même, l'oraison dominicale, il se mit aussitôt à la réciter. Le souvenir de sa famille l'interrompit; il demanda une plume et de l'encre, et il écrivit deux lettres, l'une à sa femme, l'autre au roi d'Espagne; cette dernière était conçue en ces termes :

« Sire,

« J'ai entendu ce matin la sentence qu'il a plu à Votre Majesté de faire prononcer contre moi. Si éloigné que j'aie toujours été de rien entreprendre contre la personne ou le service de Votre Majesté, ou contre la seule vraie, ancienne, religion catholique, je me soumets néanmoins avec patience au sort qu'il a plu à Dieu de me dispenser. Si, pendant les derniers troubles, j'ai laissé faire, conseillé ou fait quelque chose qui paraisse contraire à mes devoirs, je l'ai fait assurément à bonne intention, et cela m'a été imposé par la force des circonstances. C'est pourquoi je prie Votre Majesté de me le pardonner, et, par égard pour mes services passés, de prendre en pitié ma malheureuse femme, mes pauvres enfants et mes serviteurs. Dans cette ferme espérance, je me recommande à l'infinie miséricorde de Dieu.

« Bruxelles, le 5 juin 1568, près du dernier moment.

« De Votre Majesté
« le très-fidèle vassal et serviteur,

« LAMORAL, comte d'EGMONT. »

Il recommanda cette lettre à l'évêque, de la manière la plus pressante : pour plus de sûreté, il en adressa encore une copie autographe au conseiller d'État Viglius, l'homme le plus intègre du sénat, et il n'est pas douteux qu'elle n'ait été réellement remise au roi. La famille du comte recouvra plus tard tous ses biens, ses fiefs et ses droits, qui, en vertu de la sentence, étaient échus au trésor royal.

Cependant on avait dressé sur la grande place, devant l'hôtel de ville, un échafaud, sur lequel étaient fixées deux perches surmontées de pointes de fer : tout était couvert de drap noir. Vingt-deux compagnies de la garnison espagnole entouraient l'échafaud, précaution qui n'était pas superflue. Entre dix et onze heures la garde espagnole parut dans la chambre du comte; elle était munie de cordes, pour lui lier les mains, suivant la coutume. Il supplia qu'on lui en fît grâce, et déclara qu'il était de bonne volonté, et prêt à mourir. Il avait coupé lui-même le collet de son pourpoint, pour faciliter au bourreau son office. Il portait une robe de chambre de damas rouge, et par-dessus un manteau noir espagnol, avec des galons d'or. C'est ainsi qu'il parut sur l'échafaud. Don Julien Romero, mestre de camp, un capitaine espagnol, nommé Salinas, et l'évêque d'Ypres l'y suivirent. Le grand prévôt de la cour, une verge rouge à la main, était à cheval au bas de l'échafaud; le bourreau était caché dessous.

Egmont avait d'abord témoigné le désir d'adresser de l'échafaud une allocution au peuple. Mais, l'évêque lui ayant représenté qu'il ne serait pas entendu, ou que, s'il l'était, il pourrait bien, vu les dangereuses dispositions où le peuple était alors, donner lieu à quelques violences, qui ne feraient que précipiter ses amis dans leur perte, il abandonna ce projet. Il se promena quelques moments sur l'échafaud avec une noble contenance, et se plaignit qu'il ne lui fût pas donné de mourir d'un plus glorieux trépas pour son roi et sa patrie. Jusqu'au dernier instant il n'avait pu se persuader que le roi eût vraiment l'intention de se montrer si sévère envers lui, et que l'on ne dût pas s'en tenir à la simple terreur de l'appareil du supplice. Comme le moment suprême approchait, où il devait recevoir l'extrême-onction, comme il regardait de côté et d'autre, attendant, et ne voyant rien paraître, il se tourna vers Julien Romero, et lui demanda encore une fois s'il n'avait aucune grâce à espérer. Romero haussa les épaules, fixa les yeux à terre, et garda le silence.

Alors il serra les dents, jeta son manteau et sa robe de chambre, s'agenouilla sur le coussin, et se disposa à faire sa dernière prière. L'évêque lui fit baiser le crucifix, et lui donna l'extrême-onction, après quoi le comte lui fit signe de le laisser. Il tira alors un bonnet de soie sur ses yeux et attendit le coup.... Un drap noir fut aussitôt jeté sur le cadavre et sur le sang qui coulait.

Tout Bruxelles, qui se pressait autour de l'échafaud, sentit avec Egmont le coup mortel. De bruyants sanglots interrompirent l'affreux silence. Le duc, qui assistait d'une fenêtre à l'exécution, s'essuya les yeux.

Bientôt après on amena le comte de Hoorn. D'une nature plus violente que son ami, et excité par plus de motifs à la haine contre le roi, il avait entendu sa sentence avec moins de calme, quoique, à son égard, la sentence ne fût pas injuste au même degré. Il se permit des paroles dures contre le roi, et c'était avec peine que l'évêque l'avait décidé à faire un meilleur emploi de ses derniers moments que de les perdre en malédictions contre ses ennemis. A la fin il se recueillit, et se confessa à l'évêque, ce qu'il avait d'abord refusé.

Accompagné de la même escorte que son ami, il monta sur l'échafaud. A son passage, il salua beaucoup de gens de sa connaissance. Il avait, comme Egmont, les mains libres; il était en pourpoint et en manteau noirs, coiffé d'un bonnet milanais de la même couleur. Lorsqu'il fut sur l'échafaud, il jeta les yeux sur le cadavre, couché sous le drap, et demanda à un de ceux qui se trouvaient auprès de lui si c'était le corps de son ami. Sur la réponse affirmative qu'on lui fit, il dit quelques mots en espagnol, jeta son manteau, s'agenouilla sur le coussin.... Tous les assistants poussèrent un grand cri lorsqu'il reçut le coup mortel.

Les deux têtes furent placées sur les piques qui étaient plantées sur l'échafaud, où elles restèrent jusqu'à trois heures de l'après-midi; alors elles furent enlevées, et déposées, avec les deux corps, dans des cercueils de plomb.

La présence de tant d'espions et de bourreaux qui environnaient l'échafaud, ne put empêcher les bourgeois de Bruxelles de tremper leurs mouchoirs dans le sang qui ruisselait, et d'emporter chez eux ces précieuses reliques.

II

SIÉGE D'ANVERS

PAR LE PRINCE DE PARME DANS LES ANNÉES 1584 ET 1585[1].

C'est un attrayant spectacle de contempler le génie inventif de l'homme aux prises avec un puissant élément et de voir surmontées par la prudence, la résolution et une ferme volonté, des difficultés invincibles pour des facultés ordinaires. Moins attrayant, mais d'autant plus instructif, est le spectacle contraire, où le manque de ces qualités paralyse tous les efforts du génie, rend vaine la faveur des circonstances, et annule, parce qu'on ne sait pas le mettre à profit, un succès déjà certain. Nous trouvons un exemple de l'un et l'autre genre dans le célèbre siége d'Anvers par les Espagnols, vers la fin du seizième siècle, qui ravit pour jamais à cette florissante ville de commerce sa prospérité, et acquit en revanche une gloire immortelle au général qui l'entreprit et sut le mettre à fin.

On était déjà dans la douzième année de cette guerre, par laquelle les provinces septentrionales de la Belgique[2] s'efforcèrent de maintenir contre les attaques du gouverneur espagnol, d'a-

---

1. Ce morceau a été publié d'abord en 1795, dans les cahiers quatre et cinq des *Heures*, où le titre est : *Siége mémorable d'Anvers par*, etc.
2. Schiller donne ici à *Belgique* le même sens qu'aux mots *Pays-Bas* ou *Néerlande*, qu'il emploie habituellement dans son histoire.

bord leur liberté religieuse seulement, et leurs priviléges d'états, puis, à la fin, leur indépendance politique de la couronne espagnole[1]. Sans être jamais entièrement ni vainqueurs ni vaincus, ils lassaient la bravoure de leurs ennemis par de lentes opérations militaires sur un terrain défavorable, et épuisaient le souverain des deux Indes, tandis qu'eux-mêmes se nommaient *mendiants* (Gueux), et l'étaient en effet pour la plupart. L'alliance de Gand s'était, il est vrai, dissoute : cette alliance qui comprenait en un seul corps, un corps invincible s'il avait pu se maintenir, toutes les provinces néerlandaises, catholiques aussi bien que protestantes ; mais, à la place de cette alliance, qui n'était ni sûre ni naturelle, les provinces septentrionales avaient concerté, en 1579, l'union d'Utrecht, beaucoup plus étroite, et dont on pouvait espérer qu'elle serait bien plus durable, parce qu'elle était formée et maintenue par un même intérêt politique et religieux. Ce que la nouvelle république avait perdu en étendue par cette séparation d'avec les provinces catholiques, elle l'avait gagné en intimité de l'alliance, en unité des entreprises, en vigueur d'exécution, et ce fut un bonheur pour elle de perdre à propos ce qu'elle n'aurait jamais pu conserver, même avec l'emploi de toutes ses forces.

La plupart des provinces wallonnes étaient rentrées, en 1584, soit volontairement, soit par la force des armes, sous la domination des Espagnols ; mais elle n'avait pu s'établir encore solidement dans les provinces du Nord. Même une partie considérable du Brabant et de la Flandre résistait toujours opiniâtrement aux armes du duc Alexandre de Parme, qui exerçait avec autant de force que de prudence le gouvernement intérieur des Provinces et le commandement supérieur de l'armée, et qui avait remis en honneur le nom espagnol par une suite de victoires. La nature

---

[1]. La première édition, c'est-à-dire le quatrième cahier des *Heures* de 1795, a ici une phrase de plus : « Faibles par le nombre, encore plus pauvres de ressources, et peu belliqueux de leur nature, mais enflammés par un intérêt commun, poussés au désespoir par des offenses accumulées, et terribles dans ce désespoir, les Néerlandais avaient retardé pendant tant d'années l'issue d'une lutte que la puissance supérieure de l'ennemi semblait ne pouvoir laisser douteuse un seul instant. » — L'omission de cette phrase dans les *OEuvres complètes* est, je pense, un simple oubli. A part ce retranchement et un mot sauté un peu plus loin, je n'ai point remarqué de variantes dans la réimpression de ce morceau.

particulière du pays, qui favorise les communications des villes entre elles et avec la mer par tant de rivières et de canaux, entravait chaque conquête, et la possession d'une place ne pouvait être conquise que par la possession d'une autre. Aussi longtemps que cette communication n'était pas interceptée, la Hollande et la Zélande pouvaient, avec peu de peine, défendre leurs confédérés, et les pourvoir abondamment, par terre aussi bien que par eau, de toutes les choses nécessaires, en sorte que toute la bravoure ne servait de rien, et que les troupes du roi se fondaient inutilement dans des siéges interminables.

De toutes les villes du Brabant, Anvers était la plus importante, aussi bien par sa richesse, sa population et sa force, que par sa situation à l'embouchure de l'Escaut. Cette grande et populeuse cité, qui comptait à cette époque plus de quatre-vingt mille habitants, était une des plus actives associées de l'alliance néerlandaise, et s'était signalée, dans le cours de cette guerre, par-dessus toutes les villes de Belgique, par un indomptable esprit de liberté. Comme elle donnait asile, dans ses murs, aux trois Églises chrétiennes, et devait à cette liberté illimitée de religion une grande partie de sa prospérité, elle avait aussi beaucoup plus à craindre de la domination espagnole, qui menaçait d'abolir la liberté religieuse et d'éloigner de ses marchés tous les négociants protestants par la terreur de l'inquisition. D'ailleurs, elle connaissait par une affreuse expérience la brutalité des garnisons espagnoles, et il était facile de prévoir que, si elle se laissait une fois imposer ce joug insupportable, elle ne pourrait plus s'en délivrer pendant tout le cours de la guerre. Mais autant la ville d'Anvers avait d'impérieuses raisons pour tenir les Espagnols éloignés de ses murs, autant le général espagnol avait de sérieux motifs de s'en rendre maître à quelque prix que ce fût. A la possession de cette ville tenait, en quelque sorte, la possession du Brabant tout entier, qui recevait, en grande partie, par ce canal, le blé de Zélande, et par la prise d'Anvers on s'assurait en même temps la domination de l'Escaut. Avec cette ville on enlevait son appui le plus important à l'alliance brabançonne, qui y tenait ses assemblées; la dangereuse influence de son exemple, de ses conseils, de son argent, sur tout le parti, était détruite, et dans les trésors de ses habitants on ouvrait au roi d'abondantes ressources pour les besoins de la guerre. La chute d'Anvers devait entraîner tôt ou tard après elle celle de tout le Brabant, et donner dans ces contrées une prépondérance décisive à la puissance du roi. Déterminé par la force de ces raisons, le duc de Parme rassembla ses troupes au mois de juillet 1584, et s'avança, de Tournai, où il était alors, dans le voisinage de la place, avec l'intention de l'assiéger [1].

Mais, par sa situation aussi bien que par ses remparts, cette ville semblait défier toute attaque. Entourée, du côté du Brabant, d'ouvrages inaccessibles et de fossés pleins d'eau, couverte, du côté de la Flandre, par le cours large et rapide de l'Escaut, elle ne pouvait être emportée d'assaut, et le blocus d'une ville de cette étendue semblait exiger des forces triples de celles que le duc avait rassemblées, et, de plus, une flotte, qui lui manquait complétement. Non-seulement le fleuve amenait de Gand à Anvers tous les approvisionnements en abondance; mais il lui ouvrait encore une communication facile avec la Zélande limitrophe. Car le flux de la mer du Nord remonte bien avant dans l'Escaut et en change le cours périodiquement, de sorte que la cité d'Anvers jouit de l'avantage tout à fait particulier que le même fleuve coule pour elle, en divers temps, dans deux directions opposées. Ajoutons que les villes voisines, Bruxelles, Malines, Gand, Dendermonde, et d'autres, étaient encore dans les mains de l'alliance et pouvaient faciliter les convois du côté de terre. Il fallait donc deux différentes armées sur les deux rives du fleuve pour bloquer la ville par terre et lui couper les communications avec la Flandre et le Brabant; il fallait aussi un nombre suffisant de navires pour fermer l'Escaut et rendre vaines toutes les tentatives qui seraient faites infailliblement de Zélande pour délivrer la ville. Mais la guerre que le duc avait à soutenir encore sur d'autres points, et les nombreuses garnisons qu'il avait dû laisser dans les villes et les forteresses, avaient réduit son armée à dix mille hommes de pied et mille sept cents chevaux, forces tout à fait insuffisantes pour une si vaste entreprise. Ces troupes manquaient d'ailleurs des choses

---

1. Thuan., *Hist.*, tom. II, 527. — Grot., *Hist. de rebus belgicis*. 84.

les plus nécessaires, et le défaut de payement de la solde avait provoqué chez elles de secrets murmures, qui menaçaient, à chaque instant, d'éclater en mutinerie ouverte. Enfin, si, malgré tous ces obstacles, on hasardait le siége, on avait tout à craindre des forteresses ennemies qu'on laissait derrière soi et auxquelles il serait nécessairement facile d'inquiéter, par de vives sorties, une armée si dispersée, et de la réduire à la disette en lui coupant les vivres [1].

Le conseil de guerre, auquel le duc de Parme communiqua son projet, fit valoir toutes ces raisons. Si grande que fût la confiance que l'on avait en soi-même et dans les talents éprouvés d'un tel chef d'armée, cependant les généraux les plus expérimentés ne dissimulèrent point combien ils désespéraient d'une heureuse réussite. A l'exception de deux hommes, de Capizucchi et de Mondragon, que leur audace élevait au-dessus de toutes les inquiétudes, tous déconseillèrent une si périlleuse entreprise, où l'on courait risque de perdre le fruit de toutes les victoires précédentes et de toute la gloire acquise.

Mais des objections que le duc de Parme s'était déjà faites à lui-même et auxquelles il avait aussi répondu, ne pouvaient ébranler sa résolution. S'il avait formé cette audacieuse entreprise, ce n'était point par ignorance des dangers qu'elle entraînait ni par une estimation irréfléchie et exagérée de ses forces. Cet instinct du génie, qui conduit avec une heureuse sûreté les grands hommes dans des voies où l'homme médiocre n'entre pas, ou bien qu'il ne peut parcourir jusqu'au bout, l'élevait au-dessus de tous les doutes qu'une prudence froide, mais bornée, lui opposait, et, sans pouvoir convaincre ses généraux, il sentait obscurément, mais non moins sûrement pour cela, la justesse de ses calculs. Une suite d'heureux succès avait rehaussé sa confiance, et un regard jeté sur son armée, qui n'avait pas alors son égale en Europe pour la discipline, l'expérience et le courage, et qui était commandée par une élite des meilleurs officiers, ne lui permettait pas de donner accès, un seul moment, à la crainte. A ceux qui lui alléguaient le petit nombre de ses troupes, il répondait que les lances les plus longues ne blessaient

[1] Strad., *de Bello belgico*, dec. II, lib. VI.

ue par la pointe, et que, dans les entreprises militaires, il fallait plutôt considérer la force qui imprime le mouvement, que la masse qu'il faut mouvoir. Il connaissait le mécontentement de son armée, mais il connaissait aussi son obéissance ; et il croyait fermement ne pouvoir mieux prévenir les plaintes des soldats qu'en les occupant à une entreprise importante, par l'éclat de laquelle il enflammait leur désir de gloire, en même temps qu'il excitait leur cupidité par le haut prix que promettait la conquête d'une ville si opulente[1].

Dans le plan qu'il traça pour ce siége, il chercha à lutter avec énergie contre tous ces obstacles divers. La seule puissance par laquelle on pût espérer de réduire la ville était la faim; et, pour soulever contre elle ce terrible ennemi, il fallait fermer tous les passages par terre et par eau. Pour lui couper d'abord, ou du moins pour lui rendre difficile, tout approvisionnement de Zélande, on voulait s'emparer de tous les forts que les Anversois avaient construits sur les deux rives de l'Escaut pour protéger la navigation, et, dans les lieux qui s'y prêtaient, élever de nouvelles redoutes, d'où l'on pourrait dominer tout le cours du fleuve. Mais afin que, dans l'intervalle, la ville ne pût tirer de l'intérieur du pays les vivres qu'on cherchait à lui couper du côté de la mer, toutes les villes voisines, du Brabant et de la Flandre, devaient être comprises dans le plan du siége, et la chute d'Anvers fondée sur la chute de toutes ces places : entreprise audacieuse et presque extravagante, si l'on considère combien les forces du duc étaient bornées, mais que justifia le génie de son auteur et que la fortune couronna par un brillant succès[2].

Mais, comme il fallait du temps pour exécuter un plan si étendu, on se contenta provisoirement d'élever de nombreuses redoutes sur les canaux et les rivières qui lient la ville d'Anvers avec Dendermonde, Gand, Malines, Bruxelles et d'autres places, et d'entraver par là les communications. En même temps, on logea dans le voisinage de ces villes, et presque à leurs portes, des garnisons espagnoles, qui ravageaient le plat pays et infes-

1. Strad., loc. cit., 553.
2. Strad., dec. II, lib. VI.

taient par leurs courses les environs. Ainsi, autour de la seule ville de Gand furent établis environ trois mille hommes, et autant à proportion autour des autres. De cette manière, et au moyen des intelligences que le duc entretenait avec les habitants catholiques, il espérait, sans s'affaiblir lui-même, épuiser peu à peu ces villes, et par les souffrances d'une petite guerre, mais incessante, les amener, même sans un siège en forme, à faire enfin leur soumission [1].

Cependant l'armée principale fut dirigée contre Anvers, que le duc alors cerna complétement avec ses troupes. Il prit lui-même position à Beveren en Flandre, à peu de milles d'Anvers, et y établit un camp fortifié. Du côté de la Flandre, la rive de l'Escaut fut confiée au marquis de Rysbourg, général de la cavalerie; du côté du Brabant, au comte Pierre-Ernest de Mansfeld, auquel fut encore adjoint un général espagnol, Mondragon. Les deux derniers passèrent heureusement l'Escaut sur des pontons, sans que le vaisseau amiral d'Anvers, qui fut envoyé contre eux, pût y mettre obstacle; ils tournèrent ensuite la ville, et se postèrent près de Stabroeck, dans le territoire de Bergen. Quelques corps détachés se distribuèrent tout le long de la rive brabançonne, les uns pour occuper les digues, les autres pour fermer les passages par terre.

A quelques milles au-dessous d'Anvers, l'Escaut est défendu par deux forts, dont l'un est établi à Liefkenshoek, dans l'île de Doel en Flandre, l'autre, vis-à-vis, à Lillo, sur la rive brabançonne. Mondragon avait bâti lui-même autrefois le dernier par l'ordre du duc d'Albe, quand celui-ci était encore le maître dans Anvers, et, pour cela même, l'attaque lui en fut confiée par le duc de Parme. A la possession de ces deux forts semblait tenir tout le succès du siége, parce que tous les vaisseaux qui viennent de Zélande à Anvers sont forcés de passer sous leurs canons. Les Anversois y avaient même ajouté peu auparavant de nouveaux ouvrages, et ceux du fort de Liefkenshoek n'étaient pas encore entièrement achevés, quand le marquis de Rysbourg l'attaqua. La célérité avec laquelle les assiégeants se mirent à l'œuvre surprit les ennemis, avant qu'ils eussent suffisamment préparé leur

---

1. Meteren, *Hist. des Pays-Bas*, liv XII. 467 et suiv.

défense, et un assaut tenté par les Espagnols fit tomber la forteresse entre leurs mains. Cette perte frappa les alliés, en ce même jour funeste où le prince d'Orange succomba à Delft sous les coups d'un assassin. Les autres ouvrages qui étaient établis dans l'île de Doel furent les uns abandonnés volontairement par leurs défenseurs, les autres emportés par surprise, de sorte qu'en peu de temps toute la rive flamande fut purgée d'ennemis. Mais le fort de Lillo, sur la rive brabançonne, opposa une résistance d'autant plus vive, parce qu'on avait laissé aux Anversois le temps de le fortifier et de le pourvoir d'une vaillante garnison. De furieuses sorties des assiégés, sous la conduite d'Odet de Téligny, soutenues par les canons du fort, ruinèrent tous les travaux des Espagnols, et une inondation, qu'on produisit en ouvrant les écluses, les chassa enfin de devant la place, après un siége de trois semaines et une perte de près de deux mille hommes. Ils se retirèrent alors dans leur camp fortifié de Stabroek, et se contentèrent d'occuper les digues qui coupent les basses terres de Bergen, et opposent un rempart à l'invasion de l'Escaut oriental [1].

Le mauvais succès de l'attaque du fort Lillo changea les mesures du duc de Parme. N'ayant pu réussir par ce moyen à intercepter la navigation de l'Escaut, chose d'où dépendait pourtant tout le succès du siége, il résolut de fermer entièrement le fleuve au moyen d'un pont. La pensée était hardie, et bien des gens la jugeaient aventureuse. La largeur du fleuve, qui, dans cet endroit, a plus de douze cents pas, et la rapidité du courant, qui est encore augmentée par le flux et le reflux de la mer voisine, semblaient rendre impraticable tout essai de ce genre; ajoutez à cela le défaut de bois de construction, de barques, d'ouvriers, et la situation dangereuse entre les flottes d'Anvers et de Zélande, auxquelles, avec le secours d'un élément orageux, il devait être facile de troubler un si long travail. Mais le duc de Parme connaissait ses forces, et l'impossible pouvait seul vaincre son courage intrépide. Après avoir fait mesurer la largeur et la profondeur du fleuve, et avoir délibéré avec deux de

---

[1]. Meteren, *Hist. des Pays-Bas*, liv. XII, 477, 478. — Strad., loc. cit. — Thuan., *Hist.*, tom. II, 527.

ses plus habiles ingénieurs, Barocci et Plato, il résolut de bâtir le pont entre Calloo en Flandre et Ordam en Brabant. On choisit cet endroit comme celui où le fleuve est le moins large et se courbe un peu vers la droite, ce qui retarde les vaisseaux et les force à changer de vent. Pour couvrir le pont, on construisit aux deux extrémités deux forts, dont l'un, situé sur la rive flamande, fut appelé le fort Sainte-Marie, et l'autre, sur la rive brabançonne, le fort Saint-Philippe, en l'honneur du roi [1].

Tandis qu'on faisait dans le camp espagnol les apprêts les plus actifs pour l'exécution de cette entreprise, et que toute l'attention de l'ennemi était tournée de ce côté, le duc dirigea une attaque imprévue sur Dendermonde, ville très-forte, entre Gand et Anvers, au confluent de la Dendre et de l'Escaut. Aussi longtemps que cette place importante était dans les mains de l'ennemi, les villes de Gand et d'Anvers pouvaient se soutenir l'une l'autre, et, par leur facile communication, rendre inutiles tous les efforts des assiégeants. La prise de Dendermonde permettait au duc d'agir librement contre les deux villes, et pouvait devenir décisive pour tout le succès de son entreprise. La rapidité de son attaque ne laissa pas le temps aux assiégés d'ouvrir leurs écluses et d'inonder les environs. Le bastion principal de la ville, devant la porte de Bruxelles, fut aussitôt canonné vivement; mais le feu des assiégés faisait parmi les Espagnols de grands ravages. Au lieu d'en être découragés, ils n'en devinrent que plus ardents, et l'insolent défi de la garnison, qui mutila sous leurs yeux la statue d'un saint et la précipita du rempart en lui prodiguant les outrages, les jeta dans la dernière fureur. Ils demandèrent avec emportement d'être menés à l'attaque du bastion, quoique le canon n'eût pas encore suffisamment ouvert la brèche, et le duc permit l'assaut, afin de mettre à profit cette première ardeur. Après deux heures d'un combat meurtrier, le bastion fut escaladé, et tout ce qui put échapper à la première furie des Espagnols se jeta dans la ville. Elle fut, il est vrai, dès lors plus exposée au feu de l'ennemi, qui était dirigé contre elle de la redoute conquise; mais ses fortes murailles et le large fossé plein d'eau qui l'environnait tout autour,

[1] Strad., dec. II, lib. VI, 557.

devaient faire craindre une longue résistance. Le génie entreprenant du duc de Parme surmonta bientôt cette nouvelle difficulté. Tandis que le bombardement était continué jour et nuit, les troupes travaillèrent sans relâche à détourner la Dendre, dont les eaux alimentaient le fossé de la ville, et le désespoir saisit les assiégés quand ils virent peu à peu disparaître l'eau de leur fossé, la seule défense qui restât encore à la ville. Ils se hâtèrent de se rendre, et, au mois d'août 1584, ils reçurent garnison espagnole. Onze jours avaient suffi pour exécuter une entreprise qui, au jugement des hommes du métier, eût semblé devoir exiger autant de semaines [1].

La ville de Gand, désormais sans communication avec Anvers et avec la mer, pressée de plus en plus par les troupes du roi, qui campaient dans le voisinage, et ne pouvant prévoir nul secours prochain, désespéra de son salut : elle voyait la famine s'avancer à pas menaçants avec toutes ses horreurs. Elle envoya donc des députés dans le camp espagnol, à Beveren, pour se soumettre au roi aux mêmes conditions que le duc leur avait inutilement offertes quelque temps auparavant. On déclara aux députés que le temps des accommodements était passé, et qu'une soumission absolue pouvait seule apaiser le monarque irrité. On alla jusqu'à les menacer de leur infliger la même humiliation à laquelle leurs rebelles prédécesseurs avaient dû se résigner sous Charles-Quint, quand il leur avait fallu implorer leur grâce demi-nus et la corde au cou. Les envoyés s'en retournèrent désespérés, mais, dès le troisième jour, parut une nouvelle députation, qui, par l'entremise d'un ami du duc de Parme, prisonnier des Gantois, réussit enfin à faire la paix à des conditions supportables. La ville dut payer une amende de deux cent mille florins, rappeler les catholiques bannis et chasser les réformés qu'elle avait dans ses murs : cependant on accorda à ces derniers un délai de deux ans pour mettre ordre à leurs affaires. Tous les habitants obtinrent leur pardon, à la réserve de six, qui furent résignés pour le supplice, et auxquels on fit pourtant grâce dans la suite, et la garnison, qui se composait de deux mille hommes, put sortir avec les honneurs militaires. Ce traité fut conclu, au

1. Strad., loc. cit. — Meteren, liv. XII, 479. — Thuan, II, 529.

mois de septembre 1584, au quartier général de Beveren, et, immédiatement après, trois mille hommes de troupes espagnoles entrèrent dans la place pour en former la garnison[1].

C'était par la terreur de son nom et par la crainte de la famine, plutôt que par la force de ses armes, que le duc de Parme avait réduit cette ville, la plus grande et la plus forte des Pays-Bas, qui ne le cède pas en étendue à l'enceinte intérieure de Paris qui compte trente-sept mille maisons et se compose de vingt îles, liées entre elles par quatre-vingt-dix-huit ponts de pierre. De brillants privilèges, que Gand avait su arracher à ses maîtres, dans le cours de plusieurs siècles, nourrissaient chez sa bourgeoisie l'esprit d'indépendance qui, assez souvent, dégénérait en bravade et en insolence, et qui entrait tout naturellement en lutte avec les maximes du gouvernement austro-espagnol. Ce courageux esprit de liberté valut aussi à la réformation de grands et rapides succès dans cette ville, et les deux mobiles réunis amenèrent toutes les scènes orageuses par lesquelles, pour son malheur, elle se signala dans le cours de la guerre néerlandaise. Outre les sommes d'argent que le duc de Parme leva alors sur la ville, il trouva encore dans ses murs une riche provision d'artillerie, de chariots, de barques et de matériaux de toute espèce, avec le nombre nécessaire d'ouvriers et de matelots, qui ne favorisèrent pas médiocrement son entreprise contre Anvers[2].

Avant même que la ville de Gand se soumît au roi, celles de Vilvorde et de Herentals étaient déjà tombées dans les mains des Espagnols, qui avaient aussi occupé les forts voisins du bourg de Villebroek, ce qui isolait Anvers de Bruxelles et de Malines. La perte de toutes ces places, arrivée en si peu de temps, enleva aux Anversois toute espérance de secours du côté du Brabant et de la Flandre, et réduisit toutes leurs chances à ceux qu'ils attendaient de Zélande, et que le duc de Parme se disposait désormais sérieusement à intercepter[3].

1. Meteren, liv. XII, 479, 480. — Strad., loc. cit., 562, 563. — *Hist. gén. des Prov.-Un.*, liv. XXI, 470 (t. VI, p. 18, 20 de l'éd. franç.).
2. Meteren, loc. cit.
3. *Hist. gén. des Prov.-Un.*, 470 (t. VI, p. 16 de l'éd. franç.). — Meteren, 470. — Thuan, II, 529.

Les bourgeois d'Anvers avaient observé les premiers mouvements de l'ennemi contre leur ville avec la dédaigneuse tranquillité que leur inspirait la vue de leur fleuve invincible. Cette confiance était d'ailleurs, en quelque façon, justifiée par le jugement du prince d'Orange, qui, à la première nouvelle de ce siége, déclara que la puissance espagnole échouerait devant les murs d'Anvers. Cependant, pour ne rien négliger de ce qui pouvait servir au salut de cette ville, il avait appelé auprès de lui, à Delft, peu de temps avant son assassinat, le bourgmestre d'Anvers, Philippe Marnix de Sainte-Aldegonde, son ami intime, avec lequel il se concerta sur la défense d'Anvers. Le prince conseillait de faire raser sans retard la grande digue entre Sanvliet et Lillo, nommée Blaauwgarendyk, afin de répandre, aussitôt qu'il serait nécessaire les eaux de l'Escaut oriental sur les basses terres de Bergen, et d'ouvrir aux barques de Zélande, si l'Escaut venait à être fermé, un passage jusqu'à la ville par les champs inondés. Après son retour, Aldegonde avait en effet décidé les magistrats et la plus grande partie des bourgeois à accepter ce projet, quand la corporation des bouchers s'y opposa et se plaignit qu'on lui enlevait par là le moyen de nourrir le bétail ; en effet, le champ qu'on voulait mettre sous l'eau était un grand pâturage, où l'on engraissait annuellement près de douze mille bœufs. La corporation des bouchers l'emporta, et réussit à retarder l'exécution de ce projet salutaire jusqu'au jour où l'ennemi occupa les digues et le pâturage[1].

A l'instigation du bourgmestre Sainte-Aldegonde, très-considéré des états de Brabant, dont il était membre lui même, on avait fait réparer, avant l'arrivée des Espagnols, les fortifications des deux rives de l'Escaut, et construire beaucoup de nouveaux ouvrages autour de la ville. On avait percé les digues près de Saftingen et répandu sur presque tout le pays de Waes les eaux de l'Escaut oriental. Le comte de Hohenlohe avait levé des troupes dans le marquisat de Bergen, qui confinait au territoire d'Anvers ; un régiment écossais, sous les ordres du colonel Morgan, était déjà à la solde de la république, et l'on attendait encore de nouveaux secours d'Angleterre et de France.

---

1. *Hist. gén. des Prot.-Un.*, III, 469 (t. VI, p. 16 de l'éd. franç.). — Grot., 88.

Mais avant tout on demanda aux états de Hollande et de Zélande la plus prompte assistance. Toutefois, quand les ennemis se furent établis sur les deux rives de l'Escaut, et que par le feu de leurs redoutes ils eurent rendu la navigation dangereuse; quand les villes du Brabant furent tombées, les unes après les autres, en leur pouvoir, et quand leur cavalerie eut fermé tous les passages du côté de la terre, les habitants d'Anvers conçurent enfin de sérieuses alarmes pour leur avenir. La ville comptait alors quatre-vingt-cinq mille âmes, et, d'après les calculs qu'on avait faits, il fallait trois cent mille quarts ou quintaux de blé pour son entretien annuel. Au commencement du siége, on ne manquait ni de fournitures ni d'argent pour amasser une pareille provision; car, malgré l'artillerie des ennemis, les barques de Zélande chargées de vivres trouvaient moyen de pénétrer jusqu'à la ville à la faveur de la marée. Il s'agissait donc seulement d'empêcher que quelques-uns des plus riches bourgeois n'achetassent en gros ces provisions, et ne se rendissent ensuite maîtres du prix, quand viendrait la disette. Un certain Gianibelli de Mantoue, qui s'était établi dans la ville, et qui lui rendit, dans la suite du siége, de très-importants services, proposa, à cet effet, de créer un impôt du centième denier, et de fonder une société d'hommes intègres, qui, avec cet argent, achèterait du blé et le livrerait chaque semaine. Les riches devaient avancer provisoirement cet argent, garder comme gages dans leurs magasins les vivres achetés, et avoir aussi leur part dans les bénéfices. Mais ce projet ne fut pas du goût des riches habitants, qui étaient bien résolus à tirer profit de la souffrance générale. Ils demandèrent qu'il fût ordonné plutôt à chacun de se pourvoir des vivres nécessaires pour deux ans : proposition fort bonne pour eux-mêmes, mais très-désavantageuse aux habitants plus pauvres, qui n'avaient pas même le moyen de se pourvoir pour autant de mois. Par là ils atteignaient, il est vrai, leur but, qui était de chasser entièrement les pauvres de la ville ou de les mettre sous leur dépendance; mais, lorsqu'ils vinrent à réfléchir qu'en temps de famine leur propriété ne serait pas respectée, ils jugèrent prudent de ne pas se presser d'acheter [1].

1. *Hist. gén. des Prov.-Un.*, III, 472 (t. VI, p. 23 de l'éd. franç.).

Les magistrats de la ville, pour prévenir un mal qui n'eût pesé que sur quelques particuliers, en firent un autre, qui devint un danger pour tout le monde. Des entrepreneurs zélandais avaient chargé de vivres une flotte considérable, qui passa heureusement sous le canon des ennemis et atteignit Anvers. L'espérance d'un gain plus élevé avait encouragé les négociants à cette spéculation hasardeuse ; mais ils se trouvèrent déçus dans cette espérance à leur arrivée ; car les magistrats d'Anvers publièrent, vers cette époque-là même, un édit par lequel le prix de tous les vivres était considérablement baissé. Pour empêcher en même temps que quelques particuliers n'achetassent tout le chargement, et ne pussent l'entasser dans leurs magasins, pour le revendre ensuite beaucoup plus cher, ils ordonnèrent que tout fût vendu de la main à la main, à bord des vaisseaux. Les entrepreneurs, perdant par ces précautions tout le bénéfice de leur course, mirent sur-le-champ à la voile et quittèrent Anvers avec la plus grande partie de leur chargement, qui aurait suffi pour nourrir la ville pendant plusieurs mois [1].

Cette négligence des moyens de salut les plus simples et les plus naturels ne devient concevable que par ce fait, qu'on jugeait encore absolument impossible le barrage complet de l'Escaut, et qu'on n'avait par conséquent aucune crainte sérieuse des dernières extrémités. Aussi, quand la nouvelle arriva que le duc avait l'intention de jeter un pont sur l'Escaut, toute la ville d'Anvers se moqua de cette idée chimérique. On faisait entre la république et le fleuve une fastueuse comparaison, et l'on exprimait la pensée que l'un ne subirait pas plus que l'autre le joug espagnol. Un fleuve large de deux mille quatre cents pieds, disait-on, et qui, même réduit à ses seules eaux, a plus de soixante pieds de profondeur, mais que la marée d'ordinaire élève encore de douze : un tel fleuve se laisserait dominer par de misérables pilotis ? Où trouverait-on des arbres assez élevés pour atteindre jusqu'au fond et s'élever au-dessus de la surface ? Et c'est en hiver qu'on veut établir un pareil ouvrage, quand le flux poussera contre cette faible charpente, pour la briser comme du verre, des îles entières et des

---

1. Grotius, 92. — Reidan., *Belg. annal*., 60.

montagnes de glace, auxquelles des murs de pierre peuvent à peine résister? Ou, si le duc songeait à construire un pont de bateaux, où les prendrait-il et par quel chemin les amènerait-il dans ses retranchements? Ils devraient nécessairement passer devant Anvers, où une flotte était prête pour les capturer ou les couler bas [1].

Mais, tandis qu'on démontrait [2] dans la ville l'absurdité de son entreprise, le duc de Parme l'avait exécutée. Aussitôt qu'on eut achevé les forts Sainte-Marie et Saint-Philippe, qui pouvaient couvrir par leur feu les ouvriers et l'ouvrage, on construisit de chaque côté, dans le fleuve et vis-à-vis l'un de l'autre, deux échafaudages, pour lesquels on employa les mâts des plus grands navires. Grâce à l'habile disposition de la charpente, on sut donner à l'ensemble une telle solidité, qu'il pouvait, comme l'événement le prouva plus tard, résister au choc violent des glaces. Cette charpente, qui s'appuyait sûrement et solidement sur le fond du fleuve et s'élevait au-dessus à une assez grande hauteur, était couverte de planches, qui formaient un chemin commode. Il était assez large pour huit hommes de front, et une barrière pleine, qui régnait de chaque côté, garantissait contre la mousqueterie des vaisseaux ennemis. Ces estacades, comme on les appelait, furent poussées, des deux rives, aussi avant dans le fleuve que la profondeur croissante et la force du courant le permirent. Elles réduisaient la largeur de l'Escaut de onze cents pieds; mais, comme le milieu, le véritable fleuve, n'en permettait absolument pas la continuation, il restait encore entre les deux estacades un espace ouvert de plus de six cents pas, par lequel toute une flotte d'approvisionnement pouvait commodément passer à la voile. Le duc songeait à remplir cet intervalle au moyen d'un pont de bateaux, pour lequel on se serait servi des vaisseaux qui se trouvaient à Dunkerque. Mais, outre que le nombre en était insuffisant, il était difficile de les amener sans grande perte à Anvers. Il dut, par conséquent, se contenter, pour le moment, d'avoir réduit le fleuve à la moitié de sa largeur et entravé d'autant le passage des navires ennemis. Car, à l'endroit où se

---

1. Strad., 500.
2. « Mais, tandis qu'on lui démontrait, etc. » (Première édition.)

terminaient les estacades, dans le milieu du fleuve, elles s'élargissaient l'une et l'autre en un carré long, bien garni d'artillerie, et qui formait comme une forteresse en pleine eau. De là on faisait un feu terrible sur tous les bâtiments qui se hasardaient à travers ce passage, ce qui n'empêchait pas néanmoins que des flottes entières et des vaisseaux isolés ne franchissent ce périlleux chemin [1].

Sur ces entrefaites, la ville de Gand se rendit, et cette conquête, prompte au delà de toute attente, tira tout à coup le duc de son embarras. Il trouvait dans cette ville tous les matériaux nécessaires pour achever son pont de bateaux, et la seule difficulté était de les transporter sûrement. Les ennemis lui frayèrent eux-mêmes la voie la plus naturelle. L'ouverture des digues près de Saftingen avait inondé une grande partie du pays de Waes, jusqu'au bourg de Borcht, en sorte qu'il ne fut point difficile de traverser ces campagnes avec des bateaux plats. Le duc fit donc partir ses bateaux de Gand, et ordonna, lorsqu'ils auraient passé Dendermonde et Rupelmonde, de percer la digue gauche de l'Escaut, de laisser Anvers à droite, et de faire voile vers Borcht, dans les champs inondés. Pour protéger cette navigation, on éleva, près de Borcht, un fort propre à tenir les ennemis en respect. Tout réussit à souhait, non sans une vive lutte toutefois avec la flottille ennemie, qui avait été envoyée pour troubler ce trajet. Après avoir percé, en chemin, encore quelques digues, on atteignit à Calloo les quartiers espagnols, et l'on rentra heureusement dans l'Escaut. L'allégresse de l'armée fut d'autant plus vive qu'on venait d'apprendre le grand danger auquel les bateaux avaient échappé. Car, à peine s'étaient-ils débarrassés de la flottille ennemie, qu'un renfort lui arrivait d'Anvers, conduit par Odet de Téligny, le vaillant défenseur de Lillo. Celui-ci, voyant l'ouvrage fait et les ennemis échappés, s'empara de la digue, par l'ouverture de laquelle ils avaient passé, et il construisit à cette place une redoute, pour fermer le passage aux bateaux gantois qui pourraient encore arriver [2].

Par là le duc tomba dans de nouvelles perplexités. Il n'a-

---

1. Strad., 560, sq. — Thuan., 530. — Meteren, liv. XII.
2. Meteren, 481. — Strad., 564.

vait pas encore, à beaucoup près, les vaisseaux nécessaires ni pour construire le pont ni pour le défendre, et la voie par laquelle on avait amené les premiers était fermée par le fort de Téligny. Comme il reconnaissait la contrée, afin de découvrir un nouveau chemin pour ses flottes, une pensée s'offrit à lui, qui non-seulement mit fin à son embarras présent, mais encore donna soudainement à toute l'entreprise un élan rapide. Non loin du village de Stecken, dans le pays de Waes, à la distance d'environ cinq mille pas des terrains inondés, coule la Moer, petite rivière qui se jette dans l'Escaut, près de Gand. De cette rivière il fit construire un canal jusqu'à l'endroit où commençait l'inondation, et, comme les eaux n'avaient pas partout une profondeur suffisante, le canal fut continué entre Beveren et Verrebroek jusqu'à Calloo, où il aboutissait au fleuve. Cinq cents pionniers travaillèrent sans relâche à cet ouvrage, et, pour encourager les soldats dans ce pénible travail, le duc mit lui-même la main à l'œuvre. Il renouvela de cette manière l'exemple de deux illustres Romains, Drusus et Corbulon, qui avaient joint par de semblables travaux le Rhin avec le Zuyderzée et la Meuse avec le Rhin.

Ce canal, que l'armée appela le canal de Parme, en l'honneur de son auteur, avait une étendue de quatorze mille pas, avec une largeur et une profondeur suffisantes pour porter de très-grands bateaux. Il ouvrit aux bateaux de Gand un chemin non-seulement plus sûr, mais aussi beaucoup plus court, jusqu'aux quartiers espagnols, parce qu'ils n'avaient plus besoin désormais de suivre les longs détours de l'Escaut, mais qu'ils entraient, près de Gand, immédiatement dans la Moer, et de là, près de Stecken, par le canal et par les terres inondées, arrivaient à Calloo. Comme les produits de toute la Flandre arrivaient dans la ville de Gand, ce canal mettait le camp espagnol en communication avec toute la province. De toutes parts et de tous lieux affluait l'abondance, si bien que, pendant toute la durée du siége, on ne connut plus de privations. Mais le principal avantage que le duc tira de ce travail fut une quantité suffisante de bateaux plats, qui le mirent en état d'achever la construction de son pont [1].

1. Strad., 565.

Pendant ces préparatifs, l'hiver était survenu, et, comme l'Escaut charriait des glaces, les travaux du pont subirent une assez longue interruption. Le duc avait vu avec inquiétude approcher cette saison, qui pouvait être extrêmement funeste à son ouvrage commencé, et favoriser à proportion une sérieuse attaque des ennemis contre cet ouvrage. Mais l'habileté de ses ingénieurs le préserva du premier de ces dangers, et l'inconséquence des ennemis le délivra de l'autre. A la vérité, il arriva plusieurs fois qu'à la marée montante d'énormes glaçons s'engagèrent dans les estacades et ébranlèrent les poutres violemment, mais elles résistèrent, et les assauts de l'orageux élément ne servirent qu'à rendre leur solidité manifeste.

Cependant, à Anvers, on perdait en délibérations inutiles un temps précieux, et, dans la lutte des partis, on négligeait le bien général. Le gouvernement était partagé entre trop de mains, et l'on y donnait une trop grande part à la foule turbulente pour que l'on pût méditer avec calme, choisir avec discernement et exécuter avec fermeté. Outre le véritable conseil de la cité, où le bourgmestre n'avait que sa voix, il y avait encore dans la ville une foule de corporations, auxquelles étaient confiés la sûreté extérieure et intérieure, l'approvisionnement, les fortifications de la place, la navigation, le commerce, etc., et qui ne voulaient être oubliées dans aucune affaire importante. Cette foule de bavards, qui faisaient irruption, aussi souvent qu'il leur plaisait, dans l'assemblée du conseil, et qui savaient arracher par leurs cris et par la supériorité du nombre ce qu'ils n'avaient pu obtenir par la raison, donna au peuple une dangereuse influence sur les délibérations publiques, et la lutte naturelle d'intérêts si opposés entravait l'exécution de toute mesure salutaire. Une administration si faible et si chancelante ne pouvait se faire respecter d'insolents marins et d'une soldatesque qui sentait son importance; aussi les ordres des magistrats étaient-ils mal exécutés, et plus d'une fois la négligence ou même la mutinerie ouverte des troupes et des marins fit perdre le moment décisif[1].

Le peu d'accord dans le choix des moyens par lesquels on voulait résister à l'ennemi n'aurait pas été cependant à beaucoup

---

1. Meteren. 484. — Thuan., II, 529. — Grotius. 89.

près aussi nuisible, si seulement on s'était bien entendu sur le but. Mais c'était sur cela même que les citoyens riches et la multitude étaient divisés en deux partis opposés, attendu que les premiers craignaient tout, et non sans raison, si l'on en venait aux dernières extrémités, et par là étaient très-disposés à entrer en négociation avec le duc de Parme. Ces sentiments ne restèrent secrets que jusqu'au moment où le fort de Liefkenshoek tomba dans les mains de l'ennemi, et où l'on commença à craindre sérieusement pour la navigation de l'Escaut. Quelques-uns des riches partirent pour ne plus revenir, et abandonnèrent à son sort cette ville avec laquelle ils avaient joui de la prospérité, mais dont ils ne voulaient pas partager le malheur. Soixante ou soixante-dix personnes de cette classe, qui étaient demeurées, adressèrent au conseil une requête, dans laquelle elles exprimaient le vœu qu'on traitât avec le roi. Mais, aussitôt que le peuple en eut connaissance, il entra dans une telle fureur qu'on eut peine à l'apaiser en incarcérant les pétitionnaires et en leur infligeant une amende. Il ne rentra pas dans le calme avant qu'on eût rendu un édit qui établissait la peine de mort contre toute tentative secrète ou publique d'accommodement[1].

Le duc de Parme, qui entretenait à Anvers, comme dans les autres villes de la Flandre et du Brabant, de secrètes intelligences, et qui était bien servi par ses espions, n'ignora aucun de ces mouvements, et il ne négligea pas d'en tirer avantage. Quoique ses ouvrages fussent assez avancés pour inquiéter la place, il avait encore fort à faire pour s'en rendre maître, et un seul instant de malheur pouvait anéantir le travail de plusieurs mois : aussi, sans interrompre aucunement ses préparatifs militaires, fit-il encore une sérieuse tentative, pour se rendre maître de la ville par des voies de douceur. Dans cette vue, il adressa, vers la fin de novembre de cette année (1584), au grand conseil d'Anvers un écrit dans lequel étaient mis en usage tous les artifices pour décider les bourgeois à rendre la ville ou pour augmenter entre eux la division. Il les considérait, dans ce mémoire, comme des hommes séduits, et rejetait toute la faute de leur défection, et de leur résistance jusqu'alors, sur l'esprit ar-

1. Meteren, 485.

tificieux du prince d'Orange, dont la justice divine les avait récemment délivrés. Maintenant, disait-il, il était en leur pouvoir de sortir de leur long aveuglement, et de revenir à un roi qui était disposé à faire grâce. Pour cet effet, ajoutait-il, il s'offrait lui-même avec joie comme médiateur, car il n'avait jamais cessé d'aimer un pays où il était né, et où il avait passé les plus agréables années de sa jeunesse. Il les exhortait donc à lui envoyer des plénipotentiaires, avec lesquels il pût traiter de la paix ; il faisait espérer les conditions les plus favorables, s'ils se soumettaient à temps ; mais il faisait craindre aussi les plus dures, s'ils laissaient venir les choses aux dernières extrémités.

Cet écrit, dans lequel on est heureux de ne pas retrouver le langage que le duc d'Albe avait coutume de tenir dans de pareilles conjonctures dix ans auparavant, provoqua de la part de la ville une réponse décente et mesurée, où, tout en rendant pleine justice au caractère personnel du prince, et en témoignant sa reconnaissance des sentiments bienveillants qu'il avait pour elle, elle déplorait la rigueur des circonstances, qui ne lui permettaient pas d'agir avec elle conformément à son caractère et son inclination. Elle remettrait avec joie, disait-elle, son sort dans les mains du duc de Parme, s'il était maître absolu de ses actions, et ne devait pas obéir à une volonté étrangère, que sa propre équité naturelle ne pouvait assurément pas approuver. On ne connaissait que trop l'inflexible résolution du roi d'Espagne et la promesse qu'il avait faite au pape : de ce côté toute espérance était perdue. La ville défendait ensuite avec une noble chaleur la mémoire du prince d'Orange, son bienfaiteur et son sauveur, en énumérant les véritables causes qui avaient amené cette funeste guerre et détaché les Provinces de la couronne d'Espagne. En même temps, elle ne cachait pas qu'elle espérait maintenant trouver dans le roi de France un nouveau maître, d'un esprit plus doux, et que, par ce motif même, elle ne pouvait conclure aucun arrangement avec le roi d'Espagne, sans se rendre coupable de la légèreté et de l'ingratitude les plus condamnables [1].

[1]. Thuan., I', 530, 531. — Meteren, 485, 486.

Les Provinces-Unies, découragées par une suite de revers, avaient en effet pris enfin la résolution de passer sous la souveraineté de la France, et de sauver leur existence et leurs anciens priviléges par le sacrifice de leur indépendance. Une députation était partie, peu de temps auparavant, pour Paris, avec cette mission, et c'était surtout la perspective de ce puissant secours qui fortifiait le courage des habitants d'Anvers. Henri III, roi de France, n'était pas éloigné personnellement de profiter de ces offres ; mais les troubles que les intrigues des Espagnols surent exciter dans son royaume le forcèrent de renoncer à son désir. Alors les Néerlandais adressèrent leur demande à la reine Élisabeth d'Angleterre, qui leur prêta, en effet, mais trop tard pour le salut d'Anvers, une active assistance. Tandis qu'on attendait dans cette ville le résultat de ces négociations, et qu'on avait les yeux fixés, au loin, sur ces secours étrangers, on avait négligé les moyens de salut les plus naturels et les plus proches, et perdu tout l'hiver, que l'ennemi avait su d'autant mieux employer[1].

A la vérité, le bourgmestre d'Anvers, Sainte-Aldegonde, n'avait pas manqué d'exciter, par des invitations répétées, la flotte zélandaise à tenter une attaque sur les ouvrages ennemis, pendant qu'on soutiendrait du côté d'Anvers cette expédition. Les nuits longues, et souvent orageuses, pouvaient favoriser ces tentatives, et, si la garnison de Lillo risquait en même temps une sortie, il eût été presque impossible à l'ennemi de soutenir cette triple attaque. Mais, par malheur, il s'était élevé entre le commandant de cette flotte, Guillaume de Blois de Treslong, et l'amirauté de Zélande, des mésintelligences, qui retardèrent d'une manière tout à fait inconcevable l'équipement de la flotte. Pour l'accélérer, Téligny résolut enfin de se rendre lui-même à Middelbourg, où les états de Zélande étaient assemblés ; mais, comme les ennemis avaient occupé tous les passages, cette tentative lui coûta la liberté, et en lui la république perdit son plus vaillant défenseur. Cependant il ne manquait pas de mariniers entreprenants, qui, à la faveur de la nuit et de la marée mon-

---

[1]. Meteren, 468 et suiv. — *Hist. gén. des Prov.-Un.*, III, 476-491 (t. VI, p. 28-49 de l'éd. franç.). — Grotius, 89.

tante, bravant le feu des ennemis, franchissaient le pont, encore ouvert dans ce temps-là, jetaient des vivres dans la ville, et s'en retournaient avec le reflux. Mais, plusieurs de ces bateaux étant tombés dans les mains de l'ennemi, le conseil ordonna que jamais à l'avenir les bateaux, au-dessous d'un certain nombre, ne tentassent le passage, d'où il résulta qu'il ne se fit plus rien en ce genre, parce que le nombre exigé ne se trouvait jamais complet. On fit aussi d'Anvers sur les vaisseaux espagnols quelques entreprises qui ne furent pas sans succès : on en prit quelques-uns ; d'autres furent coulés, et il ne s'agissait que de continuer ces essais sur une grande échelle. Mais, quelque zèle qu'y employât Sainte-Aldegonde, il ne se trouva aucun marin qui voulût monter un vaisseau [1].

Au milieu de toutes ces lenteurs l'hiver s'écoula. Dès qu'on eut remarqué que les glaces disparaissaient, les assiégeants s'occupèrent, avec la plus sérieuse activité, de la construction du pont de bateaux. Entre les deux estacades il restait encore à remplir un espace de plus de six cents pas, ce qui fut exécuté de la manière suivante. On prit trente-deux *playtes* (bateaux plats), ayant chacune soixante-six pieds de longueur sur vingt de largeur, et on les attacha les unes aux autres, à l'avant et à l'arrière, par de forts câbles et des chaînes de fer, de sorte cependant qu'elles étaient séparées par des intervalles d'environ vingt pieds, et laissaient au fleuve un libre passage. Chaque bateau était en outre amarré par deux câbles à ancres, jetés en amont et en aval du pont, mais qui pouvaient être lâchés ou tendus, selon que l'eau montait avec le flux ou baissait avec le reflux. Sur les bateaux furent posés de grands mâts, qui allaient de l'un à l'autre, et qui, couverts de planches, formaient un véritable chemin, garni d'un parapet, comme les estacades. Ce pont de bateaux, dont les deux estacades n'étaient que le prolongement, avait avec elles une longueur de deux mille quatre cents pas. Cette redoutable machine était construite d'ailleurs avec tant d'art, si abondamment pourvue d'instruments de mort, qu'elle pouvait se défendre elle-même comme un être vivant, vomir des flammes au premier ordre, et porter la destruction sur tout ce qui ap-

---

1. Strad., 564. — Meteren, 484. — Reidan., *Annal.*, 69.

prochait d'elle. Outre les deux forts Sainte-Marie et Saint-Philippe, qui formaient les têtes de pont sur les deux rives; outre les deux bastions de bois, construits sur le pont même, qui étaient remplis de soldats et munis de canons aux quatre coins, chacun des trente-deux bateaux portait trente soldats, avec quatre matelots, pour sa défense, et montrait aux ennemis la bouche d'un canon, soit qu'ils montassent de Zélande ou qu'ils descendissent d'Anvers. On comptait en tout quatre-vingt-dix-sept canons, distribués tant sur le pont que dessous, et plus de quinze cents hommes, qui occupaient soit les bastions, soit les bateaux, et qui pouvaient, au besoin, diriger sur l'ennemi un feu terrible et soutenu de mousqueterie.

Mais, avec tout cela, le duc ne crut pas avoir encore suffisamment garanti son ouvrage contre tous les accidents. Il fallait s'attendre à ce que l'ennemi ne négligeât aucun moyen de briser, par la puissance de ses machines, le milieu du pont, qui en était la partie la plus faible. Pour prévenir ce danger, il établit le long du pont de bateaux, et à quelque distance, une défense particulière, propre à rompre toute attaque violente qui pourrait être dirigée contre le pont. Cet ouvrage se composait de trente-trois barques d'une grandeur considérable, qui étaient rangées sur une file, en travers du fleuve, et liées trois à trois par des mâts, en sorte qu'elles formaient onze groupes différents. Chacune présentait, dans une direction horizontale, comme aurait fait un rang de piquiers, quatorze longues perches, qui opposaient à l'approche de l'ennemi des pointes de fer. Ces barques n'étaient remplies que de lest, et chacune était fixée par deux câbles à ancres, mais lâchement tendus, afin de pouvoir céder à la crue des eaux; aussi étaient-elles dans un mouvement continuel et en reçurent-elles le nom de *nageurs*. Tout le pont de bateaux et une partie des estacades étaient protégés par ces nageurs, qui étaient établis, soit en amont soit en aval du pont. A tous ces moyens de défense il faut ajouter encore quarante vaisseaux de guerre, placés près des deux rives, et destinés à couvrir tout l'ouvrage [1].

[1]. Strad., dec. II, lib. VI, 566. 567. — Meteren, 482. — Thuan., III, lib. LXXXIII, 45. — *Hist. gén. des Prov.-Un.*, III, 497 (t. VI, p. 56 de l'éd. franç.).

Cette merveilleuse construction fut achevée au mois de mars 1585, le septième mois du siége, et le jour de l'achèvement fut pour les troupes un jour de fête. Des salves formidables annoncèrent ce grand événement à la ville assiégée, et l'armée, comme si elle eût voulu avoir la preuve matérielle de son triomphe, se répandit tout le long de l'échafaudage, pour voir couler sous ses pieds, obéissant et paisible, ce fleuve superbe auquel on avait imposé le joug. A cette vue, les fatigues infinies qu'on avait souffertes furent oubliées, et il n'y eut pas un ouvrier, ayant pris une part quelconque à ce travail, qui ne s'attribuât, tout chétif et tout humble qu'il fût, une partie de la gloire qui était la récompense de l'illustre auteur de cette grande œuvre. Mais rien n'égale la consternation qui saisit les bourgeois d'Anvers, quand on leur apporta la nouvelle que maintenant l'Escaut était vraiment fermé et tous les convois interceptés du côté de la Zélande. Et pour augmenter leur effroi, il leur fallut apprendre en même temps la perte de Bruxelles, que la famine avait enfin forcée de se rendre. Une tentative que e comte de Hohenlohe avait faite, en ces mêmes jours, sur Bois-le-Duc, pour surprendre cette place ou du moins pour faire une diversion, avait été également malheureuse, et la ville assiégée perdit ainsi, à la fois, toute espérance de ravitaillement par terre et par mer[1].

Ces tristes nouvelles furent répandues par quelques fuyards, qui s'étaient jetés dans Anvers en traversant les avant-postes espagnols; et un espion, que le bourgmestre avait envoyé pour reconnaître les ouvrages ennemis, augmenta encore par ses rapports la consternation générale. Il avait été pris et conduit devant le duc de Parme, qui donna l'ordre de le promener partout, et particulièrement de le laisser examiner dans le plus grand détail la construction du pont. On le ramena, après cela, devant le général, qui le renvoya en lui disant : « Va, et rapporte à ceux qui t'ont envoyé ce que tu as vu; mais ajoute à ton rapport que c'est ma ferme résolution de m'ensevelir sous les ruines de ce pont, ou d'entrer par ce pont dans votre ville[2]. »

1. Strad., 567-571. — Meteren, 492, 493. — Thuan., III, 44, 45.
2. Strad., 568.

Cependant la certitude du danger anima subitement aussi le zèle des confédérés, et il ne tint pas à leurs mesures que la première partie de ce vœu du duc de Parme ne fût accomplie. Dès longtemps celui-ci avait observé avec inquiétude les mouvements qu'on se donnait en Zélande pour la délivrance de la ville. Il n'ignorait pas qu'il avait à craindre de ce côté-là le coup le plus dangereux, et que tous ses ouvrages produiraient fort peu de chose contre les forces unies des flottes de Zélande et d'Anvers, si elles fondaient sur lui en même temps et dans le moment favorable. Les lenteurs de l'amiral zélandais, qu'il s'était efforcé de faire durer par tous les moyens, l'avaient rassuré quelque temps; mais alors l'urgence du péril accéléra tout à coup l'armement, et, sans attendre plus longtemps l'amiral, les états, assemblés à Middelbourg, envoyèrent au secours des assiégés le comte Justin de Nassau, avec autant de vaisseaux qu'ils en purent assembler. Cette flotte se posta devant le fort de Liefkenshoek, occupé par les ennemis, et le canonna avec un si heureux succès, soutenue par quelques vaisseaux placés près du fort Lillo, situé vis-à-vis, que les remparts furent bientôt renversés et la place emportée d'assaut. Les troupes wallonnes qui composaient la garnison ne montrèrent pas la fermeté qu'on attendait des soldats du duc de Parme; elles abandonnèrent honteusement le fort à l'ennemi, qui se rendit bientôt maître de toute l'île de Doel, avec tous les retranchements qui s'y trouvaient. La perte de ces postes, qui pourtant furent bientôt repris, fut si sensible au duc de Parme, qu'il cita les commandants devant le conseil de guerre et fit décapiter le plus coupable. Cependant cette importante conquête ouvrait aux Zélandais un libre passage jusqu'au pont, et le moment était venu de tenter, après s'être concerté avec les habitants d'Anvers, un coup décisif contre cet ouvrage. On convint que la flotte zélandaise, tandis que les assiégés rompraient le pont de bateaux avec les machines déjà prêtes, attendrait dans le voisinage, avec une provision suffisante de vivres, pour cingler vers la ville, aussitôt que l'ouverture serait pratiquée[1].

En effet, avant que le duc de Parme eût achevé son pont, un

1. Strad., 573, 574. — Meteren, 495.

ingénieur travaillait déjà, dans les murs d'Anvers, à sa destruction. Frédéric Gianibelli était le nom de cet homme, que la fortune avait destiné à devenir l'Archimède de cette ville, et à prodiguer pour sa défense une aussi grande habileté avec un succès aussi malheureux. Il était né à Mantoue, et s'était montré autrefois à Madrid, pour offrir, disent quelques historiens, ses services à Philippe II, dans la guerre des Pays-Bas. Mais, lassé d'une longue attente, l'ingénieur offensé quitta la cour, avec le projet de faire connaître au roi d'Espagne, d'une manière qui lui fût sensible, un mérite qu'il avait si peu su apprécier. Il essaya alors d'entrer au service de la reine Élisabeth d'Angleterre, l'ennemie déclarée de l'Espagne, qui l'envoya à Anvers, après qu'il lui eut fait voir quelques preuves de son talent. Il s'établit dans cette ville, et lui consacra, dans l'extrémité présente, toute sa science et son zèle le plus ardent [1].

Aussitôt que cet ingénieur se fut assuré que la construction du pont était chose sérieuse, et que l'ouvrage approchait de sa fin, il demanda aux magistrats trois grands navires de cent cinquante à cinq cents tonneaux, dans lesquels il se proposait d'établir des mines. Outre cela, il voulait avoir encore soixante *playtes* (barques plates), qui, attachées les unes avec les autres au moyen de câbles et de chaînes, et pourvues de crocs saillants, devaient être mises en mouvement à la marée descendante, et, pour compléter l'effet des brûlots, lancées en guise de coins contre le pont. Mais il avait adressé sa demande à des gens tout à fait incapables de concevoir une pensée extraordinaire, et qui, même lorsqu'il s'agissait du salut de la patrie, ne pouvaient démentir leur esprit mercantile. On trouva son projet beaucoup trop coûteux, et ce ne fut qu'avec peine qu'il obtint enfin deux vaisseaux plus petits, de soixante-dix à quatre-vingts tonneaux, avec un certain nombre de playtes.

Ces deux vaisseaux, dont il nomma l'un *la Fortune*, et l'autre *l'Espérance*, furent par lui disposés de la manière suivante. Il fit construire dans le fond, avec des pierres équarries, une chambre de mine, large de cinq pieds, haute de trois et demi

---

1. Meteren, 495. — Strad., 574.

longue de quarante. Il remplit cette chambre de soixante quintaux d'une poudre extrêmement fine, de son invention, et la couvrit de grandes pierres tumulaires et de meules, aussi lourdes que le vaisseau les pouvait porter. Là-dessus il construisit encore, avec des pierres semblables, un toit qui finissait en pointe, et qui s'élevait de six pieds au-dessus du bord des bateaux. Le toit même fut bourré de chaînes de fer, de crocs, de boulets de métal ou de pierre, de clous, de couteaux et d'autres instruments meurtriers. Le reste du vaisseau, qui n'était pas occupé par la chambre, fut rempli de pierres, et le tout recouvert de planches. La chambre même avait plusieurs petites ouvertures pour les mèches qui devaient faire partir la mine. Par surcroît de précaution, on y avait placé une horloge qui pouvait, au bout d'un temps fixé, faire jaillir des étincelles, et, lors même que les mèches n'agiraient pas, mettre le feu au navire. Pour faire accroire aux ennemis que ces machines n'avaient d'autre objet que d'incendier le pont, on entretint sur le faîte un feu de soufre et de poix, qui pouvait brûler une heure entière. Même, pour détourner plus encore leur attention du véritable siége du danger, Gianibelli équipa de plus trente-deux *schuytes* (petits bateaux plats), sur lesquelles brûlaient seulement des feux d'artifice, et qui n'avaient d'autre destination que de faire illusion à l'ennemi. Ces brûlots devaient descendre vers le pont, de demi-heure en demi-heure, en quatre différents transports, et tenir les ennemis incessamment en haleine pendant deux heures entières, afin que, fatigués de tirer, et lassés par une attente inutile, ils fussent moins sur leurs gardes quand les véritables volcans arriveraient. Il fit encore, par surcroît, voguer en avant quelques bateaux où était cachée de la poudre, pour faire sauter l'ouvrage qui flottait devant le pont et ouvrir le chemin aux bâtiments principaux. Il espérait, en même temps, par ce combat d'avant-poste, donner de l'occupation aux ennemis, les attirer et les exposer à tout l'effet meurtrier du volcan[1].

On fixa pour l'exécution de cette grande entreprise la nuit du 4 au 5 avril. Un bruit sourd s'en était déjà répandu dans le

---

1. Thuan., III, 46. — Strad., 574, 575. — Meteren, 598.

camp espagnol, surtout lorsqu'on eut surpris plusieurs plongeurs d'Anvers qui avaient essayé de couper les câbles des vaisseaux. On s'était donc préparé à une sérieuse attaque; seulement on se trompait sur sa véritable nature, et l'on s'attendait plus à combattre avec des hommes qu'avec les éléments. En conséquence, le duc fit doubler les postes le long du rivage, et réunit la meilleure partie de ses troupes près du pont, où il se trouvait présent lui-même; d'autant plus près du danger qu'il cherchait plus soigneusement à l'éviter. A peine le jour fut-il tombé, qu'on vit descendre de la ville trois bateaux enflammés, puis trois autres encore, et aussitôt après un pareil nombre. On donne l'alarme dans le camp espagnol, et toute la longueur du pont se couvre de gens armés. Cependant le nombre des bateaux portant des feux augmentait, et ils descendaient le fleuve, tantôt deux à deux, tantôt trois à trois, dans un ordre déterminé, parce que, au commencement, ils étaient encore dirigés par des mariniers. L'amiral de la flotte anversoise, Jacques Jacobson, avait commis une faute, soit par négligence, soit à dessein, en faisant partir, à des intervalles beaucoup trop rapprochés, les quatre groupes de bateaux, et en les faisant suivre beaucoup trop vite aussi par les deux grands brûlots, ce qui dérangea tout le plan.

Cependant la flottille approchait de plus en plus, et l'obscurité de la nuit augmentait encore l'effet de ce spectacle extraordinaire. Aussi loin que la vue pouvait s'étendre sur le fleuve, tout était en feu, et les brûlots répandaient tant de flammes, qu'on eût dit que le feu les consumait eux-mêmes. La surface de l'eau était éclairée au loin; les digues et les redoutes le long du rivage, les drapeaux, les armes et l'équipement des soldats qui étaient rangés, soit sur les rives, soit sur le pont, brillaient par le reflet. Le soldat observait, avec un mélange de terreur et de plaisir, cet étrange spectacle, qui ressemblait plutôt à une fête qu'à un appareil de guerre, mais qui, précisément par ce singulier contraste de l'apparence extérieure avec la destination secrète, remplissait les âmes d'une merveilleuse horreur. Quand cette flotte brûlante fut arrivée à deux mille pas du pont, ses conducteurs allumèrent les mèches, poussèrent les deux grands brûlots juste au milieu du fleuve, et abandonnèrent les autres au gré des vagues, se sauvant eux-mêmes en toute hâte sur des canots tenus tout prêts[1].

Alors le désordre se mit dans la flottille, et les bateaux, sans guides, abordèrent isolément et dispersés aux ouvrages flottants, où ils restèrent attachés, ou échouèrent de côté contre la rive. Les premières barques munies de poudre, qu'on avait destinées à incendier l'ouvrage flottant, furent jetées vers la côte flamande par un vent orageux qui s'éleva dans cet instant ; même un des deux brûlots, celui qu'on appelait *la Fortune*, coula à fond avant d'atteindre le pont, et tua, en éclatant, quelques soldats espagnols qui travaillaient dans une redoute voisine. Il s'en fallut peu que l'autre brûlot, plus grand, *l'Espérance*, n'éprouvât le même sort. Le courant le jeta sur l'ouvrage flottant, du côté de la Flandre, où il fut arrêté, et, s'il eût pris feu dans ce moment, la plus grande partie de l'effet était perdue. Trompé par les flammes que cette machine jetait comme les autres bâtiments, on la prit simplement pour un brûlot ordinaire, qui était destiné à incendier le pont. Et, comme on voyait les bateaux s'éteindre l'un après l'autre, sans plus d'effet, on perdit enfin la crainte, et l'on commençait à rire des mesures de l'ennemi, qui s'étaient si fastueusement annoncées et qui avaient une fin si ridicule. Quelques-uns des plus téméraires se jetaient même dans le fleuve pour voir le brûlot de près et l'éteindre, lorsqu'il s'ouvrit un passage par son poids, rompit l'ouvrage flottant qui l'avait arrêté, et, avec une violence qui faisait tout craindre, s'élança contre le pont de bateaux. Aussitôt tout le monde est en mouvement, et le prince crie aux matelots d'arrêter la machine avec des perches, et d'éteindre les flammes avant qu'elles atteignent la charpente.

Il se trouvait, dans ce moment critique, à l'extrémité de l'estacade gauche, à l'endroit où elle formait sur le fleuve un bastion et se joignait au pont de bateaux. A ses côtés étaient le marquis de Rysbourg, général de la cavalerie et gouverneur de l'Artois, qui avait auparavant servi les états, mais, de défenseur de la république, était devenu son plus ardent ennemi ; le baron de Billy, gouverneur de la Frise et commandant des régi-

[1]. Strad., 576.

ments allemands; les généraux Cajetan et Guasto, avec plusieurs des principaux officiers : tous oubliant leur danger personnel et uniquement occupés à détourner le malheur général. Alors un enseigne espagnol s'approcha du duc de Parme, et le conjura de s'écarter d'un lieu où sa vie courait un péril évident. Comme le duc ne voulait pas l'écouter, il répéta cette prière avec plus de force, et finit par se jeter à ses pieds, le suppliant de suivre, en cette seule occasion, le conseil de son serviteur. En parlant ainsi, il saisit le duc par son habit, comme s'il avait voulu l'entraîner de force, et celui-ci, plus surpris de l'audace de cet homme que persuadé par ses raisons, se retira enfin vers la rive, accompagné de Cajetan et de Guasto. A peine avait-il eu le temps d'atteindre le fort Sainte-Marie, à l'extrémité du pont, qu'il se fit derrière lui un tel fracas, qu'on eût dit que la terre s'ouvrait ou que la voûte du ciel s'écroulait. Le duc tomba comme mort, et toute l'armée avec lui, et il se passa quelques minutes avant qu'on reprît connaissance.

Mais quel spectacle lorsqu'on revint à soi! L'éruption du volcan, qui prit feu, avait déchiré l'Escaut jusque dans ses dernières profondeurs, et, formant un flot de la hauteur d'une muraille, le fleuve avait été poussé par-dessus la digue qui l'encaissait, en sorte que toutes les redoutes de la rive étaient inondées à plusieurs pieds de hauteur. La terre trembla à trois milles à la ronde. Presque toute l'estacade de gauche, à laquelle le brûlot s'était attaché, était rompue, fracassée, avec une partie du pont de bateaux, et avait sauté en l'air avec tout ce qui se trouvait dessus, avec tous les mâts, les canons et les hommes. La force de l'explosion avait même lancé dans les champs voisins les pierres énormes qui couvraient la mine, de façon que plus tard on en déterra plusieurs à mille pas du pont. Six vaisseaux furent brûlés, d'autres mis en pièces. Mais plus affreux que tout le reste était le ravage que la machine meurtrière avait fait parmi les soldats. Cinq cents hommes, d'autres rapports disent même huit cents, furent les victimes de sa rage, sans compter ceux qui en furent quittes pour des membres mutilés ou d'autres blessures. Les genres de morts les plus opposés se réunirent dans cet effroyable moment. Quelques-uns furent brûlés par la foudre du volcan; d'autres par l'eau du fleuve devenue bouillante; d'autres encore furent étouffés par la vapeur empoisonnée du soufre; ceux-là furent ensevelis dans les flots, ceux-ci enterrés sous la grêle de pierres lancée au loin; un grand nombre déchirés par les crocs et les couteaux, ou broyés par les boulets qui s'élancèrent du sein de la machine. Quelques-uns, qu'on trouva morts sans aucune blessure visible, furent tués sans doute par la seule commotion de l'air. Le spectacle qui s'offrit aux yeux immédiatement après l'explosion de la mine était épouvantable. Quelques hommes étaient pris entre les pieux du pont, d'autres s'efforçaient de se dégager de dessous les masses de pierres, d'autres étaient restés suspendus aux cordages des vaisseaux; de toutes parts s'élevaient d'affreux appels de secours, mais, comme chacun avait assez à faire pour soi-même, on n'y répondait que par d'impuissants gémissements.

Parmi les survivants, plusieurs furent sauvés par un hasard merveilleux. Un officier, nommé Tucci, fut enlevé, comme une plume, par le tourbillon, qui le tint quelques moments suspendu en l'air, puis le laissa retomber doucement dans le fleuve, d'où il se sauva à la nage. Un autre fut emporté de la rive flamande par la violence du coup, et déposé sur la rive brabançonne, où il se releva avec une légère contusion à l'épaule : dans ce vol rapide il avait éprouvé, disait-il plus tard, la même sensation que s'il eût été lancé par la bouche d'un canon. Le duc de Parme lui-même n'avait jamais été si près de la mort que dans ce moment; car un intervalle de trente secondes avait décidé de sa vie. A peine avait-il mis le pied dans le fort Sainte-Marie, qu'il fut enlevé, comme par un ouragan, et une poutre, qui l'atteignit à la tête et à l'épaule, le jeta par terre sans connaissance. On crut quelque temps qu'il était mort en effet, parce que beaucoup de gens se souvenaient de l'avoir encore vu sur le pont, quelques minutes avant l'explosion. Enfin on le trouva, la main sur son épée, comme il se relevait entre ses deux compagnons Cajetan et Guasto : nouvelle qui rendit la vie à toute l'armée. Mais on essayerait vainement de peindre l'état de son âme, lorsqu'il vit le ravage qu'un instant avait fait dans l'œuvre de tant de mois. Le pont était rompu, sur lequel reposait toute son espérance; une grande partie de son armée était tuée, une autre mutilée ou mise hors de service pour bien des jours, plusieurs de ses meilleurs officiers avaient péri ; et, comme si ce désastre public n'avait pas été suffisant, il reçut encore la douloureuse nouvelle qu'on ne trouvait nulle part le marquis de Rysbourg, celui de tous ses officiers qu'il estimait le plus. Et cependant un autre malheur, le plus grand de tous, menaçait encore : on devait s'attendre, à chaque instant, à voir paraître d'Anvers et de Lillo les flottes ennemies, qui, dans cet affreux état de l'armée, n'auraient trouvé absolument aucune résistance. Le pont était rompu, et rien n'empêchait les vaisseaux zélandais de passer à pleines voiles ; d'ailleurs la confusion des troupes dans ces premiers moments était si grande et si générale, qu'il eût été impossible de donner des ordres et de les exécuter, attendu que beaucoup de corps avaient perdu leurs commandants et beaucoup de commandants leurs corps, et même le poste qu'on avait occupé était à peine reconnaissable au milieu de la ruine générale. Ajoutez que toutes les redoutes sur la rive étaient inondées, beaucoup de canons submergés, que les mèches étaient trempées et les provisions de poudre détruites par l'eau. Quel moment pour les ennemis, s'ils avaient su en profiter[1] !

On aura peine à croire l'historien quand il rapporte que ce succès, qui surpassa toute espérance, fut perdu pour Anvers parce qu'on l'ignora. A la vérité, Sainte-Aldegonde, aussitôt qu'on entendit dans la ville le fracas de l'explosion, expédia plusieurs galères vers le pont, avec l'ordre de lancer des boulets rouges et des flèches enflammées, dès qu'elles auraient heureusement passé, puis de faire voile au delà vers Lillo, pour y porter cette nouvelle, et faire appareiller sans retard la flotte auxiliaire de Zélande. En même temps, l'amiral d'Anvers avait ordre de partir sans retard avec les vaisseaux, à la vue de ce signal, et d'attaquer l'ennemi dans la première confusion. Mais, quoique une récompense considérable eût été promise aux marins envoyés à la découverte, ils ne se hasardèrent pas dans le voisinage de l'ennemi, et revinrent, sans avoir exécuté leur commission, avec la nouvelle que le pont de bateaux était intact, et

---

1. Strad., 577, sq. — Meteren, 497. — Thuan., III, 47. — *Hist. gén. des Prov.-Un.*, III, 497 (t. VI, p. 51, 58 de l'éd. franç.).

que le brûlot était resté sans effet. Le lendemain on ne prit pas encore de meilleures mesures pour connaître le véritable état du pont; et, comme on ne vit faire aucun mouvement à la flotte de Lillo, quoiqu'elle eût le vent favorable, on se confirma dans la supposition que les brûlots n'avaient rien produit. Personne n'eut l'idée que cette même inaction, du côté des alliés, qui trompait les Anversois, pouvait aussi retenir les Zélandais à Lillo, ce qui était vrai en effet. Une si monstrueuse inconséquence ne pouvait être commise que par un gouvernement qui, sans autorité et sans indépendance, prenait conseil de la foule, qu'il aurait dû dominer. Mais plus on agissait avec indolence à l'égard des ennemis, plus on se déchaînait avec fureur contre Gianibelli, que la populace forcenée voulait mettre en pièces. La vie de cet ingénieur courut pendant deux jours le plus grand danger; mais enfin, le troisième au matin, un messager de Lillo, qui avait passé à la nage sous le pont, en vint annoncer positivement la réelle destruction, mais aussi en même temps la complète réparation[1].

Ce prompt rétablissement du pont fut un vrai prodige opéré par le duc de Parme. A peine se fut-il remis du coup qui avait paru renverser tous ses projets, qu'il sut, avec une admirable présence d'esprit, en prévenir toutes les funestes conséquences. L'inaction de la flotte ennemie dans ce moment décisif ranima son espoir. Le fâcheux état du pont semblait être encore un secret pour les ennemis, et, s'il était impossible de réparer en quelques heures l'ouvrage de plusieurs mois, c'était déjà gagner beaucoup que de savoir s'en donner l'apparence. Tout le monde dut donc mettre la main à l'œuvre pour enlever les débris, redresser les poutres abattues, remplacer celles qui étaient brisées, combler les vides avec des vaisseaux. Le duc lui-même prit part au travail, et tous les officiers suivirent son exemple. Les simples soldats, animés par la conduite populaire de leurs chefs, firent les derniers efforts; l'ouvrage fut continué toute la nuit, au bruit continuel des trompettes et des tambours, qui étaient distribués sur tout le pont pour couvrir le bruit des travailleurs. Au point du jour, on ne voyait plus que peu de traces de la

---

1. Meteren, 496.

dévastation, et, quoique le pont ne fût rétabli qu'en apparence, ce coup d'œil trompait les espions et l'attaque n'avait pas lieu. Cependant le duc gagnait du temps pour consolider la réparation, et même apporter à la structure du pont quelques changements essentiels. Pour le préserver à l'avenir de semblables désastres, il rendit mobile une partie du pont de bateaux, en sorte qu'on pût l'enlever en cas de nécessité et ouvrir un passage aux brûlots. Il répara la perte qu'il avait faite en hommes, avec les garnisons des places voisines et un régiment allemand, qui lui fut amené fort à propos de Gueldre. Il remplaça les officiers tués, et, dans ces nominations, l'enseigne espagnol qui lui avait sauvé la vie ne fut pas oublié[1].

Lorsque les Anversois eurent appris l'heureux succès de leur brûlot, ils célébrèrent l'inventeur aussi ardemment qu'ils l'avaient peu auparavant maltraité, et demandèrent à son génie de nouveaux essais. Gianibelli obtint alors en effet le nombre de playtes qu'il avait d'abord inutilement demandées, et il les disposa de telle sorte qu'elles heurtèrent le pont avec une force irrésistible et le brisèrent derechef. Mais cette fois le vent était contraire à la flotte de Zélande : elle ne put appareiller, et le duc eut encore le temps nécessaire pour réparer le dommage. L'Archimède d'Anvers ne se laissa nullement décourager par tous ces échecs. Il équipa de nouveau deux grands bâtiments, armés de crochets de fer et d'autres instruments pareils, pour traverser de force le pont. Mais, lorsqu'il s'agit de les faire partir, il ne se trouva personne qui voulût les monter. L'ingénieur dut chercher par conséquent un moyen de donner à ses machines une telle direction que, par elles-mêmes, sans pilote, elles tinssent le milieu du fleuve, et ne fussent pas, comme les précédentes, poussées par le vent vers le rivage. Un de ses ouvriers (c'était un Allemand) s'avisa alors d'une singulière invention, si du moins il est permis de la rapporter d'après l'historien Strada[2]. Il adapta sous le navire une voile, qui devait être enflée par l'eau, comme les voiles ordinaires le sont par le vent, et qui pouvait ainsi entraîner le bâtiment avec toute la

---

1. Strad., 581, sq.
2. Strad., dec. II, lib. VI. 586.

force du fleuve. Le succès montra qu'il avait bien calculé, car non-seulement ce vaisseau qui avait ses voiles en dessous, suivit exactement le juste milieu du fleuve, mais il se jeta sur le pont avec une telle violence, qu'il ne laissa pas à l'ennemi le temps de l'ouvrir, et qu'il le rompit en effet. Mais tous ces résultats ne furent d'aucun avantage pour la ville, parce qu'on faisait ces entreprises à l'aventure, et qu'elles n'étaient pas soutenues par des forces suffisantes. Un nouveau brûlot, dans le genre du premier, qui avait si bien réussi, fut préparé par Gianibelli, et rempli de quatre mille livres de poudre; mais on n'en fit aucun usage, parce que les Anversois s'avisèrent alors de chercher leur salut par un autre moyen[1].

Découragé par tant d'essais vainement tentés pour rétablir par la force la libre navigation de l'Escaut, on songea enfin à se passer complétement du fleuve. On se rappela l'exemple de la ville de Leyde, qui, assiégée par les Espagnols, dix années auparavant, avait trouvé son salut dans une inondation des campagnes produite à propos, et cet exemple, on résolut de le suivre. Entre Lillo et Stabroek, dans le pays de Bergen, s'étend jusqu'à Anvers une vaste plaine, légèrement inclinée, qui n'est protégée que par des digues et des contre-digues nombreuses contre les irruptions de l'Escaut oriental. Il suffisait de raser ces digues et toute cette plaine devenait une mer, et l'on pouvait arriver avec des bateaux plats presque sous les murs d'Anvers. Si cette tentative réussissait, le duc de Parme pourrait garder, si cela lui plaisait, l'Escaut avec son pont de bateaux : on se serait assuré tout d'un coup un nouveau fleuve, qui pouvait rendre au besoin les mêmes services. C'était précisément ce que le prince d'Orange avait conseillé dès le commencement du siége, et ce que Sainte-Aldegonde avait cherché sérieusement à faire exécuter, mais sans succès, parce que quelques bourgeois n'avaient pu être déterminés à sacrifier leurs terres. Dans la détresse présente, on revint à ce dernier moyen de salut; mais, dans l'intervalle, les circonstances avaient bien changé.

Cette plaine est en effet traversée par une haute et large digue, qui emprunte à un château voisin le nom de Cowenstein, et

1. Meteren, 497.

s'étend du village de Stabroek (dans le pays de Bergen), sur une longueur de trois milles, jusqu'à l'Escaut, pour se joindre à la grande digue de ce fleuve, non loin d'Ordam. Aucun bâtiment ne pouvait passer par-dessus cette levée, si haut que la marée montât, et l'on eût vainement amené la mer dans ces campagnes, aussi longtemps qu'une telle digue aurait fermé le passage et empêché les bâtiments zélandais de descendre dans la plaine devant Anvers. Le sort de la ville tenait donc à ce que la digue de Cowenstein fût rasée ou percée; mais précisément parce que le duc de Parme le prévoyait, il en avait pris possession dès l'ouverture du blocus, et n'avait épargné aucun soin pour s'y maintenir jusqu'à la dernière extrémité. Le comte de Mansfeld était campé près du village de Stabroek, avec la plus grande partie de l'armée, et, par cette même levée de Cowenstein, il entretenait les communications avec le pont, le quartier général et les magasins espagnols à Calloo. Ainsi l'armée formait, de Stabroek en Brabant jusqu'à Beveren en Flandre, une ligne continue, coupée, il est vrai, mais non interrompue, par l'Escaut, et qui ne pouvait être forcée sans une bataille sanglante. Sur la digue même étaient dressées, à une distance convenable les unes des autres, cinq différentes batteries, et les plus braves officiers de l'armée en avaient le commandement. Même le duc de Parme, ne pouvant douter que toute la fureur de la guerre ne se tournât désormais de ce côté, remit au comte de Mansfeld la garde du pont, et résolut de défendre en personne ce poste important. On vit donc alors une guerre toute nouvelle et sur un théâtre tout différent[1].

Les Néerlandais avaient percé, en plusieurs endroits, au-dessus et au-dessous de Lillo, la digue qui longe l'Escaut sur la rive brabançonne; et là où se montraient, peu auparavant, de vertes prairies, parut alors un nouvel élément : on voyait flotter des barques sans nombre et des mâts se dresser dans l'air. Une flotte zélandaise, conduite par le comte de Hohenlohe, naviguait dans les campagnes inondées, et faisait des mouvements répétés pour menacer la digue de Cowenstein, mais sans l'attaquer sérieusement; tandis qu'une autre flotte se montrait dans

---

[1]. Strad., 582. — Thuan., III, 48.

l'Escaut, et menaçait tantôt d'une descente, soit l'une soit l'autre rive; tantôt d'une attaque le pont de bateaux. On joua plusieurs jours ce jeu avec l'ennemi, qui, ne sachant où il fallait attendre la véritable attaque, devait s'épuiser par une vigilance continuelle, et se rassurer peu à peu en voyant si souvent ses alarmes vaines. Les Anversois avaient promis au comte de Hohenlohe qu'ils soutiendraient de la ville, avec une flottille, l'attaque de la digue. Trois fanaux, sur le clocher de la cathédrale, devaient être le signal que cette flottille avait appareillé. Or, pendant une nuit sombre, les signaux de feu attendus s'étant élevés effectivement sur Anvers, le comte de Hohenlohe fit escalader aussitôt la digue, entre deux redoutes ennemies, par cinq cents de ses soldats, qui surprirent une partie de la garde espagnole endormie, et égorgèrent l'autre comme elle se mettait en défense. On se fut bientôt établi sur la digue, et l'on était sur le point d'y faire monter le reste de la troupe, au nombre de deux mille hommes, quand les Espagnols des redoutes voisines se mirent en mouvement, et, favorisés par le terrain étroit, firent une attaque désespérée sur les rangs serrés de l'ennemi. L'artillerie ayant commencé à jouer, des batteries voisines, sur la flotte qui s'approchait, et rendu impossible le débarquement du reste des troupes; aucun secours ne paraissant du côté de la ville, les Zélandais furent défaits, après un court engagement, et précipités de la digue déjà conquise. Les Espagnols vainqueurs les poursuivirent dans l'eau jusqu'à leurs navires, dont ils coulèrent plusieurs, et forcèrent les autres à se retirer avec une grande perte. Le comte de Hohenlohe rejeta la faute de cette défaite sur les habitants d'Anvers, qui l'avaient abusé par un faux signal, et certainement ce ne fut que par le défaut d'ensemble de leurs opérations mutuelles que cette tentative n'eut pas un meilleur succès[1].

Enfin on résolut de faire contre l'ennemi une attaque régulière avec les forces unies, et de terminer le siége par un assaut général, dirigé sur la digue aussi bien que sur le pont. On fixa le 16 mai (1585) pour l'exécution de ce projet, et des deux côtés on fit les derniers efforts pour rendre cette journée décisive.

---

[1]. Strad., 583. — Meteren, 498.

Les Hollandais et les Zélandais, joints aux habitants d'Anvers, rassemblèrent plus de deux cents vaisseaux, pour l'armement desquels ils dégarnirent de troupes leurs villes et leurs citadelles, et avec ces forces ils voulaient assaillir, de deux côtés opposés, la digue de Cowenstein. En même temps, le pont de l'Escaut devait être attaqué avec de nouvelles machines de l'invention de Gianibelli, et par là le prince de Parme être mis hors d'état de secourir la digue [1].

Alexandre, informé du danger qui le menaçait, n'épargna rien de son côté pour une énergique résistance. Aussitôt qu'il se fut emparé de la digue, il y avait fait construire des redoutes sur cinq points différents, et en avait remis le commandement aux officiers les plus expérimentés de l'armée. La première, qu'on appelait la redoute de la Croix, était élevée à l'endroit où la digue de Cowenstein aboutit à la grande digue de l'Escaut, et forme avec elle la figure d'une croix. Elle reçut pour commandant l'Espagnol Mondragon. A mille pas de distance, et dans le voisinage du château de Cowenstein, fut construite la redoute de Saint-Jacques, placée sous les ordres de Camille de Monte. A la suite, et à la même distance, était la redoute de Saint-Georges, et, à mille pas de cette dernière, celle des Pilotis, sous le commandement de Gamboa. Elle tirait son nom des pilotis sur lesquels elle reposait. A l'extrémité de la digue, non loin de Stabroek, était une cinquième redoute, où commandait le comte de Mansfeld, avec l'Italien Capizucchi. Le duc renforça tous ces postes de troupes fraîches et d'artillerie, et fit encore planter des pieux de chaque côté de la digue, dans toute sa longueur, soit pour fortifier le rempart, soit pour rendre plus difficile le travail des pionniers qui voudraient le percer [2].

Le 16 mai, de grand matin, l'armée ennemie se mit en mouvement. Dès la pointe du jour, quatre barques enflammées s'avancèrent de Lillo, à travers le pays inondé, et la garde espagnole, qui était sur la digue, en fut tellement effrayée, parce qu'elle se rappelait les terribles brûlots, qu'elle se retira précipitamment dans les redoutes voisines. C'était justement ce que les ennemis avaient voulu. Dans ces barques, qui paraissaient

---

1. Strad., 584. — Meteren, 498. — 2. Strad., 582-584.

des brûlots, mais qui n'en étaient pas, se tenaient cachés des
soldats, qui alors sautèrent brusquement à terre, et escaladèrent heureusement la digue, à la place qui n'était pas défendue,
entre les redoutes de Saint-Georges et des Pilotis. Aussitôt après
se montra toute la flotte zélandaise, composée de nombreux
vaisseaux de guerre, de navires chargés de vivres, et d'une
foule de bâtiments plus petits, qui étaient remplis de grands
sacs de terre, de laine, de fascines, de gabions et autres objets
semblables, afin de pouvoir construire sur-le-champ des parapets où il serait nécessaire. Les vaisseaux de guerre étaient
pourvus d'une puissante artillerie et de troupes nombreuses et
vaillantes, et toute une armée de pionniers les accompagnait,
pour percer la digue aussitôt qu'on s'en serait emparé [1].

A peine les Zélandais eurent-ils commencé, d'un côté, à escalader la digue, que la flotte d'Anvers s'avança d'Osterweel et l'assaillit de l'autre côté. On se hâta d'élever entre les deux redoutes ennemies les plus proches un haut parapet, qui devait
couper les ennemis et couvrir les pionniers. Ceux-ci, au nombre
de plusieurs centaines, attaquèrent alors la digue des deux côtés
avec leurs bêches, et l'entamèrent avec une telle activité, qu'on
avait l'espérance de voir bientôt les deux mers jointes ensemble.
Mais, dans l'intervalle, les Espagnols avaient eu aussi le temps
d'accourir des deux redoutes les plus voisines, et de faire une vigoureuse attaque, pendant que l'artillerie de la redoute Saint-
Georges tirait sans interruption sur la flotte ennemie. Alors un
combat terrible s'engagea dans l'endroit où l'on perçait la digue
et où l'on élevait le parapet. Les Zélandais avaient établi un
épais cordon de troupes autour des pionniers, afin que l'ennemi ne pût troubler leur travail; et c'est au milieu du bruit
de la bataille, sous une pluie de balles, souvent dans l'eau jusqu'à la poitrine, entre les mourants et les morts, que ces braves
gens poursuivaient leur travail, continuellement pressés par les
marchands armateurs, qui attendaient avec impatience de voir
la digue ouverte et leurs navires en sûreté. L'importance du
succès, qui, en quelque façon, dépendait entièrement de leurs
bêches, semblait animer d'un courage héroïque ces simples

1. Strad., 587, sq. — Meteren, 498. — Thuan., III, 48.

journaliers. Uniquement occupés du travail de leurs mains, ils ne voyaient pas, ils n'entendaient pas la mort qui les environnait, et, si les premiers rangs tombaient, les suivants les remplaçaient aussitôt. Leur besogne était fort ralentie par les pieux plantés en terre, et plus encore par les attaques des Espagnols, qui, avec un courage désespéré, s'élançaient à travers les masses ennemies, égorgeaient les pionniers dans leurs excavations, et comblaient avec les corps morts les brèches que les vivants avaient creusées. Mais enfin, la plupart de leurs officiers étant blessés ou tués, le nombre des ennemis augmentant sans cesse, et de nouveaux pionniers prenant toujours la place des morts, ces troupes vaillantes perdirent courage, et elles jugèrent prudent de se retirer dans leurs redoutes. Les Zélandais et les Anversois se virent donc alors maîtres de toute la partie de la digue qui s'étendait depuis le fort Saint-Georges jusqu'à la redoute des Pilotis. Mais, comme il leur paraissait beaucoup trop long d'attendre l'ouverture complète de la digue, ils déchargèrent à la hâte un vaisseau zélandais et en transportèrent le chargement, par-dessus la digue, dans un vaisseau d'Anvers, que le comte de Hohenlohe conduisit en triomphe dans cette cité. Ce spectacle remplit tout à coup des plus joyeuses espérances la ville alarmée, et, comme si l'on eût déjà remporté la victoire, on s'abandonna à une tumultueuse allégresse. On sonna toutes les cloches, on tira tous les canons, et les habitants, hors d'eux-mêmes, coururent avec impatience à la porte d'Osterweel, pour recevoir les vaisseaux chargés de vivres, qui devaient être en chemin [1].

En effet, la fortune n'avait pas encore été aussi favorable aux assiégés que dans ce moment. Les ennemis, découragés et épuisés, s'étaient rejetés dans leurs redoutes, et, bien éloignés de pouvoir disputer aux vainqueurs le poste conquis, ils se voyaient plutôt assiégés dans leurs retraites. Quelques compagnies écossaises, sous la conduite de leur vaillant colonel Balfour, attaquèrent la redoute de Saint-Georges, que Camille de Monte, accouru de celle de Saint-Jacques, dégagea, non sans perdre beaucoup de monde. La redoute des Pilotis, violemment canonnée par les

---

[1] Strad., 589. — Meteren, 198.

vaisseaux, se trouvait dans une bien plus fâcheuse situation, et menaçait à chaque instant de tomber en ruine. Gamboa, qui la commandait, était couché, blessé, dans l'intérieur, et malheureusement on manquait d'artillerie pour tenir à distance les vaisseaux ennemis. De plus, le rempart que les Zélandais avaient élevé entre cette redoute et celle de Saint-Georges interceptait tout secours du côté de l'Escaut. Si donc on avait mis à profit l'affaiblissement et l'inaction des ennemis pour continuer avec ardeur et persévérance la rupture de la digue, on se serait, sans nul doute, frayé un passage, et par là, vraisemblablement, on aurait mis fin à tout le siége. Mais ici encore se montra le défaut de suite qu'on peut reprocher aux Anversois dans tout le cours de ces événements. Le zèle avec lequel on avait commencé le travail se refroidit à mesure que le succès le couronnait. Bientôt on trouva beaucoup trop long et trop pénible de percer la digue; on jugea préférable de décharger les grands vaisseaux dans de plus petits, qu'on voulait ensuite expédier à la ville à la marée montante. Sainte-Aldegonde et Hohenlohe, au lieu d'animer le zèle des travailleurs par leur présence, quittèrent le théâtre de l'action juste au moment décisif, pour se rendre à Anvers sur un vaisseau chargé de blé, et y recevoir les éloges dus à leur sagesse et à leur courage [1].

Tandis que l'on combattait, des deux parts, sur la digue avec l'ardeur la plus opiniâtre, on avait assailli avec de nouvelles machines le pont de l'Escaut, pour occuper en cet endroit l'attention du duc. Mais le bruit de l'artillerie du côté de la digue lui révéla bientôt ce qui se passait là, et il accourut, aussitôt qu'il vit le pont délivré, pour défendre en personne la levée. Accompagné de deux cents piquiers espagnols, il vola au lieu de l'attaque et parut encore assez tôt sur le théâtre du combat pour empêcher la déroute complète des siens. Il jeta à la hâte dans les deux redoutes les plus proches quelques canons qu'il avait amenés avec lui, et de là fit battre vigoureusement les vaisseaux ennemis. Il se plaça lui-même à la tête de ses soldats, et, l'épée dans une main, le bouclier dans l'autre, il les mena à l'ennemi. Le bruit de son arrivée, qui se répandit promptement d'une extrémité de

1. Meteren, 498.

la digue jusqu'à l'autre, releva le courage abattu de ses troupes, et ralluma avec une nouvelle ardeur le combat, que le lieu de l'action rendait encore plus meurtrier. Sur le dos étroit de la digue, qui, en quelques endroits, n'avait pas plus de neuf pas de largeur, combattaient environ cinq mille hommes. C'était sur un terrain si resserré que se pressaient les forces des deux partis et que reposait tout le succès du siége. Il s'agissait pour les Anversois du dernier rempart de leur ville, pour les Espagnols de toute la fortune de leur entreprise; on combattait des deux côtés avec un courage que le seul désespoir pouvait inspirer. Des deux extrémités de la digue, le flot de la guerre roulait vers le milieu, où les Zélandais et les Anversois avaient le dessus, et où se trouvaient rassemblées toutes leurs forces. De Stabroek accouraient les Italiens et les Espagnols, qu'enflammait dans ce jour une noble rivalité de vaillance; de l'Escaut s'avançaient les Wallons et d'autres Espagnols, le général à leur tête. Tandis que les premiers cherchaient à délivrer la redoute des Pilotis, que l'ennemi pressait vivement par terre et par eau, les autres se jetèrent avec une fureur irrésistible sur le parapet que l'ennemi avait élevé entre Saint-Georges et les Pilotis. Là combattait l'élite de l'armée néerlandaise, derrière un rempart bien fortifié, et l'artillerie des deux flottes couvrait ce poste important. Déjà le duc se disposait à assaillir ce redoutable parapet avec sa petite troupe, quand la nouvelle lui fut apportée que les Italiens et les Espagnols, sous Capizucchi et Aquila, avaient pénétré d'assaut dans la redoute des Pilotis, s'en étaient rendus maîtres, et marchaient, en ce moment, contre le parapet des ennemis. Ainsi, toutes les forces des deux armées se réunirent alors devant ce dernier ouvrage, et des deux parts on fit les derniers efforts pour l'emporter et pour le défendre. Les Néerlandais s'élancèrent de leurs vaisseaux à terre, pour ne pas demeurer spectateurs oisifs de ce combat. Alexandre attaquait la redoute d'un côté, le comte de Mansfeld de l'autre: ils attaquèrent cinq fois, et cinq fois ils furent repoussés. Dans ce moment décisif, les Néerlandais se surpassèrent eux-mêmes; jamais, dans tout le cours de la guerre, ils n'avaient combattu avec cette constance. Mais c'étaient surtout les Écossais et les Anglais qui, par leur courageuse résistance, faisaient échouer les efforts de l'ennemi. Comme personne ne voulait plus attaquer là où combattaient les Écossais, le duc lui-même, une pique à la main, ayant de l'eau jusqu'à la poitrine, s'élança pour montrer le chemin à ses soldats. Enfin, après un long combat, les troupes de Mansfeld réussirent à faire, avec le secours de leurs hallebardes et de leurs piques, une brèche dans le parapet, et, en montant sur les épaules les uns des autres, ils parvinrent à escalader le retranchement. Barthélemi Toralva, capitaine espagnol, fut le premier qui parut au-dessus; presque en même temps que lui, l'Italien Capizucchi se montra sur le bord du parapet; et ainsi fut décidée, d'une manière également glorieuse pour les deux nations, la lutte de la valeur. Il est intéressant de remarquer comment le duc de Parme, qu'on avait pris pour arbitre de cette lutte, savait ménager le délicat point d'honneur de ses guerriers. Il embrassa l'Italien Capizucchi, en présence des troupes, et avoua hautement que c'était surtout à la bravoure de cet officier qu'il devait la prise du parapet. Il fit transporter dans son propre logement, à Stabroek, le capitaine espagnol Toralva, qui était grièvement blessé; il le fit panser sur son propre lit et revêtir du même habit qu'il avait porté lui-même la veille de la bataille[1].

Après la prise du parapet, la victoire ne resta plus longtemps douteuse. Les troupes hollandaises et zélandaises, qui s'étaient élancées de leurs vaisseaux, pour combattre de près avec l'ennemi, perdirent soudainement courage, lorsqu'elles jetèrent les yeux autour d'elles, et qu'elles virent les vaisseaux, qui étaient leur dernier refuge, s'éloigner du rivage.

Car la marée commençait à descendre, et les commandants de la flotte, craignant de rester sur le rivage avec leurs pesants navires, et de devenir la proie des ennemis si l'issue du combat était malheureuse, s'éloignaient de la digue et cherchaient à gagner le large. A peine Alexandre eut-il remarqué cette manœuvre, qu'il montra à ses troupes les vaisseaux fugitifs, et les exhorta à en finir avec un ennemi qui s'avouait vaincu. Les auxiliaires hollandais furent les premiers qui plièrent, et leur exemple fut bientôt suivi par les Zélandais. Ils s'élancèrent, à la

---

1. Strad., 593.

hâte, du haut de la digue, pour atteindre les vaisseaux à gué ou à la nage; mais, comme leur fuite était beaucoup trop précipitée, ils se faisaient obstacle les uns aux autres, et tombèrent par troupes sous les coups du vainqueur qui les poursuivait. Plusieurs même trouvèrent la mort sur les vaisseaux, parce que chacun voulait devancer les autres, et plusieurs bâtiments coulèrent à fond, sous le poids de ceux qui s'y jetaient. Les Anversois, qui combattaient pour leur liberté, leurs foyers, leur croyance, furent aussi les derniers qui se retirèrent; mais cela même rendit leur sort plus funeste. Plusieurs de leurs vaisseaux furent surpris par le reflux, et restèrent à sec sur le rivage, en sorte qu'ils furent atteints par les canons ennemis et détruits avec tout leur équipage. La masse des fugitifs tâchait de gagner à la nage les autres navires qui avaient pris les devants; mais la fureur et l'audace des Espagnols allèrent si loin, qu'ils nageaient après les fuyards l'épée entre les dents, et qu'ils en enlevèrent plusieurs même au milieu des barques. La victoire des troupes royales fut complète, mais sanglante; car les Espagnols perdirent environ huit cents hommes. Du côté des Néerlandais, plusieurs milliers, sans compter les noyés, restèrent sur la place; et, de part et d'autre, il périt beaucoup d'hommes de la première noblesse. Plus de trente vaisseaux tombèrent aux mains du vainqueur, avec un grand chargement de vivres qui avait été destiné aux assiégés, avec plus de cent cinquante canons et d'autre matériel de guerre. La digue dont la possession avait coûté si cher, était percée à treize endroits différents, et les cadavres de ceux qui l'avaient mise en cet état furent employés à combler ces brèches. Le jour suivant, les troupes du roi s'emparèrent encore d'un vaisseau d'une énorme grandeur, et d'une construction singulière, qui figurait une citadelle flottante, et qui avait dû être employé contre la digue de Cowenstein. Les Anversois l'avaient construit, avec une dépense incroyable, dans le même temps où l'on rejetait, à cause des grands frais, les projets salutaires de l'ingénieur Gianibelli; et ils avaient fastueusement appelé ce monstre ridicule *Fin de la guerre* : nom qu'il échangea plus tard contre l'appellation beaucoup plus juste d'*Argent perdu*. Quand on mit ce navire à la mer, il se trouva, comme tous les hommes sensés l'avaient prédit,

que, par sa grandeur incommode, il ne pouvait absolument être
gouverné, et que la plus haute marée était à peine capable de le
mettre à flot. Il se traîna à grand'peine jusqu'à Ordam, où,
abandonné par la marée, il resta sur le rivage, et devint la proie
des ennemis[1].

L'entreprise sur la digue de Cowenstein[2] fut la dernière tentative qu'on essaya pour la délivrance d'Anvers. Dès lors les assiégés perdirent courage, et les magistrats de la ville s'efforcèrent vainement de soutenir, par des espérances lointaines, la multitude, accablée des maux présents. Jusque-là on avait encore maintenu le pain à un prix supportable, quoique la qualité devînt toujours plus mauvaise; mais peu à peu la provision de blé diminua tellement, qu'on fut menacé de la famine. On espérait toutefois que la place tiendrait, au moins jusqu'au moment où l'on pourrait moissonner les blés qui se trouvaient entre la ville et les retranchements extérieurs, et qui étaient en pleins tuyaux; mais, avant qu'on en vînt là, l'ennemi s'était aussi emparé des derniers ouvrages qui couvraient Anvers, et s'était approprié toute la moisson. Enfin Malines, ville voisine et confédérée, tomba encore au pouvoir des Espagnols, et avec elle disparut la dernière espérance de recevoir des provisions du Brabant. Comme on ne voyait donc plus aucune possibilité d'augmenter les vivres, il ne restait d'autre parti que de diminuer les consommateurs. Il fallait faire sortir de la place tout le peuple inutile, tous les étrangers, même les femmes et les enfants; mais cette proposition était trop contraire à l'humanité pour être adoptée. Un autre projet, celui de chasser les habitants catholiques, irrita ceux-ci tellement qu'on en vint presque à une révolte. Sainte-Aldegonde se vit ainsi contraint de céder à la turbulente impatience du peuple, et de traiter, le 17 août 1585, avec le duc de Parme, pour la reddition de la ville[3].

1. Thuan., III, 49. — Meteren, 485. — Strad., 597, sq.
2 Dans les *Heures* on lit : *auf den Cowensteinschen Teich* (pour *Deich*); dans les Œuvres complètes : *auf den C. Damm.*
3. Meteren, 500. — Strad., 600, sq. — Thuan., III, 50. — *Hist. gén. des Prov.-Un.*, III, 499 (t. VI, p. 59, 60).

OPUSCULES HISTORIQUES

UN DÉJEUNER DU DUC D'ALBE

AU CHATEAU DE RUDOLSTADT EN 1547.

UN DÉJEUNER DU DUC D'ALBE,

AU CHATEAU DE RUDOLSTADT, EN 1547[1].

En feuilletant une vieille chronique du seizième siècle (*Res in Ecclesia et Politica christiana gestæ ab anno 1500 ad an. 1600, autore J. Sœffing, Th. D., Rudolst.,* 1676), je trouve l'anecdote suivante, qui, pour plus d'une raison, mérite d'être arrachée à l'oubli. Je la vois confirmée dans un écrit qui a pour titre : *Mausolea manibus Metzelii posita a Fr. Melch. Dedekindo,* 1738. On peut aussi consulter à ce sujet le *Miroir de la noblesse* (*Adelspiegel*) de Spangenberg, 1re partie, t. XIII, p. 445.

Une dame allemande, d'une maison qui avant cela a déjà brillé d'un courage héroïque et a donné un empereur à l'empire d'Allemagne, força, par sa conduite résolue, à trembler, ou peu s'en faut, le terrible duc d'Albe. Lorsque l'empereur Charles-Quint, en l'an 1547, après la bataille de Mühlberg, traversa la Thuringe, dans sa marche vers la Franconie et la Souabe, la comtesse douairière Catherine de Schwartzbourg, née princesse de Henneberg, obtint de lui une sauvegarde, en vertu de laquelle ses sujets ne devaient avoir rien à souffrir du passage de l'armée espagnole. En retour, elle s'engagea à fournir, pour un prix raisonnable, et à faire transporter de Rudolstadt au pont de la Saale, du pain, de la bière et d'autres vivres, pour subvenir aux besoins des troupes espagnoles, qui devaient traverser la rivière en cet endroit. Toutefois, elle eut la précaution de faire

---

1. Ce récit fut publié d'abord dans le cahier d'octobre du *Mercure allemand* de 1788. Il y est signé de l'initiale du nom de l'auteur.

rompre en toute hâte le pont, qui était tout près de la ville, et de le faire reconstruire à une plus grande distance, dans la crainte que le voisinage de Rudolstadt n'induisît en tentation ses hôtes, avides de pillage. En même temps, elle permit aux habitants de tous les endroits que devait traverser l'armée, de mettre en sûreté, dans le château de Rudolstadt, ce qu'ils pouvaient avoir de plus précieux.

Cependant le général espagnol, accompagné du duc Henri de Brunswick et des fils de ce duc, s'approcha de la ville, et, envoyant un messager en avant, il s'invita à déjeuner chez la comtesse de Schwartzbourg. Un désir si modeste, exprimé à la tête d'une armée guerroyante, ne pouvait guère éprouver de refus. « On offrira ce que la maison pourra fournir, telle fut la réponse. Que Son Excellence vienne et veuille bien être indulgente. » On n'oublia pas de rappeler, à cette occasion, la sauvegarde, et de faire un point d'honneur au général espagnol de sa consciencieuse exécution.

Un accueil amical et une table bien servie attendent le duc au château. Il est forcé de convenir que les dames de Thuringe font très-bonne cuisine et se piquent d'une généreuse hospitalité. Mais à peine les convives se sont-ils assis, qu'un courrier, arrivé en toute hâte, demande à parler à la comtesse. Elle quitte la salle, et apprend que, dans quelques villages, les soldats espagnols ont commis sur leur route des actes de violence et enlevé aux paysans leurs bestiaux. Catherine était la mère de son peuple : ce qui arrivait au plus pauvre de ses sujets, elle le considérait comme fait à elle-même. Indignée au dernier point de ce manque de parole, mais conservant toute sa présence d'esprit, elle ordonne à tous ses serviteurs de s'armer à la hâte et en silence, et fait fermer avec soin les portes du château ; puis elle rentre dans la salle, où les seigneurs sont encore à table. Elle se plaint à eux, dans les termes les plus touchants, de ce qu'elle vient d'apprendre, et de ce qu'on a tenu si mal la parole impériale. On lui répond en riant que ce sont là les usages de la guerre, et que, dans une marche de soldats à travers un pays, on ne peut empêcher ces petits accidents. « C'est ce que nous verrons, s'écrie-t-elle avec courroux. On rendra à mes pauvres sujets ce qui est à eux ou, par le ciel! (et à ces mots elle élève la voix d'un ton menaçant) du sang de princes pour le sang des bœufs! » Après cette déclaration laconique, elle quitta la salle, qui, au bout de quelques instants, fut remplie d'hommes armés. L'épée à la main, ils se placèrent respectueusement derrière les siéges des convives, et se mirent en devoir de servir le déjeuner. A l'entrée de cette bande prête au combat, le duc d'Albe changea de couleur; muets, embarrassés, les convives se regardèrent les uns les autres. Séparés de l'armée, environnés d'une troupe robuste et supérieure en nombre, que leur restait-il à faire, sinon de se résigner et d'apaiser, à quelque condition que ce pût être, leur hôtesse offensée? Henri de Brunswick fut le premier qui retrouva tout son sang-froid. Il partit d'un grand éclat de rire et eut le bon esprit de tourner toute cette scène en plaisanterie. Il fit un grand éloge de la sollicitude maternelle de la comtesse et du courage déterminé dont elle venait de faire preuve. Il la pria de se calmer, et prit l'engagement de faire consentir le duc d'Albe à toutes les réparations qu'on pourrait raisonnablement exiger. En effet, il le détermina à expédier sur-le-champ à l'armée l'ordre de restituer sans délai aux propriétaires tout le bétail enlevé. Aussitôt que la comtesse fut sûre de la restitution, elle remercia ses hôtes de la manière la plus aimable, et ceux-ci prirent congé d'elle fort poliment.

C'est sans doute à cette aventure que la comtesse de Schwartzbourg doit le surnom d'*héroïque*. On vante, en outre, l'activité constante qu'elle déploya pour favoriser, dans son pays, les progrès de la réformation, qui déjà y avait été introduite par son époux, le comte Henri XXXVII; pour abolir le monachisme, et améliorer le régime des écoles. Elle accorda sa protection et son appui à beaucoup de prédicateurs protestants qui eurent à souffrir des persécutions pour la religion. De ce nombre était un certain Gaspard Aquila, curé de Saalfeld, qui, à une époque antérieure, avait suivi, comme aumônier, l'armée de l'empereur aux Pays-Bas. Là, s'étant refusé à baptiser un boulet de canon, il avait été mis, en guise de charge, dans un mortier, par la soldatesque effrénée, pour être tiré en l'air; heureusement il échappa à ce destin, parce que la poudre ne voulut pas prendre. Il fut ensuite une seconde fois en danger de mort, et on offrit une récompense de 5000 florins à qui le livrerait, parce qu'il avait encouru la colère de l'empereur, dont il avait attaqué outrageusement l'*Intérim* en chaire. La comtesse Catherine, à la prière des habitants de Saalfeld, le fit conduire secrètement auprès d'elle, dans son château, où elle le tint caché, pendant plusieurs mois, et eut soin de lui avec la plus généreuse humanité, jusqu'à ce qu'il pût de nouveau se laisser voir sans danger. Elle mourut, vénérée et pleurée de tous, dans la cinquante-huitième année de son âge et dans la vingt-neuvième de son règne. L'église de Rudolstadt conserve sa dépouille mortelle.

QU'EST-CE QUE

L'HISTOIRE UNIVERSELLE

ET POURQUOI L'ÉTUDIE-T-ON?

QU'EST-CE QUE

L'HISTOIRE UNIVERSELLE.

ET POURQUOI L'ÉTUDIE-T-ON?

(DISCOURS D'OUVERTURE[1].)

Messieurs,

C'est une tâche qui me réjouit autant qu'elle m'honore, de parcourir désormais avec vous un champ qui offre à l'observateur réfléchi tant d'objets d'instruction; à l'homme d'action de si beaux exemples à imiter; au philosophe de si importantes révélations; enfin à tous, sans exception, de si riches sources du plus noble plaisir.... à savoir le grand et vaste champ de l'histoire universelle. La vue de tant de jeunes gens distingués qu'une généreuse ardeur de savoir réunit autour de moi, et parmi lesquels s'épanouit déjà plus d'un talent prédestiné à agir sur le siècle prochain, convertit mon devoir en plaisir, mais en même temps m'en fait sentir, dans toute leur étendue, la gravité et l'importance. Plus est grand le don que j'ai à vous transmettre (et quoi de plus précieux l'homme a-t-il à offrir à l'homme que

---

[1]. Schiller ouvrit, par ce discours, son cours d'histoire à l'Université d'Iéna (26 mai 1789). Il fut publié d'abord dans le cahier de novembre 1789 du *Mercure allemand*. (*Note de l'édition allemande.*) — Pour certaines idées et certaines doctrines qui se rencontrent dans les opuscules, et que je suis loin d'adopter, mais que ce n'est pas ici le lieu de discuter, voyez ce que j'ai dit plus haut, dans la note de la page 10.

la vérité?), plus je dois être attentif à ce que la valeur de ce don ne diminue pas en passant par mes mains. Plus l'esprit, à votre âge, à cette époque d'activité heureuse entre toutes, conçoit les choses vivement et purement, et plus vos sentiments juvéniles sont prompts à s'enflammer, plus je dois me faire une loi de veiller à ce que cet enthousiasme, que la vérité seule a le droit d'exciter, vous ne le prodiguiez pas indignement à l'imposture et à l'erreur.

Le domaine de l'histoire est vaste et fécond : il embrasse tout le monde moral. Elle accompagne l'homme à travers toutes les situations où il s'est vu placé, toutes les formes successives de ses opinions, sa folie et sa sagesse, sa décadence et son progrès; il faut qu'elle nous rende compte de tout ce dont il s'est appauvri et enrichi. Il n'est personne parmi vous à qui l'histoire n'ait quelque chose d'important à dire : toutes vos carrières, quelque différentes que puissent être vos futures vocations, touchent par quelque point à l'histoire; mais il est une vocation qui vous est commune à tous tant que vous êtes, que vous avez apportée au monde en naissant, celle de vous développer et de vous former comme hommes, et c'est à l'homme que parle l'histoire.

Mais, avant que je puisse, messieurs, entreprendre de déterminer exactement ce que vous devez attendre de cet objet de votre application, et d'indiquer les rapports qui le rattachent au but principal et commun de vos études si diverses, il ne sera pas inutile que préalablement je m'entende avec vous sur ce but lui-même. L'éclaircissement préliminaire de cette question, laquelle me parait bien choisie pour ouvrir dignement nos futures relations universitaires, me mettra en état de diriger aussitôt votre attention sur le côté le plus noble de l'histoire universelle.

Autre est le plan d'étude que se trace le savant dont la science est le gagne-pain, autre celui du philosophe. Le premier, qui, dans ses travaux, n'a absolument d'autre but que de satisfaire aux conditions qui peuvent le rendre capable de gérer un emploi et de jouir des avantages qui y sont attachés; le savant qui n'exerce les forces de son esprit que pour améliorer par là sa situation matérielle et contenter une chétive ambition : celui-là, à son entrée dans la carrière académique [1], n'aura pas d'affaire plus importante que de séparer soigneusement les études qu'il nomme professionnelles, de toutes celles qui ne charment l'esprit qu'en tant qu'esprit. Tout le temps qu'il consacrerait à ces dernières, il croirait le dérober à sa future carrière, et il ne se pardonnerait jamais un tel vol. Il réglera toute son application d'après ce qu'exige de lui le maître de son sort à venir, et croira avoir assez fait s'il s'est mis en état de ne pas craindre ce juge-là. Lorsqu'il a fini son cours et atteint le but de ses désirs, il laisse là les sciences qui l'y ont mené : à quoi bon demander encore leur assistance ? Désormais sa plus grande affaire est de faire montre des trésors accumulés dans sa mémoire et de se garder à tout prix qu'ils ne perdent de leur valeur. Toute extension de la science qui le nourrit l'inquiète, parce qu'elle lui impose un nouveau travail ou rend inutile son travail antérieur; toute innovation importante l'effraye, car elle brise la vieille forme scolastique qu'il s'est appropriée si péniblement, et l'expose à perdre le fruit de tous les efforts de sa vie passée. Qui a plus crié contre les réformateurs que la troupe des savants pour qui la science n'est qu'un moyen de vivre ? Qui arrête plus qu'eux, dans le domaine du savoir, le progrès des révolutions utiles ? Toute lumière portée par un heureux génie dans une science quelconque, rend leur pauvreté visible; ils combattent avec amertume, duplicité, désespoir, parce que, en défendant le système de l'école, ils défendent en même temps toute leur existence. Aussi n'est-il pas d'ennemi plus irréconciliable, de collègue plus envieux, d'homme plus prêt à vous damner comme hérétique, que le savant de profession. Moins ses connaissances le récompensent par elles-mêmes, plus il cherche de compensations au dehors; pour le mérite des manouvriers et le mérite du travail intellectuel, il n'a qu'une seule mesure : la peine. Aussi l'on n'entend personne se plaindre plus de l'ingratitude que le savant de profession : ce n'est pas dans les trésors de ses pensées qu'il cherche son salaire; il l'attend de la reconnais-

---

[1]. *Académique* est synonyme d'*universitaire*, et ce second mot n'a pas en Allemagne le même sens que chez nous : il ne s'applique qu'aux hautes études qui se font dans les universités.

sance d'autrui, des dignités, des places qui font vivre. S'il échoue dans cet espoir, qui est plus malheureux que lui? C'est en vain qu'il a vécu, veillé, travaillé; en vain qu'il a recherché la vérité, si la vérité ne se convertit pas pour lui en or, en louanges de gazettes, en faveurs de princes.

Qu'il est à plaindre, l'homme qui, avec le plus noble de tous les instruments, la science et l'art, ne prétend et n'exécute rien de plus élevé que le mercenaire avec les instruments les plus communs; qui dans le domaine de la plus parfaite liberté promène une âme d'esclave! Mais plus à plaindre encore est le jeune homme de talent dont la marche, naturellement droite et heureuse, est détournée, par des leçons et des modèles pernicieux, vers cette fausse route; qui se laisse persuader d'apprendre et d'acquérir avec cette soucieuse sollicitude, uniquement en vue de sa carrière future. Bientôt l'ensemble de ses connaissances professionnelles le dégoûtera comme un incohérent assemblage de pièces et de morceaux; il s'éveillera en lui des désirs que ce savoir ne pourra satisfaire; son génie se révoltera contre sa destination. Tout ce qu'il fait ne lui paraît désormais que fragment; il ne voit aucun but à son activité, et pourtant il lui est insupportable de travailler sans but. Ce qu'il y a de pénible, de minutieux dans ses fonctions l'accable, parce qu'il n'y peut opposer ce joyeux courage qui n'accompagne que la vue claire du but où l'on tend et le pressentiment de la perfection. Il se sent isolé, arraché de la chaîne qui lie les choses, parce qu'il a négligé de rattacher son activité au grand tout de l'univers. Le juriste, dès que la lueur d'une culture plus parfaite lui montre les lacunes de ses notions de droit, se dégoûte de ces notions; tandis qu'il devrait s'efforcer maintenant de les animer d'une vie nouvelle, et de tirer de son propre fonds de quoi combler les vides qu'il a découverts. Le médecin se brouille avec sa profession, aussitôt que de graves mécomptes lui font voir l'incertitude de ses systèmes; le théologien perd l'estime de la sienne, dès que sa foi à l'infaillibilité de tout l'échafaudage de sa doctrine vient à chanceler.

Qu'il en est bien autrement du philosophe! Autant le savant de profession s'étudie à isoler sa science de toutes les autres, autant le philosophe s'efforce d'étendre le domaine de la sienne et de rétablir le lien qui l'unit aux autres sciences. Je dis *rétablir*, car ce n'est que l'intelligence qui, par abstraction, a tracé ces limites et détaché les sciences les unes des autres. Là où le savant de profession sépare, l'esprit philosophique réunit. Il s'est convaincu de bonne heure que, dans le domaine de l'intelligence, comme dans le monde des sens, tout s'enchaîne, et son aspiration, toujours éveillée, à l'accord et à l'harmonie ne peut se contenter de fragments. Tous ses efforts tendent à compléter sa science; sa généreuse impatience n'a point de repos jusqu'à ce que toutes ses notions se soient ordonnées en un tout harmonieux, jusqu'à ce qu'il se trouve placé au centre de son art, de sa science, et que de là il en embrasse tout le domaine d'un œil satisfait. Les découvertes nouvelles dans la sphère de son activité, qui accablent le savant de profession, ravissent l'esprit philosophique. Peut-être combleront-elles une lacune qui déparait encore l'ensemble, en voie de se former, de ses notions; peut-être mettront-elles à l'édifice de ses idées la dernière pierre, la pierre qui manque encore pour l'achever. Mais, quand elles devraient ruiner cet édifice; quand un nouvel ordre de pensées, un nouveau phénomène de la nature, une loi, nouvellement trouvée, du monde des corps, devrait renverser toute la structure de sa science : eh bien! il a toujours aimé la vérité plus que son système, et il échangera volontiers l'ancienne forme défectueuse contre une forme nouvelle et plus belle. Oui, si même aucun coup du dehors n'ébranle l'échafaudage de ses idées, il est lui-même dominé par un instinct éternellement actif d'amélioration, il est le premier à défaire un ensemble qui ne le satisfait pas, pour le reconstruire plus parfait. A travers une succession de formes toujours nouvelles, toujours plus belles, l'esprit philosophique marche à une perfection plus haute, tandis que le savant de profession, dans son éternelle immobilité d'esprit, veille sur la stérile uniformité des notions qu'il a emportées de l'école.

Il n'y a point de juge plus équitable du mérite d'autrui que le philosophe. Assez pénétrant, assez inventif pour mettre à profit toute activité, il est en même temps assez juste pour honorer, si petite qu'elle soit, celui qui l'exerce. Toutes les têtes travaillent pour lui; toutes elles travaillent contre le savant de profession. Le premier sait changer en sa propriété tout ce qui se fait et se pense autour de lui. Entre les têtes pensantes il règne une communauté intime de tous les biens de l'esprit : ce que l'une acquiert dans l'empire de la vérité, elle l'a acquis pour toutes. Le savant de profession, au contraire, se retranche contre tous ses voisins, auxquels il envie et ôterait volontiers la lumière et le soleil, et il garde avec anxiété la barrière caduque qui ne le défend que bien faiblement contre la raison triomphante. Pour tout ce qu'il entreprend, il faut qu'il emprunte au dehors l'attrait et l'encouragement : l'esprit philosophique trouve dans son sujet et dans son travail même attrait et récompense. Avec combien plus d'enthousiasme il se mettra à l'œuvre! que son zèle sera plus vif! son courage et son activité plus soutenus! Chez lui le travail se ravive par le travail. Même ce qui est petit prend de la grandeur sous sa main créatrice, parce qu'il a toujours, en s'en occupant, les yeux fixés sur le grand objet auquel le petit sert; tandis que le savant de profession, même dans le grand, ne voit que le petit. Ce n'est pas ce qu'il fait, mais la manière dont il traite ce qu'il fait, qui distingue l'esprit philosophique. En quelque lieu qu'il se trouve et agisse, il est toujours au centre du tout, et, à quelque distance que l'objet de son activité le tienne du reste de ses frères, il leur est proche et allié par une intelligence qui agit avec harmonie : il les trouve là où se rencontrent toutes les têtes éclairées.

Dois-je continuer encore ce tableau, messieurs, ou puis-je espérer qu'entre les deux portraits que je viens de vous présenter vous avez déjà décidé quel est celui que vous voulez prendre pour modèle? C'est le choix que vous avez fait entre les deux qui doit nous apprendre si l'on peut vous recommander l'étude de l'histoire universelle, ou vous en tenir quittes. Je n'ai affaire qu'au second, au philosophe; car, en s'efforçant de se rendre utile au premier, la science même risquerait de trop s'éloigner de son plus noble but et d'acheter un petit profit par un trop grand sacrifice.

Une fois d'accord avec vous sur le point de vue sous lequel il faut déterminer le mérite d'une science, je puis maintenant aborder la question de l'histoire universelle, objet de la leçon d'aujourd'hui.

Les découvertes que nos navigateurs européens ont faites dans des mers lointaines et sur des plages reculées nous offrent un spectacle aussi instructif qu'intéressant. Elles nous montrent des peuplades qui, aux degrés les plus divers de culture, sont établies autour de nous, comme des enfants de différents âges entourent un adulte et lui rappellent, par leur exemple, ce qu'il fut autrefois et de quel point il est parti. Une main sage paraît nous avoir gardé à dessein ces tribus grossières, jusqu'à une époque où nous fussions assez avancés dans notre propre culture pour faire à nous-mêmes une utile application de cette découverte, et restituer d'après ce miroir le commencement perdu de notre histoire. Mais qu'il est humiliant et triste, le tableau que ces peuples nous présentent de notre enfance! et pourtant ce n'est pas au premier degré que nous les voyons. L'homme a eu un début encore plus méprisable. Nous trouvons ceux-ci formant déjà des peuples, des corps politiques : or, il a fallu à l'homme des efforts extraordinaires pour s'élever à l'état de société politique.

Mais qu'est-ce que les voyageurs nous racontent de ces sauvages? Ils en trouvèrent maintes fois qui n'avaient nulle connaissance des arts les plus indispensables, sans fer, sans charrue, quelques-uns même privés de feu. Il y en avait qui disputaient encore aux bêtes sauvages leur nourriture et leur habitation; chez un grand nombre, c'était à peine si le langage s'était élevé des sons inarticulés de la bête aux accents intelligibles. Ici n'existait pas encore le lien si simple du mariage; là, nulle notion de la propriété; ici l'âme, sans ressort, ne pouvait pas même retenir une expérience qu'elle renouvelait pourtant chaque jour : on voyait le sauvage abandonner, insouciant, le gîte où il avait dormi cette nuit, parce que l'idée ne lui venait pas qu'il dormirait de nouveau le lendemain. Mais chez tous était la guerre, et il n'était pas rare que la chair de l'ennemi vaincu fût le prix de la victoire. Chez d'autres, qui, familiarisés avec plus de commodités de la vie, étaient déjà montés à un plus haut degré de culture, l'esclavage et le despotisme offraient un spectacle affreux. Là, on voyait un despote africain vendre ses sujets pour une gorgée d'eau-de-vie; ici, on les immolait sur sa tombe, pour le servir dans l'autre monde. Là, une pieuse stupidité se prosterne devant un ridicule fétiche ; ici, devant un horrible épouvantail : l'homme se peint dans ses dieux. Autant ici le courbent l'esclavage, la bêtise et la superstition, autant ailleurs il est misérable par l'autre extrême, celui d'une liberté sans loi. Toujours armé pour l'attaque et pour la défense, épouvanté par le moindre bruit, le sauvage tend, dans le désert, une oreille timide ; il nomme ennemi tout ce qui est nouveau pour lui, et malheur à l'étranger que la tempête jette sur sa côte ! il ne verra pas la fumée d'un foyer hospitalier, un doux accueil ne le réjouira pas.

Mais là même où l'homme s'est élevé d'une solitude hostile à l'état de société, du dénûment à l'aisance, de la crainte à la joie, qu'il se montre encore étrange et monstrueux à nos regards ! Son goût grossier cherche la joie dans l'étourdissement, le beau dans les contorsions, la gloire dans l'exagération ; sa vertu même excite notre horreur, et ce qu'il appelle sa félicité ne peut nous inspirer que dégoût et pitié.

Nous fûmes tels. César et Tacite, il y a dix-huit cents ans, ne nous trouvèrent pas dans un état bien supérieur à celui-là.

Que sommes-nous maintenant? Laissez-moi m'arrêter un moment devant le siècle où nous vivons, devant la forme actuelle du monde que nous habitons.

Le travail de l'homme l'a cultivé ; il a vaincu la résistance du sol par sa constance et son habileté. Ici, il a gagné du terrain sur la mer ; là, il a donné des cours d'eau à la terre aride. L'homme a confondu les zones et les saisons, et endurci, acclimaté à son ciel plus rude les plantes délicates de l'Orient. De même qu'il a transporté l'Europe dans les Indes occidentales et la mer du Sud, il a fait renaître l'Asie en Europe. Un ciel serein rit aujourd'hui au-dessus des forêts de la Germanie, que la main robuste de l'homme a déchirées et ouvertes aux rayons du soleil, et les vignes de l'Asie se reflètent dans les ondes du Rhin. Sur ses bords s'élèvent des cités populeuses, qui, dans une allègre activité, retentissent du bruit du plaisir et du travail. Nous y trouvons l'homme en paisible possession de ce qu'il a acquis, en sûreté parmi des millions de ses semblables, lui à qui jadis un seul voisin ravissait le sommeil. L'égalité qu'il a perdue en entrant dans la société, il l'a regagnée par de sages lois. Il a échappé à l'aveugle contrainte du hasard et de la nécessité pour se réfugier sous l'empire plus doux des contrats, et il a sacrifié la liberté de la bête de proie pour s'assurer la liberté plus noble de l'homme. Ses soins se sont distribués, son activité s'est partagée d'une façon salutaire. Maintenant le besoin impérieux ne l'enchaîne plus à la charrue; l'ennemi ne l'appelle plus de la charrue au champ de bataille pour défendre sa patrie et son foyer. Par le bras du cultivateur il remplit ses greniers; par les armes du guerrier il protége son domaine. La loi veille sur sa propriété, et il garde le droit inappréciable de choisir lui-même son devoir.

Combien de créations de l'art, combien de prodiges de l'industrie, quelles lumières dans tous les domaines de la science, depuis que l'homme ne consume plus sans profit ses forces dans la triste défense de sa personne; depuis qu'il dépend de lui de transiger avec la nécessité, à laquelle il ne doit jamais se soustraire entièrement; depuis qu'il a conquis le précieux privilége de disposer librement de son aptitude et de suivre l'appel de son génie! Quelle vive activité partout, depuis que la multiplication des désirs a donné de nouvelles ailes à l'esprit d'invention et ouvert de nouveaux espaces à l'industrie! Les barrières qui isolaient les États et les nations dans un hostile égoïsme sont rompues. Toutes les têtes pensantes sont unies maintenant par un lien cosmopolitique, et désormais l'esprit d'un Galilée ou d'un Érasme moderne peut s'éclairer de toutes les lumières de son siècle.

Depuis que les lois sont descendues au niveau de la faiblesse de l'homme, l'homme aussi est venu au-devant des lois. Avec elles il est devenu plus doux, comme avec elles il était devenu féroce : à la suite des châtiments barbares, les crimes barbares tombent peu à peu dans l'oubli. Un grand pas est fait vers l'ennoblissement de l'humanité quand les lois sont vertueuses, lors même que les hommes ne le sont pas encore. Là où les devoirs forcés ne s'imposent plus à l'homme, les mœurs le soumettent à leur empire. Celui que nul châtiment n'effraye, et que la conscience ne tyrannise point, est aujourd'hui contenu dans les bornes par les lois de la bienséance et de l'honneur.

Jusque dans notre siècle, il est vrai, se sont glissés, des siècles précédents, maints restes de barbarie, enfants du hasard et de la violence, que l'âge de la raison ne devrait pas éterniser. Mais avec quelle sagesse l'intelligence de l'homme n'a-t-elle pas su diriger vers une fin utile, même cet héritage barbare de l'antiquité et du moyen âge[1]! Combien n'a-t-il pas rendu inoffensif et souvent même salutaire ce qu'il ne pouvait encore se hasarder à détruire! Sur la base grossière de l'anarchie féodale l'Allemagne a élevé l'édifice de sa liberté politique et ecclésiastique. Le simulacre d'empereur romain, qui s'est conservé en deçà des Apennins, fait aujourd'hui au monde infiniment plus de bien que son redoutable prototype dans l'ancienne Rome; car il maintient uni par la concorde un utile système d'États, tandis que l'autre comprimait les forces les plus actives de l'humanité dans une servile uniformité. Notre religion même, altérée à un tel point par les infidèles mains qui nous l'ont transmise, qui peut méconnaître en elle l'influence ennoblissante d'une philosophie meilleure? Nos Leibnitz et nos Locke ont aussi bien mérité du dogme et de la morale du christianisme, que le pinceau d'un Raphaël et d'un Corrége de l'histoire sainte.

Enfin, nos États, avec quelle intimité, avec quel art ne sont-ils pas liés entre eux! Combien leur fraternité n'est-elle pas rendue plus durable par la salutaire contrainte de la nécessité, qu'autrefois par les traités les plus solennels! Maintenant la guerre, toujours armée, veille sur la paix, et l'intérêt propre d'un État l'établit gardien de la prospérité d'un autre. La société politique européenne semble être changée en une grande famille, dont les membres pourront encore se quereller, mais non plus, espérons-le[2], se déchirer et se dévorer.

Quels tableaux opposés! Qui pourrait soupçonner que, dans l'Européen raffiné du dix-huitième siècle, il ne voit qu'un frère plus avancé du Canadien moderne ou de l'antique Celte? Toutes ces aptitudes, tous ces instincts d'art, toutes ces expériences, toutes ces créations de la raison, ont été, dans l'espace de peu de milliers d'années, semés et développés dans l'homme; toutes

---

1. La première édition dit, d'une manière moins précise : « Mais combien l'intelligence de l'homme n'a-t-elle pas su donner de forme, même à cet héritage, etc.! »
2. Ces deux mots manquent dans la première édition.

ces merveilles de l'art, tous ces travaux gigantesques de l'industrie, c'est de son sein qu'ils ont été tirés. Qu'est-ce qui éveilla à la vie ces facultés, donna naissance à ces œuvres? Quelles circonstances l'homme a-t-il traversées pour arriver d'un extrême à l'autre, pour s'élever de la condition de troglodyte insociable à celle de penseur fécond, d'homme du monde, d'homme civilisé? L'histoire universelle donne la réponse à cette question.

Le même peuple, dans la même contrée, quand nous le considérons à des époques diverses, nous présente des différences si incommensurables! Non moins frappante est la dissemblance que nous offre la race contemporaine dans des pays divers. Quelle variété dans les usages, les constitutions et les mœurs! Quel soudain passage des ténèbres à la lumière, de l'anarchie à l'ordre, du bonheur à la misère, quand nous étudions seulement l'homme dans cette petite partie du monde qui s'appelle l'Europe! Libre sur la Tamise, et d'une liberté qu'il ne doit qu'à lui-même; ici, indomptable entre les Alpes; là, invaincu au milieu de ses canaux et de ses marais. Sur la Vistule, sans force et misérable par sa discorde; au delà des Pyrénées, misérable et sans force par son indolence. Riche et heureux à Amsterdam, sans récoltes; pauvre et malheureux dans l'inutile paradis de l'Èbre. Ici, deux peuples séparés par le vaste Océan, et rendus voisins par le besoin, l'industrie et les liens politiques; là, les habitants des deux rives d'un même fleuve séparés immensément par la différence de la liturgie. Qu'est-ce qui a conduit la puissance de l'Espagne au delà de l'Océan atlantique, au cœur de l'Amérique, tandis qu'elle n'a pas même pu franchir le Tage et la Guadiana? Qu'est-ce qui conserva en Italie et en Espagne tant de trônes; et en France les a fait tous disparaître, hors un seul? L'histoire universelle répond à cette question.

Qu'ici, en ce moment, nous nous trouvions réunis, et avec ce degré de culture nationale, avec cette langue, ces mœurs, ces avantages civils, cette mesure de liberté de conscience : cela même est peut-être le résultat de tous les grands événements antérieurs. Au moins faudrait-il l'histoire universelle tout entière pour expliquer ce seul moment. Pour que nous nous soyons trouvés réunis comme chrétiens, il a fallu que cette religion, préparée par d'innombrables révolutions, sortît du judaïsme; qu'elle trouvât l'empire romain précisément dans l'état où il était alors, afin de se répandre, d'une course rapide et victorieuse, sur la face de la terre, et monter enfin sur le trône même des Césars. Il a fallu que nos rudes ancêtres, dans les forêts de la Thuringe, succombassent à la force supérieure des Francs, pour adopter leur croyance. Il a fallu que le clergé, séduit et favorisé par ses richesses croissantes, par l'ignorance des peuples et la faiblesse de ceux qui les gouvernaient, se laissât entraîner à abuser de son crédit et à convertir en glaive temporel le paisible pouvoir qu'il avait sur les consciences. Il a fallu que la puissance hiérarchique, dans la personne d'un Grégoire et d'un Innocent, épuisât toutes ses rigueurs sur la race humaine; que la corruption toujours croissante des mœurs et le scandale criant du despotisme ecclésiastique, excitassent un moine augustin intrépide à donner le signal de la défection et à enlever une moitié de l'Europe au pontife romain, pour que nous pussions nous réunir ici comme chrétiens protestants. Pour que cela dût arriver, il était nécessaire que les armes de nos princes arrachassent à Charles-Quint une paix religieuse; qu'un Gustave-Adolphe vengeât la violation de cette paix; qu'une nouvelle paix générale affermît pour des siècles la première. Il fallait que des villes s'élevassent en Italie et en Allemagne, qu'elles ouvrissent leurs portes à l'industrie, qu'elles brisassent les chaînes du servage, qu'elles luttassent pour ôter à des tyrans ignorants le sceptre de la justice, et qu'elles se fissent respecter en formant une hanse guerrière, pour que le commerce et l'industrie dussent fleurir, l'abondance faire appel aux arts de la joie; pour que l'État honorât l'utile agriculteur, et que dans le bienfaisant tiers état, le vrai créateur de toute notre civilisation, naquît et se développât pour l'humanité une prospérité durable. Les empereurs d'Allemagne ont dû s'affaiblir dans des guerres séculaires contre les papes, contre leurs vassaux, contre des voisins jaloux; l'Europe se décharger de son dangereux superflu de population dans les tombeaux d'Asie, et une insolente noblesse féodale perdre avec son sang, dans l'exercice meurtrier du droit du plus fort, dans les expéditions romaines, dans les croisades, son esprit de révolte, pour que le chaos confus se débrouillât, que les forces hostiles de l'État reposassent dans cet heureux équilibre dont notre loisir actuel est le prix. Pour que notre esprit se dégageât de l'ignorance où la contrainte spirituelle et temporelle le tenait enchaîné, il fallut que le germe, longtemps étouffé, de l'érudition perçât de nouveau parmi ses plus furieux persécuteurs, et qu'un Al-Mamoun dédommageât les sciences du vol dont un Omar les avait rendues victimes. Il fallut que l'insupportable misère de la barbarie poussât nos ancêtres, des sanglants jugements de Dieu, aux tribunaux humains; que des contagions dévastatrices rappelassent à l'observation de la nature la médecine égarée ; que l'oisiveté des moines préparât de loin une compensation au mal que créait leur activité, et que la diligence profane des cloîtres conservât jusqu'au temps de l'invention de l'imprimerie les débris des monuments ravagés du siècle d'Auguste. L'esprit déprimé des barbares du Nord a dû se relever à la vue des grands modèles grecs et romains, et l'érudition faire alliance avec les Muses et les Grâces, pour qu'elle pût trouver le chemin du cœur, et mériter le nom de civilisatrice. Mais la Grèce eût-elle produit un Thucydide, un Platon, un Aristote ; Rome un Horace, un Cicéron, un Virgile, un Tite Live, si ces deux États n'étaient montés à cette hauteur de prospérité politique qu'ils ont réellement atteinte ? en un mot, si toute leur histoire n'eût précédé ? Que d'inventions, de découvertes, de révolutions politiques et ecclésiastiques ont dû coïncider, pour faire croître et répandre ces nouveaux germes encore délicats de la science et de l'art ! Que de guerres, que de traités conclus, rompus, puis reconclus, pour amener enfin l'Europe à ce principe de paix qui seul permet aux États comme aux citoyens de diriger leur attention sur eux-mêmes, et de réunir leurs forces pour tendre à une fin sage !

Même dans les occupations les plus quotidiennes de la vie civile, nous ne pouvons éviter de devenir les débiteurs des siècles précédents. Les périodes les plus dissemblables de l'humanité contribuent à notre culture, comme les parties du monde les plus éloignées à notre luxe. Les habits que nous portons, les assaisonnements de nos mets, la monnaie avec laquelle nous les payons, beaucoup de nos médicaments les plus efficaces, et tout autant d'instruments nouveaux de notre perte, ne présupposent-ils pas un Colomb qui ait découvert l'Amérique, un Vasco de Gama qui ait doublé la pointe de l'Afrique ?

Ainsi une longue chaîne d'événements, dont les anneaux entrent les uns dans les autres comme causes et effets, s'étend du moment actuel jusqu'au commencement de l'espèce humaine. L'intelligence infinie peut seule en embrasser entièrement tout l'ensemble; des limites plus étroites sont posées à l'homme.

1° Un nombre innombrable de ces événements ou bien n'ont eu aucun témoin, aucun observateur humain, ou n'ont été fixés par aucun signe. Tels sont tous ceux qui ont précédé l'espèce humaine elle-même et l'invention des signes. La source de toute histoire est la tradition, et l'organe de la tradition est la langue. Toute l'époque antérieure à la langue, quelque riche en conséquences qu'elle ait été pour le monde, est perdue pour l'histoire du monde.

2° Même après que la langue eut été inventée et que par elle il fut possible d'exprimer et de transmettre des faits accomplis, cette transmission ne se fit d'abord que par la voie incertaine et variable de la tradition orale. Un événement ainsi transmis se propageait, de bouche en bouche, à travers une longue suite de générations, et, comme il passait par des milieux variables et qui varient les choses, il dut être altéré par ces variations. La tradition vivante et la narration orale est donc une source très-incertaine pour l'histoire ; aussi tous les événements antérieurs à l'usage de l'écriture sont-ils, comme perdus pour l'histoire du monde.

3° Mais l'écriture elle-même n'est pas impérissable; d'innombrables monuments de l'antiquité ont été détruits par le temps et par des accidents divers, et un petit nombre de débris seulement se sont conservés depuis les temps anciens jusqu'à la découverte de l'imprimerie. La partie incomparablement la plus considérable de ces documents, et des éclaircissements qu'ils devaient nous donner, est perdue pour l'histoire du monde.

4° Enfin, de ce petit nombre d'événements dont le temps a épargné le souvenir, la plupart ont été altérés et rendus méconnaissables par la passion, l'inintelligence, souvent même le génie de ceux qui les ont décrits. La méfiance s'éveille à la lecture du plus ancien monument historique, et elle ne nous quitte pas lors même que nous avons dans les mains une chronique du jour présent. Si, sur un fait qui s'est passé aujourd'hui même et parmi des hommes avec qui nous vivons, et dans la ville que nous habitons, nous entendons des témoins et avons de la peine à dégager la vérité de leurs rapports contradictoires : quelle confiance pouvons-nous avoir quand il s'agit de nations et d'époques qui sont encore plus éloignées de nous par la différence des mœurs que par les milliers d'années qui nous en séparent? La petite somme d'événements qui reste après toutes ces déductions faites forme la matière de l'histoire dans son sens le plus étendu. Or, combien de cette matière historique et quelle partie appartient à l'histoire universelle?

De la somme entière de ces événements, l'historien universel extrait ceux qui ont eu sur la forme actuelle du monde et sur l'état de la génération aujourd'hui vivante, une influence essentielle, incontestable et facile à suivre. C'est donc au rapport d'un fait historique avec la constitution présente du monde qu'il faut avoir égard, si l'on veut recueillir des matériaux pour l'histoire universelle. Celle-ci a donc un point de départ diamétralement opposé au commencement du monde. La suite réelle des événements descend de l'origine des choses à leur ordre le plus récent; l'historien universel remonte de la situation actuelle du monde à l'origine des choses. S'il retourne, en pensée, de l'an et du siècle courants, à l'an et au siècle immédiatement antérieurs, et si, parmi les faits que ces derniers lui présentent, il prend note de ceux qui contiennent l'explication des faits subséquents; s'il continue cette marche, pas à pas, jusqu'au commencement, je ne dis pas du monde, car nul guide ne le mène là, mais des monuments, alors il ne tient qu'à lui de revenir par la route frayée, et, guidé par le fil des événements qu'il a remarqués, de redescendre, facilement et sans obstacle, du commencement des monuments jusqu'à l'époque la plus récente. Voilà l'histoire universelle, telle que nous l'avons et qu'elle vous sera enseignée.

Comme l'histoire est dépendante de la richesse et de la pauvreté des sources, il doit y avoir autant de lacunes dans l'histoire universelle qu'il y a de vides dans la tradition. Autant les révolutions du monde se développent et sortent les unes des autres uniformément, nécessairement et déterminément, autant elles s'offriront liées entre elles dans l'histoire fortuitement et sans suite. Il y a donc entre la marche du monde et la marche de l'histoire une sensible inégalité. On pourrait comparer la première à un fleuve qui coule sans interruption, mais dont seulement quelques vagues çà et là sont éclairées par l'histoire. En outre, comme il peut aisément arriver que la connexion d'un événement reculé avec l'état actuel des choses frappe plutôt les yeux que la liaison de cet événement avec d'autres faits qui lui sont antérieurs ou simultanés, il est également inévitable que des événements qui sont dans un rapport très-étroit avec l'époque actuelle, paraissent assez souvent isolés au milieu du siècle auquel proprement ils appartiennent. Un fait de ce genre serait, par exemple, l'origine du christianisme et surtout de la morale chrétienne. La religion chrétienne a eu sur la forme actuelle du monde une telle et si multiple influence, que son apparition devient pour l'histoire universelle le fait le plus important; mais ni dans le temps où elle prit naissance, ni dans le peuple chez qui nous la voyons poindre, nous ne trouvons, faute de sources, aucune explication satisfaisante de son apparition.

Ainsi notre histoire universelle ne serait donc jamais autre chose qu'un agrégat de fragments; elle ne mériterait jamais le nom de science. Mais l'intelligence philosophique lui vient en aide, et, enchaînant ces fragments par des liens artificiels, elle élève l'agrégat à l'état de système; elle le transforme en un ensemble rationnellement cohérent. Le droit de procéder ainsi découle de l'uniformité et de l'invariable unité des lois de la nature et de l'âme humaine, laquelle unité est cause que les événements de l'antiquité la plus reculée se renouvellent dans les temps les plus récents par le concours de circonstances extérieures analogues, et que, par conséquent, des faits les plus récents, qui sont dans la sphère de notre observation, on peut, en remontant, conclure à ceux qui se perdent par delà les époques historiques, et répandre ainsi sur ces derniers quelque lumière. La méthode de conclure par analogie est en histoire, comme partout, un puissant secours; mais il faut qu'elle soit justifiée par l'importance du but et employée avec autant de circonspection que de jugement.

L'esprit philosophique ne peut pas longtemps s'occuper des matériaux de l'histoire du monde, sans qu'il s'éveille en lui un nouvel instinct qui tend à l'harmonie, qui l'excite irrésistiblement à assimiler tout ce qui l'entoure à sa propre nature raisonnable, et à élever tout phénomène qui s'offre à lui à la plus haute puissance qu'il ait reconnue, à la pensée. Plus il a renouvelé l'essai de rattacher le passé au présent, et plus il y a réussi: plus il est porté à unir comme moyen et intention finale ce qu'il voit s'enchaîner comme cause et effet. Peu à peu les phénomènes se dérobent, l'un après l'autre, à l'aveugle hasard, à la liberté anarchique, pour se coordonner, comme des membres assortis, en un tout concordant, qui toutefois n'existe que dans l'idée de celui qui le construit. Bientôt il lui devient difficile de se persuader que cette suite de phénomènes, qui, dans sa pensée, a pris tant de régularité et de tendance à un but, démente ces qualités dans la réalité; il lui devient difficile de replacer sous l'aveugle domination de la nécessité ce qui, à la lumière de l'intelligence, qu'il lui prêtait, commençait à prendre une forme si attrayante. Il tire donc de lui-même cette harmonie et la transplante, hors de lui, dans l'ordre des choses extérieures, c'est-à-dire qu'il porte dans la marche du monde un but raisonnable, et un principe *téléologique* dans l'histoire du monde. Il la parcourt de nouveau avec ce principe, qu'il applique et essaye sur chacun des phénomènes que lui offre ce grand théâtre. Il le voit confirmé par mille faits qui s'accordent avec lui, et contredit par autant d'autres; mais, tant que, dans la série des révolutions du monde, il manque encore des chaînons importants, tant que la destinée lui dérobe encore sur un si grand nombre d'événements l'explication dernière, il tient la question pour non résolue, et cette opinion l'emporte à ses yeux qui peut offrir à l'entendement la plus haute satisfaction et au cœur la plus grande félicité.

Il n'est pas besoin de vous avertir, je pense, qu'une histoire universelle, d'après ce dernier plan, ne sera possible que dans l'âge le plus avancé de l'humanité. L'application prématurée de cette grande mesure pourrait aisément exposer l'historien à la tentation de faire violence aux faits, et par là de reculer de plus en plus, en voulant la hâter, cette heureuse époque pour l'histoire universelle. Mais on ne peut trop tôt appeler l'attention sur ce côté lumineux, et pourtant si négligé, de l'histoire du monde, par lequel elle se rattache au plus haut objet des efforts humains. La vue, sans plus, de ce but, à ne le considérer que comme possible, ne peut manquer d'être pour un bon esprit, dans ses laborieuses recherches, un aiguillon qui l'anime et une douce récréation. Le moindre effort lui paraîtra important, s'il se voit en bon chemin ou fraye la route, ne fût-ce qu'à un très-lointain successeur, pour résoudre le problème de l'ordre du monde et rencontrer l'esprit suprême dans sa plus belle manifestation.

Traitée de cette façon, messieurs, l'étude de l'histoire universelle vous sera une occupation aussi attrayante qu'utile. Elle portera la lumière dans votre intelligence et un salutaire enthousiasme dans votre cœur. Elle déshabituera votre esprit de la vue étroite et vulgaire des choses morales, et, en déroulant devant vos yeux le grand tableau des temps et des peuples, elle corrigera les décisions précipitées du moment et les jugements bornés de l'égoïsme. En habituant l'homme à se mettre en rapport, comme partie de l'ensemble, avec tout le passé, et à s'avancer dans le lointain avenir par ses conjectures, elle lui cache les limites de la naissance et de la mort, qui enferment et resserrent si étroitement la vie de l'homme; elle étend, par une illusion d'optique, sa courte existence en un espace infini, et substitue insensiblement l'espèce à l'individu.

L'homme se transforme et disparaît de la scène; ses opinions disparaissent et se transforment avec lui; l'histoire seule demeure sans interruption sur le théâtre, citoyenne immortelle de toutes les nations et de tous les temps. Comme le Jupiter d'Homère, elle abaisse un regard également serein sur les travaux sanglants de la guerre et sur les peuples paisibles qui se nourrissent innocemment du lait de leurs troupeaux. Quelque irrégulière que soit l'action que la liberté de l'homme paraît exercer sur la marche de ce monde, l'histoire considère avec calme ce jeu confus; car, de loin déjà, son vaste regard découvre le point où cette liberté vagabonde et sans règle est menée en laisse par la nécessité. Ce qu'elle cache à la conscience vengeresse d'un Grégoire, d'un Cromwell, elle s'empresse de le révéler à l'humanité : à savoir, « que l'homme égoïste peut tendre, il est vrai, à des fins viles et condamnables, mais que, sans le savoir, il en hâte et seconde d'excellentes. »

Nul faux éclat ne peut l'éblouir, nul préjugé du jour l'entraîner; car elle sait qu'elle verra la destinée dernière de toutes les choses. Tout ce qui cesse a eu pour elle une durée également courte; elle conserve sa fraîcheur à la couronne d'olivier méritée, et brise l'obélisque que la vanité a érigé. En analysant le délicat mécanisme par lequel, sans bruit, la main de la nature, depuis le commencement du monde, développe, d'après un plan régulier, les facultés de l'homme; et en indiquant exactement ce qui a été fait, à chaque époque, pour l'accomplissement de ce grand plan de la nature, elle rétablit la vraie mesure du bonheur et du mérite, que l'erreur dominante de chaque siècle a diversement faussée. Elle nous guérit de l'admiration exagérée de l'antiquité, et du puéril regret des temps passés, et en nous rendant attentifs à ce que nous possédons, elle nous empêche de désirer le retour des âges d'or d'Alexandre et d'Auguste.

C'est à amener notre siècle *humain* qu'ont travaillé, sans le savoir et sans y tendre, toutes les époques précédentes. A nous sont tous les trésors que l'industrie et le génie, la raison et l'expérience ont fini par amasser dans la longue vie du monde. Ce n'est que de l'histoire que vous apprendrez à apprécier les biens auxquels l'habitude et la possession incontestée dérobent si aisément notre reconnaissance : biens chers et précieux, qui sont teints du sang des meilleurs et des plus nobles, et ont dû être conquis par le pénible travail de tant de générations! Et qui, parmi vous, s'il joint un esprit éclairé à un cœur sensible, pourrait songer à cette haute obligation sans éprouver le secret désir de payer à la génération prochaine la dette dont il ne peut plus s'acquitter envers la précédente? Il faut qu'une noble ardeur s'allume en nous à la vue de ce riche héritage de vérité, de moralité, de liberté, que nous avons reçu de nos ancêtres, et qu'à notre tour nous devons transmettre, richement augmenté, à nos descendants : l'ardeur d'y ajouter chacun notre part, de nos propres moyens, et d'attacher notre existence éphémère à cette chaîne impérissable qui serpente à travers toutes les générations humaines. Quelque diverses que soient les carrières qui vous sont destinées dans la société civile, vous pouvez tous apporter votre tribut. Le chemin de l'immortalité est ouvert à tout mérite, je veux dire de l'immortalité véritable, de celle où l'action vit et se propage, quand bien même le nom de son auteur devrait se perdre et ne pas la suivre.

QUELQUES CONSIDÉRATIONS

SUR

LA PREMIÈRE SOCIÉTÉ HUMAINE

EN PRENANT POUR GUIDE LE TÉMOIGNAGE DE MOÏSE

QUELQUES CONSIDÉRATIONS

SUR

LA PREMIÈRE SOCIÉTÉ HUMAINE,

EN PRENANT POUR GUIDE LE TÉMOIGNAGE DE MOÏSE[1].

PASSAGE DE L'HOMME A LA LIBERTÉ ET A L'HUMANITÉ.

C'est à l'aide de l'instinct, par lequel elle guide encore maintenant l'animal sans raison, qu'il fallait que la Providence introduisît l'homme dans la vie, et, comme sa raison n'était pas encore développée, elle dut se tenir près de lui comme une nourrice vigilante. Par la faim et la soif se révéla à lui le besoin de la nourriture; ce qu'il lui fallait pour le satisfaire, elle l'avait placé en abondance autour de lui, et elle le guidait dans son choix par l'odorat et le goût. Elle avait, par la douceur du climat, ménagé sa nudité, et assuré sa vie sans défense par la paix

---

1. Cette dissertation appartient, ainsi que les deux suivantes, au cours d'histoire universelle que l'auteur a professé à l'Université d'Iéna. Elle a paru d'abord dans le onzième cahier de la *Thalie*. (*Note de l'édition allemande.*) Dans la *Thalie*, on lit, au bas de la page, la note suivante de l'auteur : « Il est sans doute fort peu de lecteurs qu'il soit besoin d'avertir que ces idées ont pris naissance à l'occasion d'un écrit de Kant inséré dans le journal mensuel (*Monatschrift*) de Berlin. » Cet écrit de Kant, qui a pour titre : *Commencement présumable de l'histoire de l'humanité*, a été réimprimé dans les *Mélanges* de Kant (Halle, 1799), t. III, et dans l'éd. de Rosenkr. et Schub., t. VII, a, p. 363-385. — Voyez, plus haut, la note de la p. 103.

universelle qui l'entourait. Quant à la conservation de l'espèce, il y était pourvu par l'instinct sexuel. Comme plante et comme animal, l'homme était donc parfait. Sa raison aussi avait déjà de loin, commencé à s'épanouir. Comme en effet la nature pensait, veillait et agissait encore pour lui, ses facultés pouvaient d'autant plus aisément se diriger, sans empêchement, vers la tranquille contemplation ; sa raison, n'étant distraite encore par aucun soin, pouvait, sans obstacle, travailler à la construction de la langue, son instrument, et accorder le clavier délicat de la pensée. C'était encore avec bonheur qu'il promenait alors ses regards sur la création : son âme saisissait, avec une joie pure et désintéressée, tous les phénomènes, et les déposait, purs et sans mélange, dans une mémoire active. Le commencement de l'homme fut donc doux et riant, et cela devait être pour qu'il se fortifiât en vue de la lutte qui l'attendait.

Supposons donc que la Providence se fût arrêtée avec lui à ce premier degré : l'homme serait devenu le plus heureux et le plus intelligent des animaux ; mais il ne serait jamais sorti de la tutelle de l'instinct ; jamais ses actes ne seraient devenus libres ni, par conséquent, moraux ; jamais il n'aurait franchi les bornes de l'animalité. Il aurait passé dans un voluptueux repos une éternelle enfance, et le cercle dans lequel il se serait mû eût été aussi restreint qu'il est possible : du désir à la jouissance, de la jouissance au repos, puis encore du repos au désir.

Mais l'homme était destiné à tout autre chose, et les facultés déposées en lui l'appelaient à une tout autre félicité. Ce dont la nature s'était chargée à sa place, pendant qu'il était au berceau, il fallait que désormais, une fois majeur, il le fît pour lui-même. Il devait devenir lui-même le créateur de sa félicité, et la part qu'il y aurait en devait déterminer le degré. L'état d'innocence qu'il perdait alors, il devait apprendre à le recouvrer par sa raison, et revenir, comme esprit libre et raisonnable, au point d'où il était parti comme plante et comme créature de pur instinct. D'un paradis d'ignorance et de servitude, il devait, ne fût-ce qu'après de longs milliers d'années, s'élever laborieusement à un paradis de connaissance et de liberté, je veux dire à une condition où il obéirait à la loi morale, au dedans de son cœur, aussi invariablement qu'il s'était, dans le principe, soumis à l'instinct, comme la plante et les animaux y sont soumis encore. Quelle chose donc était inévitable? Que devait-il arriver pour qu'il approchât de ce but lointain? Dès que sa raison eut essayé ses premières forces, la nature le repoussa de ses bras maternels, ou, pour parler plus exactement, lui-même, obéissant à une impulsion qu'il ne connaissait pas encore et sans savoir ce qu'à ce moment il faisait de grand, lui-même s'arracha à la lisière qui le guidait, et, avec sa raison faible encore, accompagné seulement de loin par l'instinct, il se jeta dans le jeu orageux de la vie, il se hasarda dans la route dangereuse de la liberté morale. Si donc nous transformons cette voix de Dieu dans l'Éden, qui lui interdit l'arbre de la connaissance, en une voix de son instinct qui le retenait loin de cet arbre, cette désobéissance prétendue à cet ordre de Dieu n'est autre chose qu'un acte de défection envers l'instinct, par conséquent une première manifestation de son activité propre, un premier essai risqué par sa raison, un premier commencement de son existence morale. Cette défection de l'homme envers l'instinct, qui porta, il est vrai, le mal moral dans la création, mais seulement pour y rendre possible le bien moral, est incontestablement le plus heureux et le plus grand événement de l'histoire de l'homme : c'est de ce moment que date sa liberté, c'est alors que fut posée, pour un lointain avenir, la première pierre fondamentale de sa moralité.

Celui qui enseigne le peuple a raison de considérer cet événement comme une chute de l'homme, et d'en tirer, si faire se peut, d'utiles leçons morales; mais le philosophe n'a pas moins raison de féliciter la nature humaine en général de ce pas important vers la perfection. Le premier a raison de l'appeler une chute, car l'homme, de créature innocente, devint créature coupable; d'élève parfait de la nature, être moral imparfait; d'instrument utile, artiste malheureux. De son côté, le philosophe a raison de le nommer un pas gigantesque de l'humanité; car l'homme devint par là, d'esclave de l'instinct qu'il était, une créature librement active; d'automate, un être moral; et ce pas, le premier, le plaça sur l'échelle qui, après bien des milliers d'années, doit le conduire à cette indépendance où il sera lui-même son maître. A partir de ce moment, le chemin par lequel il arrivait à la jouissance s'allongea. Au commencement, il n'avait qu'à étendre la main pour faire aussitôt succéder la satisfaction au désir : désormais il lui fallut réfléchir et placer le travail et la peine entre le désir et sa satisfaction. La paix fut rompue entre lui et les animaux. Le besoin les poussa contre ses plantations, contre lui-même, et, à l'aide de la raison, il dut se procurer la sécurité, et, artificiellement, une supériorité de force que la nature lui avait refusée : il dut inventer des armes et, au moyen de solides habitations, protéger son sommeil contre ces ennemis. Mais là déjà la nature le dédommagea par des plaisirs de l'esprit de ce qu'elle lui avait ôté de jouissances propres à la vie végétale. Le légume qu'il avait planté lui-même le surprit par une saveur que jusque-là il n'avait point appris à connaître; le sommeil, après la fatigue du travail et sous le toit construit de ses mains, l'assoupit plus agréablement que dans l'inerte repos de son paradis. Dans le combat contre le tigre qui l'attaquait, il se réjouit en découvrant la force de ses membres et son habileté, et, à chaque danger surmonté, il put se savoir gré à lui-même du don de sa vie.

Arrivé là, il était déjà trop noble pour le paradis et il se méconnaissait lui-même lorsque, dans la contrainte du besoin et sous le fardeau des soucis, il désirait d'y rentrer. Au dedans de lui un instinct impatient, l'instinct désormais éveillé de l'activité propre, l'eût bientôt poursuivi dans son oisive félicité et l'aurait dégoûté des joies qu'il ne se serait pas procurées lui-même. Il aurait changé le paradis en désert, pour faire ensuite de ce désert un paradis. Mais heureuse la race humaine si elle n'eût eu de pires ennemis à combattre que la paresse du sol, la fureur des bêtes sauvages et une nature orageuse! Le besoin assaillit l'homme, les passions s'éveillèrent, et bientôt l'armèrent contre son semblable. Il lui fallut, pour son existence, lutter avec l'homme : lutte longue, pleine de crimes, non encore terminée aujourd'hui ; mais dans cette lutte seulement il pouvait développer sa raison et sa moralité.

VIE DOMESTIQUE.

Les premiers fils qu'enfanta la mère des hommes eurent un très-grand avantage sur leurs parents : ils furent élevés par des hommes. Tous les progrès que les parents avaient dû faire par eux-mêmes, et, par conséquent, beaucoup plus lentement, profitèrent à leurs enfants, et leur furent transmis dès l'âge le plus tendre, en jouant, et par la tendre sollicitude d'un père et d'une mère. C'est donc avec le premier fils né de la femme que commence à devenir actif le grand instrument par lequel tout le genre humain a obtenu sa culture et continuera de l'obtenir, à savoir la tradition ou la transmission des idées.

Ici le témoignage mosaïque nous abandonne et franchit un intervalle de quinze ans et plus, pour nous amener les deux frères déjà grandis. Mais cet intervalle est important pour l'histoire de l'homme, et, si le document écrit nous abandonne, il faut que la raison comble la lacune.

La naissance d'un fils, sa nourriture, les soins qu'il réclama, son éducation, ajoutèrent aux connaissances, aux expériences et aux devoirs de l'homme un accroissement important qu'il nous faut noter avec soin.

C'est sans nul doute des animaux que la première mère apprit son devoir maternel le plus indispensable, comme ce fut vraisemblablement le besoin même qui lui enseigna les secours nécessaires pour l'accouchement. La sollicitude pour ses enfants la rendit attentive à mille petites commodités qui lui avaient été inconnues jusque-là ; le nombre des objets dont elle apprit à faire usage s'augmenta, et l'amour maternel devint ingénieux à inventer.

L'homme et la femme, jusqu'à ce moment, n'avaient encore connu qu'une seule relation sociale, qu'un seul genre d'amour, parce que chacun d'eux n'avait devant soi, dans la personne de l'autre, qu'un seul objet. Maintenant, à la vue d'un nouvel objet, ils apprirent à connaître un nouveau genre d'amour, une nouvelle relation morale : *l'amour paternel et maternel*. Ce nouveau sentiment d'amour était d'une espèce plus pure que le premier : il était entièrement désintéressé, tandis que le premier n'avait été fondé que sur le plaisir et sur le besoin mutuel de société.

Ils s'élevèrent donc, par cette nouvelle expérience, à un degré déjà plus haut de moralité ; ils s'ennoblirent.

Mais cet amour de parents, dans lequel ils s'unirent tous deux pour leur enfant, introduisit aussi un changement considérable dans les rapports où ils avaient été entre eux jusque-là. Les soins, la joie, le tendre intérêt dans lesquels ils se rencontraient pour le commun objet de leur amour nouèrent entre eux-mêmes de nouveaux et plus beaux liens. Chacun d'eux découvrit chez l'autre, à cette occasion, de nouveaux traits, moralement beaux, et chacune de ces découvertes rendit leur relation plus noble et plus douce. L'homme aima dans la femme la mère, la mère de son fils chéri. La femme honora et aima dans l'homme le père, le nourricier de son enfant. L'attachement purement sensuel qu'ils avaient l'un pour l'autre s'éleva à l'estime ; de l'amour sexuel égoïste naquit le beau phénomène de *l'amour conjugal*.

Bientôt ces expériences morales s'enrichirent d'autres encore. Les enfants grandirent et, peu à peu, entre eux aussi se noua un tendre lien. L'enfant rechercha de préférence l'enfant, parce que toute créature ne s'aime que dans son semblable. Des attaches délicates, imperceptibles, formèrent *l'amour fraternel* : nouvelle expérience pour les premiers parents. Pour la première fois, en dehors d'eux, ils virent une image de sociabilité, de bienveillance ; ils reconnurent leurs propres sentiments, réfléchis seulement dans de plus jeunes âmes, comme dans un miroir.

Jusque-là ils n'avaient l'un et l'autre, tant qu'ils avaient été seuls, vécu que dans le présent et dans le passé ; mais maintenant l'avenir commença aussi à leur montrer des joies dans le lointain. A mesure qu'ils voyaient croître auprès d'eux leurs enfants, dans lesquels chaque jour développait quelque nouvelle faculté, de riantes perspectives d'avenir s'ouvraient à leurs yeux, pour le temps où ces enfants deviendraient des hommes et semblables à eux : dans leurs cœurs s'éveilla un nouveau sentiment, *l'espérance*. Mais quel domaine infini est ouvert à l'homme par l'espérance ! Autrefois ils ne jouissaient de chaque plaisir qu'une fois et seulement dans le présent ; par l'attente, chaque joie future fut goûtée d'avance avec une jouissance mille fois répétée.

Et quand les enfants parvinrent réellement à l'âge adulte, quelle variété s'introduisit tout à coup dans cette première société humaine! Chaque idée que les parents leur avaient communiquée s'était façonnée diversement dans chaque âme, et les surprenait maintenant par sa nouveauté. Alors la circulation des pensées s'anima, le sentiment moral s'exerça et par l'exercice se développa ; la langue s'enrichit, commença à peindre avec plus de précision, se risqua à rendre des sentiments plus délicats. Ils font de nouvelles expériences dans la nature tout autour d'eux, de nouvelles applications des expériences déjà connues. Désormais c'est déjà l'homme qui occupe entièrement leur attention. Désormais il n'est plus à craindre qu'ils redescendent à l'imitation de la bête.

DIFFÉRENCE DES GENRES DE VIE.

Le progrès de la civilisation se manifesta dès la première génération. Adam cultiva la terre ; nous voyons un de ses fils adopter déjà un nouveau moyen d'alimentation, l'élève des bestiaux. La race humaine se partage donc dès lors en deux conditions diverses, en agriculteurs et en pasteurs.

C'est à l'école de la nature que le premier homme se forma, et c'est d'elle qu'il apprit tous les arts utiles de la vie. Les lois d'après lesquelles les plantes se reproduisent ne pouvaient, pour peu qu'il observât attentivement, lui demeurer longtemps cachées. Il voyait la nature elle-même semer et arroser ; son instinct d'imitation s'éveilla, et bientôt le besoin l'excita à prêter son bras à la nature et à aider artificiellement sa fécondité volontaire.

Il ne faut pas croire pourtant que la première culture ait été tout d'abord celle des céréales, pour laquelle il faut déjà de très-grands préparatifs : il est conforme à la marche de la nature d'avancer toujours du simple au composé. Le riz fut vraisemblablement une des premières plantes que l'homme cultiva ; la nature l'y invitait, car le riz croît sauvage dans l'Inde, et les historiens les plus antiques parlent de la culture du riz comme d'un des genres d'agriculture les plus anciens. L'homme remarqua que, par l'influence d'une opiniâtre sécheresse, les plantes languissent, et qu'après une pluie elles se raniment promptement. Il remarqua en outre que là où un fleuve débordé avait laissé son limon, la fertilité était plus grande. Il mit à profit ces deux découvertes, il donna à ses plantations des pluies artificielles, et porta du limon dans son champ quand il n'y avait dans le voisinage aucun cours d'eau qui pût l'en couvrir. Il apprit à fumer et à arroser.

Le pas qu'il eut à faire pour tirer parti des animaux, paraît avoir été plus difficile; mais ici, comme partout, il commença par ce qu'il y avait de plus naturel et de plus innocent, et peut-être se contenta-t-il, pendant de nombreux âges d'homme, du lait de la bête, avant d'attenter à sa vie. Ce fut sans nul doute le lait de la mère qui l'invita à essayer de se servir du lait des animaux. Mais il n'eut pas plus tôt appris à connaître ce nouvel aliment, qu'il se l'assura à tout jamais. Pour avoir cette nourriture toujours prête et en provision, il ne pouvait pas s'en remettre au hasard de lui amener, juste au moment où il aurait faim, l'animal nourricier. Il imagina donc de réunir toujours autour de lui un certain nombre de ces animaux : il se procura un troupeau. Mais il lui fallut le chercher parmi les animaux qui vivent en société, et les amener, de l'état de liberté sauvage, à l'état de servitude et de paisible repos, c'est-à-dire les apprivoiser. Mais, avant de s'essayer sur ceux qui étaient d'un naturel plus sauvage et qui avaient des armes et des forces supérieures aux siennes, il commença sa tentative par ceux auxquels il était lui-même supérieur en force et qui étaient d'une nature moins sauvage. Il garda donc des brebis plutôt que des porcs, des bœufs et des chevaux.

Dès qu'il eut enlevé à ses bestiaux leur liberté, il se vit dans la nécessité de les nourrir eux-mêmes et de pourvoir à leurs besoins. Ainsi il devint pasteur, et, tant que la société fut peu nombreuse, la nature put offrir en abondance de la nourriture à son petit troupeau. Il n'avait d'autre peine que de chercher le pâturage, et, quand il était épuisé, de le remplacer par un autre. La plus riche abondance le récompensait de cette facile occupation, et le produit de son travail n'était soumis à aucun changement de saison ou de température. Une jouissance uniforme était le partage de la condition pastorale; la liberté et une joyeuse oisiveté, son caractère.

Il en était tout autrement de l'agriculteur. Celui-ci était attaché servilement au sol qu'il avait ensemencé, et, en adoptant ce genre de vie, il avait renoncé à toute liberté quant à son séjour. Il fallait qu'il se réglât soigneusement sur la nature délicate de la plante qu'il élevait, qu'il en favorisât la croissance par l'art et le travail, tandis que le pâtre abandonnait son troupeau à lui-même. Le manque d'instruments lui rendait, dans le principe, tout travail plus difficile, et c'était à peine s'il y pouvait suffire avec ses deux mains. Que son genre de vie dut être pénible avant que la charrue le lui facilitât, avant qu'il eût contraint le taureau dompté à partager son travail !

Déchirer et ouvrir le sol, ensemencer, arroser, récolter même, combien tout cela n'exigeait-il pas de travaux ! et que de travail encore après la récolte, jusqu'à ce que le fruit de sa diligence fût amené à l'état où il s'en pouvait nourrir ! Que de fois ne dut-il pas défendre ses plantations contre les bêtes sauvages qui les attaquaient, les garder ou les entourer d'un rempart, souvent même combattre pour elles au péril de sa vie ! Et, malgré cela, combien peu assuré était encore le produit de son travail, exposé aux injures de la saison et de la température ! Le débordement d'une rivière, une grêle, suffisaient pour le lui ravir lorsqu'il touchait au but, et pour l'exposer aux plus rudes privations. Le sort du laboureur était donc dur, inégal et incertain, en comparaison de la vie commode et paisible du pasteur; et, dans un corps endurci par tant de travaux, son âme nécessairement devenait farouche.

S'il songeait à comparer son rude destin avec la vie heureuse du pasteur, il était inévitable que la différence le choquât; il devait, d'après ses idées toutes matérielles, tenir celui-ci pour un favori privilégié du ciel.

L'envie s'éveilla dans son sein; cette malheureuse passion ne pouvait manquer de s'éveiller à l'occasion de la première inégalité entre les hommes. Il regarda d'un œil louche le sort béni du pasteur qui, assis à l'ombre vis-à-vis de lui, gardait paisiblement son troupeau, pendant que le soleil le piquait lui-même de ses traits de feu, et que le travail faisait ruisseler la sueur de son front. La gaieté insouciante du pâtre le blessa. Il le prit en haine à cause de son bonheur et en mépris pour son oisiveté. Il nourrit ainsi contre lui dans son cœur une malveillance secrète, qui devait, à la première occasion, éclater en violence. Cette occasion ne pouvait se faire attendre longtemps; les droits de chacun n'avaient pas encore en ce temps de limites déterminées, et il n'y avait point de lois pour distinguer le mien et le tien. Tous se croyaient encore un droit égal sur la terre entière; car la division en propriétés ne pouvait être amenée que par des collisions venant à s'élever. Or, supposons que le pasteur eût, avec ses troupeaux, épuisé tous les pâturages d'alentour, et qu'il n'eût cependant aucune envie d'aller se perdre, quittant sa famille, dans des contrées éloignées.... Que dut-il faire! quelle idée dut naturellement lui venir? Il mena son troupeau dans les champs ensemencés par l'agriculteur, ou le laissa du moins en prendre lui-même le chemin. Il y avait là une riche pâture pour ses brebis, et nulle loi n'existait pour l'empêcher[1]. Tout ce qu'il pouvait atteindre était à lui : ainsi raisonnait l'humanité dans son enfance.

Alors donc, pour la première fois, l'homme entre en collision avec l'homme : à la place des bêtes sauvages, auxquelles seules le laboureur avait eu affaire jusque-là, se présenta l'homme. Celui-ci parut dès lors à ses yeux tel qu'une bête de proie, son ennemi, qui voulait ravager ses plantations. Il n'est pas étonnant qu'il le reçût comme il avait reçu la bête sauvage, que l'homme maintenant imitait. La haine qu'il avait portée, durant de longues années, dans son sein, contribua encore à l'aigrir, et un coup meurtrier de sa massue le vengea une bonne fois de la longue félicité de son voisin envié.

Telle fut la triste fin du premier différend entre les hommes[2]

---

[1]. Il y a ici, dans la *Thalie*, une phrase de plus : « Le sentiment naturel de l'équité aurait sans doute dû suffire pour l'en détourner; mais ce sentiment-là même, il lui fallait, pour se développer dans le sein de l'homme, de l'exercice, des occasions, et sa voix était encore trop faible pour résister au puissant appel du besoin. »

[2]. Dans la *Thalie*, ce paragraphe se termine par ces mots : « Ainsi eut lieu le premier meurtre dans la société. »

L'ÉGALITÉ DES CONDITIONS ABOLIE.

De quelques mots des livres de Moïse on peut conclure que la polygamie était dans ces premiers temps quelque chose de rare, et que, par conséquent, c'était déjà la coutume de se contenir dans les bornes du mariage et de se contenter d'une seule épouse. Cependant des mariages réguliers paraissent indiquer déjà une certaine moralité et un raffinement qu'on peut à peine attendre de cette époque primitive. Ce sont le plus souvent les suites du désordre qui amènent les hommes à l'ordre, et c'est l'anarchie qui donne naissance aux lois.

Cette introduction de mariages réguliers a donc dû, ce semble, reposer sur une coutume transmise plutôt que sur des lois. Le premier homme ne pouvait vivre autrement que dans le mariage, et l'exemple du premier avait déjà pour le second comme une force de loi. La race humaine avait commencé par un seul couple : la nature avait donc en quelque sorte, par cet exemple, proclamé sa volonté.

Si l'on admet que, dans les temps tout à fait primitifs, le rapport du nombre a été égal entre les deux sexes, il s'ensuit que la nature alors réglait elle-même ce que l'homme n'aurait point réglé. Chacun ne prenait qu'une femme, parce qu'il n'en restait qu'une pour lui.

Si ensuite une disproportion sensible se montra dans le nombre des deux sexes, et s'il y eut lieu de choisir, le premier ordre était déjà établi par l'usage, et personne ne se serait hasardé légèrement à violer par une innovation la coutume de ses pères.

De même que l'ordre des mariages, un certain gouvernement naturel s'établit aussi de lui-même dans la société. La nature avait fondé l'autorité paternelle, parce qu'elle rendait le faible enfant dépendant de son père, et qu'elle l'habituait, dès l'âge le plus tendre, à respecter sa volonté. Le fils devait conserver ce sentiment durant toute sa vie. Quand il devenait père à son tour, son fils à lui ne pouvait considérer sans vénération celui qu'il voyait traité si respectueusement par son père, et il dut tacitement reconnaître au père de son père une autorité supérieure. Cette autorité du chef de la race dut s'accroître en proportion de l'accroissement de sa famille et de son âge, et son expérience plus grande, fruit d'une si longue vie, ne pouvait manquer d'ailleurs de lui donner une supériorité naturelle sur tous ceux qui étaient plus jeunes. Dans toute contestation, c'était donc le chef de la race qui prononçait en dernier ressort, et, par la longue observance de cette coutume, il finit par s'établir une douce suprématie naturelle, celle du gouvernement patriarcal; mais cette suprématie, loin d'abolir l'égalité commune, la consolida plutôt.

Cependant cette égalité ne pouvait toujours durer. Quelques-uns étaient moins laborieux; quelques-uns moins favorisés par la fortune ou par le sol qu'ils cultivaient; quelques-uns nés plus faibles que les autres : il y eut donc des forts et des faibles, des courageux et des timides, des riches et des pauvres. Le faible et le pauvre durent demander; le riche put donner et refuser. La dépendance des hommes vis-à-vis d'autres hommes commença donc.

La nature des choses avait nécessairement introduit la coutume, que l'âge avancé dispensât du travail, et que le jeune homme se chargeât de la besogne pour le vieillard, le fils pour son père à cheveux blancs. Bientôt ce devoir de la nature fut imité par l'art. L'idée dut venir à plus d'un de réunir le commode repos du vieillard aux jouissances du jeune homme, et de se procurer quelqu'un qui remplît à son égard les devoirs d'un fils. Ses yeux tombèrent sur le pauvre ou sur le plus faible qui réclamait sa protection ou voulait avoir part à son abondance. L'homme pauvre et faible avait besoin de son assistance; lui, avait besoin du travail du pauvre. L'un devint donc la condition de l'autre. Le pauvre, le faible, servit et reçut; le fort, le riche, donna et resta oisif.

LA PREMIÈRE DIFFÉRENCE DES CONDITIONS.

Le riche devint plus riche par le travail du pauvre; pour augmenter sa richesse, il augmenta donc le nombre de ses valets;

il vit donc autour de lui beaucoup d'hommes moins heureux que lui ; beaucoup d'hommes dépendirent donc de lui. Le riche sentit ce qu'il était et devint orgueilleux. Il commença à changer les instruments de sa prospérité en instruments de sa volonté. Le travail d'un grand nombre tourna à son profit, au profit d'un seul; il en conclut que ce grand nombre existait pour un seul : il n'avait qu'un petit pas à faire pour être un despote.

Le fils du riche commença à se figurer qu'il valait mieux que les fils des valets de son père. Le ciel l'avait favorisé plus qu'eux; il était donc plus cher au ciel. Il se nomma le fils du ciel, comme nous appelons les favoris de la fortune enfants de la fortune. Auprès de lui, fils du ciel, le valet n'était qu'un fils de l'homme. De là, dans la *Genèse*, cette différence entre les enfants d'Élohim et les enfants des hommes.

La prospérité conduisit le riche à l'oisiveté; l'oisiveté le conduisit à la convoitise et enfin au vice. Pour remplir sa vie, il fallut qu'il augmentât le nombre de ses jouissances : déjà la mesure ordinaire de la nature ne suffisait plus à satisfaire le voluptueux, qui, dans son lâche repos, songeait à se créer des divertissements.

Il fallut qu'il eût tout meilleur et en plus grande abondance que le valet. Le valet se contentait toujours d'une seule épouse. Il se permit plusieurs femmes. Mais la jouissance continuelle émousse et lasse. Il fallut qu'il pensât aux moyens de la relever par des stimulants artificiels. Ce fut un pas de plus. Désormais il ne se contenta pas de ce qui ne faisait que satisfaire l'instinct de ses sens; il voulut mettre dans une jouissance des plaisirs plus variés et plus délicats. Les joies permises ne le rassasiaient plus; ses appétits en imaginèrent de secrètes. La femme, en tant que femme, n'avait plus de charme pour lui; maintenant il exigeait d'elle la beauté.

Parmi les filles de ses valets, il découvrit de belles femmes. La prospérité l'avait rendu orgueilleux. L'orgueil et l'assurance le rendirent arrogant. Il se persuada aisément que tout ce qui appartenait à ses valets était à lui. Comme on lui passait tout, il se permettait tout. La fille de son valet était trop au-dessous de lui pour être son épouse; mais elle était bonne cependant pour l'assouvissement de ses désirs : nouveau pas important du raffinement à la corruption.

L'exemple une fois donné, la corruption des mœurs dut bientôt devenir universelle. Moins elle rencontrait de lois répressives qui eussent pu l'arrêter, et plus la société dans laquelle cette immoralité naissait était encore voisine de l'état d'innocence, plus elle dut faire de violents progrès.

Le droit du plus fort s'établit, la puissance autorisa l'oppression, et pour la première fois paraissent des tyrans.

Le récit mosaïque les présente comme des fils de la joie, comme des bâtards engendrés dans d'illégitimes unions. S'il faut prendre cela à la lettre, il y a dans ce trait une finesse qu'on n'a pas encore signalée, que je sache. Ces fils bâtards héritèrent de l'orgueil de leur père, mais non de ses biens. Peut-être leur père les aimait-il et eut-il pour eux des préférences pendant sa vie ; mais ils furent exclus par ses héritiers légitimes, et chassés aussitôt après sa mort. Repoussés d'une famille dans laquelle ils étaient entrés, comme intrus, par une voie illégitime, ils se virent abandonnés et seuls dans ce vaste monde ; ils n'appartenaient à personne, et rien ne leur appartenait. Or, dans ce temps-là, il n'y avait pas d'autre manière de vivre sur la terre que d'être ou maître soi-même ou valet d'un maître.

Sans être maîtres, ils se trouvaient trop fiers pour être valets ; d'ailleurs ils avaient été élevés dans une trop grande aisance pour apprendre à servir. Que pouvaient-ils donc faire ? L'orgueil de leur naissance et des membres vigoureux étaient tout ce qui leur était resté. Le souvenir d'une opulence antérieure et un cœur aigri contre la société les accompagnaient seuls dans leur misère. La faim en fit des brigands ; le succès de leurs brigandages, des aventuriers, et même, à la fin, des héros.

Bientôt ils devinrent redoutables au paisible agriculteur, au pâtre sans défense, et, par leurs exactions, tirèrent d'eux ce qu'ils voulurent. Leur bonheur et leurs faits d'armes victorieux les rendirent fameux au loin dans les environs, et la commode abondance de ce nouveau genre de vie dut amener plus d'une recrue à leur bande. Ainsi ils devinrent des hommes puissants, comme dit l'Écriture, et célèbres.

Ce désordre croissant dans la société primitive aurait fini vraisemblablement par aboutir à l'ordre, et l'abolition de l'égalité parmi les hommes les eût amenés du régime patriarcal à des monarchies. Un de ces aventuriers, plus puissant et plus hardi que les autres, se serait imposé à eux comme leur maître, aurait bâti une ville forte et fondé le premier État; mais, aux yeux de l'être qui gouverne le destin du monde, ce changement était encore prématuré, et un terrible événement naturel vint tout à coup arrêter tous les pas que le genre humain était sur le point de faire dans la voie de la civilisation.

LE PREMIER ROI.

L'Asie, par l'effet du déluge, abandonnée de ses habitants humains, dut bientôt devenir la proie des bêtes sauvages, qui, grâce à la fertilité du sol, qui dut suivre le cataclysme, se multiplièrent rapidement et abondamment, et étendirent leur domination partout où l'homme était trop faible pour y mettre obstacle. Il fallut donc que toute étendue de terrain que la nouvelle race humaine cultivait fût d'abord conquise sur les animaux sauvages, puis défendue contre eux par la ruse et la force. Notre Europe est maintenant purgée de ces habitants féroces, et nous pouvons à peine nous faire une idée des maux qui accablèrent ces temps reculés; mais, sans parler de plusieurs passages de l'Écriture, nous pouvons juger de l'horreur de ce fléau par les usages des plus anciens peuples, et en particulier des Grecs, qui ont décerné l'immortalité et le rang de Dieux aux dompteurs de bêtes sauvages.

C'est ainsi que le Thébain Œdipe devint roi pour avoir fait périr le Sphinx dévastateur; c'est ainsi que Persée, Hercule, Thésée, et beaucoup d'autres gagnèrent leur renommée immortelle et leur apothéose. Quiconque travaillait donc à l'extermination de ces ennemis communs, devenait le plus grand bienfaiteur des hommes, et, pour y réussir, il fallait en effet réunir de rares qualités. La chasse contre ces animaux fut, avant que la guerre commençât ses ravages entre les hommes mêmes, le vrai métier des héros. Vraisemblablement on faisait cette chasse en se rassemblant en grandes troupes que commandait toujours le plus vaillant, c'est-à-dire celui à qui son courage et son intelligence assuraient une supériorité *naturelle* sur les autres. Celui-ci donna son nom aux plus importantes de ces entreprises guerrières, et ce nom engageait des centaines d'hommes à se joindre à sa suite, pour accomplir sous lui des actes de bravoure. Comme ces chasses devaient s'exécuter d'après certaines dispositions prévues, que le chef arrêtait et dirigeait, il acquérait par là, tacitement, le pouvoir de distribuer aux autres leurs rôles et de faire de sa volonté la leur. On s'habitua insensiblement à lui prêter obéissance, et à se soumettre à ses vues meilleures. S'il s'était distingué par des actes de valeur personnelle, par l'audace de son âme et la force de son bras, la crainte et l'admiration exerçaient en sa faveur une telle influence que l'on finissait par se soumettre aveuglément à sa direction. S'il s'élevait des divisions parmi ses compagnons de chasse, ce qui ne pouvait longtemps tarder parmi un essaim si nombreux de rudes chasseurs, c'était lui naturellement, lui que tous craignaient et honoraient, qui était le juge de la querelle; et le respect et la crainte qu'inspirait son courage personnel, suffisaient pour donner de la force à ses sentences. Ainsi, d'un conducteur de chasses, se forma tout d'abord un commandant et un juge.

Puis, au partage de la proie, il fallait équitablement que la plus grande part lui échût, à lui chef, et comme elle allait au delà de ses propres besoins, elle lui offrait un moyen de s'attacher d'autres hommes, de se faire des partisans et des amis. Bientôt il eut autour de lui une troupe des plus braves, qu'il cherchait toujours à accroître par de nouveaux bienfaits, et insensiblement il s'en forma une sorte de garde du corps, une bande de mamelouks, qui soutenaient ses prétentions avec un zèle fougueux, et effrayaient par le nombre quiconque pouvait être tenté de s'opposer à lui.

Comme ses chasses rendaient service à tous les propriétaires de champs et aux pasteurs, dont par là il purgeait les confins d'ennemis dévastateurs, il est possible qu'au commencement, en récompense de cette peine utile, on lui ait fait des dons volontaires, consistant en fruits de la terre et en bétail, dons que, dans la suite, il se sera fait continuer comme un tribut mérité, et qu'enfin il aura extorqués comme une dette et une taxe légale. Ces gains aussi, il les distribua aux plus vaillants de sa troupe, et par là il accrut de plus en plus le nombre de ses créatures. Comme souvent ses chasses le conduisaient à travers des champs et des terres que ces passages endommageaient, beaucoup de propriétaires trouvèrent bon de se racheter de cette charge par un présent volontaire, qu'il exigea également par la suite de tous les autres, à qui il aurait pu nuire. Par ces moyens et d'autres semblables, il augmenta sa richesse, et, par celle-ci, la foule de ses partisans, qui finit par grossir jusqu'à former une petite armée, d'autant plus redoutable qu'elle s'était endurcie, dans ses combats contre le lion et le tigre, à tous les travaux et à tous les dangers, et que son farouche métier l'avait rendue barbare. Désormais la terreur marcha devant son nom, et personne n'osa plus lui refuser une demande. S'il s'élevait quelque contestation entre un homme de sa suite et un étranger, le chasseur en appelait naturellement à son chef et protecteur, et celui-ci apprit ainsi à étendre aussi sa juridiction à des choses qui n'avaient nul rapport à sa chasse. Alors, pour être roi, il ne lui manquait plus qu'une solennelle reconnaissance, et pouvait-on bien la lui refuser, à la tête de ses bandes armées et impérieuses? Il était le plus propre à la domination, parce qu'il était le plus puissant pour faire exécuter ses ordres. Il était le commun bienfaiteur de tous, parce qu'on lui devait le repos, et qu'il protégeait contre l'ennemi commun. Il était déjà en possession du pouvoir, parce que les plus puissants étaient à ses ordres.

C'est d'une manière analogue que les ancêtres d'Alaric, d'Attila, de Mérovée, devinrent rois de leurs peuples. Il en est de même des rois grecs qu'Homère fait figurer devant nous dans l'Iliade. Tous commencèrent par être les chefs d'une troupe guerrière, vainqueurs de monstres, bienfaiteurs de leur nation. De chefs guerriers ils devinrent peu à peu arbitres et juges; avec leur butin ils s'achetèrent des partisans, qui les rendirent puissants et redoutables. Par leur puissance, enfin, ils montèrent sur le trône.

On cite l'exemple de Déjocès en Médie, à qui le peuple offrit volontairement la dignité royale, après qu'il se fut rendu utile à ce peuple comme juge ; mais on a tort d'appliquer cet exemple à la première origine de la royauté. Quand les Mèdes firent de Déjocès leur roi, ils étaient déjà un peuple, une société politique constituée ; et, au contraire, dans le cas dont je parle, c'était par le premier roi que devait naître la première société politique. Les Mèdes avaient porté le joug pesant des monarques assyriens ; le roi dont il est ici question, était le premier qui parût au monde, et le peuple qui se soumit à lui, une société d'hommes nés libres, qui n'avaient encore vu aucun pouvoir au-dessus d'eux. Un pouvoir déjà subi autrefois se laisse fort bien rétablir par cette voie paisible ; mais par cette voie paisible ne s'institue pas un pouvoir tout nouveau et inconnu.

Il paraît donc plus conforme à la marche des choses, que le premier roi ait été un usurpateur, qui fut placé sur le trône, non par un appel libre et unanime de la nation, car alors il n'y avait pas encore de nation, mais par la force, la fortune et une milice aguerrie.

LA MISSION DE MOÏSE

LA MISSION DE MOISE[1].

La fondation de l'État judaïque par Moïse est un des événements les plus mémorables que l'histoire nous ait conservés. Remarquable par la force d'intelligence qui l'exécuta, elle est plus importante encore par les suites qu'elle eut pour le monde et qui durent jusqu'à ce moment. Deux religions qui règnent sur la plus grande partie de la terre habitée, le christianisme et l'islamisme, s'appuient l'une et l'autre sur la religion des Hébreux : sans celle-ci il n'y aurait jamais eu ni christianisme, ni Coran.

Il est même incontestablement vrai, dans un certain sens, que nous devons à la religion mosaïque une grande partie des lumières dont nous jouissons aujourd'hui. Par elle, en effet, une précieuse vérité, que la raison, abandonnée à elle-même, n'eût trouvée qu'après un lent développement, la doctrine d'un Dieu unique, fut répandue par avance parmi le peuple, et s'y conserva, comme l'objet d'une foi aveugle, jusqu'au temps où elle put enfin mûrir dans les esprits plus éclairés et devenir une conception de la raison. Par là furent épargnés à une grande portion de la race humaine tous les tristes égarements auxquels le polythéisme aboutit nécessairement, et la constitution hé-

---

[1]. Ce morceau fut d'abord imprimé dans le dixième cahier de la *Thalie*, en 1790. (*Note de l'édition allemande.*) — Voyez, plus haut, la note de la p. 405. Voyez aussi ce que j'ai dit dans la *Vie de Schiller*, p. 83, de l'esprit général de ce morceau, où l'auteur, pour écarter tout merveilleux, a recours à des conjectures et des suppositions dont plus d'une n'est pas confirmée par les recherches les plus modernes de la science, et qui, dans tous les cas, sont bien loin, à mon sens, de tout expliquer.

braïque eut cet avantage exclusif, que la religion des sages ne fût pas en contradiction directe avec la religion populaire, comme c'était le cas chez les païens éclairés. Considérée à ce point de vue, la nation des Hébreux doit tenir à nos yeux une place importante dans l'histoire universelle, et tout le mal qu'on est habitué à dire de ce peuple, toute la peine que se sont donnée pour le rapetisser certains esprits plaisants, ne nous empêcheront pas d'être justes envers lui. L'indignité et la réprobation de la nation ne peuvent effacer le sublime mérite de son législateur; elles peuvent tout aussi peu détruire la grande influence à laquelle cette nation, à juste titre, prétend dans l'histoire du monde. Nous devons l'apprécier comme un vase impur et commun, mais dans lequel fut gardé quelque chose de très-précieux; nous devons honorer en elle le canal que la Providence a choisi, quelque impur qu'il fût, pour nous amener le plus noble de tous les biens, la vérité, mais aussi qu'elle brisa dès qu'il eut fait ce à quoi il était destiné. De cette manière nous serons aussi loin de prêter au peuple hébreu un mérite qu'il n'a jamais eu, que de lui ravir un mérite qui ne peut lui être contesté.

Les Hébreux, comme l'on sait, arrivèrent en Égypte comme une seule famille de nomades, qui ne comprenait pas plus de soixante-dix personnes, et ce n'est qu'en Égypte qu'ils devinrent un peuple. Durant un espace d'environ quatre cents ans qu'ils restèrent dans ce pays, ils se multiplièrent jusqu'au nombre d'à peu près deux millions, parmi lesquels on comptait six cent mille hommes en âge de porter les armes, à l'époque où ils sortirent de ce royaume. Pendant ce long séjour, ils vécurent séparés des Égyptiens, séparés aussi bien par la contrée où ils avaient leur demeure distincte, que par leur état de nomades qui fit d'eux un objet d'horreur pour les indigènes, et les exclut de toute participation aux droits civils des Égyptiens. Ils continuèrent de se gouverner à la façon des nomades, le père de famille commandant à la famille, le chef de tribu à la tribu, et ils formaient de la sorte un État dans l'État, qui, à la fin, par son immense accroissement, éveilla les inquiétudes des rois.

Une telle multitude d'hommes, établie à part, au cœur du royaume, oisive par l'effet de sa vie nomade, très-étroitement liée entre elle, mais n'ayant aucune communauté d'intérêts avec l'État, pouvait, dans le cas d'une invasion ennemie, devenir dangereuse, et éprouver aisément la tentation de profiter de la faiblesse de l'État, dont elle était l'oisive spectatrice. La politique conseillait donc de les observer de près, de les occuper, et de songer aux moyens de diminuer leur nombre. Conséquemment on les accabla de travaux pénibles, et, comme on avait appris à les rendre de la sorte utiles à l'État, l'intérêt s'unit à la politique pour augmenter leurs charges. On les contraignit inhumainement à des corvées publiques, et l'on établit des intendants spéciaux pour les presser et les maltraiter. Mais ce traitement barbare ne les empêcha pas de s'étendre toujours davantage. Une saine politique eût dès lors naturellement amené à les distribuer parmi les autres habitants et à leur donner les mêmes droits qu'à ceux-ci; mais c'était ce que ne permettait pas l'aversion universelle que les Égyptiens entretenaient contre eux. Cette aversion fut encore augmentée par les suites mêmes qu'elle devait nécessairement avoir. Quand le roi d'Égypte accorda pour demeure à la famille de Jacob la province de Gosen, sur la rive orientale du Nil inférieur, il n'avait guère compté sans doute qu'une postérité de deux millions d'âmes dût un jour y trouver place. La province n'était donc vraisemblablement pas d'une bien grande étendue, et, si même on suppose qu'en la leur assignant on n'eût en vue que la centième partie d'une telle descendance, le don était encore assez généreux. Mais, comme le terrain occupé par les Hébreux ne s'étendit pas en proportion de leur population, leurs habitations se trouvèrent nécessairement resserrées de plus en plus à chaque génération, jusqu'à ce que, à la fin, ils furent entassés, d'une façon très-préjudiciable à la santé, dans le plus étroit espace. Quoi de plus naturel que de voir découler de là les suites qui, en pareil cas, sont inévitables? à savoir la plus grande malpropreté et des épidémies contagieuses. Ainsi nous remontons là à la cause première d'un mal qui, jusqu'à nos jours, est demeuré propre à cette nation; mais, en ce temps-là, ses ravages durent être terribles. Le plus horrible fléau de ce climat, la lèpre, éclata parmi eux et se transmit, comme un héritage, à une longue suite de descendants. Elle empoisonna lentement les sources de la vie et de la génération, et d'un mal accidentel naquit à la fin un vice de constitution, endémique et héréditaire. L'extension universelle de cette maladie peut déjà se conclure du grand nombre des dispositions que le législateur a prises pour le combattre, et le témoignage unanime des écrivains profanes, de l'Égyptien Manéthon, de Diodore de Sicile, de Tacite, de Lysimaque, de Strabon, et de beaucoup d'autres, qui de la nation juive ne connaissent presque rien que cette maladie populaire de la lèpre, prouve combien l'impression qu'elle faisait aux Égyptiens dut être générale et profonde.

Cette lèpre donc, suite naturelle de leur étroit séjour, de leur nourriture malsaine et insuffisante, et des mauvais traitements qu'on exerçait envers eux, devint à son tour une nouvelle cause de mauvais traitements. On les avait d'abord méprisés comme bergers, évité comme étrangers : maintenant on se mit à les fuir et on les abhorra comme pestiférés. A la crainte et à la répugnance qu'on avait toujours eue en Égypte vis-à-vis d'eux, se joignit désormais le dégoût et un profond mépris, qui les repoussait au loin. Envers des hommes que la colère des dieux avait marqués d'une manière si terrible, on se crut tout permis, et l'on ne se fit nul scrupule de les priver des droits les plus sacrés de l'humanité.

Il n'est pas étonnant que la barbarie envers eux augmentât à mesure que les suites de ce traitement barbare devenaient plus visibles, et qu'on les châtiât toujours plus durement du mal même qu'on avait attiré sur eux.

La mauvaise politique des Égyptiens ne sut réparer la faute qu'elle avait commise que par une faute nouvelle et plus grossière. Comme, malgré la plus cruelle oppression, elle ne réussit pas à tarir les sources de la population, elle s'avisa de l'expédient, aussi misérable qu'inhumain, de faire égorger sans délai, par les sages-femmes, les fils nouveau-nés. Mais, grâce aux bons instincts de la nature humaine, les tyrans ne sont pas toujours bien obéis quand ils commandent des abominations. Les sages-femmes, en Égypte, surent braver cet ordre contre nature, et le gouvernement ne put faire exécuter ses mesures violentes que par des moyens d'extrême violence. Des meurtriers apostés parcoururent, par l'ordre du roi, les demeures des Hébreux et égorgèrent dans le berceau tout ce qu'ils trouvèrent d'enfants mâles. Par cette voie, sans doute, le gouvernement égyptien devait finir par atteindre son but, et, à moins qu'un sauveur n'intervînt, voir détruite, dans un petit nombre de générations, toute la nation des Juifs.

Mais d'où pouvait venir aux Hébreux ce sauveur ? Il était difficile que ce fût du milieu des Égyptiens, car comment un de ceux-ci se serait-il employé pour une nation qui lui était étrangère, dont il ne comprenait même pas et certainement n'eût pas pris la peine d'apprendre la langue; enfin qui devait lui paraître aussi incapable qu'indigne d'un meilleur sort? Bien moins encore pouvait-il s'élever du milieu d'eux-mêmes : car qu'avait fait, à la longue, du peuple hébreu, dans le cours de quelques siècles, l'inhumanité des Égyptiens? Le peuple le plus grossier, le plus méchant, le plus réprouvé de la terre, abruti par la privation de toute culture pendant trois cents ans, abattu et aigri par une si longue oppression servile, dégradé à ses propres yeux par une infamie héréditairement attachée à lui, énervé et paralysé pour toute résolution héroïque; enfin, par la durée si constante de sa stupide ignorance, ravalé presque à la condition de la bête. Comment, d'une race si abandonnée, pouvait-il sortir un homme libre, une tête éclairée, un héros ou un homme d'État? Où pouvait-il se trouver parmi eux un homme qui donnât à une plèbe d'esclaves, si profondément méprisée, de la considération; à un peuple si longtemps opprimé, le sentiment de soi-même; à une horde de pâtres, si ignorante et si grossière, la supériorité sur ses oppresseurs policés ? Parmi les Hébreux d'alors il pouvait, aussi peu que dans la caste réprouvée des Parias parmi les Indous, naître un esprit hardi et héroïque.

Ici la main puissante de la Providence, qui sait dénouer, par les moyens les plus simples, les nœuds les plus compliqués, commande notre admiration : non de cette Providence qui, par la voie violente des miracles, intervient dans l'économie de la nature, mais de celle qui a prescrit à la nature même une économie qui, de la manière la plus paisible, accomplit des choses extraordinaires. A un homme né Égyptien manquait, pour s'ériger en libérateur des Hébreux, le mobile nécessaire, l'intérêt national à leur égard. Un simple Hébreu ne pouvait avoir ni la force, ni l'intelligence que voulait une telle entreprise. Quel expédient choisit donc le destin ? Il prit un Hébreu, mais il l'enleva de bonne heure à son peuple grossier, lui procura la jouissance de la sagesse égyptienne, et ainsi un Hébreu, élevé à la façon des Égyptiens, devint l'instrument par lequel cette nation échappa à l'esclavage.

Une mère juive, de la tribu de Lévi, avait dérobé, pendant trois mois, son fils nouveau-né aux meurtriers qui, parmi son peuple, poursuivaient tout enfant mâle; mais, à la fin, elle désespéra de pouvoir plus longtemps lui assurer un abri dans sa maison. La nécessité lui suggéra une ruse par laquelle peut-être elle espérait le sauver. Elle plaça son nourrisson dans une petite corbeille de papyrus qu'elle avait garantie, avec de la poix, de l'irruption de l'eau, et elle attendit le temps où la fille de Pharaon avait coutume de se baigner. Peu avant ce moment, elle ordonna à la sœur de l'enfant de déposer la corbeille où il était, dans les roseaux auprès desquels passait la fille du roi, et où par conséquent elle devait frapper les yeux de celle-ci. Elle-même resta dans le voisinage, pour attendre le sort ultérieur de son fils. La fille de Pharaon aperçut bientôt l'enfant, et, comme il lui plut, elle résolut de le sauver. La sœur alors se risque à approcher et s'offre à lui amener une nourrice juive, ce que la princesse accepte. La mère obtient ainsi son fils une seconde fois, et maintenant elle peut l'élever sans danger et publiquement. Il apprit de la sorte la langue de sa nation et se familiarisa avec ses mœurs, et pendant ce temps sa mère ne négligeait probablement pas d'imprimer dans son âme tendre un tableau fort touchant du commun malheur. Lorsqu'il eut atteint l'âge où il n'avait plus besoin des soins maternels, et où il devint nécessaire de le dérober au sort général de son peuple, sa mère le rapporta à la fille du roi, et dès lors lui abandonna le sort futur de l'enfant. La fille de Pharaon l'adopta, et lui donna le nom de Moïse, parce qu'il avait été sauvé de l'eau. D'enfant d'esclave et de victime dévouée à la mort, il devint donc le fils d'une fille de roi, et, comme tel, il eut part à tous les avantages dont jouissaient les enfants des rois. Les prêtres, à l'ordre desquels il appartenait dès son entrée dans la famille royale, se chargèrent à partir de ce moment, de son éducation, et l'instruisirent dans toute la sagesse égyptienne, qui était la propriété exclusive de leur caste. Il est même probable qu'ils ne lui dérobèrent aucun de leurs secrets, car un passage de l'historien Manéthon, qui fait de Moïse un apostat de la religion égyptienne et un prêtre évadé d'Héliopolis, nous laisse présumer qu'il avait été destiné au sacerdoce.

Or, pour déterminer ce que Moïse a pu apprendre à cette école et quelle part l'éducation qu'il reçut des prêtres égyptiens a eue plus tard à sa législation, il nous faut entrer dans quelques détails sur cet institut sacerdotal, et entendre le témoignage des anciens auteurs sur ce qui s'y faisait et s'y enseignait. Déjà l'apôtre saint Étienne admet que Moïse fut instruit dans toute la sagesse des Égyptiens. L'historien Philon dit que Moïse fut initié par les prêtres de l'Égypte à la philosophie des symboles et des hiéroglyphes, comme aussi aux mystères des animaux sacrés. Ce témoignage est confirmé par plusieurs écrivains, et, lorsqu'on aura jeté un coup d'œil sur ce qu'on appelle les mystères égyptiens, il se révélera une analogie remarquable entre ces mystères et ce que Moïse fit et régla par la suite.

Le culte des anciens peuples dégénéra bientôt, comme l'on sait, en polythéisme et en superstition, et même chez les races que l'Écriture nous nomme comme adoratrices du vrai Dieu, les idées de l'Être suprême n'étaient ni pures ni nobles, bien loin de se fonder sur une claire notion raisonnable. Mais aussitôt qu'à la suite d'une meilleure organisation de la société civile et par la fondation d'un État régulier, les classes eurent été séparées, et que le soin des choses divines fut devenu le privilége d'un ordre particulier; aussitôt que l'esprit humain, affranchi de tout souci propre à le distraire, eut trouvé le loisir de se livrer entièrement à la contemplation de lui-même et de la nature; aussitôt que des regards plus lucides eurent pénétré dans l'économie physique de ce monde, la raison dut enfin triompher de ces grossières erreurs, et la notion de l'Être suprême s'ennoblir. L'idée d'une connexion universelle des choses ne pouvait manquer de conduire à l'idée d'une seule intelligence suprême, et cette notion, où devait-elle germer plutôt que dans la tête d'un prêtre? L'Égypte étant le premier État civilisé que l'histoire connaisse, et les plus anciens mystères étant originaires d'Égypte, c'est là, selon toute vraisemblance, que la première idée de l'unité de l'Être suprême fut conçue par un cerveau humain. Le mortel heureux qui le premier trouva cette idée si propre à élever l'âme, chercha parmi ceux qui étaient autour de lui des sujets capables, auxquels il la transmit comme un trésor sacré, et ainsi elle passa en héritage à travers qui sait combien de générations, jusqu'à ce qu'elle devint la propriété de toute une petite société qui était en état de la comprendre et de la développer.

Mais, comme une certaine mesure de connaissances et une certaine culture de l'entendement étaient nécessaires pour bien saisir et appliquer l'idée d'un Dieu unique ; comme la croyance à l'unité divine amenait nécessairement avec elle le mépris du polythéisme, qui était pourtant la religion dominante, l'on comprit bientôt qu'il serait imprudent, et même dangereux, de répandre cette idée publiquement et universellement. On ne pouvait se promettre d'introduire cette nouvelle doctrine sans avoir d'abord renversé les anciens dieux de l'État, sans les avoir montrés dans leur ridicule nudité. Mais, d'un autre côté, l'on ne pouvait assurément ni prévoir ni espérer que chacun de ceux à qui l'on aurait montré le ridicule de l'ancienne superstition devînt aussitôt capable de s'élever à la pure et difficile conception du vrai. En outre, toute la constitution civile était fondée sur cette superstition ; la renverser, c'était renverser en même temps toutes les colonnes qui portaient l'édifice politique, et il était encore fort douteux que la nouvelle religion qu'on mettait à sa place eût tout d'abord une assiette assez solide pour porter cet édifice.

Si, au contraire, on échouait dans la tentative de renverser les anciens dieux, on se trouvait avoir armé contre soi l'aveugle fanatisme et s'être livré en proie à la fureur de la multitude. On jugea donc qu'il valait mieux faire de la nouvelle et dangereuse vérité la propriété exclusive d'une petite société limitée, tirer de la foule et admettre dans l'alliance ceux qui montreraient un degré suffisant d'intelligence pour une telle initiation, et envelopper cette vérité même, qu'on voulait dérober aux yeux impurs, d'un voile que celui-là seul pourrait écarter qu'on y aurait soi-même rendu apte.

On choisit à cet effet les hiéroglyphes, écriture symbolique expressive, qui cachait une idée générale sous un assemblage de signes sensibles, et reposait sur certaines règles arbitraires dont on était convenu. Comme ces hommes éclairés savaient encore par l'idolâtrie avec quelle force on peut agir sur de jeunes cœurs par l'imagination et les sens, ils n'hésitèrent pas à faire usage, au profit de la vérité, de ce moyen d'influence de l'imposture. Ils introduisirent donc les nouvelles idées dans les esprits avec une certaine solennité extérieure, et, par divers moyens appropriés à ce but, ils commencèrent par mettre l'âme du disciple dans un état d'agitation passionnée qui devait la rendre plus apte à recevoir la vérité révélée. De ce genre étaient les purifications qu'avait à accomplir le futur initié, les ablutions et les aspersions, l'abstinence de toutes jouissances sensuelles, la coutume de revêtir des habits de lin, de tendre et d'élever l'âme par le chant, le silence significatif, le passage de l'obscurité à la lumière, et autres choses semblables.

Ces cérémonies, combinées avec ces hiéroglyphes, avec ces figures d'un sens secret, et les vérités cachées qui étaient voilées sous les hiéroglyphes et auxquelles ces rites préparaient, étaient comprises ensemble sous le nom de mystères. Ils avaient leur siége dans les temples d'Isis et de Sérapis, et ils furent le prototype d'après lequel se formèrent dans la suite les mystères d'Éleusis et de Samothrace et, dans les temps modernes, l'ordre des Francs-Maçons.

Il paraît hors de doute que le fond des plus anciens mystères, à Héliopolis et à Memphis, au temps de leur pureté primitive, était l'unité de Dieu et la réfutation du paganisme, et que l'immortalité de l'âme y était enseignée. Ceux qui participaient à ces importantes révélations se nommaient Contemplateurs ou Époptes, parce que la connaissance d'une vérité auparavant cachée est comparable au passage de l'obscurité à la lumière; peut-être aussi parce qu'ils contemplaient proprement et réellement, dans des images sensibles, les vérités nouvellement reconnues.

Mais ils ne pouvaient arriver tout d'un coup à cette contemplation, parce qu'il fallait d'abord que l'esprit fût purgé de mainte erreur, qu'il eût passé par diverses préparations, avant de pouvoir supporter la pleine lumière de la vérité. Il y avait donc des degrés ou grades, et c'était seulement dans l'intérieur du sanctuaire que le voile tombait entièrement de leurs yeux.

Les Époptes reconnaissaient une cause unique et suprême de toutes les choses, une force suprême de la nature, l'être de tous les êtres, qui était le même que le démiurge des sages de la Grèce. Rien de plus sublime que la grandeur simple avec laquelle ils parlaient du créateur du monde. Pour le relever d'une manière très-frappante, ils ne lui donnaient aucun nom. « Un nom, disaient-ils, n'est qu'une nécessité de distinction ; celui qui est seul n'a pas besoin de nom, car il n'est rien avec quoi il puisse être confondu. » Au bas d'une vieille statue d'Isis, on lisait ces mots : « Je suis ce qui est ; » et sur une pyramide, à Saïs, se trouvait cette antique et remarquable inscription : « Je suis tout ce qui est, qui fut et qui sera ; aucun homme mortel n'a levé mon voile. » Nul homme ne pouvait entrer dans le temple de Sérapis s'il ne portait sur la poitrine ou sur le front le nom Iao, ou I-ha-ho, qui a presque le même son et vraisemblablement la même valeur que le Iéhovah des Hébreux ; et aucun nom n'était prononcé en Égypte avec plus de respect que cette appellation d'Iao. Dans l'hymne que l'hiérophante ou président du sanctuaire chantait à l'adepte admis à l'initiation, voici quelle était la première révélation sur la nature de la divinité : « Il est unique et par lui-même, et à cet être unique toutes choses doivent leur existence. »

Une cérémonie préliminaire, indispensable, avant toute initiation, était la circoncision, à laquelle Pythagore aussi dut se soumettre avant son admission aux mystères égyptiens. Cette distinction d'avec tous ceux qui n'étaient pas circoncis devait indiquer une association plus étroite, un rapport plus intime avec la divinité, et c'est dans cette vue que Moïse l'introduisit aussi par la suite chez les Hébreux.

Dans l'intérieur du temple s'offraient aux yeux de l'adepte divers ustensiles sacrés qui exprimaient un sens caché. Parmi ces objets était une arche sainte, qu'on nommait le cercueil de Sérapis, qui, sans doute, originairement devait être un symbole de sagesse secrète, mais qui, plus tard, lorsque l'institution dégénéra, devint le futile objet de la cachotterie et des misérables artifices des prêtres. Porter en procession cette arche était un privilége des prêtres ou d'une classe particulière de ministres du sanctuaire qu'on appelait pour cela Cistophores. Il n'était permis qu'à l'hiérophante de découvrir l'arche ou même de la toucher, et l'on raconte qu'un téméraire qui avait osé l'ouvrir tomba soudain en démence.

On rencontrait, en outre, dans les mystères égyptiens certaines images hiéroglyphiques de dieux, qui étaient composées de plusieurs figures d'animaux. Le sphinx si connu est de ce genre. On voulait représenter par là les qualités qui se réunissent dans l'être suprême, ou encore accumuler dans un seul corps ce qu'il y a de plus puissant dans tous les êtres vivants. On emprunta quelque chose du plus puissant oiseau, de l'aigle; du plus puissant des animaux sauvages, du lion; du plus puissant des animaux privés, du taureau; et enfin du plus puissant de tous les animaux, de l'homme. Le symbole du taureau ou d'Apis fut surtout employé comme emblème de la force, pour indiquer la toute-puissance de l'être suprême; or le taureau, dans la langue primitive, a nom Cherub.

Ces figures mystiques, dont personne n'avait la clef que les Époptes, donnaient aux mystères eux-mêmes un côté extérieur sensible, qui trompait le peuple et avait même quelque ressemblance avec le culte des idoles. La superstition trouva donc dans le vêtement extérieur des mystères un perpétuel aliment, tandis que dans le sanctuaire on se moquait d'elle.

On conçoit cependant comment ce déisme pur pouvait vivre en bon accord avec l'idolâtrie : tout en la renversant intérieurement, il la favorisait à l'extérieur. Cette contradiction entre la religion des prêtres et la religion du peuple était, chez les premiers fondateurs des mystères, excusée par la nécessité; elle parut être entre deux maux le moindre, parce qu'on pouvait plutôt espérer de combattre les suites fâcheuses du déguisement de la vérité que les funestes effets de la vérité inopportunément dévoilée. Mais, comme, peu à peu, des membres indignes se glissèrent dans le cercle des initiés, et que l'institution perdit de sa pureté primitive, on en vint à faire de ce qui d'abord n'avait été qu'une concession à la nécessité, à savoir du mystère, le but même de l'institution, et, au lieu d'épurer la superstition progressivement, et de préparer le peuple à recevoir la vérité, on trouva profitable de l'égarer de plus en plus, et de le précipiter, toujours plus profondément, dans la superstition. Les artifices sacerdotaux prirent alors la place de ces intentions innocentes et pures, et cette institution même, qui devait maintenir, conserver et répandre avec circonspection la connaissance du seul et vrai Dieu, commença à devenir le moyen le plus puissant de propager l'erreur contraire, et à dégénérer en une véritable école d'idolâtrie. Des hiérophantes, pour ne pas perdre leur pouvoir sur les âmes et pour tenir l'attente toujours en suspens, trouvèrent bon de reculer de plus en plus la dernière révélation qui devait écarter à tout jamais toute prévision trompeuse, et de rendre difficile, par toute sorte de coups de théâtre, l'accès du sanctuaire. A la fin, la clef des hiéroglyphes et des figures mystérieuses se perdit entièrement, et il en résulta qu'on les prit eux-mêmes pour la vérité, qu'ils ne devaient primitivement que voiler.

Il est difficile de déterminer si les années d'éducation de Moïse appartinrent aux temps florissants de l'institution ou au commencement de la perversion; mais il est vraisemblable qu'alors elle approchait déjà de son déclin, comme nous pouvons le conclure de quelques puérilités que lui emprunta le législateur des Hébreux et de quelques artifices moins louables qu'il employa. Mais l'esprit des premiers fondateurs n'en avait pas encore disparu, et la doctrine de l'unité du créateur de l'univers récompensait encore l'attente des initiés.

Cette doctrine, qui entraînait nécessairement le mépris le plus décidé du polythéisme, jointe au dogme de l'immortalité de l'âme, que l'on ne pouvait guère en séparer, fut le plus riche trésor que le jeune Hébreu emporta des mystères d'Isis. En même temps, il se familiarisa avec la connaissance des forces de la nature, qui alors étaient aussi l'objet des sciences secrètes, et cette connaissance le mit dans la suite en état d'opérer des miracles et de lutter, en présence de Pharaon, contre ses maîtres ou les magiciens, qu'il vainquit même par quelques prodiges. La suite de sa vie prouve qu'il avait été un disciple attentif et capable, et qu'il était parvenu au plus haut degré de la contemplation.

Dans cette même école il amassa un trésor d'hiéroglyphes, d'images mystiques et de cérémonies, dont son esprit inventif tira parti plus tard. Il avait parcouru tout le domaine de la sagesse égyptienne, médité tout le système des prêtres, pesé et comparé ses défauts et ses avantages, sa force et sa faiblesse, et jeté de vastes et profonds regards dans la politique de ce peuple.

On ignore combien de temps il demeura à l'école des prêtres, mais sa tardive entrée en scène comme homme politique, laquelle n'eut lieu que vers l'âge de quatre-vingts ans, permet d'admettre qu'il avait peut-être consacré vingt années et plus à l'étude des mystères et de la constitution de l'État. Toutefois ce séjour parmi les prêtres ne paraît l'avoir exclu en aucune manière du commerce de sa nation, et il eut mainte occasion d'être témoin de l'inhumanité sous laquelle elle était condamnée à gémir.

L'éducation égyptienne n'avait pas éteint dans son cœur le sentiment national. Les mauvais traitements subis par son peuple lui rappelaient que, lui aussi, il était Hébreu, et une juste indignation se gravait profondément au dedans de lui, toutes les fois qu'il le voyait souffrir. Plus il avait le sentiment de lui-même, plus le traitement indigne des siens devait le révolter.

Un jour, il vit un Hébreu accablé de coups par un Égyptien préposé à la corvée; ce spectacle le mit hors de lui : il tua l'Égyptien. Bientôt le bruit de son action se répand : sa vie est en danger; il faut qu'il quitte l'Égypte, et il s'enfuit dans le désert d'Arabie. Beaucoup d'auteurs placent cette fuite à sa quarantième année, mais sans aucune preuve. Il nous suffit de savoir que Moïse ne pouvait plus être fort jeune lorsqu'elle eut lieu.

Avec cet exil commença une nouvelle époque de sa vie, et, pour bien juger sa future conduite politique en Égypte, il nous faut l'accompagner dans sa retraite en Arabie. Il emporta avec lui dans le désert une haine mortelle contre les oppresseurs de sa nation, et toutes les connaissances qu'il avait puisées dans les mystères. Son esprit était plein d'idées et de projets; son cœur, d'amertume; et dans cette solitude vide d'hommes il n'y avait rien qui pût le distraire.

L'Écriture le montre gardant les brebis d'un Arabe Bédouin,

nommé Jéthro. Cette chute profonde qui, du haut de ses espérances, de ses grandes vues en Égypte, le précipite dans la condition de gardeur de bétail en Arabie, qui change le souverain futur en valet mercenaire d'un nomade, combien ne dut-elle pas blesser mortellement son âme!

Sous l'habit d'un berger il porte partout avec lui l'esprit ardent d'un prince souverain, une ambition toujours active. Ici, dans ce désert romantique, où le présent ne lui offre rien, il se réfugie dans le passé et dans l'avenir, et converse avec ses muettes pensées. Toutes les scènes d'oppression dont il fut témoin jadis passent maintenant devant lui, dans sa mémoire; maintenant rien n'empêche que ce souvenir n'enfonce profondément dans son âme l'aiguillon du ressentiment. Il n'est rien de plus insupportable à une grande âme que de tolérer l'injustice. Joignez à cela que c'est son propre peuple qui la souffre. Un noble orgueil s'éveille dans son sein, et une vive ardeur d'agir, de se signaler, s'unit en lui à l'orgueil offensé.

Tout ce qu'il a amassé dans son esprit durant de longues années, tout ce qu'il a médité et conçu de beau et de grand mourrait donc avec lui dans ce désert? il l'aurait en vain médité et conçu? Son âme ardente ne peut supporter une telle pensée. Il s'élève au-dessus de son sort : non, ce désert ne sera pas la limite de son activité; l'être sublime qu'il a appris à connaître dans les mystères l'a destiné à quelque chose de grand. Son imagination, enflammée par la solitude et le silence, s'attache à ce qui l'intéresse de plus près et prend le parti des opprimés. Les sensations semblables se cherchent, et le malheureux se range de préférence du côté des malheureux. En Égypte il serait devenu un Égyptien, un hiérophante, un général; en Arabie, il devient un Hébreu. Cette idée s'élève, grande et sublime, dans son âme : « Je veux délivrer ce peuple. »

Mais quelle possibilité d'accomplir ce projet? Innombrables sont les obstacles qui s'opposent à ses vues, et ceux qu'il aura à combattre dans son propre peuple sont certes, entre tous, les plus terribles. Il ne peut supposer aux Hébreux ni l'union ni la confiance, ni le sentiment d'eux-mêmes, ni le courage, ni l'esprit de communauté, ni cet enthousiasme qui éveille les actions hardies : un long esclavage, une misère de quatre cents ans, a étouffé tous ces sentiments. Le peuple à la tête duquel il doit se placer est aussi incapable qu'indigne de cette entreprise audacieuse. De ce peuple même il ne peut rien attendre, et pourtant sans ce peuple il ne peut rien accomplir. Que lui reste-t-il donc à faire? Avant d'entreprendre sa délivrance, il faut d'abord qu'il le rende apte à recevoir un tel bienfait. Il faut qu'il le rétablisse dans les droits de l'humanité, qu'il a aliénés. Il faut qu'il lui rende les qualités qu'un long abrutissement a étouffées en lui, c'est-à-dire il faut enflammer en lui l'espoir, la confiance, l'héroïsme, l'enthousiasme.

Mais ces dispositions ne peuvent s'appuyer que sur le sentiment, vrai ou trompeur, de sa propre force, et les esclaves des Égyptiens où prendraient-ils ce sentiment? Supposé même qu'il réussisse à les entraîner, pour un moment, par son éloquence, cette inspiration artificielle ne les abandonnera-t-elle pas au premier danger? Ne retomberont-ils pas, plus découragés que jamais, dans leurs sentiments serviles?

C'est ici que le prêtre égyptien et le politique viennent au secours de l'Hébreu. Son initiation aux mystères, son école sacerdotale d'Héliopolis lui rappellent maintenant le puissant mobile par lequel un petit ordre de prêtres dirigeait à son gré des millions d'hommes grossiers. Ce mobile n'est autre que la confiance en une protection surhumaine, la foi aux pouvoirs surnaturels. Ne découvrant donc rien dans le monde visible, dans le cours naturel des choses, par quoi il puisse inspirer du courage à sa nation opprimée; ne pouvant attacher la confiance des siens à rien de terrestre, il l'attache au ciel. Renonçant à l'espoir de lui donner le sentiment de sa propre force, il ne lui reste d'autre ressource que de lui donner un Dieu qui possède cette force qu'il n'a point. S'il réussit à lui inspirer la foi en ce Dieu, il l'aura rendue forte et hardie, et cette foi en un bras plus puissant sera la flamme à laquelle il faut qu'il parvienne à allumer toutes les autres forces et vertus. S'il vient à bout de s'accréditer auprès de ses frères comme l'organe et l'envoyé de ce Dieu, ils seront dans ses mains comme la paume qu'il poussera à son gré : il les dirigera comme il voudra. Mais maintenant la question est de savoir quel Dieu il leur annoncera et par quels moyens il les fera croire en ce Dieu.

Leur annoncera-t-il le vrai Dieu, le démiurge, l'Iao. auquel il croit lui-même, qu'il a appris à connaître dans les mystères?

Comment pourrait-il attendre le moins du monde d'une tourbe d'esclaves ignorants, telle qu'est sa nation, une intelligence ouverte à une vérité qui est l'héritage d'un petit nombre de sages égyptiens, et qui, pour être comprise, présuppose un haut degré de lumière? Comment pourrait-il se flatter de l'espoir que le rebut de l'Égypte conçoive un dogme qui, parmi les meilleurs de ce pays, n'est saisi que du plus petit nombre?

Mais à supposer qu'il réussit même à donner aux Hébreux l'idée du vrai Dieu, ce Dieu, dans leur situation, ne peut seulement pas leur servir : la connaissance de ce Dieu minera plutôt son projet que de le seconder; car le vrai Dieu ne se soucierait pas plus des Hébreux que de tout autre peuple; le vrai Dieu ne pourrait combattre pour eux, renverser en leur faveur l'ordre de la nature. Il les laisserait vider leur querelle avec les Égyptiens et n'y interviendrait par aucun miracle : à quoi donc pourrait-il leur servir?

Doit-il leur prêcher un Dieu faux et fabuleux, contre lequel sa raison se révolte, que les mystères lui ont rendu odieux? Pour cela son esprit est trop éclairé, son cœur trop sincère et trop noble. Il ne veut pas fonder sur un mensonge sa bienfaisante entreprise. L'enthousiasme qui maintenant l'anime ne lui prêterait pas pour une imposture son feu salutaire, et, dans un rôle si méprisable, qui eût été à ce point en contradiction avec sa conviction intime, le courage, la joie, la constance l'eussent bientôt abandonné. Il veut rendre complet le bien qu'il se dispose à faire à son peuple; il ne veut pas qu'il soit seulement indépendant et libre, mais encore heureux et éclairé. Il veut fonder son œuvre pour l'éternité.

Il ne faut donc pas qu'elle soit fondée sur la tromperie, mais sur la vérité. Comment conciliera-t-il ces contradictions? Il ne peut annoncer aux Hébreux le vrai Dieu, parce qu'ils sont incapables de le comprendre; il ne veut pas leur annoncer un Dieu fabuleux, parce qu'il méprise ce rôle qui lui répugne. Il ne lui reste donc que de leur annoncer son vrai Dieu d'une manière fabuleuse.

Alors il médite sur sa religion rationnelle, et examine ce qu'il lui doit donner et ôter pour lui assurer un favorable accueil auprès de ses Hébreux. Il considère leur situation, leurs moyens si bornés; il descend dans leur âme et y cherche les fils secrets auxquels il pourra attacher sa vérité.

Il attribue donc à son Dieu les qualités que leurs facultés intellectuelles et leurs besoins présents réclament de lui. Il approprie son Iao au peuple à qui il veut le prêcher; il l'approprie aux circonstances dans lesquelles il le prêche, et ainsi naît son Iéhovah.

Dans les esprits de son peuple il trouve, il est vrai, une certaine croyance aux choses divines; mais cette croyance avait dégénéré en la plus grossière superstition. Il faut qu'il extirpe cette superstition, mais qu'il conserve la foi. Il faut qu'il la dégage simplement de son indigne objet actuel, et qu'il la tourne vers sa nouvelle divinité. La superstition même lui en fournit les moyens. D'après la commune erreur de ce temps, chaque peuple était sous la protection d'un dieu national particulier, et l'orgueil patriotique était flatté de placer ce dieu au-dessus de ceux de tous les autres peuples. Mais on ne contestait nullement pour cela leur divinité à ces derniers : on la reconnaissait également; seulement, il ne fallait pas qu'ils s'élevassent au-dessus du dieu national. C'est à cette erreur que Moïse rattacha sa vérité. Il fit du démiurge des mystères le dieu national des Hébreux, mais il alla encore un pas plus loin.

Il ne se contenta pas simplement de faire de ce dieu national le plus puissant de tous les dieux, mais il en fit le dieu unique, et précipita dans leur néant tous les dieux d'alentour. Il le donna, à la vérité, aux Hébreux comme leur propriété, pour s'accommoder à leur manière de concevoir; mais en même temps il lui soumit tous les autres peuples et toutes les forces de la nature. Il sauva ainsi, dans la forme sous laquelle il le présenta aux Hébreux, les deux attributs les plus importants de son vrai Dieu : l'unité et la toute-puissance, et les rendit plus efficaces sous cette enveloppe humaine.

Il fallut maintenant que ce vain et puéril orgueil de vouloir posséder exclusivement la divinité, agit au profit de la vérité, et préparât un favorable accueil à sa doctrine du vrai Dieu unique. Sans doute, c'est simplement par la foi à une erreur nouvelle qu'il renverse l'erreur ancienne; mais cette nouvelle foi erronée est déjà beaucoup plus près de la vérité que celle qu'elle remplace, et ce n'est au fond que par cette petite addition d'erreur que sa vérité fait fortune : tout ce qu'il gagne à l'établir, il le doit à cette fausse interprétation prévue de son enseignement. Qu'eussent pu faire ses Hébreux d'un Dieu philosophique? Avec ce Dieu national, au contraire, il ne peut manquer d'accomplir chez eux des choses prodigieuses. Qu'on se place un moment dans la situation des Hébreux. Ignorants comme ils sont, ils mesurent la puissance des dieux sur la prospérité des peuples qui sont sous leur protection. Abandonnés et opprimés par les hommes, ils se croient aussi oubliés de tous les dieux; le même rapport qui est entre eux et les Égyptiens doit, dans leur pensée, exister entre leur dieu et les dieux de l'Égypte : il n'est donc auprès de ceux-ci qu'un astre à peine visible, peut-être même en sont-ils venus à douter qu'ils en aient un. Tout à coup on leur annonce qu'eux aussi ils ont un protecteur dans la sphère étoilée, et que ce protecteur s'est éveillé de son repos, qu'il se ceint et se lève pour accomplir de grandes actions contre leurs ennemis.

Cette annonce de Dieu est dès lors semblable à l'appel d'un général qui invite à se ranger sous ses drapeaux victorieux. Si ce général donne en même temps des preuves de sa force, si de plus il est déjà connu dès les temps anciens, le vertige de l'inspiration doit entraîner, en ce cas, jusqu'au plus timide. C'est ce que Moïse fit entrer aussi en compte dans son projet.

Son entretien avec l'apparition qu'il voit dans le buisson ardent nous présente les doutes qu'il s'est opposés à lui-même, et la manière dont il y a répondu. « Ma malheureuse nation prendra-t-elle confiance en un Dieu qui l'a négligée si longtemps, qui lui tombe maintenant comme des nues, dont elle n'a pas même entendu prononcer le nom, qui, durant des siècles, est demeuré spectateur oisif des mauvais traitements qu'elle a eu à souffrir de ses oppresseurs? Ne sera-ce pas plutôt le Dieu de ses heureux ennemis qu'elle tiendra pour le plus puissant? » C'était là la première pensée qui devait s'élever dans l'esprit du nouveau prophète. Et comment écarte-t-il cette difficulté? Il fait de son Iao le Dieu de leurs pères; il le rattache conséquemment à leurs anciennes traditions populaires, et le change ainsi en un Dieu indigène, un Dieu ancien et bien connu. Mais, pour montrer qu'il entend par là le vrai Dieu unique, pour prévenir toute confusion avec une créature quelconque de la superstition, pour ne donner lieu à aucun malentendu, il le désigne par le nom sacré qu'il porte effectivement dans les mystères : « Je serai celui que je serai. » « Dis au peuple d'Israël (ce sont les paroles qu'il lui met dans la bouche) : *Je serai* est celui qui m'a envoyé vers vous. »

Dans les mystères, la divinité portait réellement ce nom (*Je serai*); mais ce nom devait être absolument inintelligible pour le peuple stupide des Hébreux. Il était impossible qu'ils y attachassent aucun sens, et Moïse aurait pu par conséquent beaucoup mieux réussir avec un autre nom; mais il aima mieux s'exposer à cet inconvénient que de renoncer à une pensée qui lui importait par-dessus tout, et cette pensée était de faire connaître en effet aux Hébreux le Dieu qu'on enseignait dans les mystères d'Isis. Comme il est assez bien établi que les mystères égyptiens avaient longtemps fleuri avant que Jéhovah apparût à Moïse dans le buisson, on est réellement frappé de voir ce Dieu se donner précisément le même nom qu'il portait auparavant dans les mystères d'Isis.

Mais il ne suffisait pas que Jéhovah s'annonçât aux Hébreux comme un Dieu connu, comme le Dieu de leurs pères; il fallait encore qu'il s'accréditât auprès d'eux comme un Dieu puissant, pour qu'ils prissent confiance en lui; et cela était d'autant plus nécessaire que leur sort, en Égypte, jusqu'à ce jour ne pouvait pas leur donner une haute idée de leur protecteur. Comme d'ailleurs il ne s'introduisait chez eux que par l'entremise d'un tiers, il fallait qu'il transportât sa puissance sur cet agent, et que par des actions extraordinaires il le mît en état de prouver à la fois sa mission et la puissance et la grandeur de celui qui l'envoyait.

Si donc Moïse voulait justifier sa mission, il devait l'appuyer sur des miracles. Qu'il en ait accompli, c'est ce dont on ne peut guère douter. Comment les a-t-il accomplis, et comment doit-on en général les entendre? C'est ce que nous abandonnons aux réflexions de chacun.

Enfin, le récit dans lequel Moïse expose sa mission a toutes les qualités requises pour inspirer la foi aux Hébreux, et c'était là tout ce qu'il fallait; pour nous, il n'est pas nécessaire qu'il produise le même effet. Nous savons, par exemple, maintenant que, si le Créateur du monde devait se résoudre à apparaître à un homme dans le feu ou dans le vent, il lui pourrait être indifférent qu'on se présentât devant lui les pieds nus ou chaussés. Mais Moïse se fait ordonner par son Jéhovah d'ôter de ses pieds les chaussures, parce qu'il savait fort bien qu'auprès de ses Hébreux il était besoin de confirmer l'idée de la sainteté divine par un signe sensible, et il avait retenu un tel signe des cérémonies de l'initiation.

De même aussi, sans doute, il pensa que sa langue embarrassée pourrait lui être un obstacle. Il voulut donc prévenir cette difficulté : il plaça dans son récit même les objections qu'il avait à craindre et les fit réfuter par Jéhovah. En outre, il ne se charge de sa mission qu'après une longue résistance, ce qui nécessairement rendait d'autant plus impérieuse l'autorité du commandement de Dieu, qui lui imposait cette mission par contrainte. En général, il peint dans son récit, de la manière la plus circonstanciée et le plus individuellement détaillée, ce que les Israélites, ainsi que nous, devaient avoir le plus de peine à croire, et il n'y a point de doute qu'il n'ait eu de bonnes raisons pour cela.

Pour résumer brièvement ce que nous avons dit jusqu'ici, quel était proprement le projet que Moïse conçut dans le désert d'Arabie ?

Il voulait emmener d'Égypte la nation israélite, et la mettre en possession de l'indépendance et d'une constitution politique dans un pays qui fût à elle. Mais, comme il connaissait fort bien les difficultés qui s'opposeraient à lui dans une telle entreprise; comme il savait qu'il n'y avait point à compter sur les forces propres de ce peuple, tant qu'on ne lui aurait pas donné la confiance, le courage, l'espoir et l'enthousiasme; comme il prévoyait que son éloquence n'aurait nulle prise sur des âmes d'esclaves accablées sous l'oppression, il comprit qu'il devait leur annoncer une protection plus haute et surnaturelle, qu'il devait, en quelque sorte, les rassembler sous les drapeaux d'un général divin.

Il leur donne donc un Dieu pour les tirer d'abord de l'Égypte. Mais, comme cela ne suffit point, comme il faut qu'à la place du pays qu'il leur prend, il leur en donne un autre, et qu'ils doivent conquérir cet autre pays et s'y maintenir les armes à la main, il est nécessaire qu'il tienne réunies en corps de nation leurs forces une fois rassemblées, et qu'il leur donne pour cela des lois et une constitution.

Or, comme prêtre et homme d'État, il sait que la religion est l'appui le plus fort et le plus indispensable de toute constitution : il faut donc que le Dieu qu'il ne leur a donné dans le principe que pour les tirer de l'Égypte et comme un simple général, il l'emploie également pour la législation qu'il a en vue; il faut donc aussi que tout d'abord il l'annonce tel qu'il veut le faire intervenir dans la suite. Or, pour sa législation et pour la fondation de l'État, il a besoin du vrai Dieu; car il est un homme grand et généreux, il ne veut pas fonder sur un mensonge une œuvre qui doit durer. Il veut, par la constitution qu'il a en vue pour eux, assurer aux Hébreux un bonheur réel et durable, et c'est ce qu'il ne peut faire qu'en fondant sa législation sur la vérité. Mais, pour cette vérité, leur intelligence est encore trop émoussée : il ne peut donc l'introduire dans leur âme par la voie de la pure raison. Ne pouvant les convaincre, il faut qu'il les persuade, les entraîne, les séduise. Il importe donc qu'il donne au vrai Dieu, qu'il leur annonce, des attributs qui le rendent concevable et recommandable à leurs faibles esprits; qu'il le revête d'une enveloppe païenne; et il faut qu'il se résigne à les voir n'apprécier dans son vrai Dieu que ces dehors païens, et ne saisir la vérité même que d'une façon païenne. Il gagne à cela un avantage inappréciable, il y gagne que le fond de sa législation est vrai, et que par conséquent un réformateur futur n'aura pas besoin, quand il viendra rectifier les idées, de renverser les principes mêmes de la constitution, ce qui est inévitable pour toutes les fausses religions, aussitôt que le flambeau de la raison les éclaire.

Tous les autres États de ce temps et des temps qui suivirent sont fondés sur l'imposture et l'erreur, sur le polythéisme, encore qu'il existât, comme nous l'avons vu, en Égypte, un petit cercle qui avait de justes notions de l'Être suprême. Moïse, qui lui-même appartient à ce cercle, et ne doit qu'à ce cercle l'idée plus vraie qu'il a de l'Être suprême, Moïse est le premier qui ose, non pas seulement publier le dernier mot, tenu secret, des mystères, mais encore en faire la base d'un État. Il devient donc, pour le bien du monde où il vit et de la postérité, le révélateur des mystères, et fait participer toute une nation à une vérité qui jusque-là n'avait été la propriété que d'un petit nombre de sages. Il ne put pas, il est vrai, avec cette nouvelle religion, donner en même temps à ses Hébreux l'intelligence nécessaire pour la bien comprendre, et en cela les Époptes égyptiens avaient sur eux un grand avantage. Les Époptes reconnaissaient la vérité par leur raison; les Hébreux ne pouvaient, tout au plus, qu'y croire aveuglément[1].

---

[1]. Il est de mon devoir de renvoyer les lecteurs de cette dissertation à un ouvrage sur le même sujet de Br. Décius, qui est intitulé *Des plus anciens mystères hébraïques*. Il a pour auteur un écrivain célèbre et plein de mérite, et j'y ai pris plusieurs des idées et des faits qui servent de fondement à ma thèse.
(*Note de l'auteur.*)

LA LÉGISLATION
DE LYCURGUE ET DE SOLON

LA LÉGISLATION
DE LYCURGUE ET DE SOLON[1].

LYCURGUE.

Pour apprécier convenablement le plan de Lycurgue, il faut se reporter à la situation politique de Sparte en ce temps-là, et apprendre à connaître la forme de gouvernement qu'il trouva à Lacédémone lorsqu'il mit au jour son organisation nouvelle. Deux rois, investis chacun d'un pouvoir égal, étaient à la tête de l'État : jaloux l'un de l'autre, occupés chacun de se faire un parti et de limiter par là le pouvoir de leur royal auxiliaire. Cette rivalité s'était transmise héréditairement des deux premiers rois Proclès et Eurysthène à leurs lignées respectives, jusqu'à l'époque de Lycurgue, de façon que Sparte, durant ce long espace de temps, avait été continuellement agitée par des factions. Chaque roi cherchait à séduire le peuple par la concession de grandes libertés, et ces libertés amenèrent le peuple à l'insolence et finalement à la sédition. L'État flottait entre la monarchie et la démocratie, et passait, par un rapide échange, d'un extrême à l'autre. Il n'y avait pas encore de limites tracées entre les droits du peuple et le pouvoir des rois. Les richesses

---

1. Ces leçons furent insérées dans le onzième cahier de la *Thalie*, en 1791. (*Note de l'édition allemande.*)

affluaient dans un petit nombre de familles. Les citoyens riches tyrannisaient les pauvres, et le désespoir de ces derniers éclatait en révoltes.

Déchiré par la discorde intestine, le faible État ne pouvait manquer de devenir la proie de ses voisins belliqueux, ou de se diviser en plusieurs petites tyrannies. C'est dans cette situation que Lycurgue trouva Sparte : pas de limites déterminées entre le pouvoir royal et le pouvoir du peuple, partage inégal des biens de la fortune entre les citoyens, absence d'esprit public et de concorde, et énervement politique absolu, tels étaient les maux qui s'offraient au législateur de la manière la plus pressante, et auxquels par conséquent il eut surtout égard dans ses lois.

Quand parut le jour où Lycurgue voulut promulguer ses lois, il ordonna à trente des principaux citoyens qu'il avait d'abord gagnés à son projet, de se réunir en armes sur la place publique pour intimider ceux qui pourraient être tentés de faire résistance. Le roi Charilaüs, effrayé de ces mesures, se réfugia dans le temple de Minerve, parce qu'il croyait que toute l'entreprise était dirigée contre lui; mais on lui ôta cette crainte, et on l'amena même à soutenir en personne activement le plan de Lycurgue.

La première organisation eut pour objet le gouvernement. Pour empêcher à jamais dans la suite que la république fût ballottée entre la tyrannie royale et la démocratie anarchique, Lycurgue plaça entre deux, comme contre-poids, un troisième pouvoir : il fonda le sénat. Les sénateurs, au nombre de vingt-huit, de trente par conséquent avec les rois, devaient se ranger du côté du peuple quand les rois abuseraient de leur pouvoir, et, lorsque, au contraire, le pouvoir du peuple menacerait de devenir trop grand, protéger contre lui les rois : excellente institution qui sauva Sparte pour toujours de ces violents orages intestins qui l'avaient ébranlée jusque-là. Par là il devint impossible à chacun des deux partis de fouler l'autre aux pieds : contre le sénat et le peuple réunis les rois ne pouvaient rien, et le peuple pouvait tout aussi peu prendre le dessus, quand le sénat faisait cause commune avec les rois.

Mais il était un troisième cas auquel Lycurgue n'avait pas

obvié : je veux dire celui où le sénat lui-même abuserait de son pouvoir. Le sénat, comme membre intermédiaire, pouvait avec une égale facilité, sans danger pour le repos public, s'unir avec les rois et avec le peuple ; mais les rois ne pouvaient pas, sans grand danger pour la république, s'unir au peuple contre le sénat. Ce dernier ne tarda donc pas à mettre à profit cet avantage de sa position, et à faire un usage excessif de son pouvoir, ce qui lui réussissait d'autant mieux que le petit nombre des sénateurs leur permettait aisément de s'entendre. En conséquence, le successeur de Lycurgue combla cette lacune, et institua les éphores, qui mirent un frein au pouvoir du sénat.

Le second règlement que fit Lycurgue était plus dangereux et plus hardi. Il consistait à partager tout le pays par portions égales entre les citoyens et à supprimer à jamais la différence entre les pauvres et les riches. Toute la Laconie fut divisée en trente mille champs ; la campagne autour de Sparte même, en neuf mille, chacun assez grand pour subvenir abondamment aux besoins d'une famille. Sparte offrit alors un beau et ravissant spectacle, et Lycurgue put lui-même repaître ses yeux de ce tableau quand plus tard il parcourut le pays. « Toute la Laconie, s'écria-t-il, ressemble à un seul champ que des frères ont partagé fraternellement entre eux. »

Lycurgue aurait volontiers partagé les biens meubles aussi, comme il avait fait les terres ; mais d'insurmontables difficultés s'opposèrent à ce dessein. Il tenta donc d'atteindre à ce but par des voies détournées et de faire tomber de soi-même ce qu'il ne pouvait abolir par un acte d'autorité.

Il commença par interdire toutes les monnaies d'or et d'argent, et par introduire à leur place des monnaies de fer. En même temps, il donna à un grand et lourd morceau de fer une très-petite valeur, de sorte qu'on avait besoin d'un grand espace pour garder une petite somme d'argent et de beaucoup de chevaux pour la transporter. Pour empêcher même qu'on ne fût tenté d'estimer et d'accumuler cette monnaie en vue du fer, il fit préalablement éteindre et tremper tout rouge dans du vinaigre le fer qu'on employait, ce qui le rendait impropre à tout autre usage.

Qui donc aurait eu envie désormais de voler ou de se laisser séduire, ou d'amasser des richesses, quand les plus petits gains ne pouvaient être ni cachés ni mis à profit?

De cette façon, Lycurgue n'enlevait pas seulement à ses concitoyens les moyens de luxe, il éloignait aussi de leurs yeux les objets qui auraient pu les séduire. Aucun marchand étranger ne pouvait tirer parti de la monnaie de fer des Spartiates, et ils n'en avaient pas d'autre à lui donner. Tous les artistes qui travaillaient pour le luxe disparurent dès lors de la Laconie; aucun navire étranger ne se montra plus dans ses ports; nul aventurier ne vint chercher fortune dans ce pays; nul marchand n'y parut pour mettre à contribution la vanité et la volupté, parce qu'ils n'en pouvaient rien emporter que des monnaies de fer qui étaient méprisées dans toutes les autres contrées. Le luxe cessa, car il n'y avait plus là personne qui pût l'alimenter.

Lycurgue travailla encore d'une autre manière contre le luxe. Il ordonna que tous les citoyens mangeassent en commun dans un lieu public et qu'ils partageassent tous ensemble la même nourriture prescrite. Il n'était pas permis de se livrer chez soi à la mollesse et de se faire préparer par des cuisiniers particuliers des mets de prix. Chacun était obligé de donner mensuellement une certaine quantité de comestibles pour les repas publics, et, en retour, il était nourri par l'État. D'ordinaire, quinze personnes mangeaient ensemble à une table, et chaque convive, pour y être admis, devait avoir les suffrages de tous les autres. Aucun ne pouvait s'absenter sans une excuse valable. Cette prescription était observée si rigoureusement qu'Agis lui-même, un des rois qui suivirent, revenant à Sparte après une guerre glorieusement conduite, et voulant dîner seul avec sa femme, n'en put obtenir la permission des éphores. Parmi les mets des Spartiates, le plus fameux est le brouet noir, ce mets à l'éloge duquel on a dit qu'à Sparte il faisait bon être brave, parce que c'était un moindre mal de mourir que de manger leur brouet noir. Ils assaisonnaient leurs repas de gaieté et de badinage, car Lycurgue lui-même était si ami de la joie commune qu'il éleva un autel dans sa maison au dieu du rire.

Par l'introduction de ces repas en commun, Lycurgue gagna beaucoup pour son but. Tout luxe de vaisselle précieuse disparut, parce qu'on n'en pouvait faire usage à la table publique. La débauche fut à jamais réprimée ; la santé, la vigueur du corps, furent le résultat de la tempérance et de la régularité, et des pères sains et robustes donnèrent à l'État de robustes enfants. La nourriture commune habitua les citoyens à vivre ensemble et à se considérer comme membres du même corps politique, sans parler de cet autre avantage, qu'une telle similitude dans le genre de vie devait exercer son influence sur la similitude des dispositions morales.

Une autre loi ordonna que nulle maison ne pût avoir de toit qui n'eût été construit avec la hache, ni de porte qui n'eût été faite avec le seul secours de la scie. Dans des maisons si simples, personne ne pouvait avoir l'idée de se procurer des meubles de prix : il fallait que tout fût en harmonie avec l'ensemble.

Lycurgue comprit que ce n'était pas le tout de faire des lois pour ses concitoyens : il fallait encore qu'il créât des citoyens pour ses lois. C'était dans les âmes des Spartiates qu'il fallait garantir l'éternelle durée à sa constitution ; c'était elles qu'il fallait fermer à toute impression étrangère.

La partie la plus grave de sa législation était donc l'éducation, et par elle il ferma en quelque sorte le cercle dans lequel l'État lacédémonien devait se mouvoir autour de lui-même. L'éducation fut donc une œuvre importante de l'État, et l'État une œuvre continuelle de cette éducation.

Sa sollicitude pour les enfants s'étendit jusqu'aux sources de la procréation. Les corps des jeunes filles étaient endurcis par des exercices gymnastiques, pour qu'elles pussent enfanter facilement des enfants bien portants. Elles allaient même sans vêtements, pour endurer toutes les intempéries des saisons. Les fiancés étaient obligés de les enlever, et encore ne pouvaient-ils ensuite les visiter que de nuit et à la dérobée. De la sorte, les deux époux, dans les premières années du mariage, continuaient de rester étrangers l'un à l'autre, et leur amour se conservait toujours nouveau et plein d'ardeur.

Du mariage même toute jalousie était bannie. Le législateur subordonna tout, jusqu'à la pudeur même, à son but principal. Il sacrifia la fidélité de la femme, pour procurer à l'État des enfants vigoureux.

Aussitôt que l'enfant était né, il appartenait à l'État. Il était perdu pour son père et sa mère. On le soumettait à l'inspection des anciens; s'il était fort et bien conformé, on le donnait à une nourrice; s'il était faible et difforme, on le jetait dans un précipice du mont Taygète.

Les nourrices spartiates étaient célèbres dans toute la Grèce pour la dure éducation qu'elles donnaient aux enfants, et l'on en faisait venir dans les pays les plus éloignés. Dès qu'un garçon avait atteint sa septième année, on le leur prenait et on l'élevait, le nourrissait et l'instruisait en commun avec d'autres enfants de son âge. De bonne heure on lui apprenait à braver les fatigues, et, par les exercices du corps, à devenir maître de ses membres. Parvenus aux années de la jeunesse, les plus nobles d'entre eux avaient l'espoir de trouver des amis parmi les adultes, qui s'attachaient à eux avec un amour exalté. Les anciens assistaient à leurs jeux, observaient le génie naissant et excitaient l'amour de la gloire par l'éloge ou le blâme. Quand ils voulaient satisfaire leur faim, il leur fallait voler pour cela les aliments, et celui qui se laissait prendre devait s'attendre à une dure correction et à la honte. Lycurgue choisit ce moyen de les habituer de bonne heure à la ruse et à l'astuce, qualités qu'il croyait aussi importantes pour la guerre, en vue de laquelle il les élevait, que la force du corps et le courage. Nous avons déjà vu plus haut combien Lycurgue était peu scrupuleux à l'égard des mœurs, quand il s'agissait de poursuivre son but politique. Il faut au reste tenir ici compte de cette considération, que ni la profanation du mariage, ni ces vols prescrits ne pouvaient entraîner à Sparte le dommage *politique* qui en eût été la suite partout ailleurs. Comme l'État se chargeait de l'éducation des enfants, elle était indépendante du bonheur et de la pureté des mariages; comme à Sparte la propriété avait peu de valeur et que presque tous les biens étaient communs, la sûreté de la propriété n'était pas un point si important, et un attentat contre elle, surtout quand l'État le dirigeait et atteignait par là à ses fins, n'était pas un crime civil.

Il était défendu aux jeunes Spartiates de se parer, excepté quand ils allaient au combat ou à quelque autre grand danger. Alors on leur permettait d'arranger élégamment leur chevelure, d'orner leurs vêtements et de porter des décorations sur leurs armes. « La chevelure, disait Lycurgue, rend les beaux plus beaux et les laids terribles. » C'était certainement un habile artifice du législateur, de joindre quelque chose de riant et une idée de fête aux occasions de danger, et de leur ôter ainsi ce qu'elles avaient d'effrayant. Il alla encore plus loin. A la guerre, il relâcha quelque chose de la sévère discipline ; le genre de vie était alors plus libre et les infractions à la règle moins durement punies. De là vint que, pour les Spartiates, la guerre était seule une sorte de récréation, et qu'ils l'attendaient gaiement comme un événement joyeux. Quand l'ennemi avançait, le roi faisait entonner l'hymne de Castor; les soldats marchaient en rangs serrés, au son des flûtes, et allaient, contents et intrépides, réglant leur pas sur la musique, au-devant du danger.

C'était un effet du plan de Lycurgue que l'attachement à la propriété fût absolument subordonné à l'amour de la patrie, et que les âmes, n'étant distraites par aucun soin privé, ne vécussent que pour l'État. C'est pour cela qu'il trouva bon et nécessaire d'épargner aussi à ses concitoyens les occupations de la vie ordinaire et d'en charger des étrangers, afin que l'application au travail et le plaisir même qu'on prend aux affaires domestiques ne détournassent pas les esprits des intérêts de la patrie. Le soin des champs et du ménage était, en conséquence, confié aux esclaves, qui, aux yeux des Spartiates, étaient au niveau de la bête. On les nomme Hélotes (Ilotes), parce que les premiers esclaves de Sparte furent les habitants de la ville d'Hélos en Laconie, qu'ils avaient combattus et faits prisonniers. Dans la suite, tous les esclaves dont ils s'emparèrent comme d'un butin de guerre, tirèrent leur nom de ces Hélotes.

Horrible était l'usage qu'on faisait à Sparte de ces malheureux hommes. On les considérait comme un meuble dont on pouvait, dans des vues politiques, faire l'emploi que l'on voulait, et l'humanité était outragée dans leur personne d'une manière vraiment révoltante. Pour offrir à la jeunesse spartiate une image repoussante de l'intempérance de la boisson, on forçait ces Hélotes de s'enivrer, et, dans cet état, on les exposait publiquement en spectacle. On leur faisait chanter des chansons infâmes et danser des danses ridicules; les danses des hommes libres leur étaient interdites.

On les employait à un usage bien plus inhumain encore. Il importait à l'État de mettre à de difficiles épreuves le courage de sa jeunesse la plus hardie et de la préparer à la guerre par de sanglants préludes. Le sénat, dans cette vue, envoyait de temps en temps un certain nombre de ces jeunes gens dans la campagne; on ne leur donnait, pour leur expédition, rien autre chose qu'un poignard et un peu de nourriture. Il leur était enjoint de se tenir cachés pendant le jour; mais la nuit ils se portaient sur les routes et tuaient les Hélotes qui tombaient entre leurs mains. On nommait cette institution la *cryptia* ou l'embuscade. Que Lycurgue en soit l'auteur, c'est ce qui demeure douteux; mais au moins est-elle bien conforme à son principe. A mesure que la république lacédémonienne était heureuse dans ses guerres, le nombre de ces Hélotes s'accroissait, de sorte qu'ils commencèrent à devenir même dangereux pour la république, et, poussés en effet au désespoir par un traitement si barbare, ils tramèrent des révoltes. Le sénat prit alors une résolution inhumaine, qu'il crut justifiée par la nécessité. Un jour, pendant la guerre du Péloponnèse, on rassembla, sous prétexte de leur donner la liberté, deux mille des plus braves Hélotes, et, parés de guirlandes, on les conduisit, en procession solennelle, aux temples; mais là ils disparurent tout à coup, et personne n'apprit ce qu'ils étaient devenus. Ce qu'il y a de certain, et ce qui était passé en proverbe dans la Grèce, c'est que les esclaves spartiates étaient les plus malheureux des esclaves, et les citoyens spartiates libres, les plus libres des citoyens.

Comme ces derniers étaient remplacés par les Hélotes dans tous les travaux, ils passaient toute leur vie dans l'oisiveté. La jeunesse s'exerçait dans des jeux guerriers et d'adresse, et les anciens assistaient, comme témoins et comme juges, à ces exercices. C'était une honte à un vieillard spartiate de se tenir éloigné du lieu où l'on élevait la jeunesse. Il arrivait ainsi que tout Spartiate vivait de la vie de l'État, et de la sorte toutes les actions devenaient des actions publiques. C'était à la vue de la nation que la jeunesse fleurissait, que la vieillesse se flétrissait. Sparte était sans cesse devant les yeux du Spartiate, et le Spartiate devant les yeux de Sparte. L'amour de la gloire trouvait des aiguillons toujours nouveaux, l'esprit national de perpétuels aliments; l'idée de la patrie et de l'intérêt de la patrie s'enlaçait et se confondait intimement avec la vie de tous ses citoyens. Les solennités publiques, qui, dans l'oisive Lacédémone, étaient très-nombreuses, offraient encore d'autres occasions d'enflammer ces sentiments. On y chantait des chants populaires belliqueux, qui avaient d'ordinaire pour sujet la gloire des citoyens morts pour la patrie ou l'encouragement à la bravoure. Les Spartiates paraissaient dans ces fêtes, partagés en trois chœurs, selon l'âge. Le chœur des anciens commençait à chanter : « Dans le passé, nous fûmes des héros. » Le chœur des hommes répondait : « Nous sommes des héros maintenant. Vienne l'éprouver qui voudra ! » Le troisième chœur, celui des adolescents, reprenait : « Nous serons un jour des héros, et nous vous éclipserons par nos hauts faits. »

Si nous ne jetons qu'un rapide coup d'œil sur la législation de Lycurgue, nous sommes réellement frappés d'un agréable étonnement. Parmi toutes les institutions semblables de l'antiquité, elle est incontestablement la plus parfaite, la législation mosaïque exceptée, à laquelle elle ressemble en plusieurs points, et particulièrement dans le principe sur lequel elle se fonde. Elle est réellement complète en elle-même. Tout y est d'accord. Un principe y maintient toutes les règles, toutes les règles un principe. Lycurgue n'eût pu assurément choisir de meilleurs moyens pour atteindre au but qu'il avait devant les yeux : à savoir de fonder un État qui, isolé de tous les autres, se suffît à lui-même et fût capable de se conserver par une force vitale propre et un mouvement de circulation intérieure. Jamais législateur n'a donné à un État cette unité, cet intérêt national, cet esprit de communauté, que Lycurgue donna au sien. Et comment Lycurgue est-il parvenu à cette fin ? En concentrant toute l'activité de ses concitoyens dans l'État, et en leur fermant toutes les routes qui auraient pu les en distraire.

Par sa législation, il avait éloigné tout ce qui enchaîne les cœurs des hommes et enflamme les passions, tout, hormis l'intérêt politique. La richesse et les voluptés, la science et l'art n'avaient nul accès dans les âmes des Spartiates. Par une égale et commune pauvreté disparaissait la comparaison des fortunes, qui, dans la plupart des hommes, allume la cupidité; le désir des possessions tombait de lui-même, avec l'occasion de les montrer et de les mettre à profit. Par la profonde ignorance dans les arts et les sciences, qui, à Sparte, obscurcissait uniformément toutes les intelligences, Lycurgue prévenait les empiétements qu'un esprit éclairé aurait faits sur la constitution; cette même ignorance, jointe à la rude fierté nationale qui était propre à tous les Spartiates, était un perpétuel obstacle à leur mélange avec les autres peuples de la Grèce. Dès le berceau ils recevaient leur empreinte de Spartiates, et plus ils contrastaient avec les autres nations, plus ils devaient adhérer étroitement à leur centre. La patrie était le premier spectacle qui s'offrait à l'enfant spartiate, quand il s'éveillait à la pensée. Il s'éveillait au sein de l'État; tout ce qui l'entourait était nation, État et patrie. C'était la première impression de son cerveau, et toute sa vie était un renouvellement continuel de cette impression.

À la maison, le Spartiate ne trouvait rien qui eût pu l'attacher; le législateur avait dérobé à ses yeux toutes les séductions. Ce n'était qu'au sein de l'État qu'il trouvait de l'occupation, de l'amusement, de l'honneur, des récompenses; tous ses instincts, toutes ses passions, étaient dirigés vers ce point central. L'État réunissait donc en lui l'entière énergie, la force de chacun de ses citoyens, et l'esprit national de chaque citoyen en particulier ne pouvait manquer de s'allumer à cet esprit de communauté qui les enflammait tous ensemble. Après cela il n'est point étonnant que le patriotisme spartiate atteignît un degré de force qui nous doit paraître incroyable. De là venait que, chez un citoyen de cette république, nul doute ne pouvait s'élever quand il s'agissait de choisir entre sa propre conservation et le salut de la patrie.

C'est ainsi qu'il devient concevable que le roi de Sparte Léonidas, avec ses trois cents héros, ait pu mériter cette épitaphe, la plus belle en son genre, le monument le plus sublime de la vertu politique : « Raconte, voyageur, quand tu iras à Sparte, que, dociles à ses lois, nous sommes tombés ici. »

Il faut donc convenir qu'il ne peut y avoir rien de plus mûrement pesé, de plus approprié à son but, que cette constitution politique; qu'elle présente en son genre une œuvre d'art parfaite, et qu'observée dans toute sa rigueur, elle eût trouvé nécessairement en elle-même ses conditions de durée. Mais, si ma description finissait ici, je me serais rendu coupable d'une très-grande erreur. Cette admirable constitution est condamnable au plus haut degré, et le plus grand malheur pour l'humanité, ce serait que tous les États eussent été fondés d'après ce modèle. Il ne nous sera pas difficile de nous convaincre de cette proposition.

Considérée par rapport à son propre but, la législation de Lycurgue est un chef-d'œuvre de la politique et de la connaissance des hommes. Il voulait un État puissant, reposant sur sa propre base, indestructible; la force politique et la durée étaient le but où il tendait, et ce but, il l'a atteint, autant que cela était possible dans les circonstances où il se trouvait. Mais, si l'on compare la fin que se proposait Lycurgue à la fin de l'humanité, une sévère improbation succède à l'admiration que nous a inspirée un premier et rapide coup d'œil. Tout peut être sacrifié au bien de l'État, excepté ce à quoi l'État lui-même ne sert que comme moyen. L'État même n'est jamais le but; il n'a d'importance que comme condition, comme voie, pour atteindre à la fin de l'humanité, et cette fin de l'humanité n'est autre chose que le développement de toutes les forces de l'homme, le progrès. Si une constitution politique empêche que toutes les forces qui sont dans l'homme se développent; si elle empêche le progrès de l'esprit, elle est condamnable et nuisible, quelque bien conçue du reste, quelque parfaite qu'elle soit en son genre. Les qualités mêmes qui assurent sa durée deviennent en ce cas un sujet de blâme plutôt que de gloire : elle n'est alors qu'un mal prolongé; plus elle se maintient, plus elle est nuisible.

Nous pouvons, en général, dans l'appréciation des institutions politiques, établir cette règle, qu'elles ne sont bonnes et louables qu'autant qu'elles amènent à leur développement toutes les forces qui sont dans l'homme; qu'autant qu'elles favorisent le progrès de la culture, ou du moins ne l'entravent pas. Ceci s'applique aux lois religieuses comme aux lois politiques : les unes et les autres sont blâmables si elles enchaînent une des forces de l'esprit humain, si, en quoi que ce soit, elles le condamnent à rester stationnaire. Une loi, par exemple, qui obligerait une nation à s'en tenir constamment à la profession de foi qui, à une certaine époque, lui a paru la meilleure, une telle loi serait un attentat contre l'humanité, et nulle bonne intention, quelque spécieuse qu'elle fût, ne la saurait justifier. Elle serait directement opposée au plus haut bien, à la plus haute fin de la société.

Munis de cette règle générale, nous ne pouvons hésiter longtemps sur le jugement que nous devons porter de la constitution de Lycurgue.

Une seule vertu était pratiquée à Sparte, au détriment de toutes les autres, l'amour de la patrie.

A cet instinct artificiel étaient sacrifiés les sentiments les plus naturels, les plus beaux, de l'humanité.

Le mérite politique s'acquérait, et l'aptitude à ce mérite se développait, aux dépens de tous les sentiments moraux. A Sparte, il n'y avait point d'amour conjugal, d'amour maternel, d'amour filial, d'amitié : il n'y avait que les citoyens, que la vertu civique. On a longtemps admiré cette mère spartiate qui repousse avec indignation son fils échappé au combat, et court au temple remercier les dieux pour son autre fils qui a péri. On n'aurait pas dû féliciter l'humanité d'une force d'esprit si peu conforme à la nature. Une tendre mère est, dans le monde moral, un phénomène bien plus beau qu'une hermaphrodite héroïque qui renie les sentiments naturels pour satisfaire à un devoir artificiel.

Combien est plus beau le spectacle que nous offre le rude guerrier Cn. Marcius dans son camp devant Rome, lorsqu'il sacrifie sa vengeance et sa victoire, parce qu'il ne peut voir couler les larmes de sa mère!

Par cela même que l'État devenait père de l'enfant, son père naturel cessait de l'être. L'enfant n'apprenait jamais à aimer sa mère ni son père, parce que, arraché à ses parents dès l'âge le plus tendre, il ne les connaissait point par leurs bienfaits, mais seulement par ouï-dire.

Le sentiment commun de l'humanité était étouffé à Sparte d'une manière encore plus révoltante, et l'âme de tous les devoirs, le respect de ses semblables, se perdait irréparablement. Une loi de l'État faisait un devoir aux Spartiates de l'inhumanité envers leurs esclaves : dans ces malheureuses victimes, l'humanité était outragée et maltraitée. Dans le code même de Lacédémone était prêché le dangereux principe de considérer les hommes comme moyen et non comme fin : par là les bases du droit naturel et de la morale étaient légalement renversées. Toute la moralité était sacrifiée pour atteindre à une fin qui pourtant ne peut avoir de prix que comme moyen de tendre à cette moralité.

Peut-il y avoir rien de plus contradictoire, et quelle contradiction peut avoir des suites plus terribles que celle-ci? Non content d'avoir fondé son État sur les ruines de la moralité, Lycurgue travaillait encore d'une autre manière contre la plus haute fin de l'humanité, en arrêtant et fixant à jamais les esprits de ses Spartiates, par son profond système politique, au point où il les avait trouvés, et en entravant pour toujours tout progrès.

Toute industrie était bannie de Sparte; toutes les sciences étaient négligées; tout commerce avec les peuples étrangers, interdit; tout ce qui pouvait venir du dehors, exclu. Par là étaient fermés tous les canaux par lesquels les lumières auraient pu avoir accès chez sa nation : l'État lacédémonien devait, dans une éternelle uniformité, dans un triste égoïsme, se mouvoir éternellement autour de lui-même.

L'unique affaire de tous ses citoyens réunis était de conserver ce qu'ils possédaient, de demeurer ce qu'ils étaient, de ne rien acquérir de nouveau, de ne pas s'élever à un degré supérieur. Des lois inexorables veillaient à ce qu'aucune innovation ne se glissât dans le mécanisme de l'État, que le progrès même du temps ne changeât rien à la forme des lois. Pour rendre durable cette constitution locale et temporaire, il fallait arrêter l'esprit du peuple au point où il se trouvait lors de son établissement.

Or nous avons vu que le progrès de l'esprit doit être le but de l'État.

L'État de Lycurgue ne pouvait durer qu'à cette seule condition, que l'esprit du peuple demeurât stationnaire : il ne pouvait donc se maintenir qu'en allant contre le but suprême, le but unique d'un État. L'éloge qu'on a cru faire de Lycurgue en disant que Sparte ne fleurirait qu'aussi longtemps qu'elle suivrait la lettre de sa loi, est donc ce qu'on pouvait dire de pis de son œuvre. Par cela même que Sparte ne pouvait renoncer à la forme de gouvernement que Lycurgue lui avait donnée, sans s'exposer à une ruine totale ; qu'il fallait qu'elle restât ce qu'elle était, qu'elle demeurât où un seul homme l'avait jetée : par cela même, Sparte était un malheureux État, et son législateur ne pouvait lui faire un plus triste présent que cette durée éternelle, si vantée, d'une constitution qui, à un tel point, faisait obstacle à sa vraie grandeur et à sa félicité.

Si nous résumons tout ceci, nous voyons disparaître ce faux éclat par lequel le seul côté saillant de la constitution lacédémonienne éblouit un œil inexpérimenté ; nous ne trouvons plus qu'un imparfait essai d'écolier, la première tentative d'un monde jeune encore, qui manquait d'expérience et de lumières pour reconnaître les vrais rapports des choses. Quelque défectueux qu'ait été, en fin de compte, ce premier essai, il demeurera toujours très-remarquable pour qui étudie en philosophe l'histoire de l'humanité. Ce n'en était pas moins un pas de géant de l'esprit humain, de traiter comme œuvre d'art ce qui jusque-là avait été abandonné au hasard et à la passion. Le premier essai dans le plus difficile de tous les arts devait être nécessairement imparfait, mais il reste toujours estimable, parce qu'il a été tenté dans l'art le plus important. Les sculpteurs ont commencé par des Hermès, avant de s'élever à la forme parfaite d'un Antinoüs, d'un Apollon du Vatican ; après Lycurgue, les législateurs s'exerceront longtemps encore à de grossiers essais, jusqu'à ce que l'heureux équilibre des forces sociales se présente à eux de lui-même.

La pierre cède patiemment au ciseau qui la façonne, et les cordes que frappe le musicien lui répondent sans résister à ses doigts.

Le législateur seul travaille une matière spontanément active et résistante, la liberté humaine. Il ne peut accomplir qu'imparfaitement l'idéal, quelque pur qu'il soit, qu'il a conçu dans son cerveau ; mais ici le seul essai mérite toute louange, lorsqu'il est entrepris avec une bienveillance désintéressée, et exécuté conformément au but.

SOLON.

La législation de Solon à Athènes était presque absolument le contraire de celle de Lycurgue à Sparte, et, comme les deux républiques de Sparte et d'Athènes jouent les rôles principaux dans l'histoire de la Grèce, c'est une intéressante étude de comparer leurs institutions politiques, et d'en peser parallèlement les défauts et les avantages.

Après la mort de Codrus, la dignité royale fut abolie à Athènes, et le pouvoir suprême transféré à vie à un magistrat qui portait le nom d'*archonte*. Dans un espace de plus de trois cents ans, treize de ces archontes gouvernèrent à Athènes, et l'histoire ne nous a rien conservé de mémorable de cette longue époque, au sujet de la nouvelle république. Mais l'esprit démocratique qui, dès le temps d'Homère, était propre aux Athéniens, se réveilla vers la fin de cette période. Un archontat à vie leur parut une image par trop vive du pouvoir royal, et peut-être les précédents archontes avaient-ils abusé de leur grande et longue puissance. On réduisit donc la durée de l'archontat à dix ans. C'était un pas important vers la liberté future, car, en choisissant tous les dix ans un nouveau chef, le peuple renouvelait l'acte de sa souveraineté; il reprenait tous les dix ans son pouvoir aliéné, pour en disposer de nouveau à son gré. Par là il conservait toujours présent à sa mémoire ce que les sujets des monarchies héréditaires finissent par oublier entièrement : à savoir qu'il est lui-même la source du pouvoir suprême, que le prince n'est que la créature de la nation.

Le peuple athénien avait souffert au-dessus de lui, pendant trois cents ans, les archontes à vie ; mais il fut las au bout de soixante-dix ans des archontes décennaux. Cela était fort naturel, car durant ce temps il avait renouvelé sept fois le choix des archontes; sept fois donc sa souveraineté lui avait été rappelée. L'esprit de liberté avait dû par conséquent s'éveiller bien plus vivement, se développer bien plus rapidement, dans la seconde période que dans la première.

Le septième des archontes décennaux fut le dernier de ce genre. Le peuple voulut jouir tous les ans de sa souveraineté ; il avait fait l'expérience qu'un pouvoir confié pour dix ans durait encore assez longtemps pour donner la tentation d'en abuser. La dignité d'archonte fut donc limitée désormais à une seule année, au bout de laquelle on devait procéder à une nouvelle élection. Il fit un pas de plus. Comme le pouvoir dans les mains d'un seul, quelque courte qu'en soit la durée, ressemble toujours beaucoup à la monarchie, il affaiblit ce pouvoir en le partageant entre neuf archontes qui gouvernaient ensemble.

Trois de ces neuf archontes avaient des prérogatives sur les six autres. Le premier archonte, nommé *Éponymos*, avait la présidence de l'assemblée ; son nom figurait sur les actes publics ; c'était d'après lui qu'on nommait l'année. Le second, appelé *Basileus* ou roi, avait à veiller sur la religion et à prendre soin du culte divin : c'était un usage conservé des anciens temps, où la surveillance du culte avait été une attribution essentielle de la dignité royale. Le troisième, dit *Polémarque*, était chef à la guerre. Les six autres portaient le nom de *Thesmothètes*, parce qu'ils étaient chargés de conserver la constitution, de maintenir et d'expliquer les lois.

Les archontes étaient choisis dans les premières familles, et ce ne fut que dans des temps postérieurs que des personnes du peuple s'élevèrent aussi jusqu'à cette dignité. Le gouvernement était donc beaucoup plus voisin de l'aristocratie que de la démocratie, et le peuple n'avait pas beaucoup gagné au changement.

L'institution en vertu de laquelle on élisait chaque année neuf nouveaux archontes avait un bon côté sans doute, qui était d'empêcher l'abus du pouvoir suprême, mais en même temps un autre fort mauvais : celui de produire des factions dans l'État. Car il y avait ainsi beaucoup de citoyens dans la république qui avaient exercé, puis déposé l'autorité suprême. Mais, en déposant leur dignité, ils ne renonçaient pas si aisément à l'amour du pouvoir ni au plaisir de régner dont ils avaient une fois goûté. Ils désiraient donc de redevenir ce qu'ils avaient été; ils se faisaient un parti, ils excitaient des tempêtes intérieures dans la république. En outre, la succession plus rapide et l'accroissement du nombre des archontes donnaient l'espoir à tout Athénien riche et considéré d'arriver à l'archontat : espoir qu'on ne concevait guère ou pas du tout autrefois, quand un seul homme exerçait cette dignité et n'en était pas dépouillé de sitôt. Cette espérance finissait par dégénérer chez eux en impatience, et l'impatience les conduisait à de dangereux projets. Ainsi les uns et les autres, ceux qui déjà avaient été archontes, comme ceux qui aspiraient à l'être, devinrent également funestes au repos public.

Ce qu'il y avait de pis, c'est que l'autorité du commandement, par son partage entre plusieurs et sa courte durée, se trouvait affaiblie plus qu'elle ne l'avait jamais été. Il manquait une main ferme pour dompter les factions et tenir en bride les têtes séditieuses. Des citoyens puissants et audacieux portaient le désordre dans l'État et aspiraient à l'indépendance.

A la fin, pour mettre un terme à ces troubles, on jeta les yeux sur un citoyen irréprochable et craint de tous, pour le charger de la révision des lois, qui jusque-là ne consistaient qu'en traditions fort imparfaites. Ce citoyen redouté se nommait Dracon. C'était un homme à qui manquait le sentiment humain, qui n'attendait rien de bon de la nature humaine, qui ne voyait les actions des autres que dans le terne miroir de son âme sombre, et qui n'avait nul ménagement pour les faiblesses de l'humanité : mauvais philosophe et encore plus mauvais appréciateur des hommes, ayant le cœur froid, la tête étroite, et inflexible dans ses préjugés. Un tel homme était excellent pour l'exécution des lois; mais pour en donner on ne pouvait faire un plus mauvais choix.

Il nous est resté peu de chose des lois de Dracon; mais ce peu nous peint l'homme et l'esprit de sa législation. Il punissait de mort tous les méfaits sans distinction : l'oisiveté comme le meurtre, le vol d'un chou ou d'une brebis comme la haute trahison et l'incendie. Comme après cela on lui demandait pourquoi il châtiait les plus petites transgressions aussi sévèrement que les plus grands crimes, il répondait : « Les plus petits méfaits sont dignes de mort; pour les plus grands, je ne connais pas d'autre peine que la mort : voilà pourquoi il me les faut traiter de la même manière. »

Les lois de Dracon sont l'essai d'un commençant dans l'art de gouverner les hommes. La terreur est le seul mobile par lequel il agit. Il ne punit que le mal déjà fait; il ne prévient pas le mal; il ne s'inquiète pas d'en fermer les sources, ni d'améliorer les hommes. Retrancher un homme du nombre des vivants pour avoir fait une action coupable, c'est la même chose qu'abattre un arbre parce qu'un de ses fruits est pourri.

Ses lois sont doublement à blâmer, parce que non-seulement elles ont contre elles les sentiments et les droits sacrés de l'humanité, mais que de plus elles n'étaient pas appropriées au peuple à qui il les donnait. Si un peuple au monde était inhabile à prospérer sous de telles lois, c'était le peuple athénien. Les esclaves des Pharaons ou du roi des rois s'y seraient peut-être habitués à la longue, mais comment des Athéniens auraient-ils pu se plier sous un tel joug?

Aussi restèrent-elles à peine un demi-siècle en vigueur, bien qu'il leur eût donné le titre peu modeste d'immuables.

Dracon avait donc fort mal rempli son mandat, et, au lieu d'être utiles, ses lois étaient funestes. Comme elles ne pouvaient être exécutées et qu'il n'y en avait pas d'autres qui fussent là toutes prêtes pour les remplacer, c'était comme si Athènes n'eût pas eu de lois du tout, et la plus triste anarchie fit irruption dans l'État.

La situation du peuple athénien était en ce temps-là on ne peut plus déplorable. Une classe de citoyens possédait tout, et l'autre, au contraire, absolument rien; les riches opprimaient et pillaient les pauvres de la manière la plus impitoyable. Il s'éleva entre eux une barrière immense. Le besoin forçait les citoyens pauvres à recourir aux riches, à ces sangsues mêmes qui les avaient épuisés; mais ils ne trouvaient auprès d'eux qu'un cruel secours. Pour les sommes qu'ils empruntaient, ils étaient obligés de payer des intérêts exorbitants, et, quand ils ne s'acquittaient pas au terme fixé, d'abandonner leurs terres mêmes à leurs créanciers. Quand ils n'avaient plus rien à donner, comme il fallait pourtant vivre, ils étaient réduits à vendre leurs enfants comme esclaves, et enfin, quand cette ressource aussi était épuisée, ils empruntaient sur leur propre personne, et il fallait qu'ils se résignassent à se laisser vendre comme esclaves par ceux à qui ils devaient. Il n'avait pas encore été porté de loi dans l'Attique contre cet abominable trafic d'hommes, et rien ne mettait des bornes à la cruelle avidité des citoyens riches. Telle était l'horrible situation d'Athènes. Pour préserver l'État de sa ruine, il fallait rétablir d'une manière violente l'équilibre détruit des fortunes.

Pour cette fin il s'était élevé trois factions parmi le peuple. La première, à laquelle se joignirent principalement les citoyens pauvres, demandait une *démocratie* et un partage égal des terres, comme celui que Lycurgue avait introduit à Sparte; la seconde, composée des riches, militait en faveur de l'*aristocratie*.

La troisième voulait qu'on réunît les deux formes de gouvernement, et s'opposait aux deux autres, de façon qu'aucune d'elles ne pouvait l'emporter.

Il n'y avait nul espoir d'arranger le différend à l'amiable, tant qu'on ne trouverait pas un homme auquel les trois factions se soumissent également et qu'elles reconnussent pour arbitre entre elles.

Heureusement il se rencontra un tel homme, et les services qu'il avait rendus à la république, son caractère doux et équitable et sa réputation de sagesse avaient attiré sur lui depuis longtemps les yeux de la nation. Cet homme était Solon, issu, comme Lycurgue, de sang royal, car il comptait Codrus parmi ses ancêtres. Le père de Solon avait été très-riche; mais, par sa bienfaisance, il avait diminué sa fortune, et le jeune Solon, dans ses premières années, fut contraint de pratiquer le commerce. Par les voyages auxquels ce genre de vie l'obligeait et par ses rapports avec les nations étrangères, son esprit s'enrichit, et son génie se développa par la fréquentation des sages des autres pays. Il s'était livré de bonne heure à la poésie, et le talent qu'il y acquit lui fut dans la suite très-utile pour revêtir de cette forme attrayante les vérités morales et les règles politiques. Son cœur était ouvert à la joie et à l'amour; quelques faiblesses de sa jeunesse le rendirent d'autant plus indulgent envers l'humanité, et donnèrent à ses lois cette empreinte de mansuétude et de douceur qui les distingue d'une si belle façon de celles de

Dracon et de Lycurgue. En outre, il avait été un vaillant général ; il avait acquis à la république la possession de l'île de Salamine et lui avait rendu d'autres services de guerre importants. Alors l'étude de la sagesse n'était pas encore, comme aujourd'hui, séparée de l'activité politique et guerrière ; le sage était le meilleur homme d'État, le général le plus expérimenté, le plus brave soldat : sa sagesse se répandait sur tous les actes de sa vie civile. La renommée de Solon avait retenti dans toute la Grèce, et il avait dans les affaires générales du Péloponnèse une très-grande influence.

Solon était également cher à tous les partis à Athènes. Les riches fondaient sur lui de grandes espérances, parce qu'il était lui-même un homme riche. Les pauvres avaient confiance en lui, parce qu'il était un honnête homme. La partie sensée des Athéniens le désirait pour chef, parce que la monarchie leur paraissait le plus sûr moyen d'étouffer les factions ; ses parents s'associaient à ce désir, mais dans des vues intéressées, pour partager le pouvoir avec lui. Solon repoussa ce conseil : « La monarchie, disait-il, est un beau logis, mais qui n'a pas d'issue. »

Il se contenta de se faire nommer archonte et législateur, et il se chargea de cette grande mission à contre-cœur et uniquement en considération du bien public.

La première chose par laquelle il commença son œuvre fut le célèbre édit appelé *Seisachtheia*, ou abolition des charges, qui supprimait toutes les dettes et en même temps défendait qu'à l'avenir un homme prêtât à un autre sur un engagement corporel. Cet édit fut sans doute une atteinte violente à la propriété, mais l'extrémité où le pays était réduit rendait cette violence nécessaire. C'était de deux maux le moindre, car la partie du peuple qui en souffrait était beaucoup moins nombreuse que celle dont cette mesure assura le bien-être.

Par cet édit bienfaisant il enleva d'un seul coup les lourds fardeaux qui, depuis des siècles, écrasaient la classe pauvre ; mais par là il ne rendait pas les riches misérables, car il leur laissa ce qu'ils avaient ; il leur ôta seulement les moyens d'être injustes. Néanmoins il récolta aussi peu de reconnaissance chez les pauvres que chez les riches. Les pauvres avaient compté sur un partage complétement égal des terres, dont l'exemple avait été donné à Sparte, et ils murmuraient contre lui parce qu'il avait trompé leur attente. Ils oubliaient que le législateur doit justice aux riches aussi bien qu'aux pauvres, et que le règlement de Lycurgue ne méritait pas d'être imité, par cette raison-là même qu'il reposait sur une iniquité qu'il eût pu et dû éviter.

L'ingratitude du peuple arracha au législateur cette plainte modérée : « Autrefois des louanges résonnaient de toutes parts à mes oreilles; maintenant tous me regardent de travers avec des yeux hostiles. » Mais bientôt se montrèrent dans l'Attique les suites salutaires de son ordonnance. La terre, auparavant soumise à des corvées serviles, était désormais libre; le citoyen cultivait maintenant, comme sa propriété, le champ que naguère il avait cultivé, comme mercenaire, pour son créancier. De nombreux Athéniens vendus à l'étranger, qui avaient déjà commencé à désapprendre leur langue maternelle, revirent leur patrie comme hommes libres.

La confiance au législateur revint. On le chargea de toute la réforme de l'État, et on lui donna un pouvoir illimité de régler ce qui touchait la propriété et les droits des citoyens. Le premier usage qu'il fit de ce pouvoir, fut d'abolir toutes les lois de Dracon, excepté celles qui étaient dirigées contre le meurtre et l'adultère.

Après cela, il entreprit la grande œuvre de donner à la république une constitution nouvelle.

Tous les citoyens d'Athènes durent se soumettre à une nouvelle évaluation de leurs fortunes, et, d'après cette évaluation, ils furent divisés en quatre classes ou tribus.

La première comprenait ceux qui avaient un revenu annuel de cinq cents mesures de produits secs et liquides.

La seconde renfermait ceux qui avaient trois cents mesures de produits, et qui pouvaient entretenir un cheval.

La troisième, ceux qui n'avaient que la moitié du revenu de ces derniers, de manière qu'ils étaient obligés de se réunir à deux pour parfaire cette somme de trois cents mesures. On les nommait pour cette raison « attelés deux à deux[1]. »

---

[1] Ce n'est pas ainsi qu'on explique ordinairement le terme Ζευγίται comme

Dans la quatrième étaient ceux qui ne possédaient point de biens-fonds et qui ne vivaient que du travail de leurs mains : les manouvriers, les mercenaires, les artisans.

Les trois premières classes pouvaient occuper les emplois publics; ceux de la dernière en étaient exclus. Cependant ils avaient leur voix dans l'assemblée nationale aussi bien que les autres, ce qui suffisait pour leur donner une grande part au gouvernement. Devant l'assemblée nationale, nommée *Ecclesia*, étaient portées toutes les grandes affaires, et c'était elle qui les décidait : à savoir l'élection des magistrats, la nomination aux emplois, les contestations judiciaires importantes, les finances, la guerre et la paix. Comme, en outre, les lois de Solon étaient entourées d'une certaine obscurité, il fallait, dans tous les cas où le juge avait des doutes sur une loi qu'il devait interpréter, en appeler à l'*Ecclesia*, qui alors prononçait en dernière instance comment il fallait entendre la loi. De tous les tribunaux on pouvait appeler au peuple. Avant l'âge de trente ans, personne n'était admis à l'assemblée nationale; mais, dès qu'on avait l'âge requis, on ne pouvait s'en absenter impunément, car Solon ne haïssait et ne combattait rien tant que la tiédeur pour l'intérêt public.

De cette façon, la constitution d'Athènes se trouvait changée en une parfaite démocratie. Le peuple était *souverain* dans la plus rigoureuse acception du mot, et il gouvernait non pas seulement par ses représentants, mais encore en personne et par lui-même.

Mais bientôt se montrèrent les conséquences fâcheuses de cette institution. Le peuple était devenu puissant d'une manière trop soudaine pour user avec modération de sa prérogative; la passion s'introduisit dans l'assemblée publique, et le tumulte qu'excitait une si grande multitude, ne permettait pas toujours de délibérer mûrement et de décider avec sagesse. Pour obvier à ce mal, Solon créa un sénat, pour la formation duquel on prenait cent membres de chacune des quatre classes. Ce sénat

---

dénomination de la troisième classe. Le sens adopté par Schiller ne viendrait-il pas d'une interprétation inexacte du mot συναρμοτέρων contenu dans la phrase de Plutarque qui est relative aux Ζευγίται?

avait à délibérer préalablement sur les points qui devaient être soumis à l'*Ecclesia*. Rien ne pouvait être porté devant le peuple qui n'eût été d'abord examiné par le sénat, mais au peuple seul restait la décision. Lorsqu'une affaire avait été exposée au peuple par le sénat, les orateurs prenaient la parole pour diriger les votes de l'assemblée. Cette classe d'hommes s'est acquis à Athènes une grande importance, et, par l'abus qu'ils faisaient de leur art et de l'humeur mobile des Athéniens, ils ont fait autant de mal à la république qu'ils auraient pu lui faire de bien, si, purs de toutes vues d'intérêt privé, ils avaient toujours eu devant les yeux l'intérêt de l'État. L'orateur mettait en œuvre tous les artifices de l'éloquence pour faire agréer au peuple le côté de l'affaire vers lequel il eût voulu le faire pencher, et, s'il entendait son art, tous les cœurs étaient dans ses mains. Ces orateurs enchaînaient le peuple d'une douce et légitime chaîne. Ils régnaient par la persuasion, et leur pouvoir, pour laisser quelque chose au libre choix, n'en était pas moins grand. Le peuple gardait une entière liberté d'adopter et de rejeter; mais, par l'art avec lequel on savait lui présenter les choses, on dirigeait cette liberté : institution excellente, si les fonctions d'orateur fussent toujours restées dans des mains pures et fidèles. Mais bientôt ces orateurs devinrent des sophistes qui mettaient leur gloire à faire du mal le bien et du bien le mal.

Au milieu d'Athènes était une grande place publique, entourée de statues de dieux et de héros, et nommée le Prytanée. Dans cette place s'assemblait le sénat, et les sénateurs tirèrent de là le nom de Prytanes. On exigeait d'un Prytane une vie irréprochable. Un dissipateur, un homme qui aurait manqué de respect à son père, qui se serait enivré, ne fût-ce qu'une fois, ne pouvait concevoir la pensée de prétendre à cette dignité.

Lorsque, par la suite, la population d'Athènes s'accrut, et qu'au lieu des quatre tribus que Solon avait établies, l'on fit dix tribus, le nombre des Prytanes fut aussi porté de quatre cents à mille. Mais de ces mille Prytanes il n'y en avait que cinq cents en fonction dans une année, et encore n'y étaient-ils pas tous simultanément. Cinquante d'entre eux gouvernaient pendant cinq semaines, et de telle façon qu'il n'y en avait que dix qui exerçassent le pouvoir chaque semaine. Il leur était ainsi tout à fait impossible d'agir arbitrairement, car chacun d'eux avait autant de témoins de ses actions et de surveillants qu'il avait de collègues, et le successeur avait toujours le droit de contrôler l'administration de son prédécesseur. Toutes les cinq semaines on tenait quatre assemblées du peuple, sans compter les extraordinaires ; par cet arrangement, il devenait impossible qu'une question restât longtemps indécise et que la marche des affaires traînât.

Outre le sénat des Prytanes, qu'il créa, Solon remit encore en honneur l'aréopage, que Dracon avait abaissé parce qu'il lui trouvait des sentiments trop humains. Il en fit l'inspecteur suprême et le génie protecteur des lois, et, comme dit Plutarque, c'est à ces deux tribunaux, le sénat et l'aréopage, qu'il attacha, comme à deux ancres, la république.

Ces deux cours de justice étaient instituées pour veiller au maintien de l'État et de ses lois. Dix autres tribunaux s'occupaient de l'application des lois et de l'administration de la justice. Quatre connaissaient des affaires de meurtre, le *Palladium*, le *Delphinium*, la *Phreattys* et l'*Helixa*. Solon ne fit que confirmer les deux premiers, ils existaient déjà sous les rois. Les meurtres non prémédités étaient jugés par le *Palladium*. Devant le *Delphinium* comparaissaient ceux qui déclaraient avoir commis un meurtre réputé légitime. La juridiction nommée *Phreattys* fut établie pour informer contre ceux qui étaient accusés d'un meurtre prémédité, après qu'ils s'étaient déjà expatriés pour un homicide non prémédité. L'accusé paraissait sur un vaisseau, et ses juges se tenaient sur le rivage. S'il était innocent, il retournait paisiblement au lieu de son exil, avec l'heureux espoir de revenir un jour dans sa patrie. S'il était reconnu coupable, il retournait également sain et sauf, mais la patrie était à jamais perdue pour lui.

La quatrième cour criminelle était l'*Helixa*, qui tirait son nom du soleil (*Helios*), parce qu'elle avait coutume de s'assembler aussitôt après le lever du soleil et dans un lieu qu'il frappait de ses rayons. L'*Helixa* était une commission extraordinaire des autres grands tribunaux ; ses membres étaient à la fois juges et magistrats. Ils n'avaient pas seulement à appliquer et à exécuter les lois, mais encore à les améliorer et à en déterminer le sens.

Leur réunion était solennelle, et un serment redoutable les obligeait à la vérité.

Dès qu'un arrêt de mort était prononcé, et que le condamné ne s'y était pas soustrait par un bannissement volontaire, on le livrait aux *onze*. C'était le nom d'une commission pour laquelle chacune des dix tribus fournissait un homme, ce qui, avec le bourreau, formait le nombre onze. Ces onze avaient la surveillance des prisons et exécutaient les arrêts de mort. Les genres de mort qu'on appliquait aux criminels, à Athènes, étaient au nombre de trois. Ou bien on les précipitait dans un gouffre, parfois aussi dans la mer, ou bien on les frappait du glaive, ou on leur faisait boire la ciguë.

Immédiatement après la peine de mort venait le bannissement. Ce châtiment est terrible dans les pays heureux : il est des États d'où ce n'est point un malheur d'être banni. Placer le bannissement immédiatement après la peine de mort, et même, quand il était perpétuel, au niveau de celle-ci, c'était, chez le peuple athénien, un beau sentiment de sa valeur. L'Athénien qui avait perdu sa patrie ne pouvait, dans tout le reste du monde, retrouver une autre Athènes.

Le bannissement, à l'exception du seul ostracisme, entraînait la confiscation de tous les biens.

Des citoyens qui, par leurs mérites extraordinaires ou par leur fortune, avaient acquis une influence et une autorité plus grande que ne le comportait l'égalité républicaine, et qui, par conséquent, commençaient à devenir dangereux pour la liberté civile, étaient parfois bannis avant d'avoir mérité le bannissement. Pour sauver l'État, on se montrait injuste envers un citoyen en particulier. L'idée qui est la base de cet usage est louable en soi ; mais le moyen qu'on employait atteste une politique puérile. On nommait cette sorte de bannissement *ostracisme*, parce que les votes s'écrivaient sur des écailles. Six mille voix étaient nécessaires pour condamner un citoyen à cette peine. L'ostracisme devait, de sa nature, frapper le plus souvent le citoyen qui avait le plus de mérite ; il honorait donc plutôt qu'il ne flétrissait ; mais il n'en était pas moins injuste et cruel, car il enlevait au plus digne ce qu'il avait de plus cher, la patrie. Un quatrième genre de peine pour les transgressions criminelles, était la colonne d'infamie. La faute du coupable était inscrite sur une colonne, ce qui lui ôtait l'honneur, à lui et à toute sa race.

Pour juger les affaires civiles, moins considérables, six tribunaux avaient été établis, mais qui ne devinrent jamais importants, parce que le condamné pouvait appeler de tous aux tribunaux supérieurs et à l'*Ecclesia*. Chacun plaidait soi-même sa cause, excepté les femmes, les enfants et les esclaves. Une clepsydre fixait la durée du plaidoyer du défendeur et de celui du demandeur. Les affaires civiles les plus importantes devaient être décidées en vingt-quatre heures.

Voilà ce que j'avais à dire des institutions civiles et politiques de Solon; mais ce législateur ne se borna pas là. Un avantage que les anciens législateurs ont sur les modernes, c'est qu'ils forment les hommes pour les lois qu'ils leur donnent, qu'ils embrassent aussi la moralité, le caractère, le commerce de la vie sociale, et qu'ils ne séparent jamais, *comme nous*, le citoyen de l'homme. Chez nous, il n'est pas rare que les lois soient en opposition directe avec les mœurs. Chez les anciens, les lois et les mœurs étaient dans une bien plus belle harmonie. Aussi le corps politique avait-il chez eux une chaleur de vie qui, chez nous, lui manque entièrement : l'État était gravé en traits ineffaçables dans les âmes des citoyens.

Toutefois, il faut ici même être très-circonspect dans l'éloge de l'antiquité. On peut presque généralement soutenir que les vues des anciens législateurs étaient sages et louables, mais qu'ils péchaient dans le choix des moyens. Ces moyens témoignent souvent d'idées fausses et d'une manière de voir étroite. Où nous restons en arrière, ils allaient trop loin. Si nos législateurs ont eu tort de négliger entièrement les devoirs moraux et les mœurs, les législateurs grecs ont eu le tort contraire d'imposer les devoirs moraux par la contrainte des lois. Pour la beauté morale des actions, la première condition est la liberté de la volonté, et cette liberté disparaît dès qu'on veut forcer à la vertu morale par des châtiments légaux. Le plus noble privilége de la nature humaine est de se déterminer soi-même et de faire le bien pour le bien. Nulle loi civile ne doit ordonner coactivement la fidélité envers l'ami, la générosité envers l'ennemi, la reconnaissance envers le père et la mère; car, en faisant cela, elle change un sentiment moral libre en un effet de la crainte, en un mouvement servile.

Mais revenons à Solon.

Une de ses lois voulait que tout citoyen regardât l'offense faite à un autre comme faite à lui-même, et qu'il n'eût pas de repos que l'offenseur n'en fût puni. La loi est excellente si l'on considère l'intention qu'il eut en la portant. Cette intention était d'inspirer à chaque citoyen une vive sympathie pour tous les autres, et de les habituer tous ensemble à se considérer comme membres d'un tout bien uni. Que nous serions agréablement surpris si nous arrivions dans un pays où le premier passant nous prendrait spontanément sous sa protection contre un agresseur! Mais combien notre plaisir diminuerait si nous apprenions en même temps qu'il a été contraint de tenir cette belle conduite!

Une autre loi portée par Solon déclare infâme celui qui dans une sédition demeure neutre. Cette loi aussi se fondait sur une bonne intention, qu'il est impossible de méconnaître. L'objet du législateur était d'inspirer à ses citoyens le plus profond intérêt pour le bien de l'État. La froideur pour la patrie était à ses yeux ce qu'il pouvait y avoir de plus haïssable dans un citoyen. Souvent la neutralité peut être la suite de cette froideur; mais il oubliait que souvent aussi le plus ardent intérêt pour le bien de la patrie peut commander cette neutralité : par exemple, quand les deux partis ont tort, et que la patrie a également à perdre au triomphe de l'un et de l'autre.

Une autre loi de Solon défend de mal parler des morts; une autre de médire des vivants dans des lieux publics, tels que les tribunaux, les temples, les spectacles. Il dispense les bâtards des devoirs filiaux, parce que le père, dit-il, s'est déjà payé par le plaisir sensuel dont il a joui. De même il dispensait le fils du devoir de nourrir son père, quand celui-ci ne lui avait pas fait apprendre un état. Il permettait de faire des testaments et de disposer de ses biens à son gré, parce que des amis qu'on s'est choisis valent mieux, disait-il, que de simples parents. Il abolit les dots, parce qu'il voulait que ce fût l'amour, et non l'intérêt, qui fît les mariages. C'est encore un beau trait de la mansuétude de son caractère d'avoir adouci le nom de certaines choses odieuses. Les impositions se nommèrent contributions; les garnisons, gardes de la ville; les prisons, chambres, et l'abolition des dettes, soulagement. Il modéra par de sages règlements la dépense, pour laquelle l'esprit des Athéniens avait tant de penchant. Des lois sévères veillaient sur les mœurs des femmes, sur le commerce des deux sexes et sur la sainteté du mariage.

Il voulut que toutes ces lois ne fussent valables que pour cent ans. Combien il voyait plus loin que Lycurgue! Il comprenait que les lois ne sont que les instruments de la civilisation; que les nations, dans leur âge viril, ont besoin d'une autre direction que dans leur enfance. Lycurgue éternisait l'enfance intellectuelle des Spartiates, pour éterniser ainsi chez eux ses lois; mais son État a disparu avec elles. Solon, au contraire, ne promettait aux siennes qu'une durée de cent ans, et encore aujourd'hui plusieurs d'entre elles sont en vigueur dans le droit romain. Le temps est un juge équitable de tous les mérites.

On a reproché à Solon d'avoir donné un trop grand pouvoir au peuple, et ce reproche n'est pas sans fondement. En voulant trop éviter un écueil, l'oligarchie, il s'est trop approché d'un autre, qui est l'anarchie; toutefois, il ne s'en est qu'approché, car le sénat des Prytanes et le tribunal de l'aréopage étaient des freins puissants du pouvoir démocratique. Les maux qui sont inséparables d'une démocratie : les décisions tumultueuses et passionnées, et l'esprit de faction, ne pouvaient sans doute pas être évités à Athènes; mais ces maux sont plutôt imputables à la forme qu'il adopta qu'à l'essence même de la démocratie. Il fit une grande faute en voulant que le peuple décidât, non par des représentants, mais en personne : ce qui, vu la grande multitude des votants, ne pouvait se passer sans confusion et sans tumulte, ni toujours sans corruption, à cause de la supériorité de nombre des citoyens sans avoir. L'ostracisme, qui exigeait au moins six mille voix, peut nous faire juger du tumulte orageux qui devait régner dans de telles assemblées populaires. Mais, d'un autre côté, si l'on considère combien le plus humble des Athéniens était initié aux affaires publiques, avec quelle force l'esprit national agissait en lui, avec quel soin le législateur avait travaillé à élever la patrie au-dessus de tout aux yeux du citoyen, on se formera une plus haute idée de l'intelligence politique de la plèbe athénienne, on se gardera du moins de conclure précipitamment de notre populace à celle-là. Toute grande assemblée entraîne avec elle une certaine anarchie ; mais toutes les petites ont peine à se préserver complétement du despotisme aristocratique. Trouver un juste milieu entre les deux est le plus difficile des problèmes dont la solution est réservée aux siècles futurs. Il n'en demeure pas moins admirable à mes yeux, ce sage esprit qui anima Solon dans sa législation : l'esprit de la saine et vraie politique, qui ne perd jamais de vue le principe fondamental sur lequel tous les États doivent reposer, celui de se donner à soi-même les lois auxquelles on doit obéir, et de remplir les devoirs de citoyen par une conviction éclairée et par amour de la patrie, non par une crainte servile du châtiment, et une aveugle et molle soumission à la volonté d'un supérieur.

C'était une belle et excellente disposition chez Solon de respecter la nature humaine, de ne jamais sacrifier l'homme à l'État, le but au moyen, mais de faire servir l'État à l'homme. Ses lois étaient de flottantes attaches, au bout desquelles le citoyen pouvait se mouvoir avec aisance et liberté dans toutes les directions, sans jamais sentir qu'elles le guidassent. Les lois de Lycurgue étaient des chaînes de fer dont le frottement blessait, étouffait le hardi courage, et dont le poids écrasant accablait les esprits. Le législateur d'Athènes ouvrait toutes les carrières possibles au génie et à l'industrie de ses citoyens : celui de Sparte les murait toutes devant les siens, une seule exceptée, le service de l'État. Lycurgue prescrivit l'oisiveté par des lois; Solon la punit sévèrement. Aussi toutes les vertus mûrirent à Athènes, tous les métiers et tous les arts y fleurirent, l'industrie y fit jouer tous ses ressorts, tous les champs de la science y furent cultivés. Où trouve-t-on à Sparte un Socrate, un Thucydide, un Sophocle et un Platon ? Sparte ne pouvait produire que des gouvernants et des guerriers, point d'artistes, de poëtes, de penseurs, de citoyens du monde. Tous deux, Solon comme Lycurgue, étaient des grands hommes, tous deux des hommes honnêtes; mais que leur influence a été différente, parce qu'ils partaient de principes opposés! Autour du législateur athénien se rangent la liberté et la joie, l'industrie, l'abondance, tous les arts et toutes les vertus, toutes les Grâces et les Muses, levant sur lui des yeux reconnaissants et le nommant leur père et leur créateur. Autour de Lycurgue on ne voit que la tyrannie et son épouvantable contraire, la servitude qui secoue ses chaînes et maudit l'auteur de ses maux.

Le caractère de tout un peuple est la plus fidèle expression de ses lois, et par conséquent aussi le juge le plus sûr de leur mérite et de leurs défauts. La tête du Spartiate était bornée et son cœur insensible. Il était orgueilleux et hautain avec ses confédérés, dur envers les vaincus, inhumain envers ses esclaves, servile envers ses supérieurs; dans les négociations il n'apportait ni foi ni conscience; il était despotique dans ses décisions, et sa grandeur, sa vertu même, manquaient de cette grâce attrayante qui seule gagne les cœurs. L'Athénien, au contraire, était doux et tendre dans le commerce de la vie, poli, vif dans la conversation, affable envers les petits, hospitalier et prévenant envers l'étranger. Il aimait, il est vrai, la mollesse et la parure; mais cela ne l'empêchait pas, dans l'action, de combattre comme un lion. Vêtu de pourpre et parfumé d'essences, il faisait trembler également les millions d'hommes de Xerxès et les plus rudes Spartiates. Il aimait les plaisirs de la table et ne pouvait résister qu'avec peine aux charmes de la volupté; mais l'intempérance et une conduite impudente déshonoraient à Athènes. La délicatesse et la mansuétude ne furent poussées aussi loin chez aucun peuple de l'antiquité que chez celui-ci. Dans une guerre avec Philippe de Macédoine, les Athéniens avaient intercepté quelques lettres de ce roi, parmi lesquelles il s'en trouvait une adressée à sa femme. Toutes les autres furent ouvertes, mais ils renvoyèrent celle-ci intacte. L'Athénien était généreux dans la prospérité; il était constant dans le malheur : aucun sacrifice alors ne lui coûtait pour la patrie. Il se montrait humain envers ses esclaves; l'esclave maltraité avait le droit d'accuser son tyran. Les animaux mêmes éprouvaient la générosité de ce peuple. Après la construction du temple Hécatompédon, il fut ordonné de laisser libres toutes les bêtes de somme qui y avaient été employées, et de les nourrir sans rien faire tout le reste de leur vie dans les meilleurs pâturages. Un de ces animaux retourna plus tard de lui-même au travail et courut machinalement devant les autres bêtes qui portaient des fardeaux. Ce spectacle toucha tellement les Athéniens qu'ils ordonnèrent de nourrir désormais cet animal, à part, aux frais de l'État.

Je dois cependant à la justice de ne pas taire les défauts des Athéniens, car l'histoire ne doit pas être un panégyrique. Ce peuple que nous avons admiré pour la politesse de ses mœurs, sa douceur et sa sagesse, se déshonora fréquemment par la plus honteuse ingratitude envers ses plus grands hommes, et par sa cruauté envers ses ennemis vaincus. Gâté par les flatteries de ses orateurs, insolemment fier de sa liberté, et vain de tant de brillants avantages, il opprimait souvent ses alliés et ses voisins avec un intolérable orgueil, et se laissait entraîner, dans les délibérations publiques, par un frivole esprit de vertige qui rendait vains les efforts de ses hommes d'État les plus sages, et amenait l'État au bord d'un abîme. Chaque Athénien en particulier était doux et facile à diriger; mais dans les assemblées publiques il n'était plus le même homme. Aussi Aristophane nous peint-il ses compatriotes comme des vieillards raisonnables à la maison et des fous à l'assemblée. L'amour de la gloire et la soif de la nouveauté les dominaient à l'excès : à la gloire l'Athénien sacrifiait souvent sa fortune, sa vie, parfois jusqu'à sa vertu. Une couronne d'olivier, une inscription sur une colonne, qui proclamait son mérite, lui étaient un plus ardent aiguillon pour le pousser aux grandes actions, que ne l'eussent été pour le Perse tous les trésors du grand roi. Autant le peuple athénien outrait l'ingratitude, autant il se montrait excessif dans sa reconnaissance. Être accompagné en triomphe, au sortir de l'assemblée, par un tel peuple; l'occuper, ne fût-ce qu'un jour, était une bien plus haute jouissance pour l'ambition de l'Athénien, et en même temps une jouissance plus réelle, que toutes celles qu'un monarque peut procurer au plus cher de ses esclaves; car émouvoir tout un peuple fier et sensible est tout autre chose que de plaire à un seul homme. Il fallait que l'Athénien fût toujours en mouvement; son âme aspirait sans cesse à de nouvelles émotions, à de nouvelles jouissances. Il fallait fournir chaque jour un nouvel aliment à cet amour de la nouveauté, si l'on voulait qu'il ne se tournât pas contre l'État même. Ainsi, plus d'une fois, un spectacle, donné au moment opportun, sauva le repos public, que menaçait la révolte; ainsi un usurpateur souvent arrivait à ses fins, pourvu qu'il sacrifiât à ce penchant du peuple par une suite de divertissements. Mais aussi, malheur au citoyen du plus grand mérite, s'il n'entendait pas l'art d'être chaque jour nouveau et de rajeunir son mérite!

Le soir de la vie de Solon ne fut pas aussi serein que sa vie l'eût mérité. Pour échapper aux importunités des Athéniens, qui journellement le tourmentaient par des questions et des propositions, il fit, dès que ses lois eurent cours, un voyage en Asie Mineure, aux îles et en Égypte, dans lequel il eut des entretiens avec les hommes les plus sages de son temps, et visita la cour du roi Crésus, en Lydie, et celle de Saïs, en Égypte. Ce qu'on raconte de son entrevue avec Thalès de Milet et avec Crésus est trop connu pour que je le rappelle ici. A son retour à Athènes, il trouva la république déchirée par trois partis, qui avaient à leur tête deux hommes dangereux, Mégaclès et Pisistrate. Mégaclès se rendait puissant et redoutable par sa richesse; Pisistrate, par son habileté politique et son génie. Ce Pisistrate, l'ancien favori de Solon et le Jules César d'Athènes, parut un jour devant l'assemblée du peuple, tout pâle, étendu sur son char, arrosé du sang d'une blessure qu'il s'était ouverte lui-même dans le bras. « C'est ainsi, dit-il, que mes ennemis m'ont maltraité à cause de vous. Ma vie est dans un continuel danger si vous ne prenez des mesures pour la protéger. » Alors ses amis, d'après les instructions qu'il leur avait données, demandèrent qu'on lui entretînt une garde du corps qui l'accompagnerait toutes les fois qu'il paraîtrait en public. La proposition passa : Pisistrate eut une garde du corps, et à peine se vit-il à sa tête qu'il s'empara de la citadelle d'Athènes. A ce moment, le voile tomba des yeux du peuple; mais il était trop tard. La terreur saisit la cité; Mégaclès et ses partisans s'échappèrent de la ville, et l'abandonnèrent à l'usurpateur. Solon, qui seul ne s'était pas laissé tromper, fut aussi le seul qui ne perdit pas courage. Autant il s'était efforcé de retenir ses concitoyens dans leur précipitation lorsqu'il en était encore temps, autant il s'efforça maintenant de ranimer leur courage abattu. Ne trouvant accès nulle part, il retourna chez lui, plaça ses armes devant la porte de sa maison, et s'écria : « J'ai fait ce que j'ai pu pour le bien de ma patrie. » Il ne songea pas à fuir, mais continua de blâmer vivement la folie du peuple et la mauvaise foi du tyran. Comme ses amis lui demandaient ce qui lui inspirait tant d'audace pour braver le puissant, il répondit : « Mon âge me donne cette hardiesse. » Il mourut, et ses derniers regards ne virent point sa patrie libre.

Mais Athènes n'était pas tombée entre les mains d'un barbare. Pisistrate avait l'âme noble, et il honorait les lois de Solon. Lorsque, dans la suite, après avoir été deux fois expulsé par son rival et s'être deux fois de nouveau rendu maître de la ville, il demeura enfin en paisible possession de son pouvoir, il fit oublier son usurpation par les services réels qu'il rendit à l'État, et par de brillantes vertus. Personne sous lui ne s'apercevait qu'Athènes ne fût plus libre, tant son gouvernement était facile et doux : ce n'était pas lui, mais les lois de Solon qui régnaient. Pisistrate ouvrit l'âge d'or d'Athènes ; sous lui se leva la belle aurore des arts de la Grèce. Il mourut regretté comme un père.

L'œuvre commencée par lui fut continuée par ses fils, Hipparque et Hippias. Les deux frères régnèrent avec concorde, et un égal amour des sciences les animait l'un et l'autre. Sous eux fleurirent déjà Simonide et Anacréon ; l'Académie fut fondée. Tout hâtait la venue de la magnifique époque de Périclès.

SUR

LES MIGRATIONS DE PEUPLES

LES CROISADES ET LE MOYEN AGE

SUR

LES MIGRATIONS DE PEUPLES,

LES CROISADES ET LE MOYEN AGE[1].

Le nouveau système de constitution sociale, qui, né dans le nord de l'Europe et de l'Asie, était venu s'établir, avec la nouvelle famille de peuples, sur les ruines de l'empire d'Occident, avait eu déjà sept siècles environ pour s'essayer sur ce théâtre nouveau et plus spacieux, et dans des relations nouvelles aussi;

---

1. Ce morceau formait une partie de l'introduction placée en tête du premier volume de la première partie des *Mémoires historiques*, publiés par l'auteur. (*Note de l'édition allemande.*)

Le premier volume de la première partie des *Mémoires historiques*, laquelle était relative au moyen âge, à partir du douzième siècle de notre ère, a paru à Iéna, en 1790. La dissertation *sur les Migrations de peuples*, etc., et la suivante (voy. p. 519) sur *l'État de l'Europe*, etc., n'en faisaient qu'une seule, sous le titre commun de « Coup d'œil jeté, du point de vue de l'Histoire universelle, sur les principales nations qui prirent part aux croisades, sur leur constitution, leurs idées religieuses, leurs mœurs, leurs occupations, leurs opinions et leurs usages. »

Tout le morceau commençait ainsi : « Il y a, si l'on prend pour signe distinctif le caractère dominant et l'état de la religion, il y a trois classes de nations qui se signalent d'une manière remarquable à cette époque et se trouvent mêlées plus ou moins directement à l'histoire des croisades : les *Chrétiens d'Occident*, unis, sous le pape de Rome, par le lien de la religion; les *Sarrasins* ou *Mahométans*, qui avaient propagé leur superstition victorieuse, depuis le détroit de Gibraltar jusqu'à l'Indus, et depuis la mer Noire et le Taurus jusqu'à l'océan Indien; entre deux, les *Grecs* et les *Romains d'Orient*. Sur les autres peuples de la terre les informations ou nous manquent absolument, ou sont trop peu sûres et trop défectueuses pour en pouvoir former un fil propre à guider l'historien. Pour eux, d'ailleurs, le temps n'était pas venu de prendre une part pour se développer sous toutes ses formes et dans toutes ses variétés, et parcourir ses phases et ses transformations diverses. Les descendants des Vandales, des Suèves, des Alains, des Goths, des Hérules, des Lombards, des Francs, des Burgondes, etc., s'étaient enfin acclimatés sur le sol que leurs ancêtres avaient envahi le glaive à la main, quand l'esprit de migration et de conquête qui les avait conduits dans leur nouvelle patrie se réveilla en eux, vers la fin du onzième siècle, sous une autre forme et par d'autres causes. L'Europe rendit alors aux contrées du sud-ouest de l'Asie les flots de peuples qu'elle avait reçus et les dévastations qu'elle avait eu à souffrir, sept siècles auparavant, du nord de cette partie du monde. Mais la fortune fut tout autre; car autant il avait coûté de torrents de sang aux barbares pour fonder en Europe des empires durables, autant alors il en coûta à leurs descendants, devenus chrétiens, pour conquérir en Syrie quelques villes et quelques châteaux, qu'ils devaient, deux siècles plus tard, perdre à jamais.

La folie et le délire qui enfantèrent le projet des croisades, et les violences qui en accompagnèrent l'exécution, ne peuvent guère inviter à s'arrêter sur cette entreprise des yeux qui ne vont pas au delà du moment même où le fait s'accomplit. Mais, si nous envisageons ces événements dans leurs rapports avec les siècles qui les ont précédés et avec ceux qui suivirent, alors ils nous paraissent trop naturels dans leur origine pour exciter notre étonnement, et trop bienfaisants dans leurs conséquences

active aux événements du monde et de mériter l'attention de qui raconte l'histoire universelle.

« Nous commençons par les premiers (les chrétiens d'Occident), qui nous touchent de plus près, qui sont pour nous les plus importants de beaucoup, et qui jouent le principal rôle dans l'histoire des croisades. »

Entre ce qui est aujourd'hui la fin de la première dissertation et ce qui forme le commencement de la seconde, se trouvait, quand les deux n'en faisaient qu'une (en deux sections toutefois, séparées par un trait), la transition suivante : « Pour pouvoir reconnaître exactement de quelles sources sortit cette entreprise et en quoi son issue fut si bienfaisante, il est besoin de parcourir d'un rapide coup d'œil l'état du monde européen d'alors, et de savoir à quel degré était parvenu l'esprit humain, lorsqu'il se permit cet étrange écart. »

C'est parce que le morceau était resté inachevé (l'auteur ne traite ni des Mahométans ni des Grecs), que l'on fut obligé, en l'insérant dans les Œuvres complètes, de changer le titre primitif, et qu'on divisa le mémoire en deux parties, dont la première a une sorte d'unité, et dont la seconde prit le nom de *fragment*.

pour ne pas faire succéder à notre déplaisir un tout autre sentiment. Considère-t-on les causes de cette expédition des peuples chrétiens dans la Terre sainte, elle est une production si naturelle, si nécessaire du siècle qui la vit naître, que l'homme le plus dépourvu d'instruction, à qui l'on exposerait en détail les prémisses historiques de ce grand fait, l'en déduirait certainement de lui-même. En examine-t-on les effets, on reconnaît dans cette entreprise le premier pas remarquable par lequel la superstition elle-même commença à réparer les maux qu'elle avait causés à l'humanité pendant des siècles, et il n'est peut-être pas de problème historique que le temps ait plus nettement résolu que celui-ci, aucun au sujet duquel le génie souverain qui ourdit la trame de l'histoire du monde se soit justifié d'une manière plus satisfaisante devant la raison humaine.

Du repos énervant et contre nature où l'ancienne Rome avait plongé tous les peuples à qui elle imposait sa domination, de l'esclavage efféminé dans lequel elle étouffait les forces les plus vives d'un monde abondamment peuplé, nous voyons l'humanité sortir, et traverser la liberté anarchique et orageuse du moyen âge, pour se reposer enfin dans un heureux milieu entre les deux extrêmes, et associer dans une bienfaisante union l'ordre et la liberté, l'activité et le repos, la diversité et l'accord.

On peut à peine mettre en question si cet heureux état dont nous jouissons, dont du moins nous sentons assurément l'approche, doit être considéré comme un progrès, quand nous le rapprochons de la situation la plus florissante où jamais l'humanité se soit trouvée anciennement, et si, comparés à ceux qui vécurent aux plus beaux temps de la Grèce et de Rome, nous sommes devenus vraiment meilleurs. La Grèce et Rome ont pu produire tout au plus d'excellents *Grecs* et d'excellents *Romains*: la nation, même à sa plus belle époque, n'est jamais parvenue à former des *hommes* excellents. Hors de la Grèce, le monde entier n'était pour l'Athénien qu'un désert barbare, et l'on sait qu'il tenait de cela grand compte dans l'appréciation de son bonheur. Les Romains s'étaient punis par leurs propres mains, en ne laissant subsister sur tout le vaste théâtre de leur domination que des *citoyens de Rome* et des *esclaves de Rome*. Aucun de nos États modernes n'a un droit de cité à dispenser à la façon de Rome;

mais, en revanche, nous possédons un bien que nul Romain, s'il voulait rester Romain, ne pouvait connaître ; et ce bien, nous le tenons d'une main qui ne ravit pas à l'un ce qu'elle donne à l'autre, et qui jamais ne reprend ce qu'elle a une fois donné : nous possédons la liberté humaine, trésor qui augmente de valeur, bien différent en cela du droit de cité du Romain, à mesure que s'accroît le nombre de ceux qui le partagent avec nous, et qui, indépendant des formes changeantes des constitutions, et des vicissitudes qui ébranlent les empires, repose sur le solide fondement de la raison et de l'équité.

Le progrès est donc manifeste, et la question se réduit à ces termes : n'y avait-il pas, pour arriver à ce but, un chemin plus rapide ? Cette salutaire transformation ne pouvait-elle se développer, au sortir du monde romain, avec moins de violence ? Était-il indispensable que le genre humain traversât la triste période qui s'étend du quatrième au seizième siècle ?

La raison ne peut se faire à l'anarchie. Tendant sans cesse à l'accord, elle aime mieux courir le risque de défendre l'ordre sans succès, que s'en passer avec indifférence.

Les migrations de peuples et le moyen âge, qui les suivit, étaient-ils la condition nécessaire du progrès des temps modernes ?

L'Asie peut nous donner sur cette question quelques éclaircissements. Pourquoi, à la suite de l'expédition d'Alexandre, ne s'éleva-t-il aucune république grecque ? pourquoi voyons-nous la Chine, condamnée à une triste immobilité, vieillir dans une éternelle enfance ? Parce qu'Alexandre fut humain dans ses conquêtes ; parce que la petite troupe de ses Grecs disparut parmi les millions de sujets du grand roi ; parce que les hordes des Mantchous se perdirent imperceptibles dans la Chine immense. Les hommes seuls étaient subjugués ; les lois et les mœurs, la religion et la constitution étaient restées victorieuses. Pour les États gouvernés despotiquement, il n'y a de salut que dans la ruine[1]. Les conquérants qui les ménagent ne font qu'y amener des colonies, entretenir la vie dans leur corps languis-

---

1. Au lieu de *Untergang* « ruine, » on lit dans la première édition *Verwüstung* « dévastation. »

sant, et ne peuvent qu'éterniser la maladie. Pour que le pays empesté n'infectât pas son vainqueur sain et fort, pour que le Germain dans la Gaule ne dégénérât pas en Romain, de même qu'à Babylone les Grecs avaient dégénéré en Persans, il fallait que le moule fût brisé, qui pouvait devenir dangereux par le penchant à l'imitation; il fallait que le vainqueur, sur la scène nouvelle qu'il avait envahie, restât à tous égards le plus fort.

Le désert de Scythie s'ouvre et verse sur l'Occident une rude engeance. Sa route est marquée de sang. Derrière elle, les villes tombent en cendres; elle foule aux pieds, avec la même rage, les œuvres de la main de l'homme et les fruits de la terre. La peste et la famine viennent achever ce que le fer et la flamme ont oublié. Mais la vie ne périt que pour laisser germer à sa place une vie meilleure. Nous ne voulons pas compter, sur les pas des envahisseurs, les cadavres qu'ils ont amoncelés, ni les villes qu'ils ont réduites en cendres. Les villes renaîtront plus belles, fondées par la liberté, et une meilleure race d'hommes les habitera. Tous les arts qui créent le beau et le grand, les arts du luxe et du raffinement, périssent; des monuments précieux, érigés pour l'éternité, sont réduits en poussière, et un aveugle caprice ose bouleverser les rouages délicats d'un ordre ingénieusement établi; mais, au milieu même de ce tumulte sauvage, le génie de l'ordre accomplit son œuvre, et des trésors du passé tout ce qui est destiné aux temps à venir est soustrait, sans qu'on y prenne garde, à la fureur dévastatrice du présent. D'horribles ténèbres se répandent sur les contrées que ravage ce vaste incendie, et les déplorables restes de leurs habitants épuisés n'ont à opposer au nouveau vainqueur ni résistance, ni séductions.

Il y a place maintenant sur la scène, et une nouvelle race de peuples l'occupe : race élevée, depuis des siècles, dans ses forêts du Nord, paisiblement et à l'insu du monde, pour devenir la colonie régénératrice de l'Occident épuisé[1]. Rudes et sauvages sont ses lois, ses mœurs; mais, sous leur rude forme, elles respectent la nature humaine, que ne respecte pas dans ses esclaves civi-

---

[1]. J'ai suivi, pour cette phrase, la ponctuation des *Mémoires historiques*. Elle a été modifiée, et le sens avec elle, dans les éditions actuelles.

lisés le despote, maître du monde. Toujours le même, comme s'il était encore sur la terre salique, insensible aux présents que lui offre le Romain subjugué, le Franc demeure fidèle aux lois qui l'ont fait vaincre : trop fier et trop sensé pour recevoir des mains des malheureux des instruments de bonheur. Sur les monceaux de cendres de la magnificence romaine il déploie ses tentes nomades; il plante sa lance de fer, son bien le plus précieux, sur le sol conquis, il la dresse devant les tribunaux, et il faut que le christianisme lui-même, s'il veut enchaîner le barbare, ceigne le glaive redoutable.

Et alors toute influence étrangère s'éloigne du fils de la nature. Les ponts sont rompus entre Byzance et Marseille, entre Alexandrie et Rome; le timide marchand rentre chez lui en toute hâte, et le vaisseau qui unissait les contrées gît démâté sur la plage. Un désert d'eaux et de montagnes, une nuit de mœurs farouches, élèvent une barrière infranchissable devant l'entrée de l'Europe : toute cette partie du monde est fermée.

A cet instant commence une lutte longue, difficile, mémorable : l'âpre génie des Germains est aux prises avec les séductions d'un nouveau ciel, avec de nouvelles passions, avec la secrète influence de l'exemple, avec l'héritage de Rome renversée, qui encore lui tend mille piéges dans la patrie nouvelle. Malheur au successeur d'un Clodion qui, sur la scène où Trajan régnait, se croit un Trajan! Mille épées sont tirées pour lui remettre en mémoire la sauvage Scythie! L'esprit de domination et la liberté, l'insolence rebelle et la fermeté, se heurtent rudement; la ruse s'efforce de prendre l'audace dans ses filets; le terrible droit du plus fort reparaît, et pendant des siècles le glaive fumant ne se refroidit point. Une triste nuit qui obscurcit toutes les intelligences descend sur l'Europe, et l'on ne voit s'élever que de rares étincelles, comme pour rendre plus effrayantes les ténèbres qui succèdent à ces lueurs. Le génie de l'ordre éternel semble avoir abandonné le gouvernail du monde, ou, pour atteindre un but éloigné, avoir sacrifié la génération présente. Cependant, père également tendre pour tous ses enfants, il ouvre, en attendant, un refuge, au pied des autels, à l'impuissance qui succombe, et, contre une nécessité dont il ne peut lui faire grâce, il fortifie le cœur par le dogme de la résignation. Il place les mœurs sous la sauvegarde d'un christianisme dégénéré, et permet aux générations intermédiaires de s'appuyer sur cette béquille chancelante, qu'il brisera entre les mains de leurs neveux plus robustes. Mais dans cette longue lutte les États et leurs citoyens puisent la chaleur de la vie; l'esprit germain résiste énergiquement au despotisme qui enlace les cœurs de ses liens et qui opprima le Romain trop prompt à succomber; la source de la liberté jaillit en torrent d'eaux vives, et la génération postérieure arrive, invaincue, saine et sauve, au beau siècle où, grâce au concours des hommes et de la fortune, doivent enfin s'unir les lumières de la pensée et l'énergie du vouloir, l'intelligence et l'héroïsme. Quand Rome produisait encore des Scipion et des Fabius, il lui manquait les sages qui eussent montré le but à leur vertu; quand ses sages fleurirent, le despotisme avait déjà égorgé sa victime, et le bienfait de leur apparition fut perdu pour un siècle énervé. La vertu des Grecs n'atteignit pas non plus les brillantes époques de Périclès et d'Alexandre, et lorsqu'Haroun apprit à penser à ses Arabes, déjà l'ardeur s'était refroidie dans leur sein. Un meilleur génie veillait sur la nouvelle Europe. Le long usage des armes pendant le moyen âge avait donné au seizième siècle une race d'hommes saine et robuste, et préparé à la raison, qui à ce moment déploie sa bannière, de vigoureux champions.

Sur quel autre point du globe a-t-on vu la tête enflammer le cœur, et la vérité[1] armer le bras des hommes vaillants? Où jamais, ailleurs qu'ici, fut-on témoin de ce prodige, que les principes rationnels du paisible penseur devinssent le cri de guerre des combats meurtriers; que la voix de l'égoïsme se tût sous la contrainte plus puissante de la conviction; que l'homme enfin risquât ce qu'il avait de plus cher pour atteindre le but le plus noble? Le plus sublime effort de la vertu des Romains et des Grecs ne s'est jamais élevé au-dessus des devoirs de citoyen;

---

1. Ou ce que l'on prit pour elle. Il est inutile d'avertir qu'il ne s'agit pas ici de la valeur de la conquête, mais de la peine que donna l'entreprise; qu'il s'agit du zèle déployé, et non du résultat. Quel que fût l'objet de la lutte, c'était toujours une lutte pour la raison; car de la raison seule on apprit le droit qu'on avait de l'entreprendre, et c'est proprement pour ce droit seul que l'on combattit. (*Note de l'auteur.*)

jamais, si ce n'est chez un seul sage, dont le nom même est pour son siècle le plus sanglant reproche. Le plus grand sacrifice que la nation ait accompli dans son âge héroïque, fut un sacrifice offert à la patrie. Ce n'est que vers la fin du moyen âge que l'on voit en Europe un enthousiasme qui sacrifie la patrie même à une sublime idole purement rationnelle. Et pourquoi seulement ici ce phénomène, et, ici même, seulement une fois? Parce que dans l'Europe seule, et seulement alors, à la fin du moyen âge, l'énergie de la volonté se rencontra avec la lumière de l'intelligence; qu'alors seulement une race encore virile fut donnée pour instrument à la sagesse.

Dans tout le domaine de l'histoire, nous voyons le développement des États et le développement des intelligences marcher d'un pas très-inégal. Les États sont des plantes annuelles qui se flétrissent dans le court espace d'un été, et de la plénitude de la sève passent rapidement à la corruption. La raison éclairée est une plante tardive qui, pour parvenir à sa maturité, a besoin d'un heureux ciel, de beaucoup de soins et d'une longue suite de printemps. D'où vient cette différence? C'est que le sort des États dépend de la passion, qui trouve son amorce dans le cœur de tout homme; tandis que le progrès des lumières dépend de l'entendement, qui ne se développe que par des secours étrangers, et du bonheur des découvertes, que le temps et les hasards n'amènent qu'à la longue. Combien de fois verra-t-on l'une de ces plantes fleurir et se flétrir avant que l'autre approche de la maturité! Combien n'est-il donc pas difficile que les États attendent le moment où paraissent les lumières, et que la raison, fruit du soir, trouve encore vivante la liberté éclose au matin! Une fois seulement dans l'histoire entière du monde, la Providence s'est proposé ce problème, et nous avons vu comment elle l'a résolu. Pendant la longue lutte du moyen âge, elle conserva jeune et fraîche en Europe la vie politique, jusqu'à ce qu'enfin fussent réunis les éléments nécessaires au développement de la vie morale[1].

---

[1]. Autant la *liberté* et la *civilisation* sont inséparablement unies, à leur plus haut degré de développement, qu'elles ne peuvent même atteindre que par cette union : autant sont-elles difficiles à réunir quand elles naissent et se dévelop-

Seule l'Europe a des États qui sont à la fois éclairés, policés, et non subjugués. Partout ailleurs la barbarie accompagne la liberté; l'esclavage la civilisation. Mais aussi l'Europe seule s'est frayé péniblement sa voie à travers mille années de guerre, et ces mille ans de guerre ne pouvaient être amenés que par les dévastations du cinquième et du sixième siècle. Ce n'est ni le sang de leurs aïeux, ni le caractère de leur race, qui a préservé nos pères du joug de l'oppression ; car leurs frères, nés libres comme eux, les Turcomans et les Mantchous, ont courbé leurs têtes sous le despotisme. Ce n'est pas le sol et le ciel de l'Europe qui leur ont épargné ce destin; car, sur ce même sol et sous ce même ciel, les Gaulois et les Bretons, les Étrusques et les Lusitaniens, ont subi le joug des Romains. Le glaive des Vandales et des Huns, qui moissonna sans pitié les peuples de l'Occident, et l'énergique race qui occupa la scène ainsi déblayée, et sortit invaincue d'une guerre de mille années, voilà les créateurs de notre bonheur présent; et ainsi nous retrouvons le génie de l'ordre dans les deux plus terribles phénomènes que l'histoire nous offre.

Je crois n'avoir pas besoin d'excuse pour cette longue digression. Les grandes époques de l'histoire sont trop étroitement unies entre elles pour qu'on puisse expliquer l'une sans l'autre; et l'événement des croisades n'est qu'un acheminement à la

---

pent. Le repos est la condition de la civilisation; mais rien n'est plus dangereux que le repos pour la liberté. Toutes les nations civilisées de l'antiquité ont acheté l'épanouissement de la civilisation au prix de leur liberté, parce qu'*elles n'ont trouvé le repos que dans l'oppression*. Et leur civilisation tournait à leur ruine, par cela même qu'elle était née d'un principe de ruine. Pour que ce sacrifice fût épargné à la race nouvelle, c'est-à-dire pour que la liberté et la civilisation pussent, chez elle, se trouver unies, il fallait qu'elle arrivât au repos par une autre voie que celle du despotisme. Or, il n'y avait pas d'autre voie possible que celle des lois, et les lois, l'homme encore libre ne les peut recevoir que de lui-même. Mais l'homme ne se déterminera à se donner des lois que par la conviction et l'expérience ou de leur utilité, ou des suites funestes de leur contraire. Le premier de ces deux motifs présupposerait ce qui n'est pas encore arrivé, ce qu'il faut d'abord obtenir. L'homme libre ne peut donc être contraint à se donner des lois que par les suites funestes de l'anarchie. Mais l'anarchie est généralement de très-courte durée, et conduit, par une rapide transition, au pouvoir arbitraire. D'ordinaire, avant que la raison ait trouvé les lois, l'anarchie a depuis longtemps abouti au despotisme. Pour que la raison eût donc le temps de se donner les lois, il fallait que l'anarchie fût prolongée; et c'est ce qui est arrivé au moyen âge. (*Note de l'auteur.*)

solution du problème qu'offre à l'historien philosophe la migration des peuples.

C'est au treizième siècle que le génie du monde, le génie créateur qui a filé sa trame dans l'ombre, écarte le voile pour montrer une partie de son œuvre. La sombre enveloppe de brouillards qui, pendant dix siècles, avait couvert l'horizon de l'Europe, s'ouvre à cette époque, et l'on voit paraître un ciel serein. Il faut que le double mal de l'uniformité ecclésiastique et de l'anarchie politique, de la hiérarchie sacrée et de la féodalité, mal complet et poussé à ses dernières limites vers la fin du onzième siècle, se prépare à lui-même sa fin dans ce qu'il enfanta de plus monstrueux, dans le délire des guerres saintes.

Un zèle fanatique rouvre soudain l'Occident fermé, et le fils adulte sort de la maison paternelle. Il se regarde lui-même avec surprise dans des peuples nouveaux; il se réjouit, au Bosphore de Thrace, de sa liberté et de son courage; il rougit dans Byzance de son goût inculte, de son ignorance, de sa barbarie, et s'épouvante en Asie de sa pauvreté. Ce qu'il prit là et ce qu'il en rapporta, les annales de l'Europe nous l'apprennent; l'histoire de l'Orient, si nous en avions une, nous dirait ce qu'il donna en échange et laissa derrière lui. Mais ne semble-t-il pas que l'héroïsme des Francs ait encore communiqué à Byzance expirante un souffle de vie éphémère? Elle se relève inopinément avec ses Comnènes, et, fortifiée par la courte visite des Germains, elle marche, à dater de ce moment, d'un pas plus noble vers la mort.

Derrière le soldat de la croix, le marchand jette son pont, et le lien retrouvé entre l'Occident et l'Orient, rapidement noué par un accès de belliqueux vertige, est fortifié et perpétué par le commerce aux prudents calculs. Le navire levantin salue de nouveau des parages bien connus de lui, et son riche chargement excite à l'industrie l'Europe cupide. Bientôt il se passera de l'incertaine direction de l'Arcture, et, portant en lui-même un guide infaillible, il se hasardera plein de confiance sur des mers inexplorées.

Les goûts et les convoitises de l'Asie suivent l'Européen dans son pays natal; mais ici ses forêts ne le connaissent plus, et d'autres bannières flottent sur ses châteaux. Devenu pauvre dans sa patrie pour briller aux rives de l'Euphrate, il renonce enfin à l'idole adorée de son indépendance et à son pouvoir hostile de seigneur, et il permet à ses serfs de racheter avec de l'or les droits de la nature. Il présente volontairement ses mains aux chaînes qui le décorent, il est vrai, mais aussi domptent l'indompté. La majesté des rois s'élève, en même temps que les serfs de la glèbe deviennent des hommes. De la mer des dévastations sort, conquise sur la misère, une nouvelle terre féconde : la *commune*.

Celui-là seul qui avait été l'âme de l'entreprise et avait fait travailler la chrétienté tout entière à sa grandeur à lui, le pontife de Rome voit ses espérances trompées. Pour saisir, en Orient, un nuageux fantôme, il a sacrifié en Occident une couronne réelle. Sa force était dans la faiblesse des rois : l'anarchie et la guerre civile, tel était l'arsenal inépuisable d'où il tirait ses foudres. Maintenant encore il les lance.... mais maintenant la puissance affermie des rois lui résiste. Il n'y a plus d'anathème, d'interdit fermant le ciel, de dispense des plus sacrés devoirs, qui puisse rompre les liens salutaires qui attachent le sujet à son souverain légitime. En vain son impuissant courroux lutte contre le temps, qui a élevé son trône et qui l'en fait maintenant descendre. La superstition avait enfanté cet épouvantail du moyen âge, et la discorde l'avait fait grandir. Autant étaient faibles ses racines, autant fut rapide et terrible son développement au onzième siècle. Aucun âge du monde n'avait vu son pareil. Qui eût deviné, en voyant cet ennemi de la liberté la plus sainte, qu'il était envoyé au secours de la liberté? Lorsque la querelle entre les rois et les nobles s'échauffa, il se jeta entre les combattants inégaux, et retarda la dangereuse issue de la lutte jusqu'au moment où un champion meilleur, le tiers état, eût assez grandi pour remplacer la créature du moment. Nourri par le désordre, il dépérit dès que l'ordre se fit. Enfant des ténèbres, il disparaît devant la lumière. Disparut-il aussi le dictateur qui était accouru contre Pompée au secours de Rome qui succombait? ou Pisistrate, qui dissipa les factions d'Athènes? Rome et Athènes passent de la guerre civile à la servitude.... l'Europe moderne à la liberté. Pourquoi l'Europe fut-elle plus heureuse? Parce qu'ici un fantôme passager accomplit ce qui là fut l'œuvre d'un pouvoir durable; parce qu'ici seulement il se trouva un bras assez fort pour empêcher l'oppression, mais trop faible pour opprimer lui-même.

Quelle différence entre ce que l'homme sème et ce que le destin lui fait récolter! Pour enchaîner l'Asie aux marches de son trône, le saint-père livre au glaive des Sarrasins un million de ses fils héroïques; mais en eux il a enlevé à son siége, en Europe, ses plus fermes appuis. La noblesse rêve des conquêtes nouvelles et de nouvelles couronnes à gagner, et elle rapporte aux pieds de ses souverains un cœur plus docile. Le pieux pèlerin cherche au saint Sépulcre le pardon des péchés et les joies du paradis, et seul il reçoit plus qu'il ne lui avait été promis. Il retrouve en Asie son humanité, et il rapporte de cette partie du monde, à ses frères d'Europe, la semence de la liberté : conquête infiniment plus importante que les clefs de Jérusalem ou les clous de la croix du Sauveur[1]!

1. Voyez, page 508, dans la note, la transition qui rattachait ce morceau au commencement du fragment qui suit

COUP D'ŒIL
SUR L'ÉTAT DE L'EUROPE
AU TEMPS DE LA PREMIÈRE CROISADE

COUP D'ŒIL

SUR L'ÉTAT DE L'EUROPE

AU TEMPS DE LA PREMIÈRE CROISADE[1].

(FRAGMENT.)

L'Europe occidentale, quoique morcelée en un grand nombre d'États, présente, au onzième siècle, un aspect très-uniforme. Occupée généralement par des nations qui, au moment de leur établissement, étaient à peu près au même degré de culture sociale; qui avaient, à tout prendre, le même caractère d'origine, et se trouvaient, lors de la prise de possession du pays, dans un état identique, il eût fallu qu'elle offrît à ses nouveaux habitants des séjours notablement différents, pour que, dans la suite du temps, il se fût manifesté entre eux d'importantes différences.

Mais l'égale fureur de dévastation, dont ces nations accompagnèrent leur conquête, rendit semblables les uns aux autres, quelle que fût la différence des habitants et de la culture, les pays qui en furent le théâtre; car elle foulait aux pieds et détruisait partout de la même manière tout ce qui s'y trouvait, et

---

1. Ce morceau parut dans le premier volume (de la première partie) des *Mémoires historiques*; mais il ne fut pas continué à cause d'une maladie de l'auteur. (*Note de l'édition allemande.*) — Voyez, plus haut, la note des pages 507 et 508.

brisait presque tout lien entre le nouvel état de ces contrées et celui qui l'avait précédé. En admettant même que le climat, la nature du sol, le voisinage, la situation géographique, dussent entretenir une diversité sensible; que les vestiges de la civilisation romaine au midi, l'influence de la civilisation des Arabes dans les régions du sud-ouest, le siége de la puissance pontificale en Italie, et les relations plus fréquentes avec les Grecs dans cette péninsule, ne pussent être sans conséquences pour les habitants de ces pays : l'effet de ces influences était trop peu marqué, trop lent et trop faible, pour effacer ou changer notablement la forte empreinte originaire que toutes ces nations avaient apportée avec elles dans leurs nouvelles demeures. De là vient que l'historien, aux extrémités les plus opposées de l'Europe, en Sicile et en Angleterre, sur les bords du Danube et de l'Eider, de l'Èbre comme de l'Elbe, observe, en général, une grande uniformité de mœurs et d'organisation, qui l'étonne d'autant plus qu'elle se trouve jointe à la plus grande indépendance de ces États entre eux, et à un manque presque absolu de relations mutuelles. En dépit des siècles qui ont passé sur ces peuples, quelques changements que la nouveauté de la situation géographique, de la religion, des langues, des arts, des objets de convoitise, des commodités et des jouissances de la vie, eussent dû produire dans le fond même de leur condition et y eussent produits en effet, on voit encore néanmoins subsister en somme le même édifice politique que leurs ancêtres avaient construit. Alors encore ils vivent, comme dans leur patrie scythique, dans une sauvage indépendance, armés pour l'attaque et pour la défense, éparpillés dans les districts de l'Europe, comme dans un immense camp; même sur cette plus vaste scène politique ils ont transplanté leur droit public barbare; jusque dans les profondeurs du christianisme ils ont importé leurs superstitions du Nord.

Les monarchies sur le modèle de Rome ou des empires asiatiques, et les républiques à la manière des Grecs, ont également disparu de cette scène nouvelle. A leur place sont venues des aristocraties militaires, des monarchies sans obéissance, des républiques sans sûreté et même sans liberté, de grands États morcelés en mille petits États, sans harmonie à l'intérieur, au dehors sans solidité et sans défense, mal constitués individuellement, encore plus mal unis les uns avec les autres. On trouve des *rois*, mélange contradictoire de chefs barbares et d'empereurs romains : un d'eux porte même le titre de ces derniers, mais sans posséder leur puissance absolue; des *grands*, qui partout sont les mêmes, par la puissance réelle comme par les prétentions, bien qu'ils aient des noms divers dans les divers pays; des *prêtres*, qui commandent avec le glaive temporel; une *milice* de l'État, que l'État n'a point en son pouvoir et qu'il ne solde pas; enfin, des *cultivateurs*, qui appartiennent au sol, lequel ne leur appartient pas; une noblesse et un clergé, des hommes à demi libres et des serfs. Les communes urbaines et les citoyens sont encore à naître.

Pour expliquer cette transformation des États européens, il est nécessaire de remonter à des temps plus éloignés et de rechercher les traces de leur origine.

Quand les nations du Nord prirent possession de la Germanie et de l'empire romain, elles ne se composaient que d'hommes libres, associés spontanément à la ligue qui partait pour faire des conquêtes. Prenant une égale part aux travaux et aux dangers de la guerre, ils avaient un égal droit aux pays qui étaient le prix de cette expédition. Chaque bande obéissait aux ordres d'un chef : beaucoup de ces chefs, avec leurs bandes, se réunissaient sous le commandement d'un général ou d'un prince, qui conduisait l'armée. Il y avait donc, la liberté de tous étant égale, trois différents ordres ou conditions, et c'était d'après cette distinction, peut-être aussi d'après la bravoure que l'on avait déployée, que les lots étaient déterminés lors du partage du butin, des hommes et des terres. Chaque homme libre recevait sa part; le chef de bande en avait une plus grande; le chef de l'armée la plus grande de toutes; mais les terres étaient libres, comme la personne de leurs propriétaires, et ce qui était adjugé à un guerrier devenait à jamais son bien, dans une entière indépendance. C'était le prix de son travail, et le service qui y donnait droit n'était pas à rendre, mais déjà rendu.

L'épée dut défendre ce que l'épée avait conquis; mais l'individu isolé était aussi incapable de protéger sa conquête qu'il l'eût été de la faire. L'alliance belliqueuse ne put donc se dissoudre même dans la paix : les chefs de bandes et les chefs d'armée restèrent ce qu'ils étaient, et l'union des hordes, d'abord accidentelle et temporaire, forma dès lors des nations sédentaires, toutes prêtes à combattre, en cas de nécessité, comme au temps de leur irruption guerrière.

A la possession de toute terre était attachée une obligation qui en était inséparable : celle d'obéir au ban, c'est-à-dire d'aller joindre, avec un équipement et une suite proportionnés à l'étendue du domaine que l'on possédait, la commune ligue qui protégeait l'ensemble : obligation bien plutôt agréable et honorable que pénible, parce qu'elle s'accordait avec les instincts guerriers de ces nations, et était accompagnée d'importants priviléges. Un domaine et une épée, un homme libre et une lance, étaient choses inséparables.

Mais les terres conquises n'étaient point des déserts lorsqu'on en prit possession. Quelque affreux ravages qu'y eût exercés l'épée de ces conquérants barbares et de leurs devanciers, les Vandales et les Huns, il leur avait été cependant impossible d'exterminer complétement les anciens habitants. Un grand nombre de ces derniers furent donc compris dans le butin et dans le partage des terres, et leur sort fut de cultiver désormais comme serfs les champs qu'ils avaient possédés jusque-là comme propriétaires. Le même destin fut aussi réservé à la grande multitude des prisonniers de guerre dont l'essaim conquérant s'était emparé dans sa marche, et qu'il traînait à sa suite comme un troupeau d'esclaves. Ainsi, l'ensemble de la nation se composait maintenant d'hommes libres et d'esclaves, de propriétaires et de serfs. Cette seconde classe n'avait rien en propre, et, par conséquent, rien à défendre. Aussi ne portait-elle point l'épée, et n'avait-elle pas voix dans les affaires politiques. L'épée donnait la noblesse, parce qu'elle attestait la liberté et la propriété.

Le partage des terres avait d'abord été inégal, parce que ce fut le sort qui le décida, puis parce que le chef de bande avait obtenu une portion plus grande que le commun des guerriers, et le chef de l'armée une plus grande que tous les autres. Les chefs avaient donc plus de revenus qu'ils n'en dépensaient : en d'autres termes, du superflu, et par conséquent des moyens de luxe. Les inclinations de ces peuples étaient tournées vers la gloire militaire : le luxe devait donc se manifester aussi d'une façon guerrière. Se voir accompagné de bandes d'élite, se voir, à leur tête, redouté de ses voisins, était le but suprême de l'ambition à cette époque : une nombreuse suite militaire, tel était le plus magnifique étalage de la richesse et de la puissance, et en même temps le moyen le plus infaillible d'augmenter l'une et l'autre. Le superflu des terres ne pouvait donc être mieux employé qu'à acheter des compagnons de guerre, qui pussent jeter de l'éclat sur leur chef, l'aider à défendre son bien, venger ses injures, et, à la guerre, combattre à ses côtés. Ainsi le chef de bande et le prince aliénaient certaines portions de leurs domaines et en abandonnaient la jouissance à d'autres propriétaires moins riches, qui devaient s'engager, en retour, à certains services militaires, lesquels n'avaient aucun rapport à la défense de l'État, et n'intéressaient que la personne du donateur. Celui-ci n'avait-il plus besoin de ces services, ou bien l'usufruitier ne pouvait-il plus les rendre, alors cessait aussi la jouissance, qui n'avait été accordée qu'à cette condition. Cette concession de terres était donc conditionnelle et révocable; c'était une convention synallagmatique, conclue soit pour un nombre d'années déterminé, soit pour le temps de la vie, et dissoute par la mort. Un domaine ainsi concédé s'appelait un bénéfice (*beneficium*), pour le distinguer de la terre franche, ou alleu (*allodium*), que l'on ne tenait point de la bonté d'autrui, que l'on ne possédait pas conditionnellement ni pour un temps, mais de droit et à jamais, sans autre charge que l'obligation du ban. On donnait aux bénéfices le nom de *feudum* (fief), dans le latin de cette époque, peut-être parce que le bénéficiaire devait fidélité (*fides*) à celui qui l'investissait; en allemand, on les désignait par le mot *Lehen*, parce qu'ils étaient prêtés (*geliehen*), et non donnés définitivement. Tout propriétaire pouvait concéder un bénéfice : aucune relation d'autre nature ne pouvait détruire la relation de suzerain à vassal. On voyait quelquefois les rois eux-mêmes tenir des fiefs de leurs propres sujets. On pouvait conférer à titre de bénéfices les bénéfices mêmes, et le vassal de l'un devenait, à son tour, le suzerain d'un autre; mais la suprématie du premier suzerain s'étendait à toute la série des vassaux, quelque grande qu'elle fût. Ainsi aucun cultivateur serf, par exemple, ne pouvait être affranchi par son seigneur immédiat, sans le consentement du premier suzerain.

Lorsqu'avec le christianisme, la constitution de l'Église chrétienne se fut aussi introduite chez les nouvelles nations de l'Europe, les évêques, les chapitres et les monastères trouvèrent bientôt moyen d'exploiter la superstition du peuple et la générosité des rois. De riches donations furent faites aux églises, et l'on morcela souvent les domaines les plus considérables pour compter le saint d'un couvent au nombre de ses héritiers. C'était à Dieu qu'on croyait faire un don en enrichissant ses serviteurs; mais on ne l'exemptait pas lui-même de la condition attachée à la possession de toute terre : aussi bien que tout autre, il devait fournir le contingent voulu, lorsqu'un ban était publié, et les seigneurs laïques exigeaient que les premiers en dignité fussent aussi les premiers sur le champ de bataille. Comme toutes les donations faites à l'Église étaient perpétuelles et irrévocables, les biens ecclésiastiques différaient par là des fiefs, qui étaient temporaires et retournaient, après un certain terme, dans les mains du prêteur. Mais, d'un autre côté, ils se rapprochaient des fiefs en ce qu'ils n'étaient pas, comme les alleux, héréditairement transmissibles de père en fils; en ce que, à la mort de chaque détenteur, le seigneur intervenait, et exerçait sa puissance suzeraine par l'investiture qu'il donnait à l'évêque. Ainsi l'on pourrait dire que les possessions de l'Église étaient des alleux, sous le point de vue des biens eux-mêmes, qui jamais ne retournaient aux donateurs, et que c'étaient des bénéfices, par rapport à chaque possesseur, qui les détenait par l'effet d'un choix, et non de la naissance. Il les obtenait par la voie de l'investiture, et en jouissait comme d'alleux.

Il y avait encore une quatrième sorte de possessions que l'on recevait comme des fiefs, et auxquelles étaient également attachées des obligations féodales. Au chef d'armée, que nous pouvons appeler roi, maintenant qu'il est définitivement établi sur le sol, appartenait le droit de donner au peuple des magistrats pour vider les différends, ou d'instituer des juges, et de maintenir l'ordre et la paix publique. Il garda ce droit et ce devoir, même après qu'on se fut fixé dans le pays, et durant la paix, parce que la nation conserva toujours son organisation guerrière. Il institua donc dans les provinces des préposés, dont l'office était en même temps de conduire à la guerre les troupes que la province mettait en campagne; et, comme, pour rendre la justice et terminer les querelles, il ne pouvait être partout présent à la fois, il fallut qu'il se multipliât, c'est-à-dire, qu'il se fit représenter dans les différents districts par des fondés de pouvoir qui y exerçaient en son nom la suprême autorité judiciaire. Ainsi, il mit des ducs à la tête des provinces; des margraves (ou marquis) dans les provinces frontières; des comtes dans les cantons; des centeniers dans les districts moins importants, etc., et ces dignités furent conférées par une investiture féodale, semblable à celle des terres. Elles n'étaient pas plus héréditaires que les fiefs, et, comme les fiefs, le suzerain pouvait les faire passer de l'un à l'autre. De même que les dignités tenues en fief, de même certains revenus étaient conférés à titre de bénéfices, par exemple des amendes, des péages, et autres de semblable nature.

Ce que le roi faisait dans le royaume, le haut clergé le faisait dans ses domaines. La possession de la terre lui imposait des services militaires et judiciaires, qui ne paraissaient pas fort compatibles avec la dignité et la sainteté de son ministère. Il était donc contraint de laisser ces soins à d'autres, auxquels il abandonnait, comme compensation, l'usufruit de certains domaines, le casuel de la judicature, et d'autres revenus; ou, pour parler le langage de ces temps, il fallait qu'il leur donnât ces charges à titre de fiefs. Un archevêque, un évêque ou un abbé était donc, dans son domaine, ce qu'était le roi dans tout l'État. Il avait des avocats ou baillis, des officiers et des feudataires, des tribunaux et un fisc. Les rois eux-mêmes ne regardaient pas comme au-dessous de leur dignité de devenir les feudataires de leurs évêques et de leurs prélats, ce que ceux-ci n'ont pas manqué de faire valoir comme un signe de la prééminence appartenant au clergé sur les laïques. Rien de surprenant que les papes se soient ensuite avisés d'honorer du titre de leur prévôt celui qu'ils avaient fait empereur. En gardant toujours présente à la pensée cette double relation des rois, comme barons et comme souverains de leur royaume, on s'expliquera aisément ces apparentes contradictions.

Les ducs, les margraves, les comtes, que le roi plaçait comme chefs militaires ou comme juges à la tête des provinces, avaient besoin d'une certaine force pour suffire à la défense au dehors, maintenir leur autorité contre la turbulence des barons, assurer l'exécution de leurs arrêts, et, en cas de résistance, se faire obéir les armes à la main. Mais avec la dignité même on ne leur donnait aucune force : les officiers royaux devaient savoir s'en créer une eux-mêmes. Par là, ces fonctions se trouvèrent fermées à tous les hommes libres trop peu puissants, et devinrent le privilége du petit nombre des hauts barons qui étaient assez riches en alleux, et pouvaient mettre en campagne assez de vassaux pour se maintenir par leurs propres forces. Cela fut surtout nécessaire dans les provinces où vivait une noblesse puissante et guerrière, et tout à fait indispensable sur les frontières. Cette nécessité devint plus grande d'un siècle à l'autre, à mesure que la décadence de l'autorité royale amenait l'anarchie, que les guerres privées éclataient, et que l'impunité encourageait le brigandage. C'est aussi pour cela que le clergé, qui était particulièrement exposé à ces violences, choisissait parmi les plus puissants barons ses défenseurs et ses vassaux.

Les grands vassaux de la couronne étaient donc en même temps d'opulents barons ou seigneurs, et avaient eux-mêmes sous eux des vassaux dont le bras était à leurs ordres. Ils étaient à la fois vassaux de la couronne, et suzerains de leurs inférieurs. Par l'un de ces titres ils étaient dépendants, tandis que l'autre nourrissait en eux l'esprit de domination arbitraire. Dans leurs domaines c'étaient des princes absolus, dans leurs fiefs ils avaient les mains liées ; leurs domaines se transmettaient de père en fils ; les fiefs, après leur mort, retombaient aux mains du suzerain. Une situation aussi contradictoire ne pouvait être de longue durée. Le puissant vassal de la couronne manifesta bientôt la prétention d'assimiler le fief à l'alleu, d'être absolu dans l'un comme dans l'autre, et d'assurer l'un comme l'autre à ses descendants. Au lieu de représenter le roi dans le duché ou dans le comté, il se voulut représenter lui-même, et il avait dans les mains pour cela de dangereux moyens. Les ressources mêmes qu'il tirait de ses nombreux alleux, cette armée belliqueuse qu'il pouvait recruter parmi ses vassaux, et qui le mettait en état d'être utile à la couronne dans le poste où elle le plaçait, faisaient précisément de lui un instrument aussi dangereux pour elle qu'il était peu sûr. Possédait-il beaucoup d'alleux dans la province qu'il tenait en fief, ou dans laquelle il était revêtu d'une charge de judicature (et c'était justement la raison qui la lui avait fait confier de préférence), alors la plus grande partie des hommes libres qui résidaient dans cette province, étaient d'ordinaire dans sa dépendance. Ou bien ils tenaient de lui leurs biens à titre de fiefs, ou bien ils devaient, en tout cas, ménager en lui un voisin puissant, qui pouvait leur devenir nuisible. Comme juge de leurs procès, il avait souvent aussi leur fortune dans les mains, et, comme lieutenant du roi, il pouvait les opprimer et les exempter. Les rois négligeaient-ils de se rappeler par de fréquentes tournées dans les provinces, par l'exercice de leur suprême autorité judiciaire, ou par d'autres moyens semblables, au souvenir du peuple (et sous ce nom il faut toujours entendre les guerriers libres et les petits propriétaires), ou en étaient-ils empêchés par des entreprises extérieures : en ce cas, les hauts barons devaient finir par être, aux yeux des hommes libres d'un rang inférieur, la dernière et plus haute juridiction, d'où venaient pour eux les vexations, d'où découlaient les bienfaits ; et, comme, en général, dans tout système de subordination, l'oppression la plus immédiate est toujours la plus sensible, la haute noblesse dut bientôt exercer sur la noblesse inférieure une influence qui mit à sa disposition toute la force de celle-ci. Survenait-il donc une querelle entre le roi et son vassal, le dernier pouvait compter bien plus que le premier sur l'assistance de ses feudataires, et cela le mettait en état de braver la couronne. Il était alors trop tard, et aussi trop périlleux, de vouloir lui enlever le fief, à lui ou à son héritier : il aurait pu s'y maintenir, en cas de nécessité, avec les forces réunies de la province. Le monarque était ainsi réduit à se montrer satisfait si son vassal, devenu trop puissant, voulait bien lui accorder encore l'ombre de la suzeraineté suprême, et daignait s'abaisser à recevoir l'investiture d'un domaine qu'il s'était arbitrairement adjugé. Ce que l'on vient de dire des vassaux de la couronne, s'applique également aux officiers et feudataires du haut clergé, qui avait cela de commun avec les rois, que c'étaient de puissants barons qui tenaient de lui des fiefs.

C'est ainsi qu'insensiblement des dignités prêtées, des possessions reçues à titre de fiefs, se convertirent en biens héréditaires, et que les vassaux devinrent de véritables seigneurs, qui ne gardèrent plus de la vassalité que l'apparence. Beaucoup de fiefs ou de charges devinrent aussi héréditaires par ce motif, que la même cause qui avait fait conférer le bénéfice au père, subsistait en faveur du fils et du petit-fils. Le roi de Germanie, par exemple, investissait-il du duché de Saxe un seigneur saxon, parce que celui-ci était déjà riche en alleux dans ce pays et se trouvait ainsi le plus capable de le défendre, cette raison avait la même valeur pour le fils de ce seigneur, qui héritait de ces alleux; et, quand cette transmission s'était ainsi plusieurs fois accomplie, elle devenait une coutume qui ne se pouvait plus abolir sans un motif extraordinaire et une puissante contrainte. Il ne manque pas, il est vrai, même dans des temps plus rapprochés, d'exemples de fiefs ainsi repris; mais les historiens les mentionnent de manière à faire facilement reconnaître que c'étaient des exceptions à la règle. Au reste, il faut encore rappeler ici que ce changement eut lieu plus tôt ou plus tard, d'une façon plus ou moins générale, dans les divers pays.

Une fois les fiefs convertis en possessions héréditaires, un grand changement dut bientôt se manifester dans les rapports du souverain avec sa noblesse. Tant que le souverain reprenait le fief vacant, pour le conférer de nouveau à son gré, le souvenir du trône était encore souvent rappelé à la noblesse inférieure, et le lien qui la rattachait à son suzerain immédiat était moins fortement noué, parce que le bon plaisir du monarque et la mort de chaque tenancier venaient de nouveau le rompre. Mais, dès que ce fut une chose convenue que le fils succédât à son père dans le fief aussi bien que dans l'alleu, alors le vassal sut qu'il travaillait pour sa postérité en se montrant dévoué à son seigneur immédiat. Ainsi, autant l'hérédité des fiefs relâchait le lien entre la couronne et les grands vassaux, autant elle le resserrait entre ceux-ci et leurs arrière-vassaux. A la fin les grands fiefs ne tinrent plus à la couronne que par la personne même du vassal de cette couronne, lequel se faisait très-longtemps prier pour lui rendre les services auxquels sa dignité l'obligeait [1].

1. Dans la première édition, c'est-à-dire dans le tome I de la première partie des *Mémoires historiques*, on lit, au-dessous de la dernière ligne : *die Fortsetzung im zweiten Bande* (« la suite au tome II »). C'est, comme nous l'avons dit, une promesse que l'auteur n'a pas tenue.

REVUE

DES ÉVÉNEMENTS POLITIQUES

LES PLUS REMARQUABLES

DE L'HISTOIRE UNIVERSELLE

DU TEMPS DE L'EMPEREUR FRÉDÉRIC Ier

REVUE

DES ÉVÉNEMENTS POLITIQUES

LES PLUS REMARQUABLES

DE L'HISTOIRE UNIVERSELLE,

DU TEMPS DE L'EMPEREUR FRÉDÉRIC I[er][1].

(FRAGMENT.)

La violente querelle de l'Empire avec l'Église, qui rendit si orageux les règnes de Henri IV et de Henri V, s'était enfin calmée (1122) par une paix passagère, et le traité que le second de ces empereurs avait conclu avec le pape Calixte II paraissait avoir éteint le foyer qui eût pu la rallumer. L'ordre spirituel, grâce à la politique conséquente de Grégoire VII et de ses successeurs, s'était violemment détaché de l'ordre temporel, et l'Église désormais formait, dans l'État et à côté de l'État, un corps séparé, sinon même ennemi. Ce droit précieux du trône, de récompenser par la nomination aux évêchés des serviteurs éprouvés et de s'attacher par la reconnaissance de nouveaux amis, était lui-même, jusqu'à la dernière apparence, perdu pour

---

[1]. Cette dissertation se trouve dans le tome III de la première partie des *Mémoires historiques*. Elle n'est point achevée : une maladie de l'auteur au temps où il l'écrivait l'empêcha de la terminer. (*Note de l'édition allemande.*)

les empereurs par la liberté laissée aux élections. Il ne leur restait rien de ce droit régalien inappréciable que la prérogative de revêtir l'évêque élu, en le touchant du sceptre avant sa consécration, de la partie temporelle de sa dignité, comme un vassal temporel. Il n'était pas permis à la main laïque, impure et souillée de sang, de toucher l'anneau et la crosse, les emblèmes bénits de la fonction épiscopale. Ce n'était que pour les cas litigieux, lorsque le chapitre de la cathédrale ne pouvait s'accorder pour l'élection d'un évêque, que les empereurs avaient encore sauvé une partie de leur influence d'autrefois, et la division des électeurs ne les laissait pas manquer d'occasions d'en faire usage. Mais l'ambition des papes suivants en voulait même à ces restes de l'ancienne puissance impériale, et le serviteur des serviteurs de Dieu n'avait rien plus à cœur que d'abaisser, autant qu'il était possible, auprès de lui, le maître du monde.

La place la plus dangereuse de la chrétienté était alors incontestablement le trône de l'empire romain. C'était là que visait, dans son ardeur de s'élever, le pouvoir papal, avec toutes les foudres qu'il avait à sa disposition, avec tous les pièges de sa mystérieuse politique. La constitution de l'Allemagne lui facilitait la victoire sur le souverain chef de cette contrée; l'éclat du nom impérial rendait cette victoire brillante. Tout prince allemand que le choix de ses confédérés plaçait sur le trône des Othon, rompait par cela même avec le siége apostolique. Il pouvait se considérer comme une victime qu'on parait pour le sacrifice. En prenant la pourpre impériale, il fallait qu'il s'imposât des devoirs qui étaient absolument inconciliables avec les plans d'agrandissement des papes, et son honneur impérial, son autorité dans l'Empire, dépendaient de l'accomplissement de ces devoirs. Sa dignité d'empereur l'obligeait à soutenir sa souveraineté en Italie et jusque dans les murs de Rome ; en Italie le pape ne pouvait souffrir de souverain, et quant aux Italiens, ils repoussaient également le joug de l'étranger et celui du pontife. Il ne lui restait donc que la triste alternative ou de laisser empiéter sur les droits de l'Empire ou d'entrer en lutte avec le pape, et de renoncer à jamais au repos de sa vie.

On se demande, et c'est une question qui mérite qu'on l'examine, pourquoi les plus habiles politiques d'entre les empereurs mettaient tant d'opiniâtreté à faire valoir les droits de l'Empire sur l'Italie, bien que tant d'exemples leur montrassent combien peu le gain à faire était proportionné aux sacrifices, bien que les Allemands eux-mêmes leur rendissent si difficile toute expédition en Italie, et qu'il leur fallût acheter si cher à tous égards les pauvres couronnes de la Lombardie et du saint-empire. L'ambition ne suffit pas à expliquer l'accord de leurs vues et de leur conduite ; il est très-vraisemblable que la reconnaissance des empereurs en Italie avait une sensible influence sur leur autorité intérieure en Allemagne, et qu'ils avaient surtout besoin de ce secours quand ils étaient montés sur le trône uniquement par élection, sans le concours du droit d'hérédité. Le produit de leurs acquisitions, quoi que leur trésor y pût gagner, pouvait à peine payer les dépenses de la conquête, et la source de l'or se tarissait dès qu'ils remettaient l'épée dans le fourreau.

Dix électeurs, qui, entre les princes d'empire, forment alors, pour la première fois, une commission plus restreinte, et exercent par privilège le droit d'élection, se réunissent, après la mort de Henri V, à Mayence, pour donner un chef à l'Empire. Trois princes, les plus puissants de l'Allemagne en ce temps-là, sont proposés pour cette dignité : le duc Frédéric de Souabe, fils d'une sœur de l'empereur décédé; le margrave Léopold d'Autriche, et Lothaire, duc de Saxe. Mais la destinée des deux derniers empereurs avait entouré de tant de terreurs le nom impérial, que le margrave Léopold et le duc Lothaire demandèrent[1] à genoux, les larmes aux yeux, qu'on les préservât de ce dangereux honneur. Il ne restait donc que le duc Frédéric ; mais une parole inconsidérée de ce prince semblait donner à entendre qu'il regardait sa parenté avec l'empereur décédé comme un droit au trône. Trois fois successivement le sceptre impérial avait passé du père au fils, et la liberté d'élection de la couronne d'Allemagne était en danger de se perdre à la longue et de se transformer en droit d'hérédité. Or, en ce cas, c'en était fait de la liberté des princes allemands : un trône héréditaire bien affermi eût résisté aux attaques par lesquelles il était si facile

---

1. Dans la première édition : « Supplièrent les princes. »

au turbulent esprit féodal d'ébranler l'échafaudage éphémère d'un trône électif. La politique rusée des papes avait récemment appelé l'attention des princes sur cette partie du droit public, et les avait excités à maintenir vigoureusement un privilége qui éternisait la confusion en Allemagne, mais n'en était que plus favorable au siége apostolique. Le moindre égard qu'on aurait à la parenté dans la désignation du nouvel empereur pouvait mettre en danger de nouveau la liberté électorale de l'Allemagne, et renouveler l'abus auquel on venait à peine de se soustraire. Les têtes étaient échauffées par ces considérations, au moment où le duc Frédéric fit valoir des prétentions au trône impérial, fondées sur la naissance. On résolut donc de braver par un acte bien décisif le droit héréditaire, d'autant plus que l'archevêque de Mayence, qui présidait à l'élection, cachait sous le voile du bien public une vengeance personnelle. Lothaire de Saxe fut proclamé empereur à l'unanimité; on l'entraîna de force, et il fut porté dans l'assemblée sur les épaules des princes, au milieu des plus chaleureuses acclamations. La plupart des états de l'Empire approuvèrent sur-le-champ cette élection; elle fut aussi ratifiée, après quelque résistance, par le duc Henri de Bavière, beau-frère de Frédéric, et par les évêques de ce dernier. A la fin le duc Frédéric vint lui-même faire sa soumission au nouvel empereur.

Lothaire de Saxe était un prince aussi bien intentionné que brave et entendu au gouvernement. Sa conduite sous les deux règnes précédents lui avait acquis l'estime universelle de l'Allemagne. Comme il avait défendu la liberté de la patrie dans plusieurs batailles contre Henri IV, on craignait d'autant moins que, comme empereur, il ne fût tenté d'en devenir l'oppresseur. Pour plus de sûreté, on lui fit jurer une capitulation élective, qui posait des bornes fort étroites à son pouvoir, en matière spirituelle aussi bien que temporelle. Lothaire s'était laissé imposer l'empire; cependant il abaissa le trône pour y monter.

Mais, quelques efforts qu'eût faits ce prince, lorsqu'il était encore duc, pour amoindrir l'autorité impériale, la pourpre changea ses dispositions. Il avait une fille unique, héritière de ses grands domaines de Saxe : il pouvait, par le don de sa main, faire de son futur gendre un prince puissant. Comme il ne lui était pas permis, en sa qualité d'empereur, de continuer d'administrer le duché de Saxe, il pouvait encore ajouter à la dot de sa fille ce fief important. Il ne se contenta pas de cela, et choisit pour gendre un prince déjà très-puissant par lui-même, Henri de Bavière, qui réunit ainsi dans sa seule main les deux duchés de Bavière et de Saxe. Lothaire destinait Henri à être son successeur à l'empire, et, d'un autre côté, il travaillait, d'après un plan bien arrêté, à réprimer la maison de Souabe et Franconie, qui, seule, était encore capable de contre-balancer le dangereux pouvoir de ce prince et de lui disputer la succession : c'était trahir assez clairement l'intention d'agrandir la puissance impériale aux dépens de celle des états.

Le duc Henri de Bavière, une fois gendre de l'empereur, modifia, avec sa situation, son système de conduite politique. Jusque-là zélé partisan de la maison de Hohenstaufen, à laquelle il était allié comme beau-frère de Frédéric, il se rangea tout à coup du parti de l'empereur, qui cherchait à la ruiner. Les deux frères Hohenstaufen, Frédéric de Souabe et Conrad de Franconie, petits-fils de l'empereur Henri IV et héritiers naturels de son fils, s'étaient mis en possession de tous les domaines de la race impériale Franco-Salienne, parmi lesquels il s'en trouvait plusieurs qui avaient été acquis en échange de biens domaniaux d'empire, ou qui avaient été confisqués au profit du fisc impérial sur des princes mis au ban de l'Empire. Lothaire, peu de temps après son couronnement, publia une ordonnance qui attribuait au fisc impérial tous les biens de cette nature. Comme les Hohenstaufen ne tinrent pas compte de cela, il les déclara perturbateurs du repos public et fit décider contre eux une guerre d'empire. Une nouvelle guerre civile éclata ainsi dans l'Allemagne, qui avait à peine commencé à se remettre des malheurs des précédentes. La ville de Nuremberg fut assiégée par l'empereur, mais en vain; car les Hohenstaufen se hâtèrent d'accourir à son secours. Ils mirent aussi une garnison dans Spire, pour défendre le sol sacré où reposent les cendres des empereurs franconiens.

Conrad de Franconie poussa plus loin la hardiesse. Il se laissa déterminer à prendre le titre de roi des Allemands, et courut avec une armée en Italie, pour prendre les devants sur son compétiteur, qui ne s'y était pas encore fait couronner. La ville de Milan lui ouvrit volontairement ses portes, et Anselme, archevêque de cette Église, lui ceignit le front, dans la ville de Monza, de la couronne de Lombardie. En Toscane, toute la noblesse, puissante dans ce pays, le reconnut pour roi. Mais il suffit que Milan se fût prononcé en sa faveur pour que tous les États en querelle avec cette ville se déclarassent contre lui, et, comme à la fin le pape Honorius II se rangea aussi du parti de son adversaire, et lança sur lui les foudres de l'excommunication, la couronne impériale, le principal objet de ses vœux, lui échappa, et il quitta l'Italie aussi rapidement qu'il y était entré. Cependant Lothaire avait assiégé la ville de Spire, et, quelque vaillante que fût la défense des habitants, animés par la présence de la duchesse de Souabe, il avait réussi, après une vaine tentative de Frédéric pour le forcer de lever le siége, à s'en emparer. Les Hohenstaufen ne pouvaient résister aux forces réunies de l'empereur et de son gendre. Après que leur place d'armes, la ville d'Ulm, eut aussi été conquise et réduite en cendres par le duc de Bavière, comme l'empereur en personne marchait contre eux à la tête d'une armée, ils se décidèrent à la soumission. Dans une diète à Bamberg, Frédéric se jeta aux pieds de l'empereur et obtint sa grâce; Conrad l'obtint de la même façon à Mulhausen : l'un et l'autre à la condition d'accompagner l'empereur en Italie.

Lothaire avait déjà fait, quelques années auparavant, une première expédition guerrière dans ce pays, où une grave scission dans l'Église romaine rendait sa présence nécessaire. Après la mort d'Honorius II, en 1130, on était convenu à Rome, pour prévenir les troubles que faisait craindre l'état de discorde des esprits, de remettre la nouvelle élection papale à huit cardinaux. Cinq d'entre eux, dans une réunion secrètement ménagée, élurent pour chef de l'Église romaine, le cardinal Grégoire, ancien moine, qui prit le nom d'Innocent II. Les trois autres, mécontents de ce choix, placèrent sur le siége apostolique un certain père Léonis, le petit-fils d'un juif baptisé, qui prit le nom d'Anaclet II. Chacun des deux papes chercha à se faire un parti. Le second avait pour lui tout le clergé du diocèse de Rome et la noblesse de la ville; en outre, il sut gagner à son parti les

Normands d'Italie, ces redoutables voisins de Rome. Innocent s'enfuit de la ville, où son adversaire avait le dessus, et confia sa personne et sa cause à l'orthodoxie du roi de France. La parole d'un seul homme, de l'abbé Bernard de Clairvaux, qui avait déclaré que la cause de ce pape était la bonne, suffit pour lui assurer l'adhésion et l'hommage de ce royaume. Sa réception dans les États de Louis fut brillante, et il trouva de riches trésors dans la pieuse bienfaisance des Français. L'autorité de la recommandation de Bernard, qui avait amené à ses pieds la nation française, lui soumit aussi l'Angleterre, et l'empereur d'Allemagne, Lothaire, fut persuadé sans peine que le Saint-Esprit avait présidé à l'élection d'Innocent. A la suite d'une entrevue personnelle à Liége, il le ramena à Rome, à la tête d'une petite armée.

L'antipape Anaclet était puissant dans cette ville; le peuple et la noblesse, disposés à se défendre opiniâtrément. Chaque palais, chaque église était une forteresse; chaque rue une champ de bataille; tout ce que le hasard offrait à l'aveugle fureur se changeait en armes. Il fallut s'ouvrir tous les passages l'épée à la main, et la faible armée de Lothaire ne suffisait pas pour prendre d'assaut une ville où elle se perdait comme dans un vaste océan, où les maisons elles-mêmes étaient armées contre la vie des étrangers détestés. L'usage était de couronner les empereurs dans l'église de Saint-Pierre, et à Rome tout ce qui était usage était sacré; mais l'église de Saint-Pierre était, ainsi que le château Saint-Ange, en la possession de l'ennemi, et le peu de troupes que Lothaire avait avec lui ne pouvait l'en chasser. A la fin, après une longue hésitation, on se résigna à céder à la nécessité et à faire le couronnement dans l'église de Saint-Jean-de-Latran.

C'était, on s'en souvient, la cause du pape qui avait amené Lothaire en Italie. Il réclamait, comme protecteur, non comme suppliant, cette cérémonie du couronnement à laquelle, sans lui, sans son bras puissant, jamais ce pape n'eût pu présider. Néanmoins Innocent se montra pape tout autant que l'eût pu faire un Hildebrand, et, au milieu de Rome rebelle, il dicta des lois à l'empereur, tandis que celui-ci le couvrait pour ainsi dire de son bouclier et le défendait contre la rage meurtrière de ses adversaires. Le prédécesseur de Lothaire avait pris possession, comme d'un fief de l'Empire, de l'héritage considérable que Mathilde, marquise de Toscane, avait légué au siége apostolique, et le pape Calixte II, pour ne pas apporter de nouveaux obstacles à la réconciliation avec l'empereur, n'avait fait, dans l'accord qui termina la querelle des investitures, nulle mention de ce secret grief. Mais, dans cette occasion, Innocent manifesta les prétentions du siége de Rome à l'héritage de Mathilde, et, trouvant l'empereur inflexible, il s'efforça du moins d'assurer pour l'avenir ces droits que s'attribuait l'Église. Il lui confirma la jouissance des biens de Mathilde par voie d'investiture; lui fit prêter pour ces biens un serment formel d'hommage au saint-siége et eut soin de perpétuer le souvenir de cet acte de vasselage par une peinture qui n'était pas très-glorieuse pour la dignité impériale en Italie.

Ce n'était point le sol romain, l'aspect de ces monuments imposants si propres à lui rappeler le souvenir de la grandeur souveraine de Rome et dans lesquels le génie de ses ancêtres parlait, ce semble, à sa mémoire; ce n'était point la contrainte exercée sur lui par la présence d'une assemblée de prélats, témoins et juges de sa conduite, qui inspiraient au pape ce courage opiniâtre : même comme fugitif, même sur la terre d'Allemagne, il n'avait pas démenti cet esprit romain. Déjà à Liége, où il paraissait devant l'empereur dans la posture d'un suppliant, où il se sentait obligé envers cet empereur par un bienfait encore récent, et en attendait de lui un second plus grand encore, il l'avait forcé à retirer une modeste prière, relative au rétablissement du droit d'investiture, à laquelle l'état d'abandon du pape avait encouragé Lothaire. Contrairement au sens exprès du traité sur lequel était fondée la paix de l'empire d'Allemagne avec l'Église, il avait donné la consécration à un archevêque de Trèves, sans attendre qu'il eût été revêtu par l'empereur de la partie temporelle de sa dignité. Au milieu de l'Allemagne, où, sans la faveur de Lothaire, il n'avait pas une ombre de souveraineté effective, il osa violer un des priviléges les plus considérables de cet empereur.

A ces traits on reconnaît l'esprit qui animait la cour de Rome, et l'inébranlable fermeté des principes que chaque pape se sentait pressé de suivre, en y subordonnant toutes les considérations personnelles. On voyait des empereurs et des rois, des hommes d'État éclairés et des guerriers inflexibles, sacrifier leurs droits quand les circonstances le commandaient, devenir infidèles à leurs principes et céder à la nécessité : cela arrivait rarement ou n'arrivait jamais à un pape. Lors même qu'il errait çà et là sur la terre de l'exil, qu'il n'avait pas en Italie une seule parcelle de territoire, une seule âme qui lui fût dévouée, et qu'il vivait de la charité des étrangers, il maintenait avec constance les priviléges de son siége et de l'Église. Tous les autres corps politiques ont souffert et souffrent, à certains moments, des qualités personnelles de ceux qui sont chargés de les gouverner; mais cela n'a pour ainsi dire jamais été le cas pour l'Église et son chef suprême. Quelque différents que les papes aient pu être entre eux par le tempérament, la manière de penser et la capacité, leur politique a été constante, uniforme, invariable. Leur capacité, leur tempérament, leur opinion semblaient n'avoir nulle influence sur leur fonction ; on pourrait dire que leur personnalité se fondait dans leur dignité et que la passion s'éteignait sous la tiare. Bien qu'à la mort de chaque pape la chaîne de la succession fût rompue, et qu'elle se renouât chaque fois à l'avénement d'un nouveau pape; bien qu'aucun trône en ce monde ne changeât plus souvent de maître, ne fût occupé, quitté d'une manière si orageuse, c'était pourtant le seul trône de la chrétienté qui parût ne jamais changer de possesseur, parce que les papes seuls mouraient, et que l'esprit qui les animait était immortel.

A peine Lothaire avait-il tourné le dos à l'Italie, qu'Innocent fut forcé de nouveau de céder la place à ses adversaires. Il s'enfuit, accompagné de saint Bernard, à Pise, où il anathématisa solennellement dans un concile l'antipape et ses partisans. Cet anathème était surtout dirigé contre le roi Roger de Sicile, qui soutenait puissamment la cause d'Anaclet, et par ses rapides progrès dans l'Italie méridionale n'exaltait pas peu le courage de ce parti.

Comme l'histoire de la Sicile et de Naples, et des Normands, leurs nouveaux possesseurs, se lie fort étroitement à l'histoire de ce siècle, comme Anne Comnène et Othon de Freysingen ont appelé notre attention sur les conquêtes normandes[1], il rentre dans l'objet de cette dissertation de remonter à l'origine de cette nouvelle puissance en Italie, et d'en suivre brièvement les progrès.

Les États du midi et de l'ouest de l'Europe avaient à peine commencé à se remettre des violentes secousses auxquelles ils durent leur forme nouvelle, quand, au neuvième siècle, le nord de cette partie du monde inquiéta encore une fois le sud. De nouveaux essaims de barbares se répandirent des îles et des pays de côtes qui sont soumis aujourd'hui au sceptre danois; on les appelait hommes du Nord, *Normands*; l'Océan occidental hâta et cacha leur soudaine et terrible arrivée. Aussi longtemps, il est vrai, que le grand esprit politique de Charlemagne veilla sur l'empire franc, on ne soupçonna pour ainsi dire pas l'ennemi qui en menaçait les frontières. Des flottes nombreuses gardaient tous les ports et les embouchures de tous les fleuves; son bras puissant opposait une résistance également efficace aux corsaires arabes dans le sud, et aux Normands à l'ouest. Mais cette ceinture protectrice qui environnait toutes les côtes de l'empire franc, se dénoua sous ses faibles fils, et alors, pareil à un torrent dévastateur, l'ennemi, qui attendait, pénétra dans le pays ouvert à ses attaques. Tous les habitants de la plage aquitaine éprouvèrent le brigandage de ces étrangers barbares; ils paraissaient subitement, comme vomis par le sol, et non moins subitement la mer inaccessible les dérobait à la poursuite. Des bandes plus hardies, à qui la côte ravagée n'offrait plus de butin, entraient par l'embouchure des fleuves, et épouvantaient par leurs terribles descentes les provinces de l'intérieur, qui ne s'attendaient à rien de tel. Tout ce qui pouvait devenir marchandise était enlevé; le bœuf qui traînait la charrue, le laboureur lui-même, de nombreux troupeaux d'hommes, étaient entraînés dans un esclavage sans espoir. Les richesses qu'ils trouvaient dans l'intérieur des terres les rendaient de plus en plus cupides; la faiblesse de la résistance de plus en plus audacieux, et les courtes trêves qu'ils laissaient aux habi-

---

[1]. Les Mémoires d'Anne Comnène et d'Othon de Freysingen sont contenus dans les tomes I et II de la collection des *Mémoires historiques*.

tants ne servaient qu'à les ramener d'autant plus nombreux et plus avides.

Contre cet ennemi, qui sans cesse se renouvelait, il n'y avait aucun secours à attendre du trône, qui lui-même chancelait et que déshonorait une suite d'impuissantes ombres de rois, indigne descendance de Charlemagne. Au lieu de fer, c'était de l'or qu'on présentait aux barbares, et l'on risquait tout le repos futur de l'empire pour gagner un court répit. L'anarchie de la féodalité avait dénoué le lien qui aurait pu réunir toute la nation contre un ennemi commun, et la valeur de la noblesse ne se montrait que pour la ruine de l'État, qu'elle aurait dû défendre.

Un des chefs les plus entreprenants des barbares, Rollon, s'était emparé de Rouen, et, résolu de conserver ses conquêtes, il avait fait de cette ville sa place d'armes. L'impuissance et la nécessité pressante suggérèrent, à la fin, à Charles le Simple, sous qui la France alors se gouvernait elle-même, l'heureux expédient de s'attacher ce conducteur de barbares par les liens de la reconnaissance, d'une alliance de famille, et de la religion. Il lui fit offrir la main de sa fille, et, pour dot, toute la plage qui était le plus exposée aux dévastations des Normands. Un évêque fut chargé de la négociation, et tout ce qu'on demanda, en retour, au barbare fut de devenir chrétien. Rollon convoqua ses corsaires, et soumit ce cas de conscience à leur jugement. L'offre leur parut trop séduisante pour n'y pas sacrifier leur superstition septentrionale. Toute religion où l'on ne désapprenait pas la valeur guerrière leur était également bonne. La grandeur du gain fit taire tous les scrupules. Rollon reçut le baptême, et un de ses compagnons fut envoyé au roi de France, pour accomplir, conformément au cérémonial de l'hommage, la formalité du baisement des pieds.

Rollon était digne de devenir le fondateur d'un État : ses lois opérèrent chez ce peuple de brigands un changement admirable. Les corsaires jetèrent la rame pour prendre la charrue, et leur nouvelle patrie leur devint chère dès qu'ils eurent commencé à en récolter les moissons. Dans le doux courant, toujours uniforme, de la vie des champs, se perdit peu à peu l'esprit d'inquiétude et de brigandage, et avec lui la barbarie naturelle de ce peuple. La Normandie prospéra sous les lois de Rollon, et il fallut que ce fût un conquérant barbare qui apprît aux descendants de Charlemagne à résister à leurs vassaux et à rendre leurs peuples heureux. La côte occidentale de la France, depuis le moment où elle fut gardée par des Normands, n'eut plus à souffrir de leurs descentes, et le honteux expédient de la faiblesse devint un bienfait pour le royaume.

L'esprit guerrier des Normands ne dégénéra pas dans leur nouvelle patrie. Cette province de France devint la pépinière d'une vaillante jeunesse, et de là partirent, à des époques différentes, deux essaims de héros qui se firent, à des extrémités opposées de l'Europe, un nom immortel, et fondèrent de brillants royaumes. Des aventuriers normands se dirigèrent vers le sud-est, soumirent l'Italie méridionale et la Sicile à leur domination, et créèrent dans cette contrée une monarchie qui fit trembler la Rome du Tibre et la Rome du Bosphore. Au nord-ouest, ce fut un duc de Normandie qui conquit la Bretagne. Entre toutes les provinces de l'Italie, c'était l'Apulie, la Calabre et l'île de Sicile, qui, pendant des siècles, avaient été le plus à plaindre. Ici, sous l'heureux ciel de la Grande-Grèce, où, dès les temps les plus anciens, la civilisation grecque avait fleuri, où une nature féconde faisait croître, spontanément bienfaisante, les plantations des Hellènes ; là, dans l'île bénie où les jeunes cités d'Agrigente, de Géla, de Léontium, de Syracuse, de Sélinonte, d'Himère, s'enorgueillissaient de leur pétulante liberté, l'anarchie et la désolation avaient élevé, vers la fin des premiers mille ans de notre ère, leur trône épouvantable. Nulle part, comme nous l'apprend une triste expérience, on ne voit les passions et les vices des hommes se déchaîner plus violemment, ni régner plus de misère, que dans ces contrées heureuses que la nature a destinées à être des paradis. De très-bonne heure le brigandage, la convoitise des conquérants, en ont voulu à cette île bénie, et de même que la chaleur féconde de ce ciel avait eu le déplorable effet de faire éclore à la lumière les plus horribles monstres de tyrannie, de même cette mer bienfaisante qui devait faire de cette île le centre du commerce, n'avait elle-même servi fatalement qu'à porter sur ses rivages les flottes hostiles des Mamertins, des Carthaginois, des Arabes.

Divers peuples barbares avaient successivement envahi cette terre attrayante. Les Grecs, chassés de l'Italie supérieure et moyenne par les Lombards et les Francs, avaient conservé dans ces contrées une ombre de souveraineté. Les Lombards s'étaient étendus vers le midi jusqu'à l'Apulie, et des corsaires arabes s'y étaient conquis des demeures, l'épée à la main. Un mélange barbare de langues et de mœurs, de costumes et d'usages, de lois et de religions, témoignait encore au temps dont nous parlons de la funeste présence de ces différents maîtres. Ici le sujet était jugé d'après le droit lombard; son plus proche voisin, d'après celui de Justinien; un troisième, d'après le Coran. Le même pèlerin qui, le matin, sortait rassasié de l'enceinte d'un cloître, était obligé de recourir, le soir, à l'hospitalité d'un musulman. Les successeurs de saint Pierre n'avaient point tardé à étendre leur bras pieux vers cette terre promise, et quelques empereurs d'Allemagne avaient fait valoir dans cette région de l'Italie la suprématie du nom impérial et en avaient parcouru une grande partie en vainqueurs. Les Grecs formèrent, contre Othon II, avec les Arabes qu'ils détestaient une alliance qui devint très-funeste à ce conquérant. La Calabre et l'Apulie rentrèrent de ce moment sous l'empire des Grecs; mais des châteaux forts que les Sarrasins occupaient encore dans cette contrée il s'élançait de temps en temps des troupes armées, et d'autres essaims de barbares passaient de la Sicile dans l'Italie voisine, et pillaient, sans distinction, Grecs et Latins. A la faveur de la perpétuelle anarchie, chacun tirait à soi ce qu'il pouvait, et s'alliait, selon que son intérêt le demandait, avec des Mahométans, avec des Grecs, avec des Latins. Quelques villes, comme Gaëte et Naples, se gouvernaient par des lois républicaines. Plusieurs familles lombardes, jouissaient, à l'abri d'une apparente dépendance du saint empire romain ou de l'empire grec, d'une vraie souveraineté à Bénévent, à Capoue, à Salerne, et dans d'autres districts. Le nombre et la diversité des suzerains, le rapide changement des frontières, l'éloignement et l'impuissance de la cour impériale grecque assuraient à la désobéissance impunie un refuge toujours prêt. La différence d'origine, les haines religieuses, le brigandage, le désir de s'agrandir, que ne refrénait aucune loi, éternisaient l'anarchie sur ce sol et entretenaient la flamme d'une guerre perpétuelle. Le peuple ne savait pas aujourd'hui à qui il obéirait demain, et le semeur ne pouvait prévoir à qui appartiendrait la récolte.

Telle était la situation lamentable de l'Italie inférieure, au neuvième, au dixième et au onzième siècle, pendant que la Sicile avait en partage, sous le sceptre des Arabes, une plus paisible servitude. La coutume des pèlerinages, qui devinrent fréquents chez les Occidentaux, vers la fin du dixième siècle, à l'approche redoutée du dernier jugement, conduisit, en l'an 983, entre autres voyageurs, cinquante ou soixante Normands à Jérusalem. A leur retour, ils débarquèrent près de Naples, et parurent à Salerne au moment même où une armée arabe assiégeait cette ville, et où les habitants s'apprêtaient à se délivrer de leurs ennemis au moyen d'une somme d'argent.

C'était à regret que les belliqueux voyageurs avaient échangé la cuirasse contre la panetière du pèlerin; leur ancien esprit guerrier se ranima à la vue de ce spectacle de guerre. Il leur sembla que des coups vaillamment assenés sur les têtes des infidèles ne seraient pas une moins bonne préparation au jugement dernier qu'un pèlerinage au saint Sépulcre. Ils offrirent aux chrétiens assiégés l'appui de leur vaillance inoccupée, et l'on devine aisément que ce secours inespéré ne fut pas dédaigné. Accompagnée d'un petit nombre de Salernitains, la troupe audacieuse se précipite de nuit dans le camp des Arabes, où, sans nulle crainte d'une attaque, on se livrait à la débauche dans une orgueilleuse sécurité. Tout cède à leur courage irrésistible. Les Sarrasins se jettent en toute hâte dans leurs vaisseaux et leur laissent en proie tout leur camp. Salerne avait ainsi sauvé ses trésors, et de plus s'était enrichie de toute la dépouille des infidèles, grâce à la valeur de soixante pèlerins normands. Un service si important méritait la reconnaissance la plus signalée : comblée de présents par la libéralité du prince de Salerne, la poignée de héros se rembarqua pour sa patrie.

De retour chez eux, ils se gardèrent bien de taire leur aventure d'Italie. Ils vantèrent le beau ciel et le sol fertile de Naples, la guerre qui régnait sans fin dans ce pays et assurait au soldat de l'occupation et de l'autorité, la richesse des faibles qui lui promettait butin et récompense. La jeunesse belliqueuse les écoutait d'une oreille avide. L'Italie méridionale vit bientôt débarquer de nouvelles troupes de Normands, qui, par leur vaillance, déguisaient leur petit nombre. La douceur du climat, la fécondité du sol, le précieux butin, étaient d'irrésistibles séductions pour un peuple qui, dans ses nouvelles demeures et dans son nouveau genre de vie, ne pouvait si vite désapprendre le métier de corsaire. Leur bras était à vendre à qui voulait le payer; ils étaient venus pour combattre, et peu leur importait pour quelle cause ils combattaient. Le sujet grec se défendait par le bras des Normands contre le gouvernement tyrannique de ses satrapes; avec le secours des Normands, les princes lombards bravaient les prétentions de la cour grecque; les Grecs eux-mêmes opposaient des Normands aux Sarrasins. Les Grecs et les Latins, indistinctement, avaient des raisons de craindre et de bénir, tour à tour, le bras de ces étrangers.

Un duc s'était élevé au pouvoir, à Naples, et la bravoure des Normands lui rendait de grands services contre un prince de Capoue. Pour s'attacher de plus en plus solidement ces hôtes utiles, pour sentir toujours près de lui leur bras secourable, il leur donna en propriété, entre Capoue et Naples, un territoire où ils bâtirent, en l'an 1029, la ville d'Aversa, leur première possession fixe sur le sol de l'Italie, possession conquise par leur valeur, mais non par la violence, et peut-être la seule légitime dont ils pussent se vanter.

Le nombre des aventuriers normands s'accroît dès qu'une fois une ville de leur nation leur ouvre ses portes hospitalières. Trois frères, Guillaume Bras-de-fer, Hunfroi et Drogon, prennent congé de leurs neuf autres frères et de leur père, Tancrède de Hauteville, pour aller essayer, dans la nouvelle colonie, la fortune des armes. Leur impatience guerrière n'est pas condamnée à un long repos. Le gouverneur grec d'Apulie se décide à tenter un débarquement sur les côtes de Sicile, et les hôtes vaillants venus de France sont invités à partager les dangers de cette expédition. Une armée de Sarrasins est battue et son chef tombe sous les coups de Bras-de-fer. La vigoureuse assistance des Normands ouvre aux Grecs la perspective de reconquérir toute l'île; mais leur ingratitude envers ces protecteurs leur fait perdre jusqu'au peu de pays qui, sur le continent d'Italie, reconnaissent encore leur souveraineté. Excités à la vengeance par la perfidie du gouverneur, les Normands tournent contre lui-même ces armes qu'ils avaient, peu de temps auparavant, portées glorieusement pour lui. Les possessions des Grecs sont attaquées, toute l'Apulie est conquise par une troupe de Normands qui ne va pas au delà de quatre cents. On se partage avec la loyauté propre aux barbares cette proie inespérée. Sans recourir ni au siége apostolique, ni aux empereurs d'Allemagne ou de Byzance, la bande victorieuse proclame Bras-de-fer comte d'Apulie, et chacun des guerriers normands a pour sa récompense quelque ville ou quelque bourg du pays conquis.

Le bonheur inattendu des fils émigrés de Tancrède éveilla bientôt la rivalité de ceux de leurs frères qui étaient restés dans leur patrie. Le plus jeune de ces derniers, Robert, surnommé Guiscard (le cauteleux), avait grandi, et sa gloire future se révélait, par une sorte de divination, à son esprit. Il partit avec deux autres frères pour cette terre d'or où l'on pêchait des principautés avec le glaive. Les empereurs d'Allemagne, Henri II et Henri III, laissaient volontiers cette race héroïque verser son sang pour l'expulsion de leur ennemi détesté et pour l'affranchissement de l'Italie. Ils regardaient comme gagné pour l'empire d'occident tout ce qui était perdu pour l'empire d'orient, et ils voyaient d'un œil favorable les vaillants étrangers s'accroître des dépouilles des Grecs. Mais les plans de conquête des Normands s'étendent avec leur nombre et leurs succès croissants; maîtres des Grecs, ils font paraître l'envie de tourner leurs armes contre les Latins. Des voisins si entreprenants inquiètent la cour de Rome. Le duché de Bénévent, donné récemment en présent au pape Léon X par l'empereur Henri III, est menacé par les Normands. Le pape appelle à son secours contre eux le puissant empereur, qui se contente de changer ces hommes belliqueux, qu'il n'espère pas dompter, en vassaux de l'Empire, auquel leur courage doit servir de rempart contre les Grecs et les Infidèles. Léon IX emploie contre eux les armes apostoliques, toujours infaillibles. L'excommunication est fulminée, une croisade prêchée contre eux, et le pape juge le danger assez menaçant pour les combattre en personne, avec ses évêques, à la tête de sa sainte armée. Les Normands tiennent aussi peu de

compte de la force de cette armée que du caractère sacré de ses
généraux. Habitués à vaincre en nombre encore moindre, ils
attaquent avec intrépidité : les Allemands sont taillés en pièces,
les Italiens dispersés; la personne sacrée du pape tombe elle-
même entre leurs mains impies. Ils traitent avec le plus profond respect le successeur de saint Pierre, et ne s'approchent
de lui qu'à genoux; mais la vénération de ses vainqueurs ne
peut abréger sa captivité.

L'occupation de l'Apulie fut bientôt suivie de la soumission
de la Calabre et du territoire de Capoue. La politique de la cour
de Rome, qui, après plusieurs vains essais, renonça au dessein
de chasser les Normands de leurs possessions, s'avisa enfin du
parti plus sage de faire tourner ce mal même au profit de la
grandeur romaine. Dans un accord conclu à Amalfi avec Robert
Guiscard, le pape confirma à ce conquérant la possession de la
Calabre et de l'Apulie comme fief pontifical, leva l'excommunication qui pesait sur sa tête, et lui présenta, comme suzerain
suprême, la bannière. S'il y avait une puissance au monde qui
eût le droit de récompenser, par le don de ces principautés, le
courage des Normands, ce n'était du moins, en aucune façon, à
l'évêque de Rome qu'il convenait de témoigner cette générosité.
Robert ne s'était pas emparé d'une contrée qui appartint au
premier occupant : les provinces qu'il s'était appropriées l'épée
à la main avaient été arrachées à l'empire grec, ou, si l'on
veut, à l'empire d'Allemagne. Mais de tout temps les successeurs de Pierre ont récolté dans la confusion. La connexion
féodale des Normands avec la cour de Rome était pour eux-
mêmes et pour celle-ci le plus heureux événement. Désormais
le manteau de l'Église couvrait l'injustice de leurs conquêtes;
leur faible et à peine sensible dépendance du siège apostolique
les dérobait au joug incomparablement plus pesant des empereurs d'Allemagne, et le pape avait changé ses plus redoutables
ennemis en fidèles appuis de son trône.

La Sicile était toujours partagée entre les Sarrasins et les
Grecs, mais cette riche île commença bientôt à exciter le désir
d'accroissement des conquérants normands. Le pape en fit don
aussi à ses nouveaux clients : on sait qu'il ne lui coûtait rien
de couper le globe terrestre par de nouveaux méridiens, et de

distribuer des mondes non encore découverts. Avec le drapeau bénit par le saint-père, les fils de Tancrède, Guiscard et Roger, passèrent en Sicile, et se soumirent en peu de temps toute l'île. Se réservant leur religion et leurs lois, les Grecs et les Arabes reconnurent la souveraineté des Normands, et la nouvelle conquête fut abandonnée à Roger et à ses descendants. La soumission de la Sicile fut bientôt suivie de la prise de Bénévent et de Salerne, et de l'expulsion de la maison princière qui régnait dans cette dernière ville; mais cela interrompit la courte paix conclue avec l'Église romaine, et alluma une vive querelle entre Robert Guiscard et le pape. Grégoire VII, le plus violent de tous les papes, ne peut ni effrayer ni dompter quelques gentilshommes normands, vassaux et voisins de son trône. Ils bravent son excommunication, dont les terribles effets terrassent un héroïque et puissant empereur, et c'est précisément l'audace provoquante par laquelle ce pape augmente le nombre de ses ennemis et excite dans leurs âmes un ressentiment irréconciliable, qui lui rend d'autant plus précieux un ami dans le voisinage. Pour pouvoir braver les empereurs et les rois, il faut qu'il flatte un heureux aventurier en Apulie. Bientôt il a besoin, dans Rome même, de son bras sauveur. Assiégé dans le château Saint-Ange par des Romains et des Allemands, il appelle à son secours le duc d'Apulie, qui vient, en effet, à la tête de vassaux normands, grecs et arabes, délivrer le chef de la chrétienté latine accablé de la haine de tout son siècle, dont il a troublé la paix par sa soif de domination. Ce pape suit ses sauveurs à Naples, et meurt à Salerne, sous la protection des fils d'Hauteville.

Ce même prince normand, Robert Guiscard, qui se rendait si redoutable en Italie et en Sicile, était la terreur des Grecs, qu'il attaqua en Dalmatie et en Macédoine, et qu'il inquiéta jusque dans le voisinage de leur ville impériale. La faiblesse des Grecs appela à son secours contre lui les armes et les flottes de la république de Venise, que les progrès si rapides de cette nouvelle puissance italienne avaient troublée, par un réveil plein d'alarmes, au milieu de ses rêves de suprématie dans la mer Adriatique. Dans l'île de Céphalénie, la mort mit enfin un terme, avant que son ambition fût lassée, aux plans de conquête de Robert. Ses possessions considérables en Grèce, toutes acquises l'épée à la main, passèrent à son fils Bohémond, prince de Tarente, qui ne lui cédait pas en bravoure et le surpassait encore en ambition. Ce fut lui qui ébranla en Grèce le trône des Comnène, fit servir habilement le fanatisme des croisés aux froids calculs de son désir d'agrandissement, conquit à Antioche une principauté considérable, et demeura seul exempt de la pieuse démence qui échauffait les chefs de l'armée des croisés. La princesse grecque Anne Comnène nous représente le père et le fils comme des bandits sans conscience; mais il faut se souvenir que Robert et Bohémond étaient les ennemis les plus redoutables de sa maison : son témoignage ne suffirait donc pas pour condamner ces deux hommes. Cette même princesse ne peut pardonner à Robert d'avoir eu assez d'audace pour élever ses vœux, lui simple gentilhomme et officier de fortune, jusqu'à une alliance avec la maison impériale qui régnait à Constantinople. Quoi qu'il en soit, c'est toujours un remarquable phénomène dans l'histoire de voir les fils d'un noble homme sans biens d'une province de France sortir à l'aventure de leur patrie et, sans autre appui que leur épée, envahir de quoi composer un royaume, résister à la fois aux empereurs et aux papes par leur bras et leur génie, et avoir assez de force de reste pour ébranler des trônes lointains.

Un autre fils de Robert, nommé Roger, avait succédé à son père dans ses domaines de Calabre et d'Apulie; mais, dès la quarantième année après la mort de Robert, sa race s'éteignit. Alors la descendance de son frère, qui florissait en Sicile, prit possession des États normands du continent. Roger, comte de Sicile, non moins brave que Guiscard, mais aussi bienfaisant et doux que celui-ci était cruel et égoïste, eut l'honneur de conquérir à sa postérité un droit glorieux. Dans un temps où les prétentions des papes menaçaient d'engloutir toute puissance temporelle, où ils enlevaient aux empereurs, en Allemagne, le droit des investitures et avaient séparé violemment l'Église de l'État, un gentilhomme normand en Sicile maintint un droit régalien auquel des empereurs avaient été forcés de renoncer. Le comte Roger arracha au siége de Rome, pour lui-même et pour ses successeurs en Sicile, l'autorisation d'exercer dans son île le pouvoir souverain dans les affaires ecclésiastiques. Le pape était dans un grand embarras : pour résister aux empereurs allemands, il ne pouvait se passer de l'amitié des Normands. Il eut donc recours au prudent expédient de s'attacher par la condescendance un voisin qu'il eût été par trop dangereux d'irriter. Mais, pour empêcher que ce droit accordé ne fût confondu avec les autres droits régaliens, pour en colorer la jouissance d'un semblant de faveur papale, le pontife proclama le prince de Sicile son légat ou mandataire spirituel dans l'île de Sicile. Les successeurs de Roger continuèrent d'exercer ce droit important, sous le nom de légats-nés du siége de Rome, et tous ceux qui, depuis, régnèrent dans cette île, le maintinrent, à l'abri du titre de monarchie sicilienne.

Roger II, fils du précédent, fut celui qui incorpora à son comté de Sicile les États considérables d'Apulie et de Calabre, et se vit par là en possession d'une puissance qui lui inspira la hardiesse de poser sur sa tête, à Palerme, la couronne royale : il ne fallait rien de plus pour cela que sa propre résolution et une force suffisante pour la défendre contre toute opposition. Mais la même superstition politique qui avait fait désirer à son père et à son oncle de sanctifier par le titre de donation papale la possession des pays étrangers qu'ils s'arrogeaient, décida aussi leur fils et leur neveu à procurer, par cette même main consacrante, la sanction suprême à sa dignité usurpée. Le schisme qui avait alors éclaté dans l'Église favorisa les vues de Roger. Il obligea le pape Anaclet, en reconnaissant la validité de son élection et se montrant prêt à la défendre avec les armes. En retour de ce service, le prélat reconnaissant confirma sa royale dignité et lui donna l'investiture de Capoue et de Naples, les derniers fiefs grecs sur le sol de l'Italie, que Roger s'apprêtait à joindre à son empire. Mais il ne pouvait obliger l'un des deux papes sans se faire de l'autre un ennemi irréconciliable. Sur sa tête se réunit donc alors la bénédiction d'un des pontifes et la malédiction de l'autre. Laquelle des deux devait porter des fruits? C'est ce qui dépendait vraisemblablement de la trempe de son glaive.

Le nouveau roi de Sicile avait aussi besoin de toute son habileté et de toute son activité pour faire face à l'orage qui s'amassait contre lui au couchant et au levant. Pas moins de quatre puissances ennemies, dont aucune, prise à part, n'était à dédaigner, s'étaient alliées pour sa ruine. La république de Venise, qui auparavant déjà avait envoyé des flottes contre Robert Guiscard et avait aidé à défendre les États grecs contre ce conquérant, s'arma de nouveau contre son neveu, dont la redoutable marine menaçait de lui disputer l'empire dans le golfe adriatique. Roger avait attaqué cette puissance marchande par son côté le plus sensible en lui faisant enlever des marchandises pour une grande somme d'argent. L'empereur grec Kalojoannes avait à venger sur lui la perte de tant d'États en Grèce et en Italie, et en particulier l'envahissement tout récent de Naples et de Capoue. Les deux cours de Constantinople et de Venise envoyèrent des députés à l'empereur Lothaire, à Mersebourg, pour susciter au ravisseur détesté de leurs États un nouvel ennemi dans la personne du chef de l'empire d'Allemagne. Le pape Innocent, le plus faible, il est vrai, en puissance guerrière, de tous les adversaires de Roger, était un des plus redoutables par l'activité de sa haine et par les armes de l'Église, qu'il avait à sa disposition. On persuada à l'empereur Lothaire que la domination normande dans la basse Italie et l'usurpation de la dignité royale de Sicile par Roger étaient inconciliables avec la juridiction suprême de l'empereur sur ces contrées, et qu'il convenait au successeur des Othon de s'opposer à l'amoindrissement de l'Empire.

Lothaire fut ainsi amené à passer une seconde fois les Alpes et à entreprendre une expédition contre le roi Roger de Sicile.

Son armée, cette fois, était plus nombreuse; la fleur de la noblesse allemande était avec lui, et la vaillance des Hohenstaufen combattait pour sa cause. Les villes de Lombardie, habituées de tout temps à régler leur soumission sur la force des armées à la tête desquelles les empereurs se faisaient voir en Italie, rendirent hommage à sa puissance irrésistible, et Milan lui ouvrit ses portes sans résistance. Il tint une diète dans la plaine de Roncaglia, et montra aux Italiens leur seigneur suprême. Ensuite il partagea son armée, dont une moitié, sous la conduite du duc Henri de Bavière, pénétra en Toscane, tandis que l'autre, sous le commandement de l'empereur en personne, marcha tout droit, le long du rivage de l'Adriatique, vers l'Apulie. La cour grecque et la république de Venise avaient fourni des troupes et de l'argent pour cet armement. En même temps, la ville de Pise, qui alors déjà était une puissance maritime considérable, envoya une petite flotte à la suite de cette armée de terre, pour attaquer les ports ennemis.

C'en était fait, selon toute apparence, de la puissance normande en Italie, et l'on ne peut voir sans sympathie l'édifice auquel avait travaillé la vaillance de tant de héros, que la Fortune avait pris si visiblement sous sa protection, pencher vers sa ruine. De glorieux succès couronnent les premiers débuts de Lothaire. Capoue et Bénévent sont forcés de se rendre. Les villes d'Apulie Trani et Bari sont conquises. Les Pisans amènent Amalfi, et Lothaire lui-même Salerne, à capituler. Les piliers de la puissance normande croulent l'un après l'autre, et, chassé du continent d'Italie, il ne reste plus d'autre ressource au nouveau roi que de chercher un asile dans son État héréditaire de Sicile.

Mais c'était le destin de la race de Tancrède que l'Église, volontairement ou non, dût travailler pour elle. A peine Salerne est-elle conquise, Innocent réclame cette ville comme un fief papal, et une vive querelle s'élève à ce sujet entre le pontife et l'empereur. Une contestation semblable prend naissance à l'occasion de l'Apulie, à laquelle on était convenu de préposer un duc, dont Innocent dispute également l'investiture, comme signe de suprématie, à l'empereur Lothaire. Pour terminer une lutte fatale, qui avait duré trente jours, on adopta enfin, d'un commun accord, un étrange expédient : l'empereur et le pape, à l'investiture de ce duc, devaient avoir le droit de porter tous deux la main en même temps à la bannière qui, dans la solennité de l'hommage, était remise au vassal par le suzerain.

Pendant cette dissension, la guerre contre Roger fut interrompue ou du moins menée très-languissamment, et ce prince vigilant et actif eut le temps de reprendre haleine. Les Pisans, mécontents du pape et des Allemands, emmenèrent leur flotte. Le temps de service des Allemands était fini, leur argent dépensé, et l'influence funeste du ciel de Naples commençait à exercer dans leur camp ses ravages ordinaires. Leur impatience, chaque jour plus bruyante, arracha l'empereur des bras de la victoire. La plupart des conquêtes furent, après son départ, perdues plus rapidement encore qu'elles n'avaient été faites.

Lothaire était encore à Bologne quand il lui fallut apprendre l'accablante nouvelle que Salerne s'était rendue à l'ennemi, que Capoue était reconquise, et que le duc de Naples avait passé lui-même du côté des Normands. L'Apulie seule fut défendue bravement par son nouveau duc, à l'aide d'un corps allemand resté en arrière, et la perte de cette province fut le prix dont Roger paya la conservation de ses autres États.

Après que le pape normand Anaclet fut mort, et qu'Innocent fut devenu seul chef de l'Église, il tint dans Saint-Jean-de-Latran un concile, qui déclara nuls tous les décrets de l'antipape, et frappa de nouveau d'excommunication son protecteur, Roger. En outre, à l'exemple de Léon, Innocent marcha en personne contre le prince sicilien; mais, lui aussi, il dut, comme son prédécesseur, expier son audace par une complète déroute et par la perte de sa liberté. Toutefois Roger, une fois vainqueur, chercha à conclure avec l'Église une paix qui lui était d'autant plus nécessaire que Venise et Constantinople le menaçaient d'une nouvelle attaque. Il reçut du pape prisonnier l'investiture de son royaume de Sicile; ses deux fils furent reconnus ducs de Capoue et d'Apulie. Lui-même aussi bien qu'eux durent prêter au pape le serment de vasselage, et s'engager à payer un tribut annuel à l'Église romaine. Sur les prétentions de l'empire d'Allemagne à ces provinces, prétentions en raison desquelles Innocent lui-même avait armé l'empereur contre Roger, on garda dans cet arrangement le plus profond silence. Tant les empereurs romains pouvaient peu compter sur la probité papale, quand on n'avait pas besoin de leur bras! Roger baisa la mule de son prisonnier, le ramena à Rome, et la paix régna entre les Normands et le siége apostolique. Quant à Lothaire, il avait, à son retour en Allemagne, terminé sa vie pleine de fatigues et de gloire, dans l'année 1137, entre le Lech et l'Inn.

Le plan de cet empereur avait été, sans aucun doute, d'avoir pour successeur sur le trône impérial son gendre, le duc Henri de Bavière et de Saxe, et il avait l'intention vraisemblablement de prendre ses mesures à cet effet de son vivant. Mais avant qu'il pût faire aucune démarche dans cette vue, la mort le surprit.

Henri de Bavière avait traité les princes d'Allemagne trèsorgueilleusement, et dans l'expédition d'Italie il s'était montré fort impérieux envers eux. Même après la mort de Lothaire, il ne se donna pas grand'peine pour acquérir leur amitié, et de la sorte il ne les disposa point à porter sur lui leur choix. Tout autre fut la conduite de Conrad de Hohenstaufen, qui avait pris part à la campagne d'Italie et avait su, durant cette guerre, gagner à sa cause les princes, particulièrement l'archevêque de Trèves. D'ailleurs le droit de libre élection récemment établi dans l'empire d'Allemagne était encore trop vivement présent à la pensée des électeurs, et ce qui leur importait avant tout était d'éviter, dans le choix de l'empereur, de paraître avoir égard le moins du monde au droit d'hérédité. La parenté d'Henri avec Lothaire était donc un motif de plus de ne pas le nommer. A tout cela se joignait la crainte de sa puissance prépondérante, qui, réunie à la dignité impériale, pouvait détruire la liberté de l'empire d'Allemagne.

On vit donc changée tout à coup l'organisation politique des principautés allemandes. La famille des Guelfes, à laquelle appartenait Henri de Bavière, élevée sous le précédent règne, allait se voir abaissée de nouveau, et la maison de Hohenstaufen, déchue sous le précédent règne, devait reprendre le dessus. L'archevêque de Mayence venait de mourir, et il était juste que le choix d'un nouvel archevêque précédât le choix de l'empereur, vu que l'archevêque jouait un rôle principal dans l'élection impériale. Mais, comme il était à craindre que la grande suite d'évêques saxons et bavarois et de vassaux laïques avec laquelle Henri serait venu à la diète électorale, ne fit pencher de son côté la pluralité des voix, on se hâta, cela dût-il entraîner quelque irrégularité, de terminer l'élection impériale avant son arrivée. Elle se fit à Coblentz (1137) sous la direction de l'archevêque de Trèves, qui était particulièrement favorable à la maison de Hohenstaufen. Le duc Conrad fut élu et reçut aussi sans retard la couronne à Aix-la-Chapelle. Le sort avait changé si rapidement que Conrad, qui avait été frappé d'interdit par le pape sous le règne précédent, se voyait maintenant préféré au gendre même de Lothaire, qui pourtant avait tant fait pour le siège de Rome. Henri, il est vrai, et tous les princes dont on n'avait pas pris l'avis pour l'élection de Conrad, se plaignirent hautement de cette irrégularité ; mais la crainte universelle qu'inspirait la puissance excessive de la maison des Guelfes, et la circonstance que le pape s'était déclaré pour Conrad, réduisirent les mécontents au silence. Henri de Bavière, qui avait dans les mains les insignes de l'empire, les livra après une courte résistance.

Conrad vit bien qu'il ne pouvait pas s'arrêter là. La puissance de la famille des Guelfes était montée si haut que si, d'une part, l'élévation de cette grande maison à la dignité impériale eût eu des suites funestes pour la liberté des membres de la confédération, de l'autre, son inimitié en aurait eu nécessairement de non moins dangereuses pour le repos de l'Empire. Ayant à ses côtés un vassal si puissant, nul empereur ne pouvait régner en paix, et l'Empire courait le danger d'être déchiré par une guerre civile. Il fallait donc rabaisser ce pouvoir, et ce plan fut suivi avec constance par Conrad III. Il cita devant lui, à Augsbourg, le duc Henri, pour qu'il vînt se justifier des griefs que l'Empire avait contre lui. Henri trouva dangereux de comparaître, et, après de vaines négociations, l'empereur, dans une diète tenue à Wurzbourg, le mit au ban de l'Empire. Dans une autre, à Goslar, il fut déclaré déchu de ses deux duchés de Saxe et de Bavière.

Ces jugements rapides furent suivis d'une exécution non moins prompte. On investit de la Bavière le voisin d'Henri, le margrave d'Autriche ; la Saxe fut donnée au margrave de Brandebourg, Albert, surnommé l'Ours. Henri livra la Bavière sans résistance ; mais la Saxe, il espéra la sauver. Là, une noblesse belliqueuse, dévouée à son prince, était prête à combattre pour sa cause, et ni Albert de Brandebourg, ni l'empereur lui-même, qui prit les armes contre lui, ne purent lui enlever ce duché. Déjà il était sur le point de reconquérir aussi la Bavière, quand la mort arrêta ses entreprises et éteignit en Allemagne la torche de la guerre civile. La Bavière échut alors à Henri, frère et successeur du margrave Léopold d'Autriche, qui crut s'affermir dans la possession de ce duché par un mariage avec la veuve du duc défunt, fille de Lothaire. Le duché de Saxe fut rendu au fils du mort, qui dans la suite devint célèbre sous le nom de Henri le Lion : il renonça, en retour, à la Bavière. Ainsi Conrad apaisa, pour un temps, les orages qui avaient troublé le repos de l'Allemagne et menaçaient de le troubler plus dangereusement encore, pour s'en aller payer, dans une folle expédition à Jérusalem, un funeste tribut à la faiblesse dominante de son siècle[1].

---

1. Une suite de cette dissertation a été insérée dans le tome IV de la première partie des *Mémoires historiques*, par le conseiller intime de légation de Woltmann, qui, dans l'année 1795, étant alors professeur à Iéna, s'était uni avec Schiller pour la publication de la première partie de ces Mémoires. (*Note de l'édition allemande.*)

PRÉFACE

POUR

L'HISTOIRE DE L'ORDRE DE MALTE

PRÉFACE

POUR

L'HISTOIRE DE L'ORDRE DE MALTE,

RETRAVAILLÉE PAR N., D'APRÈS VERTOT[1].

L'ordre du Temple brilla et s'évanouit comme un météore dans l'histoire du monde; l'ordre des chevaliers de Saint-Jean vit déjà depuis sept siècles, et, quoiqu'il ait à peu près disparu de la scène politique, il subsiste éternellement, comme un phénomène remarquable, pour le philosophe qui étudie l'humanité. Le fondement sur lequel il fut élevé menace, il est vrai, de crouler, et c'est avec un sourire de pitié que nous regardons maintenant son origine, qui, pour son époque, fut si sainte et si solennelle. Mais l'ordre lui-même reste encore debout, comme une ruine vénérable, sur son rocher, qui a défié toutes les attaques, et, perdus dans l'admiration d'une grandeur héroïque qui n'est plus, nous demeurons ravis à sa vue comme devant un obélisque renversé ou un arc de triomphe de Trajan.

Sans doute, nous nous félicitons à bon droit de vivre à une époque où l'on ne peut plus acquérir un mérite de ce genre, où la dépense d'énergie, l'héroïsme qui se manifeste dans cet

---

1. Schiller composa cette préface pour l'*Histoire de l'Ordre de Malte*, publiée à Leipzig, chez les héritiers de Chr. H. Cuno, par J. P. Niethammer, en 1792 et 1793, sous ce titre : *Geschichte des Malthesee-Ordens nach Vertot, von M. N. bearbeitet und mit einer Vorrede versehen von Schiller*, 2 v. in 8.

ordre, seraient aussi inutiles qu'impossibles ; mais, il faut l'avouer cependant, ce n'est pas toujours avec modestie, avec justice à l'égard des siècles passés, que nous faisons valoir les avantages de notre temps. Le regard de mépris que nous jetons d'ordinaire sur cette période de superstition, de fanatisme, d'esclavage intellectuel, trahit moins le noble orgueil de la *force* ayant conscience d'elle-même que le triomphe mesquin de la *faiblesse*, qui se venge par une raillerie impuissante de la honte dont elle n'a pu se défendre à la vue d'un mérite plus élevé. Quelques avantages que nous puissions avoir sur ces siècles de ténèbres, c'est tout au plus d'un *échange* profitable que nous aurions peut-être, en tout cas, le droit d'être fiers. La prérogative d'idées plus claires, de préjugés vaincus, de passions plus refrénées, d'opinions plus libres, si nous sommes réellement en état de prouver qu'elle nous appartient, nous coûte l'important sacrifice de la vertu pratique, sans laquelle cependant nous pouvons à peine considérer comme un gain le perfectionnement de notre savoir. Cette même culture qui éteignit dans notre cerveau le feu d'un zèle fanatique a étouffé en même temps dans notre sein l'ardeur de l'enthousiasme, paralysé l'essor des sentiments et anéanti cette énergie de caractère qui amène les actions à maturité. Les héros du moyen âge sacrifiaient à une croyance qu'ils prenaient pour la sagesse même, et qui n'avait sur eux un tel pouvoir que parce qu'elle était, à leurs yeux, la sagesse, leur sang, leur vie et leur avoir. Quelque mal instruite que fût leur raison, ils obéissaient héroïquement à ses plus hautes lois ; et pouvons-nous, nous, leurs descendants raffinés, nous vanter de faire à notre sagesse la moitié des sacrifices qu'ils faisaient à leur folie?

L'auteur de l'introduction à l'histoire qui suit considère comme une imposante supériorité de cette époque cette force pratique de l'âme qui sait risquer les biens les plus précieux pour le but le plus noble, sacrifier tous les intérêts des sens à un bien purement idéal, et je suis très-disposé à souscrire à son opinion. Ce même vol excentrique de l'imagination qui égare l'historien et le froid politique dans l'appréciation de cette période, trouve dans le moraliste un juge bien plus équitable, souvent même peut-être un admirateur. Au milieu de toutes les horreurs que favorise et sanctifie un sombre zèle religieux, parmi les égarements absurdes de la superstition il est enthousiasmé par le spectacle sublime d'une conviction qui triomphe de tous les attraits des sens, d'une *idée rationnelle* qui, ardemment prise à cœur, impose sa domination à tout sentiment, quelle que soit d'ailleurs sa puissance. En admettant que l'époque des croisades ait été un long et triste temps d'arrêt dans la civilisation, et même, si l'on veut, un retour des Européens à leur barbarie antérieure, il faut convenir cependant que jamais l'humanité n'avait été aussi près de sa dignité la plus haute qu'elle le fut alors, si l'on regarde d'ailleurs comme avéré que la seule chose qui donne de la dignité à l'homme est la domination de ses idées sur ses passions. Cette tendance qu'a l'âme de se laisser guider par des ressorts suprasensibles et qui est la condition nécessaire de notre culture morale, devait d'abord, comme il a paru, s'exercer sur un objet plus grossier et se former à bien faire, avant qu'une intelligence plus éclairée pût prêter son secours à la bonne volonté. Mais précisément parce que c'est la plus noble de toutes les facultés humaines qui se manifeste et se forme dans ces barbares entreprises, l'appréciateur philosophe se réconcilie avec tous les produits bruts d'une raison encore dans l'enfance, d'une sensibilité sans règles, et, à cause du rapport intime que la simple résolution de combattre sous les étendards de la croix présente avec la plus haute dignité morale de l'homme, il pardonne volontiers ce qu'il y a d'aventureux dans le moyen et de chimérique dans le but.

Or tel est le caractère des héros de la foi que l'histoire qui suit nous fait connaître. Leurs faiblesses, guidées par des vertus brillantes, peuvent hardiment paraître aux regards d'une postérité plus sage. Sous la bannière de la croix, nous les voyons pratiquer les devoirs les plus difficiles et les plus saints de l'humanité, et, tout en croyant ne remplir que des prescriptions ecclésiastiques, obéir, sans s'en douter, aux lois supérieures de la moralité. Depuis des milliers d'années déjà l'homme ne cherchait-il pas au-dessus des étoiles le législateur qui habite dans son propre sein? Pourquoi blâmerions-nous donc ces héros d'emprunter à un apôtre la sanction d'un devoir humain, et d'attacher à un habit monastique l'obligation commune de la vertu et leur prétention à la dignité qu'elle procure? On a beau sentir l'absurdité d'une foi qui ordonne de verser son sang pour les biens chimériques d'une imagination exaltée, pour des objets inanimés de dévotion : qui pourrait refuser son estime à la fidélité héroïque avec laquelle les chevaliers religieux obéissent à cette croyance illusoire? Lorsqu'après des prodiges de courage, fatiguée par le combat contre les infidèles, épuisée par les labeurs d'une journée sanglante, cette troupe de héros rentre dans ses foyers, et qu'au lieu de couronner son front victorieux du laurier bien gagné de la victoire, elle échange, sans murmure, les travaux chevaleresques contre l'humble office d'infirmier; lorsque ces lions du champ de bataille exercent auprès du lit des malades une patience, un renoncement à soi-même, une miséricorde qui éclipse même les services héroïques les plus brillants; lorsque la même main qui, peu d'heures auparavant, était armée, pour la défense de la chrétienté, d'un glaive formidable, et accompagnait à travers les cimeterres ennemis le timide pèlerin, présente, pour l'amour de Dieu, la nourriture à un malade repoussant, et ne se refuse à aucun de ces vils offices qui révoltent nos sens efféminés : quel est celui qui, en voyant les chevaliers de l'Hôpital, à Jérusalem, sous cet aspect, en les surprenant dans ces occupations, pourrait se défendre d'une émotion profonde? Qui pourrait voir sans étonnement le courage opiniâtre avec lequel une poignée de héros se défend contre un ennemi supérieur, à Ptolémaïs, à Rhodes, et plus tard à Malte? la fermeté inébranlable des deux grands maîtres de l'ordre, l'Isle-Adam et La Valette, et l'empressement non moins admirable avec lequel les chevaliers eux-mêmes se dévouent à la mort? Qui peut lire sans éprouver un sentiment qui élève l'âme, le récit de la mort volontaire de ces quarante héros enfermés dans le fort Saint-Elme, exemple d'obéissance que le dévouement si vanté des Spartiates aux Thermopyles ne surpasse que par l'importance plus grande du but? Des écrivains célèbres ont reproché à la religion chrétienne d'avoir étouffé chez ceux qui la professent la valeur guerrière et éteint le feu de l'enthousiasme. Ce reproche, comme il est victorieusement réfuté par les armées de la croix, par les actions glorieuses des ordres de Saint-Jean et du Temple! Le Grec, le Romain, combattait pour son existence, pour des biens temporels, pour le fantôme enivrant de la domination universelle et de l'honneur; il combattait sous les yeux d'une patrie reconnaissante, qui déjà lui montrait de loin le laurier qui devait récompenser son mérite. Le courage de ces héros chrétiens se passait de ce secours et n'avait d'autre aliment que sa propre ardeur inépuisable.

Mais il est encore un autre aspect sous lequel l'histoire des destinées extérieures et intérieures de cet ordre de chevalerie religieuse me paraît mériter l'attention. Cet ordre est en même temps un corps politique fondé pour un but déterminé, soutenu par des lois particulières, uni par des liens propres. Il naît, se développe, fleurit et se flétrit; bref, il commence et finit sa vie politique tout entière, sous nos yeux. On peut légitimement, pour observer cet État *monaco-chevaleresque*, se placer au point de vue d'où l'appréciateur philosophe envisage toute société politique. Celui-ci, en effet, regarde les différentes formes sous lesquelles les sociétés politiques se constituent comme autant d'essais tentés, bien que sans dessein arrêté, par l'humanité, pour expérimenter les effets produits par certaines conditions et combinaisons, soit pour un but particulier, soit pour le but commun de toute association en général. Et qu'est-ce qui peut être plus digne de notre attention que d'apprendre le résultat de ces tentatives, que de voir démontrée, dans un intéressant exemple, la valeur ou l'impuissance de ces conditions? Dans la suite des temps, l'espèce humaine a éprouvé par sa propre expérience, quoique ce ne fût pas dans cette vue, presque toutes les conditions imaginables de la félicité sociale; et, pour trouver et saisir enfin celle qui était le plus en harmonie avec le but, elle a essayé toutes les formes de société politique. A l'égard de toutes ces constitutions d'États, l'histoire générale devient pour ainsi dire une *histoire naturelle* pragmatique, qui énumère avec exactitude les progrès plus ou moins grands réalisés par ces divers principes d'association dans leur rapport avec le but final des communs efforts. Or l'on peut aussi envisager d'un point de vue analogue les ordres souverains de chevalerie spirituelle que le fanatisme religieux fit naître à l'époque des croisades. Là, des mobiles qui jamais auparavant ne s'étaient montrés actifs dans une telle combinaison et pour cette fin, deviennent, pour la première fois, le principe et comme le fondement d'un corps politique, et le résultat obtenu est ce qu'offre aux yeux du lecteur l'histoire suivante. Un ardent esprit chevaleresque s'unit à des règles monastiques pleines de contrainte, la discipline guerrière à une discipline de couvent, l'austère renoncement à soi-même exigé par le christianisme à l'audacieuse fierté du soldat, pour former contre l'ennemi extérieur de la religion une impénétrable phalange, et déclarer avec un égal héroïsme une guerre éternelle aux puissants ennemis intérieurs de cette même religion : l'orgueil et la volupté.

Une simplicité touchante et sublime caractérise l'enfance de l'ordre; la gloire et la splendeur couronnent sa jeunesse; mais bientôt il succombe, lui aussi, à la destinée commune de l'humanité. La richesse et la puissance, compagnes ordinaires de la valeur et de la tempérance, le conduisent à grands pas vers sa ruine. Ce n'est pas sans un profond sentiment de mélancolie que le cosmopolite voit s'évanouir les magnifiques espérances qu'autorisait un si beau début; mais, pour lui, un pareil exemple ne fait que confirmer cette vérité incontestable, que rien de ce qui est fondé sur l'illusion et la passion n'a de stabilité, et que la raison seule bâtit pour l'éternité.

Après ce que j'ai pu toucher ici des mérites de cet ordre, je ne crois pas avoir besoin de justifier davantage les motifs qui m'ont déterminé à encourager l'impression de l'ouvrage de Vertot sous une forme nouvelle. Qu'il réponde complétement au dessein que j'avais en vue en le recommandant, c'est ce que je n'oserais affirmer; mais toujours est-il que c'est le seul ouvrage, traitant ce sujet, qui puisse donner une digne idée de l'ordre et fixer sur son histoire l'attention du lecteur. Le traducteur s'est efforcé, autant qu'il était possible, de donner à la narration, très-diffuse dans l'original, une marche plus rapide, un intérêt plus vif. Là où l'on pourrait désirer chez l'auteur un jugement plus impartial, on ne méconnaîtra pas non plus l'utile intervention de l'éditeur allemand. Il n'est pas besoin de dire, je pense, que ce livre n'est destiné ni aux savants, ni à la jeunesse des écoles, mais à la grande masse des lecteurs qui ne peuvent s'instruire aux sources elles-mêmes, et dont on espère mériter la reconnaissance par cette publication. L'histoire même finira avec le second volume, car l'ordre, après être arrivé, à la fin du seizième siècle, à l'apogée de sa gloire, tombe, à partir de cette époque, dans l'oubli, au point de vue politique, par une rapide décadence.

PRÉFACE
POUR
LES CAUSES CÉLÈBRES

PRÉFACE

POUR LA PREMIÈRE PARTIE

DES CAUSES CÉLÈBRES,

D'APRÈS PITAVAL[1].

Parmi cette classe d'écrits particulièrement destinée à circuler dans les sociétés de lecture, il en est bien peu, comme on s'en plaint généralement, qui soient propres à améliorer le cœur ou l'esprit des lecteurs. Le besoin de lire, qui devient toujours plus général, même chez ces classes populaires ordinairement si négligées par l'État au point de vue de la culture intellectuelle, au lieu d'être mis à profit par de bons écrivains, pour de nobles fins, de médiocres faiseurs et des éditeurs intéressés en abusent pour écouler leur mauvaise marchandise, se souciant peu que ce soit aux dépens de l'éducation du peuple et de toute moralité. Ce sont toujours de fades romans, corrupteurs du goût et des mœurs, des histoires dramatisées, de prétendus écrits pour les dames et autres productions de ce genre, qui composent le meilleur trésor des cabinets de lecture, et qui achèvent de ruiner entièrement le petit nombre de bons

---

1. Cette préface a paru en tête du premier volume des *Causes célèbres*, publiées à Leipzig, chez les héritiers de Chr. H. Cuno, de 1792 à 1795, sous ce titre : *Merkwürdige Rechtsfälle zur Geschichte der Menschheit ; nach dem Französischen des Pitaval, durch mehrere Verfasser ausgearbeitet und mit einer Vorrede begleitet herausgegeben von Schiller*. 4 vol. in-8.

principes que nos écrivains dramatiques ont encore épargnés. Si l'on recherche les causes qui entretiennent le goût pour ces produits de la médiocrité, on les trouve dans le penchant commun des hommes pour les situations passionnées et compliquées, genre d'intérêt dont souvent les plus mauvais ouvrages manquent le moins. Mais ce même penchant qui protége ce qui est nuisible, pourquoi ne le mettrait-on pas à profit pour un but honorable? Ce ne serait pas un médiocre gain pour la vérité, que de bons écrivains voulussent descendre à emprunter aux mauvais les artifices qui leur procurent des lecteurs, et à les employer dans l'intérêt de la bonne cause.

Jusqu'à ce que ceci soit plus généralement pratiqué, ou que notre public soit assez cultivé pour aimer le vrai, le beau et le bien en lui-même sans alliage étranger, ce sera déjà un suffisant mérite pour tout livre propre à distraire, d'atteindre son but sans amener les conséquences pernicieuses au prix desquelles la plupart des écrits de cette espèce font acheter la mince distraction qu'ils procurent. Il prend du moins, pendant tout le temps qu'il est lu, la place d'un plus mauvais; et si, de plus, il offre quelque objet réel à l'intelligence, s'il répand les germes de connaissances utiles, s'il sert à diriger les réflexions des lecteurs vers de dignes fins, on ne saurait lui refuser une valeur dans la classe à laquelle il appartient.

Le présent ouvrage, à l'utilité duquel j'ai été amené à rendre un témoignage public, rentre dans cette catégorie, et je ne crois pas qu'il faille d'autres motifs pour en légitimer la publication. On y trouve un choix de cas judiciaires qui, pour l'intérêt de l'action, la complication artificielle et la variété des sujets, s'élèvent jusqu'au roman, et ont sur lui l'avantage de la vérité historique. On voit ici l'homme dans les situations les plus compliquées, qui excitent l'attente au plus haut degré, et dont le dénoûment offre à la sagacité du lecteur une agréable occupation. Le jeu secret de la passion se déploie ici à nos yeux, et maint rayon de vérité se répand sur les voies cachées de l'intrigue et les machinations de la fourberie religieuse ou mondaine. Certains mobiles qui, dans la vie ordinaire, se dérobent à l'œil de l'observateur, paraissent plus visiblement dans ces occasions où la vie, la liberté, la fortune sont en jeu, et c'est ainsi que le juge criminel est à même de jeter dans le cœur humain des regards plus profonds. Ajoutons à cela que la marche circonstanciée de la procédure est propre à mettre à nu, bien plus que cela n'arrive d'ordinaire, les ressorts mystérieux des actions humaines; et si, bien souvent, le récit historique le plus complet ne nous édifie pas suffisamment sur les causes déterminantes d'une action et les vrais motifs des acteurs, un procès criminel nous révèle fréquemment les plus profonds abîmes de la pensée, et met en lumière la trame la plus cachée de la méchanceté. Ce notable profit que l'on peut retirer de cet ouvrage pour la connaissance et le maniement des hommes, et qui suffirait amplement déjà pour le recommander, est augmenté de beaucoup par les nombreuses notions de jurisprudence dont il est semé, et qui reçoivent de la clarté et de l'intérêt par leur application à des cas individuels.

L'attrait que ces causes offrent déjà à l'esprit par la matière même, est encore accru, dans un grand nombre de cas, par la mise en œuvre. Les auteurs ont cherché, partout où le sujet s'y prêtait, à faire partager au lecteur, en employant le même soin, le même art à défendre les deux parties, l'incertitude de la décision, souvent embarrassante pour le juge, à cacher le dénoûment, et, par là, exciter l'attente au plus haut point.

Une traduction fidèle des *Causes célèbres* de Pitaval a déjà paru à la même librairie, et a été continuée jusqu'au quatrième volume; mais un plan plus large rend nécessaire le remaniement de cet ouvrage. Comme, en lui donnant cette nouvelle forme, on a eu surtout en vue le grand public, il eût été contraire au but qu'on se proposait de conserver à la partie consacrée à la jurisprudence les développements qui font de l'original un livre utile surtout aux légistes. Par les retranchements qu'elle a subis entre les mains du nouveau traducteur, la narration est devenue plus intéressante, sans cesser pour cela d'être complète.

Un choix des *Causes célèbres* de Pitaval pourrait former trois ou quatre volumes; mais ensuite on a l'intention d'emprunter aussi à d'autres écrivains, à d'autres nations, et surtout, autant qu'il est possible, à notre patrie, des causes importantes, et de faire ainsi peu à peu de cette collection un répertoire complet en ce genre. Complet, jusqu'à quel point le sera-t-il ? cela dépend désormais de l'appui du public et de l'accueil qui sera fait à ce premier essai.

TABLE DES MATIÈRES.

HISTOIRE DE LA RÉVOLTE QUI DÉTACHA LES PAYS-BAS DE LA DOMINATION ESPAGNOLE.

    Préface de la première édition..................... Page   3

    Introduction a l'Histoire de la révolte des Pays-Bas. . . .   9

    Livre premier.

        Histoire antérieure des Pays-Bas jusqu'au seizième siècle   25
        Les Pays-Bas sous Charles-Quint...........................   42
        Philippe II, souverain des Pays-Bas........................   56
        L'inquisition...   64
        Autres infractions à la constitution des Pays-Bas   72
        Guillaume d'Orange et le comte d'Egmont.....................   77
        Marguerite de Parme, gouvernante générale des Pays-Bas.......   86

    Livre deuxième.

        Le cardinal Granvelle......................................   99
        Le conseil d'État..   133
        Le comte d'Egmont en Espagne.............................   152
        Les édits de religion aggravés; résistance générale de la nation..   158

    Livre troisième.

        Conjuration de la noblesse................................   172
        Les Gueux...
        Les prêches publics......................................   205

    Livre quatrième.

        Les iconoclastes..   22

Guerre civile... Page	251
Démission de Guillaume d'Orange............................	271
Décadence et dissolution de l'alliance des Gueux............	281
Armement du duc d'Albe et son expédition dans les Pays-Bas....	293
Premières mesures du duc d'Albe et retraite de la duchesse de Parme..	310

SUPPLÉMENT A L'HISTOIRE DE LA RÉVOLTE DES PAYS-BAS. — MORCEAUX DÉTACHÉS.

I. Vie et mort du comte Lamoral d'Egmont...................	327
II. Siége d'Anvers, par le prince de Parme, dans les années 1584 et 1585...	349

OPUSCULES HISTORIQUES.

UN DÉJEUNER DU DUC D'ALBE AU CHATEAU DE RUDOLSTADT, EN 1547..	395
QU'EST-CE QUE L'HISTOIRE UNIVERSELLE, ET POURQUOI L'ÉTUDIE-T-ON ?	403
QUELQUES CONSIDÉRATIONS SUR LA PREMIÈRE SOCIÉTÉ HUMAINE, EN PRENANT POUR GUIDE LE TÉMOIGNAGE DE MOÏSE................	425
LA MISSION DE MOÏSE.......................................	445
LA LÉGISLATION DE LYCURGUE ET DE SOLON.....................	469
SUR LES MIGRATIONS DE PEUPLES, LES CROISADES ET LE MOYEN AGE..	505
COUP D'ŒIL SUR L'ÉTAT DE L'EUROPE AU TEMPS DE LA PREMIÈRE CROISADE. (Fragment.)...	519
REVUE DES ÉVÉNEMENTS POLITIQUES LES PLUS REMARQUABLES DE L'HISTOIRE UNIVERSELLE, AU TEMPS DE L'EMPEREUR FRÉDÉRIC I. (Fragment)..	533
PRÉFACE POUR L'HISTOIRE DE L'ORDRE DE MALTE................	561
PRÉFACE POUR LES CAUSES CÉLÈBRES..........................	571

COULOMMIERS. — TYPOGRAPHIE A. MOUSSIN.

www.ingramcontent.com/pod-product-compliance
Lightning Source LLC
Chambersburg PA
CBHW070331240426
43665CB00045B/1315